Blumen · Stauden
Ziergehölze

Karin Greiner · Dr. Angelika Weber

Blumen · Stauden Ziergehölze

Alles über Pflanzen, Pflege und Gestalten

INHALT

Grundlagen der Pflanzenpflege _____ 6

Sinnesfreuden im Garten _____ 8
Faszinierende Pflanzenwelt _____ 10
    Botanische Namen _____ 12
    Sortennamen _____ 13
Einflüsse auf das Wachstum _____ 14
    Naturkalender _____ 15
    Licht, Wärme, Wasser _____ 18
    Boden und Substrate _____ 19

Gute Pflege – gutes Wachstum _____ 24

Richtig gepflanzt ist halb gepflegt _____ 26
    Gartengeräte _____ 27
    Gießen und mulchen _____ 27
    Düngung _____ 28
    Kompost _____ 31
    Winterschutz _____ 31
Schonender Pflanzenschutz _____ 33
    Methoden _____ 34
    Häufige Schädlinge _____ 36
    Häufige Krankheiten _____ 40
    Standort- und Pflegefehler _____ 42

Pflanzennachwuchs selbst ziehen _____ 45
    Generative Vermehrung _____ 46
    Aussaat ohne Vorkultur _____ 47
    Aussaat mit Vorkultur _____ 47
    Vegetative Vermehrung _____ 49

Gestalten mit Zierpflanzen _____ 50

Das Spiel mit Farben und Formen _____ 52
    Variationen in Farben _____ 53
    Variationen in Formen _____ 56
Gruppenbildung und Pflanzplan _____ 57

**Sicherheitstips
und Benutzerhinweise** _____ 60

Ungetrübte Gartenfreuden _____ 60
Wegweiser Pflanzenporträts _____ 61

INHALT

Sommerblumen —————— 62

Verwendung, Pflanzung, Pflege ——— 64
    Verwendung ——————— 65
    Pflanzenkauf ——————— 66
    Auspflanzen ——————— 67
    Eigene Anzucht ——————— 68
    Pflegemaßnahmen ——————— 69
    Düngung ——————— 69
    Nach der Saison ——————— 70
    Pflanzenschutz ——————— 70
Pflanzenporträts und Pflegeanleitungen — 72
Einjährige Kletterpflanzen ——————— 128

Stauden —————— 130

Verwendung, Pflanzung, Pflege ——— 132
    Pracht- und Wildstauden ——— 133
    Stauden im Garten ——————— 134
    Stauden kombinieren ——————— 135
    Stauden pflanzen ——————— 136
    Stauden pflegen ——————— 137
    Stauden vermehren ——————— 140
    Pflanzenschutz ——————— 141
Pflanzenporträts und Pflegeanleitungen — 142
Bodendeckerstauden ——————— 213
Ausdauernde Ziergräser ——————— 216
Farne für draußen ——————— 220

Zwiebel- und Knollenblumen —— 222

Verwendung, Pflanzung, Pflege ——— 224
    Gestaltung ——————— 225
    Auspflanzen ——————— 227
    Pflegemaßnahmen ——————— 228
    Vermehrung ——————— 229
    Pflanzenschutz ——————— 230
Pflanzenporträts und Pflegeanleitungen — 232

Ziergehölze —————— 268

Verwendung, Pflanzung, Pflege ——— 270
    Verwendung ——————— 271
    Pflanzenkauf ——————— 276
    Pflanzung ——————— 276
    Gehölze pflegen ——————— 279
    Winterschutz ——————— 281
    Vermehrung ——————— 282
    Pflanzenschutz ——————— 284
Laubbäume und -sträucher
(Pflegeanleitungen) ——————— 286
Nadelbäume und -sträucher
(Pflegeanleitungen) ——————— 354
Grüne Vorhänge: Klettergehölze ——— 374

Register —————— 378

GRUNDLAGEN DER PFLANZENPFLEGE

SINNESFREUDEN IM GARTEN

FASZINIERENDE PFLANZENWELT

EINFLÜSSE AUF DAS WACHSTUM

SINNESFREUDEN IM GARTEN

Der Garten, ein Fleckchen Natur direkt am Haus, steigert den Wohnwert in bedeutendem Maße. Gerade in der heutigen Zeit, die so sehr von Hektik und Streß geprägt wird, findet man im Garten einen Platz der Ruhe, der Entspannung und des Wohlbefindens. Abgegrenzt durch dichte Hecken, beschirmt von leise raschelnden Baumkronen und mit weichem Grasteppich unter den Füßen kann man die lärmende Umgebung vergessen und sich ganz dem beruhigenden Grün der Pflanzen und den erfrischenden Farbtupfern der Blüten widmen. Wie in einer Galerie präsentiert ein Garten stets wechselnde, anregende Bilder, ganz nach Blickwinkel und Jahreszeit – von den frühlingszarten Blütenkelchen und Blättchen am Gehölzrand über die satten Farbwolken der Stauden auf dem Sommerbeet, die goldenen Herbsttöne der Laubbäume bis hin zum grazilem, vom winterlichen Reif überzogenen Gezweig der Hecke.

Zu den optischen Reizen kommen noch vielfältige Düfte, die der Nase schmeicheln, etwa die Würze regennasser Erde oder das liebliche bis berauschende Parfüm vieler Blüten; nicht zu vergessen die frische Atmosphäre der Luft, für die das Laubwerk durch stete Verdunstung sorgt. Und nicht zuletzt bietet der Garten vielerlei Gelegenheit, sich auf angenehme Weise zu betätigen – aktiv, kreativ oder auch passiv; etwa wenn man zwischen den Stengeln, Halmen und Blättern auf Entdeckungsreise geht, unter Blütenvorhängen der Pergola mit Freunden zusammensitzt oder auf einer Bank in den Tag hineinträumt.

Zu den Freuden der aktiveren Art zählt natürlich das Umsorgen der Pflanzen selbst, die das wiederum dankbar mit gesundem Wuchs und reicher Blüte lohnen. Damit aus Gartenlust kein Gartenfrust wird, sollte man sich frühzeitig und möglichst umfassend mit den Ansprüchen seiner bevorzugten Gewächse vertraut machen. Lektüre allein kann praktische Erfahrung nicht ersetzen – sie kann jedoch helfen, entmutigende Enttäuschungen zu vermeiden und eine solide Basis für das eigene Erleben und Beobachten im Umgang mit Pflanzen schaffen.

GRUNDLAGEN DER PFLANZENPFLEGE

Dieses Buch soll sowohl angehenden als auch bereits versierteren Gärtnern helfen, ihren Ziergarten nach eigenen Wünschen und Vorstellungen zu gestalten und die dafür geeigneten Pflanzen richtig zu pflegen. Einführend werden gärtnerisches Grundwissen sowie wichtige Handgriffe und Techniken zu Standort, Bodenbearbeitung, Vermehrung und Pflanzenschutz erläutert, ebenso Grundlagen der Gestaltung vermittelt. Die genannten Termine für die Arbeiten orientieren sich an den natürlichen Jahreszeiten, die auf den aktuellen Witterungsverlauf und damit auf den Entwicklungszustand der Vegetation je nach Region Rücksicht nehmen (siehe Seite 15–17).

Ein großer Querschnitt beliebter, weit verbreiteter Arten aus dem schier unüberschaubaren Zierpflanzenbereich soll die Auswahl erleichtern und helfen, den Garten mit möglichst robusten und leicht zu kultivierenden Gewächsen auszustatten. Zu jeder Pflanzenart finden sich Beschreibungen von Wuchsform und Blüte, genaue Anleitungen und Durchführungszeiträume für Pflanzung, Pflege und Vermehrung sowie Tips für Verwendung und Kombination. Auf häufig auftretende Pflegeprobleme wird ebenso hingewiesen wie auf Besonderheiten, etwa bei der Verwendung als Schnittblumen. Symbole neben den Pflanzennamen zeigen auf einen Blick, ob Kultur und Vermehrung jeweils als einfach oder eher schwierig zu bewerten sind. Gerade Einsteiger unter den Hobbygärtnern erhalten so eine nützliche Orientierung bei der Auswahl der Pflanzen (Näheres hierzu auf Seite 61).

Die ausführlichen Porträts und Pflegeanleitungen (ab Seite 62) sind nach Sommerblumen (kurzlebige Pflanzen), Stauden (langlebige, krautige Pflanzen), Zwiebel- und Knollenblumen sowie Gehölzen gegliedert. Die jeweils vorangestellten Einleitungen informieren über Grundsätzliches zu diesen vier Pflanzengruppen, über ihre Verwendung, Besonderheiten bei der Pflege und der Vermehrung.

Das kleine Naturerlebnis vor der Haustür, der lauschige Platz zum Entspannen, der Freiraum für kreative Betätigung – ein Garten hat allerhand zu bieten. Mit genügend Know-how in der Pflanzenpflege bleiben Ärger und Enttäuschungen außen vor

FASZINIERENDE PFLANZENWELT

Daß der Garten rundum zu einem Genuß für Auge, Nase und Gemüt wird, ist in erster Linie den vielen Pflanzen zu verdanken. Deren vielfältige Gestalten verweben sich zu den unterschiedlichsten Gemeinschaften, die den grünen Bereich ums Haus strukturieren und räumlich wie zeitlich für immer neue Aspekte sorgen, wozu die unterschiedliche Wuchsform und Lebensweise der Pflanzen ganz wesentlich beiträgt.

Jede Pflanze baut sich im Prinzip aus Wurzeln, Sprossen und Blättern auf. Wurzeln verankern das Gewächs im Boden und nehmen Wasser mit darin gelösten Nährstoffen auf. Die Sprosse bilden den oberirdischen Teil der Pflanze, tragen Blätter und Blüten und enthalten Leitungsbahnen für den Transport des Wassers und der Nährstoffe. Die Blätter wiederum sind die Kraftwerke der Pflanzen, in denen sie die Energie des Sonnenlichts zum Aufbau pflanzlicher Substanz nutzt. Blüten, die augenfälligsten Pflanzenorgane, dienen der Fortpflanzung, aus ihnen entwickeln sich Früchte mit Samen, in denen die Nachkommen schlummern, bis sie schließlich am – von der Natur oder vom Gärtner gewählten – Ort der Aussaat zu neuen Pflanzen heranwachsen.

Die Mannigfaltigkeit der Pflanzen ergibt sich daraus, daß diese „Bauteile" bei jeder Art verschieden gestaltet sind: Wurzeln können feinfaserig oder auch grob verdickt sein, Triebe kurz gestaucht oder lang gestreckt, wenig oder dicht verzweigt; Blätter präsentieren sich großflächig oder nadelfein, derb oder hauchzart, Blüten zierlich oder pompös, schlicht oder komplex. Dazu kommt noch eine berauschende Palette an Farben, die das Spektrum der Erscheinungsbilder um ein Vielfaches erweitert.

GRUNDLAGEN DER PFLANZENPFLEGE

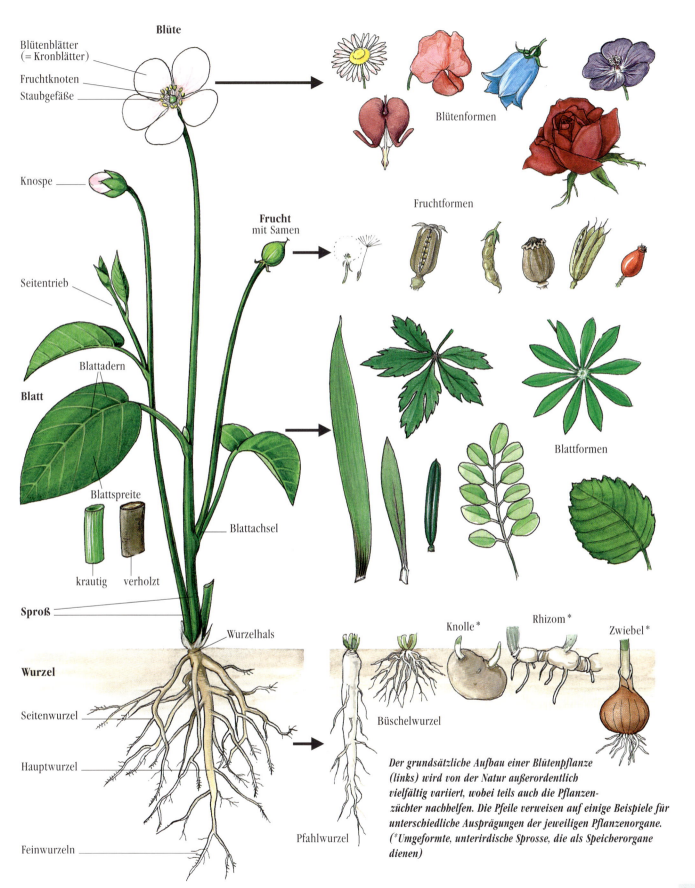

Der grundsätzliche Aufbau einer Blütenpflanze (links) wird von der Natur außerordentlich vielfältig variiert, wobei teils auch die Pflanzenzüchter nachhelfen. Die Pfeile verweisen auf einige Beispiele für unterschiedliche Ausprägungen der jeweiligen Pflanzenorgane. (*Umgeformte, unterirdische Sprosse, die als Speicherorgane dienen)

FASZINIERENDE PFLANZENWELT

Außerdem haben viele Pflanzen spezielle Umbildungen der Grundorgane entwickelt, um sich besser an bestimmte Bedingungen anzupassen, z. B. verholzende Triebe zur Stabilisierung des Pflanzenkörpers, Zwiebeln zur Überdauerung ungünstiger Zeiten, Ranken zum Klettern oder Stacheln zur Abwehr von Fraßfeinden. Je nach Ausprägung von Wurzeln, Sprossen, Blättern und Blüten und der daraus resultierenden Lebensweise lassen sich Pflanzen mehreren Kategorien zuordnen, denen im Garten verschiedene Verwendung zukommt:

■ **Gehölze**, also Bäume und Sträucher, sorgen mit ihren dauerhaften, verholzten Trieben für ein beständiges Gerüst. Zeit ihres – meist langen – Lebens bilden deren Äste und Zweige gleichsam das Rückgrat des Gartens, das sich mit den Jahren verfestigt.

■ **Stauden**, ebenfalls dauerhafte, aber nicht verholzende Gewächse, umgarnen und füllen das Gerüst aus Gehölzen mit ihren Blättern und Blüten. Im botanischen Sinn zählen zu den Stauden auch Zwiebel- und Knollenblumen mit ihren verdickten, unterirdischen Speicherorganen sowie viele Gräser und Farne.

■ **Sommerblumen**, zwar nur kurzlebige, aber keineswegs weniger auffällige Arten, geben dem Gartenbild den letzten Schliff.
Ein harmonisch gestalteter Garten lebt durch die Kombination all dieser Wuchsformen, in der jede ihre Stärken ausspielen darf und dadurch Schwächen der anderen kaschiert.

Maßliebchen, Tausendschön, Gänseblümchen …? Bellis perennis, die botanische Bezeichnung, benennt diese Pflanze unzweifelhaft und sogar weltweit verständlich

Botanische Namen

Wie jedes Ding tragen selbstverständlich auch Pflanzen Namen. Deutsche Bezeichnungen sind allerdings bisweilen mißverständlich: Einerseits gibt es für ein und dieselbe Pflanze gleich mehrere, oft nur regional bekannte Namen, andererseits gilt manchmal ein Name für verschiedene Arten. So kennt man z. B. einen hübschen Strauch mit der botanischen Bezeichnung *Buddleja-Davidii*-Hybride als Sommerflieder, Schmetterlingsstrauch oder Buddleie; unter Märzenbecher verstehen die einen die Frühlingsknotenblume *(Leucojum vernum),* die anderen jedoch Trompetennarzissen oder Osterglocken *(Narcissus-*Hybriden).

Eine reizvolle Gartengestaltung schöpft aus der Vielfalt der Wuchsformen und -typen. Bäume und große Sträucher bilden das Gerüst des Gartens, Stauden und Sommerblumen setzen mit prägnanten Pflanzengestalten Akzente oder runden das Gartenbild ab

GRUNDLAGEN DER PFLANZENPFLEGE

Eindeutig und sogar international gültig sind dagegen die botanischen Bezeichnungen, auch wenn sie einem oft nur schwer von der Zunge gehen und sich schwer merken lassen. Der botanische Name einer Pflanze setzt sich aus zwei Teilen zusammen: dem **Gattungsnamen** an erster Stelle, der stets groß geschrieben wird, und dem **Artnamen** an zweiter, immer klein geschrieben, also z.B. *Convallaria majalis* für das Maiglöckchen. Durch Züchtung entstandene Formen, die von mehreren Arten abstammen, werden **Hybriden** genannt und auch als solche geführt, etwa die *Paeonia-Suffruticosa*-Hybriden, zu deutsch Strauchpäonien. Diese unterscheiden sich deutlich z.B. von den staudenartigen *Paeonia-Lactiflora*-Hybriden.
Beim Einkauf sollte man deshalb prinzipiell eine bestimmte Pflanze unter ihrem botanischen Namen verlangen, nur so ist sichergestellt,

Züchtungen aus mehreren Arten tragen im botanischen Namen den Zusatz „Hybriden", so z.B. die Paeonia-Suffruticosa-Hybriden (Strauchpäonien, Bild oben)

Oben rechts: Balsamtanne, Abies balsamea 'Nana'. Die gerade bei Gehölzen verbreitete Sortenbezeichnung 'Nana' weist stets auf kleinwüchsige Formen hin

daß man diese auch wirklich erhält. Eine gewisse Schwierigkeit entsteht dadurch, daß sich selbst botanische Namen ändern können, etwa durch neuere wissenschaftliche Erkenntnisse. Dann aber werden die alten Bezeichnungen als sogenannte Synonyme meist weiterhin angegeben. So heißen Strauchmargeriten neuerdings *Argyranthemum frutescens,* sind aber immer noch als *Chrysanthemum frutescens* bekannt. In der Praxis, d.h. im Garten- bzw. Pflanzenhandel werden meist über lange Zeit die „veralteten" botanischen Namen beibehalten.

Sortennamen

Von vielen Pflanzenarten gibt es Formen mit bestimmten Eigenschaften, die infolge Züchtung und Auslese entstanden sind. Auch wenn sie alle von ein und derselben Art abstammen, unterscheiden sich solche Formen häufig ganz erheblich voneinander, z.B. in der Blütenfarbe, der Blütenform, der Blattfärbung oder im Wuchs. Zur Kennzeichnung dienen die Sortennamen, grundsätzlich groß geschrieben und in einfache Anführungszeichen gesetzt; sie werden dem botanischen Namen angehängt, z.B. *Abies balsamea* 'Nana' (eine kleinbleibende Form der Balsamtanne). Teilweise läßt sich aus dem Sortennamen schon schließen, über welche Eigenschaften die Sorte verfügt: 'Nanum' oder 'Nana' beschreiben zwergwüchsige Formen, 'Plenum' oder 'Plena' gefüllt blühende, 'Aureum' oder 'Aurea' gelbblühende oder -laubige, 'Fastigiatum' oder 'Fastigiata' besonders schlank wachsende Zuchtformen. Mit etwas Phantasie kann man auch an deutschen (oder englischen) Sortennamen ablesen, über welchen speziellen Wesenszug die Sorte verfügt, etwa 'Rosa Schönheit', 'Goldball' oder 'White Perfection'. Bei vielen Sortennamen sind solche Rückschlüsse allerdings nicht möglich. Möchte man eine ganz bestimmte Sorte mit besonderen Eigenschaften, ist es unerläßlich, auf den korrekten Sortennamen zu achten.

Dahliensorte 'Parkfeuer'

EINFLÜSSE AUF DAS WACHSTUM

Daß Pflanzen nicht an allen Stellen gleichermaßen gut wachsen, ist eine Binsenwahrheit. Manche verlangen ausgesprochen sonnige Plätze, kommen dafür aber auch mit wenig Wasser aus, andere scheuen das pralle Licht und brauchen viel Feuchtigkeit. Einige Arten entfalten ihre Pracht nur bei reichlicher Nährstoffzufuhr, andere erweisen sich dagegen als wahre Hungerkünstler, die auf gut gedüngtem Boden gar nicht recht gedeihen wollen.

Die Bepflanzung eines Gartens wird auf Dauer nur gelingen, wenn sie aus solchen Arten zusammengestellt wird, die an die dort herrschenden Bedingungen optimal angepaßt sind. Wählt man die Pflanzen entsprechend aus, werden sie sich trefflich entwickeln, gesund bleiben und auch optisch im besten Licht erscheinen.

Um diesem Prinzip zu folgen, muß man jedoch die Standortverhältnisse des Gartens möglichst genau kennen. Unter Standort versteht man dabei nicht allein den räumlichen Ort, an dem die Pflanzen wachsen, sondern vielmehr das komplexe Wechselspiel aller Einflüsse, die auf sie einwirken, nämlich Licht, Wasser, Wind, Wärme, Bodenbeschaffenheit, Nährstoffe, Konkurrenz durch benachbarte Gewächse sowie weitere Gegebenheiten des Umfelds.

GRUNDLAGEN DER PFLANZENPFLEGE

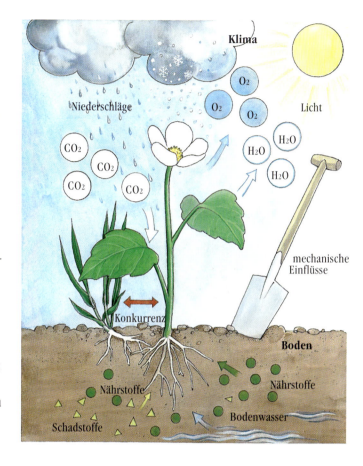

Ganz entscheidend wirkt sich das Klima auf das Pflanzenwachstum aus; direkt wie indirekt, da es auch alle anderen Standortfaktoren mehr oder weniger beeinflußt. Hierbei sind vor allem die Jahresmitteltemperatur und die Niederschlagsmengen sowie deren Verteilung übers Jahr großräumig von Bedeutung – sie bestimmen wesentlich das **Großklima**. In rauhen Mittelgebirgslagen werden nur frostharte, robuste Gewächse auf lange Sicht vital bleiben, in milden Flußtälern können dagegen sogar empfindliche Pflanzen den Winter schadlos überstehen. Kleinräumig fallen dagegen Faktoren wie Lage im Gelände, Bebauung und Bepflanzung ins Gewicht, das **Kleinklima** kann z.B. vor einer südseitigen Mauer gegenüber einem nordseitig gelegenen Hangfuß sehr stark abweichen. Während im ersten Fall Helligkeit, Wärme und Trockenheit vorherrschen, bestimmen im zweiten Schatten, Kühle und Feuchte den Standort.
Die Auswahl der Pflanzen für den Garten muß sich zuerst also den klimatischen Gegebenheiten beugen, diese zumindest als Leitfaden akzeptieren. Wenn man das nicht berücksichtigt, muß man in jedem Fall mit mehr Pflegeaufwand, oft auch mit weniger Freude an den Pflanzen rechnen.

■ Hinweise zum Standortfaktor Klima

■ In rauhen Gegenden robuste Gewächse bevorzugen und besser auf kälteempfindliche Arten verzichten; andernfalls über den Winter mit einem guten Schutz versehen (siehe Seite 31–32) oder als Kübelpflanzen halten, die im Haus überwintert werden.

■ In milden Gebieten können auch solche Arten ausgepflanzt werden, die nur geringen Frost aushalten, die wenigsten brauchen eine Schutzabdeckung. Allerdings werden an rauhes Klima angepaßte Arten (vor allem Gebirgspflanzen) hier nur bedingt gedeihen.

■ In Gebieten mit reichlich Niederschlägen müssen nässeempfindliche Arten besonders sorgfältig gepflanzt und gepflegt werden, sie benötigen eher lockeren Boden und/oder eine wirkungsvolle Drainage. Wasserbedürftige Pflanzen entwickeln sich hier meist gut, sofern sie nicht Staunässe erdulden müssen, wozu es auf schweren Böden und bei verdichtetem Untergrund kommen kann.

■ In Regionen mit geringen Niederschlagsmengen dagegen sind feuchtigkeitsliebende Pflanzen auf einen gut wasserspeichernden Boden und/oder häufiges Bewässern angewiesen. Hier sollte man trockenheitsverträgliche Arten bevorzugen.

Lebenswichtige Substanzen für die Pflanze sind das Kohlendioxid (CO_2), das sie aus der Luft entnimmt, sowie das über die Wurzeln aufgenommene Wasser. Daraus baut sie Kohlenhydrate auf und gibt wiederum Sauerstoff (O_2) und Wasser (H_2O) ab. Für diesen Prozeß wird die Energie des Lichts benötigt. Genauso essentiell sind die Nährstoffe im Boden. Alle anderen Standortfaktoren, wie Klima und Boden, entscheiden darüber, wie gut die Pflanze all diese Stoffe aufnehmen und umsetzen kann

Naturkalender

Das Klima, genauer sein Verlauf während des Jahres in einer bestimmten Region, beeinflußt das Wachstum ganz entscheidend. Bleibt es im Frühjahr lange kalt, wird sich die Blüte der ersten Lenzboten verzögern; währt sommerliche Wärme bis spät in den Herbst hinein, kann man sich lange am Flor vieler Gartenblumen erfreuen. Ebenso verschieben sich die für das Wachstum günstigen Zeiten je nach Landstrich, denn während in klimatisch begünstigten Gebieten bereits die ersten Knospen aufspringen, kann in Höhenlagen noch Schnee liegen.

EINFLÜSSE AUF DAS WACHSTUM

Fällige Gartenarbeiten richtet man deshalb besser nach den regional verschiedenen und in jedem Jahr etwas anders verlaufenden Entwicklungszyklen der Natur aus, statt sich strikt an den kalendarischen Ablauf zu halten. Aus der Phänologie, die sich mit Beobachtungen von Pflanzen und Tieren sowie deren Beziehungen zum Klima und Witterungsverlauf befaßt, stammt denn auch der **pflanzenphänologische Kalender**, der sich an Zusammenhängen zwischen Wetter und Wachstum orientiert. Dieser Jahresweiser beschränkt sich nicht auf die üblichen vier Jahreszeiten, sondern unterscheidet natur- und praxisnah neun Perioden: Vorfrühling, Erstfrühling, Vollfrühling, Frühsommer, Hochsommer, Spätsommer, Frühherbst, Vollherbst und Spätherbst. Der Winter, für das Pflanzenwachstum ungeeignet und weniger interessant, wäre als zehnte Jahreszeit anzusehen. Die Eintrittstermine und damit auch die Länge der **natürlichen Jahreszeiten** können sich je nach Jahr und Region mehr oder weniger voneinander unterscheiden. Die Natur vermag allerdings selbst krasse Abweichungen wieder auszugleichen, z.B. verzögertes Wachstum durch einen spät beginnenden Erst- und Vollfrühling mit intensivem Zuwachs im Frühsommer. Nimmt man auf die aktuelle Fortentwicklung der Natur

Vorfrühling: Blüte des Huflattichs (oben links)

Erstfrühling: Blüte des Löwenzahns (oben rechts)

Vollfrühling: Apfelblüte (Mitte links)

Frühsommer: Holunderblüte (Mitte rechts)

Hochsommer: Blüte der Winterlinde (links)

GRUNDLAGEN DER PFLANZENPFLEGE

Spätsommer: Haferernte (links)

Frühherbst: Blüte der Herbstzeitlosen (oben)

Vollherbst: Fruchtreife der Roßkastanie (unten links)

Spätherbst: Laubverfärbung der Rotbuche (unten)

Rücksicht und führt Gartenarbeiten, z. B. Pflanzung, Düngung, Schnitt und Vermehrung, in der jeweils idealen natürlichen Jahreszeit durch, werden sie am ehesten von Erfolg gekrönt sein, da sich die Pflanzen dann in dem dafür besten Wachstumszustand befinden.

■ **Neun Jahreszeiten**

Der Beginn der neun natürlichen Jahreszeiten des phänologischen Kalenders wird jeweils durch ein bestimmtes Entwicklungsstadium charakteristischer Pflanzen markiert. Die Kennpflanzen wurden durch Botaniker und Wetterkundler nach langjährigen Beobachtungen ausgewählt. Sie sind von Land zu Land verschieden, länderspezifische Kennpflanzen können gegebenenfalls bei Wetterämtern, Garten-, insbesondere Obstbauvereinigungen erfragt oder auch manchen Gartenzeitschriften entnommen werden. Die im folgenden genannten Kennpflanzen sind aber weit verbreitet und fast überall zu beobachten, so daß sie als Orientierung für den Eintritt der jeweiligen natürlichen Jahreszeit dienen können. Entsprechende Terminangaben im allgemeinen Pflegekapitel und bei den Pflanzenporträts beziehen sich auf die nachfolgend genannten **natürlichen Jahreszeiten:**

■ **Vorfrühling**: setzt ein mit Blühbeginn des Schneeglöckchens *(Galanthus nivalis)*, mit Vollblüte des Huflattichs *(Tussilago farfara)* bzw. mit Blühbeginn der Hasel *(Corylus avellana)*.

■ **Erstfrühling**: setzt ein mit Blühbeginn der Salweide *(Salix caprea)*, mit Vollblüte des Löwenzahns *(Taraxacum officinale)* bzw. mit Blühbeginn der Kirsche *(Prunus avium)*.

■ **Vollfrühling**: setzt ein mit Blühbeginn des Apfels *(Malus x domestica)*, mit Vollblüte bzw. mit Blühbeginn des Flieders *(Syringa vulgaris)*.

■ **Frühsommer**: setzt ein mit Blühbeginn bzw. mit Vollblüte des Schwarzen Holunders *(Sambucus nigra)*, mit Blühbeginn des Winterroggens.

■ **Hochsommer**: setzt ein mit Vollblüte der Winterlinde *(Tilia cordata)*, mit Vollblüte der Sommerlinde *(Tilia platyphyllos)* bzw. mit Beginn der Fruchtreife bei Kirschen.

■ **Spätsommer**: setzt ein mit Beginn der Haferernte bzw. mit Beginn der Winterroggenernte.

■ **Frühherbst**: setzt ein mit Vollblüte der Herbstzeitlosen *(Colchicum autumnale)*.

■ **Vollherbst**: setzt ein mit Aussaat des Winterroggens, mit Beginn der Blattverfärbung bzw. mit Beginn der Fruchtreife der Roßkastanie *(Aesculus hippocastanum)*.

■ **Spätherbst**: setzt ein mit Beginn des allgemeinen Laubfalls, mit der Weinlese bzw. mit Beginn der Laubverfärbung der Rotbuche *(Fagus sylvatica)*.

EINFLÜSSE AUF DAS WACHSTUM

Licht, Wärme, Wasser

Sonnenlicht ist die Energiequelle, durch die alles pflanzliche Leben entsteht und sich fortentwickelt. Wie bei allen anderen Umwelteinflüssen haben sich die Pflanzen auch in bezug auf das Licht an unterschiedliche Bedingungen an ihren ursprünglichen Standorten angepaßt. Manche Arten können nur gedeihen, wenn sie täglich viele Stunden in voller Sonne stehen, andere geben sich dagegen mit dem eher dämmrigen Zwielicht unter dichten Baumkronen zufrieden. Diesen Ansprüchen muß man im Garten unbedingt gerecht werden, sollen sich die Pflanzen optimal entfalten und üppig blühen.

Wer einen Garten oder Teile davon neu bepflanzen will, sollte sich deshalb genügend Muße zum Beobachten gönnen. Denn nicht nur im Laufe des Tages, sondern auch im Jahresverlauf ändern sich die Lichtverhältnisse im Garten. So können dicht belaubte Bäume im Sommer sonnenliebenden Stauden das Leben schwer machen, im unbelaubten Zustand dagegen lassen sie die Frühjahrs- und Herbstsonne ungehindert durch. Das Gerüst aus Bäumen und Sträuchern entscheidet schließlich auch langfristig über Licht und Schatten; beim Anlegen von neuen Gartenbereichen tut man gut daran, an die spätere Größe und den damit verbundenen Schattenwurf neu gepflanzter oder noch junger Gehölze zu denken.

Die Lichtverhältnisse an einem Gartenstandort können sich im Laufe des Jahres ändern: Große Laubbäume und Sträucher lassen im Frühjahr viel Licht durch, so daß hier sonnenliebende Zwiebel- und Knollenblumen gedeihen. Unter dem sommerlichen Laubdach dagegen fühlen sich nur Schattenstauden wohl

■ Lichtansprüche der Pflanzen

Für den Lichtbedarf von Pflanzen gibt es fein abgestufte Kategorien:
- ■ **vollsonnig:** ganztägig volle Sonne;
- ■ **sonnig:** überwiegend volle Sonne, besonders während der Mittagszeit;
- ■ **absonnig:** überwiegend sonnig, jedoch zeitweise wenigstens über die Mittagszeit beschattet;
- ■ **halbschattig:** mindestens halbtags schattig, vor allem während der Mittagszeit;
- ■ **lichtschattig:** überwiegend schattig, jedoch mit etwas Sonneneinstrahlung (z. B. unter nicht zu dicht belaubten Gehölzen);
- ■ **schattig:** ganztägig beschattet.

Diese stark differenzierten Standortbeschreibungen spielen vor allem dann eine Rolle, wenn man anspruchsvolle Kombinationen von Stauden, teils mit nicht ganz alltäglichen Arten, durchführt. In Pflanzenkatalogen bzw. im Hobbygartenbereich sind vereinfachte Kategorien und Symbole üblich:

- ○ = **sonnig** (auch für vollsonnig)
- ◐ = **halbschattig** (auch für absonnig und lichtschattig)
- ● = **schattig**

Eng mit der Sonneneinstrahlung verbunden sind die Standortfaktoren **Wärme** und **Luftfeuchtigkeit**, denn viel Sonnenlicht heizt Luft und Boden auf und entzieht der Atmosphäre Wasserdampf, während es im Schatten kühl und luftfeucht bleibt. Pflanzen, die einen warmen, geschützten Platz bevorzugen, sollte man an kleinklimatisch begünstigte Stellen setzen, etwa vor eine wärmespeichernde Mauer, die die nächtliche Abkühlung mindert, oder im Schutz einer Hecke, die den Wind bremst.

Frühling

Sommer

GRUNDLAGEN DER PFLANZENPFLEGE

Arten, die hohe Luftfeuchtigkeit fordern, pflanzt man am besten neben Gewässer oder in die unmittelbare Nähe von Gehölzgruppen, wo durch deren hohe Verdunstungsrate am ehesten für diese Bedingung gesorgt ist.

Über die Verdunstung nehmen Sonneneinstrahlung und Wärme auch Einfluß auf den **Wasserhaushalt** des Gartens. Dieser hängt natürlich in erster Linie von den Niederschlägen ab, genauer: von deren Menge und Verteilung im Jahreslauf. Eine wesentliche Rolle spielt dabei aber auch der Boden: Seine Zusammensetzung und Beschaffenheit entscheidet darüber, wieviel Wasser der Pflanze wirklich zur Verfügung steht. Gerade auch die Fähigkeit, Wasser zu speichern, kann bei verschiedenen Böden sehr unterschiedlich sein (siehe Seite 20). Deshalb lassen sich die Wasseransprüche von Pflanzen gut charakterisieren, indem man die benötigte Bodenfeuchtigkeit angibt.

Natürlich kann man Defizite der Feuchtigkeit durch Gießen ausgleichen. Doch man sollte das kostbare und nicht selten kostspielige Naß aus der Leitung nicht unnütz beanspruchen und sich vor allem auch die Mühe des Wässerns ersparen, indem man die Standortverhältnisse prüft und dementsprechend die Pflanzenwahl trifft.

■ **Wasseransprüche der Pflanzen**

Diese lassen sich gut mit den folgenden Begriffen beschreiben, die sich auf die Bodenfeuchtigkeit im langfristigen Mittel beziehen:

■ **Trockener Boden** bleibt im Wurzelbereich überwiegend trocken, Wasser versickert schnell.

■ **Frischer Boden** bleibt im Wurzelbereich überwiegend leicht feucht, kann aber auch zeitweise trocken oder sehr feucht sein; Wasser versickert allmählich.

■ **Feuchter Boden** bleibt im Wurzelbereich überwiegend feucht, Wasser versickert nur sehr langsam.

■ **Nasser Boden** bleibt im Wurzelbereich überwiegend mit Wasser gesättigt und trocknet nie ab, Wasser bleibt stehen.

Boden und Substrate

Lebensbasis im buchstäblichen Sinne ist der Boden, die durch Verwitterung aus totem Gestein entstandene oberste Erdschicht. Es handelt sich dabei um ein komplexes, ständigen Veränderungen unterworfenes, dynamisches System aus mineralischen und organischen Anteilen. Der Boden ist das höchste Gut des Gärtners, nicht umsonst nennt man die fruchtbare, Pflanzenleben hervorbringende Substanz „Muttererde". Seine Zusammensetzung und seine Eigenschaften bestimmen grundlegend über das Gedeihen der Pflanzen, denn in ihm wurzeln sie, aus ihm beziehen sie Wasser und die nötigen Nährstoffe.

Böden gibt es in vielerlei Ausprägungen, und dementsprechend hat sich die Vegetation an die verschiedensten Bedingungen angepaßt. Wer seinen Pflanzen optimale Wachstumsvoraussetzungen bieten will, sollte seinen Gartenboden genauer kennenlernen. Hierbei geht es zum einen um die Frage der physikalischen Beschaffenheit und Bearbeitbarkeit. Dies

Sticht man mit dem Spaten eine Bodenscholle ab, zeigt sie meist oben eine dunkle, darunter eine eher bräunliche Schicht. Aus dem dunkleren, humushaltigen Oberboden ① entnimmt die Pflanze hauptsächlich die Nährstoffe, während der Unterboden ② den Wurzeln zur Verankerung und Wasserversorgung dient. Oft erst ab 80 cm Tiefe steht die dritte Schicht, das Ausgangsgestein ③ an, aus der sich der darüberliegende Boden ursprünglich gebildet hat

EINFLÜSSE AUF DAS WACHSTUM

Probeentnahme für Bodenuntersuchungen:
① *An ca. 10 Stellen im Garten kleinere Erdmengen entnehmen.*
② *Die Einzelproben gut durchmischen.*
③ *Etwa 500 g der Mischprobe in eine stabile Tüte füllen, Tüte mit Adresse versehen*

kann man leicht selbst überprüfen, wie im Abschnitt „Leichte und schwere Böden" gezeigt. Ratsam ist außerdem eine Bodenuntersuchung (Bodenanalyse), die man am besten in mehrjährigen Abständen durchführen läßt, um über die „inneren Werte" des Bodens, z. B. seinen Nährstoffgehalt, Bescheid zu wissen.

■ Bodenuntersuchung

Von etwa 10 über das Grundstück verteilten Stellen nimmt man mit dem Spaten Einzelproben aus den obersten 30 Zentimetern, mischt sie nach Entfernen grober Steine und Wurzeln in einem Eimer gut durch und gibt als Probe einen Teil der Mischung (meist etwa 500 g) zur Analyse in ein Bodenuntersuchungslabor. Von dort bekommt man genauen Aufschluß über die Zusammensetzung und den Nährstoffgehalt des Bodens. In Gärten mit deutlich unterschiedlichen Böden sind natürlich mehrere Mischproben notwendig.
Bodenanalysen führen – neben einigen privaten Labors – die landwirtschaftlichen Untersuchungsanstalten der Bundesländer durch. Die Adressen kann man z. B. bei den jeweiligen Landwirtschaftskammern erfragen. Meist erhält man von den Untersuchungslabors ausführliche Anleitungen zur Entnahme und Aufbereitung der Proben.

■ Leichte und schwere Böden

Die Beschaffenheit eines Bodens bedingt, in welcher Weise er sich bearbeiten läßt. Ein **leichter Boden,** der ohne große Mühen umgegraben werden kann, enthält vorwiegend grobe mineralische Körnchen (Sand), zwischen denen reichlich Hohlräume bleiben. Ein **schwerer Boden,** bei dem zum Umstechen ein erheblicher Kraftaufwand nötig wird, besteht dagegen großteils aus feinen Mineralpartikeln (Ton), die mit wenig Zwischenraum sehr dicht gepackt sind. **Mittelschwere Böden** setzen sich aus Körnchen aller Größen oder nur aus mittelgroben (Schluff) zusammen und verfügen daher über feine wie grobe Poren. Die Anteile der verschiedenen Körnchen- und Porengrößen entscheiden nicht nur über die Bearbeitbarkeit eines Bodens, sondern auch über Eigenschaften wie Durchlüftung, Wasserspeicherkraft, Nährstoffverfügbarkeit und Erwärmung, die seine Qualität als Pflanzenstandort ausmachen. Die untenstehende Übersicht zeigt diese Zusammenhänge, wobei auffällt, daß hohes Speichervermögen eines Bodens den Pflanzen nicht unbedingt zugute kommt: Schwere Böden halten Wasser und Nährstoffe zwar lang, aber auch so fest, daß sie für Pflanzenwurzeln kaum verfügbar sind.

EIGENSCHAFTEN VERSCHIEDENER BODENARTEN

	Leichter Boden	Mittelschwerer Boden	Schwerer Boden
Bearbeitung	einfach	mittel	schwierig
Durchlüftung	++	+	–
Wasserspeicherung	–	+	++
Wasserverfügbarkeit	–	+	–
Neigung zu Austrocknung	stark	mäßig	gering
Neigung zu Vernässung	kaum	mäßig	stark
Nährstoffspeicherung	–	+	++
Nährstoffverfügbarkeit	++	+	–
Erwärmung	++	+	–

++ = sehr gut, + = gut, – = schlecht

GRUNDLAGEN DER PFLANZENPFLEGE

Die unterschiedlichen Eigenschaften der Böden erfordern unterschiedliche Bearbeitungsweisen, wobei sich leichte wie schwere Böden durch allmähliche Anreicherung von Zuschlagstoffen verbessern lassen:

■ **Leichte Böden** im Erst- oder Vorfrühling mit der Grabgabel lockern und mit reifem Kompost, Rindensubstrat, Lehm und/oder Gesteinsmehlen anreichern. Regelmäßig mulchen. Nur bei Bedarf im Vorfrühling organisch düngen, mineralische Düngung möglichst vermeiden. Pflanzung ist ab Vorfrühling bis Spätherbst möglich.

■ **Schwere Böden** im Voll- oder Spätherbst mit dem Spaten umstechen und mit scharfem Sand (Flußsand), speziellen Lockerungsmitteln (z. B. Perlite) und/oder reifem Kompost anreichern, vom Vorfrühling bis zum Hochsommer in regelmäßigen Abständen oberste Schicht mit Rechen oder Kultivator fein zerkrümeln. Nur bei Bedarf im Spätherbst organisch oder im Vollfrühling mineralisch düngen. Pflanzung ist ab Vollfrühling bis Frühherbst empfehlenswert.

Fingerprobe (oben):
① *Leichter, sandiger Boden rieselt durch die Finger.*
② *Mittelschwerer, lehmiger Boden rieselt kaum, ist eher bröckelig und hinterläßt dunkle Fingerrillen.*
③ *Schwerer, toniger Boden läßt sich gut formen, zeigt leicht fettigen Glanz und hinterläßt einen feinen dunklen Belag auf der Handfläche.*
◌ ▫ = *Sandkörner*
◦ ◦ = *Schluffkörner*
• •• = *Tonkörner*

Bearbeitung schwerer Böden (rechts):
① *Umstechen ist in der Regel nur bei dichten, stark tonhaltigen Böden nötig. Hierzu im Herbst spatentief abstechen und Scholle wenden.*
② *Im Frühjahr mit der Grabgabel lockern, mit dem Rechen Oberfläche fein zerkrümeln und dann glätten. Diese Arbeiten nur ausführen, wenn der Boden etwas abgetrocknet ist*

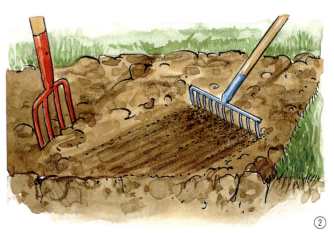

EINFLÜSSE AUF DAS WACHSTUM

■ **Mittelschwere Böden** im Spätherbst oder Vorfrühling mit der Grabgabel lockern und mit reifem Kompost anreichern. Mulchen oder in Abständen die Oberfläche mit dem Rechen oder Kultivator zerkrümeln. Nur bei Bedarf im Spätherbst oder Vorfrühling organisch oder im Vollfrühling mineralisch düngen. Pflanzung ab Vorfrühling bis Anfang Spätherbst empfehlenswert.

■ **Humus und Bodenleben**
Neben dem mineralischen Anteil enthält ein Boden stets auch einen organischen, der sich aus abgestorbener und lebender Substanz zusammensetzt. Die Gesamtheit der abgestorbenen organischen Substanz nennt man Humus, die lebende umfaßt alle Bodenlebewesen, angefangen von Mikroorganismen über Pflanzenwurzeln bis hin zu Regenwürmern, Maulwürfen und Mäusen.
Der Humus, der sich über komplexe Abbau- und Umwandlungsprozesse aus welken Blütenblättern, Fallaub, herabgefallenen Früchten, abgestorbenen Stengeln und Pflanzenwurzeln sowie aus toten Bodenlebewesen heranbildet, gibt dem Boden seine dunkle Färbung und stellt eine wesentliche Grundlage für die Fruchtbarkeit dar. Der Humusgehalt eines Bodens zeichnet für viele Eigenschaften mitverantwortlich, von ihm hängen Durchlüftung, Wasser- und

Fleißige Wühler: Regenwürmer verbessern Bodenstruktur und -fruchtbarkeit

Nährstoffspeicherung sowie Erwärmung ganz entscheidend ab. Außerdem stellt er den eigentlichen Lebensraum der Bodenlebewesen dar, die wiederum in vielfältiger Weise an der Humusbildung beteiligt sind.
Ein Boden mit hohem Humusgehalt ist stets erstrebenswert, denn er läßt auch ohne aufwendige Bodenpflege optimales Pflanzenwachstum zu. Auf humusarmen Gartenboden kann man nur spezielle, kargen Boden ertragende Arten ansiedeln oder aber durch geeignete Maßnahmen die Humusbildung anregen. Um den **Humusanteil zu verbessern**, empfehlen sich folgende Maßnahmen:
■ Geregelte Kompostwirtschaft: Entfernte Pflanzenteile (Abgeblühtes, Abgestorbenes, Gehölz- und Rasenschnittgut, Herbstlaub, Erdreste usw.) kompostieren und dem Boden regelmäßig wieder zuführen, um den natürlichen Nährstoffkreislauf zu schließen (siehe Seite 31).
■ Schonende, aber regelmäßige Bodenbearbeitung: Bodenoberfläche in Abständen lockern, offenen Boden mit Mulchschichten (Seite 28) schützen, um das Bodenleben und die Humusbildung zu fördern.
■ Bedarfsgerechte Düngung: Bei Nährstoffmangel ausschließlich organischen Dünger in entsprechender Dosierung einsetzen, um Überdüngung und Auswaschung zu vermeiden.
■ Nach Abräumen der Beete und vor Neuanlagen Gründüngungspflanzen aussäen, z. B. Inkarnatklee, Ölrettich oder im Handel erhältliche Gründüngungsmischungen. Nach ihrem Absterben reichern sie den Boden mit Biomasse und Nährstoffen an.
■ Angemessener Pflanzenschutz: Vorbeugende Maßnahmen wie standortgerechte Pflanzung und Förderung von Nützlingen ergreifen, mechanische und biologische Schädlings- und Krankheitsbekämpfung nur bei Bedarf und dann fachgerecht anwenden; auf chemische Mittel verzichten, um das Bodenleben und die Humusbildung nicht zu beeinträchtigen.

■ **Säuregrad**
Ein weiteres Kriterium, von dem viele Eigenschaften wie Nährstoffverfügbarkeit abhängen, ist der Säuregrad des Bodens. Je nach Zusammensetzung der Erde enthält das Bodenwasser mehr oder weniger Säuren bzw. Basen, was man mittels des **pH-Wertes** angeben kann. Die Meßwertskala des pH-Wertes reicht von 0 bis 14, wobei 7 die neutrale Mitte kennzeichnet, saure und basische Substanzen sich also die Waage halten. Werte unter 7 liegen im sauren, Werte über 7 im basischen Bereich. Die meisten Pflanzen gedeihen am besten bei schwach sauren bis neutralen Bedingungen, es gibt allerdings auch Spezialisten, die sich an extrem saure bzw. basische Böden angepaßt haben. Man sollte deshalb den pH-Wert seines Gartenbodens analysieren bzw. analysieren lassen (Bodenuntersuchung, siehe

GRUNDLAGEN DER PFLANZENPFLEGE

Seite 20) und bei der Pflanzenauswahl darauf Rücksicht nehmen oder eine entsprechende Bodenverbesserung durchführen.
Maßnahmen zur Erhaltung oder Veränderung des pH-Wertes:
■ **pH-Wert stabilisieren:** Humusbildung und -gehalt fördern, denn Humus wirkt als Puffer für Säuren und Basen, Schwankungen im pH-Wert werden ausgeglichen. Gesteinsmehle dünn aufstäuben und einharken, sie wirken neutralisierend.
■ **pH-Wert geringfügig anheben, absenken oder stabilisieren:** entsprechende Dünger verwenden; es gibt sowohl sauer wirkende Düngemittel (z. B. Superphosphat, Ammoniumsulfat) wie auch basisch wirkende (z. B. Kalkstickstoff, Thomasphosphat, Knochenmehl). Andere wie z. B. Kalimagnesia, Guano wirken neutral, haben also keinen Einfluß auf den Säuregrad.
■ **pH-Wert anheben:** Kalken, z. B. mit mild und langsam wirkendem kohlensauren Kalk, Algenkalk. Im Spätherbst hauchdünn auf die Oberfläche streuen, unterharken. Vorsicht, nicht zuviel kalken, sonst können Mangelkrankheiten auftreten!

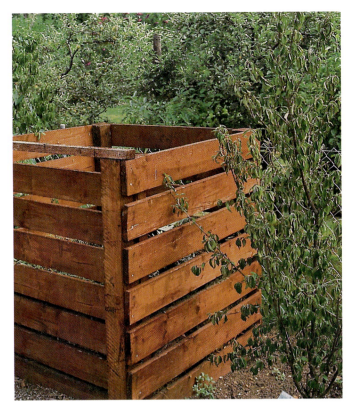

■ **pH-Wert absenken:** Reichlich sauer wirkenden, ungekalkten Rindenkompost oder Rindenhumus untermischen (auf Torf möglichst verzichten bzw. ihn durch Torfersatzstoffe strecken), sauer wirkende Algenpräparate mit Alginsäure aufstäuben und einharken, Boden mit Rindenmulch oder Nadelstreu bedecken.

Am Kompostplatz entsteht eines der vielseitigsten Bodenverbesserungsmittel: Kompost reichert den Boden mit Humus und Nährstoffen an und stabilisiert seine Struktur

Rhododendren mögen's sauer, soll heißen: einen pH-Wert unter 5,5

■ **Substrate**
Gewächse, die man in Gefäßen ziehen oder vorziehen möchte, sind natürlich auch auf eine Erdsubstanz angewiesen: die Substrate oder **Erdmischungen**.
Substrate sind künstlich hergestellte Erdmischungen, die sich entsprechend dem jeweiligen Verwendungszweck aus verschiedenen Bestandteilen zusammensetzen und vom Fachhandel in reicher Auswahl angeboten werden, z. B.:
■ **Einheitserden** in diversen Typen: Einheitserde Typ 0 oder Nullerde (ungedüngt, für Aussaat geeignet), Typ VM oder Vermehrungserde (leicht gedüngt, für Aussaat oder Anzucht geeignet), Typ P oder Pikiererde (gedüngt, für Jungpflanzenkultur geeignet), Typ T oder Topferde (für Kultur ausgewachsener Pflanzen in Gefäßen geeignet).
■ **Torfkultursubstrate (TKS):** TKS 0 oder TKS Spezial (ungedüngt, für Aussaat), TKS 1 (schwach gedüngt, für Anzucht), TKS 2 (gedüngt, für Kultur ausgewachsener Pflanzen in Gefäßen).
Da diese Substrate großteils aus Torf bestehen, dessen Abbau die Moore bedroht, geht man heute dazu über, den Torf durch andere Materialien, z. B. Rindensubstrate, Holz- oder Kokosfasern, zu ersetzen.

GUTE PFLEGE — GUTES WACHSTUM

RICHTIG GEPFLANZT IST HALB GEPFLEGT

SCHONENDER PFLANZENSCHUTZ

PFLANZENNACHWUCHS SELBST ZIEHEN

RICHTIG GEPFLANZT IST HALB GEPFLEGT

Standortwahl und -vorbereitung, wie im vorangegangenen Kapitel in Grundzügen dargestellt, bilden das Fundament vernünftiger Pflege, sind, salopp gesagt, die halbe Miete. Finden die Pflanzen im Ziergarten günstige Standortbedingungen, entwickeln sie ihre volle Vitalität und müssen kaum umsorgt werden. Es gilt dann in erster Linie, schon beim Einsetzen oder Aussäen und später vor allem durch ausgewogene Bodenpflege die Wuchsvoraussetzungen im optimalen Rahmen zu halten. Dazu kommen ästhetische Gesichtspunkte, die verlangen, daß man z. B. hin und wieder die Schere zur Hand nimmt; auch ein paar andere kleinere Arbeiten werden nicht erspart bleiben. Dazu gehören auch Maßnahmen des Pflanzenschutzes, wobei die vorbeugenden wichtiger, sinnvoller und letztendlich meist arbeitssparender sind als spätere Aktionen bei akutem Befall. Und hier schließt sich dann auch der Kreis: Standortgemäße Pflanzenwahl und gute Pflege von Anfang an sind immer noch die besten Pflanzenschutzmittel.

Abgesehen von den wenigen Arten, die im Ziergarten an Ort und Stelle ausgesät werden, erhalten die meisten Gewächse – ob gekauft oder selbst angezogen – durch Pflanzung ihren Platz im Garten. Im Grunde genommen ist das der erste Schritt der Pflanzenpflege, der über das Gedeihen in den ersten Wochen, Monaten oder gar Jahren entscheidet. Denn ein Versetzen an einen neuen Standort bedeutet für jede Pflanze einen einschneidenden Eingriff in ihr Wachstum, sei sie nun noch jung oder schon alt, klein oder groß. Das Wurzelwerk wird unweigerlich gestört, vor allem die vielen feinen Saugwurzeln, die Wasser und Nährstoffe aufnehmen. Bis sie sich neu gebildet haben, leidet der oberirdische Pflanzenkörper mehr oder weniger Mangel daran. Je sorgsamer man also die Pflanzung vorbereitet und durchführt, desto weniger wird diese strapaziöse Phase das Wachstum beeinträchtigen.

Im Prinzip setzt man alle Pflanzen auf sehr ähnliche Weise ein, wie im Kapitel „Sommerblumen" (Seite 67) dargestellt. Bei manchen sind einige zusätzliche Punkte zu beachten oder werden ein paar weitere Handgriffe nötig; das betrifft z. B. die richtige Pflanztiefe bei Zwiebel- und Knollengewächsen (Seite 227) oder das Einsetzen von ballenlosen Gehölzen (Seite 277). Über spezielle Erfordernisse informieren die einzelnen Pflanzenporträts.

GUTE PFLEGE – GUTES WACHSTUM

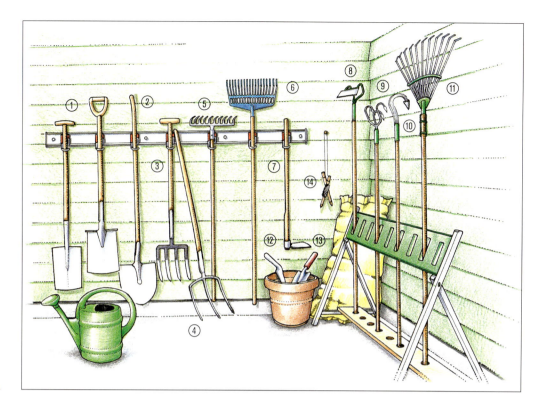

Werden Pflanzen gekauft, steht vor dem Einsetzen der Transport, bei dem man Schäden an und „Streß" für die Gewächse möglichst vermeiden sollte. Sommerblumen, Stauden und kleinere Gehölze erhält man oft in kleinen Plastiktöpfen, als sogenannte Containerpflanzen. Solche Pflanzware schlägt man am besten in Papier ein und transportiert sie in einer Kiste. Größere Sträucher im Container werden locker zusammengebunden, schwere Pflanzen befördert man am einfachsten mit Hilfe einer Sackkarre zum Pflanzort.

Gartengeräte

Pflegearbeiten lassen sich ohne das passende Werkzeug nicht oder nur schlecht ausführen, jeder Gärtner tut gut daran, sich eine qualitativ hochwertige und sicherheitsgeprüfte Grundausstattung zuzulegen. Die Geräte sollten sorgfältig gepflegt und instandgehalten werden. Scheren, Messer und Sägen z. B. müssen stets geschärft sein, Spaten, Grabgabel und Rechen rostfrei und ohne Scharten.

■ **Wichtig:** Alle Geräte stets sauber halten, damit Krankheitserreger nicht übertragen werden. Insbesondere Werkzeuge für Pflanzenvermehrung und Schnitt peinlich sauber halten, im Zweifelsfall vor Verwendung mit Spiritus oder Alkohol desinfizieren.

Gießen und mulchen

Eine Arbeit, die einem auch bei bester Standortwahl vor allem während des Hochsommers selten erspart bleiben wird, ist die Bewässerung. Lang anhaltende Trockenperioden setzen selbst den robustesten Pflanzen zu – sie welken, werfen Blätter und Knospen ab und können schließlich dauerhaft geschädigt werden.

■ **Wasser sparen – richtig gießen**

■ Humusbildung und -gehalt des Bodens fördern, um dessen Speichervermögen zu erhöhen.

■ Pflanzen nicht zu dicht nebeneinander setzen, damit sie ein umfangreiches Wurzelwerk ausbilden und die Bodenfeuchtigkeit effektiver nutzen können.

■ Bei offenem Boden die Oberfläche mulchen oder regelmäßig mit dem Rechen oder einem Kultivator zerkrümeln, damit im Boden vorhandene Feuchtigkeit nicht zu schnell nach oben steigt und verdunstet.

■ Stets den Boden rund um die Pflanzen gießen und nicht die Pflanzen selbst benetzen, sonst verdunstet das meiste, bevor es über

Handgeräte für Bodenbearbeitung, Aussaat, Pflanzung, Pflege:
① *Spaten,* ② *Schaufel,* ③ *Grabgabel,* ④ *Kompostgabel,* ⑤ *kräftiger und* ⑥ *feinzinkiger Rechen,* ⑦ *Schlaghacke,* ⑧ *Ziehhacke,* ⑨ *Kultivator,* ⑩ *Sauzahn,* ⑪ *Laubrechen,* ⑫ *Pikierholz,* ⑬ *Pflanzkelle,* ⑭ *Pflöcke mit Richtschnur für Reihensaat*

das Wurzelwerk aufgenommen werden kann.

■ Besser seltener, aber durchdringend als häufig nur sparsam gießen, damit das Wasser möglichst tief zu den Wurzeln vordringen kann. Faustregel: Bei leichten Böden dreimal pro Woche, bei mittelschweren zweimal pro Woche, bei schweren nur einmal pro Woche.

■ Bei leichten und mittelschweren Böden möglichst so lange Wasser zuführen,

RICHTIG GEPFLANZT IST HALB GEPFLEGT

Nach Möglichkeit immer direkt auf den Boden im Wurzelbereich der Pflanzen gießen

bis sich eine Pfütze bildet, aus der das Wasser allmählich versickert. Bei schweren Böden dagegen weniger gießen, um Staunässe zu vermeiden; das Wasser sollte zügig einsickern.
■ Entweder frühmorgens oder spätnachmittags wässern, nicht jedoch untertags bei voller Sonneneinstrahlung und nicht spätabends, weil nächtliche Feuchtigkeit Pilzkrankheiten und Schnecken begünstigt.
Wasser läßt sich sparen, indem man den Boden mit einer schützenden Decke überzieht, einer **Mulchschicht**. Gleichzeitig bleibt die Erde darunter wärmer

und kühlt nachts nicht so schnell aus, was wiederum das Bodenleben aktiviert. Außerdem steigt durch die Verrottung organischer Mulchdecken auch der Humusgehalt, und der Nährstoffvorrat wird ergänzt. Und nicht zuletzt kann unter der Decke auch Unkraut kaum keimen. Zudem bietet Mulchen die Möglichkeit, Gartenabfälle sinnvoll einzusetzen. Das Mulchmaterial bringt man rund um die Pflanzen oder aber flächig auf offenen Boden aus. Ab und zu muß es erneuert werden.

■ **Geeignetes Mulchmaterial**
■ Rindenmulch, etwa 5 cm hoch, unter Bäumen, Sträuchern, Hecken
■ Angewelkter Grasschnitt, in sehr dünner Lage, auf Beeten und Rabatten, unter Gehölzen
■ Herbstlaub, in dünner Lage, auf abgeräumten Beeten, unter Gehölzen
■ Gehäckselter Gehölzschnitt, etwa 3–5 cm hoch, auf Beeten und Rabatten, unter Gehölzen
■ Zerkleinertes Schnittgut von Staudenresten und Gemüse, etwa 2–3 cm hoch, auf Beeten und Rabatten
■ Roher Kompost, 1–2 cm hoch, auf unbearbeiteten Beeten und unter Gehölzen als Winterabdeckung
■ Reifer Kompost, 1–2 cm hoch, für alle Zwecke
Hinweis: Eine Mulchschicht wird von Schnecken als Unterschlupf verschmäht, wenn sie trocken, saugfähig und von möglichst rauher Oberfläche ist. Das Mulchmaterial sollte deshalb nur in trockenem Zustand auf die Beete gebracht werden. Nach stärkeren oder anhaltenden Regenfällen die Mulchschicht wenden oder trockenes Material dazumischen, damit sie schneller abtrocknet, eventuell zusätzlich schneckenabwehrende Duftstoffe (im Fachhandel erhältlich) auf den Mulch ausbringen.

Düngung

Eine der wohl umstrittensten und nicht selten falsch verstandenen Pflegemaßnahmen ist die Düngung. Grundsätzlich gilt: Verlorengegangene und entnommene Nährstoffe müssen rechtzeitig wieder ersetzt werden, weil selbst der beste Boden nicht ewig Nahrung für die Pflanzen nachliefern kann. Zu natürlichen Verlusten kommt es vor allem durch Auswaschung von Nährstoffen aus dem Boden, was am stärksten bei leichten Böden (vergleiche Seite 20) der Fall ist. Aber auch der Gärtner entnimmt ständig Nährstoffe, nämlich

Die Mulchschicht wird zwar flächendeckend ausgebracht, doch sollte man rings um die Pflanzen immer etwas Abstand halten

GUTE PFLEGE – GUTES WACHSTUM

immer dann wenn er Pflanzen oder Pflanzenteile entfernt; sie sind dann der Verrottung an Ort und Stelle entzogen, die von ihnen aufgenommenen Stoffe gelangen nicht mehr in den Boden zurück. Dies gilt nicht nur für die Ernte von Obst und Gemüse, sondern z.B. auch für den Schnitt und das herbstliche Abräumen von Zierpflanzen. Das sind jedoch meist geringere Mengen als die im Nutzgarten entnommenen, zudem kommt es im Ziergarten weniger auf schnellen Zuwachs und hohe Erträge an. Dauerhafte Schönheit und Gesundheit der Pflanzen stehen hier, auch als Ziel der Düngung, im Vordergrund. Eine – vielleicht „gut gemeinte" – Überversorgung mit Nährstoffen hat jedoch genau den gegenteiligen Effekt: gestörtes Bodenleben, vermehrtes Grünwachstum und geringere Blühkraft, Anfälligkeit gegenüber Schäden aller Art. Da übermäßige Düngung außerdem die Umwelt belastet, sollte man Nährstoffgaben penibel nach den jeweiligen Voraussetzungen des Standorts ausrichten. Die Devise heißt: Lieber zuwenig als zuviel!

Man unterscheidet mehrere Arten von **Düngemitteln**:

■ Mineralische Dünger: mittels chemischer Verfahren hergestellte Dünger bzw. chemisch aufgeschlossene Mineralstoffe; wirken meist schnell, aber nur relativ kurz und ernähren die Pflanzen direkt. Anwendung empfiehlt sich bei akutem Nährstoffmangel, bei Bedarf auch für Pflanzen in Töpfen, Balkonkästen usw.

■ Organische Dünger: aus tierischen oder pflanzlichen Stoffen hergestellte Dünger; wirken meist langsam, aber anhaltend und ernähren die Pflanzen indirekt, da sie im Boden erst aufgeschlossen werden müssen. Anwendung empfiehlt sich bei Bedarf in allen Gartenbereichen.

■ Organisch-mineralische Dünger: Mischungen aus beiden vorgenannten Düngern; wirken sowohl schnell als auch anhaltend, und ernähren die Pflanzen direkt wie indirekt. Anwendung empfiehlt sich bei Bedarf für Sommerblumen, Pflanzen in Gefäßen.

■ **Anwendung**

Dünger werden sowohl in **fester** wie auch in **flüssiger** Form angeboten. Pulvrige oder gekörnte Mittel streut man auf den Boden aus oder mischt sie zum Substrat; sie können vielfach aber auch mit Wasser angerührt und dann wie Flüssigdünger beim Gießen verabreicht werden. In jedem Fall sollte man die Herstellerangaben zum Gebrauch genau beachten und selbstverständlich auch befolgen. Die Dosierungshinweise auf den Packungen beziehen sich auf die Versorgung von Pflanzen mit mittlerem bis hohem Nährstoffbedarf auf eher kargem Boden. Für Arten, die weniger Nährstoffe brauchen und nur schwach gedüngt werden müssen, sollte man die Düngermenge reduzieren, eine halb so hohe Konzentration ist ausreichend.

Gekörnte Düngemittel werden oberflächig eingearbeitet, Flüssigdünger lassen sich einfach mit der Gießkanne ausbringen. Nur bei trübem Wetter und auf leicht feuchten Boden düngen

■ **Richtig düngen**

■ Jeglicher Düngung sollte eine Bodenanalyse (siehe Seite 20) vorausgehen, bei der der Bedarf der jeweiligen Nährstoffmengen festgestellt wird.

■ Speichervermögen des Bodens für Nährstoffe durch Humusgaben fördern, um Überdüngung und Auswaschung zu verhindern.

■ Zugeführt werden nur die Nährstoffe, die auch gebraucht werden, und selbstverständlich auch nur in der benötigten Menge. Vor allem schnell wirkende Dünger besser in mehrere kleine Portionen verteilt geben als einmal in hoher Dosierung.

■ Düngemittel nur an trüben, windstillen Tagen auf nicht zu trockenen und nicht zu nassen Böden ausbringen.

■ Dünger anschließend mit dem Rechen oder einem Kultivator leicht in die Erdoberfläche einarbeiten, ausgenommen natürlich Flüssigdünger.

■ Reste der Düngemittel kühl, dunkel und sicher verschlossen an einem kindersicheren Platz aufbewahren. Auf exakte Beschriftung achten.

RICHTIG GEPFLANZT IST HALB GEPFLEGT

Kompostanlage, -bereitung und Verwendung auf einen Blick.
Wichtig: Kompostgut so schichten bzw. mischen, daß grobes mit feinem, trockenes mit feuchtem Material wechselt. Als unterste Lage sollte man eine Schicht aus grob zerkleinerten Ästen einbringen

GUTE PFLEGE – GUTES WACHSTUM

Kompost

Die wohl ausgewogenste Methode der Nährstoffregulation ist eine sorgsame Kompostwirtschaft, ganz besonders im Ziergarten. Entsprechend dem Vorbild der Natur nutzt man hier über den Umweg des Komposthaufens einen Recyclingprozeß aus, bei dem aus organischem, also pflanzlichem und tierischem Abfall durch Verrottung wieder Humus mit darin enthaltenen Nährstoffen wird – die beste Grundlage für neues Wachstum. Mit Kompost, ideales Bodenverbesserungsmittel und langsam wirkender Dünger zugleich, sind viele weitere Vorteile verbunden:

- Dem Boden werden wertvolle Humusstoffe zugeführt, das nützliche Bodenleben wird aktiviert.
- Nährstoffe bleiben gespeichert und werden nur allmählich freigesetzt, die Gefahr einer Auswaschung ins Grundwasser ist gering.
- Gartenabfälle werden sinnvoll wiederverwertet und belasten keine Mülltonne.

■ Richtig kompostieren

- Kompostbehälter an einer halbschattigen Stelle, etwas geschützt durch Gehölze in der näheren Umgebung, direkt auf den gewachsenen Boden aufstellen, damit sein Inhalt weder austrocknet noch vernäßt und Bodentiere von unten her eindringen können.
- Als unterste Lage eine etwa 10–20 cm dicke Schicht aus grob zerkleinerte Ästen (Gehölzschnitt) einfüllen, damit Sickersäfte ablaufen können.
- Schichtweise Kompostiergut einfüllen, das stets gut zerkleinert sein und aus möglichst vielen verschiedenen Materialien bestehen soll, damit die Rotte schnell und gleichmäßig abläuft und das Endprodukt eine ausgewogene Zusammensetzung aufweist.
- Darauf achten, daß sich weiche, stark wasserhaltige Materialien (z. B. Blätter, Blüten, Früchte) mit harten, trockenen (z. B. Stengel, Zweige, Rinde) abwechseln, damit keine Fäulnis auftritt und die Rotte nicht stockt.
- Problematische, nur schlecht verrottende Stoffe (z. B. Grasschnitt, Laub, Zitrusschalen) nur in kleinen Mengen als dünne Schicht aufbringen.
- Immer wieder ein paar Schaufeln reifen Kompost oder Gartenerde als „Starter" zusetzen oder das Rottegut dünn mit Gesteinsmehl oder Algenkalk überstäuben.

Ist der Kompostbehälter voll, deckt man ihn mit einer Schicht Erde, Laub, Stroh ab oder bepflanzt ihn mit schattenspendenden Pflanzen wie Kapuzinerkresse *(Tropaeolum majus)* oder Kürbis *(Cucurbita pepo)*. Nach 3 bis 4 Monaten Rottezeit ist Roh- oder Frischkompost entstanden, der noch reichlich grobe Bestandteile enthält und als Mulchschicht zur Flächendüngung, z. B. für Hecken oder abgeräumte Beete, verwendet werden kann. Man bringt ihn dazu etwa 1–2 cm hoch auf den Boden aus, darf ihn aber keinesfalls untergraben, da zur vollständigen Umsetzung noch viel Sauerstoff nötig ist. Nach 9 bis 12 Monaten ist der Rottevorgang dagegen meist abgeschlossen, der Kompost reif. Er ist dann dunkel und fein krümelig und riecht nach frischem Waldboden. Nach dem Durchsieben kann er in die oberste Erdschicht eingearbeitet werden. Die Menge richtet sich nach Bodenzustand und Bedarf der Pflanzen, jedoch sollte sie 10 l pro Quadratmeter und Jahr nicht überschreiten.

MATERIALIEN FÜR DIE KOMPOSTIERUNG

Geeignet	Ungeeignet
• Pflanzenreste	• Steine, Keramik, Bauschutt
• Laub, leicht feucht	• Glas, Metalle
• Grasschnitt	• Farben, Lacke
• Gehölzschnitt, zerkleinert	• Kunststoffe, Gummi
• Unkräuter (Blattmasse)	• Unkrautwurzeln und -blüten
• verbrauchte Topferde	• Öle, Fette
• verblühte Schnittblumen	• Pflanzenschutzmittel
• Küchenabfälle von Gemüse und Obst	• Fleisch- und Fischreste
• Kaffee- und Teesatz	• Knochen, Gräten
• Eierschalen, zerkleinert	• gekochte Speisereste
• unbehandelte Zitrusschalen (in kleinen Mengen)	• mit Konservierungsstoffen behandelte Obst- und Gemüsereste
• unbehandeltes Papier (Küchentücher, Zellstoff)	• Wachs- und Hochglanzpapier
	• farbig bedrucktes Papier

Winterschutz

Besonders empfindliche Pflanzen müssen vor allem in klimatisch rauhen Gebieten über den Winter eine schützende Abdeckung erhalten. Je rauher die Gegend ist, in der der Garten liegt, desto mehr Aufwand muß für den Winterschutz betrieben werden. Zur Förderung der Widerstandsfähigkeit gegenüber Frost und Kälte sollten alle

RICHTIG GEPFLANZT IST HALB GEPFLEGT

Pflanzen ab dem Spätsommer nicht mehr gedüngt werden. Insbesondere mit Stickstoff überreichlich versorgte Pflanzen schließen ihr Wachstum erst sehr spät ab, die noch nicht ausgereiften Triebe von Gehölzen und Stauden können dann unter Frösten sehr stark leiden. Besonders frostanfällig sind meist auch frisch gesetzte Pflanzen und Jungpflanzen, die in den ersten Standjahren über den Winter besonderer Aufmerksamkeit bedürfen.

■ **Materialien für den Winterschutz**

Wenn dichter Schnee fällt, liefert der Winter das Schutzmaterial „frei Haus": Tatsächlich sind Pflanzen unter einer Schneedecke vor Frösten gut geschützt. Da aber auf die weißen Flocken nicht immer Verlaß ist, empfehlen sich andere Abdeckungen.

■ Fichtenreisig ist dafür besonders geeignet, da es nach und nach seine Nadeln verliert und bei zunehmender Tageslänge auch wieder mehr Licht an die Pflanze läßt, die sich dadurch schneller wieder an die Helligkeit gewöhnen. Reisig wird dachziegelartig über die Pflanzen gedeckt; dabei soll stets noch genügend Luft unter der Abdeckung zirkulieren können, um Fäulnis oder Krankheiten vorzubeugen.

■ Laub, das im Herbst ja meist reichlich anfällt, eignet sich als Abdeckung ebenfalls gut. Selbstverständlich darf nur Laub verwendet werden, das frei von Krankheiten und Schädlingen ist.

■ Auch Rindenmulch und Kompost kann man für den Winterschutz verwenden, allerdings dürfen sie nicht über grüne Pflanzenteile geschüttet werden. Sie decken in erster Linie das Erdreich ab und halten den Wurzelraum warm.

■ Mit Sackleinen, Jute oder Leinentüchern lassen sich große Pflanzen problemlos abdecken. Da diese Materialien leicht und anschmiegsam sind, verursachen sie keine Beschädigungen an den Pflanzen. Im Handel sind auch spezielle Schattiermatten erhältlich, die gleichzeitig vor Kälte schützen.

■ **Abnehmen des Winterschutzes**

Abdeckungen und andere Winterschutzvorrichtungen müssen zum richtigen Zeitpunkt wieder abgenommen werden. Schon im Spätwinter kann man tagsüber durch zeitweises Abdecken lüften, wenn es eine milde Witterung erlaubt. Sobald die Tage wärmer werden und sich auch der Boden wieder erwärmt, beginnen die Pflanzen neu auszutreiben. Dann spätestens müssen die Abdeckungen heruntergenommen werden. Man sollte aber noch einige Zweige oder Säcke bereithalten, um sie bei Bedarf über Nacht schnell noch einmal auflegen zu können.

Winterschutzmaßnahmen und -materialien:
① *Grashorste werden locker zusammengebunden, den Wurzelbereich schützt man durch angehäufeltes trockenes Laub*
② *In den Boden gestecktes Fichtenreisig eignet sich sowohl zum Schutz von Stauden (locker darüberlegen) als auch von kleinen Gehölzen (Reisig so stecken, daß es dachziegelartig übereinanderliegt)*
③ *Winterhüllen für empfindliche Gehölze: oben: mit trockenem Laub gefüllter Maschendraht-„Käfig"; darunter: einfaches Zeltgerüst, mit Sackleinen bespannt*
④ *Immergrüne Gehölze sollte man mit Leinentuch oder Bastmatte vor austrocknender Wintersonne schützen*
⑤ *Auf Stämmchen veredelte Kronen, vor allem von Rosen, sind besonders gefährdet und können mit Jutegewebe umwickelt werden*

SCHONENDER PFLANZENSCHUTZ

Auf den ersten Blick scheint eine Pflanze gegenüber Fraßfeinden und Krankheitskeimen wehrlos. Ähnlich wie der Mensch verfügt sie jedoch über eine Art „Immunsystem", über passive Abwehrkräfte, z. B. Dornen, harte Blattüberzüge und Giftstoffe. Ja, sogar aktiv kann die Pflanze in gewissen Grenzen auf Angriffe reagieren, etwa durch bestimmtes Wuchsverhalten, durch Verkorkung, bei der befallene Gewebeteile abgesperrt werden, oder durch geänderten Aufbau der Inhaltstoffe. Diese Selbsthilfemaßnahmen kann der pflanzliche Organismus um so wirkungsvoller einsetzen, je besser seine Vitalität ist. Richtige Standortwahl, Förderung der Artenvielfalt und damit des ausgleichenden Wechselspiels der Natur sowie sorgsame Pflege, zu der unter anderem eine bedarfsorientierte Düngung gehört, sind die Grundvoraussetzungen, mit denen der Gärtner seine Pflanzen gesund erhalten kann.

Dennoch breiten sich bisweilen lästige Schädlinge oder Krankheitserreger aus, denen es frühzeitig und angemessen zu begegnen gilt. An erster Stelle stehen so einfache mechanische Maßnahmen wie Absammeln, Abspülen oder Abschneiden. Erst wenn dies versagt, kann man stärkere Geschütze auffahren und sollte diese mit Bedacht verwenden. Kriterien und Hinweise für den Einsatz von Pflanzenschutzmitteln finden sich in diesem Kapitel, ebenso Grundsätze und Praxistips für sanftere Alternativen.

Am Kapitelende werden die häufigsten Schädlinge und Krankheiten im Überblick vorgestellt. Wie sie im einzelnen schaden und was man speziell bei der befallenen Pflanze dagegen tun kann, erfährt man in den ausführlichen Porträts und Pflegeanleitungen.

SCHONENDER PFLANZENSCHUTZ

Der Fachhandel bietet heute verstärkt nicht nur chemische, sondern auch biologische Pflanzenschutzmittel bzw. Mittel auf pflanzlicher Basis an. Auch große Gartenmärkte und Gartencenter haben sich auf die Nachfrage nach umweltschonenderen Präparaten eingestellt, so daß die Beschaffung entsprechender Mittel vielerorts kein Problem mehr darstellt. Selbst Nützlinge, wie z. B. Raubmilben, kann man häufig schon einfach mit Hilfe von Karten bestellen, die im Fachhandel ausliegen, und manche Firmen haben sich auf das Herstellen artgerechter Nisthilfen für Vögel und Nutzinsekten spezialisiert. Wo die Beschaffung von Nützlingen und Zubehör Schwierigkeiten bereitet, lohnt sich ein Blick in den Anzeigenteil von Gartenzeitschriften. Auch Pflanzenschutzämter können oft weiterhelfen.

Methoden...

... des schonenden Pflanzenschutzes wurden bereits in der Einleitung angesprochen. Hier in der Reihenfolge ihres Einsatzes die Zusammenstellung der wichtigsten Maßnahmen:
- Vorbeugung durch standortgerechte Pflanzung einer vielfältigen Flora
- Förderung von Nützlingen, z. B. mit Nistkästen, locker aufgeschichteten Holz- und Steinhaufen, ungemähten Wiesenstreifen
- Sorgfältige Pflege, ausgewogene Düngung
- Regelmäßige Kontrolle der Pflanzen auf Befall
- Genaue Bestimmung des Schaderregers
- Mechanische Abwehr, z. B. Absammeln, Abwaschen, Entfernen erkrankter Pflanzenteile, Anbringen von Schutznetzen oder Leimtafeln
- Anwendung milder Stärkungs- und Bekämpfungsmittel wie Jauchen, Brühen und Tees
- Gezielter Einsatz von Nützlingen wie Schlupfwespen, Raubmilben oder Raubwanzen (im Fachhandel erhältlich)
- Anwendung unbedenklicher biologischer Pflanzenschutzmittel bzw. pflanzlicher Präparate
- Anwendung chemischer Mittel nur im äußersten Notfall; dabei unbedenkliche, selektive (= nur gegen den Erreger wirksame) und bienenschonende Mittel bevorzugen, exakt nach Vorschrift und in richtiger Dosierung einsetzen.

Unscheinbar, aber ein wichtiger Nützling: Florfliegenlarve beim Vertilgen von Blattläusen. Die Florfliegenweibchen legen ihre gestielten Eier oft in der Nähe von Läusekolonien ab

Für das Ansetzen hausgemachter Stärkungs- und Abwehrmittel empfiehlt sich ein abdeckbares Faß, das an einem leicht beschatteten Platz aufgestellt wird

GUTE PFLEGE – GUTES WACHSTUM

■ Hausgemachte Abwehrmittel

Manche Pflanzen enthalten Stoffe, mit denen sich die Widerstandskraft anderer unterstützen läßt, die aber auch direkt gegen Schädlinge und Krankheiten wirken. Verschiedene Zubereitungen kann man einfach selbst herstellen:

■ **Jauchen:** Pflanzenteile zerkleinern, mit kaltem Wasser ansetzen, täglich umrühren. Gärung beginnt, wenn Bläschen aufsteigen, dann absieben. Anwendung meist verdünnt.

■ **Brühen:** Pflanzenteile zerkleinern und 24 Stunden in Wasser einweichen, aufkochen, absieben, abkühlen lassen. Anwendung meist unverdünnt.

■ **Tees:** Pflanzenteile zerkleinern und mit heißem Wasser überbrühen, ziehen lassen, absieben, abkühlen lassen. Anwendung meist unverdünnt.

■ **Kaltwasserauszüge:** Pflanzenteile zerkleinern und in kaltem Wasser einweichen, ziehen lassen, absieben. Anwendung meist unverdünnt.

Entsprechende Pflanzenzubereitungen und ihre Anwendung stellt die nebenstehende Übersicht vor. Ein anderes bewährtes Mittel ist die **Schmierseifenlösung:** 150 g Schmierseife in wenig warmem Wasser auflösen, dann zu 5 l kaltem Wasser geben und gut umrühren; einen Schuß Brennspiritus oder Spülmittel zugeben. Unverdünnt gegen saugende Schädlinge wie Blattläuse, Schildläuse spritzen.

■ Resistente Sorten

Daß sich Pflanzen selbst wehren können, wurde eingangs erwähnt. Harte Blattüberzüge, die das Eindringen von Schaderregern verhindern, giftige oder wenig schmackhafte Inhaltsstoffe, die Insekten den Appetit verderben – solche Eigenschaften lassen sich gezielt durch Auslese züchten und in entsprechenden Sorten verstärken. So gibt es mittlerweile, vor allem bei Rosen und anderen Gehölzen, etliche Sorten, die gegen bestimmte Krankheiten resistent, also widerstandsfähig sind, z. B. gegen Echten Mehltau. Es empfiehlt sich also, beim Pflanzenkauf auf solche Eigenschaften zu achten und gezielt nach resistenten Sorten zu fragen.

■ Umgang mit Pflanzenschutzmitteln

Haben sich alle sanften Mittel als nutzlos erwiesen und droht die Plage überhandzunehmen, wird man wohl oder übel den Einsatz stärkerer Mittel erwägen. Selbst viele pflanzliche Mittel sind nicht ganz harmlos, so etwa die Pyrethrum-Präparate, die aus einer Margeritenart gewonnen werden und neben den Schädlingen auch Nützlinge treffen. Chemische

BEWÄHRTE PFLANZENZUBEREITUNGEN

Pflanzenart	Zubereitung	Wirkung	Anwendung
Ackerschachtelhalm (*Equisetum arvense*)	Brühe: 1 kg frisches oder 150 g trockenes Kraut auf 10 l Wasser	1:4 verdünnt gegen Pilzerkrankungen wie Mehltau, Rost	vorbeugend gießen oder bei Befall spritzen
Beinwell (*Symphytum officinale*)	Brühe: 1 kg frisches oder 150 g getrocknetes Kraut auf 10 l Wasser	1:4 verdünnt gegen saugende Schädlinge wie Blattläuse, als Stärkungsmittel	vorbeugend gießen, bei Befall spritzen
Brennessel (*Urtica dioica*)	Jauche: 1 kg frisches oder 200 g trockenes Kraut auf 10 l Wasser, 5 bis 7 Tage nach Gärungsbeginn anwenden	1:20 verdünnt gegen saugende und fressende Schädlinge wie Blattläuse, Spinnmilben; 1:10 verdünnt als Stärkungsmittel	vorbeugend gießen oder bei Befall spritzen, mehrmals wiederholen
Kamille (*Chamomilla recutita*)	Tee: 50 g frische Blüten oder 100 g frisches Kraut auf 10 l Wasser	unverdünnt als Stärkungsmittel	vorbeugend gießen
Knoblauch (*Allium sativum*)	Tee: 100 g zerdrückte, frische Zehen auf 10 l Wasser, 24 Stunden ziehen lassen	unverdünnt gegen Pilzkrankheiten, Spinnmilben	bei Befall spritzen

SCHONENDER PFLANZENSCHUTZ

Pflanzenschutzmittel müssen mit größter Sorgfalt angewendet werden. Bisweilen macht es mehr Sinn, sich von einer Pflanze trennen und sie durch eine gesunde ersetzen, statt sie im wahrsten Sinne des Wortes mit allen Mitteln durchzupäppeln. Insbesondere bei den kurzlebigen Sommerblumen lohnt eine Behandlung kaum.
Folgendes sollte bei Auswahl und Anwendung von Pflanzenschutzmitteln unbedingt beachtet werden:

■ Sich von Fachpersonal eingehend beraten lassen.
■ Mittel auswählen, die nur gegen den festgestellten Schaderreger wirken (selektive Mittel).
■ Möglichst unbedenkliche Mittel wählen, d. h. ohne oder mit geringer Giftigkeit für Warmblüter, bienen- und nützlingsschonend.
■ Gebrauchsanweisung genau lesen und befolgen.
■ Nur die erforderliche Menge kaufen und Mittel jeweils nach Vorschrift exakt dosieren.
■ Nur an windstillen, trüben Tagen anwenden.
■ Zur Ausbringung möglichst amtlich geprüfte Spritz- oder Sprühgeräte verwenden.
■ Schutzkleidung tragen (Handschuhe, lange Hosen, lange Ärmel, Mundschutz) und bei der Ausbringung nicht essen, trinken oder rauchen.
■ Wenn die Gebrauchsanleitung des Mittels nichts anderes besagt, Blattober- und unterseiten gründlich besprühen oder mit Hilfe eines Verneblersaufsatzes rundum einnebeln.
■ Stets in Originalverpackung außer Reichweite von Kindern und Haustieren und nicht zusammen mit Lebens- oder Futtermitteln aufbewahren, möglichst unter Verschluß.
■ Reste nicht aufheben – sie verlieren schnell an Wirksamkeit –, sondern als Sondermüll entsorgen (Sondermüll-Sammelstelle).
■ Benutzte Geräte gründlich reinigen; Reinigungswasser auffangen und nicht in den Abfluß, sondern zwischen die zuvor mit dem Mittel behandelten Pflanzen gießen.

T+

Sehr giftig

T

Giftig

Xn

Gesundheitsschädlich

Xi

Reizend

C

Ätzend

Die wichtigsten Gefahrensymbole bei Pflanzenschutzmitteln

Häufige Schädlinge

■ **Nagetiere**
Wühl- oder Schermäuse können durch Fraß an Wurzeln vor allem bei Jungpflanzen erheblichen Schaden verursachen. In ländlichen Gebieten nagen Mäuse, Hasen und Wildkaninchen bisweilen an Rinden und Jungtrieben von Gehölzen und anderen Pflanzen.

■ **Schadbild**: Fraßspuren an oberirdischen Teilen; Pflanzen sterben ohne ersichtliche Schädigung der oberen Teile ab, Wurzeln mehr oder weniger zerstört.

■ **Gefährdete Pflanzen**: Gehölze, Stauden, Zwiebel- und Knollengewächse

■ **Vorbeugende Maßnahmen**: Natürliche Feinde fördern, d. h. Ansitzstangen für Greifvögel anbringen und Unterschlupf für Wiesel (Steinhaufen) anlegen; Garten mit engmaschigem Drahtzaun einfrieden; Draht- oder Kunststoffmanschetten um die Stämme junger Gehölze anbringen; nagesichere Pflanzkörbe für Zwiebelpflanzen verwenden; Vergrämungsmittel ausbringen; Abwehrpflanzen setzen, z. B. Kaiserkrone oder Knoblauch.

■ **Bekämpfung**: Wühlmäuse und Mäuse mit speziellen Fallen fangen.

■ **Schnecken**
Vor allem nach milden Wintern und bei feuchtwarmer Witterung können Schnecken zur wahren Plage werden. Während Gehäuseschnecken sich vorwiegend von welken Pflanzenteilen ernähren,

Feldmäuse sind bei ihrer Nahrungssuche nicht wählerisch

GUTE PFLEGE – GUTES WACHSTUM

Oben links: Schneckenfraß an Funkien

Oben rechts: Raupe des Frostspanners an einer Hainbuche

Rechts: typische Fraßspuren des Dickmaulrüßlers (an Rhododendron)

bevorzugen Nacktschnecken weiche, saftige Triebe, Blätter und Knospen.
- **Schadbild:** Buchtige und/oder löchrige Fraßstellen vorwiegend an weichen Pflanzenteilen, silbrig glänzende Schleimspuren; die Tiere verstecken sich tagsüber an feuchten, schattigen Orten.
- **Gefährdete Pflanzen:** Jungpflanzen; Sommerblumen, Stauden, Zwiebel- und Knollengewächse
- **Vorbeugende Maßnahmen:** Schneckenzäune aufstellen; Kriechhindernisse um die Pflanzen errichten, z. B. Sägemehl, Sand, Fichtennadeln, Farnwedel; Lockpflanzen setzen, z. B. niedrige Tagetes, Kapuzinerkresse; Eigelege (kleine Knäuel) bei der Bodenbearbeitung aufsammeln.
- **Bekämpfung:** Regelmäßig frühmorgens oder spätabends absammeln, vor allem in den Verstecken (Laubschichten, Mulchdecken, Steine, große Blätter); Schnecken mit ausgelegten Brettern, flachen Steinen oder feuchten Tüchern anlocken und darunter absammeln; Schneckenfallen aufstellen. Tiere in kochendem Salzwasser rasch abtöten.

■ **Schmetterlingsraupen**
Im Gegensatz zu den erwachsenen Faltern können die Raupen mancher Arten durchaus lästig werden.
- **Schadbild:** Skelettier-, Fenster- oder Lochfraß an Blättern (Eulenraupen, Frostspanner); dichte Gespinste (Gespinstmotten); eingerollte Blätter (Wickler); Minierfraß an Blättern (Miniermotten).
- **Gefährdete Pflanzen:** Sommerblumen, Stauden, Zwiebel- und Knollengewächse, Gehölze
- **Vorbeugende Maßnahmen:** Nützlinge, vor allem Vögel fördern (z. B. mit Nistkästen); Baumstämme mit Leimringen versehen.
- **Bekämpfung:** Absammeln (Schutzhandschuhe tragen!), eingerollte Blätter und Gespinste entfernen; bei starkem Befall mit *Bacillus-thuringiensis*-Präparat spritzen.

■ **Käfer**
Neben vielen nützlichen Arten wie dem blattlausfressenden Marienkäfer oder schneckenjagenden Laufkäfern gibt es auch einige pflanzenschädliche wie Rüsselkäfer, Dickmaulrüßler und verschiedene, oft auf bestimmte Pflanzen spezialisierte Blattkäfer. Auch die Larven können Zierpflanzen gefährden.
- **Schadbild:** Blattfraß, zuweilen bis auf die Blattadern (Blattkäfer, z. B. Lilienhähnchen); Kerbfraß an Blatträndern (Dickmaulrüßler); halbkreisförmige Fraßstellen an Blatträndern (Rüsselkäfer); ohne sonst ersichtlichen Schaden kümmernde und welkende Pflanzen, Wurzeln mit Fraßspuren (Drahtwürmer, Larven von Schnellkäfern).

SCHONENDER PFLANZENSCHUTZ

- **Gefährdete Pflanzen**: Sommerblumen, Stauden, Zwiebel- und Knollengewächse, Gehölze
- **Vorbeugende Maßnahmen**: Förderung von Nützlingen (z. B. Errichten lockerer Holz- und Steinhaufen); regelmäßige Bodenlockerung.
- **Bekämpfung**: Regelmäßig absammeln. Bei Befall mit Dickmaulrüßler Einsatz von biologischen Präparaten (Gartenfachhandel); diese enthalten spezielle, nicht pflanzenschädliche Nematoden, die den Rüßler bzw. seine Larven abtöten.

■ Blattwanzen

Auffällige dreieckige Rückenschilde kennzeichnen die Wanzen, unter denen es viele nützliche Vertreter gibt. Einige sind jedoch Gartenschädlinge.

- **Schadbild**: Punktförmige, gelbe Saugstellen an Blättern, diese welken und verbräunen; Knospen entwickeln sich nicht, oft mit braun verfärbten Stellen.
- **Gefährdete Pflanzen**: Sommerblumen, Stauden
- **Vorbeugende Maßnahmen**: Nützlinge fördern (z. B. Nistkästen, artenreiche Gartenflora).
- **Bekämpfung**: In den kühlen Morgenstunden auf untergehaltene, klebrige Unterlage abschütteln.

■ Blattläuse

Diese Insekten sind wohl jedem Gärtner unliebsam vertraut. Die mehr als 800 bekannten Arten sind sehr unterschiedlich gefärbt. Sie ernähren sich von Pflanzensäften, indem sie bevorzugt weiche Pflanzenteile ansaugen. Blattläuse können gefährliche Viruserkrankungen übertragen, schon deshalb sollte man gegen sie vorgehen. Ameisen halten sich die Läuse gern als „Melkkühe", sie schätzen den süßen Honigtau, den die Läuse abscheiden. Durch dem Nachgehen von „Ameisenstraßen" kann man Blattlauskolonien oft aufspüren.

- **Schadbild**: Ungeflügelte oder geflügelte Tiere von unterschiedlicher Färbung (meist grün, dunkelbraun oder schwarz) in mehr oder weniger zahlreichen Kolonien an Pflanzen, bevorzugt an jungen Triebspitzen, weichen Blättern und Knospen, aber auch in eingerollten Blättern und Blattachseln; Pflanzenteile mit hellen, punktförmigen Saugstellen, oft mißgebildet oder welkend; klebrige Überzüge an den Pflanzen, später schwarz (Rußtau).

- **Gefährdete Pflanzen**: Jungpflanzen; Sommerblumen, Stauden, Zwiebel- und Knollengewächse, Gehölze
- **Vorbeugende Maßnahmen**: Ausgewogene Düngung, insbesondere zu stickstoffreiche Düngung vermeiden; Förderung von Nützlingen (z. B. mit Nistkästen, artenreiche Vegetation); Pflanzenstärkung mit Schachtelhalmtee.
- **Bekämpfung**: Abspritzen mit Wasser; abwaschen mit Schmierseifenlösung; stark befallene Pflanzenteile entfernen; Spritzen mit Pflanzenzubereitungen.

■ Wolläuse

Woll-, Schmier- und Gallenläuse erkennt man leicht an den feinen Wachsflocken, unter denen sie ihre Körper schützen, oder an den seltsamen Auswüchsen der Pflanzen, die durch die Saugtätigkeit der Läuse hervorgerufen werden.

Blattwanzenschaden an Forsythienblatt

Marienkäfer und ihre Larven helfen, Blattläuse kurzzuhalten

Wollausbefall an einem Kiefernzweig

GUTE PFLEGE – GUTES WACHSTUM

■ **Schadbild:** Flockige oder schmierige Beläge; wachswollige Häufchen an Blättern und Trieben; Blätter verfärbt oder verkrüppelt; blasige bis knotige Auswüchse (Gallen), vor allem an jungen Trieben
■ **Gefährdete Pflanzen:** Gehölze
■ **Vorbeugende Maßnahmen:** Gefährdete Pflanzen vor dem Austrieb mit mineralölhaltigem Mittel spritzen.
■ **Bekämpfung:** Bei leichtem Befall mit Wasser, dem ein Spritzer Spülmittel beigefügt wurde, abwaschen; Gallen entfernen; bei stärkerem Befall mit mineralölhaltigem Mittel spritzen.

■ **Schildläuse**
Unter sehr widerstandsfähigen Schilden gut geschützt, heften sich Schildläuse ungemein fest an Pflanzenteile. Sie sind kaum zu entfernen und nur schwierig zu bekämpfen.
■ **Schadbild:** Rundliche bis längliche, flache oder gewölbte Schilde verschiedener Färbung an Trieben und Blättern

■ **Gefährdete Pflanzen:** Sommerblumen, Gehölze
■ **Vorbeugende Maßnahmen:** Pflanzen ausgewogen düngen und pflegen; regelmäßig mit Stärkungsmitteln gießen; Pflanzen dünn mit Gesteinsmehl bestäuben.
■ **Bekämpfung:** Bei leichtem Befall versuchen, Schilde abzukratzen; befallene Teile entfernen; mit Pflanzenzubereitungen oder mineralölhaltigen Mitteln spritzen.

■ **Weiße Fliegen**
Die auch als Mottenschildläuse bekannten geflügelten Schädlinge wirken wie mit Mehl bestäubt, bei Berührung einer befallenen Pflanze stieben sie behende in allen Richtungen davon. Auch die gelbgrünen Larven saugen an Pflanzenteilen.
■ **Schadbild:** Gelbe Saugflekken an Blättern, die später vertrocknen; weiße Insekten und/oder gelbgrüne Larven an den Blattunterseiten; Blätter von klebrigen Ausscheidungen überzogen, die sich später schwärzlich färben (Rußtau).

■ **Gefährdete Pflanzen:** Jungpflanzen bei der Anzucht unter Glas, Sommerblumen
■ **Vorbeugende Maßnahmen:** Stärkungsmittel ausbringen.
■ **Bekämpfung:** Mit Pflanzenzubereitungen oder mineralölhaltigen Mitteln spritzen; im Gewächshaus oder auf der Fensterbank gelbe Leimtafeln oder Nützlinge (Zehrwespen) einsetzen.

■ **Thripse**
Diese kleinen Tiere, die man auch als Blasenfüße bezeichnet, und ihre Larven saugen an Pflanzen.
■ **Schadbild:** Erst gelbe, später silbrig durchscheinende Saugstellen an Blättern; daneben winzige, schwarze Kottröpfchen; Blätter vergilben, fallen ab.
■ **Gefährdete Pflanzen:** Jungpflanzen bei der Anzucht unter Glas (Frühbeet, Gewächshaus); Stauden, Zwiebel- und Knollengewächse
■ **Vorbeugende Maßnahmen:** Bei Unter-Glas-Kulturen häufig lüften und auf hohe Luftfeuchte achten;

Links: Schildlauskolonie an Nestfarn

Mitte: Weiße Fliegen (Mottenschildläuse)

Rechts: Saugschäden von Thripsen an Pelargonienblatt

Zwiebeln und Knollen vor der Lagerung sorgfältig säubern.
■ **Bekämpfung:** Befallene Blätter entfernen; mit Pflanzenzubereitungen oder Schmierseifenlösung spritzen; unter Glas blaue Leimtafeln anbringen.

■ **Spinnmilben**
Spinnmilben, auch als Rote Spinne bekannt, saugen vorwiegend an Blättern. Einen Befall erkennt man meist erst spät, wenn die Tiere nämlich schon reichlich feinste Gespinste über Pflanzenteile gelegt haben.
■ **Schadbild:** Blätter mit gelben bis weißen Sprenkeln; Blätter vergilben und fallen ab; Pflanzen von feinen, weißen Gespinsten überzogen.

SCHONENDER PFLANZENSCHUTZ

■ **Gefährdete Pflanzen**: Jungpflanzen; Sommerblumen, Stauden, Gehölze

■ **Vorbeugende Maßnahmen**: Unter-Glas-Kulturen viel lüften und auf hohe Luftfeuchte achten; auf ausgewogene Düngung achten, zu reichliche Stickstoffversorgung vermeiden.

■ **Bekämpfung**: Befallene Teile entfernen; mit Pflanzenzubereitungen spritzen; unter Glas Nützlinge (Raubmilben) einsetzen.

■ **Nematoden**
Die winzigen, wurmähnlichen Tiere bewegen sich schlängelnd wie Aale fort, sie werden deshalb auch Fadenwürmer oder Älchen genannt. Je nach Art schädigen sie Wurzeln (Wurzelälchen), Stengel (Stengelälchen) oder Blätter (Blattälchen).

■ **Schadbild**: Gehemmtes Wachstum, kümmernde Pflanzen, Wurzeln mit braunen Flecken oder Knötchen (Wurzelälchen); Krüppelwuchs, mißgebildete Stengel (Stengelälchen); glasige, später gelbe bis braune Flecken an den Blättern, Blattadern bleiben deutlich sichtbar (Blattälchen).

■ **Gefährdete Pflanzen**: Sommerblumen, Stauden, Zwiebel- und Knollengewächse, Gehölze

■ **Vorbeugende Maßnahmen**: Regelmäßig Unkraut entfernen; Schutzpflanzen wie Tagetes zu gefährdeten Pflanzen setzen; nicht zu dicht pflanzen.

Ganz oben: Gespinst von Spinnmilben auf Chrysanthemen

Mitte links: Nematodenschaden (Stengelälchen)

Mitte rechts: Echter Mehltau an Phlox

Unten: Falscher Mehltau an Stiefmütterchen

■ **Bekämpfung**: Befallene Pflanzen entfernen; an solchen Stellen andere Arten pflanzen.

Häufige Krankheiten

■ **Echter Mehltau**
Diese Erkrankung wird von Pilzen verursacht, die in die Pflanzenzellen eindringen und sie aussaugen. Der mehlig-weiße Belag stellt die Vermehrungsorgane der Pilze dar.

■ **Schadbild**: Weiße, später schmutziggraue bis braune, leicht abwischbare Beläge an Blattober- und -unterseiten, Stengeln, Blüten und Knospen

■ **Gefährdete Pflanzen**: Sommerblumen, Stauden, Zwiebel- und Knollengewächse, Gehölze

■ **Vorbeugende Maßnahmen**: Auf ausgewogene Ernährung achten, insbesondere zu hohe Stickstoffversorgung vermeiden; nicht zu dicht pflanzen; resistente oder wenig anfällige Sorten bevorzugen.

■ **Bekämpfung**: Befallene Teile entfernen; mit Pflanzenzubereitungen spritzen.

■ **Falscher Mehltau**
Ähnlich wie beim Echten Mehltau saugen auch hier Pilze die Pflanzenzellen aus. Der Belag findet sich jedoch nur auf den Blattunterseiten.

■ **Schadbild**: Weißgraue bis grauschwarze, nicht abwischbare Beläge an den

GUTE PFLEGE – GUTES WACHSTUM

Oben links: Starker Grauschimmelbefall an Pfingstrose

Oben rechts: Wurzelfäule durch Pilzkrankheit (Phytophthora), rechts im Bild gesunde Pflanze

Links: Rosenrost

Blattunterseiten; gelbweiße Flecken an den Blattoberseiten
- **Gefährdete Pflanzen**: Sommerblumen, Stauden, Zwiebel- und Knollengewächse
- **Vorbeugende Maßnahmen**: Auf ausgewogene Nährstoffversorgung achten; nicht zu dicht pflanzen; Boden regelmäßig lockern; beim Gießen Pflanzen nicht benetzen; resistente oder wenig anfällige Sorten bevorzugen.
- **Bekämpfung**: Befallene Teile entfernen; mit Pflanzenzubereitungen spritzen.

■ Grauschimmel
Bei feuchtwarmem Wetter vermehrt sich dieser auch als Botrytis bezeichnete Pilz zuerst nur auf abgestorbenen, später aber auch auf gesunden Pflanzenteilen rasend schnell.
- **Schadbild**: Graue Beläge auf Blättern, Stengeln, Knospen und Blüten
- **Gefährdete Pflanzen**: Sommerblumen, Stauden, Zwiebel- und Knollengewächse, Gehölze
- **Vorbeugende Maßnahmen**: Auf ausgewogene Nährstoffversorgung achten; nicht zu dicht pflanzen; beim Gießen Pflanzen nicht benetzen.
- **Bekämpfung**: Befallene Teile entfernen; mit Pflanzenzubereitungen spritzen.

■ Rost
Unter diesem Begriff werden eine ganze Reihe verschiedener Pilzkrankheiten zusammengefaßt, die sich durch meist rostrote, manchmal aber auch braune bis schwarze Schadstellen vorwiegend an Blättern äußern. Viele Rostpilze durchlaufen einen Wirtswechsel, treten also zu verschiedenen Jahreszeiten an verschiedenen Pflanzen in unterschiedlicher Ausprägung auf.
- **Schadbild**: Rundliche, gelbe bis schwarzbraune Flecken oder Pusteln an den Blattunterseiten; helle Flecken auf den Blattoberseiten
- **Gefährdete Pflanzen**: Sommerblumen, Stauden, Gehölze
- **Vorbeugende Maßnahmen**: Zugehörige Wirtspflanzen nicht nebeneinander pflanzen (nähere Hinweise im speziellen Pflanzenteil).
- **Bekämpfung**: Befallene Teile entfernen; mit Pflanzenzubereitungen oder speziellen Mitteln gegen Rostpilze spritzen.

■ Wurzelfäule, Zwiebel- und Knollenfäule
Kümmerliches Wachstum, Welkeerscheinungen und langsames Absterben von oberirdischen Pflanzenteilen ohne ersichtlichen anderweitigen Befall oder Mangel – solche Symptome werden oft durch Pilz-, teilweise aber auch Bakterienbefall der unterirdischen Teile hervorgerufen. Ursache ist in den meisten Fällen stehende Nässe im Untergrund, verbunden mit mangelnder Durchlüftung des Bodens.
- **Schadbild**: Austrieb bleibt aus, Pflanzen welken trotz guter Wasserversorgung, Wachstum stockt, einzelne Triebe faulen an der Basis, Stengelgrund oft aufgeweicht und dunkel verfärbt; Wurzeln und/oder unterirdische Speicherorgane schwarz verfärbt, glasig, faulig und unangenehm riechend, Feinwurzeln abgestorben.
- **Gefährdete Pflanzen**: Zwiebel- und Knollengewächse, Stauden, Gehölze und Sommerblumen

SCHONENDER PFLANZENSCHUTZ

Durch Bakterien verursachte Welke einer Fetthenne (Sedum)

Von Viren hervorgerufene Ringflecken auf Päonienblättern

■ **Vorbeugende Maßnahmen**: Pflanzstellen tiefreichend lockern, vor allem schwere Erde durch Zusatz von Sand oder anderen Lockerungsmitteln durchlässiger machen, Drainageschicht in die Pflanzgrube einbringen; auf ausgewogene Düngung achten, Boden häufig lockern, Humusanteil durch regelmäßige Kompostgaben erhöhen; besonders nässeempfindliche Arten durch Abdeckung vor zuviel Nässe schützen, insbesondere im Winter.
■ **Bekämpfung**: Pflanzen aufnehmen bzw. ausgraben, alle erkrankten Teile großzügig entfernen und an geeigneterer Stelle neu einsetzen; bei schwerem Befall Pflanzen entfernen.

■ **Bakterienkrankheiten**
Von Bakterien verursachte Krankheiten sind nur sehr schwer zu bekämpfen. Die gefährlichste ist der **Feuerbrand** (siehe Seite 284), eine meldepflichtige Krankheit, die aber nur bei wenigen Gehölzarten und dort nur selten auftritt.
■ **Schadbilder**: Je nach Erreger; z.B. krebsartige Wucherungen an Wurzeln oder an der Stengelbasis; ölige bis glasige oder schwarze Flecken auf Blättern; nasse, faulige Wurzeln, Zwiebeln oder Knollen
■ **Gefährdete Pflanzen**: Sommerblumen, Stauden, Zwiebel- und Knollengewächse, Gehölze
■ **Vorbeugende Maßnahmen**: Auf gesundes Pflanzgut achten; Schneide- und andere Werkzeuge peinlich sauber halten, eventuell desinfizieren; bei Gehölzen Wunden (z.B. nach Schnitt) sorgfältig verschließen.
■ **Bekämpfung**: Befallene Teile entfernen, notfalls ganze Pflanze roden.

■ **Viruskrankheiten**
Viren können ähnlich wie Bakterien vielfältige Krankheiten auslösen, die kaum zu bekämpfen und deshalb sehr gefürchtet sind.
■ **Schadbilder**: Mosaik-, ring-, band- oder wellenförmige, helle oder dunkle Flecken auf Blättern; deformierte, gestauchte Triebe, extrem verschmälerte Blätter, kümmernder Wuchs; gekräuselte und/oder eingerollte Blätter, deformierte Blüten
■ **Gefährdete Pflanzen**: Sommerblumen, Stauden, Zwiebel- und Knollengewächse, Gehölze
■ **Vorbeugende Maßnahmen**: Auf gesundes Pflanzgut achten; resistente oder wenig anfällige Sorten bevorzugen; Werkzeuge peinlich sauber halten, eventuell desinfizieren; Virusüberträger (Blattläuse, Spinnmilben) bekämpfen.
■ **Bekämpfung**: Befallene Teile entfernen, notfalls ganze Pflanze roden.

Standort- und Pflegefehler

Nicht jeder Schaderreger wird sichtbar oder hinterläßt deutliche Spuren; wenn sich jedoch weder Anzeichen noch typische Symptome der zuvor beschriebenen Schädlinge und Krankheiten finden lassen, sollte man bei kümmernden Pflanzen zuallererst Standort- und Pflegebedingungen überprüfen. Viele häufig vorkommende Pflanzenschäden resultieren aus einem Zuviel oder Zuwenig der benötigten Wachstumsfaktoren. Vorbeugung spielt hier die allergrößte Rolle, da Abhilfe im Nachhinein teils kaum möglich ist und solche Fehler oft auch Schädlings- oder Krankheitsbefall nach sich ziehen.

■ **Chlorose**
Unter der Bezeichnung Chlorose faßt man sämtliche abnormen Blattaufhellungen und -vergilbungen zusammen, die verschiedene Ursachen haben können, vielfach jedoch Anzeichen für eine Mangelerscheinung sind. Am häufigsten treten Chlorosen bei kalkfliehenden Pflanzenarten wie Rhododendren *(Rhododendron)* auf, wenn sie auf kalkreichem Untergrund stehen. Hier stehen nicht genügend Spurenelemente zur Verfügung, die Blattgrünbildung ist gestört.
■ **Schadbild**: Zuerst junge, später auch ältere Blätter verblassen und vergilben

GUTE PFLEGE – GUTES WACHSTUM

Chlorose an Rhododendron. Ursache: zu kalkhaltiger und/oder verdichteter Boden

flächig, Blattadern bleiben jedoch grün (Spurenelementmangel bei zu kalkhaltigem oder staunassem Boden); zuerst ältere, später auch junge Blätter verfärben sich insgesamt fahlgrün bis gelblich und bleiben kleiner als gewöhnlich (Stickstoffmangel).
■ **Gefährdete Pflanzen**: Gehölze, Stauden, seltener Sommerblumen
■ **Vorbeugende Maßnahmen**: Pflanzen passend zu den Standortverhältnissen auswählen oder Standort entsprechend verbessern, insbesondere kalkfliehende Arten nur auf sauren Boden pflanzen; ausgewogen düngen, enventuell Bodenanalyse vornehmen lassen und gezielt Nährstoffe ergänzen; Staunässe vermeiden.
■ **Abhilfe**: Gezielte Bodenverbesserung (z. B. durch Untermischen von sauer wirkendem Rindensubstrat oder Nadelstreu) und Nährstoffergänzung (mit Spezialdüngern); Umpflanzen an geeigneteren Standort.

■ **Überdüngung**
Häufiger als Mangelerscheinungen treten Schäden durch ein überreichliches Angebot an Nährstoffen auf. Eine Überdüngung hat aber nicht nur direkte Folgen für die Pflanzen; sie beeinträchtigt auch die Bodenqualität und damit wiederum die Gesundheit der Vegetation sowie die gesamte Umwelt, denn durch Auswaschung können überschüssige Nährstoffe ins Grundwasser gelangen.
■ **Schadbild**: Kümmerwuchs trotz guter Pflege, mangelhafter Blütenansatz, überreiche Laubentwicklung; schwammige, weiche Triebe und Blätter, oft heller oder dunkler als normal gefärbt; in der Folge häufig Frostschäden und/oder übermäßiger Schädlingsbefall, vor allem mit Blattläusen.
■ **Gefährdete Pflanzen**: Gehölze, Stauden, Zwiebel- und Knollenpflanzen, Sommerblumen
■ **Vorbeugende Maßnahmen**: Boden untersuchen lassen, dementsprechend Pflanzenauswahl treffen und nur bei Bedarf düngen; organische Langzeitdünger wie Kompost hervorzugen; besser auf Düngung verzichten als vorbeugend Nährstoffe zu geben; Düngemittel nicht überdosieren.
■ **Abhilfe**: Schwierig, nur allmähliche Abschwächung durch Verzicht auf Düngung; in sehr begrenztem Umfang durch Bodenaustausch möglich.

■ **Trockenschäden**
Jede Pflanze leidet früher oder später unter Trockenheit; insbesondere bei gleichzeitiger Hitze – sie welkt. Wird nicht bald Wasser nachgeliefert, stirbt sie ab. Bisweilen äußern sich Hitze- und Trockenschäden erst nach einiger Zeit in charakteristischer Weise, wenn die Wasserversorgung längst wieder hergestellt ist.
■ **Schadbild**: Verbräunte, eingetrocknete, teils eingerollte Blattspitzen und -ränder; absterbende Triebspitzen; Abwerfen von Blütenknospen; frühzeitige Laubverfärbung und -abwurf bei Laubgehölzen, Verbräunung und übermäßiger Nadelabwurf (Nadelschütte) bei Nadelgehölzen.
■ **Gefährdete Pflanzen**: Gehölze, Stauden, Zwiebel- und Knollengewächse, Sommerblumen

Trockenschaden an Schneeball; Immergrüne können gerade an sonnigen Wintertagen leicht unter Wassermangel leiden (siehe auch Seite 44, Kälteschäden)

SCHONENDER PFLANZENSCHUTZ

■ **Vorbeugende Maßnahmen:** Bei trockener Witterung regelmäßig und durchdringend gießen, bis auch tiefere Bodenschichten durchfeuchtet sind; Boden mulchen; für Windschutz sorgen; auf leichten, schnell austrocknenden Böden trockenheitsverträgliche Arten pflanzen.
■ **Abhilfe:** Im Nachhinein schwierig; Abgestorbenes entfernen.

■ **Nässeschäden**
Ebenso wie Trockenheit kann auch anhaltende Nässe zu schwerwiegenden Schäden führen, insbesondere Staunässe bei den unterirdischen Pflanzenteilen.
■ **Schadbild:** Welke trotz guter Wasserversorgung; vergilbte und/oder eingerollte Blätter; Knospenabwurf; Rinde schält sich ab; Wurzeln und unterirdische Speicherorgane schwarz verfärbt und faulig, unangenehm riechend; in der Folge oft Krankheitsbefall.
■ **Gefährdete Pflanzen:** Gehölze, Stauden, Zwiebel- und Knollengewächse, Sommerblumen
■ **Vorbeugende Maßnahmen:** Boden vor der Pflanzung tiefreichend lockern und mit Lockerungsmitteln verbessern; insbesondere für nässeempfindliche Arten Drainage einbringen; nur bei Bedarf gießen.
■ **Abhilfe:** Im Nachhinein schwierig; Pflanzen aufnehmen, verfaulte Wurzelteile entfernen, oberirdische Teile einkürzen, an geeigneterer Stelle neu einsetzen.

■ **Kälteschäden**
Frost kann besonders Pflanzen aus tropischen Gefilden schnell zum Verhängnis werden, deshalb können viele Sommerblumen und einige Zwiebel- und Knollengewächse ja auch nur im Sommer draußen kultiviert werden. Empfindliche Pflanzen leiden schon bei Temperaturen, die noch knapp über den Gefrierpunkt liegen. Jedoch selbst frostharte Arten nehmen unter Umständen Schaden.
■ **Schadbild:** Triebspitzen werden schwarz oder braun und sterben ab; Baumrinde bekommt Risse und platzt auf; Blätter werden glasig und welk, kräuseln und/oder verfärben sich teilweise rot oder braun; bei Immergrünen werden die Blätter vom Rand her braun und fallen ab.
■ **Gefährdete Pflanzen:** Kälteempfindliche Gehölze, Stauden, Zwiebel- und Knollengewächse und Sommerblumen, vor allem tropischer und subtropischer Herkunft.
■ **Vorbeugende Maßnahmen:** Empfindliche Arten an kleinklimatisch günstige Standorte pflanzen; für Windschutz sorgen; rechtzeitig mit Winterschutz versehen; im Frühjahr und Herbst in kalten Nächten abdecken; Boden mulchen; Sommerblumen sowie Zwiebel- und Knollengewächse nicht zu früh ins Freie bringen; bei empfindlichen Bäumen Stämme mit Leinen umwickeln; bei ausdauernden Gewächsen ab Spätsommer die Düngung einstellen; Immergrüne im Spätherbst nochmals gründlich wässern und im Spätwinter und Vorfrühling schattieren.
■ **Abhilfe:** Im Nachhinein nicht möglich; erfrorene Teile großzügig herausschneiden.

■ **Schäden durch falsche Belichtung**
Licht als treibender Motor des Pflanzenwachstums kann in der falschen „Dosierung" negative Folgen haben. Lichtbedürftige Pflanzen kümmern im Schatten, während schattenverträgliche in voller Sonne verbrennen.
■ **Schadbild:** An sonnigen Stellen eingetrocknete, verbräunte Blattpartien (Sonnenbrand), schnelle Welke, Kümmerwuchs; an schattigen Stellen lange, schwache Triebe, extrem lange Triebabschnitte zwischen den Blättern (Vergeilen), ausgeblichene Blätter, Verlust der farbigen Blattzeichnung bei buntblättrigen Formen.
■ **Gefährdete Pflanzen:** Gehölze, Stauden, Zwiebel- und Knollengewächse, Sommerblumen
■ **Vorbeugende Maßnahmen:** Auf optimale Lichtverhältnisse bei der Standortwahl achten; Schattenpflanzen an sonnigeren Stellen sorgsam wässern und evtl. schattieren; beim Gießen die Blätter nicht benetzen.
■ **Abhilfe:** Standortbedingungen verbessern, z. B. durch Pflanzen von schattenspendenden Nachbarn oder Ausschneiden zu dichter Arten; Pflanzen an günstigeren Standort umsetzen.

Hier haben im Frühjahr Spätfröste zugeschlagen: Frostschaden an Tulpe

Lichtmangel führt, wie bei dieser Pelargonie, zur Ausbildung langer dünner Triebe

PFLANZENNACHWUCHS SELBST ZIEHEN

Zum einen macht es Spaß, zum anderen ist es bisweilen unerläßlich, Pflanzen selbst heranzuziehen. Die faszinierende Beobachtung, wie sich unter sorgsamer Obhut aus unscheinbaren Samenkörnern oder kleinen Pflanzenteilen neue Gewächse entwickeln, mögen die wenigsten Gärtner missen. Dieses immer wieder spannende Erlebnis stärkt zudem den Bezug zur einzelnen Pflanze, die spätere Pflege wird – bewußt oder unbewußt – sehr viel gewissenhafter erfolgen. Manche Arten, die man gerne im Garten ansiedeln möchte, sind zudem als pflanzfertige Ware im Handel nur selten oder gar nicht zu erhalten. Manchmal spielt auch der Kostenfaktor eine Rolle, der sich vor allem bei größeren Stückzahlen, etwa bei der Bepflanzung eines großen Beetes, bemerkbar macht; dann kann die Eigenvermehrung einiges Geld sparen.

Allerdings wäre die Bilanz unvollständig, würde man den Aufwand außer acht lassen. Es kostet sicherlich auch etwas Zeit und Mühe, einen größeren Pflanzenbestand selbst heranzuziehen; regelmäßiges Beobachten, Pflegen und Hegen sind unerläßlich. Für Einsteiger ist es ratsam, sich anfangs nicht zuviel vorzunehmen, damit aus der Faszination nicht Enttäuschung wird. Die ersten erfolgreichen Selbstanzuchten sollten eher einen Grundbestand aus angekauften Jungpflanzen ergänzen. Für erste Erfahrungen seien einfach zu vermehrende Arten empfohlen. Welche das sind, zeigen die Symbole bei den Pflanzenporträts (siehe Seite 61); dort finden sich auch konkrete Hinweise auf die jeweils beste Vermehrungsmethode und die optimalen Zeitpunkte.

Schon so manchem Hobbygärtner wurde das Vermehren von Pflanzen zur grünen Lieblingsbeschäftigung, mit der Folge, daß dann bald ein – vielleicht sogar beheizbares – Gewächshaus im Garten steht und allerlei Vermehrungsutensilien die Regale füllen. Eine solch professionelle Ausrüstung ist für den Anfang sicher nicht nötig; geeignetes Zubehör erleichtert jedoch vieles, und ein Platz für ein Frühbeet ist schnell gefunden. Im Zusammenhang mit Gerätschaften sei hier nochmals darauf hingewiesen, daß Messer, Gefäße usw. sorgfältig gereinigt und eventuell desinfiziert werden müssen, um der Ausbreitung von Krankheiten vorzubeugen.

PFLANZENNACHWUCHS SELBST ZIEHEN

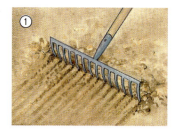
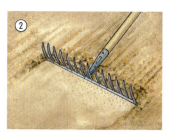

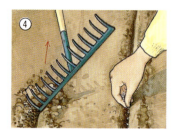
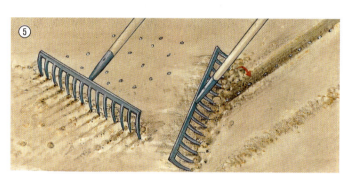

Fast alle Pflanzen bilden Samen, die in Früchten heranreifen, auf den Boden fallen und dann schließlich – teils nach einer längeren Keimruhe – zu neuen Pflanzen derselben Art heranwachsen. Dieses Prinzip vollzieht man bei der **Aussaat** nach, die auch als **generative Vermehrung** bezeichnet wird; werden die Samen unter geschützten Bedingungen ausgesät und erst nach der Entwicklung zur Jungpflanze in den Garten gesetzt, spricht man von Vorkultur. Bei der **vegetativen Vermehrung** dagegen entnimmt man einer ausgewachsenen Pflanze Teilstücke, z. B. von Trieben oder Wurzeln, die sich, am neuen Ort eingesetzt, zu vollständigen Pflanzen entwickeln.

Generative Vermehrung

Aus Samen lassen sich nahezu alle Pflanzen heranziehen, ausgenommen etwa bestimmte Sorten des Türkenmohns *(Papaver orientale)*, die keine Samen bilden, oder Arten, bei denen man keine Fruchtentwicklung zuläßt, z. B. bei Tulpen *(Tulipa)*, bei Pfingstrosen *(Paeonia)* oder Schmuckkörbchen *(Cosmos)*. Wenig lohnenswert ist die Aussaat auch dann, wenn die Nachkömmlinge die guten Eigenschaften der Eltern verlieren, wie es unter anderem bei veredelten Gehölzen der Fall ist, z. B. bei Rosen, Edelflieder *(Syringa*-Hybriden) und Magnolien *(Magnolia*-Hybriden), oder bei manchen Zuchtformen des Rittersporns *(Delphinium)* oder der Schwertlilien *(Iris)*. Einige Gartenblumen setzen jedoch willig Samen an, streuen ihn sogar häufig noch selbst aus und sorgen ganz von allein für Nachwuchs, z. B. Vergißmeinnicht *(Myosotis)*, Stockrosen *(Alcea rosea)* und Akeleien *(Aquilegia)*.

Samen zur Aussaat bekommt man natürlich aber auch – in einem breiten Sortiment – im Handel. Auf den bunten Tütchen ist in der Regel gleich noch das Wichtigste zur Anzucht vermerkt, etwa Saatzeitpunkt, Saattiefe und Keimdauer.

■ **Wichtig:
die Saatgutqualität**
Damit die Aussaat gelingt, sollte man auf qualitativ hochwertiges, keimfähiges Saatgut achten.

■ Saatgut, am besten in sogenannten Keimschutzpackungen, trocken, dunkel und kühl lagern, Haltbarkeitsdatum beachten.

■ Selbst gesammelte, getrocknete und gereinigte Samen in Papiertütchen, Briefkuverts, Filmdosen oder kleinen Schraubgläsern aufbewahren; ebenfalls trocken, dunkel und kühl. Genau beschriften (Art, Sorte, evtl. Blütenfarbe, Ort und Datum der Samenernte)!

■ Bei älterem oder selbst gesammeltem Saatgut vorher **Keimprobe** durchführen. Dazu eine bestimmte Anzahl Samen (10 bis 50, je nach Samengröße) auf feuchten Sand streuen, mit Glas oder Folie abdecken, warm aufstellen. Nach einigen Tagen zählen, wieviele Samen aufgegangen sind.

Aussaat ohne Vorkultur, auch Direktsaat genannt: ① *Die Oberfläche des zuvor gut gelockerten Saatbeetes ebnen und fein zerkrümeln.* ② *Mit umgedrehtem Rechen glätten.* ③ *Breitwürfige Aussaat bei feinem Saatgut, oder wenn flächiges Aufgehen erwünscht ist.* ④ *Reihensaat; hierbei werden die Samen meist schon im gewünschten Endabstand ausgelegt; Rillen mit Rechen oder Stöckchen ziehen.* ⑤ *Samen von Dunkelkeimern mit Erde abdecken*

Daraus ergibt sich:
Keimrate 75 %: Saatgut ist einwandfrei;
Keimrate 50 %: doppelte Samenmenge ausbringen;
Keimrate unter 25 %: Aussaat lohnt nicht mehr.

GUTE PFLEGE – GUTES WACHSTUM

■ **Besondere Keimbedingungen**

Entsprechend dem Formenreichtum der Natur gibt es auch beim Keimverhalten Unterschiede, die es zu beachten gilt:

■ **Lichtkeimer** brauchen Licht, ihre Samen werden dem Substrat nur aufgestreut und angedrückt, jedoch keinesfalls abgedeckt; hell aufstellen.

■ **Dunkelkeimer** brauchen Dunkelheit, ihre Samen werden nach dem Ausstreuen mit Substrat übersiebt oder einzeln hineingedrückt (Faustregel für die Saattiefe: etwa zwei- bis dreimal so tief wie der Samendurchmesser). Bei geringerer Saattiefe die Gefäße mit Pappe oder Zeitungspapier abdecken. Möglichst schattig aufstellen, nach erfolgter Keimung dann jedoch hell.

■ **Kaltkeimer** brauchen eine bestimmte Kälteperiode, um zur Keimung zu kommen. Samen im Spätherbst aussäen, zuerst 1 bis 2 Wochen warm bei 20 °C aufstellen und feuchthalten. Anschließend an eine geschützte Stelle im Freien bringen und der Witterung aussetzen. Im Spätwinter oder Erstfrühling bis zur Keimung hell und mäßig warm bei 10–12 °C halten.

■ **Schwerkeimer** brauchen oft viel Zeit zur Keimung. Bei ihnen muß man Geduld aufbringen, oft hilft auch eine Behandlung wie bei Kaltkeimern.

Aussaat ohne Vorkultur

Die einfachste Methode der Aussaat, die aber nur bei manchen Arten wie Ringelblume (*Calendula*), Fingerhut (*Digitalis*) oder dem Klatschmohn (*Papaver rhoeas*) gelingt, ist das Ausbringen der Samen direkt ins Freiland an Ort und Stelle. Ausgeführt wird dies meist im Zeitraum gegen Ende des Erstfrühling bis Anfang Vollfrühling. Einige sehr robuste Pflanzen, z. B. Duftsteinrich (*Lobularia maritima*) oder Kornblume (*Centaurea cyanus*), können auch im Früh- oder Vollherbst ausgesät werden.

Genügend Feuchtigkeit für die Keimung vorausgesetzt, werden sich nach etwa 2 bis 4 Wochen die ersten Sämlinge zeigen. Stehen die Pflanzen zu dicht, wird ein Ausdünnen erforderlich. Wenn sich im Garten noch ein Plätzchen findet, zieht man die Sämlinge wie beim Pikieren vorsichtig heraus und setzt sie um. Andernfalls müssen sie auf dem Kompost landen. Für Direktsaat von Blumen wird man in der Regel nur kleinere Flächen wählen oder Lücken lassen, um Arten mit anderen Blütenfarben ergänzen zu können.

Aussaat mit Vorkultur

Weitaus häufiger gewährt man den zarten Sämlingen jedoch Schutz und Wärme, statt sie gleich den Unbilden der Witterung auszusetzen. Damit der Gartensommer von Anfang an mit üppiger Blüte bereichert wird, beginnt man mit der Aussaat bereits im Spätwinter oder Vorfrühling an einem Ort,

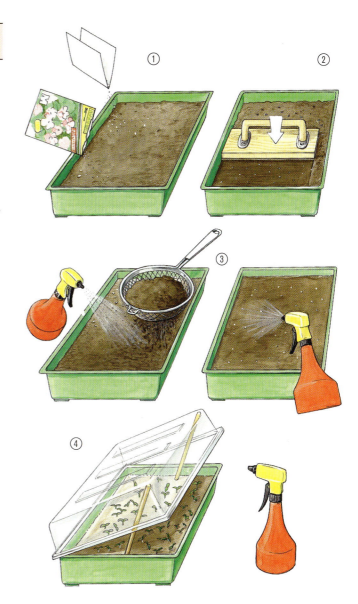

Vorkultur (Vorziehen von Pflanzen): ① *Samen auf das zuvor geebnete, geglättete Substrat möglichst gleichmäßig ausstreuen.* ② *Mit Holzbrettchen andrücken.* ③ *Dunkelkeimer werden mit Erde übersiebt, Lichtkeimer bleiben offen liegen; in beiden Fällen gründlich anfeuchten.* ④ *Wichtig ist ein Verdunstungsschutz, der nach Aufgang der Keimlinge zum Belüften immer stärker angehoben und schließlich ganz entfernt wird*

PFLANZENNACHWUCHS SELBST ZIEHEN

der günstige Wachstumsbedingungen bietet, etwa auf der Fensterbank, in einem Frühbeet oder Gewächshaus, wobei allerdings die Licht- und Temperaturansprüche für die Keimung berücksichtigt werden müssen. Mit zunehmender Tageslänge und -temperatur entwickeln sich die Pflanzen dann ungleich schneller und kräftiger als im Freiland. In abgewandelter Weise führt man die Vorkultur auch bei Kalt- und Schwerkeimern durch, deren Samen im Voll- oder Spätherbst ausgebracht werden, sowie bei Zweijährigen zu Beginn des Hochsommers.

■ Utensilien und Durchführung

■ Saatgefäße: flache Schalen, Multitopfplatten, mit Folie ausgekleidete Obststeigen, kleine Töpfe

■ Substrate: ungedüngte oder nur schwach gedüngte Substrate (z. B. Einheitserde Typ 0 oder VM, TKS 0 oder 1, siehe Seite 23), können auch mit einem Drittel scharfem Sand vermengt werden.

■ Gefäße mit Substrat füllen, auf den Tisch stoßen, damit sich das Substrat überall hin verteilt, überschüssiges Substrat abstreifen.

■ Samen ausstreuen.

■ Mit einem Holzbrettchen die Samen andrücken.

■ Dunkelkeimer mit Substrat abdecken, das mit einem Sieb über die Samen verteilt wird.

Keimblatt

Pikieren: Der Zeitpunkt ist gekommen, wenn sich über den beiden Keimblättchen das erste Laubblattpaar entwickelt hat. ① Sämlinge vorsichtig zwischen Daumen und Zeigefinger nehmen, mit Pikierholz heraushebeln. ② Mit Hilfe des Holzes einsetzen; die Wurzel muß genügend Platz haben und darf nicht geknickt werden. ③ Substrat um den Sämling gut, aber behutsam andrücken; dann Erde gründlich anfeuchten. ④ Ist der Sämling angewachsen, wird er entspitzt, damit sich die Pflanze frühzeitig verzweigt

■ Mit Sprühflasche oder Gießkanne mit feiner Brause anfeuchten.

■ Schließlich mit Kunststoffhaube, Glasscheibe oder Folie abdecken.

■ Pflege der Keimlinge

Sorgt man für gleichbleibende Bedingungen, zeigt sich – je nach Art – nach einigen Tagen oder auch erst nach Monaten das erste zarte Grün, die Keimung ist erfolgreich verlaufen. Zum Belüften wird die Abdeckung ein wenig angehoben, z. B. mittels eines Hölzchens – mit der Zeit immer ein wenig stärker, bis man sie schließlich ganz entfernen kann, wenn nämlich die Pflänzchen ihre ersten Laubblätter voll entwickelt haben. Das Substrat muß währenddessen stets leicht feucht gehalten werden, die Temperatur sollte man wenn möglich leicht absenken.

Um die Entwicklung der Sämlinge zu fördern, muß man ihnen bald mehr Platz verschaffen. Dies geschieht, sobald sich (zusätzlich zu den ersten Keimblättchen) etwa zwei normale Laubblätter vollends entwickelt haben.

Je nach Art vergeht bis dahin eine recht unterschiedliche Zeitspanne, oft sind es nur 2 bis 3 Wochen, bisweilen aber auch Monate, etwa bei Schwerkeimern. Entweder dünnt man dann aus, d. h., man zupft zu dicht stehende Pflänzchen vorsichtig heraus und läßt nur die kräftigsten stehen, oder aber man pikiert.

■ Pikieren

Beim Pikieren oder Vereinzeln werden die Sämlinge vorsichtig in neue Gefäße umgetopft, um ihnen dem Entwicklungsstand entsprechende Wuchsbedingungen zu verschaffen. Die jetzt bereits bewurzelten Pflänzchen brauchen auch schon Nährstoffe, deshalb verwendet man ein schwach bis mäßig gedüngtes Substrat (z. B. Einheitserde Typ P, Pikiererde) oder fügt ungedüngtem Anzuchtsubstrat einen Volldünger in sehr schwacher Konzentration zu (etwa ¼ der üblichen bzw. angegebenen Dosierung).

Nach weiteren Wochen sind die Sämlinge dann soweit erstarkt, daß man sie für die bevorstehende Pflanzung ins Freie **abhärten** kann, d. h.,

GUTE PFLEGE – GUTES WACHSTUM

man muß sie langsam an die Bedingungen des Freilandes gewöhnen. Dazu stellt man sie zuerst nur an warmen, später auch an kühleren Tagen an eine halbschattige, geschützte Stelle, z. B. auf die Terrasse, den Balkon oder vor eine Hecke. Nach einiger Zeit kann man die Pflanzen dann auch schon über Nacht im Freien lassen, vorausgesetzt, die Nächte sind nicht zu kalt.

Vegetative Vermehrung

Mehrere Gründe sprechen dafür, bestimmte Pflanzen nicht aus Samen heranzuziehen, sondern sich Methoden der vegetativen Vermehrung zu bedienen. Dabei nutzt man das natürliche Regenerationsvermögen, denn bei den meisten Arten können sich aus einem Teil wieder vollständige, mit der Mutterpflanze völlig identische Pflanzen entwickeln. Vegetative Vermehrung ist sinnvoll, teils unvermeidlich, bei:
- Arten, die keine Samen ansetzen;
- Arten, bei denen Sämlinge von den Elternpflanzen stark abweichen;
- Arten, die eine lange Entwicklungszeit haben;
- Arten, bei denen die Anzucht sehr schwierig ist;
- Arten, von denen man nur wenige Nachkommen braucht oder wünscht.

Teilung: ① *Wurzelballen rund um die Pflanze abstechen (Spaten) und dann die gesamte Pflanze mit der Grabgabel aus der Erde hebeln.* ② *In mehrere Teilstücke zerpflücken, kräftiges Wurzelwerk mit Messer oder Spaten zerteilen. Jedes Teilstück muß 2 bis 3 kräftige Augen oder Triebe aufweisen.* ③ *Teilstücke sofort wieder einpflanzen*

■ Methoden der vegetativen Vermehrung
■ **Teilung:** möglich bei vielen Stauden, Gräsern und Farnen, bei Knollengewächsen und einigen Gehölzen; Durchführung gewöhnlich nach der Blüte bzw. während der Ruhezeit, meist im Früh- oder Vollherbst oder im Erstfrühling.

■ **Stecklinge:** in mehreren Varianten möglich bei vielen Gehölzen, einigen Stauden und Knollengewächsen; Durchführung gewöhnlich zur Zeit kräftigen Wachstums, meist im Frühsommer (ausgenommen Frühjahrsstecklinge/Steckhölzer bei Gehölzen, siehe Seite 283).

■ **Absenker:** möglich bei einigen Gehölzen und Halb-

Unter Kopfstecklingen (oben) versteht man die Spitzen von Seiten- oder Haupttrieben. Vor dem Eintopfen wird das unterste Blattpaar entfernt

Grundständige Stecklinge (unten) kann man z. B. vom Rittersporn nehmen; sie werden im Frühjahr direkt nach dem Austrieb geschnitten

sträuchern; Durchführung zur Zeit kräftigen Wachstums, meist im Frühsommer (siehe Seite 282).

■ **Brutzwiebeln und -knollen:** möglich bei vielen Zwiebel- und Knollengewächsen; Durchführung während der Ruhezeit nach dem Einziehen des Laubes.

■ **Ausläufer oder Tochterpflanzen:** möglich bei einigen Stauden und Gehölzen; Durchführung gewöhnlich nach der Blüte.

GESTALTEN MIT ZIERPFLANZEN

DAS SPIEL MIT FARBEN UND FORMEN

GRUPPENBILDUNG UND PFLANZPLAN

DAS SPIEL MIT FARBEN UND FORMEN

Zum wahren Erlebnis für alle Sinne wird ein Garten erst, wenn man die verschiedensten Gewächse kombiniert und miteinander in Einklang bringt. Bei der Gestaltung geht man am besten vor wie bei einer Bildkomposition: Viele kleine Einzelelemente werden schrittweise zu einem Gesamtwerk zusammengefügt. Ähnlich wie bei einem Gemälde ergänzen sich verschiedenste Farben und Formen, unterstreichen sich gegenseitig. Lebhaft wird der Anblick durch spannungsvolle Kontraste, ausgewogen durch leise Töne und fließende Übergänge, ausdrucksstark durch gezielte Akzente.

Für eine grundlegende Struktur sorgen in erster Linie Gehölze. Sie verleihen dem Garten einen Rahmen und dienen als Kulisse, bisweilen können sie sogar in den Vordergrund rücken. Das Korsett aus Ästen und Zweigen füllt sich durch Stauden, die zum einen tonangebend, zum anderen untermalend auftreten können. Glanzpunkte setzen Zwiebel- und Knollengewächse, die in allen Bereichen neue Varianten ins Spiel bringen. Ein krönendes Farbfeuerwerk wird schließlich durch die Sommerblumen entzündet.

Ein Garten lebt durch seine Veränderungen, die er im Wechsel der Jahreszeiten, aber auch längerfristig, im Laufe der Jahre erfährt. Zur endgültigen Vollendung wird er niemals kommen, da er aus dynamischen, sich fortentwickelnden Elementen besteht – eben den lebenden Pflanzen. Aber gerade der allmähliche Wandel der Vegetation macht den Reiz eines Gartens aus, stets gibt es Neues zu entdecken, immer wieder entstehen andersartige Nuancen.

GESTALTEN MIT ZIERPFLANZEN

Gartenbesitzer fühlen sich in ihren grünen vier Wänden um so wohler, je mehr die Gestaltung ihr Temperament, ihre Vorlieben und Einstellungen widerspiegelt. Gefragt sind Phantasie und Mut zum Ausprobieren, um dem persönlichen Geschmack entsprechend aus „Rohstoffen" – Bodenfläche, Pflanzen und Baustoffen – ein individuelles Stück Natur zu formen, das den eigenen Anforderungen und Wünschen entspricht. Daß empfohlen wird, dabei allgemeine Gestaltungsregeln zu beachten, schränkt die eigene Kreativität nicht ein. Vielmehr helfen solche Grundsätze und Leitlinien, den persönlichen Stil zu entfalten. Veränderungen lassen sich später in gewissen Grenzen immer noch vornehmen, etwa durch Ergänzung oder Austausch von Pflanzen.

Variationen in Farben

Farben spielen eine gewichtige Rolle im Garten. Neben den vorherrschenden Grüntönen in den verschiedensten Abstufungen setzen leuchtkräftige Varianten oder zarte Schattierungen von Weiß, Gelb, Rot und Blau besondere Akzente.

Charakteristische Ausschnitte aus „Gartengemälden": Rosa, Blau und Weiß wirken romantisch bis vornehm (rechts), …

… warme Gelb- und Rottöne (unten) machen einen fröhlichen, munteren Eindruck

Wichtig für Kompositionen sind einerseits Ausprägung und Intensität der Farben, andererseits deren gegenseitige Beeinflussung. Ein lichtes Kirschrot wirkt duftig heiter, ein sattes Tomatenrot signalartig aufregend, ein matt dunkles Samtrot dagegen geheimnisvoll-schwermütig. In Verbindung mit anderen Farben werden diese Eigenschaften mehr oder weniger verschoben, beispielsweise erfährt das genannte Kirschrot neben zartem Wasserblau eine romantisch verspielte Abwandlung, während es neben intensivem Dunkelblau an Leuchtkraft und Ausdruck gewinnt.

Die Farbgestaltung muß selbstverständlich den gesamten Garten mit einbeziehen, sich also auf alle Pflanzenbereiche erstrecken, angefangen von Gehölzgruppen über Beete und Rabatten bis hin zu ergänzenden Kübelpflanzungen. Außerdem sollte sie auf die Farbgebung der Bebauung und aller übrigen Gartenrichtungen wie Mauern, Zäune und Wegbeläge Rücksicht nehmen.

■ **Farbkreis und Farbkombinationen**
Mit Hilfe der Farbenlehre lassen sich Farbgestaltungen im Garten gut planen. Auf dem Farbkreis sind die drei

DAS SPIEL MIT FARBEN UND FORMEN

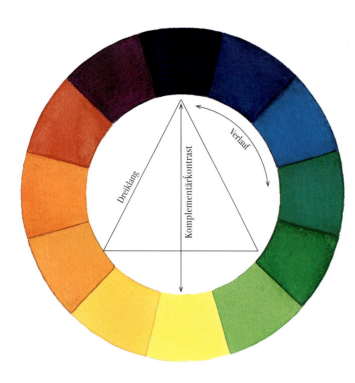

Farbkreis als praktische Kombinationshilfe: Bei beliebiger Ausrichtung eines Dreiecks mit 3 gleichen Seiten, eines Gegensatzpfeiles oder eines Verlaufspfeiles ergeben sich Zusammenstellungen, die grundsätzlich harmonieren. Dabei jedoch auch Farbwert und -intensität beachten: Helles Rot, also Rosa, paßt z. B. nicht zu kräftigem Orange, obwohl die Grundtöne im Verlauf nebeneinanderliegen

Komplementärkontrast: gelbe Edelgarbe und blauvioletter Ehrenpreis

Farbdreiklang: Taglilie (orange), Glockenblume und grünes Blattwerk einer Funkie

Farbverlauf: Bartiris, blauviolette Karpatenglockenblume und reinblauer Alpenlein

Grundfarben Gelb, Rot und Blau samt ihren Mischfarben systematisch angeordnet. Schwarz und Weiß, sogenannte „Unfarben", werden nicht berücksichtigt, sie kennzeichnen vielmehr das gleichzeitige Vorhandensein bzw. Fehlen aller drei Grundfarben. Die Bedeutung von Schwarz und Weiß liegt vor allem darin, daß sie die Grund- und Mischfarben abdunkeln oder aufhellen, wodurch sich die Palette des Farbkreises durch unzählige Nuancen um ein Vielfaches erweitert.

■ **Komplementärfarben** liegen auf dem Farbkreis genau gegenüber und stehen in höchstmöglichem Kontrast zueinander. Die jeweiligen Paarungen findet man, indem man – in Gedanken oder mit einem Stift – eine Linie wie eine Kompaßnadel auf dem Farbkreis dreht. Solche lebhaften, ausdrucksstarken Farbgegensätze treten zum einen bei vielen Pflanzen direkt zwischen Laubwerk und Blüten auf, z. B. bei rotblühenden Rosen. Zum anderen ergeben sie sich durch Kombinationen von Pflanzen in entsprechenden Blütenfarben, z. B. gelbe Edelgarben (*Achillea*-Hybriden) mit blauem Ehrenpreis (*Veronica spicata*).

■ **Farbdreiklänge** setzen sich aus Tönen zusammen, die an den Spitzen eines Dreiecks innerhalb des Farbkreises liegen. Ist das Dreieck gleichseitig, stehen die Farben in starkem Kontrast, so etwa ein Ensemble aus orangefarbener Taglilie (*Hemerocallis*), violetter Glockenblume (*Campanula*) und blaugrüner Funkie (*Hosta*), wodurch sich eine prickelnde, spannungsreiche Wirkung ergibt. Wem dies aufdringlich und grell erscheint, sollte zumindest eine Einzelfarbe in aufgehelltem Ton bevorzugen sowie reichlich vermittelndes Grün hinzugesellen, beim genannten Beispiel etwa eine Taglilie in sehr hellem Orange wählen und eventuell eine Blattschmuckpflanze wie den Frauenmantel (*Alchemilla*) ergänzen. Ähnliche gemilderte Effekte ergeben sich, wenn man das Dreieck nicht mit drei gleichen Seiten einzeichnet, sondern etwas spitzer, mit zwei gleichlangen Seiten (gleichschenkelig) und einer kürzeren Grundseite; so erhält man z. B. den Dreiklang Gelb, Violettblau und ins Rot spielendes Lila.

■ **Farbverläufe** entstehen, indem man die Schattierungen eines mehr oder weniger großen Kreissegmentes kombiniert. Die ineinander verlaufenden Farben zeugen von Ruhe und Ausgeglichenheit, ohne an Esprit zu verlieren. Ein Farbverlauf wird immer vom Charakter seiner in ihm enthaltenen Grundfarbe

GESTALTEN MIT ZIERPFLANZEN

Rot, Blau und – hier etwas dezenter – Gelb ergeben einen „klassischen" Farbdreiklang. Weißer Ziertabak und helle Graswedel bilden einen Puffer zwischen den kräftigen Tönen und bringen sie gleichzeitig noch besser zur Geltung

bestimmt; nahe verwandte Blautöne etwa wie bei der Gruppe aus lila Bartiris (*Iris-Barbata*-Hybride), violetter Glockenblume (*Campanula*) und blauem Lein (*Linum perenne*) strahlen Kühle und Eleganz aus.

■ **Hinweise zur Farbgestaltung**

■ Nach persönlichem Wunsch Farbkombinationen für die verschiedenen Jahreszeiten und Gartenbereiche auswählen.

■ Eine besonders harmonische Wirkung erzielt man, wenn alle Gartenbereiche (z. B. Staudenbeet, Rabatte, Terrassenvorpflanzung) zu einer Jahreszeit dieselbe Kombination von Farben aufweisen; die Farbintensitäten (helle und dunkle Schattierungen der gewählten Farben) dürfen variieren.

■ Sollen die Farbkombinationen dagegen zu einer Jahreszeit von einem Bereich zum andern wechseln, Übergänge mit dazwischenliegenden oder neutralen Farben (Weiß, Grün) schaffen.

■ Wirken einzelne Farbkombinationen nicht harmonisch, einen Farbton reduzieren bzw. zu mehr Dominanz verhelfen, indem einzelne Pflanzen dieser Tönung entfernt bzw. ergänzt werden, mit neutralen Nuancen (Weiß, Grün, pastellige Töne) abrunden.

■ Interessante Effekte ergeben sich, indem eine Farbe beherrschend eingesetzt wird, also z. B. ein Gartenbereich vorwiegend in Blau gehalten wird. Wenige dazwischen gestreute Elemente in der jeweiligen Komplementärfarbe (bei blauer Hauptfarbe Gelborange) oder in Weiß sorgen für Akzente.

DAS SPIEL MIT FARBEN UND FORMEN

Variationen in Formen

Zum besonderen Ausdruck eines Gartenbereiches tragen natürlich auch sehr stark die Wuchsformen der verschiedenen Pflanzen bei. Die grundlegende Struktur ergibt sich aus den Silhouetten der Gewächse, diffizilere Variationen kommen durch die Sproß-, Blatt- und Blütenformen hinzu. Durch die unterschiedliche Ausprägung und Anordnung von Trieben, Blättern und Blüten sowie die verschiedenen Wuchsrichtungen bietet die Gesamtheit der Zierpflanzen ein weites Spektrum der unterschiedlichsten Gestalten, die ebenso wie die Farben zur Schaffung eines abwechslungsreichen, harmonischen Gartenbildes beitragen. Eine Kombination wirkt dann gelungen, wenn sie Pflanzen mit verschiedenen Formausprägungen vereint, z. B.:
- breitbuschiges und schlank aufrechtes Wuchsbild;
- straff emporstrebende und elegant ausschwingende Triebe;
- großflächige und fein unterteilte Blätter;
- grob strukturiertes und wachsglattes Laub;
- zierliche und pompöse, sternartige, glockige und bauschig gefüllte Blüten;
- Blüten einzeln und in kerzenartigen, kugeligen und wolkigen Ständen.

Durch Staffelung und Einbeziehung verschiedener Wuchsformen ergibt sich ein geschwungener Höhenverlauf. ① *Beetrose,* ② *Lavendel,* ③ *Hornkraut (Cerastium),* ④ *Thymian,* ⑤ *Lilie,* ⑥ *Schleierkraut (Gypsophila repens),* ⑦ *Ehrenpreis (Veronica longifolia),* ⑧ *Katzenminze (Nepeta),* ⑨ *Waldglockenblume (Campanula lactiflora),* ⑩ *Strauchrose,* ⑪ *Sonnenbraut (Helianthemum)*

Seitenansicht des Gestaltungsbeispiels, linke Beethälfte

In der Regel entstehen Kontraste dieser Art ganz von selbst, man kann sie jedoch gezielt lenken und einsetzen und sollte solche Aspekte bei der Pflanzenauswahl nicht außer acht lassen. Abwechslung bringen vor allem Blattschmuckpflanzen wie Funkien (*Hosta*), Frauenmantel (*Alchemilla*) oder schlichte Gehölze wie Buchsbaum (*Buxus*) und Liguster (*Ligustrum*), in außergewöhnlichen Spielarten tragen Ziergräser und Farne zur Formenvariation bei.

■ Hinweise zur Formgestaltung

■ In allen Gartenbereichen verschiedene Wuchs-, Blatt- und Blütenformen miteinander kombinieren.
■ Damit jede Pflanze zur Geltung kommt, nach Wuchshöhen staffeln, also hohe Arten in den Hintergrund, niedrige nach vorn.
■ Wuchshöhenbereiche leicht variieren, damit sich schwingende Höhenlinien ergeben, also sehr hohe Pflanzengruppen mit weniger hohen wechseln.
■ Arten mit besonders auffälliger Wuchsform, z. B. Korkenzieherhasel (*Corylus avellana* 'Contorta'), Hängeform der Himalajazeder (*Cedrus deodara* 'Pendula') oder Pfingstrosen (*Paeonia*), möglichst einzeln stellen, nur schlichte, niedrige Begleitpflanzung zugesellen.
■ Straffe, etwas steif wirkende Formen (z. B. von Beetrosen, Lilien, Tulpen) mit locker aufgebauten, bauschigen Begleitern, wie etwa Schleierkraut (*Gypsophila*), umspielen.

GRUPPENBILDUNG UND PFLANZPLAN

Bei allen Pflanzgemeinschaften sollte man nach einer Art Baukastenprinzip einzelne Elemente entsprechend ihrer Ausdrucksstärke bewerten und schrittweise zu Arrangements zusammenfügen. Kleinere Ensembles lassen sich dann leicht zu umfassenden Pflanzungen ausbauen.

Leitelemente mit vorherrschender Bedeutung sind Pflanzen, die sich durch eindrucksvolle Gestalt, Blattfärbung, Blütenfülle hervortun, z. B. Gehölze wie Fächerahorn (*Acer palmatum*), Stauden wie Rittersporn (*Delphinium*), Zwiebelgewächse wie Lilien (*Lilium*) oder Sommerblumen wie Stockrosen (*Alcea*). Als Darsteller in führender Rolle sollte man sie sparsam an die auffälligsten Plätze setzen, damit sie im besten Licht erscheinen.

Begleitelemente mit untergeordneter Bedeutung sind Pflanzen, die im Ausdruck hinter den Leitpflanzen zurückstehen, z. B. Gehölze wie Schneebeere (*Symphoricarpos*), Stauden wie Feinstrahl (*Erigeron*), Zwiebelgewächse wie Traubenhyazinthen (*Muscari*) oder Sommerblumen wie Tagetes. Sie sind wie Nebendarsteller zu betrachten und sollen in größerer Anzahl den Stars Geleit geben, diese unterstreichen, ohne mit ihnen zu konkurrieren.

Füllelemente stellen gleichsam die Statisten dar, mit ihren schlichten Gestalten bleiben sie zurückhaltend, runden das gesamte Ensemble aber erst richtig ab. Gehölze wie Berberitzen (*Berberis*), Stauden wie Schleierkraut (*Gypsophila*) und Sommerblumen wie Duftsteinrich (*Lobularia*) müssen sich denn auch keineswegs mit einem Lückenbüßerdasein begnügen, sondern stehen in reicher Zahl den Hauptakteuren zur Seite.

GRUPPENBILDUNG UND PFLANZPLAN

Eine harmonische Pflanzgruppe baut sich unter Berücksichtigung von Farb- und Formkriterien also stets aus einem oder wenigen **Leitelementen** mit mehreren Begleitern auf. Füllelemente schließlich vervollständigen das Bild. Entsprechend der zu bepflanzenden Fläche bzw. Beetgröße verteilt man mehr oder weniger solche Pflanzengruppen, die jeweils aus den gleichen oder ähnlichen Elementen bestehen, sich in den verwendeten Stückzahlen jedoch durchaus unterscheiden sollen. Gehölzstreifen können nach demselben Prinzip entstehen, indem man die Gruppen aneinanderreiht. Noch verbleibende Lücken füllt man mit weiteren Begleit- und Füllelementen auf oder setzt neutrale, schlichte Partner dazwischen.

■ **Pflanzplan erstellen und ausführen**
■ Pflanzfläche vermessen und maßstabsgetreu auf Papier übertragen, bereits vorhandene und erhaltenswerte Details (z. B. eingewachsene Gehölze, Mauern, Zäune, Wege) einzeichnen.
■ Planzeichnung mehrfach kopieren.
■ Entsprechend den Standortvoraussetzungen und nach Kriterien der Farb-, Form- und Gruppengestaltung Entwürfe erstellen; dabei Größenabmessungen der Pflanzen und Pflanzabstände berücksichtigen.
■ Eventuell Ersatzpflanzen notieren.
■ Gemäß dem favorisierten Entwurf eine Einkaufsliste fertigen und Pflanzen einkaufen, eventuell auf Ersatzpflanzenliste zurückgreifen.
■ Pflanzen nach dem Entwurf auf die vorbereitete Fläche stellen, Gesamteindruck prüfen und eventuell die Zusammenstellungen und/oder Verteilungen noch ändern.
■ Pflanzen der Reihe nach einsetzen, bei größeren Flächen Holzbretter als provisorische Tritthilfen verwenden.

■ **Eine Pflanzgemeinschaft zusammenstellen**
Anhand des nebenstehenden Beispiels wird deutlich, wie sich verschiedene Pflanzen zu einer Gruppe zusammenfügen lassen. Die grundsätzlichen Schritte sind:
■ **Standortbedingungen** prüfen (im Beispiel: Beet in sonniger Lage mit frischem, nahrhaftem Boden), bei der weiteren Auswahl stets berücksichtigen.
■ **Farbspiel** festlegen (im Beispiel: Blau-Gelb-Weiß), Pflanzenwahl daraufhin einschränken, wobei Nuancen wie Grüngelb mit einbezogen werden können.
■ Pflanzgruppe für eine **Jahreszeit** auswählen (im Beispiel: Frühsommer), Pflanzen mit entsprechender Blütezeit auswählen. Am besten legt man sich dazu für jede Jahreszeit ein Raster an, wie es die nebenstehende Übersicht zeigt.

Beispiel für eine Staudenpflanzgruppe: Riesenzierlauch (Allium giganteum) als Leitstaude, Storchschnabel (Geranium) als Begleiter, Frauenmantel (Alchemilla) als Füllelement

Gruppenbildung, Beispiel Sommerblumenbeet: Die Pflanzgruppe aus
① *Ringelblume (Calendula),*
② *Studentenblume (Tagetes) und*
③ *Leberbalsam (Ageratum) prägt das Beet und wird als Grundelement mehrmals wiederholt. Zur Abrundung wurden weitere Sommerblumen dazwischengesetzt:*
④ *Duftsteinrich (Lobularia),*
⑤ *Schmuckkörbchen (Cosmos),*
⑥ *Männertreu (Lobelia),*
⑦ *Ziersalbei (Salvia)*

GESTALTEN MIT ZIERPFLANZEN

Nach Blütenfarbe und -zeit sowie Standortbedingungen passende Gewächse findet man dann mit Hilfe des ausführlichen Pflanzenporträtteils in diesem Buch.

Die Rubrik „Paßt gut zu ..." in den Pflanzensteckbriefen erleichtert die Auswahl entsprechender Partner und das Zusammenstellen geeigneter Kombinationen.

■ **Tip**: Überträgt man aus dem Porträtteil auch die Symbole für den Schwierigkeitsgrad der Kultur (kleine Quadrate neben den Pflanzennamen, siehe Seite 61), dann zeigt das Raster auf einen Blick, wie hoch der gesamte Pflegebedarf für die jeweilige Pflanzenzusammenstellung voraussichtlich sein wird.

BEISPIEL: PFLANZENZUSAMMENSTELLUNG, BLÜTEZEIT FRÜHSOMMER

Farbe/Pflanzengruppe	Gehölze für den Hintergrund	Stauden: Leitstauden (L), Begleiter (B), Füllstauden (F)	Zwiebel-, Knollengewächse als Ergänzung	Sommerblumen als Ergänzung
Blau		Akelei (*Aquilegia vulgaris*) (B)	Blaulauch (*Allium caeruleum*)	Leberbalsam (*Ageratum houstonianum*)
		Flockenblume (*Centaurea montana*) (B)		Männertreu (*Lobelia erinus*)
Violett/Lila		Prachtstorchschnabel (*Geranium* x *magnificum*) (F)	Iranlauch (*Allium aflatunense*)	Verbene (*Verbena*-Hybride)
		Hohe Bartiris (*Iris-Barbata-Elatior*-Hybride) (L)	Riesenlauch (*Allium giganteum*)	Marienglockenblume (*Campanula medium*)
Gelb	Ranunkelstrauch (*Kerria japonica*)	Taglilie (*Hemerocallis*-Hybride) (L)	Lilienschweif (*Eremurus*-Hybride)	Pantoffelblume (*Calceolaria integrifolia*)
	Goldregen (*Laburnum* x *watereri*)	Lupine (*Lupinus*-Hybride) (B)	Goldlauch (*Allium moly*)	Wandelröschen (*Lantana-Camara*-Hybride)
Grüngelb		Frauenmantel (*Alchemilla mollis*) (F)		
Orangegelb		Taglilie (*Hemerocallis*-Hybride) (L)		Tagetes (*Tagetes*-Hybriden)
Weiß	Pfeifenstrauch (*Philadelphus*-Hybride)	Sommermargerite (*Chrysanthemum maximum*) (B)	Madonnenlilie (*Lilium candidum*)	Duftsteinrich (*Lobularia maritima*)
	Schneeball (*Viburnum opulus*)	Hohe Bartiris (*Iris-Barbata-Elatior*-Hybride) (L)		Schleierkraut (*Gypsophila elegans*)
	Brautspiere (*Spiraea* x *arguta*)	Riesenglockenblume (*Campanula lactiflora*) (B)		

SICHERHEITSTIPS UND BENUTZERHINWEISE

UNGETRÜBTE GARTENFREUDEN

Jeder Garten ist ein Quell der Entspannung und der Freude in vielfältigster Hinsicht. Damit dies so bleibt, sollte man sich einiger Gefahren bewußt sein, die man durch sachgemäßes Hantieren und verantwortungsbewußten Umgang mit Werkzeugen, Hilfsmitteln und Giftstoffen enthaltenden Pflanzen vermeiden kann. Folgende Verhaltensregeln dienen nicht zuletzt der eigenen Sicherheit und Gesundheit:

■ Werkzeuge, besonders motorbetriebene, stets sauber und funktionstüchtig halten, nach Verwendung an sicherer Stelle aufbewahren.

■ Dünge- und Pflanzenschutzmittel sachgemäß anwenden (siehe Seiten 29 und 36) und verschlußsicher aufbewahren, insbesondere Kinder und Haustiere davon fernhalten. Bei der Anwendung Gebrauchsanweisung genau befolgen, beim Ausbringen von Pflanzenschutzmitteln Schutzkleidung tragen.

■ Insbesondere beim Umgang mit dornigen, stacheligen oder scharfrandigen Pflanzen Vorsicht walten lassen, eventuell Schutzkleidung tragen (robuste Handschuhe, Kleidung aus widerstandsfähigen, dicken Stoffen).

■ Im Zweifelsfall bei Verletzungen, die man sich bei der Gartenarbeit zuzieht, den Arzt konsultieren, insbesondere bei offenen Wunden.

■ Giftpflanzen nur mit Handschuhen anfassen, jeglichen direkten Hautkontakt (auch Augen- und Mundkontakt) vermeiden, anschließend Hände gründlich waschen. Kinder und Haustiere von Giftpflanzen oder giftigen Pflanzenteilen fernhalten, im Zweifelsfall auf die Pflanzung solcher Arten verzichten. Giftige Arten, insbesondere Gehölze, nicht an die Gartengrenze zu Spielplätzen, Kindergärten oder Schulen pflanzen.

■ Giftige Pflanzen sondern ihre Inhaltsstoffe auch ins Vasenwasser ab, deshalb auch bei Schnittblumen und geschnittenen Zweigen entsprechende Vorsicht walten lassen.

■ Beim Umgang mit Pflanzen, die hautreizende Stoffe enthalten, unbedingt Schutzkleidung tragen, anschließend gründlich waschen.

WEGWEISER PFLANZENPORTRÄTS

In den folgenden Kapiteln „Sommerblumen", „Stauden", „Zwiebel- und Knollenblumen" sowie „Ziergehölze" finden Sie Porträts mit ausführlichen Pflegeanleitungen für eine Vielzahl von Gartenpflanzen.

■ Jedem dieser Kapitel sind Basisinformationen zur **Verwendung, Pflanzung und Pflege** der betreffenden Pflanzengruppen vorangestellt. Sie ergänzen die speziellen Pflegeanleitungen, stellen z. B. auch häufig vorkommende Schädlinge und Krankheiten im Bild vor. Sollten in den speziellen Pflanzenporträts Begriffe oder Arbeitsschritte nicht ganz klar sein, lassen sie sich hier oder auch in den vorangegangenen Einleitungskapiteln nachschlagen. Beim schnellen Zugriff hilft das Register (ab Seite 378).

■ Die **Pflanzenporträts und Pflegeanleitungen** sind alphabetisch nach den botanischen Namen (siehe auch Seite 12) angeordnet. Neben jedem Pflanzennamen stehen Symbole, die Auskunft über den Schwierigkeitsgrad von Kultur und Vermehrung geben:

Kultur, Pflege:
□ sehr einfach
▣ einfach
■ nicht ganz einfach

Aussaat, Samenvermehrung:
▽ sehr einfach
▽ einfach
▼ nicht ganz einfach

Vegetative Vermehrung:
▷ sehr einfach
▷ einfach
▶ nicht ganz einfach

■ Die kurzen **Pflanzensteckbriefe** geben einen Überblick über Blüte, Wuchs, Verwendung und Standortansprüche. Die Kreissymbole für den Lichtbedarf wurden bereits auf Seite 18 erläutert.

■ Angesichts der gewaltigen Sortenvielfalt bei Zierpflanzen war bei den Porträts die Beschränkung auf eine kleine Auswahl **bewährter Sorten** nötig. Wo selbst eine solche Reduzierung aufgrund eines großen Spektrums oder ständiger Neuzüchtungen nicht sinnvoll erschien, wurde auf die Angabe von Sorten verzichtet.

■ Die Rubrik **Vermehrung** gibt jeweils die geläufigste Methode an, zu Pflanzennachwuchs zu kommen. Alternativen werden bei den **Vermehrungstips** beschrieben.

■ Der Marienkäfer, verbreiteter Nützling und Blattlausvertilger, steht in den Porträts als Symbolbild für das Thema Pflanzenschutz. **Häufige Pflegeprobleme**, die speziell an der jeweiligen Pflanze auftreten, werden näher erläutert. Kommt in der Regel nur ein Befall mit „Allerweltsschädlingen und -krankheiten" vor, wird unter dem Stichwort **Pflegemaßnahmen** erwähnt, worauf zu achten ist. Beschreibungen solcher Schaderreger sowie Vorbeuge- und Abwehrmaßnahmen finden sich in der Einleitung bzw. über das Register.

SOMMERBLUMEN

VERWENDUNG, PFLANZUNG, PFLEGE

PFLANZENPORTRÄTS UND PFLEGEANLEITUNGEN

EINJÄHRIGE KLETTERPFLANZEN

VERWENDUNG, PFLANZUNG, PFLEGE

Sommerblumen warten mit überschäumender Blütenfülle in herrlich leuchtenden Farben auf. Die Pflanzen dieser Gruppe sind in der Regel kurzlebig, sie haben sich oft im Laufe nur eines Sommers erschöpft. Dafür wachsen sie aber um so rascher, stehen viele Wochen lang in üppigem Flor und gelten überwiegend als recht pflegeleicht. Unter Sommerblumen versteht man allgemein solche Pflanzen, die dem Garten im Sommer Farbe geben, mit dem nahenden Winter jedoch aus dem Gartenbild verschwinden und jedes Frühjahr durch neue ersetzt werden müssen.

Die meisten von ihnen sind einjährige Gewächse, sogenannte **Einjährige** oder **Annuelle**, aus deren Samen im Frühjahr rasch kleine Pflänzchen wachsen, die sehr bald zur Blüte kommen, aber spätestens mit den ersten Frösten im Herbst wieder vergehen. Diese Arten, wie z. B. Klatschmohn (*Papaver rhoeas*), Kornblume (*Centaurea cyanus*) oder auch die stattliche Sonnenblume (*Helianthus annuus*), schließen ihren Entwicklungszyklus also innerhalb nur eines Jahres ab, nur ihre Samen überdauern die kalte Jahreszeit.

Auch zweijährige Arten, kurz **Zweijährige** oder **Bienne** genannt, wie Maßliebchen (*Bellis perennis*) oder Vergißmeinnicht (*Myosotis sylvatica*), werden zu den Sommerblumen gezählt. Sie sind ebenfalls kurzlebig, allerdings währt ihre Entwicklung länger als die der Einjährigen. Im ersten Jahr keimen sie und bilden nur Laubblätter aus. Erst im zweiten Jahr, nachdem ihre Blätter den Winter überdauert haben, erscheinen dann ihre Blüten. Die meisten der Zweijährigen sind Frühlingsblüher, die ersten warmen Sonnenstrahlen im Jahr locken ihre Blüten hervor. Schon im Frühsommer streuen sie ihre Samen aus und beenden ihren Zyklus bzw. beginnen einen neuen.

Schließlich stellt man noch solche Pflanzenarten zur Gruppe der Sommerblumen, die aus den Tropen oder Subtropen stammen und unter den dort günstigen Wachstumsbedingungen langlebig sind, den Winter in hiesigen Breiten aber draußen nicht überstehen und deshalb nur einjährig kultiviert werden. Beispiele dafür sind Pelargonien (*Pelargonium*) und Wandelröschen (*Lantana-Camara*-Hybriden). Wer sich die Mühe der nicht ganz einfachen Überwinterung sparen will, kauft von ihnen jedes Frühjahr junge Pflanzen nach. Andererseits bereiten sie lange Jahre Freude, wenn man sie im Schutz des Hauses über den Winter bringt.

SOMMERBLUMEN

Eines ist fast allen Sommerblumen gemein: ihre schier unerschöpfliche Blütenpracht. Man könnte sie als Dauerbrenner unter den Gartenblumen bezeichnen, denn vom Frühjahr bis weit in den Herbst öffnen sie stets neue Knospen und erstrahlen in oft überwältigendem Blütenflor. Auf Beeten und Rabatten, ebenso in Kübeln und Balkonkästen sorgen sie für leuchtende Farbkleckse, wenn auch nur einen Sommer lang.

Zur Vielfalt tragen neben den auffälligen Blüten auch ihre Formen und Gestalten bei. Häufig wachsen Sommerblumen zu mehr oder weniger hohen, dichten Büschen heran, z. B. das Löwenmäulchen *(Antirrhinum majus)* oder das Fleißige Lieschen *(Impatiens-Walleriana-Hybriden)*. Andere bleiben schlank und erheben ihre Kelche in stattliche Höhen, wie etwa das Schmuckkörbchen *(Cosmos bipinnatus)* oder die Sonnenblume *(Helianthus annuus)*. Und schließlich winden sich manche sogar an Stützen empor, um ihre Blüten der Sonne entgegenzurecken, so die Schwarzäugige Susanne *(Thunbergia alata)*, oder schicken lange, blütenbesetzte Triebe über Mauern oder Topfränder herab, wie es etwa bei der Fächerblume *(Scaevola)* der Fall ist.

Schöne Gesellschaft: Sommerastern und Ziersalbei

oder Kästen herunter, **Klettergewächse** verschönern Wände und Zäune. Dieser Gruppe ist ab Seite 128 ein gesonderter Abschnitt gewidmet.

In aller Regel setzt man Sommerblumen – nach Arten und Sorten getrennt – grüppchenweise ein, um ihre an sich schon üppige Blüte optisch noch besser zur Geltung zu bringen. Mit ihren meist überaus leuchtkräftigen, sehr intensiven Farben setzen sie dann weithin sichtbare Akzente. Je kleiner die einzelne Pflanze, desto mehr Exemplare sollte eine Gruppe umfassen. Bei stattlichen Gewächsen reichen dagegen schon wenige, um wirksam ins Auge zu fallen. Verschiedene Gruppen werden wiederum miteinander zu einer Gemeinschaft kombiniert, am besten nach Höhen gestaffelt, damit alle Blüten im Blickfeld liegen.

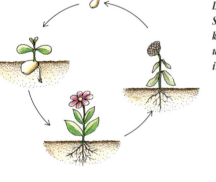

Lebenszyklus einjähriger Sommerblumen: Samenkeimung, Wachstum, Blüte und erneute Samenbildung innerhalb eines Jahres

Verwendung

Die jeweilige Wuchsform legt meist auch schon die Verwendung im Garten nahe. Niedrige, **kissenförmige Polster** eignen sich als abrundende Pflanzung am Beetrand. **Kompakte Büsche**, zu mehr oder minder großen Gruppen vereint, füllen Beete ebenso wie Balkonkästen. **Hohe Arten** bilden einen gefälligen Hintergrund für bunte Beete, zeigen aber auch auf schmalen Rabatten ihre Stärken. Hängepflanzen wallen reizvoll aus Ampeln

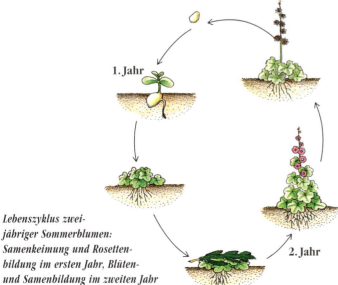

Lebenszyklus zweijähriger Sommerblumen: Samenkeimung und Rosettenbildung im ersten Jahr, Blüten- und Samenbildung im zweiten Jahr

VERWENDUNG, PFLANZUNG, PFLEGE

Beschwingtes Sommerblumenbeet, dominiert von weißem Ziertabak und blauem Salbei. Die Staffelung nach Wuchshöhen bringt alle Blüten gut zur Geltung

Beete und Rabatten können mit einer Saisonpflanzung nur aus Sommerblumen bestückt werden, was aber mit nicht unerheblichem Aufwand verbunden ist. Schließlich muß dann in jedem Frühjahr reichlich gesetzt und im Herbst abgeräumt werden. Dies bietet sich an, wenn man im beginnenden Gartenjahr das Beet vorwiegend mit dem Flor von Zwiebel- und Knollenpflanzen schmücken möchte, der bis zum Frühsommer jedoch vergangen ist. Weniger Arbeit hat man, wenn Sommerblumen nur die Lücken zwischen ausdauernden Stauden füllen sollen. Eine besonders wichtige Rolle spielen die kurzlebigen Gewächse natürlich auch bei der Bepflanzung von Balkonkästen und Kübeln.

Pflanzenkauf

Im Handel beginnt die Saison für **einjährige Sommerblumen** schon im März und währt etwa bis Ende Mai. In breiter Palette werden getopfte Jungpflanzen der verschiedensten Arten angeboten. **Zweijährige** wie Stiefmütterchen (*Viola-Wittrockiana*-Hybriden) oder Goldlack (*Cheiranthus cheiri*) kommen dagegen vor allem im Herbst zum Verkauf. Zeitig zu Saisonbeginn erhält man oft recht preiswerte, aber noch nicht blühende Jungpflanzen, bei Abnahme größerer Mengen wird manchmal sogar noch ein Rabatt gewährt. Diese müssen aber noch eine Weile auf der Fensterbank, im Frühbeet oder im Gewächshaus aufgepäppelt werden, bis sie ins Freie dürfen.

Wer schon sehr bald nach der Pflanzung ansehnliche und reich blühende Sommerblumen haben möchte, sollte zu vielfach verzweigten und schon in Knospen stehenden Pflanzen greifen. Solche Exemplare der Extraqualität haben allerdings auch ihren Preis. In jedem Fall sollte man darauf achten, daß die

SOMMERBLUMEN

Jungpflanzen nicht welk oder teilweise vertrocknet oder gar von Krankheiten oder Schädlingen befallen sind.

■ **Checkliste zum Einkauf von Sommerblumen**

■ Legt man Wert auf eine bestimmte Art oder Sorte, auf etikettierte, exakt beschriebene Pflanzen achten oder beim Gärtner nachfragen.

■ Kräftige, reich verzweigte und eventuell schon üppig mit Knospen besetzte Exemplare bevorzugen.

■ Nur absolut gesunde Pflanzen wählen, die sichtbar frei von Schädlingen und Krankheitsbefall sind.

■ Gefäße sollten frei von Algen- und Moosbewuchs sein, die Wurzeln dürfen nicht aus dem Topf herauswachsen.

■ Wer etwas zur Müllentlastung tun möchte, sollte auf recycelte Papiertöpfe achten.

Auspflanzen

Außer einigen wenigen, sehr robusten Arten, z. B. Löwenmäulchen (*Antirrhinum*) oder Ringelblume (*Calendula*), die man schon ab Anfang Mai auspflanzen kann, dürfen Sommerblumen erst ins Freie, wenn keine Spätfröste mehr drohen. Traditionell gelten die Eisheiligen Mitte Mai als Stichtage; sie können nochmals Nachtfröste bringen, danach beginnt die Freilandsaison. Kästen und Kübel kann man schon früher bepflanzen, allerdings müssen die Gefäße in kalten Nächten an geschützte, frostfreie Stellen geräumt werden. Sommerblumen sind in der Regel recht anspruchslos. Man setzt sie im Garten in vorher gelockerte und eventuell auch mit Langzeitdünger angereicherte Erde bzw. in mit Einheitserde gefüllte Kästen oder Kübel. Die Pflanzen sollen ebenso tief im Boden stehen, wie sie auch vorher im Substrat des Anzuchtgefäßes waren; zu tiefe Pflanzung führt leicht zum Faulen, zu hohe zum Austrocknen. Sofort nach dem Setzen müssen sie gründlich gegossen werden. Auch in den folgenden 2 Wochen sollte man sie regelmäßig gießen, damit die Pflanzen gut anwachsen.

Beetbepflanzung: ① *Pflanzen auf der Fläche verteilen, dabei kleine Grüppchen aus Pflanzen derselben Art bilden, höhere Arten nach hinten setzen.* ② *Zum Pflanzen das Beet mit Hilfe eines Bretts betreten, damit der Boden nicht zu stark verdichtet wird. Das kleine Bild zeigt die richtige Pflanztiefe. Nach dem Einsetzen gründlich wässern*

VERWENDUNG, PFLANZUNG, PFLEGE

■ **Pflanzung in Balkonkästen, Schalen, Kübel**

■ Möglichst geräumige, d. h. tiefe und breite Gefäße auswählen, die den Pflanzenwurzeln reichlich Platz bieten.

■ Die erforderliche Pflanzenanzahl richtet sich nach der Gefäßgröße und dem Wuchsverhalten. Im Durchschnitt rechnet man eine Pflanze pro 20 cm Kastenlänge oder 20 x 20 cm Schalenfläche.

■ Gefäßboden mit mehreren Wasserabzugslöchern versehen (4 bis 6 pro laufenden Meter) und als Drainage zuunterst eine etwa 3–5 cm dicke Schicht Tonscherben, Kiesel oder grobes Tongranulat (Hydrokultursubstrat) einfüllen.

■ Gefäß etwa zur Hälfte mit Substrat (Balkonblumenerde, Einheitserde oder Torfkultursubstrat TKS 2) füllen.

■ Balkonblumen vorsichtig austopfen und eine nach der anderen einsetzen, mit Substrat rundherum auffüllen und die Pflanzen gut andrükken. Das Substrat sollte nur bis etwa 2 cm unter den oberen Gefäßrand reichen. Anschließend gründlich wässern.

Balkonkastenbepflanzung:
① *Drainage einbringen;*
② *Erde etwa bis zur Hälfte einfüllen (je nach Höhe des Topfballens);*
③ *Pflanze einsetzen;*
④ *Erde auffüllen, oben einen Gießrand von ca. 2 cm lassen. Die Balkonkästen sollten mindestens 20 cm hoch sein und müssen Wasserabzugslöcher haben*

■ **Tip:** Hängende Arten wie Petunien, Blaues Gänseblümchen oder Husarenknöpfchen leicht schräg zum Kastenrand einpflanzen.

Eigene Anzucht

Viele Sommerblumen kann man sich aus Samen selbst heranziehen. Bei einigen, z. B. Klatschmohn (*Papaver rhoeas*) oder Stockmalven (*Alcea rosea*), muß man dies sogar, da sie im Handel nur sehr selten oder gar nicht als pflanzfertige Ware angeboten werden. Die Aussaat erfolgt bei einjährigen Arten im Februar/März unter Glas oder aber ab April im Freien (siehe „Aussaat ohne Vorkultur", Seite 47), bei zweijährigen dagegen meist im Sommer an einer geschützten Stelle.

■ **Vorziehen von Einjährigen**

■ Saatgefäß (flache Schale, mit Folie ausgekleidetes Kistchen, Multitopfplatte, mehrere kleine Töpfe) mit Anzuchtsubstrat (Anzuchterde, Torfkultursubstrat TKS 1) füllen, Oberfläche glätten.

■ Samen entweder breitwürfig ausstreuen oder einzeln mit etwa 3–4 cm Abstand

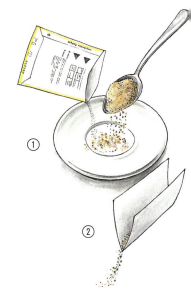

Aussaattips: ① *Feines Saatgut läßt sich einfacher und gleichmäßiger säen, wenn man es mit Sand vermischt (1 bis 2 Teile auf 1 Teil Samen).* ② *Gefalteter Karton (z. B. Postkarte) als praktische Sähilfe*

— Gießrand

— Wasserablauf

auslegen und mit einem Brettchen oder dem Handrücken an das Substrat andrücken.

■ Dünn mit Substrat übersieben und mit einer feinen Brause übersprühen, bis die Erde leicht feucht ist. Dunkelkeimer zusätzlich mit Pappe oder Zeitungspapier abdecken (abnehmen, sobald Keimlinge erscheinen), Lichtkeimer dagegen nicht.

■ Auf der Fensterbank, im Frühbeet oder Gewächshaus aufstellen. Substrat immer leicht feucht halten.

■ Sobald die Sämlinge nach den Keimblättchen erste richtige Laubblätter entwickelt haben, vereinzeln und/oder in Einzeltöpfe pikieren.

SOMMERBLUMEN

nicht entspitzt — entspitzt

Um dichten, buschigen Wuchs zu erzielen, kürzt man die Triebspitzen von Jungpflanzen 2–3 cm ein (abkneifen oder abschneiden). Das regt den Austrieb der Seitenknospen an, die Pflanze verzweigt sich stärker

■ Bis zur endgültigen Pflanzung weiterziehen, dabei alle 2 Wochen mit schwach dosiertem Flüssigdünger versorgen und eventuell entspitzen.

■ Vorziehen von Zweijährigen

■ Wie für die Einjährigen, allerdings erst im Früh- oder Hochsommer, Gefäße mit Anzuchtsubstrat füllen, Oberfläche glätten, Samen ausstreuen, andrücken, mit Substrat übersieben, Substrat anfeuchten.

■ An einer schattigen Stelle aufstellen, Dunkelkeimer zusätzlich mit Zeitungspapier oder Pappe abdecken (abnehmen, wenn Keimlinge erscheinen). Gleichmäßig leicht feucht halten.

■ Sämlinge vereinzeln und/oder pikieren, sobald sie die ersten richtigen Laubblätter entwickelt haben, und bis zur Pflanzung im Frühbeet an einem geschützten Ort weiterziehen.

■ Vegetative Vermehrung

Neben der Aussaat ist bei manchen Sommerblumen auch Stecklingsvermehrung möglich, vereinzelt kann man auch durch andere Methoden der vegetativen Vermehrung (Seite 49) Nachwuchs erhalten. Hierauf wird in den nachfolgenden Porträts in der Rubrik „**Vermehrungstip**" hingewiesen, besondere Arbeitsschritte sind durch Illustrationen veranschaulicht.

Pflegemaßnahmen

Damit der üppige Blütenflor möglichst lange anhält, müssen die Pflanzen sorgsam gepflegt werden. Wasserversorgung sowie ein gelegentlicher Rückschnitt sind die wichtigsten Maßnahmen. Vor allem in sonniger Lage und bei anhaltend trockener Witterung sollte man die Pflanzen regelmäßig gießen, am besten frühmorgens (siehe auch Seite 27). Abgeblühtes und Verwelktes wird möglichst rasch entfernt, so sehen die Pflanzen nicht nur stets prächtig und gepflegt aus, sondern entwickeln auch reichlich neue Knospen.

Düngung

Wurde der Boden bereits vor oder aber bei der Pflanzung mit Nährstoffen angereichert, z. B. durch Einarbeitung von Kompost, erübrigt sich eine weitere Düngung während des Sommers. Andernfalls muß man später mehrmals Volldünger verabreichen, wobei die erste Nährstoffgabe etwa 4 Wochen nach der Pflanzung erfolgt. Am besten wählt man einen flüssigen oder löslichen Dünger und mischt ihn zum Gießwasser, so kann man gleich zwei Arbeiten in einem Gang erledigen. Die erforderliche Düngerkonzentration (siehe auch Seite 28) richtet sich nach Nährstoffanspruch der Pflanzen und Bodenzustand, ebenso die Häufigkeit der Düngung, die man alle 3 bis 6 Wochen wiederholt. Insgesamt sollte man besser weniger als zuviel düngen, denn durch eine zu üppige Ernährung, insbesondere mit Stickstoff, werden die Pflanzen oft krankheitsanfällig. Anspruchslose und eher kargen Boden bevorzugende Arten wie Pantoffelblume (*Calceolaria integrifolia*) und Duftsteinrich (*Lobularia maritima*) blühen bei reichlicher Düngung auch nicht – wie manchmal erhofft – besser, sondern wesentlich spärlicher.

VERWENDUNG, PFLANZUNG, PFLEGE

Nach der Saison

Sobald die ersten Herbstfröste auftreten, ist die Saison für Sommerblumen beendet. Man räumt sie von den Beeten und gibt die Reste zerkleinert zum Kompost. Sommerblumen, die eigentlich, d. h. an ihren warmen Heimatstandorten, ausdauernd wachsen, brauchen dagegen nicht weggeworfen werden. Man kann sie im Haus überwintern, wobei jedoch schon im Spätsommer Vorkehrungen zu treffen sind, damit diese Pflanzen gut über den Winter kommen: Etwa ab August beginnt man, die Gießmengen allmählich zu reduzieren und stellt auch die Düngung ein. Vor den ersten Frösten gräbt man sie aus und pflanzt sie in Gefäße mit Einheitserde. Wenn sie im Sommer bereits in Kästen oder Schalen standen, werden sie mitsamt ihren Behältnissen eingeräumt. Die Gefäße mit den Pflanzen stellt man an einen hellen, aber nicht sonnigen, kühlen, aber unbedingt frostfreien Platz im Haus; z. B. in den Keller, ins Treppenhaus oder

Sommerblumen, die in ihrer wärmeren Heimat ausdauernd sind, kann man im Haus überwintern:
① *Vor den ersten Frösten ausgraben;*
② *Erdreste abschütteln;*
③ *in einen Topf setzen.*
④ *Im Vorfrühling zurückschneiden. Wenn der neue Austrieb erscheint, zurückhaltend wässern und düngen*

auch an ein Nordfenster im ungeheizten Schlafzimmer. Während des Winters gießt man gerade nur so viel, daß die Erde nicht völlig austrocknet. Im Vorfrühling, bevor der neue Austrieb erscheint, schneidet man die Pflanzen zurück, stellt sie wärmer, gibt allmählich wieder mehr Wasser und verabreicht auch schwach dosierten Dünger. Mitte Mai können die überwinterten Gewächse dann wiederum ins Freie.

Pflanzenschutz

Sommerblumen sind für Schädlinge und Krankheiten nicht unbedingt anfälliger als andere Gartenpflanzen; bei ihrer kurzen Lebensspanne wirkt sich jedoch ein starker Befall mit Schaderregern besonders unangenehm aus – man kann sich nicht mit der Hoffnung auf gesunderen Wuchs oder bessere Blüte im darauffolgenden Jahr trösten. Anderseits lohnen gerade

Während Männertreu (blau) nur eine Saison lang erfreut, lassen sich Fuchsien (rot) überwintern

bei Sommerblumen aufwendige Bekämpfungsmaßnahmen bei bereits eingetretenem Schaden nicht. Es ist dann oft sinnvoller, kranke Pflanzen zu entfernen und Lücken im Beet oder Balkonkasten durch zugekaufte Pflanzen wieder zu füllen. Ansonsten gelten die im Kapitel „Schonender Pflanzenschutz" (ab Seite 33) genannten Grundsätze und Praxistips. Spezielle Krankheiten, Schädlinge und Kulturfehler werden mitsamt Symptomen und Gegenmaßnahmen in den nachfolgenden Pflanzenporträts vorgestellt. Daneben können bei den meisten Arten mehr oder weniger häufig „Allerweltsschädlinge" auftreten: Schnecken (vor allem an Jungpflanzen, siehe Seite 36), Blattläuse (Seite 38), Weiße Fliege (vor allem bei der Anzucht; Seite 39), Thripse (Seite 39), Spinnmilben (Seite 39) und

SOMMERBLUMEN

Von der Asternwelke, einer Pilzkrankheit, befallene Sommerastern (Callistephus)

Während der Anzucht können Pilzkrankheiten auftreten, die die Sämlinge zum Absterben bringen

Blattälchen (Nematoden; Seite 40). Die Seitenzahlen verweisen auf die Beschreibung im allgemeinen Pflanzenschutzkapitel; dort werden auch Vorbeuge- und Bekämpfungsmaßnahmen genannt. Bei Sommerblumen häufig auftretende **Pilzkrankheiten** sind Echter Mehltau (Seite 40), Falscher Mehltau (Seite 40) und Grauschimmel (Seite 41). Auch mit **Welkeerscheinungen** kann man des öfteren Schwierigkeiten haben. Sofern nicht durch Bakterien oder Pilze verursacht, liegt es meist an Gießfehlern. Während sich mangelnde Wassergaben leicht ausgleichen lassen und sich die Pflanzen schnell erholen, führt zu starkes Gießen oft zu irreparablen Schäden: Faulende Wurzeln können die Pflanze nicht mehr versorgen, so daß sie trotz reichlichen Wasserangebots welken.

Schließlich kann gerade bei der Anzucht von Sommerblumen ein Problem auftreten, das durch verschiedene Pilze verursacht wird: Die Sämlinge fallen um, haben einen weichen, fauligen Stengelgrund und/oder verfärben sich dunkel. Dieser sogenannten **Schwarzbeinigkeit** und **Umfallkrankheit** läßt sich vorbeugen, indem man saubere Aussaatgefäße sowie Qualitätssubstrat verwendet, die Sämlinge nach dem Aufgehen nicht zu feucht hält und regelmäßig durch Abnehmen des Verdunstungsschutzes lüftet. Bei Befall hilft nur ein Entfernen der Pflänzchen und der Aussaaterde (beides nicht auf den Kompost!). Die Aussaatgefäße müssen vor Wiederverwendung sorgfältig desinfiziert werden.

Blattlausbefall an einer Pantoffelblume

Schadsymptome des Löwenmaulrosts

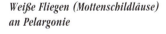

Saugschäden durch Thripse an Pelargonienblatt

Weiße Fliegen (Mottenschildläuse) an Pelargonie

PORTRÄTS UND PFLEGEANLEITUNGEN

Leberbalsam und Gazanie (gelb)

Leberbalsam

Ageratum houstonianum
□ ▽ ▷

Blüte: blau, auch violett, weiß und rosa; V–X

Wuchs: je nach Sorte dichtbuschig oder locker aufrecht, 10–80 cm hoch

Standort: ○–◐; gleichmäßig feuchter, lockerer, humoser Boden

Verwendung: Beete, Rabatten, Balkonkästen; hohe Sorten auch als Schnittblume

Paßt gut zu: bunten Sommerblumen wie etwa Tagetes; blauen und weißen Prachtstauden

Vorsicht: Leberbalsam enthält in den Blättern Stoffe, die Schleimhautreizungen und Allergien hervorrufen können.

Die dicht beieinander stehenden, kleinen Strahlenblüten des Leberbalsams sorgen über einen langen Zeitraum für auffällige Farbtupfer im Garten. Je nach Sorte wachsen die Pflanzen kissenförmig oder heben ihre Blüten auf langen Stielen empor.

■ **Bewährte Sorten**
■ Gedrungener, dichtbuschiger Wuchs, 15–20 cm hoch: 'Blaue Donau' (mittelblau); 'Schneekönigin' (reinweiß); 'Wasa' (Farbsorten in Blautönen, Violett und Weiß)
■ Hoher, lockerer Wuchs, 50–80 cm hoch: 'Schnittwunder' (mittelblau); 'Weißer Schnitt' (weiß)

■ **Anzucht**
Im Februar/März unter Glas aussäen. Damit die Keimung erfolgt, muß die Saat anfangs sehr warm (20–22 °C) und gleichmäßig feucht gehalten werden. Sobald die ersten Blättchen erscheinen, stellt man die Anzuchtgefäße kühler (16 °C) und gießt nur noch vorsichtig. Nach etwa 3 bis 4 Wochen in Einzeltöpfe pikieren.

■ **Pflanzung**
Jungpflanzen können ab Mitte Mai ins Freie gepflanzt werden, dabei etwa 30 cm Pflanzabstand wahren.

■ **Pflegemaßnahmen**
Leberbalsam sollte vor allem bei anhaltend trockenem Wetter regelmäßig gegossen werden. Bei hohen Sorten Verblühtes herausschneiden, damit sich neue Blüten bilden können; niedrige Sorten brauchen nicht geschnitten werden.

■ **Düngung**
Auf normalem Gartenboden nicht erforderlich. Auf kargem Untergrund und im Balkonkasten alle 6 bis 8 Wochen mit schwach dosiertem Volldünger versorgen.

Besonderheiten

Leberbalsam hält sich in der Vase sehr lange, wenn man die Blütenstände schneidet, sobald sich die mittlere Blüte gerade eben geöffnet hat.

Vermehrungstip

Im Mai und Juni kann man von kräftigen Pflanzen Stecklinge schneiden. In Anzuchtsubstrat bewurzeln sie sich bald und können dann ausgepflanzt werden.

HÄUFIGE PFLEGEPROBLEME

Symptom: Gelbe Flecken auf den Blättern, die dann welken und abfallen

Ursache: Weiße Fliege (Mottenschildläuse)

Vorbeugung/Abhilfe: Befallene Blätter sofort entfernen. Pflanzen mehrmals im Abstand von jeweils einer Woche mit Brennesselkaltwasserauszug spritzen, vor allem die Blattunterseiten. Gelbe Leimtafeln (Fachhandel) anbringen.

Außerdem häufig: Blattläuse, Spinnmilben

SOMMERBLUMEN

Stockmalven sorgen über einen beachtlichen Zeitraum hinweg für farbenprächtigen Blumenschmuck. Ihre Blütenschalen an den hohen, kräftigen Stielen entfalten sich nach und nach, untermalt von großen, rauhen, mattgrünen Laubblättern. Die Pflanzen wachsen oft mehrere Jahre, werden jedoch meist nur als Zweijährige kultiviert, da sie nach dem zweiten Jahr an Schönheit einbüßen.

■ Bewährte Sorten
'Himbeer' (himbeerrot); 'Nigra' (schwarzrot); 'Gefüllte Prachtmischung' (in mehreren Farben, gefüllt blühend)

■ Anzucht
Aussaat erfolgt im Juni/Juli im Freien. Samen in Schalen mit Aussaaterde streuen und mit Erde übersieben. Schattig aufstellen und gleichmäßig feucht halten. Sobald sich 4 bis 5 Blätter entwickelt haben, in Einzeltöpfe pikieren. Spätestens bis September ins Freie umpflanzen.

■ Pflanzung
Jungpflanzen im September, bereits ältere Pflanzen (siehe „Vermehrungstip") im Mai mit 40-50 cm Abstand auspflanzen.

■ Pflegemaßnahmen
In ungeschützter Lage an Stäben aufbinden. Reichlich gießen. Nach der Blüte auf 30 cm zurückschneiden oder gleich ganz entfernen.

■ Düngung
Auf nährstoffreichem Boden nicht erforderlich. Sonst nach der Pflanzung und im folgenden Frühjahr mit ein paar Handvoll reifem Kompost mulchen oder alle 4 Wochen schwach dosierten Volldünger geben.

Besonderheiten
Stockmalven säen sich selbst aus, wenn man die Früchte nicht vorher abschneidet. Die in der Nähe keimenden Jungpflanzen ersetzen dann ganz von selbst die Mutterpflanze.

Stockmalve, Alcea rosea

Vermehrungstip
Sät man schon im März/April unter Glas oder im Haus aus, blühen die Pflanzen noch im gleichen Jahr. Dazu in Aussaatschalen streuen, mit Erde abdecken, warm (etwa 18 °C) aufstellen und gleichmäßig feucht halten. Jungpflanzen Mitte Mai ins Freie umsetzen.

HÄUFIGE PFLEGEPROBLEME

Symptom: Gelbe bis rotbraune Pusteln auf den Blattunterseiten, helle Flecken auf den Blattoberseiten; Blätter welken und fallen ab.

Ursache: Malvenrost (Pilzbefall)

Vorbeugung/Abhilfe: Befallene Teile sofort abschneiden. Breitet sich die Krankheit aus, Pflanzen völlig entfernen und an dieser Stelle einige Jahre keine Stockmalven mehr ziehen.

Stockmalve,
Stockrose
Alcea rosea

Blüte: rosa, rot; weiß, gelb VI-IX

Wuchs: schlanke Pflanze mit kerzenartigem Blütenstand; 120-200 cm hoch

Standort: O; windgeschützt; nährstoffreicher, humoser Boden

Verwendung: in kleinen oder großen Gruppen; im Hintergrund von Beeten und Rabatten, entlang von Zäunen, vor Mauern und Hauswänden; im Bauerngarten

Paßt gut zu: bunten Sommerblumen wie Sonnenblumen oder Schmuckkörbchen; hohen Stauden wie Sonnenhut oder Phlox

Das Einkürzen der Wurzel beim Pikieren verbessert die Wurzelverzweigung

PORTRÄTS UND PFLEGEANLEITUNGEN

Löwenmäulchen in Farbmischung

Löwenmäulchen

Antirrhinum majus ☐ ▽

Blüte: alle Farben außer Blau, auch zwei- oder mehrfarbig; VI–IX

Wuchs: aufrechte, buschige Pflanze; 20–100 cm hoch

Standort: ○–◐; normaler, gleichmäßig feuchter Boden

Verwendung: in kleinen oder großen Gruppen, auch verschiedene Sorten kombiniert; in Beeten und Rabatten, hohe Sorten als Hintergrundpflanzung, niedrige Sorten auch als Beeteinfassung und für Balkonkästen

Paßt gut zu: farblich abgestimmten Sommerblumen wie weißen Schmuckkörbchen, Duftsteinrich oder blauem Ziersalbei

Das Löwenmäulchen trägt seinen Namen nach den eigenartig geformten Blüten, die sich beim Zusammendrücken wie ein Mäulchen öffnen. Viele Einzelblüten sind zu einem kerzenartigen Blütenstand zusammengefaßt, an dem sie sich nur allmählich von unten nach oben öffnen, was für einen sehr lang anhaltenden Flor sorgt.

Aufgrund des umfangreichen Sortenspektrums muß hier auf eine Auswahlliste verzichtet werden. Die geläufigen Sorten, wie z. B. 'Butterfly', werden in verschiedenen Farben und als Farbmischungen angeboten.

■ Anzucht

Aussaat in Anzuchterde unter Glas von Januar bis März möglich. Hell und warm (15–20 °C) aufstellen, nach erfolgter Keimung dann kühler (10–15 °C). 3 bis 4 Wochen nach der Aussaat pikieren. Sind die Pflanzen etwa 10 cm hoch, sollte man sie entspitzen, damit sie sich besser verzweigen.

■ Pflanzung

Kräftige, gut abgehärtete Jungpflanzen können ab Mitte April ins Freie. Der Pflanzabstand sollte bei niedrigen Sorten 20–30 cm, bei hohen 30–40 cm betragen.

■ Pflegemaßnahmen

Hohe Sorten sind nicht immer standfest, man sollte ihnen deshalb mit Stäben oder Stützringen Halt geben. Auf gleichmäßige Wasserversorgung achten.

■ Nach der Blüte

Damit die Blüte lange währt, muß Verblühtes regelmäßig entfernt werden. Am besten schneidet man einzelne Blütenkerzen komplett bis zur ersten Verzweigung heraus, sobald die meisten Blüten daran schon verwelkt sind, sich aber noch nicht allzu viele Früchte gebildet haben.

■ Düngung

Auf nährstoffreichem Boden nicht erforderlich, ansonsten alle 6 bis 8 Wochen mit schwach dosiertem Volldünger versorgen.

Besonderheiten

Löwenmäulchen sind ideale Schnittblumen, vor allem die hohen Sorten. Man schneidet sie für die Vase am besten noch knospig, wenn sich also nur die ersten Blüten in der Kerze geöffnet haben. Sie halten sich dann sehr lange und blühen in der Vase vollständig auf.

HÄUFIGE PFLEGEPROBLEME

Symptom: Anfangs gelbe oder rostbraune, später schwarzbraune Pusteln auf den Blattunterseiten

Ursache: Löwenmaulrost (Pilzbefall)

Vorbeugung/Abhilfe: Nicht zu eng pflanzen, beim Wässern die Pflanzen nicht benetzen; befallene Pflanzen sofort entfernen.

Außerdem häufig: Echter und Falscher Mehltau, Grauschimmel, Blattläuse

SOMMERBLUMEN

Maßliebchen, Tausendschön
Bellis perennis □ ▼

Blüte: weiß, rosa, rot; IV–VI
Wuchs: flache Blattrosette; 10–20 cm hoch
Standort: ○–◐; lockerer, nährstoffreicher und gleichmäßig feuchter Boden
Verwendung: in kleinen Gruppen; in Beeten und Rabatten, Balkonkästen, Kübeln und Schalen
Paßt gut zu: Frühlingsblühern wie Hyazinthen, Tulpen, Narzissen, Vergißmeinnicht und Stiefmütterchen, wobei die Maßliebchen als Unter- oder Zwischenpflanzung verwendet werden

Maßliebchen stellen gleichsam die nobleren Schwestern des allbekannten Gänseblümchens dar. Über ihren Blattrosetten erheben sich üppig gefüllte und pomponartige Blütenköpfe, die wesentlich größer sind als beim bescheidenen Gänseblümchen.
Es gibt mehrere Sortengruppen, die sich in Blütenfüllung und -form (z. B. halbkugelig oder pomponartig) unterscheiden. Fast alle werden in verschiedenen Farben und als Farbmischungen gehandelt.

■ Anzucht
Von Mitte Juni bis Mitte Juli direkt ins Gartenbeet oder ins Frühbeet aussäen, dabei die Samen nur andrücken oder höchstens ganz dünn mit Erde abdecken. Bei intensiver Sonnenstrahlung beschatten (z. B. mit Bastmatten). Gleichmäßig feucht halten. 5 bis 6 Wochen nach der Aussaat direkt ins Freie pflanzen oder pikieren und bis zur Frühjahrspflanzung in Töpfen weiterziehen.

■ Pflanzung
Jungpflanzen werden im September/Oktober oder erst im April mit 10–20 cm Abstand ins Freie gesetzt. Auch bereits blühende Maßliebchen können jederzeit verpflanzt werden.

■ Pflegemaßnahmen
Im Herbst gesetzte Pflanzen der Winter über mit Fichtenreisig locker abdecken. Verblühtes entfernen und auf gleichmäßige Feuchtigkeit achten.

■ Düngung
Auf nährstoffreichem Boden nicht erforderlich, ansonsten alle 2 Wochen mit schwach dosiertem Volldünger versorgen.

Besonderheiten
Läßt man Maßliebchen nach der Blüte weiterwachsen, statt sie wie allgemein üblich von den Beeten zu räumen, versamen sie sich oft von selbst und blühen dann im nächsten Jahr erneut. Allerdings werden die Nachkömmlinge nicht mehr so üppig und blühen auch nicht mehr so reich wie aus neuem Samen gezogene Exemplare.

Vermehrungstip
Aussaat kann auch erst im August erfolgen. Dann am besten im Frühbeet, wo die Jungpflanzen bis zum Frühjahr bleiben, um dann im April gepflanzt zu werden.

HÄUFIGE PFLEGEPROBLEME

Symptom: Weißer bis grauer Belag vorwiegend an den Blattoberseiten

Ursache: Echter Mehltau (Pilzbefall)

Vorbeugung/Abhilfe: Auf gleichmäßige Wasserversorgung achten, nicht zu stark düngen; befallene Pflanzen entfernen, mit Knoblauch- oder Schachtelhalmtee spritzen.

Außerdem gelegentlich: Grauschimmel, Spinnmilben

Maßliebchen, Bellis perennis

PORTRÄTS UND PFLEGEANLEITUNGEN

Pantoffelblume, Calceolaria integrifolia

Schon von weitem ziehen die leuchtend goldgelben Blüten der Pantoffelblume die Blicke auf sich. Stets stehen viele pantoffelartig aufgewölbte Einzelblüten in kugeligen Blütenständen beieinander, umspielt von leicht ledrig wirkenden, frischgrünen Laubblättern.

■ Bewährte Sorten
'Goldbukett' (großblumig, robust, 25–30 cm hoch); 'Triomphe de Versailles' (kleinblumig, starkwüchsig, 35–50 cm hoch)

■ Anzucht
Zur Aussaat sind nur bestimmte Sorten, sogenannte samenvermehrbare F_1-Hybriden, geeignet. Die Samen werden zwischen Dezember und Januar ausgebracht, dann hell und warm (15–20 °C) aufgestellt. Nach erfolgter Keimung reduziert man die Temperatur auf etwa 15 °C. 4 bis 5 Wochen später können die Jungpflanzen pikiert werden.

■ Pflanzung
Jungpflanzen können ab Mitte Mai mit 30–40 cm Abstand ins Freie gesetzt werden.

■ Pflegemaßnahmen
Verblühtes entfernen, regelmäßig gießen.

Pantoffelblume
Calceolaria integrifolia

Blüte: goldgelb; V–IX
Wuchs: strauchartig mit aufrechten, reich verzweigten Trieben; 25–50 cm hoch
Standort: ○–◐; humoser Boden; wind- und regengeschützt
Verwendung: in kleinen Gruppen in Beeten und Rabatten; auch einzeln in Balkonkästen, Schalen und Kübeln
Paßt gut zu: bunten Sommerblumen, z. B. orangefarbenen Tagetes und Ringelblumen, weißen Margeriten, roten Pelargonien und blauem Männertreu

■ Düngung
Auf nährstoffreichem Boden nicht erforderlich, sonst alle 4 bis 5 Wochen schwach dosierten Volldünger geben.

Besonderheiten

Pantoffelblumen sind eigentlich ausdauernd, werden aber in der Regel nur einjährig gezogen. Man kann sie jedoch auch an einem hellen, kühlen Ort (5–10 °C) überwintern. Im März werden sie dann um etwa ein Drittel bis die Hälfte zurückgeschnitten.

Vermehrungstip

Sorten wie 'Triomphe de Versailles', die nicht durch Aussaat herangezogen werden können, vermehrt man durch Stecklinge. Dazu schneidet man zwischen Mitte August und Mitte September Kopfstecklinge und steckt sie in lockeres Vermehrungssubstrat. Diese Jungpflanzen überwintert man dann an einem hellen Ort bei etwa 5–10 °C. Im März/April werden diese nochmals umgetopft und alle Triebe etwa um ein Drittel gekürzt.

HÄUFIGE PFLEGEPROBLEME

Symptom: Blätter mit gelben Flecken und klebrigen, oft schwärzlich verfärbten Belägen, verkümmern und fallen ab; kleine weiße, geflügelte Tiere, die bei Berührung sofort auffliegen.

Ursache: Weiße Fliege (Mottenschildlaus)

Vorbeugung/Abhilfe: Befallene Blätter sofort entfernen; mit Brennesselkaltwasserauszug spritzen, Gelbtafeln anbringen.

Außerdem häufig: Blattläuse, Spinnmilben

SOMMERBLUMEN

Ringelblume, Calendula officinalis

Ringelblume

Calendula officinalis ☐ ▽

Blüte: gelb bis orange; VI–X
Wuchs: aufrecht, meist etwas buschig; 20–60 cm hoch
Standort: ○; keine besonderen Bodenansprüche
Verwendung: in kleinen oder großen Gruppen in Beeten und Rabatten; im Bauern- und Gemüsegarten; niedrige Sorten auch im Balkonkasten; traditionelle Heilpflanze und haltbare Trockenblume
Paßt gut zu: blaublühenden, schön kontrastierenden Arten wie Leberbalsam, Ziersalbei oder Rittersporn; zu gelben und roten Arten wie Sonnenhut, Sonnenauge oder Zinnien

Die Ringelblume gehört zu den ältesten bekannten Zierpflanzen. Ihre einfachen bis dicht gefüllten Blütenkörbchen enthalten entzündungshemmende Stoffe, weshalb die Pflanzen seit alters in der Naturmedizin verwendet werden. Ihren Namen verdanken sie den raupenartig geringelten Früchten.

■ Bewährte Sorten
'Fiesta Gitana' (gedrungene Zwergsorte, gelb bis orange, dicht gefüllt, 30 cm hoch); 'Kablouna' (in Einzelfarben oder als Farbmischung, dicht gefüllt, 50–60 cm hoch); 'Pacific'-Prachtmischung (großblumig, gelb bis orange, 50 cm hoch).

■ Anzucht
An einfachsten ist Direktaussaat von April bis Juni, bei der die Samen breitwürfig ausgestreut werden. Für besonders frühe Blüte empfiehlt sich eine Vorkultur; dazu im Februar/März unter Glas in Anzuchtsubstrat aussäen und nur andrücken, nicht mit Erde abdecken. Hell bei etwa 15 °C aufstellen. Nach 3 bis 4 Wochen pikieren.

■ Pflanzung
Ringelblumen werden nur selten als vorgezogene Pflanzen angeboten, man muß sie gewöhnlich selbst aus Samen heranziehen. Jungpflanzen können ab April mit 20–30 cm Abstand ins Freie gesetzt werden.

■ Pflegemaßnahmen
Bei anhaltender Trockenheit gießen. Verwelkte Blüten abschneiden, sofern man eine Selbstaussaat verhindern möchte.

■ Düngung
In der Regel nicht erforderlich. Auf sehr kargem Boden alle 4 Wochen mit Volldünger versorgen.

HÄUFIGE PFLEGEPROBLEME

Symptom: Braun oder schwarz verfärbte Blätter, die absterben

Ursache: Blattfleckenkrankheit (Pilzbefall)

Vorbeugung/Abhilfe: Überdüngung vermeiden, nicht zu dicht pflanzen, befallene Pflanzen sofort entfernen.

Außerdem häufig: Echter und Falscher Mehltau, Blattläuse

Vermehrungstip

Läßt man die Blüten nach der Welke stehen, entwickeln sich Früchte. Sind sie braun und trocken geworden, kann man sie abknipsen und die darin enthaltenen Samen für eine Neuaussaat herauslesen. Die Pflanzen streuen ihren Samen aber auch selbst aus und sorgen so für Nachwuchs. Die aufgehenden Pflänzchen kann man noch weiter vereinzeln. Dazu nimmt man von dicht beieinander stehenden Sämlingen einige heraus und pflanzt sie an neue Stellen um.

PORTRÄTS UND PFLEGEANLEITUNGEN

Callistephus chinensis 'Prachtmischung'

Sommeraster

Callistephus chinensis ■ ▽

Blüte: rot, rosa, blau, violett, gelb, weiß; VII–X

Wuchs: je nach Sorte niedrig, kompakt, breitbuschig oder aufrecht verästelt; 20–90 cm hoch

Standort: ○; nährstoffreicher Boden

Verwendung: sowohl einzeln wie auch in kleinen und großen Gruppen; für Beete und Rabatten, im Bauerngarten; als Schnittblume

Paßt gut zu: spätblühenden Stauden wie Sonnenaugen und Astern sowie zu Margeriten, Duftsteinrich und Ziersalbei

Sommerastern gibt es in einem überaus reichhaltigen Sortiment. Die einzelnen Formen unterscheiden sich hauptsächlich in der Wuchshöhe sowie in der Blütengröße und -form. Einfache bis dicht gefüllte, tellerartige bis kugelige, nadelblättrige bis breitstrahlige Blüten erstrahlen dabei in fast allen Farben des Regenbogens.

■ Bewährte Sorten

Die hier nur beispielhaft angeführten Sortengruppen sind entweder als Farbmischungen oder in mehreren Einzelfarben erhältlich: 'Fan' (große, halbgefüllte Blüten, 50–60 cm hoch); 'Madeleine' (große Blüten mit nur doppeltem Strahlenkranz, 40–50 cm hoch); 'Matador' (große, gefüllte Blüten, 80–90 cm hoch); 'Pompon' (kugelige Blüten, 45–50 cm hoch); 'Straußenfeder' (locker gefüllte Blüten, 60–70 cm hoch); 'Super-Prinzeß' (riesige, kugelige Blüten, 80–90 cm hoch); 'Zwergkönigin' (dicht gefüllte Blüten, 25–30 cm hoch; resistent gegen Asternwelke)

■ Anzucht

Von Februar bis April in keimfreie Anzuchterde säen. Hell bei 15 °C aufstellen. Nach 3 bis 4 Wochen pikieren.

■ Pflanzung

Zwischen Mitte Mai und Anfang Juni ins Freie setzen, dabei für hohe Sorten einen Pflanzabstand von 35–40 cm einhalten, für Zwergastern 20–25 cm.

■ Pflegemaßnahmen

Regelmäßig gießen. Verwelkte Blüten samt den Stielen abschneiden, um den Nachtrieb zu fördern. Hohe Sorten mit Holz- oder Bambusstäben stützen.

■ Düngung

Auf nährstoffreichem Boden kaum erforderlich, sonst alle 3 bis 4 Wochen mit Volldünger versorgen.

Vermehrungstip

Sommerastern kann man im Mai auch direkt an Ort und Stelle ins Freiland säen.

HÄUFIGE PFLEGEPROBLEME

Symptom: Pflanzen welken und verfärben sich am Stengelgrund und Wurzelhals schwarzbraun.

Ursache: Asternwelke (Pilzerkrankung)

Vorbeugung/Abhilfe: Bei der Sortenauswahl auf Resistenz achten; nur keimfreie Anzuchterde verwenden; Pflanzen entfernen und an dieser Stelle einige Jahre keine Sommerastern pflanzen.

Außerdem häufig: Blattläuse, Schnecken

SOMMERBLUMEN

Campanula medium 'Rosea'

Marienglocken-blume

Campanula medium □ ▽

Blüte: blau, rosa und weiß; VI–VII

Wuchs: im ersten Jahr nur Blattrosette, im folgenden Jahr aufrechter Blütenstand; 50–90 cm hoch

Standort: ○–◐; nährstoffreicher, frischer Boden; windgeschützt

Verwendung: in kleinen Gruppen; für Rabatten und Beete, im Natur- und Bauerngarten; als Schnittblume

Paßt gut zu: Stockrosen, Bechermalven, Schmuckkörbchen, Bartnelken und gefüllten Rosensorten

Die bereits seit dem 16. Jahrhundert als Zierpflanzen bekannten Marienglockenblumen sind mit ihren großen Blütenkelchen, die in dichten Trauben stehen, auffallende Schönheiten im Sommergarten. Die Pflanzen sind zweijährig und lassen sich einfach kultivieren. Ihre ausdauernden Verwandten, wie z.B. die Knäuelglockenblume *(Campanula glomerata)* und die Karpatenglockenblume *(Campanula carpatica)*, sind im Kapitel „Stauden" beschrieben.

■ Bewährte Sorten
'Alba' (weiße, einfache Blüte); 'Rosea' (rosa, einfache Blüte); 'Einfache Prachtmischung' (Farbmischung, einfache Blüte); 'Gefüllte Prachtmischung' (Farbmischung, doppelte Blüte)

■ Anzucht
Von Mai bis Juli in Anzuchtsubstrat aussäen, Saat an eine geschützte Stelle ins Freiland stellen. Regelmäßig feucht halten. Nach 2 bis 3 Wochen erscheinen die Keimlinge, die man nach weiteren 2 bis 3 Wochen auf 10 cm Abstand vereinzeln sollte.

■ Pflanzung
Im August oder Anfang September auspflanzen, dabei Pflanzabstand von 20–30 cm einhalten.

■ Pflegemaßnahmen
Regelmäßig gießen. Bei Bedarf etwas abstützen oder hochbinden. Über den Winter locker mit Reisig abdecken. Auf Blattläuse achten.

■ Düngung
Auf nährstoffreichem Boden etwa alle 6 bis 8, auf kargem Boden alle 4 bis 6 Wochen mit Volldünger versorgen.

Besonderheiten
Marienglockenblumen sind gute Bienenfutterpflanzen.

Vermehrungstip
Man kann auch direkt an Ort und Stelle in Reihen aussäen. Die Saat deckt man anfangs am besten mit einem Vlies ab. Die Jungpflanzen können später noch vereinzelt werden.

PORTRÄTS UND PFLEGEANLEITUNGEN

Kornblume

Centaurea cyanus ☐ ▽

Blüte: blau, rosa, rot und weiß; V–VII

Wuchs: aufrecht; 40–100 cm hoch

Standort: O; nährstoffreicher, humoser Boden; windgeschützt

Verwendung: in kleinen und großen Gruppen; für Beete und größere Rabatten, im Naturgarten als Bienenweide; niedrige, dichtbuschige Sorten auch für Balkonkästen und Schalen; als Schnittblume

Paßt gut zu: einjährigen Wildpflanzen wie Klatschmohn und Ackerrittersporn, auch zu Duftwicken, Feuersalbei, Bechermalven und Gräsern

Kornblume, Centaurea cyanus

Kornblumensorte 'Halbgefüllte gemischt'

Das leuchtende Blau der Kornblumen ist zwar heute von den Getreidefeldern fast verschwunden, im Garten jedoch immer häufiger zu sehen. Die anmutigen Pflanzen mit ihren flockig-bauschigen Blütenköpfen wirken vor allem durch ihren naturnahen Charakter. Neben der einfach blühenden Wildform sind auch vielerlei gefüllte Sorten im Handel. Ihre ausdauernde Verwandte, die Flockenblume *(Centaurea montana),* ist bei den Stauden beschrieben.

■ Bewährte Sorten
'Blue Boy' (dunkelblau, 50–90 cm hoch); 'Gefüllte Mischung' (weiß, blau, rosa, rot, 80–90 cm hoch); 'Jubilee Gem' (blau, 30–40 cm hoch); 'Red Boy' (rubinrot, 50–90 cm hoch); 'Schneemann' (reinweiß, gefüllt, 70–80 cm hoch)

■ Anzucht
Ab April breitwürfig oder in Reihen direkt ins Freiland säen. Pikieren erübrigt sich meist, nur allzu dicht stehende Pflanzen werden ausgedünnt. Die Blüte setzt schon früher ein, wenn man bereits im September/Oktober des Vorjahrs ausgesät hat.

■ Pflanzung
Fertig angezogene Jungpflanzen bekommt man nur selten zu kaufen, Kornblumen sind aber sehr einfach selbst zu ziehen. Wurde nicht direkt gesät (siehe „Vermehrungstip"), ab Mitte Mai ins Freiland setzen, Pflanzabstand 20–25 cm.

■ Pflegemaßnahmen
Die sehr genügsame Kornblume stellt keine besonderen Pflegeansprüche. Es ist jedoch empfehlenswert, höhere Sorten an Holz- oder Bambusstäben abzustützen.

■ Düngung
Nicht erforderlich, allenfalls auf sehr kargem Boden zu Beginn der Blüte einmal schwach düngen.

Vermehrungstip

Besonders kräftige und früh in Blüte kommende Pflanzen erhält man, wenn die Kornblumen unter Glas vorgezogen werden. Dazu im Februar/März in Schalen aussäen, hell und warm (18 °C) aufstellen. Keimung erfolgt innerhalb von 2 bis 3 Wochen, nach weiteren 4 Wochen pikieren.

HÄUFIGE PFLEGEPROBLEME

Symptom: Blätter vergilben, Blüten werden spärlich; vermehrt auftretender Befall mit Blattläusen und Spinnmilben.

Ursache: Zu hoch dosierte Düngung

Vorbeugung/Abhilfe: Zusätzliche Düngung unterlassen, Boden durch Zugabe von Sand etwas abmagern.

Außerdem häufig: Blattläuse, Spinnmilben, Echter Mehltau

SOMMERBLUMEN

Goldlack, Cheiranthus cheiri

Der frühblühende Goldlack begeistert nicht nur durch seine Blütentrauben, die in satten, warmen Farben getönt sind, sondern auch durch seinen angenehmen Duft.

■ Bewährte Sorten

'Bedder' (Mischung in Schwefelgelb, Goldgelb, Orange und Scharlachrot, 30 cm hoch); 'Goldkleid' (goldgelb, frühblühend, 50–70 cm hoch); 'Goldkönig' (goldgelb, 40–50 cm hoch); 'Riesen-Goliath-Lack' (braunrot, 60 cm hoch); 'Tom Thumb' (Farbmischung in goldgelb, karminrot, rotbraun, 25–30 cm hoch). Neben den hier erwähnten Sorten wird Goldlack auch in vielen Farbmischungen angeboten.

■ Anzucht

Von Mai bis Juli in Anzuchterde aussäen. Samen gut mit Erde bedecken oder das Aussaatgefäß mit Papier abdecken, Goldlack ist ein Dunkelkeimer. Bei etwa 18 °C aufstellen, nach 1 bis 2 Wochen erscheinen die Keimlinge. 4 bis 6 Wochen nach der Aussaat pikieren. Danach in Töpfen an einem hellen, geschützten Ort aufstellen, über den Winter bis zur Pflanzung bei 5–10 °C halten.

■ Pflanzung

Im März hohe Sorten mit 30–40 cm, niedrige mit 20 cm Abstand auspflanzen. In milden Gebieten kann schon im Oktober gepflanzt werden.

■ Pflegemaßnahmen

Welke Blätter während der Überwinterung und vor dem Auspflanzen abzupfen. Regelmäßig gießen. Im Herbst gesetzte Pflanzen über den Winter locker mit Reisig abdecken.

■ Düngung

Bei der Pflanzung Erde mit reifem Kompost anreichern oder die Pflanzen zu Blühbeginn mit Volldünger versorgen.

Besonderheiten

Dem Goldlack sehr ähnlich ist der Schöterich (*Erysimum* x *allionii*), den es ebenfalls in schönen Sorten gibt und der auf dieselbe Art und Weise kultiviert wird.

HÄUFIGE PFLEGEPROBLEME

Symptom: Junge Triebe beulig verformt, Beulen reißen auf und entlassen weiße Masse.

Ursache: Weißer Rost (Pilzbefall)

Vorbeugung/Abhilfe: Zu hohe Feuchtigkeit vermeiden, beim Gießen nicht die Pflanzen benetzen, verwelkte Pflanzenteile entfernen, übermäßige Stickstoffdüngung vermeiden; zur Stärkung mit Schachtelhalmtee gießen; befallene Pflanzen sofort entfernen.

Außerdem häufig: Falscher Mehltau, Grauschimmel

Goldlack

Cheiranthus cheiri

Blüte: gelb, orange, rot, purpurfarben oder braun; IV–VI

Wuchs: aufrecht, wenig bis buschig verzweigt; 25–70 cm hoch

Standort: ○; nährstoffreicher, kalkhaltiger Boden

Verwendung: in kleinen und großen Gruppen; für Frühjahrsbeete und -rabatten; niedrige Sorten auch für Gefäße; als Schnittblume

Paßt gut zu: farbig abgestimmten Frühlingsblumen, entweder Ton in Ton oder kontrastierend, z. B. zu Tulpen, Vergißmeinnicht und Stiefmütterchen

Vorsicht: Die schotenförmigen Früchte des Goldlacks enthalten Giftstoffe.

Blütentraube des Goldlack

PORTRÄTS UND PFLEGEANLEITUNGEN

Margeriten, Wucherblumen
Chrysanthemum-Arten

□ ▽

Blüte: weiß oder gelb; *Chrysanthemum multicaule* VII–VIII, *Chrysanthemum paludosum* VI–IX, *Chrysanthemum parthenium* VI–IX

Wuchs: aufrecht, *C. multicaule* auch hängend, kompakt und meist stark verzweigt; *C. multicaule* 20–25 cm; *C. paludosum* 15–30 cm, *C. parthenium* 25–70 cm

Standort: ○, *C. parthenium* auch ◐; humoser, leicht feuchter Boden

Verwendung: in kleinen und großen Gruppen; für Beete und Rabatten, niedrige Arten auch für Balkonkästen und Blumenampeln

Passen gut zu: vielen bunten Sommerblumen, z. B. Schmuckkörbchen, blauer Vanilleblume, Ziersalbei und Tagetes

Goldkamille (Chrysanthemum parthenium), davor Fleißige Lieschen

Die Gelbe Zwergmargerite (*Chrysanthemum multicaule*) besitzt langgestielte, schüsselförmige Blüten von goldgelber Farbe. Bei Regen schließen sich ihre äußeren Zungenblüten. Durch ihren niedrigen, dichten Wuchs ist sie ideal als Bodendecker oder Hängepflanze in Ampelgefäßen zu verwenden. Die buschig wachsende Weiße Zwergmargerite (*Chrysanthemum paludosum*) bildet vielfach verzweigte Triebe, an denen ihre kleinen weißen Strahlenblüten mit gelber Mitte hübsch von frischgrünem, stark gezähntem Laub umspielt werden. Die Goldkamille (*Chrysanthemum parthenium*) besitzt meist dicht gefüllte Blütenköpfchen in reinem Weiß oder Gelb. Schmückend wirken auch ihre gelbgrünen, fiederschnittigen Laubblätter, die einen herb-aromatischen Duft verströmen. Bei manchen Arten fehlen die äußeren Zungenblüten, so daß ihr Blütenstand kugelig erscheint.
Ebenfalls als Sommerblume läßt sich *Chrysanthemum frutescens,* die Strauchmargerite (Seite 84) halten. Zur großen Gattung *Chrysanthemum* zählen auch verschiedene Stauden (Seite 160–162).

■ Bewährte Sorten

■ der **Gelben Zwergmargerite** (*C. multicaule*): 'Kobold' (goldgelb, 20–25 cm hoch)

■ der **Weißen Zwergmargerite** (*C. paludosum*): 'Snowland' (weiß mit gelber Mitte, 15–20 cm hoch)

■ der **Goldkamille** (*C. parthenium*): 'Balls Weiße' (weiß, großblumig, bis 70 cm hoch); 'Goldball' (goldgelb, 25–30 cm hoch); 'Schneeball' (weiß, 30–35 cm hoch)

■ Anzucht

Zwischen März und April wird bei 15–18 °C in Anzuchterde ausgesät. Die Keimlinge werden pikiert und bis zum Auspflanztermin bei 10–15 °C weiterkultiviert. Die Samen können auch Mitte Mai direkt an Ort und Stelle ausgebracht werden, allerdings erhält man dann weniger kräftige Exemplare.

SOMMERBLUMEN

■ Pflanzung
Ab Mitte Mai ins Freiland pflanzen. Pflanzabstand bei niedrigen Sorten 20 cm, bei hohen 30–35 cm.

■ Pflegemaßnahmen
Entspitzt man die Jungpflanzen mehrmals, verzweigen sie sich besser und bilden üppigere Büsche. Eine gleichmäßig feuchte Erde ist für alle wichtig, deshalb regelmäßig gießen. Um die Nachblüte zu fördern, sollte Verblühtes sofort entfernt werden. Bei der **Goldkamille** empfiehlt sich bei Nachlassen der Blütenpracht ein behutsamer Rückschnitt, um die Entwicklung neuer Blütenstände zu fördern. Er sollte höchstens das obere Drittel der Pflanzen erfassen, junge Knospen und Triebe läßt man stehen.

■ Düngung
Auf kargem Boden sollte alle 4 bis 8 Wochen Volldünger verabreicht werden; an besseren Standorten nicht erforderlich.

HÄUFIGE PFLEGEPROBLEME

Symptom: Pflanzen welken und kümmern, Stengelgrund bräunlich verfärbt, Wurzeln faulen, Pflanzen sterben schließlich ab.

Ursache: Wurzel- und Stengelgrundfäule (Pilzbefall)

Vorbeugung/Abhilfe: Anzucht nur in keimfreiem Substrat, Staunässe vermeiden, möglichst nur längere Zeit abgestandenes und bereits erwärmtes Gießwasser verwenden; befallene Pflanzen entfernen.

Außerdem häufig: Echter und Falscher Mehltau, Grauschimmel; Blattläuse, Thripse und Blattälchen (Nematoden)

Besonderheiten

Viele Arten der Gattung *Chrysanthemum* wurden von den Botanikern inzwischen umbenannt. Die hier vorgestellten Arten gehören im korrekten botanischen Sinn jetzt zu anderen Gattungen, werden jedoch noch sehr häufig unter ihrem alten Namen geführt. Die korrekten Namen sind: *Coleostephus multicaulis* (*C. multicaule*, Gelbe Zwergmargerite), *Hymenostemma paludosum* (*C. paludosum*, Weiße Zwergmargerite) und *Tanacetum parthenium* (*C. parthenium*, Goldkamille).

Chrysanthemum parthenium 'Daisy'

Weiße Zwergmargerite, Chrysanthemum paludosum

PORTRÄTS UND PFLEGEANLEITUNGEN

Strauchmargerite

Chrysanthemum frutescens
■▶

Blüte: weiß, gelb oder rosa; VI–X

Wuchs: aufrecht, buschig; 25–100 cm hoch

Standort: ○; nährstoffreicher, durchlässiger Boden

Verwendung: einzeln oder in kleinen Gruppen; für Beete und Rabatten, in Balkonkästen und Kübeln

Paßt gut zu: fast allen Sommerblumen, gelbe Sorten besonders schön zu blauvioletten Blüten

Die Strahlenblüten dieser Art ähneln denen der Wiesenmargeriten und übersäen in großer Zahl die buschige Pflanze. Im Unterschied zu den Zwergmargeriten kann die Strauchmargerite problemlos über den Winter gebracht werden.
Auch diese Margerite erhielt einen neuen Gattungsnamen (vergleiche „Besonderheiten" auf Seite 83) und heißt heute korrekt *Argyranthemum frutescens*.

■ Bewährte Sorten
'Silver Leaf' (weiß mit gelber Mitte, 40 cm hoch); 'Schöne von Nizza' (gelb, sehr groß, bis 80 cm hoch); 'Flamingo' (rosa, mit weinroter Mitte, 50 cm hoch)

■ Anzucht
Strauchmargeriten werden durch Kopfstecklinge vermehrt. Man schneidet dazu im Herbst oder zwischen Januar und März etwa 10 cm lange Triebspitzen von der Mutterpflanze ab, entfernt die untersten Blätter und steckt sie einzeln in Vermehrungserde. Bei 14–18 °C bilden sich in 2 bis 4 Wochen Wurzeln. Nun wird in etwas größere Töpfe mit Topferde umgepflanzt und bei 10–12 °C weiterkultiviert, sehr hell stellen. Nach den Eisheiligen ins Freie pflanzen. Mehrmaliges Entspitzen fördert die Seitentriebbildung.

■ Pflanzung
In der zweiten Maihälfte im Abstand von 30–40 cm ins Freie setzen.

■ Pflegemaßnahmen
Die Pflanzen müssen reichlich mit Wasser versorgt werden, allerdings ist Staunässe zu vermeiden. Verblühtes regelmäßig entfernen, ein schwacher Rückschnitt aller Triebe nach der ersten Hauptblüte fördert den Ansatz neuer Blütenknospen.

■ Düngung
Auf nährstoffreichem Boden alle 4 Wochen, auf kargem Boden alle 2 Wochen düngen.

Besonderheiten

Strauchmargeriten werden im September zum Überwintern in einem hellen Raum bei 5–10 °C aufgestellt. Während dieser Zeit maßvoll gießen, der Wurzelballen darf gerade nicht austrocknen. Auch die angebotenen Hochstämmchen mit kugelförmigem Aufbau können so überwintert werden.

HÄUFIGE PFLEGEPROBLEME

Symptom: Blätter mit hellen, gewundenen Linien; sterben schließlich ab.

Ursache: Minierfliegen

Vorbeugung/Abhilfe: Befallene Blätter sofort entfernen, bei starkem Befall spezielle Nützlinge (Schlupfwespen, im Fachhandel erhältlich) aussetzen.

Außerdem häufig: Falscher und Echter Mehltau, Grauschimmel, Blattläuse, Thripse und Blattälchen

Chrysanthemum frutescens 'Schöne von Nizza'

SOMMERBLUMEN

Die Blüten der Schmuckkörbchen öffnen sich zwar erst im Hochsommer, doch dann zeigen sich die Pflanzen um so blühfreudiger. Zart untermalt werden die farbintensiven Blumen von duftigem, fast fadenförmig zerteiltem Laub.

■ *Cosmos sulphureus*, die niedrigere Art, bildet dichte Büsche mit meist halbgefüllten, intensiv orangerot gefärbten Blüten aus. Bei den meist 60 cm hohen Sorten finden sich alle Farbtöne zwischen Gelb und flammendem Rot.

■ *Cosmos bipinnatus*, die höhere Art, blüht dagegen mit großen, einfachen Blütentellern überwiegend in Pastelltönen. Weiß, Rosa und Rot dominieren bei den Sorten, die man als Farbmischungen erhält; z.B. 'Sonata', die mit 50-60 cm nur etwa halb so hoch wird wie die anderen Sorten dieser Art.

Cosmos sulphureus 'Lichterfest'

■ **Anzucht**

Um eine möglichst frühe Blüte zu erreichen, muß man die Samen zwischen März und Mitte April in Schalen mit Anzuchterde ausbringen. Sie werden nur angedrückt, aber nicht abgedeckt, da sie Lichtkeimer sind. Hell und bei 15-18 °C aufgestellt erscheinen nach 1 bis 2 Wochen die Keimlinge. Wiederum 2 bis 3 Wochen später werden die jungen Pflänzchen pikiert und bei etwas niedrigeren Temperaturen bis Mitte Mai weitergezogen.

■ **Pflanzung**

Erst nach den Eisheiligen ins Freiland setzen, mit einem Pflanzabstand von 30-40 cm.

■ **Pflegemaßnahmen**

Sehr regelmäßig gießen. Verwelkte Blüten möglichst rasch entfernen, so wird neuer Knospenansatz gefördert. Hohe Sorten bei Bedarf mit Stäben stützen. Auf Schnecken achten.

■ **Düngung**

Auf nährstoffreichem Boden nur alle 6 bis 8 Wochen, auf kargem alle 3 bis 4 Wochen mit Volldünger versorgen.

Vermehrungstip

Schmuckkörbchen kann man auch ohne Vorkultur im Mai direkt an Ort und Stelle ins Freiland säen. Zu dicht stehende Sämlinge dünnt man aus. In diesem Fall blühen die Pflanzen aber erst im Spätsommer.

Cosmos bipinnatus 'Rosenelfe'

Schmuckkörbchen

Cosmos-Arten   ☐ ▽

Blüte: *Cosmos sulphureus*: gelb, gelborange und feuerrot, VIII-IX; *Cosmos bipinnatus*: weiß, rosa oder rot, VII-X

Wuchs: breitbuschig mit kräftigen Stengeln; *C. sulphureus* 50-60 cm hoch, *C. bipinnatus* 50-120 cm hoch

Standort: ○; nährstoffreicher, durchlässiger Boden

Verwendung: in kleinen und großen Gruppen; für Beete und Rabatten, *C. bipinnatus* auch im Bauerngarten; als Schnittblumen

Passen gut zu: bunten Sommerblumen, farblich abgestimmt z.B. zu Verbenen, Bartnelken, Phlox und Indianernessel, *C. sulphureus* auch zu Margeriten, Tagetes und Kapkörbchen

PORTRÄTS UND PFLEGEANLEITUNGEN

Nelken

Dianthus-Arten ☐ ▽

Blüte: rot, rosa, weiß, gelb, violett, häufig auch zwei- oder mehrfarbig; V–X

Wuchs: lockere Horste mit starken, aufrechten Stielen, einige Sorten von *Dianthus caryophyllus* auch hängend; 30–60 cm hoch

Standort: O; nährstoffreicher, gleichmäßig feuchter Boden; Hängenelken windgeschützt

Verwendung: für Beete in großen Gruppen, für Pflanzgefäße in kleineren Gruppen; im Bauerngarten; als Schnittblumen

Passen gut zu: vielen bunten Sommerblumen, etwa Stockmalven, Glockenblumen, Margeriten und Schleierkraut

Dianthus caryophyllus 'Balkonfeuer'

Da sich Nelkenarten problemlos miteinander kreuzen lassen, ist im Laufe der Zeit eine fast unüberschaubare Anzahl von Arten und Sorten entstanden. Als Gartenpflanzen sind vor allem folgende Arten wichtig:

■ **Bartnelken** *(Dianthus barbatus)* bilden ihre Blüten in üppigen, schirmförmigen Dolden. Ihre duftenden Blumen überraschen häufig durch interessante Farbkombinationen und können sowohl einfach als auch gefüllt sein. Neben den leicht zu kultivierenden zweijährigen Sorten sind auch rasch wachsende einjährige im Handel.

■ **Gartennelken** *(Dianthus caryophyllus)* umfassen sowohl die aufrecht wachsenden Land- oder Chabaudnelken wie auch die Hänge- oder Gebirgshängenelken. Aromatischer Duft sowie leicht bis stark gezähnte Blütenblätter sind für viele Sorten kennzeichnend. Auch hier bietet der Handel ein- und zweijährig zu ziehende Sorten an.

■ **Kaiser-, Chinesen-** oder **Heddewigsnelken** *(Dianthus chinensis)* fallen durch die tief eingeschnittenen Kronblätter ihrer einfachen oder gefüllten Blüten auf und werden stets einjährig kultiviert.

Neben diesen ein- und zweijährigen Nelken gibt es auch mehrere ausdauernde Arten, die bei den Stauden (ab Seite 168) vorgestellt sind.

■ **Bewährte Sorten**

■ von *Dianthus barbatus:* 'Red Empress' (scharlachrot, 40 cm hoch); 'Rapid' (weiß und rot, einjährig, 60 cm hoch); 'Heimatland' (dunkelrot mit weißer Mitte, zweijährig, 50 cm hoch); 'Indianerteppich' (Farbmischung, zweijährig, 25 cm hoch)

■ von *Dianthus caryophyllus:* 'Floristan' (Landnelke, Farbmischung, dicht gefüllt, zweijährig, 60–70 cm hoch); 'Riesen-Chabaud' (Landnelke, in mehrfarbiger Mischung, großblumig, einjährig, 40–50 cm hoch); 'Balkonfeuer' (Hängenelke, scharlachrot, zweijährig, 30 cm hoch); 'Gruß vom Chiemgau' (Hängenelke, hellrot, zweijährig, 30 cm hoch)

■ von *Dianthus chinensis:* 'Charm' (in 5 Einzelfarben oder als Mischung, 20 cm hoch); 'Telstar' (in vielen Einzelfarben oder als Mischung, teils mit andersfarbigem Blütengrund, 30 cm hoch)

■ **Anzucht**

■ Einjährig gezogene Nelken werden zwischen Mitte Februar und Mitte März in Anzuchterde ausgesät. Samen nicht abdecken, denn es sind Lichtkeimer. Die optimale Keimtemperatur liegt zwischen 15–20 °C. Nach 3 bis 4 Wochen wird pikiert und bei etwa 12 °C weiterkultiviert.

SOMMERBLUMEN

Kaisernelken, Dianthus chinensis 'Telstar Mixed'

HÄUFIGE PFLEGEPROBLEME

Symptom: Stengelgrund verfärbt sich, später sind auch die Wurzeln betroffen und sterben ab; die Pflanze kümmert.

Ursache: Wurzel- und Stengelgrundfäule (Pilzbefall)

Vorbeugung/Abhilfe: Verbesserung der Kulturbedingungen, Staunässe vermeiden, nur angewärmtes Gießwasser und keimfreies Substrat verwenden.

Außerdem häufig: Blattläuse, Spinnmilben, Thripse, Viruskrankheiten, Nelkenrost

■ Zweijährig gezogene Nelken werden erst Ende Mai ausgesät, am besten ins Frühbeet oder in ein Vermehrungsbeet im Freien. Haben sich die ersten Laubblätter gebildet, wird pikiert. Bis zur Pflanzung an einem halbschattigen, nicht zu warmen Ort, weiterziehen.

■ **Pflanzung**

Die einjährig kultivierten Formen in der ersten Maihälfte im Abstand von 20–25 cm auspflanzen, zweijährige Land- und Bartnelken mit etwa 20 cm Abstand erst Anfang August. Im Vorjahr angezogene Hängenelken können ab Mitte Mai ins Freie.

Dianthus caryophyllus 'Floristan gelb'

PORTRÄTS UND PFLEGEANLEITUNGEN

Abschneiden der Hauptblüte fördert die Entwicklung der Seitentriebe und führt so zu reicherem, länger anhaltendem Flor

Bartnelke, Dianthus barbatus

■ Pflegemaßnahmen

Regelmäßig, doch maßvoll gießen, damit keine Staunässe entsteht. **Hänge-** und **Gebirgshängenelken** können ruhig kräftiger gegossen werden. Blühpausen durch rechtzeitigen Rückschnitt vermeiden. Zweijährig kultivierte Nelken werden den Winter über mit Fichtenreisig geschützt.

■ Düngung

Für ausreichende Nährstoffversorgung alle 4 Wochen mit Volldünger versorgen.

Besonderheiten

Viele Arten und Sorten sind vorzügliche Schnittblumen. Bei Bartnelken ist der beste Zeitpunkt für den Vasenschnitt erreicht, sobald sich die ersten Blüten im Blütenstand geöffnet haben.
Landnelken können noch knospig geschnitten werden, allerdings sollten die Knospen bereits etwas Farbe zeigen.

Vermehrungstip

Hängenelken können auch durch Stecklinge vermehrt werden. Zwischen September und November werden von der Mutterpflanze etwa 10 cm lange Kopfstecklinge geschnitten und in ein Anzuchtsubstrat mit Sandzusatz gesteckt. Hell bei 12–14 °C aufstellen. Sobald neue Blättchen erscheinen, wird in Einzeltöpfe umgesetzt und bei 6–10 °C weiterkultiviert. Zur Anregung der Verzweigung werden die Jungpflanzen mehrmals entspitzt. Zum Überwintern an einen hellen Ort bei 5–6 °C aufstellen. Ab Mitte Mai können die Nelken in Blumenkästen gesetzt werden.

SOMMERBLUMEN

Mit ihren margeritenähnlichen Blüten in strahlendem Weiß oder sanften Pastelltönen kann man die anspruchslosen Kapkörbchen sehr vielseitig verwenden. Abends und bei trüber Witterung schließen sich die Blüten. Im Handel sind Sorten von *Dimorphotheca pluvialis* und *Dimorphotheca sinuata*, die beiden Arten sehen sich sehr ähnlich.

■ Bewährte Sorten
■ von *Dimorphotheca pluvialis:* 'Polarstern' (weiß mit violetter Mitte, 30-40 cm hoch); 'Pink Polarstern' (rosa überhaucht mit blauer Mitte, 30-40 cm hoch)
■ von *Dimorphotheca sinuata:* 'Tetra Goliath' (sehr großblumig, orange mit brauner Mitte, 40 cm hoch); 'Sommermode' (in verschiedenen Pastellschattierungen, 30 cm hoch)

■ Anzucht
Ab Mitte März bis Mitte Mai; je 3-4 Samen pro Topf in Anzuchterde aussäen. Hell bei 15 °C aufstellen, die Keimung erfolgt nach 1 bis 2 Wochen. Bis zur Pflanzung dann etwas kühler stellen. Auch eine direkte Freilandaussaat Ende April/Anfang Mai ist möglich.

■ Pflanzung
Im Mai, nach den Eisheiligen, im Abstand von 20-25 cm auspflanzen.

■ Pflegemaßnahmen
Nur mäßig gießen, das an Trockenheit gewöhnte Kapkörbchen verträgt keine Staunässe. Die Blütenneubildung wird angeregt, wenn man Verblühtes regelmäßig entfernt. Auf Echten Mehltau, Blattläuse und Schnecken achten.

■ Düngung
Auf kargem Boden sollte zu Beginn der Blüte Volldünger verabreicht werden.

Kapkörbchen, Dimorphotheca pluvialis

Besonderheiten

Unter dem deutschen Namen Kapkörbchen wird noch eine weitere Art angeboten, nämlich *Osteospermum ecklonis*. Auf den ersten Blick ist sie kaum von *Dimorphotheca*-Arten zu unterscheiden, sie stellt auch dieselben Ansprüche und wird auf gleiche Weise kultiviert. Hübsche Sorten sind z. B. 'Candy Pink' (rosa, löffelartige Blütenblätter, 40 cm hoch) und 'Silver Sparkler' (weiß, hell gezeichnetes Laub, 40 cm hoch).

Vermehrungstip

Man kann die Pflanzen im Mai auch direkt an Ort und Stelle ins Freie säen, dabei ebenfalls 3 bis 4 Samen pro Pflanzstelle auslegen; allerdings dauert es dann bis zur ersten Blüte einige Wochen länger.

Dimorphotheca 'Candy Pink'

Kapkörbchen

Dimorphotheca-Arten □ ▽

Blüte: weiß, aprikosenfarben, lachs, rosa, orange, mit gelber oder dunkler Mitte; VI-IX

Wuchs: aufrecht mit verästelten Trieben; 25–50 cm hoch

Standort: O; durchlässiger Boden

Verwendung: in kleinen Gruppen; für Beete und Rabatten, Balkonkästen und Kübel sowie für Steingärten

Passen gut zu: bunten Sommerblumen (vor allem weißblühende Sorten), z. B. zu Leberbalsam, Mittagsgold, Vanilleblume, Petunien und Pelargonien

PORTRÄTS UND PFLEGEANLEITUNGEN

Hängende Fuchsien eignen sich für Blumenampeln

Fuchsien

Fuchsia-Hybriden

Blüte: rosa, rot, weiß und violett, häufig zweifarbig; V–X

Wuchs: aufrecht buschig bis strauchartig oder hängend; 20–70 cm hoch

Standort: ○–◐; nährstoffreicher Boden; windgeschützte Lage

Verwendung: einzeln oder in kleinen Gruppen; aufrechte Sorten für Beete und Rabatten sowie für Kübel, hängende Sorten für Balkonkästen und Blumenampeln; Hochstämmchen für Beete oder im Kübel

Passen gut zu: vielen bunten Sommerblumen, vor allem zu weißen und blauen Arten wie Strauchmargeriten, Verbenen und Ziersalbei; besonders reizvoll bei Unterpflanzung mit polsterbildenden Arten wie Duftsteinrich oder Männertreu

Die aus Südamerika stammenden Fuchsien sind in ihrer Heimat ausdauernd und werden im botanischen Sinn zu den Gehölzen gerechnet. Man kann sie also viele Jahre ziehen, indem man sie überwintert. Ihre Blüten, die mit ihren gerüschten Röckchen und den darunter hervorspitzenden Staubgefäßen wie kleine Ballettänzerinnen wirken, hängen zu mehreren in den Blattachseln an dünnen Stielchen. Häufig kommt es vor, daß die äußeren Kelchblätter anders gefärbt sind als die inneren Kronblätter. Inzwischen sind viele interessante Farbkombinationen auf dem Markt erhältlich. Wirkungsvoll untermalt werden die intensiven Blütenfarben von ovalen, dunkelgrünen Laubblättern. Je nach Verwendungszweck kann man zwischen aufrecht wachsenden oder halbhängenden bis hängenden Sorten auswählen. Für die Bepflanzung von Balkonkästen bieten sich vor allem die hängenden Fuchsien an.

■ Bewährte Sorten

Das sich ständig noch erweiternde Angebot umfaßt eine riesige Fülle verschiedenster Sorten, hier können nur einige wenige beispielhaft erwähnt werden.

■ Aufrechte, buschige Sorten, vorwiegend für Beetbepflanzung: 'Deutsche Perle' (weiß mit Hellrot, einfach, kleinblumig, 40–50 cm hoch); 'Koralle' (korallenrot, einfach, traubenblütig, rotlaubig, 60–70 cm hoch); 'Tom Thumb' (rot mit Blau, einfach, kleinblumig, 20–30 cm hoch)

■ Halbhängende Sorten für Beet- oder Balkonbepflanzung: 'Annabel' (hellrosa mit Weiß, halbgefüllt, 30–40 cm hoch); 'Elfriede Ott' (rosa mit Lachs, einfach, traubenblütig, 40–50 cm hoch); 'Neige' (reinweiß, gefüllt, 30–40 cm hoch)

■ Hängende Sorten für Balkon- und Ampelpflanzung: 'Cascade' (hellrosa mit Karminrot, einfach, 30 cm hoch); 'Pink Marshmallow' (rosaweiß, gefüllt, großblumig, 30–40 cm hoch); 'Tausendschön' (lachs mit Weiß und Hellrosa, gefüllt, 30–40 cm hoch)

■ Anzucht

Eine Vermehrung durch Aussaat ist sehr kompliziert, sie wird eigentlich nur zur Züchtung neuer Sorten durchgeführt. Saatgut ist zudem auch nur von wenigen Sorten, etwa 'Chimes Mix' oder 'Mixed Hybrids' erhältlich. Die Aussaat erfolgt von Januar bis Februar in Anzuchtsubstrat, die Samen dürfen jedoch nicht mit Erde abgedeckt werden, da es Lichtkeimer sind. Hell und sehr warm bei 20–25 °C aufgestellt, zusätzlich auch noch mit einer Glasscheibe oder einer Folienhaube abgedeckt, keimen sie nach etwa 3 bis 5 Wochen. Sind die Sämlinge ca. 10 cm hoch, wird pikiert, kurze Zeit später auch entspitzt.

■ Pflanzung

Ab Mitte Mai mit etwa 30–50 cm Abstand ins Freie setzen. Auch schon in Blüte stehende Pflanzen können gut verpflanzt werden. Beim Kauf dichtbuschige, gut verzwegte und schon reichlich knospende Exemplare bevorzugen.

SOMMERBLUMEN

HÄUFIGE PFLEGEPROBLEME

Symptom: Vorzeitiges Abfallen von Blüten und Blättern

Ursache: Nährstoffmangel, trockener Wurzelballen, trockene Luft

Vorbeugung/Abhilfe: Regelmäßig düngen und gießen; Pflanzen an heißen Tagen mit Wasser übersprühen.

Außerdem häufig: Rost, Grauschimmel, Blattläuse, Spinnmilben, Weiße Fliege

Auffällig: die langen Staubfäden

■ Pflegemaßnahmen

Während der Wachstumszeit reichlich gießen. Verblühtes regelmäßig abknipsen. An heißen Tagen empfiehlt es sich, die Pflanzen mehrmals mit Wasser zu übersprühen, um die Luftfeuchtigkeit zu erhöhen, keinesfalls jedoch bei praller Sonne, da sonst die Blätter und Blüten leicht verbrennen.

■ Düngung

Während der Wachstumsphase alle 4 bis 6 Wochen düngen, bei kargem Boden auch häufiger. Ende August die Düngung einstellen.

Besonderheiten

Fuchsien können in einem 5–10 °C kühlen, hellen Raum überwintert werden. Während dieser Zeit nur alle 3 Wochen sparsam gießen. Am besten schon im September ins Haus holen, damit die Pflanzen keinen Frost abbekommen. Im März alle Triebe um etwa ein Drittel bis zur Hälfte zurückschneiden, langsam wärmer stellen und auch wieder häufiger gießen und düngen.

Vermehrungstip

Von den Mutterpflanzen werden im Herbst ca. 10 cm lange Triebspitzen mit mindestens 4 Blattpaaren abgeschnitten. Das unterste Blattpaar entfernen und das Teilstück in Vermehrungssubstrat stecken. Mit Folienhaube abdecken und warm (20 °C) aufstellen. Erscheinen die ersten neuen Blättchen, in größere Töpfe umsetzen, entspitzen, bei 15–20 °C weiterkultivieren.

'Quintett', eine aufrecht wachsende Fuchsiensorte

PORTRÄTS UND PFLEGEANLEITUNGEN

Mittagsgold als Beetpflanzen

Mittagsgold,
Gazanien
Gazania-Hybriden □ ▽ ▷

Blüte: gelb, orange, weiß, rot und rosa, auch mehrfarbig; V–IX

Wuchs: flache Blattrosetten, aufrechte Stiele; 15–30 cm hoch

Standort: ○; nährstoffreicher, durchlässiger Boden

Verwendung: in kleinen Gruppen; für Beete und Rabatten, im Steingarten, auch in Blumenkästen

Passen gut zu: bunten Sommerblumen, z. B. Kapkörbchen, Margeriten und Schleierkraut

Gazania-Hybride

Nur bei Sonnenschein öffnet das Mittagsgold seine farbenprächtigen Strahlenblüten. Oftmals weisen die Blütenblätter um die gelbe oder dunkle Mitte wunderschöne Zeichnungen auf. Die dunkel- oder graugrünen, länglichen Laubblätter tragen unterseits eine silbrige Behaarung.

■ Bewährte Sorten
'Chansonette Mischung' (leuchtende Farbmischung, teils zweifarbig, 20 cm hoch); 'Mini Star' (in vielen Einzelfarben oder als Mischung, 20 cm hoch); 'Sonnenschein-Hybriden-Auslese' (Prachtmischung in leuchtenden Farben, 30 cm hoch); 'Talent' (Farbmischung, 20 cm hoch)

■ Anzucht
Zwischen Februar und April wird in Anzuchterde ausgesät. Bei 18–20 °C keimen die Samen innerhalb von 1 bis 2 Wochen. 4 Wochen nach der Aussaat wird pikiert und bei 12–15 °C weiterkultiviert. Vor dem endgültigen Auspflanzen sollte man die Gazanien gut abhärten, z. B. tagsüber in eine geschützte Ecke des Gartens stellen.

■ Pflanzung
Ab Mitte Mai im Abstand von 20–25 cm ins Freie pflanzen.

■ Pflegemaßnahmen
Sparsames Gießen und Entfernen von Verblühtem fördern die Blühfreudigkeit. Auf Blattläuse und Schnecken achten.

■ Düngung
Auf nährstoffreichem Boden alle 4 bis 6 Wochen, auf kargem Boden alle 2 bis 4 Wochen mit Volldünger versorgen.

Besonderheiten
Gazanien können problemlos überwintert werden. Ende September ins Haus holen und bei 8–10 °C hell aufstellen. Sparsam gießen, doch so, daß der Wurzelballen nicht austrocknet. Im Frühjahr, vor dem erneuten Auspflanzen, werden die Triebe um die Hälfte gekürzt.

Vermehrungstip
Im August von kräftigen Trieben etwa 10 cm lange Stecklinge schneiden, in Vermehrungserde topfen und frostfrei überwintern.

SOMMERBLUMEN

Die zierlichen, sternförmigen Blüten des Schleierkrautes scheinen im hellen, unaufdringlichem Grün der Blütenstiele und schmalen Blätter zu schweben. Das zarte, duftig-luftige Wuchsbild ergibt sich durch die dünnen, stark gabelig verzweigten Ästchen. Zur Gattung *Gypsophila* zählen auch einige mehrjährige Arten (siehe „Stauden").

■ Bewährte Sorten
'Kermesina' (karminrosa, kleinblumig, 45 cm hoch); 'Rosea' (rosa, 45 cm hoch); 'Schneefontäne' (weiß, großblumig, 90 cm hoch); 'Weißer Riese' (weiß, großblumig, 45–50 cm hoch)

■ Anzucht
Am einfachsten ist die Direktaussaat ins Freie ab März. Nach 2 bis 3 Wochen erfolgt die Keimung, weitere 2 Wochen später kann auf etwa 30 cm Abstand vereinzelt werden.

■ Pflanzung
Im Mai ins Freie pflanzen, dabei einen Abstand von 20–30 cm einhalten.

■ Pflegemaßnahmen
Nur sehr sparsam gießen und Staunässe unbedingt vermeiden. Hochwachsende Sorten durch Anbinden an Stäbe stützen.

■ Düngung
Auf kargem Boden bei Blühbeginn leicht düngen, sonst nicht erforderlich.

■ Nach der Blüte
Alle Stiele bis auf eine Handbreit über dem Boden zurückschneiden, dann treibt die Pflanze nochmals durch und blüht bald wieder.

Besonderheiten
Die an sich kurze Blütezeit kann man bis in den Herbst ausdehnen, indem man ab März bis Ende Mai mehrmals direkt ins Freie sät, und zwar im Abstand von etwa 2 Wochen.

Schleierkraut, Gypsophila elegans

Vermehrungstip
Kräftigere und früher zur Blüte kommende Pflanzen erhält man, wenn man unter Glas vorzieht. Dazu wird von März bis April in Anzuchtsubstrat ausgesät, die Saat hell bei etwa 15 °C aufgestellt. Nach 3 bis 4 Wochen pikieren und bei 8–10 °C weiterkultivieren. Das Pikieren spart man sich, wenn in jeden Topf nur 3 bis 5 Samenkörner kommen.

HÄUFIGE PFLEGEPROBLEME

Symptom: Pflanzen kümmern und faulen am Boden ab.

Ursache: Zu schwerer und nasser Boden

Vorbeugung/Abhilfe: Auf kalkhaltigen Boden achten; weniger gießen, Boden durch Sandzugabe lockern; verfaulte Pflanzen entfernen.

Außerdem häufig: Blattläuse, Grauschimmel

Schleierkraut

Gypsophila elegans   ☐ ▽

Blüte: weiß oder rosa; VI–VIII

Wuchs: locker buschig; 45–90 cm hoch

Standort: O; nährstoffarmer, durchlässiger Boden, kalkliebend

Verwendung: als Auflockerung in Rabatten und Beeten; schöne Schnittblume

Paßt gut zu: allen bunten Sommerblumen und Stauden mit den gleichen Standortansprüchen, auch zu Beetrosen

PORTRÄTS UND PFLEGEANLEITUNGEN

Sonnenblumen, deren riesige Blüten golden leuchten, scheinen die Sonne wahrlich auf die Erde zu holen. Als Zierpflanze hat die stattliche Sommerblume schon seit dem 17. Jahrhundert Tradition. Neben den klassischen gelben Sorten gibt es eine Reihe weiterer, auch dicht gefüllter Formen, die mit roten und bräunlichen Tönen die Palette warmer Farben erweitern.

■ Bewährte Sorten

'Abendsonne' (blutrote, in der Mitte braun getuschte Blüten, 200 cm hoch); 'Giganteus' (goldgelbe, einfache Blüten, 300 cm hoch); 'Herbstschönheit' (goldgelbe, kupferrot getuschte, einfache Blüten, 200 cm hoch); 'Musicbox' (hell- bis dunkelgelbe und braune Mischung, 80 cm hoch); 'Sunspot' (goldgelbe, einfache Blüten, nur 40 cm hoch); 'Teddybär' (goldgelbe, dicht gefüllte Blüten, 50-70 cm hoch)

■ Anzucht

Am einfachsten ist es, die Sonnenblumenkerne von April bis Juni direkt an Ort und Stelle auszubringen. Dazu werden jeweils 3 bis 5 nahe beieinander und nur 1-2 cm tief in die Erde gesteckt. Zwischen den einzelnen Gruppen sollte ein Abstand von 50 cm eingehalten werden. Sobald die Sämlinge etwa 10 cm hoch sind, zieht man bei jeder Gruppe die schwächsten heraus, so daß nur einer oder höchstens 3 stehenbleiben.

■ Pflanzung

Sonnenblumen kann man nur selten als fertig herangezogene Pflanzen kaufen, sie sind aber sehr leicht selbst aus Samen zu ziehen, wie unter „Anzucht" beschrieben. Vorgezogene Pflanzen werden nach den Eisheiligen mit 50 cm Abstand ins Freie gepflanzt.

■ Pflegemaßnahmen

Ausreichend wässern, aber Staunässe vermeiden. In ungeschützten Lagen wird eine Stütze nötig, an stabilen Stäben aufbinden. Auf Blattläuse achten.

Sonnenblume

Helianthus annuus □ ▽

Blüte: gelb mit schwarzbrauner Mitte, auch rot, weiß, braun sowie zweifarbig; VII–X
Wuchs: aufrecht, Stengel einfach oder leicht verzweigt; 40–300 cm hoch
Standort: ○; nährstoffreicher Boden; geschützte Lage
Verwendung: einzeln oder in kleinen Gruppen; im Hintergrund von Beeten und Rabatten, an Zäunen oder Mauern, im Bauerngarten; als Schnittblume
Paßt gut zu: ähnlichen Arten wie Sonnenauge, Sonnenhut und Sonnenbraut, auch zu Stockmalven und Rittersporn sowie zu vielen bunten Sommerblumen

Sonnenblumensorte 'Intermedius sanguineus'

Sonnenblume, Helianthus annuus

■ Düngung

die Pflanzstelle der stark zehrenden Sonnenblumen sollte schon vor der Pflanzung mit abgelagertem Stallmist oder reifem Kompost vorgedüngt werden. Während der Wachstumszeit wird auf nährstoffreichem Boden alle 4 Wochen, auf kargem Boden alle 2 Wochen Volldünger verabreicht.

Besonderheiten

Die schönen Schnittblumen halten länger, wenn man die unteren Stielenden kurz in kochendes Wasser taucht sowie die unteren Laubblätter entfernt. Die Kerne sind ein beliebtes Vogelfutter.

Vermehrungstip

Um kräftigere Exemplare zu erhalten, z. B. auch für die Kübelbepflanzung, empfiehlt sich eine Vorkultur unter Glas. Ab März wird bei 18–20 °C in Anzuchtsubstrat ausgesät. Nach 2 Wochen werden die Sämlinge pikiert.

SOMMERBLUMEN

Strohblumen-Farbmischung

Strohblume

Helichrysum bracteatum
○ ▽

Blüte: weiß, gelb, orange, rot, rotbraun, rosa und violett; VII–IX

Wuchs: horstartig, aufrecht; 30–100 cm hoch

Standort: ○; durchlässiger, nährstoffarmer Boden; geschützte Lage

Verwendung: in kleinen oder großen Gruppen; für Beete und Rabatten, niedrige Sorten auch für Balkonkästen und Pflanzschalen; ausgezeichnete Trockenblume

Paßt gut zu: vielen bunten Sommerblumen, aber auch zu anderen Trockenblumen

Die leuchtenden Blütenkörbchen der Strohblumen gibt es in einfachen oder gefüllten Formen. Sie sitzen an aufrechten Stielen, die mit leicht klebrigen, etwas derb wirkenden, mattgrünen Laubblättern besetzt sind. Die Art verdankt ihre Beliebtheit vor allem der „strohigen" Beschaffenheit ihrer Blüten, die sich ideal zum Trocknen eignen und wunderschöne Trockensträuße liefern.

■ Bewährte Sorten
'Album' (weiß, 60–80 cm hoch); 'Bikini' (in 5 Einzelfarben oder als Mischung, 30 cm hoch); 'Feuerball' (braunrot mit Orange, 70–80 cm hoch); 'Monstrosum' (in 8 Einzelfarben oder als Mischung, großblumig, 60–90 cm hoch)

■ Anzucht
Zwischen März und Mai wird in Anzuchterde ausgesät. Die Temperatur sollte 18 °C betragen. Nach 2 bis 3 Wochen erfolgt die Keimung, nach weiteren 1 bis 2 Wochen pikieren und kühler stellen. Man spart sich das Pikieren, indem man pro Topf nur 3 bis 5 Samenkörner verwendet.

■ Pflanzung
Ab Mitte Mai ins Freiland setzen, dabei einen Abstand von 20–30 cm einhalten.

■ Pflegemaßnahmen
Die Pflege beschränkt sich auf das Entfernen von Verblühtem.

■ Düngung
Auf kargem Boden wird vor Beginn der Blüte einmal gedüngt, sonst nicht erforderlich.

Besonderheiten

Zum Trocknen bestimmte Exemplare sollten bei trockener Witterung noch vor dem Aufblühen geschnitten werden. Am besten bindet man sie locker zu einem Strauß zusammen und hängt diesen mit den Blütenköpfchen nach unten an einem luftigen Ort auf.

Vermehrungstip

Ab April ist auch eine Direktaussaat an Ort und Stelle im Freiland möglich. Sobald die Jungpflanzen etwa 5 cm hoch sind, werden sie auf 20–30 cm Abstand vereinzelt.

HÄUFIGE PFLEGEPROBLEME

Symptom: Kleine gelbe Saugstellen auf den Blättern, die später verkrüppelt und braun werden, schließlich absterben; auch die Blüten können befallen sein.

Ursache: Blattwanzen (erkennbar an dem typischen dreieckigen Rückenschild)

Vorbeugung/Abhilfe: Nützlinge wie Vögel und Raubwanzen fördern; an kühlen und trüben Tagen die dann weniger aktiven Tiere absammeln, bei starkem Befall mit einem biologischen Mittel spritzen.

Außerdem häufig: Falscher Mehltau, Blattläuse

PORTRÄTS UND PFLEGEANLEITUNGEN

Die violetten oder dunkelblauen Blütchen des Heliotrop sind zu großen endständigen Blütendolden zusammengefaßt. Der deutsche Name Vanilleblume beruht auf dem zarten Duft der Blüten, der tatsächlich an Vanille erinnert. Untermalt werden die Blüten von grünem, behaartem Laub, dessen Adern stark hervortreten. In ihrer Heimat ist die Pflanze ausdauernd, sie wird jedoch nur einjährig kultiviert, da sie nach dem Überwintern sehr an Schönheit einbüßt.

■ Bewährte Sorten
'Marguerite' (dunkelblau mit weißem Auge, 40 cm hoch); 'Marine' (tiefblau, 50–60 cm hoch); 'Mini Marine' (tiefblau, 30 cm hoch)

■ Anzucht
Zwischen Januar und März in Anzuchterde aussäen, Samen nur leicht andrücken und nicht mit Erde abdecken, da sie zur Keimung Licht brauchen. Hell bei etwa 18 °C aufstellen. Nach 4 Wochen pikieren und die Temperatur auf 13–15 °C senken. Es empfiehlt sich, die jungen Pflänzchen bei einer Größe von 10 cm zu entspitzen.

■ Pflanzung
Zieht man die Jungpflanzen nicht selber, so sollte beim Kauf darauf geachtet werden, daß die Knospen noch nicht geöffnet sind. Schon erblühte Vanilleblumen wachsen nämlich nur schlecht an. Nach den Eisheiligen wird ins Freiland gepflanzt, dabei genügt ein Abstand von 20–25 cm.

■ Pflegemaßnahmen
Vanilleblumen sind empfindlich gegen Trockenheit und Staunässe, deshalb sehr regelmäßig, aber nicht zu stark wässern. Verwelkte Blüten abschneiden.

■ Düngung
Auf gut mit Nährstoffen versorgten Böden muß nicht gedüngt werden. Auf kargen Böden ist alle 4 bis 8 Wochen eine Volldüngung angebracht.

Vanilleblume, Sonnwendblume, Heliotrop
Heliotropium arborescens

■ ▼ ▷

Blüte: dunkelblau bis violett; V–IX

Wuchs: aufrecht, strauchartig; 30–60 cm

Standort: O; nährstoffreicher, durchlässiger Boden; regengeschützte Lage

Verwendung: in kleinen Gruppen; für Beete und Rabatten, Balkonkästen und -töpfe

Paßt gut zu: gelbblühenden Arten wie Ringelblume, Tagetes und Sonnenhut sowie zu Verbenen, aber auch zu vielen anderen Sommerblumen

Vorsicht: Die Pflanze enthält Giftstoffe.

Besonderheiten
Vanilleblumen werden auch als Hochstämme angeboten. Diese überwintert man bei etwa 12–15 °C und sparsamer Wasserversorgung an einem hellen Ort.

Vanilleblume, Heliotropium arborescens

Vermehrungstip
Zur Stecklingsvermehrung schneidet man am besten im Herbst ca. 10 cm lange Triebspitzen ab und steckt sie in Vermehrungserde. Bei etwa 18 °C bewurzeln sich die Stecklinge am schnellsten. Zur Überwinterung werden sie frostfrei an einem hellen Platz aufgestellt und im Frühjahr ausgepflanzt.

HÄUFIGE PFLEGEPROBLEME

Symptom: Blüten kümmern und werden unschön.

Ursache: Dauerregen

Vorbeugung/Abhilfe: Bei lang anhaltendem Regen mit einer Plastikplane abdecken oder mit einem provisorischen Schutzdach abdecken.

Außerdem häufig: Blattläuse, Spinnmilben und Weiße Fliege

SOMMERBLUMEN

Die stark und angenehm duftenden Blütenköpfchen der Schleifenblume werden aus vielen kleinen Einzelblüten gebildet. Diese bestehen aus vier weißen Blütenblättern mit gelber Mitte.

■ *Iberis amara*, die Bittere Schleifenblume, trägt Blütenbüschel, die sich allmählich in die Länge strecken.

■ *Iberis umbellata*, die Doldige Schleifenblume, hat schirmförmige Blütenstände.

■ Bewährte Sorten

■ von *Iberis amara:* 'Eisberg' (große, weiße Blütenstände, 30–40 cm hoch); 'Empress' (schneeweiße, hyazinthenblütige Rispen, 30 cm hoch); 'Hyazinthenblütige Riesen' (weiße Blüten, bis 30 cm hoch)

■ von *Iberis umbellata:* 'Feenkönigin' (Farbmischung in Weiß, Rosa, Rot und Violett, 20 cm hoch); 'Märchenzauber' (Farbmischung, 25 cm hoch); 'Sommerteppich' (Mischung, 20 cm hoch)

■ Anzucht

Die Samen können entweder zwischen März und Mai oder im September direkt ins Freiland gesät werden. Erscheinen nach etwa 2 Wochen die Keimlinge, so vereinzelt man auf einen Abstand von 25–30 cm. Die im Frühjahr ausgesäten Pflanzen blühen im Juli/August, die im Herbst ausgebrachten schon im Mai darauffolgenden Jahres.

■ Pflanzung

Jungpflanzen können im Mai ausgepflanzt werden, dabei einen Abstand von 25–30 cm wahren.

■ Pflegemaßnahmen

Im Herbst ausgesäte Jungpflanzen sollte man den Winter über mit Fichtenreisig abdecken, um sie vor Frost zu schützen.

■ Düngung

Auf nährstoffreichem Boden ist keine Düngung nötig. Auf kargem Boden alle 4 bis 8 Wochen mit Volldünger versorgen.

■ Nach der Blüte

Schneidet man die Pflanzen sofort nach dem Abblühen um ein Drittel zurück, so bilden sie einen zweiten Blütenflor. Unterstützend wirkt dabei eine gleichzeitige Düngung.

Besonderheiten

Schleifenblumen säen sich oft selbst aus und erscheinen so auch ohne Zutun des Gärtners im nächsten Jahr wieder.

HÄUFIGE PFLEGEPROBLEME

Symptom: Kleine, kreisrunde Löcher in den Blättern, teils auch völliger Kahlfraß

Ursache: Erdflohkäfer

Vorbeugung/Abhilfe: Nur keimfreie Substrate verwenden; bei Befall Substrat feucht halten.

Schleifenblumen

Iberis-Arten   □ ▽

Blüte: weiß, auch rosa, rot und violett; V–VII

Wuchs: polsterförmig; 20–40 cm hoch

Standort: ○–◐; nährstoffreicher Boden, kalkliebend

Verwendung: in kleinen Gruppen; für Beete und Rabatten; als Einfassung und Bodendecker, im Steingarten

Passen gut zu: Frühlings- und Frühsommerblühern wie Tulpen, Bart-Iris, Vergißmeinnicht und Goldlack als Zwischen- oder Unterpflanzung

Vorsicht: Die Bittere Schleifenblume *(Iberis amara)* enthält Giftstoffe.

Iberis umbellata 'Feenkönigin'

PORTRÄTS UND PFLEGEANLEITUNGEN

Fleißige Lieschen, Impatiens-Walleriana-Hybriden

Fleißige Lieschen

Impatiens-Walleriana-Hybriden ◻ ▽ ▷

Blüte: rosa, weiß, orange, rot, violett, auch zweifarbig mit Weiß; VI–X

Wuchs: dichtbuschig, stark verästelt, breit ausladend; 15–30 cm

Standort: ○–◐; lockerer, nährstoffreicher Boden

Verwendung: in kleinen oder großen Gruppen; für Beete und Rabatten, als Bodendecker; für Balkonkästen und Blumenampeln; auch als Zimmerpflanzen

Passen gut zu: vielen bunten Sommerblumen, z. B. zu Fuchsien, Schmuckkörbchen und Ziersalbei

Das in den Tropen beheimatete Fleißige Lieschen wurde in Europa zunächst als Zimmer- und Topfpflanze eingeführt. Den Namenszusatz „fleißig" verdankt es seiner unermüdlichen Blühfreudigkeit. Die tellerförmigen, einfachen oder gefüllten Blüten besitzen einen langen Sporn und leuchten in mehr oder weniger kräftigen Farben. Sie sitzen meist zu mehreren in den Blattachseln. Die grasgrünen Laubblätter sind eiförmig zugespitzt und leicht gezähnt.

■ Bewährte Sorten

Das Angebot umfaßt meist Sortengruppen, die es entweder in Einzelfarben oder auch als Farbmischung gibt, z. B.: 'Accent' (großblumig, in vielen Farben und als Mischung angeboten, 15–20 cm hoch); 'Belizzy' (in vielen Farben und in zwei verschiedenen Mischungen, teils zweifarbig, 20–30 cm hoch); 'Fortuna' (großblumig, in vielen Farben, 15–20 cm hoch); 'Kobold' (großblumig, in vielen Farben, 25–30 cm hoch); 'Zig Zag Mischung' (großblumig, rosa bis rot mit weißer Sternzeichnung, 25–30 cm hoch)

■ Anzucht

Ab März wird in Anzuchterde ausgesät. Die Samen nur leicht andrücken und keinesfalls abdecken, da es Lichtkeimer sind. Hell und bei 18–22 °C aufgestellt, keimen die Pflanzen innerhalb von 2 bis 3 Wochen und können dann weitere 3 bis 4 Wochen später pikiert und bei etwa 16 °C weiterkultiviert werden. Wichtig ist, daß die Sämlinge nicht zu stark gegossen werden, da sie leicht faulen.

■ Pflanzung

Die stark frostempfindlichen Fleißigen Lieschen sollten nicht vor Ende Mai gepflanzt werden. Als Pflanzabstand genügen 20–25 cm.

■ Pflegemaßnahmen

Regelmäßiges Gießen ist besonders an sonnigen Standorten, aber auch im Halbschatten wichtig. Auf Spinnmilben, Blattläuse, Weiße Fliege und Schnecken achten.

■ Düngung

Die Fleißigen Lieschen werden auf nährstoffreichem Boden nur zu Beginn der Blüte gedüngt. Auf kargem Boden sollte man sie alle 4 bis 8 Wochen mit phosphatbetontem Dünger versorgen.

Vermehrungstip

Wird bei jungen Pflänzchen der Haupttrieb entspitzt, so bilden sich kräftige seitliche Verzweigungen aus. Die abgeschnittenen Triebe können gleich zur Stecklingsvermehrung benutzt werden. Dazu steckt man sie zunächst in einen Torfquelltopf oder auch nur einfach in Wasser. Haben sich genügend Wurzeln ausgebildet, können die Pflanzen ins Freiland gesetzt werden.

Impatiens-Walleriana-Hybride 'Tango'

SOMMERBLUMEN

Neu-Guinea-Impatiens

Impatiens-Neu-Guinea-Hybriden ☐ ▼ ▷

Blüte: orange, rot, rosa, weiß und violett; V–X

Wuchs: aufrecht, dichtbuschig; 20–50 cm hoch

Standort: ○–●; lockerer, humoser Boden

Verwendung: einzeln oder in kleinen Gruppen; für Beete und Rabatten, in Balkonkästen und Kübeln, auch für Ampeln und als Zimmerpflanzen

Passen gut zu: farblich abgestimmten Sommerblumen, z. B. zu Fuchsien, Männertreu und Margeriten

Neu-Guinea-Impatiens sind gleichsam als die großen Schwestern der Fleißigen Lieschen anzusehen. Sie wirken in allen Teilen größer und bestechen vor allem auch durch ihr schön gefärbtes, dichtes Laub.

■ Bewährte Sorten

'Antigua' (orangerote Blüten, olivgrünes Laub, 40 cm hoch); 'Cosmos' (karminrote Blüten, grüngelbes Laub, 40 cm hoch); 'Isopa' (rosa Blüten, olivgrünes Laub, 50 cm hoch); 'Samoa' (weiße Blüten, dunkelgrünes Laub, 40 cm hoch); 'Spectra-Mix' (Mischung mit 8 Blütenfarben, grünes, braunes und geflecktes Laub, 20 cm hoch, samenvermehrbar); 'Tango' (hellorange Blüten, dunkelgrünes Laub, 30 cm hoch); 'Twilight' (zweifarbig in Rosa und Rot gefärbte Blüten, grün-rot gezeichnetes Laub, 40 cm hoch)

■ Anzucht

Neu-Guinea-Impatiens können gewöhnlich nur durch Stecklinge vermehrt werden (siehe *Impatiens-Walleriana*-Hybriden unter „Vermehrungstip"). Es gibt mittlerweile jedoch auch samenvermehrbare Sorten. Man streut im Februar oder März je 2 bis 3 Samen in Einzeltöpfe, drückt sie aber nur leicht an, da es Lichtkeimer sind. Hell und bei 20 °C aufgestellt, keimen sie nach 2 bis 3 Wochen. Dann stellt man sie allmählich kühler.

■ Pflanzung

Ab Ende Mai mit 20–30 cm Abstand ins Freie setzen. Auch schon blühende Pflanzen wachsen problemlos weiter.

■ Pflegemaßnahmen

Maßvoll gießen; an sonnigen Stellen sind allerdings sehr häufige Wassergaben nötig.

■ Düngung

Auf nährstoffreichem Boden alle 4 bis 6 Wochen, auf kargem Boden alle 2 bis 4 Wochen mit Volldünger versorgen.

Besonderheiten

Topfpflanzen können an einem hellen Ort bei etwa 15 °C überwintert werden. Im März schneidet man sie dann um etwa ein Drittel bis die Hälfte zurück.

HÄUFIGE PFLEGEPROBLEME

Symptom: Vorzeitiges Abfallen der Blüten, eingerollte und eingetrocknete Blattränder

Ursache: Zu trockenes Substrat oder zu starker Wechsel zwischen Trockenheit und Nässe

Vorbeugung/Abhilfe: Gleichmäßige Wassergaben in regelmäßigen Abständen; Pflanzen leicht zurückschneiden und weiterhin sorgfältig wässern.

Außerdem häufig: Spinnmilben, Thripse, Grauschimmel, Fäulnis

Impatiens-Neu-Guinea-Hybride

PORTRÄTS UND PFLEGEANLEITUNGEN

Blütenstand des Wandelröschens

Wandelröschen,

Lantanen

Lantana-Camara-
Hybriden   ■▼▶

Blüte: weiß, gelb, orange, rot, rosa und lila, auch zweifarbig; meist ändern sich die Farben während der Blüte; VI–IX

Wuchs: straff aufrecht, strauchartig; 30–100 cm hoch

Standort: ☉–◐; nährstoffreicher, durchlässiger Boden; windgeschützte Lage

Verwendung: einzeln oder in kleinen Gruppen; für Beete und Rabatten, als Kübelpflanzen und in Balkonkästen

Passen gut zu: Vanilleblume, Ringelblume und Margeriten

Vorsicht: Die Früchte des Wandelröschens sind giftig.

Die hervorstechendste und deshalb namengebende Eigenschaft des Wandelröschens ist seine variierende Blütenfarbe. So verändern z. B. beim Aufblühen noch orangefarbene Blüten ihre Farbe allmählich zu Gelb oder Dunkelrot. Es gibt jedoch auch farbbeständige Sorten im Handel. Die doldenartigen, rundlichen Blütenstände werden von vielen Einzelblüten gebildet, die einen leichten Duft verströmen. Hell- bis dunkelgrüne, runzelige Laubblätter von eiförmiger Gestalt unterstützen die Leuchtkraft der Blüten.

■ Bewährte Sorten

'Arlequin' (blauviolett und gelb, 20–30 cm hoch); 'Goldsonne' (zitronengelb, 20–40 cm hoch); 'Prof. Raoux' (rot und orange, 20–40 cm hoch); 'Schneewittchen' (weiß, bis 30 cm hoch)

■ Anzucht

Wandelröschen werden meist durch Stecklinge vermehrt (siehe „Vermehrungstip"), da die Aussaat nicht immer gelingt. Saatgut erhält man häufig von Mischungen, aber nicht von allen Sorten. Zwischen Januar und März in Anzuchtsubstrat säen, hell und sehr warm bei mindestens 20 °C aufstellen. Die Keimung erfolgt nach 1 bis 2 Wochen, aber meist nur sehr unregelmäßig. Sobald die Pflänzchen etwa 10 cm hoch sind, pikieren und allmählich kühler stellen.

■ Pflanzung

In der zweiten Maihälfte ins Freie setzen, dabei 30 cm Abstand halten.

■ Pflegemaßnahmen

Regelmäßig gießen, aber Staunässe vermeiden. Verblühtes, spätestens jedoch die Früchte entfernen, um die Nachblüte anzuregen. Auf Spinnmilben und Weiße Fliege achten.

■ Düngung

Die stark zehrenden Wandelröschen sollten alle 4 Wochen gedüngt werden, auf kargem Boden alle 2 Wochen.

Lantana-Camara-Hybride 'Goldsonne'

Besonderheiten

Hochstämmchen und kräftige Topfpflanzen können in einem hellen Raum bei 6–10 °C überwintert werden. Während dieser Zeit sind nur geringe Wassergaben nötig. Im zeitigen Frühjahr schneidet man die Pflanzen um ein Drittel zurück und bringt sie dabei auch gleich in Form.

Vermehrungstip

Zur Stecklingsvermehrung werden von den überwinterten Mutterpflanzen im Februar oder März die oberen, etwa 10 cm langen Triebenden abgeschnitten. Diese steckt man einzeln in Töpfe mit Anzuchterde und läßt sie bei 20 °C bewurzeln. Nach 3 bis 4 Wochen kann die Temperatur auf 12 °C gesenkt werden. Man erzielt eine gute Verzweigung der Pflanzen, wenn sie mehrmals entspitzt werden. Aus den dabei anfallenden Triebenden kann man ebenfalls Stecklinge ziehen.

SOMMERBLUMEN

Die großen, trichterförmigen Blüten der Bechermalve bilden mit ihren zarten, fast durchscheinenden Blütenblättern einen reizvollen Kontrast zu den rauh behaarten Blättern. Bis lange in den Herbst hinein sorgen die einjährigen Blumen für eine farbenfrohe Attraktion im Garten.

■ Bewährte Sorten
'Mont Blanc' (reinweiß, bis 50 cm hoch); 'Rosea Splendens' (karminrosa, bis 70 cm hoch); 'Ruby Regis' (rosa mit auffallender karminroter Aderung, 50-60 cm hoch); 'Silver Cup' (leuchtendrosa mit zarter Aderung, 50-60 cm hoch)

■ Anzucht
Am einfachsten ist eine Direktaussaat ins Freie im April. Nach etwa 1 bis 2 Wochen erscheinen die Keimlinge. Nach weiteren 1 bis 2 Wochen wird auf 50-60 cm Abstand vereinzelt.

■ Pflanzung
Bei Vorkultur (siehe „Vermehrungstip") und gekauften Pflanzen ist die zweite Maihälfte die beste Pflanzzeit. Zwischen den Pflanzen sollte mindestens 50 cm Abstand gewahrt werden.

■ Pflegemaßnahmen
Bechermalven vertragen keine Staunässe, müssen aber in Trockenperioden gut gegossen werden. Die hohen Sorten knicken nicht so leicht, wenn man sie an Holz- oder Bambusstäben aufbindet. Verblühte Triebe regelmäßig abschneiden, um den neuen Blütenansatz zu fördern.

■ Düngung
Nur auf sehr kargen Böden sind alle 4 bis 8 Wochen Düngergaben empfehlenswert; andernfalls ist keine Düngung erforderlich.

Besonderheiten
Bechermalven liefern Bienen und anderen Insekten reichlich Futter.

Bechermalve, Lavatera trimestris 'Silver Cup'

Vermehrungstip
Kräftigere Pflanzen lassen sich durch Vorkultur unter Glas erzielen. Dazu werden Ende März jeweils 5 bis 6 Samen in Töpfe mit Anzuchterde gesät. Bei einer Temperatur von 15 °C keimen die Pflanzen nach 2 Wochen. Sie werden dann auf 2 bis 3 Exemplare vereinzelt und bei etwa 10 °C weiterkultiviert.

HÄUFIGE PFLEGEPROBLEME

Symptom: Gelbe und rostbraune Flecken auf den Blattunterseiten; später welken die Blätter und fallen ab.

Ursache: Rost (Pilzerkrankung)

Vorbeugung/Abhilfe: Befallene Pflanzenteile sofort entfernen, um ein Ausbreiten der Pilze zu verhindern. Bei starkem Befall ganze Pflanze entfernen und an dieser Stelle einige Jahre keine Malven mehr ziehen.

Bechermalve, Buschmalve
Lavatera trimestris □ ▽

Blüte: weiß oder rosa, häufig mit dunkler Aderung; VII–X

Wuchs: aufrecht, breitbuschig; 50–120 cm hoch

Standort: ○; durchlässiger Boden

Verwendung: einzeln oder in kleinen Gruppen; in Beeten und Rabatten, hohe Sorten als Hintergrundpflanzung

Paßt gut zu: violetten und blauen Partnern wie Ziersalbei, Verbenen und Rittersporn; hübsch auch zu Ziertabak, Iris oder Rosen

Lavatera trimestris 'Mont Rose'

PORTRÄTS UND PFLEGEANLEITUNGEN

Männertreu
Lobelia erinus

Blüte: blau, violett, auch weiß oder rosa, teils mit weißem Auge; VI–IX

Wuchs: buschig bis niederliegend, auch hängend; 10–20 cm hoch

Standort: ○–◐; nährstoffreicher, frischer Boden

Verwendung: in größeren Gruppen; für Beete und Rabatten, als Einfassung; in Balkonkästen und Blumenampeln

Paßt gut zu: fast allen bunten Sommerblumen, besonders zu Margeriten, Duftsteinrich, Pelargonien, weißen Petunien und Marienglockenblumen, auch als Vorpflanzung zu vielen Stauden, etwa Sonnenhut

Schöner Kontrast: Männertreu und Mittagsgold

'Bavaria', eine hängende Sorte

Zierliche Blüten über dunkelgrünen Laubblättern schmücken die dünnen Triebe des Männertreu. Das Sortiment umfaßt buschige wie auch hängende Sorten, deren üppiger Blütenflor in Beeten oder überhängend in Pflanzgefäßen gut zur Geltung kommt.

■ Bewährte Sorten
'Blaue Perle' (enzianblau, buschig, 10 cm hoch); 'Cascade Mix' (Farbmischung, hängend, mit bis zu 40 cm langen Trieben); 'Kaiser Wilhelm' (tiefblau, dunkles Laub, buschig, 10 cm hoch); 'Kristallpalast' (dunkelblau, dunkles Laub, buschig, 10 cm hoch); 'Rosamunde' (dunkelrosa Blüten mit weißem Auge, 10 cm hoch); 'Saphir' (tiefblaue Blüten mit weißem Auge, hängend mit bis zu 30 cm langen Trieben)

■ Anzucht
Ab Anfang März wird in Schalen mit Anzuchterde ausgesät. Die Samen des Männertreu sind Lichtkeimer und sollten daher nicht mit Erde bedeckt werden. Bei einer Temperatur um 18 °C keimen die Pflanzen am besten. Nach 2 bis 3 Wochen pikiert man die Sämlinge und hält sie dann etwas kühler bei 12–15 °C.

■ Pflanzung
Ende Mai im Abstand von 20–25 cm ins Freie setzen. Hängende Sorten in Balkonkästen, Ampeln oder Schalen schräg zum Rand hin einpflanzen.

■ Pflegemaßnahmen
Für gleichmäßige Bodenfeuchte sorgen, doch Staunässe vermeiden. Nach der ersten Hauptblüte, etwa im Juli, alle Triebe um ein Drittel zurückschneiden, dann treiben die Pflanzen neu aus und blühen bis in den Herbst hinein. Auf Grauschimmel achten.

■ Düngung
Auf nährstoffreichem Boden alle 4 bis 6 Wochen, auf nährstoffarmen hingegen alle 2 Wochen mit möglichst stickstoffarmem Dünger versorgen.

SOMMERBLUMEN

Die auch als *Lobelia fulgens* geführte feurigrote Scharlachlobelie ist in Gruppenpflanzungen eine auffällige Erscheinung. Ihre asymmetrischen Blüten sitzen in endständigen Trauben auf dem rötlich überlaufenen Stengel. Auch ihre lanzettlichen, dunkelgrünen Blätter sind häufig rot überhaucht.

■ Bewährte Sorten
'Illumination' (scharlachrot, dunkle Blätter, bis 45 cm hoch); 'Königin Viktoria' (scharlachrot, tief rotbraune Blätter, bis 80 cm hoch)

■ Anzucht
Zwischen Januar und März in Anzuchtsubstrat säen und hell bei 16-18 °C aufstellen. Nach 2 bis 3 Wochen pikiert man die Sämlinge einzeln in Töpfe mit geeigneter Topferde. Bei 10-14 °C und mehrmaligen, schwach dosierten Düngergaben entwickeln sich die Sämlinge bis zum Frühsommer zu kräftigen Jungpflanzen.

■ Pflanzung
Nach den Eisheiligen im Abstand von 20-30 cm ins Freiland setzen.

■ Pflegemaßnahmen
Regelmäßig gießen. Auf Grauschimmel achten.

■ Düngung
Auf nährstoffreichem Boden alle 4 bis 6 Wochen, auf kargem Boden alle 2 bis 4 Wochen mit Volldünger versorgen.

Besonderheiten
Die schönen Pflanzen lassen sich ohne größere Umstände im Haus überwintern. Voraussetzung ist ein kühler, heller Raum, in dem man die Pflanzen aufstellen kann. Über den Winter wird nur mäßig gegossen und nicht gedüngt. Erst im März steigert man allmählich wieder die Wasser- und Düngergaben.

Scharlachlobelien und Margeriten

Vermehrungstip
Im Frühjahr kann man von überwinterten Pflanzen Tochterrosetten abnehmen. Dazu die Pflanzen austopfen, die kleinen Rosetten vorsichtig von der Mutterpflanze trennen und sofort wieder eintopfen.

Blütentraube der Scharlachlobelie

Scharlachlobelie

Lobelia splendens   □ ▽ ▷

Blüte: scharlachrot; VI–IX
Wuchs: aufrecht, kaum verzweigt; 45–90 cm hoch
Standort: ○; nährstoffreicher, lockerer Boden
Verwendung: in kleinen Gruppen; für Beete und Rabatten; als Schnittblume
Paßt gut zu: weißen, gelben und blauen Sommerblumen und Stauden, etwa Salbei, Schmuckkörbchen, Margeriten, und zu Taglilien und Blumenrohr; hübsch mit kontrastierender Unterpflanzung aus Vanilleblume

PORTRÄTS UND PFLEGEANLEITUNGEN

Duftsteinrich, Lobularia maritima

Duftsteinrich

Lobularia maritima ☐ ▽

Blüte: weiß, rosa oder violett; VI–X

Wuchs: kompakt, polsterbildend; 5–15 cm hoch

Standort: ○; lockerer Boden mit mittlerem Nährstoffgehalt, kalkliebend

Verwendung: in großen Gruppen; als Bodendecker, für Beeteinfassungen und Unterpflanzungen; für Pflanzgefäße; im Steingarten

Paßt gut zu: fast allen Sommerblumen, aber auch zu vielen Stauden, z. B. zu Bartnelken, Vanilleblume, Pelargonien und Levkojen; auch schön unter Rosen

Der einjährige Duftsteinrich ist ideal für großflächige Pflanzungen geeignet, aber auch als anspruchsloser Lückenfüller kann er überzeugen. Seine süßlich duftenden, winzigen Blüten sind zu üppigen Blütenständen zusammengefaßt, unter denen Laubblätter und Blütenstiele fast unsichtbar werden.

■ Bewährte Sorten
'Klein Dorrit' (weiß, gedrungener Wuchs, 15 cm hoch); 'Königsteppich' (tiefviolett, 10 m hoch); 'Schneeteppich' (weiß, flächig wachsend, 10 cm hoch); 'Snowdrift' (weiß, frühblühend, kompakt, 10 cm hoch); 'Wonderland' (intensiv rosa, kompakt, 5–10 cm hoch)

■ Anzucht
Am einfachsten ist die Direktaussaat Ende April an Ort und Stelle. Die breitwürfig ausgebrachten Samen dürfen nicht mit Erde bedeckt werden, da sie Lichtkeimer sind. Stehen die Sämlinge zu dicht, müssen sie auf 10–15 cm Abstand vereinzelt werden.

■ Pflanzung
In der zweiten Maihälfte können die Jungpflanzen ins Freiland gesetzt werden, dabei einen Pflanzabstand von 15 cm wahren. In Pflanzgefäßen verwendet man am besten ein nährstoffarmes Substrat oder magert die Topferde durch Sandbeimischung ab, da der Duftsteinrich in nährstoffreichen Substraten weniger reich blüht. Bereits recht buschige Jungpflanzen kann man vorsichtig in zwei oder drei Teilstücke zerzupfen und dann erst pflanzen.

■ Pflegemaßnahmen
Bei Trockenheit gründlich gießen. Nach der ersten Hauptblüte, etwa im Juli, die Pflanze um gut die Hälfte zurückschneiden. Dadurch werden Neuaustrieb und Blütenbildung gefördert. Auf Echten und Falschen Mehltau achten.

■ Düngung
Eine Volldüngergabe nach dem Rückschnitt unterstützt die Nachblüte. Ansonsten braucht nur auf kargem Boden alle 4 bis 8 Wochen schwach gedüngt werden.

Besonderheiten
Der Duftsteinrich bietet vielen Insekten, vor allem Bienen, ein reiches Nahrungsangebot.

Vermehrungstip
Alternativ zur Direktsaat kann auch schon ab Ende März vorkultiviert werden. Dazu jeweils 5 bis 7 Samenkörner pro Topf in Anzuchtsubstrat säen, nur leicht andrücken und hell und warm stellen. Die nach 1 bis 2 Wochen keimenden Pflänzchen läßt man bei 10–12 °C hell weiterwachsen und gießt dabei relativ sparsam. Auf diese Weise erhält man besonders kräftige und kompakte Exemplare, die im Mai ausgepflanzt werden.

SOMMERBLUMEN

Die farbenfrohen, einfachen oder gefüllten Blüten der Levkojen stehen in endständigen Trauben locker zusammen. Im unteren Abschnitt der kräftigen Stiele sitzen die großen länglichen Laubblätter, die unterseits graufilzig behaart sind. Als Gartenzierde eignen sich vor allem buschig wachsende Sorten, während man langstielige in erster Linie zur Schnittblumengewinnung zieht. Von Levkojen erhält man meist Farbmischungen. Nicht alle Sämlinge werden jedoch gefüllte Blüten tragen, bei manchen Sorten lassen sich ungefüllt blühende Pflanzen aber frühzeitig auslesen.

■ Anzucht

Ende März/Anfang April wird bei 15–18 °C in Anzuchtsubstrat ausgesät. Die Samen werden nur leicht mit Erde bedeckt, da es sich um Lichtkeimer handelt. Nach erfolgter Keimung können die einfach blühenden Exemplare entfernt werden, die man am kräftigeren Wuchs und helleren Laub erkennt. Man pikiert sie einzeln in Töpfe mit Pikiererde und kultiviert sie bei 10–12 °C bis zum Auspflanztermin weiter.

■ Pflanzung

Levkojen können ab Mitte Mai mit einem Abstand von 15–25 cm ausgepflanzt werden. Bei langstieligen, hohen Sorten setzt man die Jungpflanzen etwa zwei Fingerbreit tiefer ein, als sie vorher standen, damit sie standfester werden.

■ Pflegemaßnahmen

Ausgewogenes Gießen ist wichtig, da Levkojen weder zu trockenen noch staunassen Boden mögen. Es empfiehlt sich, die hohen Sorten an Holz- oder Bambusstäben abzustützen.

■ Düngung

Die stark zehrenden Pflanzen müssen regelmäßig gedüngt werden, auf nährstoffreichem Boden alle 4 Wochen, auf kargem Boden alle 2 Wochen.

Levkoje, Matthiola incana

Besonderheiten

Vor dem Vasenschnitt sollte man die Pflanzen nochmals gut wässern. Sie halten sich in der Vase besonders lang, wenn sich schon mindestens 10 Blüten der Traube geöffnet haben.

HÄUFIGE PFLEGEPROBLEME

Symptom: Pflanzen kümmern und welken, Stengel am Grund braun und faulig.

Ursache: Welkekrankheit (Pilzbefall)

Vorbeugung/Abhilfe: Nur in keimfreiem Substrat anziehen, während der Vorkultur möglichst nur angewärmtes Wasser zum Gießen verwenden, nicht zu stark düngen, Staunässe beim Gießen vermeiden; befallene Pflanzen entfernen.

Außerdem häufig: Falscher Mehltau, Blattwanzen

Levkoje

Matthiola incana

Blüte: weiß, gelb, rot, rosa und violett; V–VIII

Wuchs: aufrecht, je nach Sorte einstielig oder kräftig verzweigt; 30–90 cm hoch

Standort: ○; nährstoffreicher Boden, kalkliebend

Verwendung: in kleinen Gruppen, auch verschiedene Sorten gruppenweise kombiniert; für Beete und Rabatten, niedrige Sorten auch für Balkonkästen; hohe Sorten ideal für den Schnitt

Paßt gut zu: farblich abgestimmten Sommerblumen wie Stockmalven, Bechermalven oder Vanilleblume, aber auch zu Stauden wie Prachtstorchschnabel, Indianernessel und Ehrenpreis

PORTRÄTS UND PFLEGEANLEITUNGEN

Das zweijährige Vergißmeinnicht schätzt man vor allem wegen seiner anmutigen himmelblauen Blüten. Daneben gibt es auch weiß- und rosablühende Sorten im Handel. Die kleinen Einzelblüten stehen zu mehreren in dichten Trauben zusammen und werden von länglichen, rauh behaarten Blättern wirkungsvoll untermalt.

■ Bewährte Sorten
'Amethyst' (kräftig blau, 15 cm hoch); 'Blauer Korb' (tiefblau, großblumig, 30 cm hoch); 'Indigo Compacta' (tiefblau, 20–30 cm hoch); 'Rosa Traum' (rosa, 15 cm hoch); 'Weiße Kugel' (weiß, 15 cm hoch)

■ Anzucht
Anfang Juli werden die Samen in Anzuchtsubstrat ausgesät. Die Samenkörner müssen gut festgedrückt und mit Erde zugedeckt werden, da es sich um Dunkelkeimer handelt. Die Saat wird an einer geschützten, halbschattigen Stelle im Freien aufgestellt. Nach etwa 4 Wochen pikiert man die Keimlinge einzeln in Töpfe. Im August setzt man die Pflänzchen in ein Freilandbeet um und läßt sie hier zu kräftigen Exemplaren heranwachsen. Im Oktober schließlich werden sie am endgültigen Standort eingepflanzt. Alternativ können die Jungpflanzen auch in Töpfen bei 6–10 °C (z. B. im Frühbeet) überwintert werden und erst im Frühjahr ausgepflanzt werden. Dies hat den Vorteil einer früheren Blütezeit.

■ Pflanzung
Gekaufte Jungpflanzen werden im März an die gewünschte Stelle gepflanzt. Selbst gezogene Pflanzen können auch schon im September eingesetzt werden. Der Pflanzabstand sollte jeweils 10–20 cm betragen.

Vergißmeinnicht, Myosotis sylvatica

Vergißmeinnicht
Myosotis sylvatica   □ ▽

Blüte: blau, auch weiß oder rosa; IV–VI

Wuchs: aufrecht, breitbuschig; 10–35 cm hoch

Standort: ○–◐; nährstoffreicher, frischer Boden

Verwendung: in kleinen und großen Gruppen; für Beete, Rabatten und Einfassungen, als Unterpflanzung von Frühlingsblumen; für Balkonkästen und Schalen; als Schnittblumen

Paßt gut zu: Narzissen, Tulpen, Hyazinthen, Maßliebchen, Goldlack, Primeln, Islandmohn, Gemswurz und zu vielen anderen Frühlingsblühern

■ Pflegemaßnahmen
Auf trockenen Böden verblühen Vergißmeinnicht schnell, deshalb ist regelmäßiges Gießen sehr wichtig. Auch im Winter sollte in Trockenperioden gewässert werden. Bei strengem Frost die Pflanzen mit Fichtenreisig schützen. Auf Echten Mehltau und Blattläuse achten.

■ Düngung
Auf nährstoffreichem Boden alle 4 Wochen, auf kargem Boden alle 2 Wochen mit Dünger versorgen.

Besonderheiten

Die hohen Sorten liefern hübsche, haltbare Frühlingssträuße.

Vermehrungstip

Läßt man die Pflanzen nach der Blüte stehen, versamen sie sich selbst und sorgen so für Nachwuchs. Oft tauchen diese Sämlinge jedoch noch in den entlegensten Winkeln auf. Will man dies verhindern, muß man die verwelkten Blütenköpfe beizeiten abschneiden.

SOMMERBLUMEN

Ziertabak, Nicotiana x sanderae

Wie der Echte Tabak besitzt auch der Ziertabak auffallend große, flaumig behaarte Blätter. Hier dienen sie jedoch allein als dekoratives Beiwerk für die außen sternförmig ausgebreiteten Röhrenblüten, die über einen langen Zeitraum in reicher Zahl erscheinen.

■ Bewährte Sorten
'Idol' (dunkelrot, 30 cm hoch); 'Nicki' (Sortengruppe in verschiedenen Einzelfarben, z. B. 'Nicki Lime' in Gelbgrün, 'Nicki Rose' in Dunkelrosa, 'Nicki Rot' in Karminrot, oder als Farbmischung, 40 cm hoch'); 'Scharlachkönig' (rote Blüten mit geflecktem Schlund, bis 80 cm hoch)

■ Anzucht
Die langsam heranwachsenden Pflanzen werden schon Ende Februar/Anfang März in Anzuchterde ausgesät. Zur Keimung sind 18–20 °C und viel Licht nötig, die feinen Samen dürfen nicht mit Erde bedeckt werden. 2 bis 3 Wochen nach der Keimung pikiert man die Sämlinge einzeln in Töpfe und zieht sie bei etwas niedrigeren Temperaturen weiter.

■ Pflanzung
Der kälteempfindliche Ziertabak wird erst nach den Eisheiligen ausgepflanzt. Bei niedrigen Sorten genügt ein Pflanzabstand von 25–30 cm, bei hohen Sorten sollte er etwa 50 cm betragen.

■ Pflegemaßnahmen
In Trockenperioden ist zusätzliches Wässern angebracht. Neuaustrieb und Nachblüte werden gefördert, wenn man verblühte Rispen regelmäßig abschneidet. Auf Blattläuse und Schnecken achten.

■ Düngung
Auf nährstoffarmem Boden wird alle 2 Wochen gedüngt, bei gut versorgtem Boden sind vierwöchige Abstände ausreichend.

Besonderheiten
Der Ziertabak besitzt zwar nicht mehr den intensiven Blütenduft, wie viele Wildarten ihn vor allem abends verströmen, dafür hält er seine Blüten tagsüber geöffnet. Wer mehr Wert auf Duft legt, kann auf *Nicotiana sylvestris* zurückgreifen, eine stattliche Art mit weißen Blüten, die etwa 100 cm hoch wird.

Ziertabak

Nicotiana x sanderae ☐ ▽

Blüte: verschiedene Rottöne, aber auch weiß, gelbgrün und violett; VI–IX

Wuchs: aufrecht, buschig; 30–80 cm hoch

Standort: ○; nährstoffreicher, lockerer Boden; windgeschützte Lage

Verwendung: in kleinen oder größeren Gruppen; für Beete und Rabatten, niedrige Sorten auch für Balkonkästen und Schalen; als Schnittblumen

Paßt gut zu: Rittersporn, Schmuckkörbchen, Eisenkraut und Vanilleblume

Vorsicht: Alle Pflanzenteile sind giftig.

Ziertabak im Sommerblumenbeet

PORTRÄTS UND PFLEGEANLEITUNGEN

Islandmohn

Papaver nudicaule

Blüte: gelb, orange, rot, weiß oder rosa; VI–IX

Wuchs: langgestielte Blütenkelche über einer flachen Blattrosette; 20–60 cm hoch

Standort: ○–◐; durchlässiger Boden, kalkliebend

Verwendung: in größeren Gruppen; für Beete und Rabatten, im Steingarten, in Pflanzschalen; als Schnittblume

Paßt gut zu: weiß- und blaublühenden Arten wie Glockenblume, Vergißmeinnicht, Salbei, Kornblume und Margeriten

Orange-gelbe Farbmischung des Islandmohn, dazwischen Ziertabak (rosa)

Besonderheiten

Islandmohn ist als Schnittblume lange haltbar, wenn er noch knospig kurz vor dem Aufblühen geschnitten wird. Die Vasenblumen sollte man möglichst nicht umstellen oder berühren, sondern nur fehlendes Vasenwasser nachgießen, dann fallen die Blütenblätter nicht so leicht ab.

Die zarten Blütenschalen des Islandmohns leuchten entweder in zarten Pastelltönen oder in kräftigen Farben. Sie stehen einzeln auf rauh behaarten Stengeln über einer Blattrosette am Stengelgrund. Die Gattung *Papaver* hat mit Islandmohn und Klatschmohn (Seite 109) nicht nur sehr hübsche Sommerblumen zu bieten, sondern steuert mit dem Türkenmohn (Kapitel „Stauden") auch eine schmucke ausdauernde Art bei.

■ Bewährte Sorten

'Gartenzwerg' (in verschiedenen Farben, 20–30 cm hoch); 'Giganteum Prachtmischung' (großblumige Farbmischung, 50 cm hoch); 'Matador' (scharlachrot, großblumig, 50 cm hoch); 'Plenum' (Farbmischung mit gefüllten und halbgefüllten Blüten, 40 cm hoch)

■ Anzucht

Im Juli werden die Samen breitwürfig in ein Vermehrungsbeet im Freien oder in Anzuchtschalen ausgesät. Nach dem Auflaufen der Samen werden die Keimlinge erst einmal ausgedünnt und die kräftigsten einige Zeit später einzeln in Töpfe gesetzt und weiterkultiviert. Über den Winter sollten die Töpfe an einem hellen Ort frostfrei aufgestellt werden.

■ Pflanzung

Beste Pflanzzeit ist die zweite Maihälfte im Folgejahr der Aussaat. Dabei sollte ein Pflanzabstand von 20–25 cm eingehalten werden.

■ Pflegemaßnahmen

Die kurze Blütezeit kann durch Entfernen von verwelkten Blüten etwas verlängert werden. Ansonsten beschränkt sich die Pflege auf ausreichendes Wässern in Trockenperioden. Auf Echten Mehltau, Blattläuse und Schnecken achten.

■ Düngung

Nicht erforderlich, allenfalls auf kargem Boden zu Beginn der Blüte etwas organischen Dünger verabreichen.

Vermehrungstip

Noch im Jahr der Aussaat blüht der Islandmohn, wenn man ihn bereits im Januar/Februar unter Glas sät. Hell und nur mäßig warm (10–15 °C) aufgestellt, keimen die Samen nach etwa 2 bis 3 Wochen. Die Sämlinge werden pikiert und noch bis Mai in Töpfen weitergezogen. Islandmohn verbreitet sich durch Selbstaussaat, wenn man die Samenkapseln ausreifen läßt.

SOMMERBLUMEN

Klatschmohn

Papaver rhoeas ☐ ▽

Blüte: rot, rosa oder weiß; V–VII

Wuchs: aufrecht, leicht buschig; 30–80 cm hoch

Standort: ○; durchlässiger Boden, kalkliebend

Verwendung: in größeren Gruppen; für Beete und Rabatten, in naturnahen Gärten

Paßt gut zu: Kornblumen, Salbei und weißblühenden Margeriten

Vorsicht: Alle Pflanzenteile sind schwach giftig, besonders der Milchsaft.

Klatschmohn, Papaver rhoeas

Samengewinnung: Bereits braune, „rasselnde" Kapseln vorsichtig zerdrücken, die feinen Samen in einer Tüte auffangen

Der früher als Ackerwildkraut weit verbreitete Klatschmohn ist heute in zahlreichen Farbschattierungen und Formen im Handel erhältlich. Gefüllte und besonders grazil blühende Sorten bezeichnet man auch als Seidenmohn. Sein Milchsaft führender Stengel ist behaart und besitzt grundständige, gezähnte Blätter. Die nickenden Knospen öffnen sich zu lockeren, schalenförmigen Blüten.

■ Bewährte Sorten

'Allgefüllte Prachtmischung' (Farbmischung mit gefüllten Blüten, 60 cm hoch); 'Einfachblühende Prachtmischung' (Farbmischung mit einfachen Blüten, 60 cm hoch)

■ Anzucht

Klatschmohn wird zwischen März und April breitwürfig direkt ins Freiland ausgesät. Um kräftige Pflanzen zu erzielen, wird nach dem Auflaufen der Samen auf 20–25 cm Abstand vereinzelt. Bevorzugt man eine späte Blüte im Herbst, bringt man die Samen erst im Mai aus.

■ Pflanzung

Vorgezogene Jungpflanzen kann man nur selten kaufen. Klatschmohn läßt sich aber sehr leicht aus Samen ziehen. Vorkultivierte Jungpflanzen setzt man Ende Mai im Abstand von 20–30 cm ein.

■ Pflegemaßnahmen

Bei Trockenheit gießen. Auf Echten Mehltau, Blattläuse und Schnecken achten.

■ Düngung

Nicht erforderlich.

Besonderheiten

Die attraktiven Samenkapseln des Klatschmohns kommen in Trockensträußen gut zur Geltung.

Vermehrungstip

Zur Vorkultur werden jeweils 6 bis 8 Samen in Töpfe mit Anzuchterde gedrückt. Bei etwa 12 °C läßt man sie keimen und senkt anschließend die Temperatur auf 8 °C ab. Wichtig ist ein heller und luftiger Standort. Läßt man die Fruchtkapseln ausreifen, sät sich der Mohn selbst aus.

PORTRÄTS UND PFLEGEANLEITUNGEN

Hängepelargonien,
Efeupelargonien
Pelargonium-Peltatum-
Hybriden   □ ▼ ▷

Blüte: rot, rosa, weiß, lila, auch zweifarbig; V–X

Wuchs: schwach oder stark hängend mit bis zu 150 cm langen Trieben; bis 30 cm hoch

Standort: ○–◐; nährstoffreicher Boden

Verwendung: einzeln oder in kleinen Gruppen; für Balkonkästen, Kübel und Blumenampeln

Passen gut zu: anderen Balkonblumen wie Petunien, Pantoffelblumen, Tagetes, Ringelblumen und Männertreu

Hängepelargonie in einer Blumenampel

HÄUFIGE PFLEGEPROBLEME

Symptom: Verkrüppelte Blätter, vielfach mit Korkstellen, Knospen sterben ab.

Ursache: Weichhautmilben

Vorbeugung/Abhilfe: Die winzigen Tiere können nur schwer bekämpft werden. Stark befallene Pflanzen muß man vernichten. Vorbeugend sollte bei der Anzucht zu hohe Luftfeuchtigkeit vermieden werden. Natürliche Feinde wie Raubmilben und Florfliegenlarven vertilgen die Milben.

Außerdem häufig: Pelargonienrost, Bakterienwelke, Grauschimmel, Blattläuse, Spinnmilben, Weiße Fliege und Thripse

Die allseits beliebten Balkonpflanzen, die man landläufig auch „Hängegeranien" nennt, überzeugen durch ihre lang anhaltende Blüte und Widerstandsfähigkeit. Mit ihren stark verzweigten, langen Trieben bilden sie schnell üppige Blütenvorhänge. Die Blüten leuchten in zahlreichen Farbvarianten.

■ Bewährte Sorten
'Cascade'-Sortengruppe (mit einfachen Blüten in vielen Farben erhältlich, selbstreinigend, mit 50–150 cm langen Trieben); 'Cocorico' (rote, einfache Blüten, bis zu 120 cm lange Triebe); 'Mexikanerin' (halbgefüllte, zweifarbige Blüten in rot und weiß, Triebe bis 100 cm lang); 'Ville de Paris' (rosa, einfache Blüten, bis 150 cm lange Triebe)

■ Anzucht
Ende August werden von den Pflanzen Kopfstecklinge mit 2 Blattpaaren geschnitten. Man schneidet direkt unter dem Blattknoten und setzt die Triebspitzen in Töpfe mit Vermehrungserde, der etwas Sand beigemischt wurde. Bei 20 °C bewurzeln sich die Stecklinge am besten. Nach etwa 3 bis 4 Wochen pflanzt man sie in größere Töpfe mit Topferde um und kultiviert sie bei niedrigeren Temperaturen (12–16 °C) weiter. Von Mitte Oktober an werden die Stecklinge wie die Mutterpflanzen bei 4–6 °C hell überwintert und ebenfalls nur wenig gewässert.

■ Pflanzung
Am bequemsten verwendet man gekaufte Jungpflanzen, die im Abstand von 20–30 cm eingepflanzt werden. Beste Pflanzzeit ist nach den Eisheiligen.

■ Pflegemaßnahmen
Zurückhaltendes Gießen fördert die Blühfreudigkeit. Um die Nachblüte zu beschleunigen und Schimmelbefall vorzubeugen, sollten verwelkte Blüten regelmäßig entfernt werden.

■ Düngung
Alle 4 Wochen mit Volldünger versorgen.

SOMMERBLUMEN

Pelargonium-Peltatum-Hybriden füllen mühelos auch große Pflanzgefäße

Pelargoniensorte 'Ville de Paris'

Besonderheiten

Pelargonien können überwintert werden. Hierzu stellt man bereits im August die Düngung ein und wässert sehr sparsam. Spätestens Ende Oktober werden die Pflanzen, am besten direkt mit dem Pflanzgefäß, bei 4–6 °C in einem hellen Raum aufgestellt. Die Triebe werden auf etwa 30–40 cm gekürzt und die Pflanzen gut von Verwelktem gereinigt. Der Wurzelballen darf nicht zu naß sein, auch später wird nur sparsam gegossen. Im Februar schneidet man alle Triebe auf 3 bis 4 Blattansätze zurück und topft die Pflanzen in frische Erde um. Die Temperatur sollte nun auf etwa 16 °C angehoben werden.

Vermehrungstip

Inzwischen sind auch samenvermehrbare Sorten im Handel, z. B. 'Summer Showers' (Farbmischung). Man sät zwischen Dezember und Januar in Anzuchtsubstrat, stellt die Saat hell und sehr warm (20–24 °C) auf. Nach 3 bis 4 Wochen pikiert man und hält die Jungpflanzen kühler (etwa 15 °C). Weitere 3 bis 4 Wochen später sollten die Pflanzen nochmals in größere Töpfe umgesetzt und entspitzt werden.

PORTRÄTS UND PFLEGEANLEITUNGEN

Stehende Pelargonien,

Zonalpelargonien
Pelargonium-Zonale-
Hybriden   □ ▼ ▷

Blüte: rot, rosa, weiß, lila, auch zweifarbig; V–X

Wuchs: aufrecht, buschig verzweigt; 25–50 cm hoch

Standort: ○–◐; nährstoffreicher Boden

Verwendung: einzeln, in kleinen oder auch größeren Gruppen; in Balkonkästen und anderen Pflanzgefäßen, auch für Beete und Rabatten

Passen gut zu: allen anderen Balkonpflanzen wie Löwenmäulchen, Margerite, Verbene und Leberbalsam; im Beet zu vielen Sommerblumen, wenn farblich abgestimmt

Rundliche, leicht gelappte Blätter und üppige Blütendolden schmücken die fleischigen, im Alter verholzenden Stengel der Stehenden Pelargonien, vielfach auch „Stehende Geranien" genannt. Ihre farbenfrohen, einfachen oder gefüllten Blüten erfreuen bis weit in den Herbst hinein.

■ Bewährte Sorten
'Bright Eyes' (kirschrot mit weißer Mitte, einfach, kompakter Wuchs, 30 cm hoch); 'Casino' (lachsfarben, gefüllt, 30 cm hoch); 'Diamond' (in vielen Farben, einfach, schöne Blattzeichnung, kompakter Wuchs, 30 cm hoch); 'Fidelio' (lachsfarbene, halbgefüllte Blüten, 30 cm hoch); 'Orbit' (in vielen Einzelfarben, einfach, 30 cm hoch, samenvermehrbar); 'Wienerblut' (orangerote, einfache Blüten, dunkelgrüne Blätter, 30 cm hoch)

■ Anzucht
Wie bei Hängepelargonien (Seite 110).

■ Pflanzung
Wie bei Hängepelargonien.

Duftpelargonie

■ Pflegemaßnahmen
Wie bei Hängepelargonien; auch Überwinterung ist wie bei diesen möglich (dort unter „Besonderheiten" beschrieben).

■ Düngung
Wie bei Hängepelargonien.

Besonderheiten

Neben den allseits bekannten Hänge- und Zonalpelargonien gibt es viele weitere Arten, die vor allem durch den intensiven Duft ihrer hübsch geformten Blätter auffallen. Diese Duftpelargonien, z. B. *Pelargonium crispum, P. x fragrans, P. odoratissimum* oder *P. graveolens*, sind ebenfalls für Balkonkästen und Kübel geeignet, sie können aber auch im Zimmer gehalten werden.

Vermehrungstip

Aussaat möglich, siehe Hängepelargonien.

SOMMERBLUMEN

Verschiedene Pelargoniensorten in hübschem Topfpflanzenarrangement

Stecklingsvermehrung: Die Stecklinge werden direkt unterhalb eines Blattknotens geschnitten, die beiden unteren Blätter entfernt

Unten: klassische Verwendung: Zonalpelargonien als Fensterschmuck

HÄUFIGE PFLEGEPROBLEME

Symptom: Gelbe oder rostbraune Pusteln auf den Blattunterseiten, Blätter welken und fallen ab.

Ursache: Pelargonienrost (Pilzbefall)

Vorbeugung/Abhilfe: Befallene Pflanzenteile müssen sofort entfernt werden. Breitet sich die Krankheit weiter aus, sollte man die Erde der Pflanzgefäße im nächsten Jahr komplett austauschen oder aber an diesen Stellen mehrere Jahre keine Pelargonien mehr pflanzen.

Außerdem häufig: Bakterienwelke, Grauschimmel, Blattläuse, Spinnmilben, Weichhautmilben, Weiße Fliege, Thripse

PORTRÄTS UND PFLEGEANLEITUNGEN

Petunien
Petunia-Hybriden ▫▼

Blüte: in allen Farben, auch zweifarbig oder mit Auge; V–IX

Wuchs: aufrecht und buschig oder überhängend mit bis zu 150 cm langen Trieben; 20–30 cm hoch

Standort: ○–◐; durchlässiger Boden mit mittlerer Nährstoffversorgung; windgeschützte Lage

Verwendung: aufrecht wachsende Sorten als Beeteinfassungen, für Rabatten und Pflanzgefäße; überhängende für Balkonbepflanzung und als Bodendecker

Passen gut zu: farblich abgestimmten Sommerblumen, etwa Pelargonien, Tagetes, Duftsteinrich oder Strauchmargeriten

Petunia-Hybride 'Lachs Traum'

Petunien bezaubern durch ihre trichterförmigen Blütenkronen, die wie aus edlem Samt gewirkt erscheinen. Die Farbvielfalt ist überaus reichhaltig, je nach Sortengruppe kann man außerdem zwischen großen und kleinen, gefüllten und ungefüllten Blüten wählen. Manche Sorten verströmen abends einen intensiven Duft.

▪ Bewährte Sorten
Petunien werden nach ihrer Blütengröße und Wuchsform in Sortengruppen eingeteilt, innerhalb derer es jeweils eine Vielzahl verschiedener Sorten gibt:

▪ **Grandiflora-Sortengruppe** in vielen Farben mit sehr großen, frühzeitig erscheinenden Blüten, einfach oder gefüllt, aufrecht, 25–30 cm hoch

▪ **Multiflora-Sortengruppe** mit unzähligen kleinen Blüten, einfach oder gefüllt, regenfest, aufrecht, 20–30 cm hoch

▪ **Nana-Sortengruppe** mit mittelgroßen Blüten, einfach oder gefüllt, aufrecht und kompakt, 20–30 cm hoch

▪ **Superbissima-Sortengruppe** mit sehr großen, stark gewellten Blüten und geadertem Schlund, witterungsempfindlich, überhängend, mit bis zu 80 cm langen Trieben

▪ **'Surfinia'-Sortengruppe** mit sehr großen Blüten, raschwüchsig und wetterfest, überhängend, mit 100–150 cm langen Trieben

▪ Anzucht
Bis auf die neue Sortengruppe der 'Surfinia'-Hybriden kann man Petunien leicht durch Aussaat unter Glas heranziehen. Dazu werden zwischen Ende Januar und Anfang März die feinen Samen in Anzuchtsubstrat ausgesät und nur leicht mit Erde bedeckt. Es empfiehlt sich, der Anzuchterde etwas Sand unterzumischen, damit keine Staunässe entsteht, gegen die Petunien-Sämlinge besonders empfindlich sind. Bei 20–22 °C erscheinen bald die Keimlinge. 2 bis 3 Wochen nach der Aussaat wird die Temperatur auf 15–17 °C gesenkt, nach weiteren 1 bis 2 Wochen werden die Pflänzchen einzeln in Töpfe pikiert und bei 10–14 °C weiterkultiviert.

▪ Pflanzung
Ende Mai werden die jungen Pflänzchen im Abstand von 20–30 cm ausgepflanzt.

▪ Pflegemaßnahmen
Besonders bei heißer und trockener Witterung muß kräftig gegossen werden. Um den Blütenreichtum zu fördern, sollte man Verblühtes regelmäßig entfernen. Schneidet man Ende Juli die Pflanzen um gut ein Drittel zurück, treiben sie anschließend nochmals aus und blühen bis weit in den Herbst hinein. 'Surfinia'-Hybriden schneidet man dagegen nicht. Auf Blattläuse und Weiße Fliege achten.

Langtriebig und hängend: 'Surfinia'-Hybride

SOMMERBLUMEN

Petunia-Hybride 'Velvet Picotee'

Nach einem herbstlichen Rückschnitt können 'Surfinia'-Hybriden überwintert werden

■ **Düngung**

In Beeten ist eine Düngung nicht erforderlich, in Pflanzgefäßen alle 4 bis 6 Wochen völlig ausreichend. Häufigere Düngegaben würden mehr das Höhenwachstum und weniger die Blühfreudigkeit unterstützen.

Besonderheiten

'Surfinia'-Hybriden kann man überwintern. Ende September schneidet man die Triebe auf 15–20 cm zurück, säubert die Pflanzen von Verwelktem und stellt sie bei etwa 10 °C in einem hellen Raum auf. Während der Überwinterung wird nur wenig gegossen. Nach den Eisheiligen können sie wieder nach draußen gebracht werden.

PORTRÄTS UND PFLEGEANLEITUNGEN

Sonnenhut, Rudbeckie
Rudbeckia hirta ☐ ▽

Blüte: gelb, orange, rot oder rotbraun mit brauner Mitte, VII–IX

Wuchs: aufrecht, buschig verzweigt; 40–100 cm hoch

Standort: O; nährstoffreicher Boden

Verwendung: in kleinen und großen Gruppen; für Beete und Rabatten, idealer Lückenfüller; als Schnittblume

Paßt gut zu: anderen gelb- oder orangefarbenen Blumen wie Ringelblume, Sonnenbraut und Sonnenblume, auch zu blauem Salbei, Rittersporn und Vanilleblume

Sonnenhut bringt kräftiges Gelb ins Beet

Sonnenhut, Rudbeckia hirta

Wie große Sonnenschirme entfalten sich die Blüten des Sonnenhuts an langen, flaumig behaarten Stengeln. Sie sind in warmen Farben getönt und leuchten weithin sichtbar. Ganz ähnlich wirkt im Staudenbeet *Rudbeckia fulgida,* die ausdauernde Verwandte (siehe „Stauden").

■ Bewährte Sorten
'Becky Mix' (Mischung von gelb bis braunrot, 25-30 cm hoch); 'Goldilocks' (große, gefüllte bis halbgefüllte, goldgelbe Blüten, buschiger Wuchs, 50-60 cm hoch); 'Herbstwald' (gelbe bis bronzefarbene Blüten, 60-80 cm hoch); 'Marmalade' (kräftig orangegelbe Blüten, buschiger Wuchs, 50-60 cm hoch); 'Meine Freude' (gelb mit schwarzer Mitte, sehr großblumig, 70-80 cm hoch); 'Rustic Colors' (Farbmischung von gelb bis braun, 50-60 cm hoch)

■ Anzucht
Ab Mitte März bis April in Anzuchtsubstrat aussäen, hell und mäßig warm (15-18 °C) aufstellen. Nach 4 Wochen pikieren und kühler halten.

■ Pflanzung
Ausgepflanzt wird ab Mitte Mai, dabei einen Pflanzabstand von 25-35 cm wahren.

■ Pflegemaßnahmen
Regelmäßig gießen, verblühte Stiele abschneiden. Hohe Sorten bei Bedarf stützen bzw. an Stäben aufbinden.

■ Düngung
Auf nährstoffreichem Boden sollte alle 4 Wochen gedüngt werden, auf kargem alle 2 Wochen.

Besonderheiten
Der Sonnenhut ist eine beliebte Schnittblume, die hervorragend bunte Sommerblumensträuße ergänzt. Die beste Haltbarkeit zeigen voll erblühte Exemplare.

Vermehrungstip
In milden Gebieten kann man den Sonnenhut schon im Herbst direkt an Ort und Stelle ins Freiland aussäen.

SOMMERBLUMEN

Ziersalbei sorgt den ganzen Sommer über für einen anhaltenden Blütenschmuck. Seine meist blauen oder violetten Lippenblüten sind in endständigen Scheinquirlen zusammengefaßt. Die Blätter und stark verzweigten Stengel zeigen eine graufilzige Behaarung, was der Art auch den Namenszusatz *farinacea* (= „mehlig") gab. Neben dem auf der nächsten Seite beschriebenen Feuersalbei finden sich in dieser Gattung auch ausdauernde Arten wie *Salvia nemorosa* (siehe „Stauden").

■ Bewährte Sorten
'Blauähre' (dunkelblau, 70 cm hoch); 'Viktoria' (violettblau, sehr reichblühend, 50-60 cm hoch); 'Unschuld' (silbrigweiß, 60 cm hoch)

■ Anzucht
Anfang März in Anzuchterde aussäen. Hell und warm (18-20°C) stellen. Nach 3 Wochen pikieren, entspitzen und kühler (12-14°C) halten.

■ Pflanzung
Nach den Eisheiligen mit 20-30 cm Abstand ins Freiland setzen.

Ziersalbei, Salvia farinacea 'Blauähre'

■ Pflegemaßnahmen
Salbei darf nicht zu stark gegossen werden, da er auf Staunässe empfindlich reagiert. Um den Neuaustrieb zu fördern, schneidet man verblühte Triebe ab.

■ Düngung
Die Pflanzen müssen gut mit Nährstoffen versorgt werden, deshalb sollte abhängig vom Bodenzustand, alle 2 bis 4 Wochen gedüngt werden.

Buntschopfsalbei, Salvia viridis

Ziersalbei

Salvia farinacea ☐ ▽

Blüte: blau oder violett, auch weiß; V–X

Wuchs: aufrecht, stark verzweigt; 50–80 cm hoch

Standort: ○; nährstoffreicher, durchlässiger Boden, kalkliebend

Verwendung: in kleinen oder großen Gruppen; für Beete und Rabatten

Paßt gut zu: Löwenmaul, Ringelblume, Flockenblume, Klatschmohn und vielen anderen Sommerblumen

---

Besonderheiten

Ebenso wie der Ziersalbei wird auch der Buntschopfsalbei (*Salvia viridis*) vorgezogen, gepflanzt und gepflegt. Bei ihm sind jedoch nicht die Blüten die Attraktion, sondern seine rosa, rot oder violett gefärbten Hochblätter, die sich ab Juni entfalten. Sie behalten auch beim Trocknen ihre Farbe und bieten sich deshalb als hübsche Ergänzung in Trockensträußchen oder -gestecken an. In Beeten und Rabatten läßt sich der Buntschopfsalbei gut mit farblich abgestimmten Sommerblumen sowie mit Zwiebel- und Knollenblumen kombinieren.

HÄUFIGE PFLEGEPROBLEME

Symptom: Blätter mit feinen gelben Sprenkeln, auch zerschlitzte oder mißgebildete Blätter; sie werden schließlich braun und fallen ab.

Ursache: Blattwanzen

Vorbeugung/Abhilfe: Nur keimfreies Anzuchtsubstrat verwenden, Pflanzen gut abhärten, Abwehrkraft der Pflanzen durch Gießen mit Schachtelhalmtee fördern.

Außerdem häufig: Spinnmilben, Blattläuse und Schnecken

PORTRÄTS UND PFLEGEANLEITUNGEN

Feuersalbei und Tagetes

Die meist scharlachrot gefärbten Blüten des Feuersalbei sind ein auffälliger Farbtupfer im Garten oder auf dem Balkon. Seine großen, derben Laubblätter unterstützen die Leuchtkraft der Blüten.

■ Bewährte Sorten
'Carabiniere' (scharlachrot, 20-25 cm hoch); 'Feuerzauber' (leuchtendrot, starkwüchsig, 30 cm hoch); 'Laser Purple' (dunkelviolett, 25 cm hoch); 'Melba' (lachsfarben, 25 cm hoch)

■ Anzucht
Zwischen Februar und März in Anzuchtsubstrat aussäen. Hell und warm (20-22 °C) stellen. Keimung erfolgt nach 1 bis 2 Wochen. Nach 4 bis 6 Wochen pikieren, entspitzen und kühler (12-16 °C) halten.

■ Pflanzung
Nach Mitte Mai mit 20-30 cm Abstand auspflanzen.

■ Pflegemaßnahmen
Wie bei Ziersalbei. Ebenso wie bei diesem auf Blattwanzen achten.

■ Düngung
Feuersalbei wird alle 1 bis 2 Wochen mit niedrig dosiertem Dünger versorgt.

Vermehrungstip

Die beim Entspitzen der Jungpflanzen anfallenden Triebspitzen können zur Stecklingsvermehrung benutzt werden. Man steckt sie dazu in Töpfe mit Vermehrungserde und läßt sie bei etwa 20 °C bewurzeln. Nach 3 bis 4 Wochen setzt man die Stecklinge in größere Töpfe um und kultiviert sie bei 15-18 °C weiter. Ende Mai können die Jungpflanzen dann ausgepflanzt werden.

Feuersalbei,
Salvie
Salvia splendens

Blüte: rot, auch weiß, lachsfarben oder violett; V-IX
Wuchs: aufrecht, buschig verzweigt; 20-50 cm hoch
Standort: O; nährstoffreicher, durchlässiger Boden, kalkliebend
Verwendung: in kleinen oder größeren Gruppen; für Beeteinfassungen und Rabatten, Balkonkästen
Paßt gut zu: gelben Blüten von Tagetes, Margeriten und Sonnenhut sowie zu blauem Ziersalbei

Feuersalbei, Salvia splendens

SOMMERBLUMEN

Husarenknopf, Zwergsonnenblume
Sanvitalia procumbens □ ▽

Blüte: gelb oder orange mit brauner Mitte; VI–X

Wuchs: stark verzweigt, niederliegend oder hängend; 10–25 cm hoch

Standort: O; durchlässiger Boden

Verwendung: in kleinen oder großen Gruppen; als Bodendecker für Beeteinfassungen und Rabatten, für Balkonkästen, Blumenschalen und -ampeln

Paßt gut zu: Leberbalsam, Vanilleblume und Margeriten

Den ganzen Sommer über bringt der Husarenknopf unermüdlich seine Blüten hervor, die an miniaturisierte Ausgaben von Sonnenblumen erinnern. Die stets dunkel gefärbte Blütenmitte ergibt einen schönen Kontrast zu den gelb oder orangefarben getönten Kronblättern.

■ Bewährte Sorten
'Gold Braid' (goldgelb, gefüllt, 15–20 cm hoch); 'Mandarin Orange' (orange, einfach, bis 25 cm hoch); 'Plena' (goldgelb, dicht gefüllt, bis 15 cm hoch)

■ Anzucht
Zwischen März und April wird bei 15–18 °C ausgesät. Am einfachsten ist es, wenn jeweils 3 bis 5 Samen direkt in Töpfe mit Anzuchterde ausgebracht werden. Erscheinen nach 1 bis 2 Wochen die Sämlinge, wird bei kühleren Temperaturen (8–12 °C) hell und luftig weiterkultiviert. Man sollte die Jungpflanzen entspitzen, damit sie später gedrungener wachsen.

■ Pflanzung
Ab Mitte Mai kann mit 15 cm Abstand ausgepflanzt werden. Auch bereits blühende Pflanzen wachsen ohne Schwierigkeiten ein.

■ Pflegemaßnahmen
Zusätzliche Wasserversorgung ist nur in langen Trockenperioden wichtig. Regelmäßiges Abschneiden verblühter Stiele unterstützt die Blühfreudigkeit des Husarenknopfes.

■ Düngung
Regelmäßiges Düngen ist nicht nötig. Hat man allerdings sehr viel Verblühtes entfernt, hilft eine schwach dosierte Düngergabe, schon bald wieder neue Blütenbildung anzuregen.

Besonderheiten

Husarenknöpfchen bilden besonders schöne Hängepflanzen, wenn man sie schräg zum Rand geneigt in die Kästen oder Schalen einpflanzt.

Husarenknopf, Sanvitalia procumbens

PORTRÄTS UND PFLEGEANLEITUNGEN

Tagetes,
Studentenblume, Samtblume
Tagetes-Hybriden ☐ ▽

Blüte: gelb, orange, rotbraun, auch zweifarbig; V–X
Wuchs: aufrecht, polsterförmig bis buschig; je nach Sorte 15–120 cm hoch
Standort: ○; durchlässiger, frischer Boden
Verwendung: in kleinen und großen Gruppen; hohe Sorten im Hintergrund von Beeten und Rabatten, zwischen anderen Sommerblumen, als Lückenfüller in Staudenbeeten, niedrige Sorten auch als Einfassung und zur Gefäßbepflanzung
Passen gut zu: vielen anderen Sommerblumen, insbesondere zu blaublühenden Partnern, z. B. Ziersalbei, Vanilleblume, Blauem Gänseblümchen, auch zu Ringelblume, Duftsteinrich, Sonnenhut, Schmuckkörbchen und Pelargonien
Vorsicht: Die Pflanzen enthalten Stoffe, die bei Kontakt und nachfolgender Sonneneinstrahlung Hautreizungen verursachen können.

Daß Tagetes so beliebt sind, liegt an ihrem immensen Blütenreichtum, ihrer unkomplizierten Pflege und nicht zuletzt auch an ihrem Formenreichtum, aufgrund dessen sie für fast jede Verwendung in Frage kommen. Der starke Duft der Pflanzen wird nicht immer als angenehm empfunden, es gibt aber auch viele geruchlose Sorten.

■ *Tagetes-Erecta*-Hybriden bilden riesige Blütenbälle aus, die an kräftigen Stengeln weit über dem Laub stehen.

■ *Tagetes-Patula*-Hybriden schmücken sich mit etwas kleineren, teils einfachen, aber auch oft sehr zierlich gerüschten, nelkenartigen Blüten und bleiben allgemein etwas niedriger.

■ *Tagetes tenuifolia* ist die zierlichste Vertreterin mit kleinen Sternblüten zwischen fein ziseliert wirkendem Laub.

■ **Bewährte Sorten**
■ der *Tagetes-Erecta*-Hybriden: 'American' (in gelben und orangen Farbvariationen sowie als Farbmischung, großblumig, 80–120 cm hoch); 'Discovery' (in gelben und orangen Farbvariationen, großblumig, 15–25 cm hoch); 'Goldschmied' (goldorange, chrysanthemenähnliche Blüte, 70 cm hoch); 'Jubilee' (in Hellgelb, Dunkelgelb und Orange, sehr große Blütenköpfe, 50 cm hoch); 'Smiles' (goldgelb, große, nelkenähnliche Blüte, 70 cm hoch); 'Sovereign' (goldgelb, nelkenähnliche Blüte, 70 cm hoch)
■ der *Tagetes-Patula*-Hybriden: 'Bonita' (meist mehrfarbig, in verschiedenen Farbkombinationen und als Mischung, nelkenähnliche Blüte, bis 25 cm hoch); 'Boy' (in verschiedenen Farben und als Mischung, große Blüten, 20 cm hoch); 'Disco Orange' (orangefarben, einfache, große Blüten, 25–30 cm hoch); 'Tangerine' (orangegelb, gefüllte Blüte, breitwüchsig, 30–40 cm hoch)
■ von *Tagetes tenuifolia:* 'Carina' (orange, 25 cm hoch); 'Gnom' (goldgelb, 30 cm hoch); 'Lulu' (hellgelb, 30 cm hoch); 'Ornament' (rotbraun, 20–25 cm hoch); 'Ursula' (goldgelb, 30 cm hoch)

Tagetes-Patula-Hybriden

SOMMERBLUMEN

Tagetes tenuifolia

Tagetes-Erecta-Hybriden

■ Anzucht
Zwischen Januar und März werden die Samen in Anzuchterde ausgesät. Die Saat muß gut mit Erde abgedeckt oder mit einem Karton schattiert werden, da Tagetes Dunkelkeimer sind. Die Keimtemperatur sollte mindestens 20 °C betragen. Nach 1 bis 2 Wochen werden die Keimlinge in Töpfe mit Pikiererde vereinzelt und bei 12–18 °C weitergezogen.

■ Pflanzung
Erst nach den Eisheiligen werden die Jungpflanzen ins Freiland gesetzt. Bei Zwergsorten genügt ein Pflanzabstand von 15–20 cm, bei halbhohen sind 20–30 cm und bei hohen Sorten mindestens 40 cm erforderlich. Tagetes sind so unempfindlich, daß sie auch im blühenden Zustand verpflanzt werden können.

■ Pflegemaßnahmen
In längeren Trockenperioden ist regelmäßiges Gießen besonders wichtig. Verblühtes sollte bald abgeknipst werden, damit die Pflanze gut nachblüht.

■ Düngung
Auf bereits gut versorgtem Boden ist eine zusätzliche Düngung nicht unbedingt erforderlich. Auf kargem Boden düngt man alle 4 bis 8 Wochen.

HÄUFIGE PFLEGEPROBLEME

Symptom: Braune oder schwarze Flecken auf den Blättern, Blätter sterben teilweise ab.

Ursache: Blattfleckenkrankheit (Pilzbefall)

Vorbeugung/Abhilfe: Auf gute Standortbedingungen achten, zu reichliche Stickstoffdüngung vermeiden; erkrankte Blätter sofort abzupfen, stark befallene Pflanzen ganz entfernen.

Außerdem gelegentlich: Grauschimmel, Blattläuse, Spinnmilben, Schnecken

---

Besonderheiten
Tagetes setzt man oft zur Abwehr von Nematoden (Wurzelälchen) rund um gefährdete Pflanzen, vor allem Gemüse wie Möhren, Sellerie oder Porree. Die Nematoden werden von bestimmten Stoffen in den Tageteswurzeln angelockt, dringen in sie ein und gehen dann zugrunde oder werden unfruchtbar.

Vermehrungstip
Alternativ oder ergänzend zur Vorkultur können die Samen im Mai direkt an Ort und Stelle ausgebracht werden. Auch dort muß man sie sorgfältig mit Erde abdecken. Solcherart angezogene Pflanzen blühen aber erst später und werden nicht so kräftig wie vorkultivierte Exemplare.

Tagetes-Patula-Hybride 'Harvest Moon'

PORTRÄTS UND PFLEGEANLEITUNGEN

Kapuzinerkresse, Tropaeolum majus

Kapuzinerkresse

Tropaeolum majus ☐ ▽

Blüte: gelb, orange oder rot; VII–X

Wuchs: kriechend oder kletternd mit 200–300 cm langen Trieben; 25–30 cm hoch

Standort: ○; nicht zu nährstoffreicher, durchlässiger Boden; windgeschützte Lage

Verwendung: einzeln oder in kleinen Gruppen; niedrige Sorten als Bodendecker, für Beete und Rabatten, kletternde Sorten zum Beranken von Wänden, Zäunen und Gerüsten, für Pflanzgefäße

Paßt gut zu: Tagetes, Vanilleblume und Pelargonien

Vorsicht: Die Samen enthalten Giftstoffe; außerdem können nach Kontakt mit der Pflanze bei empfindlichen Personen Hautreizungen auftreten.

Die einjährig kultivierte Kapuzinerkresse vermag mit ihren biegsamen Stengeln an Boden entlangzukriechen oder an Kletterhilfen emporzuranken. Auffallend sind ihre schildförmigen, fast rundlichen Laubblätter, die wirkungsvoll die leuchtenden Blütenfarben unterstreichen. Die trichterförmigen Blüten tragen einen Sporn und können einfach, halbgefüllt oder gefüllt sein.

Attraktiv: orangerote Sorte

■ Bewährte Sorten
'Bunte Juwelen' (Farbmischung, halbgefüllt, nicht rankend, 25 cm hoch); 'Goldglanz' (goldgelb, halbgefüllt, 300 cm lange Triebe); 'Scharlachglanz' (orangerot, halbgefüllt, 300 cm lange Triebe)

■ Anzucht
Zwischen April und Anfang Mai werden die Samen bei 18 °C ausgesät. Als Anzuchtgefäße verwendet man am besten Töpfe, in die jeweils 3 bis 4 Samenkörner hineingedrückt werden. Nach 2 bis 3 Wochen beginnt die Keimung, anschließend wird bei 10–15 °C weiterkultiviert.

■ Pflanzung
Ab Mitte Mai werden die jungen Pflanzen im Abstand von 20–25 cm ausgepflanzt.

■ Pflegemaßnahmen
Bei länger anhaltender Trockenheit müssen die ansonsten anspruchslosen Pflanzen gegossen werden. Auf Blattläuse achten, diese befallen Kapuzinerkresse fast regelmäßig.

■ Düngung
Kaum düngen, da sonst die Blühfreudigkeit zugunsten vermehrter Blattentwicklung abnimmt. Auf kargem Boden sollte alle 4 bis 8 Wochen stickstoffarmer Dünger verabreicht werden.

Besonderheiten

Knospen und Blüten sind eßbar und spielen in der Küche sowohl als hübsche Dekoration wie auch als schmackhafte Salatzutat eine Rolle.

Vermehrungstip

Bei warmer und trockener Witterung ist im Mai auch eine Direktaussaat an Ort und Stelle möglich. Im Abstand von 20–25 cm werden jeweils 2 bis 3 Samenkörner in den Boden gedrückt.

SOMMERBLUMEN

Verbenen, Eisenkraut
Verbena-Hybriden □ ▽ ▷

Blüte: blau, violett, auch weiß, rosa oder rot, teilweise mit weißem Schlund; VI–X
Wuchs: aufrecht oder leicht überhängend; 20–35 cm hoch
Standort: O; nährstoffreicher, frischer Boden
Verwendung: in kleinen und großen Gruppen; für Beete und Rabatten, Balkonkästen und Blumenampeln; als Schnittblumen
Passen gut zu: vielen anderen Sommerblumen, etwa zu Tagetes, Margeriten und Schmuckkörbchen, ebenso zu Stauden wie Sonnenhut, Sonnenbraut, Rittersporn, auch schön zu Rosen

---

Vermehrungstip
Zusätzliche Pflanzen kann man sich leicht aus Stecklingen ziehen. Dafür schneidet man von kräftigen Exemplaren etwa 10 cm lange Triebspitzen ab und steckt sie in Töpfe mit Anzuchterde. Bei 18–20 °C bewurzeln sich die Stecklinge schnell. Man entspitzt sie und erhält dadurch bald schön buschige Pflanzen.

Die einjährigen Gartenverbenen sind aus Kreuzungen verschiedener Arten entstanden und in vielen Farbschattierungen erhältlich. Ihre kleinen Einzelblüten sind in endständigen Trugdolden zusammengefaßt. An ihren meist aufrechten Stengeln sitzen längliche, behaarte Laubblätter, deren Rand grob gezähnt ist.

■ Bewährte Sorten
'Derby' (in verschiedenen Farben und als Mischung, aufrechter Wuchs, bis 25 cm hoch); 'Gartenparty Formelmischung' (leuchtende Farbmischung, kompakter Wuchs, 20 cm hoch); 'Novalis' (in verschiedenen Farben und als Mischung, 20 cm hoch); 'Weißer Zwerg' (weiß, überhängend, 30 cm hoch)

■ Anzucht
Verbenen-Samen keimen besser, wenn sie zuvor einer Kältebehandlung unterzogen werden. Hat man nicht schon Saatgut erworben, das solcherart vorbehandelt worden ist, sollte man die Samen ein paar Stunden in handwarmem Wasser vorquellen lassen und anschließend mehrere Nächte in den Kühlschrank legen. Anschließend werden sie in Anzuchtsubstrat ausgesät und warm (18–20 °C) gestellt. Da Verbenen Dunkelkeimer sind, sollten die Samen gut mit Erde bedeckt werden oder aber die Saatschalen bis zur Keimung 3 bis 4 Wochen lang mit schwarzer Folie oder einem Karton abgedeckt werden. 5 Wochen nach der Aussaat setzt man die Keimlinge einzeln in Töpfe mit Pikiererde, entspitzt sie und senkt die Temperatur auf 12–16 °C.

■ Pflanzung
Nach den Eisheiligen wird ins Freiland ausgepflanzt, dabei einen Pflanzabstand von 20–30 cm wahren.

■ Pflegemaßnahmen
Die Pflanzen reagieren sehr empfindlich auf Staunässe, deshalb besser trockener als zu feucht halten.

Verbena-Hybride 'Sparkle'

Zudem fördern geringe Wassermengen sowie regelmäßiges Entfernen von Verblühtem die Blühfreudigkeit. Auf Echten Mehltau, Blattläuse, Spinnmilben, Thripse und Weiße Fliege achten.

■ Düngung
Nur auf kargem Boden sind alle 4 bis 8 Wochen Düngergaben erforderlich.

Verbena-Hybride 'Aphrodite'

PORTRÄTS UND PFLEGEANLEITUNGEN

Stiefmütterchen, Viola-Wittrockiana-Hybriden

Stiefmütterchen

Viola-Wittrockiana-Hybriden ☐▼

Blüte: alle Farben, auch mehrfarbig und mit farblich kontrastierendem Auge; X–XI und III–V

Wuchs: kompakt oder breitwüchsig; 15–30 cm hoch

Standort: ○–◐; nährstoffreicher, feuchter Boden; windgeschützte Lage

Verwendung: in kleinen und großen Gruppen; für Beeteinfassungen und Rabatten, als Unter- und Zwischenpflanzung, als Lückenfüller; in Pflanzgefäßen

Passen gut zu: vielen Frühlingsblühern, z. B. zu Narzissen, Tulpen, Hyazinthen und Maßliebchen

Das weit verbreitete Stiefmütterchen trägt Blüten in leuchtenden bis zart pastelligen Farben, die durch ihre Form und Zeichnungen wie kleine Gesichter wirken. Je nach Sorte und Beginn der Anzucht blüht diese zweijährige Pflanze entweder schon im späten Herbst oder erst ab dem Frühjahr.

■ Bewährte Sorten

Stiefmütterchen gibt es in unzähligen Sorten. Das Angebot wird ständig erweitert, so daß hier nur stellvertretend ein sehr kleiner Ausschnitt vorgestellt werden kann: 'Einfarbige, frühblühende Riesen' oder 'Efa-Riesen' (Blüten in leuchtenden Farben ohne Zeichnung, kompakter Wuchs); 'Fama' (große Blüten in vielen Farben, dicht geschlossene Blattrosette); 'Joker' (Blüten mit hübschen Zeichnungen, in mehreren Farbstellungen); 'Riesen-Vorbote' (sehr große, runde Blüten in vielen Farben); 'Schweizer Riesen' (sehr große Blüten, gedrungener Wuchs, guter Herbstblüher)

■ Anzucht

Bei **herbstblühenden** Sorten sollte man schon frühzeitig, etwa Mitte Juni, mit der Saat beginnen, damit die Pflanzen bis zum Spätjahr kräftig heranwachsen können. Die **übrigen Sorten** werden im Juli ausgesät. Die Samen streut man entweder ins Frühbeet oder in Schalen mit Anzuchtsubstrat, die dann an eine geschützte Stelle im Garten kommen. Da Stiefmütterchen Dunkelkeimer sind, muß man die Samen gut mit Erde bedecken bzw. die Saat mit schwarzer Folie, Karton oder Zeitungspapier abdunkeln. Erscheinen nach 2 bis 3 Wochen die Keimlinge, lüftet man gut und schattiert nur noch teilweise. Stehen die Pfänzchen zu dicht, sollte man vereinzeln, damit man kräftige Exemplare erhält. 5 bis 6 Wochen nach der Aussaat können die Jungpflanzen an ihren endgültigen Standort gesetzt werden, in der Regel pflanzt man sie jedoch erst später, wenn die Sommerblüher von den Beeten geräumt sind.

■ Pflanzung

Stiefmütterchen können problemlos auch im blühenden Zustand verpflanzt werden. Herbstblühende Sorten setzt man spät im Oktober, frühjahrsblühende oft erst im darauffolgenden Vorfrühling. Als Pflanzabstand genügen 15–20 cm.

Viola-Wittrockiana-Hybriden in zartem Rosa

SOMMERBLUMEN

Stiefmütterchen-Farbmischung 'Rogglis Riesen'

■ **Pflegemaßnahmen**

Im Herbst eingesetzte Jungpflanzen bei starkem Frost locker mit Fichtenreisig abdecken. Nur bei anhaltender Trockenheit gießen. Verblühtes entfernen.

■ **Düngung**

Stiefmütterchen werden am besten nach dem Einpflanzen und vor der Blüte im Frühjahr mit Volldünger versorgt.

Vermehrungstip

Stiefmütterchen kann man auch direkt an Ort und Stelle aussäen. Die Samen werden dazu erst gegen Ende Juli dünn ausgestreut und gut mit Erde überdeckt oder mit schwarzer Folie schattiert. Die Saat muß gleichmäßig feucht gehalten werden. Sobald die Keimlinge zwei richtige Laubblätter tragen, werden sie auf 10–15 cm Abstand vereinzelt.

Sorte 'Riesen-Vorbote'

HÄUFIGE PFLEGEPROBLEME

Symptom: Ältere Blätter bläulich oder gelblich verfärbt, Basisbereich des Stengels und der Blattrosette wird schwarz, Pflanze fällt um und fault am Stengelgrund ab.

Ursache: Stengelgrundfäule (Pilzbefall)

Vorbeugung/Abhilfe: Zu hohe Stickstoffgaben vermeiden, auf ausgeglichene Bodenfeuchtigkeit achten; befallene Pflanzen umgehend entfernen.

Außerdem häufig: Falscher Mehltau, Schnecken

PORTRÄTS UND PFLEGEANLEITUNGEN

Zinnien sind hübsche Sommerblüher mit verschieden geformten Strahlenblüten in meist leuchtenden Farben und Farbkombinationen. Zwei Arten können den Garten zieren:

■ Bei *Zinnia elegans* reicht die Palette von stattlichen Pflanzen bis hin zu Zwergsorten, mit einfachen bis stark gefüllten Blüten.

■ *Zinnia angustifolia* wirkt dagegen viel schlichter, ihr Wuchsbild erinnert an kleine Tagetes. Die hübschen Sternblütchen erscheinen dicht an dicht über den reich verzweigten Büschen.

■ Bewährte Sorten

■ von *Zinnia elegans:* 'Dahlienblütige Riesenzinnien' (in verschiedenen Farben und als Mischung, sehr große Blüten, bis 90 cm hoch); 'Dasher-F_1-Hybriden' (in verschiedenen Farben und als Mischung, gefüllte Blüten, 30–40 cm hoch); 'Liliput-Zinnien' (in verschiedenen Farben und als Mischung, pomponähnliche Blüten, bis 60 cm hoch); 'Ruffles-F_1-Hybriden' (in verschiedenen Farben, buschiger Wuchs, 60 cm hoch)

■ von *Zinnia angustifolia:* 'Classic' (orangegelbe, einfache Blüten, 30 cm hoch); 'Glorienschein' (braunrote Blüten mit gelbem Rand, 30–40 cm hoch); 'Perserteppich' (gelbe bis bräunliche Töne, halbgefüllt bis gefüllt, 40 cm hoch); 'Sombrero' (purpurrote Blüten mit gelben Spitzen, einfach, 40 cm hoch)

■ Anzucht

Aussaat zwischen März und April in Anzuchtsubstrat. Samen gut mit Erde abdecken oder schattieren, da Dunkelkeimer. Mäßig warm bei 15–18 °C aufstellen. Keimung erfolgt nach 1 bis 2 Wochen, nach weiteren 3 bis 4 Wochen pikieren, entspitzen und anschließend kühler (10–15 °C) stellen.

Zinnia angustifolia 'Classic'

SOMMERBLUMEN

Gefülltblühende Zinnien

Zinnia elegans 'Scarlet Flame'

Zinnia elegans 'Dream'

Zinnie

Zinnia-Arten   □ ▽

Blüte: gelb, orange, braunrot, auch weiß, häufig zweifarbig, *Zinnia elegans* auch rosa und violett; VII–IX

Wuchs: aufrecht, buschig; 20–100 cm hoch

Standort: O; nährstoffreicher, durchlässiger Boden; windgeschützte Lage

Verwendung: in kleinen und großen Gruppen; für Beete und Rabatten, niedrige Sorten für Pflanzgefäße; hohe Sorten auch als Schnittblumen

Passen gut zu: farblich abgestimmten Sommerblumen wie Tagetes, Ringelblumen, Strauchmargeriten und Verbenen

■ Pflanzung
Die kälteempfindlichen Zinnien werden erst in der zweiten Maihälfte im Abstand von 25–35 cm ins Freiland ausgepflanzt.

■ Pflegemaßnahmen
Regelmäßig gießen. Verwelktes entfernen. Hohe Sorten stützen.

■ Düngung
Auf kargem Boden alle 2 Wochen mit stickstoffarmen Dünger versorgen, auf nährstoffreichem Boden alle 4 Wochen.

Besonderheiten
Zinnien sind in der Vase bis zu 10 Tagen haltbar. Damit sie ihre volle Schönheit entfalten können, sollten sie erst voll aufgeblüht geschnitten werden.

HÄUFIGE PFLEGEPROBLEME

Symptom: Blätter mit hell graubraunen, rundlichen Flecken, die rötlich umrandet sind, Blätter welken in der Folge und fallen ab.

Ursache: Blattfleckenkrankheit (Pilzbefall)

Vorbeugung/Abhilfe: Nur keimfreies Anzuchtsubstrat verwenden, nicht zu stark gießen, weite Pflanzabstände einhalten; befallene Blätter sofort entfernen, eventuell auch gesamte Pflanze.

Außerdem häufig: Mehltau, Schnecken

EINJÄHRIGE KLETTERPFLANZEN

Pflanzen, deren Triebe in die Höhe klettern, sind für vielerlei Zwecke unerläßlich. Mit ihnen begrünt man wirkungsvoll senkrechte Flächen, spart dabei gleichzeitig Platz und schafft darüber hinaus noch einen hübschen Sichtschutz. Mit den kurzlebigen Arten unter den Kletterern kann man innerhalb kürzester Zeit Spaliere, Zäune oder Geländer im Garten, auf Balkon und Terrasse verschönern und ganz nach Geschmack die Zusammenstellung jedes Jahr verändern.

Kletterpflanzen brauchen jedoch eine Kletterhilfe: **Schlinger** winden sich um eine Stütze hoch, man stellt ihnen am besten mehrere Stäbe oder straff gespannte Schnüre zur Verfügung. **Ranker** klammern sich dagegen mit speziell umgebildeten Pflanzenorganen an der Unterlage fest, für sie ist eine netz- oder gitterartige Stütze ideal, z. B. ein Scherenspalier. Aus den Angaben zur Klettertechnik in der nebenstehenden Übersicht läßt sich demnach ableiten, welche Art von Kletterhilfe jeweils nötig ist.

In der Pflege erweisen sich die Kletterer ähnlich problemlos wie die meisten Sommerblumen. Im Frühjahr aus Samen angezogen oder als Jungpflanzen erworben, werden sie ab Mitte Mai ins Freie gepflanzt, am besten in einen lockeren, humusreichen Boden. Während des Sommers sollte man sie regelmäßig gießen und etwa alle 3 bis 4 Wochen mit Dünger versorgen. Unter Umständen wird es erforderlich, einzelnen Trieben etwas nachzuhelfen, sich an der Unterlage festzuhalten, indem man sie mit Bast oder kunststoffummanteltem Draht fixiert.

SOMMERBLUMEN

EINJÄHRIGE KLETTERPFLANZEN IM ÜBERBLICK

Deutscher Name	Botanischer Name	Licht	Höhe in m	Blütenfarbe	Blütezeit	Klettertechnik
Maurandie	*Asarina barclaiana*	○	2–3	lila	VI–X	Ranker
Glockenrebe	*Cobaea scandens*	○–◐	3–4	violett	VII–X	Ranker
Zierkürbis	*Cucurbita pepo*	○	3–4	gelb	VI–IX	Ranker
Schönranke	*Eccremocarpus scaber*	○	2–3	orange	VII–IX	Ranker
Japanhopfen	*Humulus scandens*	○–●	3–4	gelbgrün	VIII–IX	Schlinger
Prunkwinde	*Ipomoea tricolor*	○	2–3	violett	VII–X	Schlinger
Duftwicke	*Lathyrus odoratus*	○–◐	1–2	rosa, weiß	VI–IX	Ranker
Trichterwinde	*Pharbitis purpurea*	○	2–3	blaurot	VII–IX	Schlinger
Feuerbohne	*Phaseolus coccineus*	○–◐	3–4	weiß, rot	VI–IX	Schlinger
Sternwinde	*Quamoclit lobata*	○	2–3	rot-gelb	VI–IX	Schlinger
Rosenkleid	*Rhodochiton atrosanguineus*	○	2–3	dunkelrot	VIII–X	Ranker
Schwarzäugige Susanne	*Thunbergia alata*	○	1–2	gelb	V–X	Schlinger
Kanarienkresse	*Tropaeolum peregrinum*	○–◐	2–3	gelb	VII–X	Ranker

Duftwicke

Glockenrebe

Rosenkleid

Zierkürbis

Prunkwinde

STAUDEN

VERWENDUNG, PFLANZUNG, PFLEGE

PFLANZENPORTRÄTS UND PFLEGEANLEITUNGEN

BODENDECKERSTAUDEN

AUSDAUERNDE ZIERGRÄSER

FARNE FÜR DRAUSSEN

VERWENDUNG, PFLANZUNG, PFLEGE

Stauden sind Pflanzen, die in treuer Beständigkeit das Bühnenbild des Gartens jedes Jahr aufs neue bereichern. In reicher Formen- und Farbenfülle sorgen sie vom zeitigen Frühjahr bis hin zum späten Herbst für Schmuck, vor allem auf Beeten und Rabatten. Im Gegensatz zu den kurzlebigen Sommerblumen erweisen sich Stauden als ausdauernde Gewächse, die sich jedes Jahr aus ihren Wurzeln erneuern. Anders als Sträucher jedoch verholzen sie – bis auf wenige Ausnahmen – nicht, sondern bringen immer wieder neue, krautige Sprosse hervor. Ihre Gestalten reichen von übermannshohen Pflanzenriesen bis hin zu zwergigen, dicht dem Boden aufliegenden Polstern.

Ein ganz typisches Wuchsbild einer Staude vermittelt z. B. der Rittersporn *(Delphinium*-Hybriden*)*. Er entwickelt sich zu einem stattlichen Pflanzenbusch, einem sogenannten **Horst**, bei dem viele kräftige, stark belaubte Triebe dicht nebeneinander aus dem Boden erscheinen, sich in die Höhe recken und schließlich üppige Blütenstände tragen. Diese Wuchsform – mal höher, mal niedriger, mal ausladender, mal zierlicher – ist bei sehr vielen Stauden zu finden, etwa bei Aster, Glockenblume *(Campanula)*, Sonnenhut *(Rudbeckia)*, Storchschnabel *(Geranium)* oder Phlox. Mit solchen Pflanzen lassen sich Beete und Rabatten sehr eindrucksvoll beleben.

Eine ebenfalls häufig anzutreffende Wuchsform stellen **Polster- und Rosettenpflanzen** dar. Bei ihnen schmiegen sich die Triebe mehr oder weniger dicht dem Boden an, formen ein halbkugeliges Kissen oder eine flache Matte, die sich mit unzähligen Blütchen überzieht. Bekannte, charakteristische Vertreter dieser Staudengruppe sind z. B. Blaukissen *(Aubrieta)*, Kissenprimel *(Primula vulgaris)*, Steinbrech *(Saxifraga)* oder Schleifenblume *(Iberis)*. Ihre Stärken zeigen sie vor allem dann, wenn es gilt, den Beetvordergrund zu zieren, kleine Flächen zu bedecken oder den Steingarten mit Blüten zu schmücken.

STAUDEN

Geringer Pflegeaufwand, reizvolle Wirkung: ein Wildstaudenbeet

Damit zu allen Jahreszeiten die Blüten der Stauden bestens zur Geltung kommen, gestaltet man Beete nach folgendem Prinzip: Frühblühende Arten kommen vorwiegend in den Vordergrund, spätblühende werden mehr in den Hintergrund gerückt.

Pracht- und Wildstauden

Aber nicht nur nach der Wuchsform, sondern auch nach der Verwendung lassen sich die vielen Stauden klassifizieren. Auffällige Arten wie Pfingstrose *(Paeonia)*, Chrysantheme *(Chrysanthemum)* oder Bartiris *(Iris barbata)*, die überreich mit Blüten in herrlichen Farben prunken, nennt man **Prachtstauden**. Sie sind durch langwierige Züchtungsarbeit aus natürlich vorkommenden Urformen entstanden und als markante Blickpunkte auf Beeten fast unverzichtbar. **Wildstauden** dagegen wurden kaum durch Auslese verändert, sie haben sich ihren natürlichen Charme erhalten. Dennoch brauchen sich Fingerhut *(Digitalis)*, Tränendes Herz *(Dicentra spectabilis)*, Geißbart *(Aruncus dioicus)* und Co. nicht hinter den Prachtstauden zu verstecken, denn auch sie warten mit herrlichem Flor auf. Es gibt in dieser Gruppe aber auch weniger spektakuläre Arten, deren anmutige Reize eher im Detail liegen. Mit Wildstauden lassen sich ebenfalls Beete füllen, jedoch vor allem naturnahe Bereiche stilgerecht bestücken, z. B. ein Blumensaum vor einer Gehölzgruppe oder ein Beet am Teichrand. Wildstauden erweisen sich in der Regel als sehr robuste und pflegeleichte Gartenpflanzen, ideal für Hobbygärtner mit wenig Zeit. Selbst wenn man sich nicht intensiv um sie kümmert und sie ein wenig verwildern läßt, können sie einen reizvollen Anblick bieten, z.B. durch den bizarren Eindruck ihrer Samenstände, und sogar ihre vertrockneten Blätter haben ein gewisses Flair. Prachtstauden, die durch ihre herrlichen Gestalten begeistern, wollen dagegen mehr Aufmerksamkeit, soll heißen: regelmäßige Pflege. Geringeren Pflegeaufwand verlangen **Bodendeckerstauden**, **mehrjährige Gräser** und **Farne**, die ebenfalls zu den Stauden gehören. Auf diese Gruppen wird im Anschluß an die ausführlichen Pflanzenporträts näher eingegangen (ab Seite 213). **Zwiebel- und Knollenblumen** rechnet man, soweit sie winterhart sind, ebenfalls zu den Stauden. Ihnen ist aufgrund ihrer speziellen Eigenschaften und Bedürfnisse ein gesondertes Kapitel (ab Seite 222) gewidmet.

In der Regel zählt man auch **Zwerg-** und **Halbsträucher** zur Gruppe der Stauden: Heidekraut *(Erica)*, Besenheide *(Calluna)*, Lavendel *(Lavandula)* und einige andere entwickeln Triebe, die ganz oder teilweise verholzen. Obwohl dies eigentlich ein Kennzeichen für Bäume und Sträucher ist, stehen die Halbsträucher von Erscheinung und Verwendung her doch den Stauden näher.

VERWENDUNG, PFLANZUNG, PFLEGE

Staudenrabatte an einem Kiesweg mit Rittersporn, Fingerhut, Goldfelberich und Nelken

Stauden im Garten

Mit ihrer herrlichen Blütenfülle sind Stauden für die Rolle als Hauptakteure in Beeten und Rabatten geradezu prädestiniert, zumal sie – anders als die Sommerblumen – nicht jedes Jahr neu gepflanzt werden müssen. Sie bilden so zumindest während der warmen Jahreszeit ein beständiges Gerüst im Garten und setzen lebhafte, farbenfrohe Kontrapunkte zu grünen Rasenflächen. Da sie in der Regel einige Jahre dort verbleiben sollen, wo man sie hingepflanzt hat, lohnt es sich, vor dem Pflanzenkauf gründlich zu planen und Farben, Wuchshöhen usw. sorgfältig aufeinander abzustimmen.

■ Beete und Rabatten

Traditionell pflanzt man Stauden in Beete und Rabatten. Diese Pflanzflächen stellen wesentliche Teile des Gartenbilds dar, sie prägen das grüne Wohnzimmer entscheidend. **Beete** sind rechteckige, runde, ovale oder auch mit anderen Umrissen gestaltete Inseln inmitten des umgebenden Grüns; ihre Größe oder Kleinheit spielt für diese Definition keine Rolle. Ist ein Beet nur schmal, aber langgestreckt, z. B. angelegt als Pflanzstreifen entlang einer Hecke oder eines Weges, spricht man dagegen von einer **Rabatte**.

In kleinen Gärten sollte man Pflanzflächen für Stauden mit eher begrenzter Fläche anlegen, um die Proportionen zu wahren. Schmale Pflanzstreifen, abwechslungsreich bestückt, fügen sich wesentlich besser in das Gesamtbild des Gartens ein als überbordende, „klotzige" Beete mit eher quadratischer Form.

Eine geeignete **Begrenzung** verleiht dem Beet oder der Rabatte nicht nur einen optischen Rahmen, sondern vereinfacht auch die Pflege. Besonders bewährt haben sich Beetränder, die mit Holz oder Stein abgesetzt sind, z. B. mit kurzen Palisaden, schmalen Pflasterstreifen oder Trittplatten. So kann einerseits der Rasen ohne Hindernisse gemäht werden, andererseits läßt sich der Beetrand für Pflegearbeiten gut betreten.

STAUDEN

Hübsch wirkt auch eine Einfassung aus niedrigen Heckenstreifen, z.B. mit Buchs *(Buxus sempervirens)*, oder aus durch Schnitt in Form gehaltene Polsterstauden wie Polsterglockenblumen *(Campanula-Arten)*.

Beete und Rabatten, auf denen Stauden allein oder auch kombiniert mit kleinen Gehölzen und Sommerblumen zu phantasievollen Pflanzgemeinschaften arrangiert werden, legt man dort an, wo sie gut ins Blickfeld fallen: rund um eine Terrasse, an der Gartengrenze, vor einer Hecke, im Vorgarten oder sogar inmitten des Rasens.

■ Besondere Pflanzflächen

Speziellere Einsatzorte für Stauden liegen in Gartenbereichen, die besondere Standortbedingungen bieten. Im **Steingarten** finden vor allem viele Polsterpflanzen einen Lebensraum. Im **Heidebeet** vereinen sich Halb- und Zwergsträucher zu bunten Matten. Am **Teichrand** bilden Sumpf- und Uferstauden vielfältige Gemeinschaften. Und schließlich verweben sich im Schatten, z.B. unter dem Laubdach größerer Gehölze, Bodendecker, Farne und Gräser zu grünen Teppichen.

■ **Tip:** Naturnahe Gartenbereiche wie etwa eine Teichrandpflanzung fügen sich sehr harmonisch in den Garten ein, wenn sie mit den angrenzenden Gartenteilen vernetzt werden; sie können z.B. in eine bunte Blumenwiese übergehen, in der noch Feuchtpflanzen wie Trollblumen *(Trollius)* oder Sibirische Wieseniris *(Iris sibirica)* wachsen. Am Gehölzrand sollte das Beet nicht in gerader Linie enden, sondern in weichen Kurven in den Rasen hineinschwingen. So werden harte Kontraste vermieden.

Stauden kombinieren

Auf allen genannten Pflanzflächen gilt es, verschiedene Stauden zu einem Gesamtbild zu gruppieren, das möglichst ganzjährig etwas fürs Auge zu bieten hat. Herausragende Elemente sind dabei besonders auffällige Gestalten, die sogenannten **Leitstauden** wie Rittersporn *(Delphinium)*, Türkenmohn

Stauden bieten eine Fülle von Gestaltungsmöglichkeiten. Hier verwandeln sie den eher langweiligen Zaun in einen Blickfang

(Papaver orientale) oder Taglilien *(Hemerocallis)*. Um sie herum fügen sich etwas zurückhaltendere **Begleiter** wie Flockenblume *(Centaurea montana)*, Katzenminze *(Nepeta)* oder Feinstrahl *(Erigeron)*; Lücken werden durch schlichte **Füllstauden** wie Frauenmantel *(Alchemilla)*, Wolfsmilch *(Euphorbia)* oder Schleierkraut *(Gypsophila)* geschlossen.

■ Blüten zu allen Zeiten

Etwas Geschick bei der Auswahl ist nötig, damit auf Beet oder Rabatte später zu allen Zeiten etwas blüht. Der Reigen wird durch Vorfrühlingsblüher, meist einige Zwiebelpflanzen, eröffnet, setzt sich mit den Frühlingsblühern wie Gemswurz *(Doronicum)* und Primeln *(Primula)* sowie Vorsommenblühern wie Bartiris *(Iris barbata)* und Akelei *(Aquilegia)* fort, um im Flor der vielen Sommerblüher, etwa Sonnenhut *(Rudbekkia)* und Schafgarbe *(Achillea)*, zu gipfeln und schließlich mit den Herbstblühern wie Silberkerze *(Cimicifuga)* und Herbstastern *(Aster)* auszuklingen. Grundsätzliche Leitlinien und Tips für die Farb- und Pflanzenzusammenstellung finden sich im Kapitel „Gestalten mit Zierpflanzen" (ab Seite 50).

■ Farben zur Belebung

Die Farbgebung eines Beetes wird in erster Linie durch den persönlichen Geschmack

Rittersporn und Mohn – solche auffälligen Gestalten nennt man Leitstauden

bestimmt. Sie kann durchaus auch von Jahreszeit zu Jahreszeit wechseln. Mischt man leuchtende Farben mit Weiß und Pastelltönen, erhält man ein besonders wirkungsvolles Bild. Zum einen erhöht sich die Leuchtkraft der intensiven Farben, zum anderen gewinnen auch die zarten Schattierungen an Substanz. Vermittelnd sollte man auch immer wieder einmal Blattschmuck, z.B. von Gräsern, dazwischen streuen.

VERWENDUNG, PFLANZUNG, PFLEGE

Einfache Wuchshöhenstaffelung folgt dem Prinzip: Die Kleinen nach vorn, die Großen nach hinten

Vorgezogene Jungpflanzen erhält man z. B. im Gartenfachhandel oder auf dem Wochenmarkt

■ Wechsel der Wuchshöhen

Damit alle Blüten bestens zur Geltung kommen, staffelt man die Pflanzen der Höhe nach. Hohe Arten setzt man vorwiegend in den Hintergrund, ihnen zu Füßen gesellt man mittelhohe und niedrige Arten. Das „Salz in der Suppe" sind dann die kleinen Abweichungen von der Regel: Wenn man dieses Wuchshöhenschema gewollt durchbricht, etwa vereinzelt mittelhohe Arten auch einmal in den Vordergrund zieht bzw. niedrige Arten mehr in die mittlere Ebene rückt, läßt sich eine spannungsvolle Wirkung erzielen.

■ Weiterentwicklung

Da sich Stauden weiterentwickeln und immer üppiger werden, verändert sich das Gartenbild mit den Jahren. Gerade dies macht den Garten aber lebendig und reizvoll. Man sollte ein Staudenbeet nicht völlig sich selbst überlassen. Regelmäßige Pflege fordern die Pflanzen sowieso, dabei können Umgestaltungen gleich mit vorgenommen werden. Einige Arten werden sich ausdehnen und andere verdrängen. Bisweilen scheint zu einer bestimmten Zeit etwas zu fehlen; solche Lücken kann man durch Nachpflanzen einzelner Stauden, Zwiebel- oder Sommerblumen überbrücken. Manche Nachbarschaften sieht man vielleicht nicht als gelungen an, man kann sie trennen und den verbleibenden Arten neue Begleiter hinzugesellen. Bestimmt findet sich für die Staude, die weichen muß, an anderer Stelle ein passenderes Plätzchen.

Stauden pflanzen

Gewöhnlich erhält man Pflanzware in sogenannten **Containern**, also direkt in kleinen Gefäßen vorgezogene Jungpflanzen. Qualitativ gute Pflanzen sollten gesund und bereits gut entwickelt sein sowie mehrere kräftige Triebansätze aufweisen. Die Wurzeln dürfen noch nicht aus dem Gefäß herauswachsen, die Erde soll frei von Unkraut, Moos und Algenbelag sein. Prinzipiell können diese Containerpflanzen das ganze Jahr über in die Erde gesetzt werden, solange der Boden frostfrei ist. Jedoch wurzeln die Pflanzen schneller ein und entwickeln sich besser, wenn man sie zur jeweils günstigsten Pflanzzeit einsetzt. Grundsätzlich kommen alle Stauden samt dem ausgetopften Wurzelballen ebenso tief in die Erde, wie sie vorher standen.

STAUDEN

■ **Pflanztermine**

Frühjahrsblühende Arten, z. B. Bergenie *(Bergenia)* und Gemswurz *(Doronicum)*, pflanzt man am besten im Spätfrühling oder Frühsommer, sommer- und herbstblühende Arten, also die große Masse der Stauden, dagegen am besten im Frühherbst oder Vorfrühling. Die jeweils optimalen Termine sind in den nachfolgenden Staudenporträts nochmals im einzelnen genannt (Rubrik „Pflanzung"). Bei selbst durchgeführter Vermehrung ergeben sich teilweise davon abweichende Pflanzzeiten. Beachten Sie dazu bitte die Angaben unter „Vermehrung" bzw. „Vermehrungstips" in den Porträts sowie die Hinweise zur Vermehrung (Seite 140).

■ **Bodenvorbereitung und Pflanzung**

Die Pflanzfläche sollte man vorher gründlich vorbereiten. Der Boden wird schon im Spätherbst vor der Pflanzung gründlich gelockert, bei Bedarf mischt man auch gleich reifen Kompost, Rindenhumus oder ein anderes Bodenverbesserungsmittel unter. Steine, Wurzeln und vor allem Unkräuter werden sorgfältig ausgelesen. Anschließend glättet man die Oberfläche grob und läßt die Erde über Winter ruhen. Kurz vor dem eigentlichen Pflanztermin, meist im Frühjahr, lockert man die jetzt mürbe Krume nochmals mit der Grabgabel oder einem Kultivator und glättet die Fläche mit einem Rechen. Zur Pflanzung selbst sollte man einen trüben, bedeckten, weder zu kalten noch zu warmen Tag wählen. Man verteilt die Pflanzen entsprechend einem vorher angefertigten Pflanzplan auf der Fläche, korrigiert eventuell noch die ein oder andere Gruppierung und setzt sie nacheinander ein. Nach dem Pflanzen muß noch gründlich gewässert werden.

■ **Faustregeln für Pflanzabstände**

Damit den Stauden ausreichend Platz zur Weiterentwicklung bleibt und sie sich gegenseitig nicht schon nach kurzer Zeit bedrängen, sollte man bei der Pflanzung ausreichend Freiraum zwischen ihnen lassen. Gewöhnlich reicht ein Abstand, der etwa der Hälfte der durchschnittlichen Wuchshöhe beträgt, also z. B. 50 cm rundum, wenn die Pflanze 100 cm hoch wird. Bei **Kombination von verschieden hohen Arten** richtet sich der Abstand stets nach der Pflanze, die die größte Wuchshöhe erreicht. Schlank aufrechte Gewächse wie etwa Bartiris oder Fackellilie dürfen auch näher zusammengerückt werden, breitbuschig wachsende wie Storchschnabel oder Frauenmantel sollten dagegen eher etwas weiter auseinander.

Stauden pflegen

Die Entwicklung der Pflanzen wird gefördert, indem man alle paar Wochen den offenen Boden zwischen ihnen lockert. Mit einer Hacke zerkrümelt man die oberste Bodenschicht und schlägt auch gleich keimendes Unkraut ab. Tiefwurzelnde Unkräuter sollten sorgfältig ausgestochen werden. Deckt man die offenen Erdflächen etwa 5–10 cm hoch mit einem **Mulchmaterial** ab, z. B. mit Rindenschnitzeln, angewelktem Grasschnitt oder Kompost, unterdrückt das nicht nur Unkräuter, sondern sorgt auch für gleichmäßigere Feuchte und höhere Temperatur des Bodens. Durch die allmähliche Verrottung des Mulchmaterials werden dem Boden außerdem Nährstoffe zugeführt. Allerdings muß die Mulchschicht ab und an wieder erneuert werden.

■ **Gießen und düngen**

Bei anhaltend trockener Witterung, vor allem im Hochsommer, muß fehlender Regen durch Wässern ersetzt werden, am besten in den frühen Morgenstunden. Statt vorbeugend allzu häufig, aber jeweils nur sparsam zu gießen, sollte besser erst Wasser zugeführt werden, wenn die Pflanzen die ersten leichten Welkeerscheinungen zeigen, dann aber reichlich. Ob mit dem Schlauch oder

der Gießkanne: Das Gießwasser sollte nicht die Pflanzen benetzen, sondern nur in den Boden einsickern. Auch wenn dies etwas mühseliger ist, gießt man möglichst nur den Boden rund um die Pflanzen. So versickert es auch in tiefere Schichten, bleibt dort länger gespeichert und kann von den Pflanzenwurzeln gut aufgenommen werden.

Zum Wachstum brauchen die Pflanzen auch Nährstoffe. Ließe man die Stauden im Herbst stehen, ihre Reste über den Winter an Ort und Stelle verrotten, wäre der natürliche Kreislauf der Nährstoffe geschlossen, und man könnte sich jegliches Düngen ersparen. Da jedoch meist beim herbstlichen Säubern der Beete die Stauden-

VERWENDUNG, PFLANZUNG, PFLEGE

reste entfernt werden, entzieht man dem natürlichen Zyklus viele Nährstoffe, die dann aber wieder ersetzt werden müssen. Am einfachsten geschieht dies durch Kompost, wodurch der Nährstoffkreislauf wieder geschlossen, gleichzeitig aber auch der Boden nachhaltig verbessert wird. Man streut im Herbst oder Frühjahr Kompost zwischen die Pflanzen und arbeitet ihn leicht in die oberste Erdschicht ein. Steht kein Kompost zur Verfügung, muß ersatzweise ein Düngemittel verabreicht werden.

■ Aufbinden und Stützen

Neben der Bodenpflege, die das Wachstum indirekt fördert, brauchen die Pflanzen aber auch direkte Betreuung. Hochwüchsigen oder sehr ausladenden, zum Auseinanderfallen neigenden Arten, wie Rittersporn *(Delphinium)*, Pfingstrosen *(Paeonia)* oder Astern *(Aster)*, gibt man eine geeignete Stütze. Je nach Wuchstyp empfehlen sich für das Aufbinden und Stützen folgende Hilfen und Maßnahmen:

■ Sehr hochwüchsige Pflanzen an stabilen Stützstäben aufbinden, deren Länge mindestens zwei Dritteln der Wuchshöhe entspricht und die möglichst nahe der Pflanzenbasis in den Boden gesteckt werden.

■ Höhere, ausladend buschige Pflanzen auf halber Wuchshöhe mit Bast oder Schnur locker zusammenbinden. Nicht zu eng schnüren, damit die natürliche Wuchsform erhalten bleibt!

■ Bei buschigen, zum Auseinanderfallen neigenden Pflanzen bereits kurz nach dem Austrieb mehrere Stützstäbe kreisförmig zwischen die Triebe stecken und daran Schnüre über Kreuz verspannen. Das Stützgerüst wird bald überwachsen und fällt dann nicht auf.

■ Praktisch sind auch im Fachhandel erhältliche Stützringe oder Stabsysteme, die sich leicht ineinander stecken und oft sogar beliebig erweitern lassen.

Ausladende, buschige Pflanzen wie der Phlox bleiben mit Hilfe eines Stab-Schnur-Gerüsts „in Form"

Zwischen die Triebe gesteckte, oben umgeknickte Zweige sind eine weitere Möglichkeit, buschige Pflanzen zusammenzuhalten

Hochwüchsige Stauden wie der Rittersporn werden an einem stabilen Stab, z. B. aus Bambus, aufgebunden

STAUDEN

■ **Schnitt und Winterschutz**

Während der Blütezeit sollte man in regelmäßigen Abständen immer wieder **Verblühtes abschneiden oder auskneifen**. Die Pflanzen wirken dadurch nicht nur gepflegter, man fördert so auch eine Nachblüte.
Bei einigen Arten, etwa Lupine *(Lupinus)*, Bunter Margerite *(Chrysanthemum coccineum)* oder Rittersporn *(Delphinium)*, schneidet man nach der ersten Blüte sogar alle Triebe bis auf etwa eine Handbreit über den Boden zurück. Dadurch werden sie zu einem Neuaustrieb angeregt, im Spätsommer kommen sie dann erneut zur Blüte.
Im Herbst, wenn die Blütezeit der Stauden zuende geht, schneidet man bei **Prachtstauden** die oberirdischen Triebe bis knapp über den Boden zurück. Bei **Wildstauden** kann man die welken Stengel stehen lassen und sie erst im Frühjahr zwischen den neu erscheinenden herausschneiden. Ihre abgestorbenen Stengel stören nicht, sondern tragen zum natürlichen Flair dieser Arten bei und sorgen dann auch im Winter für etwas Schmuck.
Polsterstauden und Zwergsträucher, z. B. Blaukissen *(Aubrieta)*, Schleifenblume *(Iberis)*, Heidekraut *(Erica)*, Lavendel *(Lavandula)*, werden entweder jährlich oder aber erst bei Nachlassen der Blühkraft jeweils nach der Blütezeit zurückgeschnitten. Dabei nimmt man alle Triebe um etwa ein Drittel zurück, gleichzeitig kann man die Pflanzen auch noch etwas in Form schneiden.
Manche Arten, etwa Tränendes Herz *(Dicentra spectabilis)* und Enzian *(Gentiana)*, überdauern den Winter besser, wenn sie eine zusätzliche **Schutzabdeckung** erhalten. Man breitet einige Reisigzweige locker über ihnen aus, zusätzlich kann man vorher noch trockenes Laub darüberschütten. Der Winterschutz muß im Erstfrühling entfernt werden, sobald der neue Austrieb erscheint. In frostigen Nächten, mit denen häufig Mitte Mai nochmals zu rechnen ist, sollte man dann wiederum einige Reisigzweige oder ein Stück Sackleinen darüberziehen.

Um eine Nachblüte anzuregen, schneidet man regelmäßig Verblühtes ab

Einige Staudenarten blühen im Spätsommer erneut, wenn man sie nach dem ersten Flor bis auf eine Handbreit über dem Boden zurückschneidet

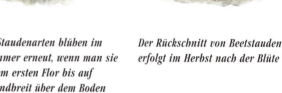

Der Rückschnitt von Beetstauden erfolgt im Herbst nach der Blüte

Rechts: Die welken Stengel der Wildstauden werden besser erst im Frühjahr herausgeschnitten; tragen sie Fruchtschmuck, sollten sie in jedem Fall stehenbleiben

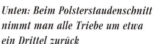

Unten: Beim Polsterstaudenschnitt nimmt man alle Triebe um etwa ein Drittel zurück

VERWENDUNG, PFLANZUNG, PFLEGE

Stauden vermehren

Die weitaus häufigste und auch einfachste Art der Staudenvermehrung ist die **Teilung**. Das Trennen älterer Pflanzenstöcke in mehrere Stücke ist darüber hinaus eine wichtige Maßnahme zur Verjüngung. Vor allem Prachtstauden, die sich durch ihre oft überreiche Blüte rasch erschöpfen, sollte man alle paar Jahre teilen – spätestens dann, wenn die Blühkraft deutlich nachläßt. Optimale Termine für die Teilung:

■ im **Herbst**, wenn die Pflanzen in die Ruhezeit wechseln;

■ im **Vorfrühling**, sobald der Austrieb erscheint;

■ bei Arten wie Bartiris *(Iris barbata)* oder Bunter Margerite *(Chrysanthemum coccineum)*, die nach der Blüte einziehen, bei denen also alle oberirdischen Triebe nach der Blüte vergehen, sofort **nach der Blüte**.

Die Teilstücke kommen stets sofort nach der Teilung wieder in den Boden, damit die Wurzeln nicht austrocknen. Neben der Teilung wird im Frühjahr häufiger auch eine **Vermehrung durch Stecklinge** vorgenommen. Bei Phlox *(Phlox paniculata)*, Lupine *(Lupinus)* oder Rittersporn *(Delphinium)* schneidet man dazu grundständige Jungtriebe direkt an der Basis, bei anderen Arten wie Heidekraut *(Erica)* oder Gänsekresse *(Arabis)* dagegen weiche Triebspitzen ab.

Die Stecklinge werden eingetopft und dann bis zur Pflanzung im Herbst an einem geschützten Ort gezogen. Auch durch **Aussaat** lassen sich viele Staudenarten vermehren, besonders Wildstauden wie Akelei *(Aquilegia)*, Sibirische Schwertlilie *(Iris sibirica)* oder Primeln *(Primula)*. Selbst von vielen Prachtstauden kann man Saatgut im Handel erwerben und sich daraus die Pflanzen heranziehen. Nicht möglich ist eine Samenvermehrung bei züchterisch stark veränderten Prachtstauden, die gar keine Samen mehr ansetzen, z. B. bei Phlox *(Phlox)* oder den Belladonna-Hybriden des Rittersporns.

Einige Staudenarten keimen nur sehr schwer und verzögert, etwa Lupine *(Lupinus)* oder Christrose *(Helleborus)*. Bei anderen wie Enzian *(Gentiana)*, Trollblume *(Trollius)* oder Primeln erscheinen die Keimblättchen erst, wenn die Samen einen Kältereiz erhalten haben. Solche Arten werden deshalb schon im Spätherbst oder Frühwinter gesät, die Saatgefäße dann über den Winter an einer geschützten Stelle im Garten eingegraben und der Kälte ausgesetzt. Im Spätwinter holt man sie wieder ins Haus und stellt sie an einem mäßig warmen Platz auf, wo dann bald die Keimlinge erscheinen.

Diese pikiert man, wie bereits auf Seite 48 sowie bei den „Sommerblumen" beschrieben, etwa 2 bis 4 Wochen nach dem Aufgehen, sobald sich die ersten richtigen Laubblätter entfaltet haben.

Je nach weiterer Entwicklung der Sämlinge kann man sie 4 bis 6 Wochen nach dem Pikieren und nach entsprechendem Abhärten ins Freie pflanzen.

Wer seinen Garten mit vielen Stauden bestücken will, kann sich mit Pflanzen aus eigener Vermehrung behelfen. Viele Arten, z. B. die gelbe Gemswurz, lassen sich leicht durch Teilung vermehren; zu den Ausnahmen zählt das Tränende Herz (rosa), das etwas mehr Aufwand verlangt

STAUDEN

Nelkenrost; diese Pilzkrankheit befällt mehrjährige wie einjährige Nelken

Septoria-Blattfleckenkrankheit an Margeritenblättern; Verursacher ist ein Schadpilz

Die winzige Minierfliege wird kaum sichtbar, typisch sind jedoch ihre hellen Gänge

Schadbild von Stengelälchen (Nematoden) an Phlox; die ganze Blattpartie ist verkrüppelt

Pflanzenschutz

Stauden sind im allgemeinen recht robust; entsprechend halten sich die Hinweise auf spezielle Pflegeprobleme in den nachfolgenden Pflanzenporträts in Grenzen. Artgerechte Standortwahl und Pflege schaffen auch bei Stauden die besten Voraussetzungen, ohne aufwendige oder gar bedenkliche Pflanzenschutzmaßnahmen auszukommen. Gerade mit den sehr widerstandsfähigen Wildstauden wird man wenig Ärger haben, solange man ihnen Bedingungen bietet, die sie an ihren natürlichen Standorten gewohnt sind. „Zu gut gemeinte" **Düngung und Wasserversorgung** machen vielen Stauden das Leben eher schwer als Schädlinge und Krankheiten. So vertragen z. B. Enzian *(Gentiana)* und Königskerze *(Verbascum)* gar keine Düngung, auch das Erikasterben der verschiedenen Heidearten wird durch Überdüngung sowie Staunässe verursacht. Letztere führt bei mehreren Arten leicht zu Welke und Fäulnis und läßt sich durch richtige Standortwahl, sorgfältige Bodenvorbereitung und Drainage vorbeugen. Pflegefehler der genannten Art tragen zudem häufig dazu bei, daß es überhaupt zu Krankheitsbefall kommt, z. B. durch Echten Mehltau, Grauschimmel und Blattfleckenkrankheiten. Diese **Pilzkrankheiten** sind im Kapitel „Schonender Pflanzenschutz" erläutert (ab Seite 40), ebenso die gelegentlich auftretenden **Virosen** (Viruskrankheiten, Seite 42); sie äußern sich meist durch mosaikartige Gelbfärbung der Blätter oder, wie bei den Pfingstrosen *(Paeonia)* durch Ringflecken auf dem Laub.

Schädlinge wie Blattläuse und Spinnmilben werden Stauden in der Regel nicht nachhaltig zusetzen; da sie jedoch Viren übertragen können, empfiehlt sich bei gefährdeten Pflanzenarten eine frühzeitige Bekämpfung, wie im Kapitel „Schädlinge" (ab Seite 36) beschrieben. Zur Vorbeugung gegen Schadinsekten kann man auch durch die Pflanzenwahl beitragen: Stauden mit ungefüllten Blüten werden von Nützlingen wie Florfliegen und Schwebfliegen bevorzugt, deren Anwesenheit hilft wiederum, die Blattläuse in Grenzen zu halten. Vor allem bei Jungpflanzen sollte man regelmäßig auf Schneckenbefall achten (Bekämpfungsmaßnahmen sind auf Seite 37 genannt). Daneben gibt es noch eine Gruppe von Plagegeistern, die Stauden zuweilen befallen: Nematoden, meist in Form von Blatt- und Stengelälchen; Schadbilder und Bekämpfung werden jeweils bei den anfälligen Arten beschrieben (siehe auch Seite 40).

Chlorose an Ritterspornblättern; Ursache: verdichteter Boden

PORTRÄTS UND PFLEGEANLEITUNGEN

Schafgarbe

Achillea-Arten   □ ▽ ▷

Blüte: gelb, weiß, rot oder rosa; VI–IX

Wuchs: dichte bis lockere, reichblühende Büsche, 50–120 cm hoch

Standort: ○; normaler Boden

Verwendung: in kleinen Gruppen oder einzeln in Beeten; als Schnitt- und Trockenblumen

Passen gut zu: roten und blauen Beetstauden

Edelgarbe, Achillea-Hybride

Gewöhnliche Schafgarbe, Achillea millefolium

Die üppigen Blütenschirme der Schafgarben bestechen vor allem durch ihre intensiven Farben. In leuchtendem Gelb präsentieren sich **Edelgarbe** *(Achillea*-Hybriden) und **Goldgarbe** *(Achillea filipendulina)*, in sanftem Rot, Rosa oder Weiß dagegen die **Gewöhnliche Schafgarbe** *(Achillea millefolium)*.

■ Bewährte Sorten
■ der **Edelgarbe:** 'Coronation Gold' (dunkelgelb, 80 cm hoch); 'Schwefelblüte' (zitronengelb, 60 cm hoch)
■ der **Goldgarbe:** 'Parker' (goldgelb, 120 cm hoch)
■ der **Gewöhnlichen Schafgarbe:** 'Kirschkönigin' (hellrot, 50 cm hoch); 'Kelwayi' (dunkelrot, 50 cm hoch)

■ Pflanzung
Jungpflanzen im Frühjahr oder Herbst mit 30–40 cm Abstand einsetzen.

■ Vermehrung
Kräftige Pflanzenstöcke gräbt man entweder nach der Blüte im Herbst oder im zeitigen Frühjahr aus und teilt den Wurzelballen mit dem Spatenblatt in mehrere faustgroße Stücke. Diese werden sofort wieder eingepflanzt.

■ Pflegemaßnahmen
Pflanzenbüsche zusammenbinden und stützen. Verwelkte Blütenstände regelmäßig abschneiden. Bei anhaltend trockenem Wetter gründlich gießen. Im Spätherbst bis auf eine Handbreit über den Boden zurückschneiden. Etwa alle 3 bis 4 Jahre die Pflanzen teilen (siehe auch „Häufige Pflegeprobleme").

■ Düngung
Für eine üppige Blüte sollten Schafgarben jedes Jahr im Frühjahr oder im Herbst mit Kompost versorgt werden.

Besonderheiten
Die Blütenschirme ergeben haltbare Vasenblumen, wenn man die Stengel schneidet, sobald sie sich vollends entfaltet haben. Auch getrocknet wirken sie überaus reizvoll, z. B. in Gestecken.

Vermehrungstip
Die Gewöhnliche Schafgarbe kann man auch aussäen. Die Samen werden im März in Saatschalen ausgestreut, dürfen aber nicht oder nur ganz dünn mit Erde bedeckt werden. Keimlinge später wie üblich in Einzeltöpfe pikieren und nach dem Abhärten etwa im Mai ins Freie pflanzen.

HÄUFIGE PFLEGEPROBLEME

Symptom: Die Blütenfülle läßt mehr und mehr nach, das Innere der Pflanzenbüsche verkahlt.

Ursache: Überalterung

Vorbeugung/Abhilfe: Regelmäßig durch Teilung verjüngen, jährlich mit Kompost versorgen.

STAUDEN

Die helmförmigen Blüten des Eisenhuts stehen in dichten Blütenrispen zusammen. Vom **Blauen Eisenhut** *(Aconitum napellus)* sind neben blaublühenden Formen auch solche mit weißen und rosafarbenen Blüten erhältlich, während die der verwandten Art *Aconitum x cammarum* häufig eine interessante, gescheckte Färbung besitzen. Beide Arten und ihre Sorten sind prächtige Leitstauden für halbschattige Beete und Rabatten.

■ Bewährte Sorten
■ von *Aconitum napellus:* 'Album' (weiße Blüten, bis 120 cm hoch); 'Carneum' (rosafarbene Blüten, 100 cm hoch); 'Gletschereis' (weiße Blüten, bis 120 cm hoch); 'Newry Blue' (dunkelblaue Blüten, bis zu 150 cm hoch)
■ von *Aconitum x cammarum:* 'Bayerischer Eisenhut' (weiß-blaue Blüten, bis 120 cm hoch); 'Bicolor' (weiß-violette Blüten, 100–120 cm hoch)

■ Pflanzung
Jungpflanzen im Frühjahr mit 35–40 cm Abstand einsetzen.

■ Vermehrung
Im Herbst nach der Blüte oder im Frühjahr kurz nach dem Austrieb Wurzelstöcke aufnehmen, mit der Hand zerpflücken, die Teilstücke gleich wieder einpflanzen.

■ Pflegemaßnahmen
Bei Trockenheit gießen. Läßt die Blühfreudigkeit nach, hilft ein Teilen der Wurzelstöcke.

■ Düngung
Bleibt am Gehölzrand das Herbstlaub liegen, braucht nicht zusätzlich gedüngt zu werden. Sonst vor dem Einsetzen der Blüte Hornspäne oder reifen Kompost verabreichen.

■ Nach der Blüte
Die Pflanzen werden nach dem Abblühen bis auf eine Handbreit über dem Boden zurückgeschnitten.

Blauer Eisenhut, Aconitum napellus

Vermehrungstip
Eisenhut kann auch durch Aussaat vermehrt werden: Den Kaltkeimer im November aussäen und bei etwa 20 °C gut feucht halten. Nach zwei Wochen Saatgefäß an einen leicht schattigen Platz im Freien stellen. Im Februar wieder in die Wärme holen. Sämlinge später wie üblich pikieren, abhärten und ab Mai ins Freiland pflanzen.

HÄUFIGE PFLEGEPROBLEME

Symptom: Die Pflanzen welken und faulen von unten her ab.

Ursache: Welke und Fäulnis (Pilzbefall)

Vorbeugung/Abhilfe: Beim Gießen Staunässe vermeiden; damit sich die Pilze nicht ausbreiten, befallene Pflanzen vollständig entfernen.

Eisenhut

Aconitum-Arten ■▼▷

Blüte: blau, violett, rosa oder weiß, teilweise gescheckt; VI–VIII

Wuchs: aufrechte Horste; 90–150 cm hoch

Standort: ◐; nährstoffreicher, frischer Boden; kühle Stellen

Verwendung: einzeln oder in kleinen Gruppen; am Gehölzrand, in Beeten und Rabatten, im Natur- und Bauerngarten; als Schnittblumen

Passen gut zu: Geißbart, Prachtspiere, Iris und Storchschnabel

Vorsicht: Alle Pflanzenteile enthalten das giftige Alkaloid Aconitin.

PORTRÄTS UND PFLEGEANLEITUNGEN

Frauenmantel

Alchemilla mollis □ ▽ ▷

Blüte: gelb bis grüngelb; VI–VII

Wuchs: aufrecht, buschig; 30–60 cm hoch

Standort: ○–◐; nährstoffreicher, frischer Boden

Verwendung: in kleinen und großen Gruppen; als Bodendecker unter Gehölzen, als Unter- und Zwischenpflanzung in Staudenrabatten und Beeten, am Uferrand; als Schnittblume

Paßt gut zu: fast allen Stauden, z. B. zu hohen Glockenblumen, Rittersporn, Pfingstrosen, Storchschnabel und Himmelsleiter

Frauenmantel, Alchemilla mollis

Die zarten Blüten des Frauenmantels erheben sich als zart nach Honig duftende Wolke über dem mattgrünen Laubwerk, das den Boden fast vollständig bedeckt. Die großen, rundlichen Laubblätter mit ihren regelmäßigen Einbuchtungen sind sehr zierend.

■ Bewährte Sorte
'Robusta' ist im Aussehen der Art ähnlich, gilt aber als besonders starkwüchsig.

■ Pflanzung
Jungpflanzen im Frühjahr oder Herbst mit 30–40 cm Abstand einsetzen.

■ Vermehrung
Problemlos durch Teilung im Herbst oder Frühjahr. Läßt man die Blüten stehen, werden Samen gebildet, die Pflanze sät sich dann selbst aus.

■ Pflegemaßnahmen
Bei Trockenheit gießen, dies sorgt für eine wesentlich üppigere und anhaltendere Blüte. Eine Nachblüte im September erreicht man, wenn die Pflanzen nach dem ersten Flor zurückgeschnitten werden.

■ Düngung
Kaum erforderlich; auf kargem Boden im Herbst mit reifem Kompost überziehen oder zu Blühbeginn mit organischem Volldünger versorgen.

■ Nach der Blüte
Im Herbst Blütentriebe vollständig abschneiden, verwelktes Laub entfernen.

Besonderheiten
Die duftigen Blütenstände des Schleierfrauenmantels lockern jeden Blumenstrauß auf und eignen sich auch zum Trocknen. Dazu werden die Stiele gebündelt und kopfüber aufgehängt.

Vermehrungstip
Auch durch Aussaat lassen sich die Pflanzen vermehren. Da es sich um Kaltkeimer handelt, sät man bereits im November aus, hält die Saat 2 Wochen lang gut feucht, stellt sie über Winter an einen geschützten Ort im Freien und holt sie erst im Frühjahr wieder in die Wärme.

STAUDEN

Die niedrigen Steinkrautpolster besitzen durch ihre sattgelben Blüten eine wunderschöne Fernwirkung. Während unter der üppigen Blütenpracht des **Felsensteinkrauts** *(Alyssum saxatile)* die spatelförmigen Blätter fast verschwinden, bezaubert das zartere, höchstens 20 cm hohe **Bergsteinkraut** *(Alyssum montanum)* durch seinen Wildstaudencharakter. Beide Arten sind hervorragend für den Steingarten geeignet und verströmen einen angenehmen Duft.

■ Bewährte Sorten

■ des **Felsensteinkrauts** *(Alyssum saxatile)*: 'Compactum' (goldgelb, 20-30 cm hoch); 'Citrinum' (zitronengelb, bis 40 cm hoch); 'Plenum' (goldgelb, gefüllte Blüten, 30 cm hoch); 'Sulphureum' (schwefelgelb, bis 40 cm hoch)

■ des **Bergsteinkrauts** *(Alyssum montanum)*: 'Berggold' (goldgelb, 10-15 cm hoch)

■ Pflanzung

Jungpflanzen im Herbst oder zeitigen Frühjahr mit 15-20 cm Abstand einsetzen.

■ Vermehrung

Da eine Teilung aufgrund der tiefreichenden Pfahlwurzeln schwierig ist, vermehrt man das Steinkraut am besten durch Stecklinge. Im Frühsommer schneidet man junge Triebe kurz über dem Boden ab. Diese sollten mindestens 10 cm lang sein. Unmittelbar danach setzt man sie einzeln in Töpfe mit Anzuchterde. Über die Töpfe stülpt man eine Folienhaube, stellt sie auf die Fensterbank und läßt die Stecklinge Wurzeln ausbilden. Nach 3 bis 4 Wochen entfernt man die Haube, pflanzt sie dann direkt aus oder zieht die Pflänzchen bis zum nächsten Frühjahr weiter.

■ Pflegemaßnahmen

Ein leichter Rückschnitt nach der Blüte fördert einen kompakten Wuchs. Wenn die Blühfreudigkeit nachläßt, empfiehlt es sich, die Pflanzen im Herbst auf 5-10 cm zurückzuschneiden.

■ Düngung

Gleichzeitige Düngegaben beim Rückschnitt verhindern ein Verkahlen der Polsterpflanzen.

Steinkraut

Alyssum-Arten   □ ▽ ▶

Blüte: gelb; IV-VI

Wuchs: niederliegend, polsterbildend; 10–40 cm hoch

Standort: ○; durchlässiger, mäßig trockener Boden; auch für heiße Lagen

Verwendung: einzeln, in kleinen oder großen Gruppen; im Vordergrund oder als Einfassung von Rabatten, im Steingarten, in Mauerfugen

Passen gut zu: roten Tulpen und anderen Polsterpflanzen wie Blaukissen und Schleifenblume

Besonderheiten

Das frühblühende Steinkraut ist eine wichtige Futterpflanze für Bienen.

Vermehrungstip

Die Arten und Sorten kann man im März direkt ins Freiland säen. Die Sämlinge sollte man danach etwas ausdünnen.

Felsensteinkraut, Alyssum saxatile 'Compactum'

PORTRÄTS UND PFLEGEANLEITUNGEN

Herbstanemonen

Anemone-Arten

Blüte: rosa, weiß oder rot; VIII–X

Wuchs: aufrecht, verzweigt und ausläuferbildend; 30–100 cm hoch

Standort: ◐–●; nährstoffreicher, humoser Boden

Verwendung: in kleinen oder größeren Gruppen; am Gehölzrand, in Beeten; als Schnittblumen

Passen gut zu: Silberkerzen, Gräsern und Farnen

Vorsicht: Alle Arten und Sorten enthalten das Alkaloid Protoanemonin, das Haut- und Schleimhautreizungen verursachen kann.

Die erst spät im Sommer blühenden Herbstanemonen schmücken sich mit mattgrünen, gelappten Laubblättern und großen, schalenförmigen Blüten. Auch nach der Blüte lenken sie mit dem watteähnlichen Flaum ihrer Früchte und dem dunkelbraun verfärbten Laub den Blick auf sich. Anemonenblüten im Frühjahr bringen die knollenbildenden Verwandten der Herbstanemonen hervor, die bei den „Zwiebel- und Knollenblumen" beschrieben sind.

■ Bewährte Sorten

■ von *Anemone hupehensis:* 'Praecox' (dunkelrosa Blüten, bis 80 cm hoch); 'Septembercharme' (große, zartrosa Blüten, 80 cm hoch); 'Splendens' (dunkelrosa Blüten, 80 cm hoch)

■ der *Anemone-Japonica*-Hybriden: 'Honorine Jobert' (weiße Schalenblüten, 100 cm hoch); 'Königin Charlotte' (zartrosa, halbgefüllte Blüten, 90 cm hoch); 'Prinz Heinrich' (rosarote, halbgefüllte Blüten, bis 60 cm hoch); 'Wirbelwind' (weiße, halbgefüllte Blüten, 80–100 cm hoch)

■ Pflanzung

Die Pflanzen wachsen im Herbst schlecht an und sollten deshalb nur im Frühjahr gepflanzt werden. Dabei einen Pflanzabstand von 30–40 cm wahren.

■ Vermehrung

Im Spätherbst den Wurzelstock teilweise freilegen und von kräftigen Wurzeln etwa 5–7 cm lange Stücke abschneiden, am oberen Ende gerade, am unteren schräg. Wurzelstücke mit dem schrägen Ende nach unten im Abstand von 5–10 cm in Töpfe mit Vermehrungserde stecken; das gerade Schnittende soll knapp unter der Oberfläche liegen. Dünne Sandschicht darüber streuen, wässern, mit Folie abdecken und bis zum Frühjahr im Frühbeet oder an geschütztem Platz aufstellen. Dann Folie abnehmen, Jungpflanzen einmal umtopfen und ein paar Wochen später pflanzen.

■ Pflegemaßnahmen

In Trockenperioden gießen. Jungpflanzen den Winter über mit Fichtenreisig abdecken. Hohe Sorten in ungeschützten Lagen mit Stäben stützen.

■ Düngung

Im Herbst oder Frühjahr mit reifem Kompost versorgen; unter Laubbäumen reicht das liegengelassene Laub als Dünger aus.

Besonderheiten

Wo Herbstanemonen stehen, sollte man den Boden nicht umgraben. Dabei würden unweigerlich die Wurzeln der Anemonen zer-

STAUDEN

Anemone hupehensis

HÄUFIGE PFLEGEPROBLEME

Symptom: Zunächst gelblichbraune, später dunkle Flecken auf den Blättern, die dann absterben. Bei schwerem Befall geht die ganze Pflanze zugrunde.

Ursache: Blattälchen (Nematoden)

Vorbeugung/Abhilfe: Befallene Pflanzen sofort entfernen, Boden austauschen und andere Arten an diese Stelle pflanzen. Spezielle Gründüngungsmischungen, die gegen Nematoden wirken (im Fachhandel erhältlich), als Zwischensaat ausbringen.

teilt. Jedes noch so kleine Teilstückchen wächst aber rasch zu einer neuen Pflanze heran, mit der Folge, daß die Anemonen verwildern und der ungewollte Pflanzennachwuchs den Mutterpflanzen Licht, Luft und Nährstoffe streitig macht.

Vermehrungstip

Herbstanemonen kann man auch aussäen. Die Aussaat der Kaltkeimer erfolgt im November. Saat etwa 2 Wochen lang feucht halten, dann über Winter ins Freie stellen und erst im Frühjahr wieder in die Wärme holen. Sämlinge später wie üblich pikieren, abhärten und ab Mai auspflanzen.

Anemone-Japonica-Hybride 'Rosenschale'

PORTRÄTS UND PFLEGEANLEITUNGEN

Gewöhnliche Akelei, Aquilegia vulgaris

Akelei

Aquilegia-Arten ☐ ▽

Blüte: blau, violett, rot, weiß oder gelb, oft auch zweifarbig; V–VI

Wuchs: aufrechte, lockere Horste; 30–80 cm hoch

Standort: ☉–◐; frischer, humoser Boden; nicht an heißen Stellen

Verwendung: einzeln oder in kleinen Gruppen; vor Gehölzen, auf Beeten und Rabatten, niedrige Sorten im Steingarten und auch im Balkonkasten; als Schnittblumen

Passen gut zu: Funkien, Farnen, Nelkenwurz, hohen Glockenblumen und Tränendem Herz

Vorsicht: Akeleien enthalten giftige Blausäureverbindungen.

Akeleien überraschen mit ihren bizarr geformten, nickenden Blüten, die an langen dünnen Stielen zu schweben scheinen. Die Gewöhnliche Akelei (*Aquilegia vulgaris*) trägt meist blauviolette Blüten, *Aquilegia-Caerulea*-Hybriden können dagegen mit zahlreichen Farben und Farbkombinationen aufwarten.

■ **Bewährte Sorten**
■ der *Aquilegia-Caerulea*-Hybriden: 'Blue Star' (zweifarbige Blüten in Hellblau und Weiß, 40–60 cm hoch); 'Crimson Star' (zweifarbige Blüten in Rot und Weiß, bis 60 cm hoch); 'Kristall' (reinweiße Blüten, bis 70 cm hoch); 'Olympia' (Sortengruppe mit Formen, die stets zweifarbige Blüten tragen, z. B. dunkelrot–gelb, blau–weiß oder violett–gelb, bis 75 cm hoch)

■ **Vermehrung**
Die Pflanzen lassen sich leicht durch Aussaat direkt an Ort und Stelle heranziehen. Dies kann direkt nach der Samenreife im Sommer geschehen oder erst im darauffolgenden Frühjahr. An zusagenden Stellen versamen sich Akeleien von selbst.

■ **Pflegemaßnahmen**
Die pflegeleichten Akeleien sind für zusätzliches Gießen an heißen Tagen dankbar. Haben sich zuviele Sämlinge durch Selbstaussaat etabliert, sollten sie ausgedünnt werden.

■ **Düngung**
Nicht erforderlich.

Besonderheiten

Akeleien sind in freier Natur selten geworden und stehen unter Naturschutz. Man darf deshalb nur gärtnerisch vermehrte Pflanzen erwerben, keinesfalls Wildpflanzen ausgraben und umsiedeln!

Vermehrungstip

Saatgut kann man auch selbst sammeln. Um zu verhindern, daß die sich öffnenden Früchte sofort ihre Samen ausstreuen, stülpt man kurz nach dem Abblühen eine Papiertüte über die heranreifenden Früchte und bindet sie unterhalb des Stielansatzes zu. Nach ein paar Wochen schneidet man die Stiele ab, dreht sie um und schüttelt die jetzt reifen Samen in die Tüte. Danach können die Samen aus der Tüte herausgelesen und entweder sofort oder im folgenden Frühjahr ausgesät werden.

Aquilegia-Caerulea-Hybride

STAUDEN

Gänsekresse, Arabis caucasica

Gänsekresse

Arabis caucasica □ ▼ ▷

Blüte: weiß, gelb oder rosa; IV–V

Wuchs: kriechend, polsterbildend; 10–20 cm hoch

Standort: ○; durchlässiger, frischer Boden

Verwendung: einzeln, in kleinen und großen Gruppen; zur Einfassung von Beeten und Rabatten, im Steingarten, auf Mauerkronen und in Plattenfugen

Paßt gut zu: anderen Polsterstauden wie Blaukissen, Steinkraut und Polsterphlox sowie zu Wildtulpen

Die Gänsekresse besitzt zahlreiche kleine Blüten, die in dichten Trauben zusammenstehen und die Pflanze Anfang April in einen Blütenteppich verwandeln. Die graugrünen, rosettenförmig angeordneten, spatelförmigen Laubblätter der Polsterstaude bleiben auch über den Winter erhalten.

■ Bewährte Sorten
'Compinkie' (rosafarbene Blüten, 15 cm hoch); 'Plena' (weiße, gefüllte Blüten, bis 20 cm hoch); 'Schneehaube' (weiße Blüten, 15–20 cm hoch); 'Sulphurea' (schwefelgelbe Blüten, bis 20 cm hoch)

■ Pflanzung
Jungpflanzen setzt man am besten im Sommer mit etwa 20–30 cm Abstand ein, damit sie sich ausreichend bewurzeln können und schon im nächsten Frühjahr blühen.

■ Vermehrung
Einzelne junge Blattrosetten, die sich mittels Ausläufer dicht neben der Mutterpflanze gebildet haben, kann man nach der Blüte abtrennen und neu einpflanzen. Auch aus Stecklingen, die man vor Blühbeginn schneidet, lassen sich neue Pflanzen heranziehen.

■ Pflegemaßnahmen
Um die Blühfreudigkeit zu unterstützen, sollte Verblühtes regelmäßig entfernt werden.

■ Düngung
Nicht erforderlich, zuviele Nährstoffe wirken sich eher nachteilig aus.

■ Nach der Blüte
Die Polster bleiben kompakt und kräftig, wenn man sie nach der Blüte stark zurückschneidet. Am besten kürzt man die gesamte Pflanze um ein Drittel bis die Hälfte ein und bringt die Polster dabei auch gleich in eine ansprechende Form.

Vermehrungstip

Gänsekresse kann auch durch Samen vermehrt werden. Man sät im November aus, hält die Saat etwa 2 Wochen lang gut feucht und stellt die Kaltkeimer den Winter über ins Freie. Im Februar holt man die Saatgefäße wieder ins Haus und läßt die Samen auf einer nicht zu sonnigen Fensterbank keimen. Im Frühjahr schließlich werden die Pflänzchen ins Freiland ausgepflanzt.

PORTRÄTS UND PFLEGEANLEITUNGEN

Geißbart

Aruncus dioicus

Blüte: weiß bis gelblichweiß; VI–VII

Wuchs: aufrecht, horstartig, dichtbuschig; 130–200 cm hoch

Standort: ◐–●; frischer, humoser Boden

Verwendung: einzeln, höchstens in kleinen Gruppen; im Schatten von Gehölzen und Mauern, im Hintergrund größerer Beete und Rabatten, am Uferrand

Paßt gut zu: Gehölzen, vor allem Nadelgehölzen, aber auch zu Stauden wie hohen Glockenblumen, Storchschnabel, Blauem Eisenhut und Prachtspieren

Die feinen, langgestielten Blütenrispen des stattlichen Geißbarts ragen aus dichtem, frischgrünem Laubwerk hervor. Dieses schmückt nicht nur den ganzen Sommer über, sondern auch im Herbst, wenn sich die großen, gefiederten Blätter gelb oder braun verfärben.

■ Bewährte Sorte
'Zweiweltenkind' (braune Laubfärbung, bis 180 cm hoch)

■ Pflanzung
Jungpflanzen im Frühjahr mit 70–80 cm Abstand einsetzen.

■ Vermehrung
Geißbart ist ein Kaltkeimer, wird also im November ausgesät. Bei 20 °C läßt man die Samen mit guter Wasserversorgung 2 Wochen quellen. Anschließend stellt man die Saatgefäße an eine geschützte Stelle im Freien. Im Februar holt man die Gefäße wieder ins Haus oder stellt sie ins Frühbeet und läßt die Samen bei Temperaturen um 12 °C keimen. Falls erforderlich, pikiert man die Keimlinge in größere Töpfe und pflanzt sie im Frühjahr an die gewünschte Stelle.

■ Pflegemaßnahmen
Wichtig ist eine gute Wasserversorgung, da der Geißbart schnell zu welken beginnt. Wenn die Laubblätter im Herbst welk werden, empfiehlt sich ein Rückschnitt.

■ Düngung
Nicht erforderlich.

Vermehrungstip
Junge Pflanzen können auch durch Teilung vermehrt werden, da ihre Wurzeln noch nicht verholzt sind. Dazu werden die Wurzelstöcke vor dem Austrieb oder im Herbst freigelegt bzw. ausgegraben. Mit dem Spatenblatt teilt man dann faustgroße Stücke ab.

Besonderheiten
Beim Geißbart stehen weibliche und männliche Blüten getrennt an verschiedenen Pflanzen. Weibliche Exemplare tragen reinweiße, etwas plump wirkende Rispen, während die männlichen cremefarbene, grazile Blütenstände bilden.

Geißbart, Aruncus dioicus

STAUDEN

Bergaster, Aster amellus

Bergaster

Aster amellus ☐ ▽ ▷

Blüte: rosa, blauviolett oder violett mit gelber Mitte; VII–IX

Wuchs: aufrechte, dichtbuschige Horste, stark verzweigt; 30–60 cm hoch

Standort: ○; durchlässiger, trockener bis frischer Boden, kalkliebend

Verwendung: in kleinen oder großen Gruppen; auf Beeten und Rabatten, im Heide- und Naturgarten; als Schnittblume

Paßt gut zu: Ziergräsern und Stauden wie Schafgarbe, Skabiose, Salbei und Sonnenhut

Die Bergaster ist im Sommer mit unzähligen sternförmigen Körbchenblüten übersät, die mit ihren kräftigen Farben jeden Garten bereichern. Das mattgrüne, rauh behaarte Laub unterstreicht die hübschen Blüten wirkungsvoll.

■ Bewährte Sorten
'Blütendecke' (blauviolett, 50 cm hoch); 'Breslau' (blauviolett, 40 cm hoch); 'Dr. Otto Petschek' (lavendelblau, bis 60 cm hoch); 'Lady Hindlip' (rosa, 60 cm hoch); 'Sonora' (leuchtend violett, 50 cm hoch); 'Sternkugel' (lavendelblau, 40 cm hoch); 'Veilchenkönigin' (dunkelviolett, 50 cm hoch)

■ Pflanzung
Möglichst im Frühjahr mit etwa 30–40 cm Abstand pflanzen, im Herbst eingesetzte Pflanzen wachsen oft nur schlecht an.

■ Vermehrung
Durch Teilung noch vor dem Austrieb im Frühjahr oder durch ebenfalls im Frühjahr geschnittene, 7-10 cm lange Stecklinge, die man in Töpfchen mit Vermehrungssubstrat steckt und mit einer Folienhaube abdeckt.

■ Pflegemaßnahmen
Nur bei lang anhaltender Trockenheit gießen. Da die Pflanzen meist nur kurzlebig sind, sollte man sie alle paar Jahre durch Teilung verjüngen.

■ Nach der Blüte
Im Herbst die Pflanzen leicht zurückschneiden, dabei die Büsche gleichzeitig etwas in Form bringen.

■ Düngung
Nur auf kargen Böden vor Einsetzen der Blüte mäßig mit Dünger versorgen.

Vermehrungstip

Bergastern können auch durch Aussaat vermehrt werden. Man sät im Frühjahr unter Glas aus und pflanzt die Sämlinge dann bis zum Frühsommer ein.

HÄUFIGE PFLEGEPROBLEME

Symptom: Blätter und Triebe vergilben und verwelken.

Ursache: Verticillium-Welke (Pilzerkrankung)

Vorbeugung/Abhilfe: Da eine Bekämpfung der Pilze fast unmöglich ist, sollten befallene Pflanzen schon bei den ersten Anzeichen vollständig entfernt und vernichtet werden. Zusätzlich ist es sinnvoll, den Boden bis zu einer Spatentiefe auszutauschen und an dieser Stelle einige Jahre keine Astern mehr zu pflanzen.

Außerdem häufig: Echter Mehltau, Blatt- und Stengelälchen (Nematoden)

PORTRÄTS UND PFLEGEANLEITUNGEN

Herbstblühende Astern

Aster-Arten □ ▷

Blüte: rosa, rot, blau, violett oder weiß; IX–XI

Wuchs: aufrechte Horste oder polsterbildend; Kissenaster 20–50 cm hoch, übrige Arten und Sorten 60–160 cm hoch

Standort: ○; nährstoffreicher, frischer Boden

Verwendung: in kleinen und größeren Gruppen; hohe Sorten im Hintergrund, niedrige im Vordergrund von Rabatten und als Beeteinfassung; als Schnittblumen

Passen gut zu: gelbblühenden Arten wie Sonnenhut, Staudensonnenblume und Sonnenbraut sowie zu farblich passenden anderen Astern

Kissenastern, Aster-Dumosus-Hybriden

Glattblattaster, Aster novi-belgii

Rauhblattastern, Aster novae-angliae

Die farbenfrohen Blütenteppiche der Kissenaster *(Aster-Dumosus-*Hybriden) und die hohen Büsche der **Rauhblattaster** *(Aster novae-angliae)* und **Glattblattaster** *(Aster novi-belgii)* ergänzen einander harmonisch und entfachen am Ende des Gartenjahres nochmals ein prachtvolles Farbenfeuerwerk im Garten.

■ Bewährte Sorten
■ der **Kissenaster** *(Aster-Dumosos-*Hybriden): 'Kassel' (karminrote, halbgefüllte Blüten, 40 cm hoch); 'Lady in Blue' (mittelblau, 40 cm hoch); 'Mittelmeer' (blau, halbgefüllt, 25 cm hoch); 'Schneekissen' (weiß, 25–30 cm hoch); 'Silberblaukissen' (silber- bis lavendelblau, 30–40 cm hoch)
■ der **Rauhblattaster** *(Aster novae-angliae)*: 'Andenken an Paul Gerber' (karminrot, 140-150 cm hoch); 'Barr's Blue' (blauviolett, bis 160 cm hoch); 'Herbstschnee' (weiß, 140 cm hoch); 'Rubinschatz' (rubinrot, 120 cm hoch); 'Rudelsburg' (lachsrosa, 120 cm hoch)
■ der **Glattblattaster** *(Aster novi-belgii):* 'Bonningdale White' (weiß, gefüllt, 100 cm hoch); 'Dauerblau' (mittelblau, 140 cm hoch); 'Fuldatal' (purpurviolett, halbgefüllt, 100 cm hoch); 'Schöne von Dietlikon' (blau-violett, 90 cm hoch)

■ Pflanzung
Jungpflanzen im Frühjahr mit 50–60 cm Abstand einsetzen.

■ Vermehrung
Am einfachsten durch Teilung im Frühjahr kurz nach dem Austrieb. Das Wurzelwerk der **Glattblattastern** ist so locker, daß es mit der Hand zerpflückt werden kann. Teilstücke wie üblich gleich wieder einsetzen.

■ Pflegemaßnahmen
Bei Trockenheit durchdringend gießen. Hohe Arten bei Bedarf stützen oder aufbinden. Um Verkahlen und Krankheiten zu vermeiden, die Astern spätestens alle 4 Jahre teilen und an anderer Stelle wieder einpflanzen. Auf Verticillium-Welke (siehe Bergaster, Seite 151), Echten Mehltau sowie Blatt- und Stengelälchen achten.

■ Düngung
Im Frühjahr mit organischem Dünger überstreuen.

■ Nach der Blüte
Sofort nach der Blüte Büsche kräftig zurückschneiden.

STAUDEN

Prachtspieren

Astilbe-Arten   □ ▽ ▷

Blüte: weiß, cremefarben, rosa, rot oder rotviolett; VI–IX

Wuchs: aufrechte, dichtbuschige Horste, auch leicht überhängend; je nach Art und Sorte 30–120 cm hoch

Standort: ◐–●; nährstoffreicher, frischer bis feuchter Boden

Verwendung: in kleinen und großen Gruppen, auch mehrere Sorten miteinander kombiniert; im Vordergrund oder als Unter- bzw. Zwischenpflanzung von Gehölzen, in Beeten und Rabatten, am Uferrand; als Schnittblumen

Passen gut zu: Rhododendren, Geißbart, Glockenblumen, Silberkerzen, Storchschnabel, Elfenblumen, Funkien und Farnen

Mit ihrem matt schimmernden Laub und den feinen Blütenrispen in leuchtenden Farben zaubern Prachtspieren selbst in dunkle Gartenecken Glanz. Man hat dabei die Wahl zwischen mehreren Arten und Hybriden:

■ **Gartenastilben** (*Astilbe-Arendsii*-Hybriden) besitzen Blütenstände in verschiedenen Farben und werden 60–120 cm hoch.

■ **Japanische Astilben** (*Astilbe-Japonica*-Hybriden) blühen schon ab Juni und erreichen eine Wuchshöhe von 50–60 cm.

■ *Astilbe-Simplicifolia*-Hybriden werden etwa 50 cm hoch, ihre grazilen Blütenrispen hängen leicht über.

■ **Waldastilben** (*Astilbe-Thunbergii*-Hybriden) sind sehr starkwüchsig und gehören mit ihren 120 cm hohen Horsten zu den höchsten Prachtspieren.

■ *Astilbe chinensis* var. *taquetii* wird bis 110 cm hoch und kann im Unterschied zu den anderen Prachtspieren auch an sonnige Stellen gepflanzt werden, wenn sie ausreichend mit Wasser versorgt wird.

■ Die **Zwergastilbe** (*Astilbe chinensis* var. *pumila*) bildet 20–40 cm niedrige, dichte Büsche und bedeckt rasch größere Flächen.

Astilbe-Arendsii-Hybriden

Von diesen verschiedenen Formen gibt es wiederum eine Vielzahl von Sorten, weshalb an dieser Stelle auf Einzelnennungen verzichtet werden muß.

■ **Vermehrung**

Die Vermehrung durch Teilung erfordert bei den Prachtspieren einen gewissen Kraftaufwand, da ihre Wurzeln verholzen. Mit einem scharfen Messer schneidet man am besten vor dem Austrieb im Frühjahr oder im Spätherbst etwa 10 cm lange Wurzelstücke ab, die jeweils mindestens ein Triebauge besitzen müssen, und pflanzt sie gleich wieder ein. Auch Aussaat ist möglich, ebenso Ausläufervermehrung (siehe „Vermehrungstip").

■ **Pflegemaßnahmen**

Bei Trockenheit durchdringend gießen. Verwelkte Blüten und Blätter erst im nächsten Frühjahr zwischen dem frischen Austrieb herausschneiden, da sie einen gewissen Winterschutz bieten.

■ **Düngung**

Alle paar Jahre im Herbst oder Frühjahr mit Kompost versorgen.

Vermehrungstip

Die Zwergastilbe kann man sehr einfach auch durch Ausläuferpflanzen vermehren, die man im Frühjahr neben der Mutterpflanze abschneidet und am gewünschten Ort neu einpflanzt.

Astilbe-Japonica-Hybriden

PORTRÄTS UND PFLEGEANLEITUNGEN

Aubrieta-Hybride 'Purple King'

Blaukissen

Aubrieta-Hybriden ☐▷

Blüte: blau, violett, rosa oder rot; IV–V

Wuchs: polsterbildend; 5–15 cm hoch

Standort: ○; nährstoffreicher, durchlässiger Boden, kalkliebend

Verwendung: in kleinen und großen Gruppen; im Steingarten, auf Trockenmauern, in Aussparungen von Plattenwegen und als Beeteinfassung

Passen gut zu: anderen Polsterpflanzen wie Gänsekresse und Schleifenblume, blaue und violette Sorten auch zu gelbem Steinkraut

Besonderheiten

Blaue und violette Sorten sind allgemein langlebiger als rosafarbene und rote. Letztere sollte man alle 3 bis 4 Jahre durch Teilung verjüngen, bei den blauen und violetten ist dies nur alle 6 bis 8 Jahre nötig.

Die winzigen, immergrünen Laubblätter der Blaukissen sind zur Blütezeit von einem üppigen Blütenteppich verdeckt. Besonders hübsch wirken die Polster, wenn sie über eine Mauer wallen oder an einem Hang „herabfließen".

■ Bewährte Sorten

'Blue Emperor' (dunkelviolett, 10 cm hoch); 'Cascade' (großblumige Sortengruppe in Blau, Karminrot und Purpur, 10 cm hoch); 'Dr. Mules' (dunkelviolett, 10 cm hoch); 'Neuling' (lavendelblau, 15 cm hoch); 'Rosenteppich' (karminrosa, 10 cm hoch); 'Schloß Eckberg' (dunkelviolett, 10 cm hoch); 'Tauricola' (dunkelblau, 5 cm hoch); 'Vesuv' (karminrot, 10 cm hoch)

■ Pflanzung

Im zeitigen Frühjahr mit 20–30 cm Abstand einsetzen. Nicht zu dicht pflanzen, die Polster werden rasch größer.

■ Vermehrung

Nach der Blüte teilt man die Pflanzen mit dem Spatenblatt in faustgroße Stücke und pflanzt diese sofort wieder ein. Einige Sorten, z. B. 'Cascade', lassen sich auch aussäen, die Samen der Lichtkeimer dürfen aber nicht mit Erde abgedeckt werden.

■ Pflegemaßnahmen

In rauhen Lagen den Winter über mit Fichtenreisig abdecken.

■ Düngung

Im Herbst mit Kompost, ersatzweise vor der Blüte mit flüssigem Volldünger versorgen.

■ Nach der Blüte

Triebe um etwa ein Drittel zurückschneiden, um dem Verkahlen der Polster vorzubeugen.

Vermehrungstip

Zur Stecklingsvermehrung schneidet man im Frühjahr 10 cm lange Triebspitzen mit mindestens 2 Paar Laubblättern ab und setzt sie in Töpfe mit Anzuchtsubstrat. Geschützt durch eine Folienhaube läßt man die Stecklinge Wurzeln ausbilden. Ist dies geschehen, entfernt man die Abdeckung und kultiviert die Jungpflanzen bis zum nächsten Frühjahr im Frühbeet weiter.

STAUDEN

Das ganze Jahr über sind die großen, rundlichen Laubblätter der Bergenien ein auffälliger Schmuck im Garten. Im Frühjahr schieben sich an fleischigen Stengeln dichte Trugdolden nach oben, die aus zahlreichen glöckchenförmigen Einzelblüten bestehen. Während die Art *Bergenia cordifolia* nur mit rosafarbenen Blüten erhältlich ist, gibt es von den *Bergenia*-Hybriden zahlreiche Sorten, die in den verschiedensten Rottönen und in Weiß blühen.

■ Bewährte Sorten
■ der *Bergenia*-Hybriden: 'Abendglocken' (dunkelrote Blüten, Laub mit braunroter Herbstfärbung, 40 cm hoch); 'Ballawley' (hellrosarote Blüten, 50 cm hoch); 'Glockenturm' (rosa Blüten, Laub mit bräunlicher Herbstfärbung, 40 cm hoch); 'Morgenröte' (kräftig rosafarbene Blüten, Nachblüte im Herbst, 30 cm hoch); 'Schneekönigin' (zartrosa Blüten, Laub am Rand leicht gewellt, 50 cm hoch); 'Silberlicht' (weiße, rosa überhauchte Blüten, 40 cm hoch)

■ Pflanzung
Nach der Blüte im späten Frühjahr oder Frühsommer mit 40–50 cm Abstand einsetzen.

■ Vermehrung
Direkt nach der Blüte oder im Herbst ist Teilung möglich.

■ Pflegemaßnahmen
Die Pflege der anspruchslosen Pflanzen beschränkt sich auf das Entfernen verwelkter Laubblätter im Frühjahr. Auf Blattälchen (Nematoden) und Schnecken achten.

■ Düngung
Nicht erforderlich.

Besonderheiten

Bergenien gelten als eine der robustesten und anspruchslosesten Pflanzengattungen. Sie werden erst mit den Jahren richtig schön, man sollte sie also ungestört wachsen lassen.

Vermehrungstip

Bergenia cordifolia läßt sich auch aus Samen ziehen. Am einfachsten ist eine Direktaussaat im Frühjahr an Ort und Stelle. Da es sich um Lichtkeimer handelt, dürfen die Samen nicht mit Erde bedeckt werden.

Bergenia-Hybride

Bergenien,
Riesensteinbrech
Bergenia-Arten ☐ ▽ ▷

Blüte: rosa, rot oder weiß; III–V

Wuchs: dichte Blattrosette, aufrechter Blütenstand; 30–60 cm hoch

Standort: ○–●; für jeden Boden geeignet

Verwendung: in kleinen Gruppen; unter Gehölzen, im Mauerschatten und Uferbereich, in Beeten und Rabatten, kleine Formen auch im Steingarten

Passen gut zu: Prachtspieren, Geißbart, Storchschnabelarten und Knöterich, auch zu Ziergräsern und Farnen

PORTRÄTS UND PFLEGEANLEITUNGEN

Besenheide, Heidekraut
Calluna vulgaris

Blüte: rosa, weiß, rot oder violett; VI–X

Wuchs: niederliegende bis aufrechte Büsche; 10–80 cm hoch

Standort: ☼–◐; nährstoffarmer, mäßig trockener bis frischer, saurer Boden

Verwendung: in kleinen oder größeren Gruppen; als Bodendecker, zur Vorpflanzung bei Gehölzgruppen, im Heidegarten, für Pflanzgefäße; als Schnitt- und Trockenblume

Paßt gut zu: anderen Heidekräutern wie *Erica*, auch zu Thymian, niedrigen Glockenblumen, Ehrenpreis, Heidenelke und Fetthenne

Botanisch gesehen ist die Besenheide ein Zwergstrauch, wird jedoch ähnlich verwendet wie kleine Stauden und oft auch von den Gärtnern innerhalb dieser Gruppe geführt. Ihre locker aufgerichteten, manchmal auch niederliegenden Triebe sind dicht mit schuppenförmigen Blättchen besetzt, die sich im Winter verfärben. Die kleinen krugförmigen Blüten erscheinen in reicher Zahl und spenden Insekten reichlich Nahrung.

■ Bewährte Sorten
'Alportii' (rotviolette Blüten, graugrünes Laub, 40 cm hoch); 'Cuprea' (hellrosa Blüten, hellgrünes Laub, 40 cm hoch); 'Gold Haze' (weiße Blüten, gelbgrünes Laub, 40 cm hoch); 'H. E. Beale' (rosa, gefüllte Blüten, graugrünes Laub, 60 cm hoch); 'Multicolor' (hellviolettrote Blüten, bronzefarbenes Laub, im Winter rötlich, 20 cm hoch); 'Silver Knight' (lila Blüten, grünes Laub mit silbrigem Schimmer, 40 cm hoch)

HÄUFIGE PFLEGEPROBLEME

Symptom: Zunächst werden die Blätter braun und die Triebspitzen welken, später stirbt die ganze Pflanze ab.

Ursache: Erikasterben (Überdüngung und Staunässe)

Vorbeugung/Abhilfe: Auf geeignete Standortbedingungen achten, nicht düngen, schweren Boden mit reichlich Sand vermischen. Erkrankte Pflanzen müssen entfernt werden, da der Boden für sie ungeeignet ist.

Außerdem häufig: Rost

■ Pflanzung
Im Frühjahr mit 25–30 cm Abstand einsetzen.

■ Vermehrung
Die Pflanzen können durch Kopfstecklinge vermehrt werden, die man im Spätsommer von kräftigen Trieben abschneidet. Sie werden einzeln in Töpfe mit nährstoffarmem Substrat gesetzt und feucht gehalten. Bei etwa 15–20 °C bewurzeln sie sich rasch, anschließend werden sie an einem kühlen Ort, z. B. im Frühbeet, bis zur Pflanzung weiterkultiviert.

■ Pflegemaßnahmen
Um ein Verkahlen zu verhindern, schneidet man die Triebe im Frühjahr um ein Drittel zurück. In rauhen, schneefreien Wintern empfiehlt sich eine Abdeckung mit Fichtenreisig.

■ Düngung
Nur junge Pflanzen sollten im Frühjahr leicht mit organischem Dünger versorgt werden. Darüber hinaus wirken Düngergaben eher schädlich.

Besenheide, Calluna vulgaris

STAUDEN

Mit ihren schönen Glockenblüten, die meist in Blautönen oder Weiß leuchten, sind die hohen Glockenblumen als Leitstauden für den Garten unverzichtbar. Je nach Art und Sorte eignen sie sich für die verschiedensten Standorte:

■ Die **Knäuelglockenblume** (*Campanula glomerata*) ist auf bunten Blumenwiesen beheimatet und verträgt auch sonnige und zeitweilig trockene Standorte. Ihre Blüten sind zu mehreren in endständigen Knäueln zusammengefaßt. Während die Art und die meisten Sorten 60 cm hoch wachsen, bleibt die dunkelviolett blühende 'Acaulis' 15 cm niedrig.

■ Die **Riesenglockenblume** (*Campanula lactiflora*) und die **Waldglockenblume** (*Campanula latifolia*) fühlen sich auf frischen, humosen Böden im Schatten von Gehölzen am wohlsten. Mit bis zu 150 cm erreichen sie eine beachtliche Höhe, ihre aufrechten Stengel sind bis oben hin reich beblättert.

■ Die **Pfirsichblättrige Glockenblume** (*Campanula persicifolia*) besitzt schmale, längliche Laubblätter und sehr große Blüten, die in lockeren Trauben zusammengefaßt sind. Die bis zu 100 cm hohen Blumen gedeihen bei ausreichender Wasserversorgung auch an vollsonnigen Standorten sehr gut.

Neben den hübschen Blau- und Violettönen hat jede Art auch wenigstens eine weißblühende Sorte zu bieten, so z.B. auch die Waldglockenblume mit der Sorte 'Alba'.

■ **Pflanzung**
Im zeitigen Frühjahr oder im Herbst niedrigere Sorten (bis 60 cm Höhe) mit 30-40 cm, höhere mit 50-60 cm Abstand einsetzen.

■ **Vermehrung**
Mit Ausnahme der Waldglockenblume, die eine kräftige Pfahlwurzel ausbildet, lassen sich die Glockenblumen durch Teilung vermehren. Als Zeitpunkt dafür wählt man das Frühjahr, bevor die Pflanzen austreiben, oder den Herbst, nachdem man die Triebe zurückgeschnitten hat.

Knäuelglockenblume, Campanula glomerata

■ **Pflegemaßnahmen**
In Trockenperioden, vor allem an sonnigen Stellen, reichlich gießen. Hohe Sorten abstützen oder aufbinden. Auf Rost und Schnecken achten.

■ **Düngung**
Kaum nötig; Riesen- und Waldglockenblume vor der Blüte etwas organischen Dünger verabreichen.

■ **Nach der Blüte**
Alle Triebe bis auf eine Handbreit über dem Boden zurückschneiden.

Besonderheiten

Die dichten Blütenbüschel der Knäuelglockenblume erfreuen auch in der Vase längere Zeit, wenn man sie in nicht mehr knospigem, aber auch noch nicht vollends erblühtem Zustand schneidet.

Hohe Glockenblumen

Campanula-Arten □ ▼ ▷

Blüte: blau, violett, rosa oder weiß; VI–VIII

Wuchs: aufrechte, teils dichtbuschige, teils lockere Horste; 50–150 cm hoch

Standort: ○–◐; frischer, humoser Boden

Verwendung: einzeln oder in kleinen Gruppen; vor Gehölzen, auf Beeten und Rabatten, am Rand von Blumenwiesen, im Naturgarten; als Schnittblumen

Passen gut zu: Geißbart, Fingerhut, Prachtspieren, Goldfelberich und Storchschnabel am Gehölzrand sowie zu Margeriten, Salbei, Taglilien, Rittersporn und Phlox auf Beeten

Vermehrungstip

Die reinen Arten lassen sich auch durch Samen vermehren. Ihre winzigen Samenkörner sollte man nur hauchdünn mit Erde bedecken. Zu beachten ist, daß die Waldglockenblume zu den Kaltkeimern gehört. Ihre Samen müssen deshalb schon im Herbst ausgesät werden, damit sie der Kälte ausgesetzt sind.

PORTRÄTS UND PFLEGEANLEITUNGEN

Niedrige Glockenblumen

Campanula-Arten □▼▷

Blüte: blau, violett, rosa oder weiß; VI–IX

Wuchs: horst- oder polsterartig, teilweise überhängend und ausläuferbildend; 10–30 cm hoch

Standort: ○–◐; durchlässiger Boden, kalkliebend

Verwendung: in kleinen und großen Gruppen; im Steingarten, auf Trockenmauern und in deren Fugen, im Vordergrund von Rabatten, in Kübeln, Kästen und Ampeln

Passen gut zu: Frauenmantel, Storchschnabel, Sonnenröschen, Seifenkraut und Nelken

Campanula carpatica

Dalmatiner Glockenblume, Campanula portenschlagiana

Vermehrungstip

Die reinen Arten und einige samenechte Sorten der Karpatenglockenblume ('Blaue Clips', 'Weiße Clips') können durch Aussaat gezogen werden. Die Dalmatiner Glockenblume keimt allerdings recht unregelmäßig.

Die niedrigwüchsigen Glockenblumen entwickeln mit Hilfe von Ausläufern in kurzer Zeit dichte Polster, die von glocken- oder sternförmigen Blüten dicht übersät sind.

■ Die **Zwergglockenblume** *(Campanula cochleariifolia)* hat kleine Blüten und ist zwar sehr wuchsfreudig, bleibt mit 15 cm Höhe aber trotzdem sehr zierlich.

■ Die Blüten der **Dalmatiner Glockenblume** *(Campanula portenschlagiana)* öffnen sich fast sternförmig. Durch eine Nachblüte bietet sie bis in den Herbst hinein eine üppige Augenweide.

■ Die **Hängepolsterglocke** *(Campanula poscharskyana)* bildet bis zu 80 cm lange Triebe aus und ergibt so schöne, wenn auch bisweilen etwas zerzaust wirkende Polster mit sternförmigen Blütchen. Auch sie bringt im Herbst nochmals eine Nachblüte.

■ Die **Karpatenglockenblume** *(Campanula carpatica)* treibt im Unterschied zu den anderen Arten keine Ausläufer. Mit ihren zarten, schalenförmigen Blüten bereichert sie auch sonnige Rabatten.

Auch von den niedrigen Glockenblumenarten werden jeweils mehrere Sorten angeboten, deren Farbspektrum von Weiß bis hin zu Purpurblau und Rotviolett reicht.

■ Pflanzung
Jungpflanzen im Frühjahr mit 10–20 cm Abstand einsetzen.

■ Vermehrung
Ausläuferbildende Arten und Sorten werden am einfachsten durch das Abstechen von Jungpflanzen, die sich in einiger Entfernung von der Mutterpflanze gebildet haben, vermehrt. Jüngere Pflanzen kann man teilen.

■ Pflegemaßnahmen
In Trockenperioden gießen. Wenn starkwüchsige Glockenblumen ihre Nachbarpflanzen bedrängen, müssen die äußeren Ausläufer abgestochen werden. Auf Rost und Schnecken achten.

■ Düngung
Düngegaben wirken sich eher negativ aus, da bei reichem Nährstoffangebot die Triebe überlang werden und die Blütenfülle abnimmt.

■ Nach der Blüte
Dalmatiner Glockenblume und **Polsterhängeglocke** nach der ersten Blüte leicht zurückschneiden, damit die Nachblüte üppiger ausfällt.

STAUDEN

Die zerschlitzten, filigranen Blütenblätter der reich und lange blühenden Bergflockenblume bilden einen reizvollen Kontrast zu ihren großen, graugrünen Laubblättern. Ihre einjährige Verwandte, die Kornblume *(Centaurea cyanus)*, ist im Kapitel „Sommerblumen" beschrieben.

■ Bewährte Sorten
'Alba' (innen rosa, außen weiß, 40 cm hoch); 'Grandiflora' (blauviolett, 40-50 cm hoch); 'Parham', blauviolett, 50 cm hoch; 'Rosea' (rosa, 30-40 cm hoch); 'Violetta' (dunkelviolett, 40 cm hoch)

■ Pflanzung
Jungpflanzen nach der Blüte im Sommer oder im Herbst mit 30 cm Abstand einsetzen.

■ Vermehrung
Die Wurzelballen der Bergflockenblume lassen sich ohne Schwierigkeiten im Herbst oder, noch vor dem Austrieb, im Frühjahr teilen.

■ Pflegemaßnahmen
Um die Nachblüte zu fördern, entfernt man regelmäßig abgeblühte Köpfchen. Auf Falschen Mehltau und Spinnmilben achten.

■ Düngung
Im Frühsommer, zu Beginn der Blüte, oder im Herbst nur schwach mit Kompost düngen. Ein Überangebot an Nährstoffen geht zu Lasten der Standfestigkeit.

■ Nach der Blüte
Blütenstiele vollständig zurückschneiden.

Flockenblume, Centaurea montana 'Rosea'

Bergflockenblume

Centaurea montana □ ▽ ▷

Blüte: blau, rosa oder weiß; V–VII

Wuchs: aufrechte, dichtbuschige Horste; 40–50 cm hoch

Standort: ○–◐; mäßig trockener bis frischer, durchlässiger Boden

Verwendung: in kleinen Gruppen; am Gehölzrand, in Beeten und Rabatten, im Naturgarten; als Schnittblume

Paßt gut zu: Stauden in fast allen Farben, z. B. zu Türkenmohn, Margeriten, Rittersporn, Katzenminze und Wiesensalbei

Besonderheiten
Ein rosafarbenes Gegenstück stellt die Rote Flockenblume (Centaurea dealbata) dar, deren frischrosa Blütenköpfe sich über silbergrauem Laub erheben. Sie stellt ähnliche Ansprüche und wird ebenso gepflegt.

Vermehrungstip
Flockenblumen kann man im Frühjahr direkt an Ort und Stelle aussäen, die Samen keimen zuverlässig.

PORTRÄTS UND PFLEGEANLEITUNGEN

Chrysanthemum coccineum 'Eileen May Robinson'

Margeriten

Chrysanthemum-Arten
□ ▽ ▷

Blüte: weiß, gelb, rot oder rosa; V–VI, Sommermargerite (*Chrysanthemum maximum*) VI–IX

Wuchs: aufrechte, oft dichtbuschige Horste; 50–90 cm hoch

Standort: ○; normaler Boden

Verwendung: einzeln oder in kleinen Gruppen; auf Rabatten und Beeten, in Blumenwiesen; als Schnittblumen

Passen gut zu: vielen anderen Beetstauden, z. B. Türkenmohn, Rittersporn, Bartiris und Sonnenauge, auch zu sommerblühenden Zwiebelgewächsen wie Lilien oder Blumenrohr; schön auch zu Rosen

Die anpassungsfähigen und pflegeleichten Margeriten sind seit alters beliebte Gartenpflanzen.

■ Die **Bunte Margerite** (*Chrysanthemum coccineum*) bringt mit ihren roten, rosafarbenen oder auch gelben Strahlenblüten, die um eine gelbe Mitte angeordnet sind, leuchtende Farbtupfer in den Garten.

■ Die **Wiesenmargerite** (*Chrysanthemum leucanthemum*) besticht durch ihren Wildblumencharakter und paßt hervorragend in bunte Blumenwiesen.

■ Die Blüten der **Sommermargerite** (*Chrysanthemum maximum*) erheben sich auf hohen Stielen und strahlen in reinem Weiß.

■ **Bewährte Sorten**

■ der **Bunten Margerite** (*Chrysanthemum coccineum*): 'Alfred' (leuchtendrote, gefüllte Blüten, 60 cm hoch); 'Eileen May Robinson' (rosa Blüten, 70 cm hoch); 'Regent' (weinrote, einfache Blüten, 80 cm hoch); 'Robinsons Rot' (rote, einfache Blüten, 90 cm hoch)

■ der **Wiesenmargerite** (*Chrysanthemum leucanthemum*): 'Maistern' (weiße Blüten, 50-60 cm hoch, Nachblüte im Spätsommer); 'Maikönigin' (weiße Blüten, 70 cm hoch)

■ der **Sommermargerite** (*Chrysanthemum maximum*): 'Beethoven' (große, einfache weiße Blüten, 80 cm hoch); 'Christine Hagemann' (große, gefüllte weiße Blüten, 70-90 cm hoch); 'Julischnee' (weiße, halbgefüllte Blüten, 80 cm hoch); 'Wirral Supreme' (große, stark gefüllte weiße Blüten, 80-90 cm hoch)

STAUDEN

- **Pflanzung**

Möglichst nur im Frühjahr mit 40–50 cm Abstand einsetzen, da die Stauden bei Herbstpflanzung nur schlecht anwachsen.

- **Vermehrung**

Die Margeriten können leicht durch Teilung vermehrt werden. **Sommermargeriten**, deren Wurzeln man mit der Hand zerpflücken kann, sollten bereits vor dem Austrieb, **Bunte Margeriten** und **Wiesenmargeriten** erst nach der Blüte im Sommer geteilt werden.

- **Pflegemaßnahmen**

In Trockenperioden reichlich gießen. Abgeblühte Blütenstiele regelmäßig entfernen. Die Lebensdauer und Schönheit der Pflanzen läßt sich verlängern, indem man sie alle 4 Jahre durch Teilung verjüngt. **Bunte Margerite** und **Sommermargerite** bei Bedarf aufbinden.

- **Düngung**

Eine Düngung mit Kompost nach dem Rückschnitt (vergleiche „Nach der Blüte") unterstützt den Neuaustrieb der Pflanzen.

- **Nach der Blüte**

Nach dem ersten Blütenflor werden die Margeriten vollständig zurückgeschnitten. Wird anschließend kräftig gegossen und mit Dünger versorgt, treiben **Sommer-** und **Wiesenmargeriten** nochmals durch und blühen im Spätsommer nach.

Besonderheiten

Die hier erwähnten Arten sind vielfach unter ihrem botanischen Gattungsnamen *Chrysanthemum* bekannt, werden aber seit einiger Zeit anderen Gattungen zugerechnet. Die im botanischen Sinn korrekten Namen lauten: *Tanacetum coccineum* (*Chrysanthemum coccineum*, Bunte Margerite); *Leucanthemum vulgare* (*Chrysanthemum leucanthemum*, Wiesenmargerite); *Leucanthemum maximum* (*Chrysanthemum maximum*, Sommermargerite).

Vermehrungstip

Einige Sorten, z. B. 'Robinsons Rot', 'Maikönigin' und 'Wirral Supreme', kann man auch durch Aussaat vermehren. Man streut die Samen im Juni/Juli in Vermehrungssubstrat, deckt sie aber nicht mit Erde ab, da es Lichtkeimer sind. Bei 15–18 °C erfolgt die Keimung meist innerhalb von 2 bis 3 Wochen. Die Sämlinge werden wie üblich pikiert und im Herbst bzw. nach Überwinterung bei 12–15 °C im darauffolgenden Frühjahr gepflanzt.

Chrysanthemum maximum 'Wirral Supreme'

HÄUFIGE PFLEGEPROBLEME

Symptom: Die Laubblätter junger Triebe sind eingesponnen und gehen zugrunde.

Ursache: Chrysanthemenwickler (Schmetterlingslarven)

Vorbeugung/Abhilfe: Eingesponnene Blätter mitsamt den Raupen entfernen und vernichten oder Gespinste öffnen und Raupen absammeln.

Außerdem häufig: Blattfleckenkrankheit; Spinnmilben und Blattläuse

Wiesenmargerite, Chrysanthemum leucanthemum

PORTRÄTS UND PFLEGEANLEITUNGEN

Das formen- und farbenreiche Sortiment der Gartenchrysanthemen läßt im Herbst nochmals den Blütenreichtum des Sommers aufleben. Die farbenprächtigen Blüten werden von mattgrünen, tief eingeschnittenen Laubblättern untermalt. *Chrysanthemum-Indicum*-Hybriden (neuerdings: *Dendranthema-Grandiflorum*-Hybriden) besitzen im Unterschied zu *Chrysanthemum-Koreanum*-Hybriden (*Dendranthema-Koreanum*-Hybriden) stärker gefüllte Blüten und blühen noch etwas länger in den Winter hinein.
Das große, ständig erweiterte Sortenspektrum beider Hybridgruppen bietet Züchtungen mit einfachen bis pomponartigen Blüten in nahezu allen Farbtönen.

■ Pflanzung
Jungpflanzen im Frühjahr im Abstand von etwa 50 cm einsetzen.

■ Vermehrung
Im Frühjahr vor dem Blattaustrieb teilen.

■ Pflegemaßnahmen
Für einen kräftigen Wuchs ist es empfehlenswert, die Pflanzen im Frühsommer um gut ein Viertel der Gesamtlänge zu kürzen. Hohe Sorten mit schweren Blütenköpfen stützt man mit Stäben ab.

Gartenchrysanthemen

Chrysanthemum-Hybriden
□ ▽

Blüte: in allen Farben außer Blau; VIII–XI
Wuchs: aufrechte Horste, ausläuferbildend; 50–100 cm hoch
Standort: ○; nährstoffreicher, frischer Boden, kalkliebend; im Windschatten von Gehölzen oder Mauern
Verwendung: in kleinen oder großen Gruppen, auch mehrere Sorten miteinander kombiniert; auf Beeten und Rabatten, als Gehölzvorpflanzung, in Gefäßen; als Schnittblumen
Passen gut zu: Herbstastern, Sonnenbraut und Ziergräsern, zu Gehölzen mit buntem Fruchtschmuck, zu dunklen Nadelgehölzen
Vorsicht: Bei empfindlichen Personen können nach Kontakt mit den Pflanzen Hautreizungen auftreten.

HÄUFIGE PFLEGEPROBLEME

Symptom: Meist während der Bildung der Blütenknospen vergilben und welken Blätter und Triebe von unten her, Stengel im Querschnitt bräunlich verfärbt.

Ursache: Verticillium-Welke (Pilzerkrankung)

Vorbeugung/Abhilfe: Nicht zu stark düngen, Boden regelmäßig lockern, Unkraut stets entfernen. Bei geringem Befall betroffene Pflanzenteile umgehend abschneiden; bei stärkerem Befall Pflanzen vollständig entfernen, nicht auf den Kompost geben, an solchen Stellen einige Jahre keine Chrysanthemen mehr pflanzen.

Außerdem häufig: Echter Mehltau, Grauschimmel, Blattälchen, Spinnmilben und Blattläuse

■ Düngung
Im Frühjahr mit Kompost versorgen.

■ Nach der Blüte
Nach dem Abblühen Blütenstiele vollständig abschneiden und Horste mit Fichtenreisig abdecken.

Besonderheiten

Es gibt kaum andere Blumen, die sich in der Vase so lange halten wie die Gartenchrysanthemen. Am besten schneidet man gleich nach dem Öffnen der Blüten (Stielende abschneiden).

Chrysanthemum-Indicum-Hybriden

STAUDEN

Die beeindruckenden, herb duftenden Blütenstände der Silberkerze heben sich an langen, dünnen Stielen aus dem Laub empor, das je nach Sorte verschiedene Grün- oder Brauntöne zeigt. Die einzelnen Silberkerzenarten unterscheiden sich durch ihre Blütezeiten: Die **Juli-Silberkerze** *(Cimicifuga racemosa* var. *racemosa)* eröffnet den Reigen, ihr folgen die **September-Silberkerze** *(Cimicifuga ramosa)* und die **Oktober-Silberkerze** *(Cimicifuga simplex).*

■ Bewährte Sorten
- der **September-Silberkerze** *(Cimicifuga ramosa)*: 'Atropurpurea' (rotbraune Laubblätter, 180–200 cm hoch)
- der **Oktober-Silberkerze** *(Cimicifuga simplex):* 'Armleuchter' (verzweigte Blütenkerzen, bis 140 cm hoch); 'Braunlaub' (bräunlich-grünes Laub, bis 140 cm hoch); 'White Pearl' (hellgrünes Laub, bis 140 cm hoch)

■ Pflanzung
Im Frühjahr mit 50–60 cm Pflanzenabstand einsetzen.

■ Vermehrung
Im Frühjahr zu Beginn des Austriebs teilen und sofort wieder einpflanzen.

■ Pflegemaßnahmen
An heißen Tagen ausreichend wässern. Die hübschen Fruchtstände kann man den Winter über stehen lassen, der Rückschnitt erfolgt dann erst im Frühjahr. Empfindlich reagieren die Pflanzen auf Umpflanzen oder Umgraben, deshalb läßt man sie möglichst ungestört wachsen, so werden sie mit den Jahren immer schöner.

■ Düngung
Um die Blühfreudigkeit zu unterstützen, düngt man alle 2 bis 3 Jahre im Frühjahr mit Kompost.

Juli-Silberkerze, Cimicifuga racemosa

Silberkerzen

Cimicifuga-Arten ◨ ▼ ▷

Blüte: weiß; VII–X
Wuchs: aufrechte Horste; 120–200 cm hoch
Standort: ◐–●; frischer bis feuchter, humoser Boden; windgeschützte Lage
Verwendung: in kleinen und größeren Gruppen; am Gehölzrand, im Schatten von Mauern; als Schnittblumen
Passen gut zu: Eisenhut, Herbstanemonen, Prachtspieren, hohen Glockenblumen, Funkien, Farnen und immergrünen Gehölzen

Besonderheiten

Im Herbst kommen viele Insekten auf der Nahrungssuche an den nektarhaltigen Blütenkerzen vorbei.

Vermehrungstip

Will man Silberkerzen durch Aussaat vermehren, sollte man beachten, daß es sich um Kaltkeimer handelt, deren Samen schon im Herbst ausgebracht werden müssen. Hat man die Samen direkt an Ort und Stelle ausgesät, kann es sein, daß sie erst im übernächsten Jahr keimen.

PORTRÄTS UND PFLEGEANLEITUNGEN

Maiglöckchen

Convallaria majalis ▪▷

Blüte: weiß oder rosa; V

Wuchs: aufrecht, teppichbildend; 15–30 cm hoch

Standort: ◐–●; frischer, humoser Boden

Verwendung: in kleinen und großen Gruppen; unter oder vor Gehölzgruppen und Hecken; als Schnittblume

Paßt gut zu: Anemonen, Akeleien, Immergrün, Duftveilchen und Lungenkraut, auch zu Farnen und Ziergräsern

Vorsicht: Alle Pflanzenteile enthalten starke Giftstoffe.

Maiglöckchen, Convallaria majalis

Besonderheiten

Als Sommervorboten machen sich die zierlichen Blumen auch in der Vase sehr hübsch. Man schneidet sie am besten noch leicht knospig. Maiglöckchen sollten möglichst nicht mit anderen Schnittblumen kombiniert werden, da der Strauß dann rasch welken könnte. Zu beachten ist, daß die Pflanzen ihre Giftstoffe auch ins Vasenwasser abgeben.

Die zarten Glöckchen dieser anmutigen und allseits beliebten, unter Naturschutz stehenden Blume verströmen einen intensiven, süßen Duft. Durch ihr kriechendes Rhizom vermögen die Pflanzen im Laufe der Zeit große Flächen zu besiedeln. Auch nach der Blüte wirken ihre breiten, länglichen Blätter sowie ihre leuchtendroten Früchte sehr zierend.

▪ Bewährte Sorten

'Grandiflora' (große, weiße Glöckchen, 20–30 cm hoch); 'Plena' (weiße, gefüllte Blüten, 20–30 cm hoch); 'Rosea' (hellrosa Blüten, bis 30 cm hoch)

▪ Pflanzung

Im Frühjahr oder Herbst Rhizomstücke etwa 3 cm tief und mit 15–20 cm Abstand pflanzen; getopfte Jungpflanzen ebenso tief, wie sie im Container standen, mit 20–30 cm Abstand in die Erde setzen.

▪ Vermehrung

Im Herbst, wenn die Blätter schon vergilbt sind, kann man teilen. Ältere Ausläuferpflanzen können ohne Schwierigkeiten abgetrennt und an eine andere Stelle gesetzt werden.

▪ Pflegemaßnahmen

Die genügsamen Maiglöckchen bringen auch ohne besondere Pflegemaßnahmen jedes Jahr wieder ihre Blüten hervor. Falls sie zu stark wuchern, muß man unerwünschte Ausläufer abstechen.

▪ Düngung

In der Regel nicht erforderlich, höchstens alle 2 bis 3 Jahre im Herbst oder Frühjahr etwas Kompost verabreichen.

STAUDEN

Mädchenaugen zeichnen sich durch ihre unermüdliche Blühfreudigkeit aus. Die gelben Strahlenblüten des **Großblütigen Mädchenauges** *(Coreopsis grandiflora)* sorgen für weithin leuchtende Farbflecken. Das **Nadelblättrige Mädchenauge** *(Coreopsis verticillata)* wirkt wesentlich zierlicher als die vorgenannte Art.

■ Bewährte Sorten
- des **Großblütigen Mädchenauges** *(Coreopsis grandiflora):* 'Badengold' (sehr große, goldgelbe Blüten, 70 cm hoch); 'Early Sunrise' (gelbe, halbgefüllte Blüten, 40–50 cm hoch); 'Sunray' (gelbe, gefüllte Blüten, 60 cm hoch); 'Tetragold' (große, gelbe Blüten, 60 cm hoch)
- des **Nadelblättrigen Mädchenauges** *(Coreopsis verticillata):* 'Grandiflora' (goldgelb, 80 cm hoch); 'Moonbeam' (hellgelb, 30 cm hoch); 'Zagreb' (goldgelb, 30 cm hoch)

■ Pflanzung
Im Spätsommer oder Herbst mit 30–50 cm Abstand einsetzen.

■ Vermehrung
Im Frühjahr oder im Herbst nach der Blüte kann geteilt werden. Fast alle Sorten kann man auch im Frühjahr aussäen.

■ Pflegemaßnahmen
Bei anhaltender Trockenheit gießen. Hohe Sorten aufbinden. Das **Großblütige Mädchenauge** sollte alle 2 bis 3 Jahre geteilt werden.

■ Düngung
Vor dem Austrieb mit Kompost versorgen.

■ Nach der Blüte
Unmittelbar nach der Blüte sollte man alle Triebe bis in Bodennähe zurückschneiden, damit sich auch im folgenden Jahr ein reicher Blütenflor ausbildet.

Coreopsis verticillata 'Grandiflora'

Vermehrungstip

Auch durch Grundstecklinge kann man neue Jungpflanzen heranziehen: Bereits im Frühjahr schneidet man kräftige, neue Seitentriebe direkt über dem Boden von der Mutterpflanze ab und steckt sie in Töpfe mit Vermehrungserde. Nach einigen Wochen, wenn sich Wurzeln ausgebildet haben, werden die Pflanzen an die gewünschte Stelle gesetzt.

Coreopsis grandiflora 'Early Sunrise'

Mädchenauge

Coreopsis-Arten □ ▽ ▷

Blüte: gelb; VI–IX

Wuchs: aufrechte, dichtbuschige Horste, ausläuferbildend; 30–80 cm hoch

Standort: ○; keine besonderen Bodenansprüche

Verwendung: in kleinen und großen Gruppen; auf Beeten und Rabatten; als Schnittblumen

Passen gut zu: Sommermargeriten, Rittersporn, Astern, Ehrenpreis, Ziersalbei und vielen anderen Beetstauden

PORTRÄTS UND PFLEGEANLEITUNGEN

Rittersporne
Delphinium-Hybriden
■ ▽ ▷

Blüte: blau, violett, rosa oder weiß; VI–VII, Nachblüte VIII–IX
Wuchs: große aufrechte Büsche; 80–200 cm hoch
Standort: O; nährstoffreicher, frischer Boden; windgeschützte, aber luftige Lage
Verwendung: in kleinen und großen Gruppen; als dominierende Pflanzen in Beeten und Rabatten, im Bauerngarten; als Schnittblumen
Passen gut zu: Türkenmohn, Pfingstrosen, Lichtnelken, Schafgarbe und Sonnenbraut sowie zu Madonnenlilien und Rosen
Vorsicht: Alle Pflanzenteile enthalten das giftige Aconitin.

Der Rittersporn mit seinen stattlichen, zumeist blauen Blütenkerzen setzt in jedem Garten deutliche Akzente. Durch Züchtung entstanden aus den lockerblütigen Wildformen Hybridsorten, die sich durch große, sehr dicht stehende Blüten in satten Farbtönen auszeichnen. Diese Züchtungen werden in drei Sortengruppen unterteilt:

■ *Delphinium*-Belladonna-Hybriden wirken mit ihren locker verzweigten Blütenrispen sehr grazil. Ihre maximale Wuchshöhe liegt bei 120 cm.

■ *Delphinium*-Elatum-Hybriden tragen ihre Blüten in dichten, kerzenartigen Blütenständen. Mit ihrer Höhe von bis zu 200 cm überragen sie die meisten anderen Beetstauden deutlich. Der erste Blütenflor erstreckt sich bei ihnen häufig bis in den August hinein.

■ *Delphinium*-Pacific-Hybriden besitzen sehr große Einzelblüten, die bei einigen Sorten auch halbgefüllt sind. Sie türmen sich zu schweren, bis 160 cm hohen Blütenkerzen auf.

Belladonna-Hybride 'Piccolo'

■ Bewährte Sorten

■ der *Delphinium*-Belladonna-Hybriden: 'Casa Blanca' (weiße Blüten, 130–140 cm hoch); 'Kleine Nachtmusik' (dunkelviolette Blüten, 80 cm hoch); 'Piccolo' (azurblaue Blüten, 80 cm hoch); 'Völkerfrieden' (azurblaue Blüten, 100–110 cm hoch)

■ der *Delphinium*-Elatum-Hybriden: 'Berghimmel' (hellblaue Blüten mit weißem Auge, 170 cm hoch); 'Fernzünder' (mittelblaue Blüten mit weißem Auge, 140–150 cm hoch); 'Lanzenträger' (enzianblau mit weißem Auge, bis 200 cm hoch); 'Sommernachtstraum' (enzianblau mit weißem Auge, 160 cm hoch); 'Zauberflöte' (blaue Blüten mit rosafarbenem Schimmer und weißem Auge, 180 cm hoch)

■ der *Delphinium*-Pacific-Hybriden: 'Blue Bird' (mittelblaue Blüten mit weißem Auge, 150–160 cm hoch); 'Galahad' (weiße Blüten, 150 cm hoch); 'Rosa Sensation' (zartrosa Blüten, 160 cm hoch); 'Summer Skies' (hellblaue Blüten mit weißem Auge, 160–170 cm hoch)

■ Pflanzung
Im Frühjahr oder Herbst mit 50–70 cm Abstand einsetzen.

■ Vermehrung
Im Frühjahr vor dem Austrieb oder im Herbst nach der Blüte kann man die Pflanzen teilen. Zur Stecklingsvermehrung trennt man im Frühjahr etwa 10 cm lange Jungtriebe mit Teilen des Wurzelballens ab, topft sie erst in Vermehrungserde ein und pflanzt sie dann im Herbst aus.

■ Pflegemaßnahmen
An heißen Tagen muß kräftig gegossen werden. *Delphinium*-Pacific-Hybriden brechen durch ihre schwere Blütenlast leicht ab und sollten deshalb rechtzeitig an einem stabilen Stab aufgebunden werden. Zudem sind sie frostanfälliger als die anderen Hybriden, deshalb empfiehlt es sich, sie in strengen Wintern mit einer Schutzabdeckung aus Fichtenreisig zu versehen.

STAUDEN

■ **Düngung**

Vor dem Austrieb mit Kompost oder Volldünger versorgen. Eine weitere Kompostgabe beim Rückschnitt nach der ersten Blüte fördert den neuen Blütenansatz.

■ **Nach der Blüte**

Schneidet man die Triebe nach dem ersten Flor bis auf eine Handbreit über dem Boden zurück, werden die Pflanzen zum Neuaustrieb angeregt. So kommt es, sonnige und warme Witterung vorausgesetzt, zu einer reichen Nachblüte. Nach dieser sollten die Pflanzen erneut stark zurückgeschnitten werden.

Besonderheiten

Wunderschön wirkt die klassische Kombination von blauem Rittersporn mit weißen Madonnenlilien und roten Rosen.

Vermehrungstip

Die *Delphinium*-Pacific-Hybriden und zahlreichen Sorten der *Delphinium*-Belladonna-Hybriden lassen sich durch Samen vermehren. Nach der Aussaat sollten die Sämlinge bald pikiert werden, damit sie sich zu kräftigen Pflanzen entwickeln können.

Pacific-Hybride 'Galahad'

'Lanzenträger', eine bewährte Elatum-Hybride

>
>
> **HÄUFIGE PFLEGEPROBLEME**
>
> **Symptom:** Braune, graue oder schwarze, unregelmäßige Flecken auf den Blättern
>
> **Ursache:** Blattfleckenkrankheit (Pilzerkrankung)
>
> **Vorbeugung/Abhilfe:** Algenkalk streuen oder Schachtelhalmtee spritzen, nicht zu stark düngen, vor der Pflanzung den Boden tiefreichend lockern, schweren Boden durch Sandzugabe lockerer machen, Standortbedingungen verbessern; befallene und abgefallene Blätter sofort entfernen und vernichten.
>
> **Außerdem häufig:** Echter Mehltau und Schnecken

PORTRÄTS UND PFLEGEANLEITUNGEN

Pfingstnelke, Dianthus gratianopolitanus

HÄUFIGE PFLEGEPROBLEME

Symptom: Fahle, schlaffe Blätter, die später vergilben oder bei feuchter Witterung faulen.

Ursache: Larven der Nelkenfliege

Vorbeugung/Abhilfe: Zur Abschreckung mit Rainfarn- oder Wermuttee spritzen, dies hilft auch bei Befall; ab Mitte August die Pflanzen auf Maden und Fraßspuren kontrollieren und gegebenenfalls entfernen.

Außerdem häufig: Rost, Blattfleckenkrankheit, Nelkenschwärze und Nelkenmosaik (Virose)

Frühblühende Nelken

Dianthus-Arten ■ ▽ ▷

Blüte: rosa, rot, weiß, auch zweifarbig; V–VII

Wuchs: polsterbildend; 5–30 cm hoch

Standort: ○; nährstoffarmer, mäßig trockener bis frischer, durchlässiger Boden

Verwendung: in kleineren Gruppen; im Steingarten, auf Trockenmauern und für Beeteinfassungen

Passen gut zu: niedrigen Glockenblumen, kriechendem Schleierkraut, Sonnenröschen und Katzenminze

Die graugrün beblätterten Polster von **Pfingstnelke** *(Dianthus gratianopolitanus)* und **Federnelke** *(Dianthus plumarius)* sind ab Mai dicht mit Blüten übersät. Diese bezaubern durch ihren zarten Duft und ihre tellerförmig angeordneten Blütenblätter, die an den Rändern mehr oder weniger stark gefranst sind.

■ Bewährte Sorten

■ der **Pfingstnelke** *(Dianthus gratianopolitanus):* 'Blaureif' (rosa, 15 cm hoch); 'Carina' (rot, halbgefüllt, 15 cm hoch); 'La Bourbille' (rosa, 5 cm hoch); 'Rotkäppchen' (samtrot, halbgefüllt, 15 cm hoch)

■ der **Federnelke** *(Dianthus plumarius):* 'Altrosa' (rosa, gefüllt, 20 cm hoch); 'Diamant' (weiß, gefüllt, 25–30 cm hoch); 'Heidi' (scharlachrot, gefüllt, 20 cm hoch)

■ Pflanzung

Im Herbst oder auch im zeitigen Frühjahr mit 15–20 cm Abstand einsetzen.

■ Vermehrung

Durch Teilung im Frühjahr oder Herbst. Auch Aussaat im zeitigen Frühjahr ist möglich; in diesem Fall vorziehen, wie bei den spätblühenden Arten beschrieben.

■ Pflegemaßnahmen

Läßt mit den Jahren die Blühkraft nach und beginnen die Polster von der Mitte aus zu verkahlen, sollte man die Pflanzen durch Teilung verjüngen.

■ Düngung

Nur auf sehr mageren Böden vor dem Austrieb Kompost oder organischen Volldünger geben; darüber hinaus wirkt eine Düngung eher schädlich.

■ Nach der Blüte

Pflanzen um etwa ein Drittel zurückschneiden, so wird ein Verkahlen verhindert und der Neuaustrieb gefördert.

Federnelke, Dianthus plumarius

STAUDEN

Die **Kartäusernelke** *(Dianthus carthusianorum)* schiebt rosafarbene bis purpurrote Blüten mit dunkler Aderung, die zu mehreren in endständigen Blütenständen zusammengefaßt sind, über dichte, graugrüne Polster aus grasartigem Laub. Bei der **Heidenelke** *(Dianthus deltoides)* stehen die Blüten einzeln auf spärlich verzweigten Stielen.

■ Bewährte Sorten
- der **Kartäusernelke** *(Dianthus carthusianorum):* 'Nanum' (purpurrot, 15 cm hoch)
- der **Heidenelke** *(Dianthus deltoides):* 'Albus' (weiße Blüten mit rotem Ring, 15–20 cm hoch); 'Brillant' (samtrot, 15 cm hoch); 'Heideglut' (dunkelrot, 15–20 cm hoch); 'Vampir' (leuchtendrot, bis 20 cm hoch)

■ Pflanzung
Im Herbst oder zeitigen Frühjahr mit 10–20 cm Abstand einsetzen.

■ Vermehrung
Die reinen Arten sowie die Sorten der **Heidenelke** lassen sich am bequemsten durch Aussaat vermehren. Zur Vorkultur sät man im Frühjahr in Anzuchterde aus und pikiert 2 bis 3 Wochen nach der Keimung die Sämlinge. Anschließend werden sie bei kühlen Temperaturen hell und luftig weiterkultiviert.

■ Pflegemaßnahmen
Zu groß gewordene Polster kann man durch Abschneiden oder -stechen der Ränder in Form bringen.

■ Düngung
Nicht erforderlich.

Vermehrungstip

Die Polster bleiben schöner, wenn man sie alle paar Jahre nach der Blüte durch Teilung verjüngt, dabei lassen sich gleich noch neue Pflanzen gewinnen.

Dianthus deltoides 'Brillant'

HÄUFIGE PFLEGEPROBLEME

Symptom: Blätter mosaikartig gefleckt, deformieren oder kräuseln sich; auch an Blüten können Verfärbungen auftreten.

Ursache: Nelkenmosaik (Viruserkrankung)

Vorbeugung/Abhilfe: Befallene Pflanzen vernichten; Überträger des Virus, das sind vor allem Blattläuse und Spinnmilben, bekämpfen.

Außerdem häufig: Rost, Blattfleckenkrankheit, Nelkenschwärze

Spätblühende Nelken

Dianthus-Arten ■ ▽ ▷

Blüte: rosa, rot oder weiß; VI–IX

Wuchs: aufrecht, polsterbildend; 10–30 cm hoch

Standort: ○; nährstoffarmer, trockener bis frischer, durchlässiger Boden; für die Heidenelke kalkarm

Verwendung: in kleineren Gruppen; in Steingarten und auf Trockenmauern, im Steppenbeet, in Blumenwiesen, für Pflanztröge

Passen gut zu: Sonnenröschen, niedrigen Glockenblumen, Steinkraut und Thymian

Kartäusernelke, Dianthus carthusianorum

PORTRÄTS UND PFLEGEANLEITUNGEN

Tränendes Herz, Dicentra spectabilis

Dicentra spectabilis 'Alba'

Tränendes Herz

Dicentra spectabilis ■▼▶

Blüte: rosa oder weiß; IV–VI

Wuchs: aufrecht, Blütentriebe übergeneigt; 50–80 cm hoch

Standort: ◐; frischer, humoser Boden; kühle Lage

Verwendung: einzeln oder in kleinen Gruppen; vor dunklen Gehölzen, im Hintergrund von Beeten und Rabatten, im Bauerngarten; als Schnittblume

Paßt gut zu: Akelei, Vergißmeinnicht, Blauglöckchen und weißen Narzissen

Vorsicht: Alle Pflanzenteile, vor allem der Wurzelstock, enthalten giftige Alkaloide.

Das Tränende Herz fasziniert durch seine perlschnurartig aufgereihten Blüten, deren Form tatsächlich einem Herzen gleicht, aus dem eine Träne zu tropfen scheint. Das große, stark gefiederte Laub unterstreicht mit seiner dunkelgrünen Farbe die Wirkung der Blüten.

■ Bewährte Sorte
'Alba' ist eine reinweiß blühende Variante, die etwa 80 cm hoch wird.

■ Pflanzung
Im Herbst oder im Frühsommer nach der Blüte pflanzen, dabei den Wurzelballen nicht zu tief einsetzen, besser einen Fingerbreit höher, als die Jungpflanze vorher stand.

■ Vermehrung
Das Tränende Herz kann durch grundständige Stecklinge vermehrt werden. Dazu schneidet man im Frühjahr kräftige Jungtriebe direkt neben der Mutterpflanze bis zum Boden ab, topft sie in Vermehrungserde, stülpt eine Klarsichthaube darüber und stellt sie hell und mäßig warm (etwa bei 15 °C) auf.

■ Pflegemaßnahmen
In Trockenperioden reichlich wässern. Der frühe Austrieb ist recht frostempfindlich, deshalb in kalten Nächten mit einem Pappkarton abdecken. Die Stauden werden erst mit den Jahren richtig schön, man sollte sie deshalb ungestört wachsen lassen.

■ Düngung
Nicht erforderlich.

Besonderheiten

Die Pflanze zieht nach der Blüte vollständig ein, d. h., alle ihre oberirdischen Triebe sterben ab, nur der Wurzelstock überdauert bis zum nächsten Frühjahr. Um ihn nicht beim Graben zu verletzten, sollte man die Pflanzstelle deutlich mit einem Schildchen bzw. Pflanzetikett markieren.

Vermehrungstip

Das Tränende Herz kann auch durch Aussaat vermehrt werden. Da es sich um Kaltkeimer handelt, müssen die Samen bereits im Herbst ausgebracht werden. Man streut sie in Vermehrungserde, stellt die Saatgefäße an einer geschützten Stelle im Freien auf und holt sie erst im zeitigen Frühjahr wieder in die Wärme. Die dann bald erscheinenden Sämlinge werden pikiert und im Mai ausgepflanzt.

STAUDEN

Seinen Namen hat der Fingerhut aufgrund seiner glockenförmigen, hängenden Blüten erhalten. Viele davon sind in hoch aufragenden, beeindruckenden Blütenkerzen zusammengefaßt. Der **Großblütige Fingerhut** *(Digitalis grandiflora)* besitzt gelbe Blüten und erreicht bis 100 cm Höhe. Der **Rote Fingerhut** *(Digitalis purpurea)* fällt durch seine Blüten in verschiedenen Rottönen, Gelb oder Weiß auf. Da er nur kurzlebig ist, wird er oft nur zweijährig kultiviert.

■ Bewährte Sorten
■ des **Roten Fingerhuts** *(Digitalis purpurea):* 'Gelbe Lanze' (blaßgelb, 120 cm hoch); 'Gloxiniaeflora' (Farbmischung in Rot, Weiß und Rosa, bis 100 cm hoch)

■ Pflanzung
Jungpflanzen im Frühjahr mit 40–50 cm Abstand einsetzen.

■ Vermehrung
Fingerhut läßt sich leicht aus Samen ziehen. Im November werden die Kaltkeimer in Anzuchtschalen ausgesät und nur hauchdünn mit Erde bedeckt, da sie zur Keimung auch Licht benötigen. Zunächst stellt man sie für 2 Wochen bei etwa 20 °C auf, anschließend jedoch ins Freie, damit sie Kälte, Regen und Schnee ausgesetzt sind. Im Februar werden sie wieder ins Haus geholt und auf einer nicht zu sonnigen Fensterbank aufgestellt. Hier erfolgt bald darauf die Keimung. Nach Bildung der ersten Laubblättchen pikieren, abhärten und ab Mai ins Freie pflanzen.

■ Pflegemaßnahmen
Man kann die Lebensdauer der Pflanzen verlängern, indem man sie gleich nach dem Abblühen zurückschneidet.

■ Düngung
Nicht erforderlich.

Fingerhut

Digitalis-Arten   □ ▽

Blüte: rosa, rot, gelb oder weiß; VI–VIII

Wuchs: aufrechter Blütenstand über einer Blattrosette; 50–140 cm hoch

Standort: ; nährstoffreicher, frischer Boden

Verwendung: einzeln und in kleinen Gruppen; am Gehölzrand, auf Beeten und Rabatten, im Natur- und Bauerngarten; als Schnittblumen

Passen gut zu: hohen Glockenblumen, Storchschnabel, Silberkerzen, Funkien, Farnen und Ziergräsern

Vorsicht: Beide Arten sind stark giftig.

Digitalis purpurea '*Gloxiniaeflora*'

Großblütiger Fingerhut, Digitalis grandiflora

Besonderheiten

An günstigen Standorten bilden die Arten und Sorten Samen aus und vermehren sich selbständig. Allerdings fallen die Sämlinge oft etwas anders aus als die Mutterpflanzen. Wer Wert auf stets gleichartige Pflanzen legt, muß den Fingerhut deshalb alle paar Jahre aus zugekauften Samen neu heranziehen.

HÄUFIGE PFLEGEPROBLEME

Symptom: Triebe werden schlaff und vertrocknen.

Ursache: Wurzelfäule

Vorbeugung/Abhilfe: Pflanze ausgraben, verfaulte Wurzeln zurückschneiden und an geeigneteren Standort umpflanzen; bei stark fortgeschrittenem Stadium der Fäule bleibt einem nur das Entfernen der Pflanze.

PORTRÄTS UND PFLEGEANLEITUNGEN

Gemswurz

Doronicum orientale □ ▽ ▷

Blüte: gelb; IV–V

Wuchs: aufrechte Horste; 25–60 cm hoch

Standort: ○–◑; nährstoffreicher, frischer und durchlässiger Boden

Verwendung: in kleinen und großen Gruppen; am Gehölzrand, in Beeten und Rabatten, im Steingarten; als Schnittblume

Paßt gut zu: roten Tulpen, weißen Narzissen und blauen Traubenhyazinthen, auch zu Vergißmeinnicht, Primeln und Lungenkraut

***Gemswurz**, Doronicum orientale*

***Gemswurzblüten:**
strahlende Frühsommervorboten*

Mit ihren leuchtendgelben Strahlenblüten bringt die Gemswurz schon früh im Jahr Farbe in den Garten und harmonisiert schön mit den kräftigen Farben anderer Frühjahrsblüher.

■ Bewährte Sorten
'Finesse' (samenvermehrbar, 50 cm hoch); 'Frühlingspracht' (gefüllte Blüten, 40–50 cm hoch); 'Magnificum' (samenvermehrbar, sehr große Blüten, 50 cm hoch); 'Riedels Goldkranz' (sehr große, halbgefüllte Blüten, 25 cm hoch)

■ Pflanzung
Im Frühsommer mit 40 cm Abstand setzen.

■ Vermehrung
Nach der Blüte teilen, Teilstücke gleich einpflanzen.

■ Pflegemaßnahmen
Bei Trockenheit gießen. Verblühtes regelmäßig entfernen, um die Nachblüte zu fördern. Auf Echten Mehltau und Schnecken achten.

■ Düngung
Vor dem Austrieb im Frühjahr ein wenig Kompost geben.

Besonderheiten

Die schönen Strahlenblüten auf den aufrechten Stielen sind ideale Schnittblumen und halten in der Vase sehr lange.

Vermehrungstip

Die reine Art und einige Sorten können auch durch Samen vermehrt werden. Die Aussaat erfolgt im Frühjahr, bei etwa 15 °C keimen die Samen gewöhnlich nach 2 Wochen. Sämlinge dann pikieren, im Mai/Juni auspflanzen.

STAUDEN

Die Zwergsträucher mit ihren kleinen, glokkenförmigen Blüten und nadelförmigen, immergrünen Blättern sind attraktive Farbtupfer im Garten. Schon zu Beginn des Jahres schmückt sich die **Schneeheide** *(Erica carnea,* auch *Erica herbacea)* mit ihren Blütenglöckchen. Die im Sommer blühende **Grauheide** *(Erica cinerea)* erhielt ihren Namen von den grau behaarten Zweigen und Blättern. In der Pflege sehr ähnlich ist die Besenheide *(Calluna vulgaris,* Seite 156).

■ Bewährte Sorten
■ der **Schneeheide** *(Erica carnea):* 'Atrorubra' (leuchtendrote, spät erscheinende Blüten, 15–25 cm hoch); 'Myretown Ruby' (weinrote, spät erscheinende Blüten, 15–25 cm hoch); 'Springwood White' (weiß, bis 25 cm hoch).

■ Pflanzung
Angezogene oder gekaufte Jungpflanzen werden im Herbst eingepflanzt. Damit sich die ausläuferbildenden Pflanzen nicht mindestens 30 cm Abstand einhalten.

■ Vermehrung
Im Frühsommer schneidet man von kräftigen Trieben den oberen Teil etwa 5–7 cm lang ab. Die so gewonnenen Kopfstecklinge setzt man in Töpfe mit nährstoffarmem Substrat und stülpt über das Gefäß eine Folienhaube. Nach einigen Wochen haben sich Wurzeln gebildet; Folienhaube abnehmen und Stecklinge bis zur Pflanzung im Topf weiterkultivieren.

■ Pflegemaßnahmen
Alle 2 bis 3 Jahre werden alle abgeblühten Triebe um ein Drittel zurückgeschnitten, in den anderen Jahren kann man sie stehenlassen. Da die **Grauheide** frostempfindlich ist, sollte man sie im Winter und bei Spätfrostgefahr mit Fichtenreisig schützen.

■ Düngung
Nur auf kargem Boden empfiehlt sich im Sommer vor der Blüte eine schwache Düngung.

Schneeheide, Erica carnea

HÄUFIGE PFLEGEPROBLEME

Symptom: Blätter verbraunen, und die Triebspitzen welken; später stirbt die ganze Pflanze ab.

Ursache: Erikasterben (Staunässe und Überdüngung)

Vorbeugung/Abhilfe: Befallene Pflanzen entfernen, Boden verbessern.

Außerdem häufig: Echter Mehltau, Rost

Erika,
Heide
Erica-Arten

Blüte: rosa, rot oder weiß; *Erica carnea* XII–V, *Erica cinerea* VI–VIII

Wuchs: polsterbildend; 15–35 cm hoch

Standort: O; feuchter bis frischer, humoser Boden

Verwendung: in kleinen oder größeren Gruppen; als Bodendecker vor oder unter Nadelgehölzen, im Heidebeet, im Steingarten, in Pflanzgefäßen, als Schnitt- und Trockenblumen

Passen gut zu: Heidenelke, Ginster, Thymian, Gräsern und Nadelgehölzen wie Kiefer und Wacholder

Stecklingsvermehrung bei Erika. ① *Abschneiden des 5–7 cm langen Kopfstecklings.* ② *Bis zur Wurzelbildung steht der Steckling in nährstoffarmem Substrat unter einer Folienhaube*

PORTRÄTS UND PFLEGEANLEITUNGEN

Feinstrahl

Erigeron-Hybriden ☐ ▷

Blüte: blau, violett, weiß, rosa oder rot mit gelboranger Mitte; VI–VII und IX

Wuchs: aufrechte, stark verzweigte Horste; 60–80 cm hoch

Standort: ○; nährstoffreicher, frischer und durchlässiger Boden

Verwendung: in kleinen und großen Gruppen; in Beeten und Rabatten; als Schnittblumen

Passen gut zu: Sommermargerite, Bergaster, Sonnenhut, Rittersporn und Phlox sowie zu Rosen

Besonderheiten

Die Pflanzen liefern herrliche Schnittblumen. Damit sie ihre Schönheit in der Vase voll entfalten, sollte man sie erst im erblühten Zustand abschneiden.

Erigeron-Hybriden 'Sommerneuschnee'

Erigeron-Hybride 'Rosa Triumph'

Der Feinstrahl bildet grazile Strahlenblüten aus, die um eine meist gelbe Mitte angeordnet sind. Die reich verzweigten, buschigen Stauden bleiben stets unaufdringlich, sind also ideale Kombinationspartner.

■ Bewährte Sorten

'Adria' (blauviolett, halbgefüllt, 60 cm hoch); 'Rotes Meer' (dunkelrot, 60-70 cm hoch); 'Schwarzes Meer' (dunkelviolett, 60-70 cm hoch); 'Sommerneuschnee' (weiß, im Verblühen rosa überhaucht, bis 70 cm hoch)

■ Pflanzung

Feinstrahl kann man im Frühjahr und im Herbst mit 30-40 cm Abstand pflanzen.

■ Vermehrung

Die Pflanzen können im Frühsommer noch vor der Blüte geteilt werden.

■ Pflegemaßnahmen

An heißen Tagen kräftig wässern. In ungeschützten Lagen durch Holzstäbe stützen. Wenn die Blühfreudigkeit nachläßt, die Pflanzen durch Teilung verjüngen. Auf Echten Mehltau achten.

■ Düngung

Eine Kompostdüngung nach der Erstblüte fördert den Neuaustrieb und die Nachblüte.

■ Nach der Blüte

Nach dem ersten Blütenflor sollten die Triebe Anfang August um ein Drittel zurückgeschnitten werden. Bis zum Herbst bilden sich dann erneut Blüten aus.

STAUDEN

Wolfsmilch,
niederliegende Arten und Sorten
Euphorbia-Arten □▷

Blüte: grüngelb oder goldgelb gefärbte Hochblätter; IV–VI

Wuchs: horstartig, polsterbildend; *Euphorbia myrsinites* 15–25 cm hoch, *Euphorbia polychroma* 30–50 cm hoch

Standort: ○–◐; mäßig trockener bis frischer, durchlässiger Boden; kalkliebend

Verwendung: einzeln oder in kleinen Gruppen; am Gehölzrand, im Steingarten, auf Mauerkronen und in Mauerfugen, in Pflanztrögen

Passen gut zu: anderen Polsterpflanzen wie Steinkraut, Gänsekresse, Blaukissen, Schleifenblume, Polsterphlox und zu roten Tulpen

Vorsicht: Der in allen Pflanzenteilen enthaltene Milchsaft ist giftig und kann Hautreizungen verursachen.

Goldwolfsmilch, Euphorbia polychroma

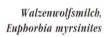

Walzenwolfsmilch, Euphorbia myrsinites

Die eigentlichen Blüten der Wolfsmilchgewächse sind äußerst unscheinbar. Ins Auge fallen vielmehr die häufig intensiv gefärbten Hochblätter, die die rundlichen Nektardrüsen und Blüten umgeben.

■ Die **Walzenwolfsmilch** *(Euphorbia myrsinites)* besticht durch ihren schönen wintergrünen Blattschmuck.

■ Die **Goldwolfsmilch** *(Euphorbia polychroma)* ist zur Blütezeit dicht mit gelb gefärbten Blütenständen übersät. Aber auch im Herbst stellt sie eine Attraktion dar, wenn sich ihre hellgrünen Laubblätter in intensive Gelb-, Orange- und Rottöne tauchen.

■ **Pflanzung**
Im Herbst mit 20–30 cm Abstand einsetzen.

■ **Vermehrung**
Nach der Blüte lassen sich die Pflanzen teilen.

■ **Pflegemaßnahmen**
Die anspruchslosen Stauden kommen mit wenig Pflege aus. Man schneidet sie im Herbst zurück, um ein Verkahlen der Polster zu verhindern.

■ **Düngung**
Nicht erforderlich.

Vermehrungstip

Zur Stecklingsvermehrung werden im Frühjahr etwa 7–10 cm lange Triebspitzen abgeschnitten und zunächst einige Minuten in ein Wasserglas gestellt. Dadurch läuft der Milchsaft heraus, und die Schnittstelle verklebt nicht. Anschließend setzt man die Stecklinge einzeln in Töpfe mit Anzuchtsubstrat und läßt sie bewurzeln. Nach einigen Wochen können sie ausgepflanzt werden.

PORTRÄTS UND PFLEGEANLEITUNGEN

Wolfsmilch,
aufrechte Arten und Sorten
Euphorbia-Arten

Blüte: gelb oder rot; IV–VI

Wuchs: aufrechte Horste, ausläuferbildend; *Euphorbia cyparissias* 20–40 cm hoch, *Euphorbia griffithii* 50–80 cm hoch

Standort: ○–◐; mäßig trockener bis frischer, durchlässiger Boden, für *Euphorbia griffithii* sauer (pH-Wert unter 5,5)

Verwendung: in kleinen und großen Gruppen; am Gehölzrand, in Beeten und Rabatten, in Blumenwiesen

Passen gut zu: blaublühenden Arten wie Salbei, Katzenminze und Storchschnabel

Vorsicht: Der in allen Pflanzenteilen enthaltene Milchsaft ist giftig und kann Hautreizungen verursachen.

Vermehrungstip

Die Arten lassen sich auch direkt an Ort und Stelle aus Samen heranziehen. Die Samen der Himalaja-Wolfsmilch sind Kaltkeimer und werden daher im Herbst ausgesät und den Winter über im Freien Kälte und Schnee ausgesetzt.

Euphorbia griffithii 'Fire Glow'

Die Zypressenwolfsmilch *(Euphorbia cyparissias)* besitzt leuchtendgelb gefärbte Hochblätter, die in doldenähnlichen Blütenständen zusammengefaßt sind. Umgeben werden sie von blütenlosen Seitenzweigen, die dicht mit nadelförmigen Blättern besetzt sind und der Pflanze ein duftiges Aussehen verleihen.

Die **Himalaja-Wolfsmilch** *(Euphorbia griffithii)* fällt durch ihre feurig orangerot gefärbten Hochblätter auf, die in der Sonne am intensivsten leuchten. Durch starke Ausläuferbildung vermag sie in kurzer Zeit große Flächen zu besiedeln, doch braucht sie im Unterschied zu den anderen Wolfsmilcharten eher saures Substrat.

■ Vermehrung
Nach der Blüte teilen.

■ Pflegemaßnahmen
Im Spätherbst Pflanzen bis in Bodennähe zurückschneiden. Wuchert die **Himalaja-Wolfsmilch** zu sehr, müssen ihre Randtriebe mit dem Spaten abgestochen werden. Da sie und ihre Sorten nur bedingt winterfest sind, sollten die Pflanzen in den ersten Wintern mit Fichtenreisig als Frostschutz abgedeckt werden.

■ Düngung
Nicht erforderlich.

HÄUFIGE PFLEGEPROBLEME

Symptom: Nur an **Zypressenwolfsmilch**: gelbrote Pusteln auf den Blattunterseiten, später verkrustete Beläge; die Blätter vertrocknen.

Ursache: Erbsenrost (Pilzerkrankung). Die Zypressenwolfsmilch ist der Zwischenwirt eines Pilzes, der an Schmetterlingsblütlern, zu denen Nutzpflanzen wie Erbse und Bohne oder Zierpflanzen wie die Wicke gehören, Rosterkrankungen auslöst.

Vorbeugung/Abhilfe: Um einem Befall solcher Pflanzen vorzubeugen, sollte man die Zypressenwolfsmilch nur in weiter Entfernung davon ansiedeln bzw. ganz auf sie verzichten. Befallene Pflanzen umgehend entfernen.

Der in den Alpen beheimatete **Stengellose Enzian** *(Gentiana acaulis)* streckt seine großen, tiefblauen Trichterblüten aus grundständigen Blattrosetten ans Licht. Da die reine Art schwierig zu kultivieren ist, sind heute unter seinem Namen robustere Züchtungen erhältlich. Der **Wellensittichenzian** *(Gentiana farreri)* treibt himmelblaue Blüten, deren Außenseite hellgelb getönt und dunkel gestreift ist. Die Blüten des **Herbstenzians** *(Gentiana sinoornata)* sind ebenfalls himmelblau gefärbt, an der Außenseite jedoch rotblau gestreift.

Stengelloser Enzian, Gentiana acaulis

■ Pflanzung
Enziane sind etwas heikel, man sollte nur Containerware erwerben. Die Pflanzen setzt man am besten im Frühjahr mit etwa 20 cm Abstand ein.

■ Vermehrung
Enziane können ohne Schwierigkeiten durch Teilung vermehrt werden. Diese erfolgt am besten im Sommer, entweder noch vor der Blüte oder danach.

■ Pflegemaßnahmen
An trockenen Tagen müssen die Stauden kräftig gegossen werden, weil sie ein Austrocknen nicht vertragen. Da im Tiefland häufig die schützende Schneedecke im Winter fehlt, sollten die Pflanzen mit Reisig abgedeckt werden. Auf Grauschimmel und Blattälchen achten.

■ Düngung
Enziane kommen in der Natur nur auf nährstoffarmen Standorten vor und dürfen nicht gedüngt werden.

Enziane

Gentiana-Arten ■ ▼ ▷

Blüte: blau; *Gentiana acaulis* V–VII, *Gentiana farreri* VIII–IX, *Gentiana sinoornata* IX–X

Wuchs: niederliegend, lockerrasig mit kurzen Ausläufern; 5–20 cm hoch

Standort: ○–◐; frischer bis leicht feuchter, humoser Boden; kühle Lage

Verwendung: einzeln oder in kleinen Gruppen; im Steingarten, in Pflanztrögen

Passen gut zu: anderen schwachwüchsigen Arten wie Steinbrech, Silberwurz und Edelweiß

Vermehrungstip
Die Arten können auch aus Samen gezogen werden. Gute Erfolge erzielt man, wenn die Anzuchtschalen über die kalte Jahreszeit nach draußen gestellt werden. Bis zur Keimung können mehrere Monate vergehen, und auch später muß man geduldig sein, da die Pflanzen häufig erst nach einigen Jahren zum ersten Mal blühen.

Herbstenzian, Gentiana sinoornata

PORTRÄTS UND PFLEGEANLEITUNGEN

Storchschnäbel

Geranium-Arten □ ▽ ▷

Blüte: blau, violett, rosa, rot oder weiß; V–XI

Wuchs: horstartig, dichtbuschig, auch leicht niederliegend, häufig ausläuferbildend; 10–80 cm hoch

Standort: ○–◐; nährstoffreicher, durchlässiger Boden

Verwendung: in kleinen und großen Gruppen; am Gehölzrand, in Beeten und Rabatten, am Uferrand, im Naturgarten, in Blumenwiesen; kleine Formen auch im Steingarten und in Pflanztrögen

Passen gut zu: Fingerhut, Geißbart, Astilben, hohen Glockenblumen am Gehölzrand; zu Rittersporn, Pfingstrosen, Bartiris und anderen in Beeten, auch zu Rosen

Waldstorchschnabel, Geranium sylvaticum

Storchschnäbel sind durch fünfblättrige, schalenförmige Blüten und rundliche bis handförmige, oft tief eingeschnittene Laubblätter gekennzeichnet. Ihre schnabelartig verlängerten Früchte, die sich explosionsartig öffnen, gaben ihnen den Namen. Für den Garten eignet sich eine ganze Palette von Arten.

■ Der **Großblütige Storchschnabel** (*Geranium himalayense*) wird 30–40 cm hoch und hat leicht übergeneigte Blüten in intensiven Blautönen, bei Sorten zum Teil mit roter Mitte.

■ Der **Balkanstorchschnabel** (*Geranium macrorrhizum*), 30 cm hoch, überzeugt durch seine aromatisch duftenden, wintergrünen Laubblätter, die sich im Herbst dunkelrot färben. Seine Blüten sind zartrosa bis leuchtendrot gefärbt.

■ Der **Prachtstorchschnabel** (*Geranium* x *magnificum*) ist mit seinen großen Blüten in intensiven Blau- und Violetttönen eine schöne Ergänzung auf Staudenrabatten und erreicht 60 cm Wuchshöhe. Sein Laub zeigt im Herbst eine leuchtende Herbstfärbung.

■ Der 50–60 cm hohe **Wiesenstorchschnabel** (*Geranium pratense*) liebt kalkhaltige Standorte. Seine hell blauvioletten Blüten sind oftmals weiß geadert; mit 'Album' ist auch eine weiße Sorte im Handel.

■ Der **Waldstorchschnabel** (*Geranium sylvaticum*) leuchtet mit seinen rötlichvioletten, teils auch blauen Blüten aus jeder Blumenwiese heraus und wird 60 cm hoch.

■ Der **Blutrote Storchschnabel** (*Geranium sanguineum*) hebt seine leuchtenden Schalenblüten aus dunkelgrünen, tief eingeschnittenen Blättern hervor, die sich im Herbst rot färben.

■ **Pflanzung**

Im Frühjahr oder Herbst mit 20–40 cm Abstand einsetzen.

■ **Vermehrung**

Im Frühjahr vor Blühbeginn oder im Spätsommer nach der Blütezeit teilen.

Wiesenstorchschnabel, Geranium pratense

■ **Pflegemaßnahmen**

Auf zusätzliche Wasserversorgung in Trockenperioden ist nur der **Wiesenstorchschnabel** angewiesen. Auf Rost und Echten Mehltau achten.

■ **Nach der Blüte**

Nach dem Abblühen sollte man die Stauden vollkommen zurückschneiden, damit ihr Wuchs kompakt bleibt und sie gut durchtreiben. Einige Arten blühen sogar ein zweites Mal. Arten und Sorten mit schönem Blattschmuck kann man auch bis in den Herbst stehenlassen.

Vermehrungstip

Viele Arten und Sorten samen sich an zusagenden Standorten selbst aus. Man kann aber auch gekauftes Saatgut direkt an Ort und Stelle aussäen oder daraus Pflänzchen in Töpfen vorziehen.

Prachtstorchschnabel, Geranium x magnificum

STAUDEN

Nelkenwurz

Geum-Hybriden ▫ ▷

Blüte: gelb, orange oder rot; V–VII, Nachblüte VIII–X

Wuchs: aufrecht bis leicht überhängend; 40–50 cm hoch

Standort: ○–◑; nährstoffreicher, frischer, durchlässiger Boden

Verwendung: in kleinen oder größeren Gruppen; am Gehölzrand, auf Beeten und Rabatten; als Schnittblumen

Passen gut zu: blau- und weißblühenden Beetstauden wie Flockenblume, Storchschnabel und hohen Glockenblumen

Die Nelkenwurz setzt mit ihren leuchtenden Blüten mehrere Wochen lang schmückende Farbakzente im Garten. Ihre gefiederten und grob gezähnten Laubblätter bleiben vielfach auch über den Winter erhalten.

■ Bewährte Sorten

'Bernstein' (gelb, halbgefüllt, 40-50 cm hoch); 'Dolly North' (orange, halbgefüllt, 40-50 cm hoch); 'Feuermeer' (orangerot, einfach, 30-40 cm hoch); 'Goldball' (goldgelb, halbgefüllt, 40-50 cm hoch); 'Rubin' (dunkelrot, halbgefüllt, 40-50 cm hoch)

■ Pflanzung

Im Frühjahr oder Herbst mit 30-40 cm Abstand setzen.

■ Vermehrung

Vor oder nach der Blüte kann man die Pflanzen teilen.

■ Pflegemaßnahmen

Regelmäßiges Entfernen von Verblühtem fördert die Blühfreudigkeit. Um die Lebensdauer der Nelkenwurz-Hybriden zu verlängern, sollten sie in dreijährigen Abständen geteilt und umgepflanzt werden. Über den Winter empfiehlt sich eine Abdeckung mit Fichtenreisig.

■ Düngung

Besonders auf nährstoffarmen Böden vor Beginn der Blütezeit Kompost oder organischen Volldünger geben.

■ Nach der Blüte

Schneidet man die Nelkenwurz-Hybriden nach dem ersten Blütenflor zurück, so treiben sie nochmals aus und bringen eine Nachblüte hervor.

Nelkenwurz, Geum-Hybride

HÄUFIGE PFLEGEPROBLEME

Symptom: Triebe werden schlaff und vertrocknen.

Ursache: Wurzelfäule

Vorbeugung/Abhilfe: Pflanzen mit verfaulten Wurzeln entfernen und vor einer Neupflanzung den Boden durchlässiger machen, indem reichlich Sand untergemischt wird.

PORTRÄTS UND PFLEGEANLEITUNGEN

Schleierkraut

Gypsophila-Arten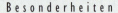

Blüte: weiß oder rosa; VI–VIII

Wuchs: stark verzweigt, buschig; 15–120 cm hoch

Standort: O; mäßig trockener bis frischer, durchlässiger Boden; kalkliebend

Verwendung: in kleinen und großen Gruppen; auf Beeten und Rabatten, auf Trockenmauern; als Schnitt- und Trockenblumen

Passen gut zu: Astern, Ziersalbei, Lavendel, Bartiris und vor allem zu Rosen

Besonderheiten

Das Schleierkraut ist aus vielen Blumen- und Trockensträußen nicht mehr wegzudenken. Zum Trocknen bündelt man mehrere Triebe und hängt sie mit den Blütenköpfchen nach unten an einem luftigen Ort auf.

Vermehrungstip

Die reine Art und einige Sorten (z. B. 'Schneeflocke') können auch aus Samen gezogen werden. Da es sich um Lichtkeimer handelt, darf die Saat nicht mit Erde abgedeckt werden.

Riesenschleierkraut, Gypsophila paniculata

Die duftigen Blütenteppiche des Schleierkrautes lassen andere Blüten neben sich noch mehr aufleuchten, wirken aber auch für sich allein hübsch. Im Garten spielen drei in der Wuchshöhe deutlich verschiedene Arten eine Rolle:

■ Das **Riesenschleierkraut** *(Gypsophila paniculata)* wird bis zu 120 cm hoch. Seine sternförmigen Blüten bedecken in unzähligen Mengen die leicht wuchernden Büsche.

■ Die **Schleierkraut-Hybriden** *(Gypsophila-Hybriden)* erreichen eine Höhe zwischen 30–40 cm, auch sie blühen überreich.

■ Das **Kriechende Schleierkraut** *(Gypsophila repens)* bildet anmutige Teppiche von nur 10–30 cm Höhe, die von einer duftigen Wolke winziger Blüten überzogen werden.

■ **Bewährte Sorten**

■ des **Riesenschleierkrauts** *(Gypsophila paniculata):* 'Bristol Fairy' (weiße, gefüllte Blüten, 100 cm hoch); 'Compacta Plena' (weiße Blüten mit rosa Hauch, gefüllt, 30 cm hoch); 'Flamingo' (zartrosa, gefüllte Blüten, bis 120 cm hoch); 'Schneeflocke' (weiße, einfache und gefüllte Blüten, 80–100 cm hoch, samenvermehrbar)

■ der **Schleierkraut-Hybriden** *(Gypsophila-Hybriden):* 'Pink Star' (dunkelrosa, gefüllte Blüten, 30–40 cm hoch); 'Rosenschleier' (blaßrosa, gefüllte Blüten, lange blühend, 30 cm hoch)

■ des **Kriechenden Schleierkrauts** *(Gypsophila repens):* 'Rosa Schönheit' (rosa, gefüllte Blüten, 30 cm hoch)

■ **Pflanzung**

Erhältlich sind entweder Wurzelstücke des Schleierkrautes oder Containerpflanzen, die im Frühjahr in die Erde gesetzt werden. Bei hohen Sorten 60–70 cm, bei niedrigen 30 cm Abstand wahren.

■ **Vermehrung**

Die tiefreichende Pfahlwurzel des **Riesenschleierkrauts** kann nicht geteilt oder verpflanzt werden. Vegetativ vermehrt man das Schleierkraut deshalb durch Kopfstecklinge. Diese müssen im Frühjahr von jungen, noch weichen Trieben geschnitten werden. In Töpfen mit Anzuchterde läßt man die Stecklinge, unter einer Folienhaube geschützt, Wurzeln ausbilden. Ist dies erfolgt, entfernt man die Folie zum Abhärten der Jungpflanze. Einige Wochen später kann ausgepflanzt werden.

■ **Pflegemaßnahmen**

Nach der Blüte empfiehlt sich ein Rückschnitt der Triebe, damit die Pflanze im nächsten Frühjahr gut durchtreibt. Unbedingt Staunässe vermeiden, da sonst Wurzelfäule droht.

■ **Düngung**

Nicht erforderlich, außer auf sehr kargem Boden, wo zu Beginn der Blüte organischer oder mineralischer Dünger in schwacher Dosierung verabreicht wird.

Gypsophila repens, Kriechendes Schleierkraut

STAUDEN

Helenium-Hybride 'Baudirektor Linne'

Die warmen Farbtöne der Sonnenbraut sorgen vor allem im Spätsommer für eine strahlende Blütenpracht im Garten. Ihre kräftigen, frischgrün beblätterten Stengel tragen zahlreiche Blüten, deren äußere Strahlenblüten eine kugelig gewölbte Mitte emporheben. Je nach Sorte liegen die Blühschwerpunkte in verschiedenen Monaten.

■ Bewährte Sorten
'Baudirektor Linne' (dunkelrot mit bräunlichem Schimmer, VIII, 120-150 cm hoch); 'Blütentisch' (goldgelb, VII, 80-100 cm hoch); 'Flammenrad' (gelb mit roten Streifen, VII-VIII, 120-150 cm hoch); 'Septembergold' (strahlendgelb, IX, 120 cm hoch)

■ Vermehrung
Im zeitigen Frühjahr oder im Herbst nach der Blüte teilen, der Wurzelstock läßt sich leicht mit den Händen auseinanderpflücken.

■ Pflegemaßnahmen
Regelmäßig gießen und verblühte Triebe rasch entfernen. Hohe Sorten aufbinden. Standfestere Exemplare erhält man, wenn die Stauden im Frühjahr um die Hälfte gekürzt werden. Sie bleiben dann niedriger, blühen allerdings auch später.

■ Düngung
Im Herbst oder Frühjahr mit reichlich Kompost versorgen. Auf Echten Mehltau und Schnecken achten.

■ Nach der Blüte
Alle Triebe bis etwa auf eine Handbreit über dem Boden zurückschneiden.

Besonderheiten

Die Blumen halten sich in der Vase sehr lange, wenn man die Stiele schneidet, solange die Blüten noch knospig sind. Die Knospen gehen dann in der Vase auf.

Vermehrungstip

Einige Sorten kann man aussäen, z. B. 'Rot-Gold' (Farbmischung, 120 cm hoch). Im Frühjahr unter Glas vorgezogen, blühen die Sämlinge bereits im Herbst.

Sonnenbraut

Helenium-Hybriden □ ▽ ▷

Blüte: gelb, rot, braun, auch zweifarbig; VII–X

Wuchs: aufrechte Horste; 70–150 cm hoch

Standort: ○; nährstoffreicher, frischer Boden

Verwendung: in kleinen oder größeren Gruppen; auf Beeten und Rabatten; als Schnittblumen

Passen gut zu: blauen und roten Beetstauden wie Rittersporn, Salbei, Indianernessel und Phlox, auch zu anderen gelben Arten wie Sonnenblume, Sonnenhut oder Mädchenauge

PORTRÄTS UND PFLEGEANLEITUNGEN

Die dünnen Triebe des Sonnenröschens verholzen mit der Zeit am Grunde, daher zählt man es auch zu den Halbsträuchern. Seine zarten Schalenblüten blühen jeweils nur einen Tag lang, doch werden sie unermüdlich durch neue ersetzt.

■ Bewährte Sorten
'Cerise Queen' (kirschrote, gefüllte Blüten, 15 cm hoch); 'Eisbär' (weiße Blüten, silbergraues Laub, 20 cm hoch); 'Fire Dragon' (ziegelrote Blüten, graues Laub, 15 cm hoch); 'Lawrensons Pink' (hellrosa, 15 cm hoch); 'Sterntaler' (gelb, 15 cm hoch).

■ Pflanzung
Jungpflanzen können entweder im Herbst oder im Frühjahr gepflanzt werden, dabei einen Abstand von ca. 30 cm wahren, da sich die Pflanzen sehr rasch ausbreiten.

■ Vermehrung
Zur Vermehrung schneidet man im Sommer von blütenlosen Trieben etwa 10 cm lange Spitzen ab. Diese setzt man in Töpfe mit nährstoffarmem Anzuchtsubstrat und deckt sie mit einer Folienhaube zu. Nach einigen Wochen haben sich die Stecklinge bewurzelt, die Folie kann nun abgenommen werden. Anschließend wird bis zur Pflanzung im Herbst oder darauffolgenden Frühjahr im Frühbeet weiterkultiviert.

■ Pflegemaßnahmen
Den Winter über mit Reisig abdecken, insbesondere die empfindlichen graulaubigen Sorten.

■ Düngung
Nicht erforderlich.

■ Nach der Blüte
Pflanzen um gut ein Drittel zurückschneiden, damit sie wieder kräftig durchtreiben und nicht auseinanderfallen. Unter günstigen Wetterbedingungen kann es zu einer kleinen Nachblüte kommen.

Sonnenröschen, Helianthemum-Hybride

Sonnenröschen

Helianthemum-Hybriden

Blüte: gelb, orange, rot, rosa oder weiß; V–IX
Wuchs: aufrecht bis niederliegend, polsterbildend; 15–30 cm hoch
Standort: O; mäßig trockener, durchlässiger Boden, kalkliebend
Verwendung: in kleinen und großen Gruppen; im Steingarten, auf Trockenmauern und als Beeteinfassung
Passen gut zu: niedrigen Glockenblumen, Ehrenpreis und Fetthenne

HÄUFIGE PFLEGEPROBLEME

Symptom: Unregelmäßige Flecken an den Blättern, die dunkel umrandet sind und pergamentartig austrocknen; bei starkem Befall stirbt das Blatt ab.

Ursache: Septoria-Blattfleckenkrankheit (Pilzerkrankung)

Vorbeugung/Abhilfe: Befallene und bereits abgefallene Blätter sofort entfernen, um eine Ausbreitung zu verhindern; Ackerschachtelhalmtee spritzen.

STAUDEN

Hat sich das gelbblühende Sonnenauge erst einmal an seinem Platz etabliert, so kann es sich hier jahrzehntelang halten und seinen Besitzer jedes Jahr wieder erfreuen. Die großen Körbchenblüten gibt es in allen Variationen von einfach bis gefüllt, hübsch untermalt werden sie von dunkelgrünen, eiförmigen Blättern.

■ Bewährte Sorten
'Goldgefieder' (goldgelbe, stark gefüllte Blüten, 120-140 cm hoch); 'Sonnenschild' (goldgelbe, ballförmig gefüllte Blüten, 120-140 cm hoch); 'Spitzentänzerin' (orangegelbe, halbgefüllte Blüten, 120-140 cm hoch); 'Venus' (orangegelb, einfache Blüten, 140 cm hoch)

■ Pflanzung
Jungpflanzen im Frühjahr oder Herbst mit 60-70 cm Abstand einsetzen.

■ Vermehrung
Im Frühjahr oder Herbst kann man die Pflanzen teilen.

■ Pflegemaßnahmen
Bei Trockenheit gießen. An kräftigen Stäben aufbinden. Abgeblühte Stiele sofort entfernen. Auf Schnecken achten.

■ Düngung
Alle paar Jahre im Frühjahr mit Kompost versorgen.

■ Nach der Blüte
Alle Triebe bis auf eine Handbreit über dem Boden zurückschneiden.

Sonnenauge, Heliopsis helianthoides

Besonderheiten
Das Sonnenauge ist eine vielseitig zu verwendende Schnittblume. Vor allem die ungefüllten Sorten sind in der Vase sehr lange haltbar.

Vermehrungstip
Manche Sorten, z.B. 'Sommersonne' (goldgelbe, gefüllte Blüten, 120 cm hoch), kann man auch aussäen. Man sät zwischen Februar und April unter Glas aus, die Saat muß recht warm (etwa 20 °C) gestellt werden. Später wie üblich pikieren, abhärten und ab Mai ins Freie pflanzen.

Sonnenauge

Heliopsis helianthoides var. scabra □ ▼ ▷

Blüte: gelb; VII–IX
Wuchs: aufrechte Horste, breitbuschig; 70–170 cm hoch
Standort: O; nährstoffreicher, frischer Boden; windgeschützte Lage
Verwendung: einzeln oder in kleinen Gruppen; auf Beeten und Rabatten; als Schnittblume
Paßt gut zu: Herbstastern, Rittersporn, Salbei, Leberbalsam, Indianernessel, Sonnenbraut und Sommermargeriten

PORTRÄTS UND PFLEGEANLEITUNGEN

Nieswurz
Helleborus-Arten

Blüte: weiß, rosa, rot oder gelb; XII–IV

Wuchs: aufrechte Horste, ausläuferbildend; 15–60 cm hoch

Standort: ◐; mäßig trockener bis frischer, durchlässiger Boden; kalkliebend; geschützte Lage

Verwendung: in kleinen und größeren Gruppen; am Gehölzrand, vor Mauern; als Schnittblumen

Passen gut zu: frühblühenden Sträuchern, Lungenkraut, Buschwindröschen, Schneeglöckchen und Frühlingsknotenblume

Vorsicht: Alle Pflanzenteile enthalten Giftstoffe.

Die Nieswurzarten und -sorten besitzen immergrüne Laubblätter, die man an ihrer handförmig geteilten Gestalt leicht erkennt. Schon ab Dezember recken die kräftigen Stengel der **Christrose** *(Helleborus niger)* ihre weißen Blüten aus dem Schnee und blühen mehrere Wochen lang. Ihre überhängenden Blütenstiele werden bis 30 cm hoch. Die *Helleborus*-**Hybriden** blühen erst ab Februar, setzen dann aber kräftige Farbtupfer in den noch schlafenden Garten. Ihre übergeneigten, oftmals mit hübschen Zeichnungen versehenen Blütenschalen sitzen an bis zu 60 cm hohen Stielen.

■ Pflanzung
Die Pflanzen werden am besten im Spätfrühling oder Frühsommer gepflanzt, zwischen ihnen einen Abstand von 20–30 cm wahren.

■ Vermehrung
Die Pflanzen können im Spätsommer geteilt werden.

■ Pflegemaßnahmen
Die Nieswurz gedeiht am besten, wenn man sie möglichst ungestört wachsen läßt. Nach der Blüte kann man verwelkte Laubblätter entfernen. Während ihrer Wachstumsphase im Winter und Frühjahr darf der Boden nicht austrocknen.

■ Düngung
Nicht erforderlich.

Helleborus-Hybride 'Cattleya'

Vermehrungstip
Gleich nach der Samenreife im Frühjahr kann man Nieswurzsamen direkt an Ort und Stelle ausbringen. Da die Samen nur schwer keimen, sollte man die Saatgefäße zuerst einige Wochen warm bei 20 °C, anschließend mehrere Wochen kühl bei nur 5 °C halten. Bisweilen keimen sie sogar erst im folgenden Frühjahr. Die Blüten der Sämlinge weisen häufig ganz andere Farben und Zeichnungen als die der Eltern auf.

HÄUFIGE PFLEGEPROBLEME

Symptom: Blätter mit scharf begrenzten, braunschwarzen Flecken, Laub vergilbt und stirbt später ab.

Ursache: Schwarzfleckenkrankheit (Pilzbefall)

Vorbeugung/Abhilfe: Auf richtigen Standort achten, eventuell Boden mit Kalk anreichern; befallene Blätter umgehend entfernen, bei starkem Befall gesamte Pflanze enfernen.

Außerdem häufig: Falscher Mehltau, Schnecken

Christrose, Helleborus niger

STAUDEN

Taglilie

Hemerocallis-Hybriden
□ ▽ ▷

Blüte: in fast allen Farben außer reinem Blau, auch zweifarbig; V–IX

Wuchs: aufrechte, breite Horste; 30–120 cm hoch

Standort: ◐–◑; nährstoffreicher, frischer bis feuchter Boden

Verwendung: einzeln, in kleinen oder größeren Gruppen; auf Beeten und Rabatten, am Gehölz- und Uferrand, auf Freiflächen

Passen gut zu: Sommermargerite, Rittersporn, hohen Glockenblumen und Nelkenwurz

Auch Vermehrung über Achselsprosse ist bei manchen Taglilien möglich; in den Blattachseln bilden sich Tochterpflänzchen, die man abnimmt und eintopft

Achselsproß

Hemerocallis-Hybride 'Satin Silk'

Hemerocallis-Hybride 'Norton Orange'

Die sternförmigen Blütentrichter der Taglilien waren namengebend – sie öffnen sich nur für einen Tag. Es werden jedoch ständig neue Knospen nachgebildet, so daß die Stauden über einen beachtlichen Zeitraum hinweg für einen attraktiven Blickfang sorgen. Durch fortwährende Züchtungsarbeiten gibt es inzwischen ein unüberschaubares Angebot an Blütenfarben und -formen. Alle Sorten gemeinsam sind die grasähnlichen Laubblätter, die bereits Wochen vor den Blüten austreiben und im Herbst eine hübsche Gelbfärbung zeigen.

■ Bewährte Sorten

Eine kleine Auswahl aus dem überaus reichhaltigen Sortiment würde hier keinen Sinn machen. Bei der Sortenwahl ist die übliche Gliederung in Gruppen hilfreich:

■ **Miniaturblütige Sorten:** Der Durchmesser ihrer Blüten erreicht 5–7,5 cm und ihre Wuchshöhe 30–80 cm. Die Blütezeit beginnt meist schon Ende Mai und dauert einige Wochen an.

■ **Kleinblütige Sorten:** Ihre Blüten haben einen Durchmesser von 8–11 cm, sie werden 50–90 cm hoch. Sie entfalten ihre Blüten ab Anfang Juni und blühen dann bis Ende Juli oder noch länger.

■ **Großblütige Sorten:** Mit 12–18 cm im Durchmesser leuchten ihre Blüten weithin, sie öffnen sich auch bis weit in den Herbst hinein. Ihre Wuchshöhe liegt zwischen 40 und 100 cm.

■ Pflanzung

Jungpflanzen werden im Frühjahr oder Herbst mit mindestens 80–100 cm Abstand gepflanzt.

■ Vermehrung

Im zeitigen Frühjahr oder im Herbst können die Stauden geteilt werden.

■ Pflegemaßnahmen

Die langlebigen Taglilien-Hybriden sind sehr genügsam. In Trockenperioden sollten sie allerdings kräftig gegossen werden. Abgeblühte Triebe und verwelkte Blätter kann man regelmäßig entfernen.

■ Düngung

Im Frühjahr mit Kompost versorgen.

Besonderheiten

Taglilien sind robuste Gartenstauden, die an ihnen zusagenden Standorten sehr alt werden können. Um lange Freude an ihnen zu haben, sollte man sie ungestört wachsen lassen.

Vermehrungstip

Taglilien kann man auch aussäen, allerdings werden nur Farbmischungen als Saatgut angeboten. Im Frühjahr unter Glas vorgezogene, nach Pikieren und Abhärten ab Mai ins Freie gesetzte Jungpflanzen blühen meist im darauffolgenden Jahr.

PORTRÄTS UND PFLEGEANLEITUNGEN

Funkien,
Herzblattlilien
Hosta-Arten □ ▷

Blüte: weiß, blau oder violett; VI–IX

Wuchs: dichtbuschige Blattrosette mit aufrechten Blütenständen; 30–90 cm hoch

Standort: ◐–●; frischer, humoser Boden; kühle Lage

Verwendung: einzeln und in kleinen Gruppen; vor und unter Gehölzen, auf Beeten oder an Uferrändern

Passen gut zu: Eisenhut, Astilbe, Silberkerze, hohen Glockenblumen, Storchschnabel, Gräsern und Farnen

Funkien sind attraktive Blattschmuckpflanzen, die schattige Gartenecken beleben können. Ihre Blätter zeigen ein variantenreiches Spektrum in Form und Farbe. Immer fällt das schöne Linienspiel ihrer parallel verlaufenden Blattnerven auf. Zur Blütezeit schieben sich kräftige Stiele aus dem Blattgrün nach oben, die lockere Trauben aus leicht nickenden, röhren- bis glockenförmigen Blüten tragen.

■ Die **Grüne Riesenfunkie** *(Hosta elata)* besitzt grüne, breit-herzförmige Laubblätter und blauviolette Blüten.

■ Von der **Graublattfunkie** *(Hosta fortunei)* gibt es Sorten in allen Blattfarben. Ihre weißen oder violetten Blüten erheben sich über kompakten Horsten aus breiten, herzförmigen Blättern.

■ Die **Lanzenblattfunkie** *(Hosta lancifolia)* treibt blaue Blüten über schmalen, lanzettlichen Blätter, die dunkelgrün glänzen.

■ Die **Lilienfunkie** *(Hosta plantaginea)* gedeiht im Unterschied zu den anderen Arten und Sorten auch an sonnigen Stellen. Hier kommen ihre frischgrünen, herzförmigen Blätter und ihre duftenden, weißen Blüten besonders schön zur Geltung.

Graublattfunkie, Hosta fortunei

■ Bei der **Weißrandfunkie** *(Hosta sieboldii)*, die viel Feuchtigkeit liebt und violett oder weiß blüht, tragen die lang zugespitzten, grünen Blätter einen schmalen weißen Rand.

■ Die **Blaue Löffelblattfunkie** *(Hosta tokudama)* macht ihrem Namen alle Ehre. Ihre rundlichen, an große Löffel erinnernden Blätter sind blau bereift und wirken wie geprägt. An kurzen Stielen heben sich ihre weißen Blüten empor.

Grüne Riesenfunkie, Hosta elata

Lilienfunkie, Hosta plantaginea 'Grandiflora'

STAUDEN

Löffelblattfunkie, Hosta tokudama

■ Die **Wellblattfunkie** *(Hosta undulata)* gehört zu den buntlaubigen Formen mit violetten Blüten. Ihre großen Blätter sind auf der ganzen Fläche stark gewellt.

■ Von der **Glockenfunkie** *(Hosta ventricosa)* gibt es grüne wie buntlaubige Sorten, die aber stets violett blühen. Die großen Blätter sind rundlich bis herzförmig und in lockeren Horsten zusammengefaßt.

■ **Bewährte Sorten**
■ der **Graublattfunkie** *(Hosta fortunei):* 'Freising' (dunkelgrüne Blätter, weiße Blüten, 50-60 cm hoch); 'Hyacinthina' (graublaue Blätter, violette Blüten, 50-60 cm hoch); 'Aurea' (zunächst goldgelbe, später zitronengelbe Blätter, violette Blüten, 40-60 cm hoch); 'Aureomarginata' (dunkelgrüne Blätter mit gelbem Saum, violette Blüten, 50-70 cm hoch)
■ der **Lilienfunkie** *(Hosta plantaginea):* 'Honeybells' (hellgrüne Blätter, weiße, rosa überhauchte Blüten, 80 cm hoch); 'Grandiflora' (glänzende, hellgrüne Blätter, weiße Blüten, 60 cm hoch)
■ der **Weißrandfunkie** *(Hosta sieboldii):* 'Alba' (hellgrüne Blätter mit weißem Rand, weiße Blüten, 30-40 cm hoch)
■ der **Wellblattfunkie** *(Hosta undulata):* 'Undulata' (grüne Blätter mit weißer Zeichnung in der Mitte, lila Blüten, 20-30 cm hoch); 'Univittata' (grüne Blätter mit weißer Mitte, violette Blüten, 30-40 cm hoch)
■ der **Glockenfunkie** *(Hosta ventricosa):* 'Aureomaculata' (dunkelgrüne Blätter mit gelblichen Flecken und Streifen, im Sommer vergrünend, violette Blüten, 60-90 cm hoch); 'Aureomarginata' (grüne Blätter mit unregelmäßigem cremefarbenem Rand, dunkelviolette Blüten, 60-90 cm hoch)

■ **Pflanzung**
Im zeitigen Frühjahr oder Herbst mit 30-40 cm Abstand pflanzen.

■ **Vermehrung**
Die Horste können im Frühjahr oder Herbst außerhalb der Blütezeit leicht durch Teilung vermehrt werden.

■ **Pflegemaßnahmen**
Gut eingewachsene Funkien halten sich oft über Jahrzehnte am gleichen Standort. Sie sind anspruchslos und wachsen ohne besondere Pflegemaßnahmen zu prächtigen Pflanzen heran. Auf Schnecken achten.

■ **Düngung**
Im Frühjahr vor dem Austrieb mit Kompost versorgen.

Wellblattfunkie, Hosta undulata

Glockenfunkie, Hosta ventricosa

Besonderheiten

Funkienblätter sind in der Vase lange haltbar und ergeben eine attraktive Ergänzung für Sträuße und Gestecke.

PORTRÄTS UND PFLEGEANLEITUNGEN

Bartiris

Iris-Barbata-Hybriden
(*Iris germanica*)

Blüte: alle Farben, auch mehrfarbig; IV–VII

Wuchs: horstartig mit kriechendem Rhizom; 10–120 cm hoch

Standort: O; nährstoffreicher, mäßig trockener bis frischer, durchlässiger Boden, kalkliebend

Verwendung: einzeln, in kleinen und großen Gruppen; auf Beeten und Rabatten, niedrige Sorten im Steingarten oder in Pflanztrögen; als exklusive Schnittblumen

Passen gut zu: zahlreichen anderen Stauden, wenn die jeweiligen Wuchshöhen harmonieren: hohe Sorten zu Beetstauden wie Türkenmohn, Lavendel, Salbei und Ziergräsern; niedrige Sorten zu Polsterstauden wie Blaukissen, Gänsekresse oder polsterbildenden Glockenblumen

Barbata-Nana-Hybride 'Lady'

Kennzeichnend für die Gruppe der Bartiris ist die auffällige Behaarung auf den drei äußeren, herabhängenden Blütenblättern, die als Bart bezeichnet wird. Die exotisch anmutenden Blüten sitzen an den Enden aufrechter Triebe. In spannungsvollem Kontrast dazu stehen die straff schwertförmigen, graugrünen Blätter. Nach Wuchshöhe und Blütezeit teilt man die Bartiris in verschiedene Gruppen ein:

■ **Hohe Bartiris** (*Iris*-Barbata-Elatior-Hybriden) erreichen bis zu 120 cm Wuchshöhe und blühen von Mai bis Juli; sie werden vorwiegend als dominierende Elemente in Beeten verwendet.

■ **Mittelhohe Bartiris** (*Iris*-Barbata-Media-Hybriden) werden etwa 40–70 cm hoch. Ihre Blüten erscheinen im Mai, noch vor denen der hohen Sorten. Auch sie machen sich vor allem auf Beeten gut.

■ **Niedrige Bartiris** (*Iris*-Barbata-Nana-Hybriden) schieben ihre Blüten nur 10–40 cm in die Höhe, so daß sie kaum die Laubblätter überragen. Ihre Blütezeit beginnt schon Mitte April und dauert bis zum Mai. Die anmutigen Pflanzen eignen sich vor allem für den Steingarten.

Das Angebot an **Irissorten** der verschiedenen Gruppen ist immens, es kommen jährlich neue Züchtungen hinzu, während andere wieder vom Markt genommen werden. Außerdem unterscheiden sich die Sortimentslisten je nach Gärtnerei. Als besonders robust haben sich europäische und hier vor allem deutsche Sorten erwiesen, während amerikanische oft sehr wärmebedürftig und etwas heikel sind.

Wer sich in seinem Garten an Irisblüten erfreuen will, sollte trotz des Riesenangebots an Bartirissorten auch an andere Arten denken, z.B. an Schwertlilien für feuchte Standorte (Seite 190) oder an die zwiebelbildenden Irisarten, die im Kapitel „Zwiebel- und Knollenblumen" beschrieben sind.

Iris-Barbata-Nana-Hybride 'Excelsa'

STAUDEN

HÄUFIGE PFLEGEPROBLEME

Symptom: An den Blattspitzen bilden sich gelblich durchscheinende, später bräunliche Flecken. Sie können sich vergrößern und zum Absterben des Blattes führen.

Ursache: Blattdürre oder Blattbrand (Pilzerkrankung)

Vorbeugung/Abhilfe: Alte Blätter noch vor dem Neuaustrieb im Frühjahr entfernen, damit keine Neuinfektion erfolgen kann. Zur Vorbeugung kann Brennesseljauche gespritzt werden, zur Bekämpfung Algenkalkbrühe oder Schachtelhalmtee.

Außerdem häufig: Rhizomfäule, Rost und Grauschimmel

■ Pflanzung

Die Rhizome der Pflanzen sollten im Herbst eingepflanzt werden. Da sie gegen Staunässe sehr empfindlich sind, häufelt man an der Pflanzstelle den Boden etwas an; auf einem solchen flachen Hügel kann überschüssiges Wasser gut abfließen. Man setzt die Rhizome dann einzeln oder zu mehreren ringförmig, stets jedoch flach nur knapp unter der Erdoberfläche ein. Es ist besser, wenn die Rhizome noch leicht herausragen, zu tiefe Pflanzung führt oft zu Kümmerwuchs.

■ Vermehrung

Zur Vermehrung sollten die dicken Rhizome der Bartiris bald nach dem Abblühen ausgegraben werden. Man zerschneidet sie am besten mit einem scharfen Messer in Teilstücke, die man sofort wieder einpflanzt.

■ Pflegemaßnahmen

Verblühtes sollte regelmäßig mitsamt den Stielen abgeschnitten werden; die Fruchtstände, deren Entwicklung dadurch verhindert wird, sind ebenfalls zierend, doch raubt ihre Bildung den Pflanzen viel Energie. Bartiris brauchen unbedingt offenen Boden um sich herum, sie dürfen nicht durch Nachbarpflanzen, insbesondere nicht durch Polsterpflanzen bedrängt werden. Stehen die Rhizome zu dicht, oder läßt die Blühfreudigkeit nach, sollten die Stauden durch Teilung verjüngt werden.

■ Düngung

Die Düngung sollte im Frühjahr, vor der Blüte, mit gut verrottetem Kompost erfolgen.

Barbata-Elatior-Hybride 'Sharkshin'

PORTRÄTS UND PFLEGEANLEITUNGEN

Sibirische Schwertlilie, Iris sibirica

Schwertlilien

für feuchte Standorte

Iris-Arten ☐ ▼

Blüte: blau, weiß, gelb, rot oder violett, auch zweifarbig; V–VI

Wuchs: horstartig mit kriechenden Rhizomen; 50–100 cm hoch

Standort: ○–◐; nährstoffreicher, feuchter bis nasser Boden

Verwendung: einzeln oder in kleinen Gruppen; am Gewässerrand, auf Sumpfbeeten, im Naturgarten, auf Rabatten; als Schnittblumen

Passen gut zu: Blutweiderich, Trollblume und Rohrkolben; auf Rabatten zu Taglilien und Primeln

Vorsicht: Die Sumpfschwertlilie (Iris pseudacorus) ist giftig.

Nicht nur für Beete, sondern auch für feuchte Bereiche gibt es herrliche Iris-Arten:

■ Die heimische **Sumpfschwertlilie** *(Iris pseudacorus)* liebt nasse Füße und kann daher einige Zentimeter tief im Wasser stehen. Ihre gelben Blüten zeigen auf den äußeren Hängeblättern eine dunklere Aderung. Bei den Sorten finden sich verschiedene Gelbtöne, auch Weiß ist im Angebot; mit im Schnitt 80–100 cm werden sie etwas höher als die der folgenden Art.

■ Der **Sibirischen Schwertlilie** *(Iris sibirica)* genügt ein frischer Untergrund, sie kann daher auch auf Rabatten angesiedelt werden. Ihre grazilen, duftenden Blüten schillern bei den verschiedenen Sorten in strahlendem Weiß oder kühlen Blau- bis Violettönen.

■ **Pflanzung**

Jungpflanzen werden im Frühjahr oder Herbst ausgepflanzt, ihr Rhizom sollte dicht unter der Erdoberfläche liegen.

■ **Vermehrung**

Außerhalb der Blütezeit können die Rhizome ausgegraben und durch Teilung vermehrt werden.

■ **Pflegemaßnahmen**

Die **Sibirische Schwertlilie** muß bei Trockenheit auf gewässerfernen Standorten intensiv gegossen werden. Über den Winter sollte man die Horste leicht mit trockenem Laub oder Stroh abdecken. Im Frühjahr werden noch vor dem Neuaustrieb verwelkte Blätter und abgestorbene Triebe entfernt, dabei darf man die neuen Triebknospen nicht beschädigen.

■ **Düngung**

Nur die **Sibirische Schwertlilie** sollte, sofern sie in Rabatten steht, im Herbst oder Frühjahr mit Kompost versorgt werden. In Gewässernähe sollte man jegliche Düngung unterlassen.

Vermehrungstip

Die reinen Arten lassen sich auch aus Samen vermehren. Um die Keimungsrate zu erhöhen, rauht man die großen Samen vorher mit Schmirgelpapier auf und weicht sie in Wasser ein. Anschließend drückt man sie an Ort und Stelle leicht in die Erde oder sät sie in Anzuchtkästen aus.

HÄUFIGE PFLEGEPROBLEME

Symptom: Gelbe bis rotbraune Pusteln oder verkrustete Beläge an den Blattunterseiten. Bei starkem Befall vertrocknen die Blätter und fallen ab.

Ursache: Irisrost (Pilzerkrankung)

Vorbeugung/Abhilfe: Befallene Teile sofort entfernen und vernichten, vorbeugend Ackerschachtelhalmtee spritzen.

Außerdem häufig: Blattbrand und Grauschimmel; Blattläuse an **Sibirischer Schwertlilie**

STAUDEN

Die Blütenkolben der Fackellilie bestehen aus zahlreichen schlanken Röhrenblüten und leuchten in feurigen Farben. Die kräftigen Blütenstiele heben sich aus einem grasartigen, wintergrünen Laubhorst empor.

■ Bewährte Sorten
'Alcazar' (feuerrot, 80–90 cm hoch); 'Canary' (hellgelb, 60 cm hoch); 'Herbstglut' (zweifarbig, unten gelb, oben flammendrot, bis 120 cm hoch); 'Safranvogel' (lachsrosa, 80–100 cm hoch)

■ Pflanzung
Die Fackellilien wachsen bei einer Herbstpflanzung nur schlecht an, man setzt sie deshalb bereits im Frühjahr mit etwa 50 cm Abstand ein.

■ Vermehrung
Vor dem Austrieb im Frühjahr kann geteilt werden.

■ Pflegemaßnahmen
Abgeblühte Triebe schneidet man im Herbst zurück. Da Fackellilien nicht sehr frosthart sind, müssen sie über die kalten Wintermonate geschützt werden. Dazu bindet man das wintergrüne Laub locker zusammen und bedeckt es ringsum mit Laub und Fichtenreisig.

■ Düngung
Im Frühjahr mit Kompost versorgen. Keinesfalls im Herbst düngen, da die Stauden sonst an Winterhärte einbüßen.

Besonderheiten

Ohrwürmer nutzen die Blütenröhren gerne als Unterschlupf. Sie fressen die Blüten bisweilen auch an, die Schönheit der Kerzen kann darunter leiden. Man kann die als Blattlausvertilger geschätzten Tiere von den Fackellilien weglocken, indem man ihnen einen mit Stroh gefüllten Tontopf anbietet, der umgedreht in benachbarten Sträuchern aufgehängt oder über einen Stab gestülpt wird.

Fackellilien

Kniphofia-Hybriden ■▼▷

Blüte: orange, rot, gelb oder rosa, auch zweifarbig; VI–IX
Wuchs: aufrechte Horste; 60–150 cm hoch
Standort: ○; nährstoffreicher, frischer und durchlässiger Boden
Verwendung: einzeln und in kleinen Gruppen; auf Beeten und Rabatten; als Schnittblumen
Passen gut zu: Katzenminze, Salbei, Bartiris, Riesenschleierkraut und Gräsern

Kniphofia-Hybride 'Goldelse'

Fackellilien: Die orangeroten Sorten waren namengebend

PORTRÄTS UND PFLEGEANLEITUNGEN

Lavendel

Lavandula angustifolia

■ ▽ ▷

Blüte: blauviolett, rosa oder weiß; VI–VIII

Wuchs: dichtbuschig; 30–80 cm hoch

Standort: ○; trockener bis frischer, durchlässiger Boden; kalkliebend

Verwendung: einzeln und in kleinen Gruppen; auf Beeten und Rabatten, als Einfassung, im Steingarten, im Kräuter- und Bauerngarten; als Trockenblume

Paßt gut zu: Sonnenröschen, Katzenminze, Fetthenne, Schleierkraut und Rosen

Der halbstrauchige Lavendel ist aufgrund seiner dezenten Blüten und des silbergrauen Laubes ein dankbarer Begleiter anderer Stauden und Rosen und äußerst vielseitig zu verwenden. Seine herbwürzig duftenden, kleinen Lippenblüten sitzen zu mehreren dicht gedrängt am Ende langer Blütenstiele. Diese tragen schmale, ebenfalls aromatisch duftende Blätter, die das ganze Jahr über schmücken.

■ Bewährte Sorten

'Alba' (weiße Blüten, 40–50 cm hoch); 'Hidcote Blue' (intensiv blauviolett, 30–40 cm hoch); 'Munstead' (tiefblau, 40 cm hoch); 'Rosea' (zartrosa Blüten, 40–50 cm hoch)

■ Pflanzung

Lavendel setzt man am besten im Frühjahr ein, damit er gut einwurzeln kann und den Winter besser übersteht. Bei Herbstpflanzung sollte er unbedingt einen Winterschutz erhalten. Pflanzabstand 30–40 cm.

■ Vermehrung

Im Frühjahr schneidet man von jungen, noch nicht verholzten Trieben etwa 10 cm lange Kopfstecklinge, steckt sie in Töpfe mit Anzuchtsubstrat und läßt sie Wurzeln ausbilden. Im Herbst oder darauffolgenden Frühjahr können die Jungpflanzen dann eingesetzt werden.

■ Pflegemaßnahmen

Pflanzen alle 2 bis 3 Jahre im Frühjahr um etwa ein Drittel zurückschneiden. In rauhen Lagen die Büsche mit einer Winterabdeckung aus Reisig oder Laubstreu schützen.

■ Düngung

Nicht erforderlich.

Besonderheiten

Getrocknete Lavendelblüten werden schon seit alters in Stoffsäckchen eingenäht und zur Mottenabwehr verwendet. Der aromatische Duft der Pflanzen hält auch von Nachbarpflanzen Blattläuse fern.

Vermehrungstip

Die Art und einige Sorten können durch Samen vermehrt werden. Diese sät man entweder im Frühjahr direkt ins Freie und dünnt zu dicht stehende Sämlinge nach etwa 2 bis 4 Wochen aus oder zieht sie im März in Anzuchtschalen unter Glas vor und setzt sie nach Pikieren und Abhärten ab Mai ins Freie.

Lavendel, Lavandula angustifolia

STAUDEN

Die aufrechten, imponierenden Blütenkerzen der Lupine sorgen bei richtiger Pflege über einen langen Zeitraum hinweg für einen attraktiven Blickfang. Ihre leicht duftenden Schmetterlingsblüten stehen am Ende der Blütenstiele dicht gedrängt zusammen. Die schmückenden, handförmig geteilten Laubblätter verschwinden bald nach der Blüte.

■ Bewährte Sorten
'Edelknabe' (karminrot, 80-100 cm hoch); 'Kastellan' (weiße und dunkelblau, 80-100 cm hoch); 'Kronleuchter' (gelb, 80-100 cm hoch); 'Schloßfrau' (weiß und rosafarben, 80-100 cm hoch)

■ Pflanzung
Im Frühjahr mit 40-50 cm Abstand einsetzen.

■ Vermehrung
Im Frühjahr schneidet man junge Triebe, wenn sie etwa 10 cm erreicht haben, direkt über dem Boden ab. Diese grundständigen Stecklinge setzt man in Töpfe mit Vermehrungssubstrat und deckt mit einer Folienhaube ab. Sie werden bis zum darauffolgenden Frühjahr an einer geschützten Stelle weitergezogen, dann ausgepflanzt.

■ Pflegemaßnahmen
Pflanzen beizeiten stützen oder aufbinden. Abgeblühtes regelmäßig entfernen. Auf Echten Mehltau achten.

■ Düngung
Parallel zum Rückschnitt mäßig düngen, um die Nachblüte zu unterstützen.

■ Nach der Blüte
Schneidet man nach dem ersten Blütenflor die Blütenstiele vollständig zurück, so treiben die Lupinen nochmals aus und bilden einen zweiten, doch schwächeren Blütenflor im Spätsommer. Die Laubblätter sollten beim Rückschnitt, soweit es möglich ist, verschont bleiben.

Lupinen-Farbmischung

Vermehrungstip
Die meisten Sorten können aus Samen gezogen werden. Vor der Aussaat sollten diese mit Schmirgelpapier aufgerauht und in Wasser eingeweicht werden, das bringt sie schneller zum Keimen. Die Samen müssen, da Dunkelkeimer, gut mit Erde bedeckt, eventuell auch noch mit Papier schattiert werden. Die Anzuchtgefäße stellt man bis zur Keimung im Schatten auf.

Lupinus-Polyphyllus-Hybriden

Lupinen

Lupinus-Polyphyllus-Hybriden □ ▼ ▷

Blüte: rot, rosa, blau, violett, weiß, gelb oder orange, auch zweifarbig; V-VII und IX-X

Wuchs: aufrechte Büsche, 80-100 cm hoch

Standort: O; mäßig trockener bis frischer, schwach saurer, durchlässiger Boden

Verwendung: in kleinen und großen Gruppen; auf Beeten und Rabatten, als Schnittblumen

Passen gut zu: Pfingstrose, Türkenmohn, Bartiris und Prachtstorchschnabel

Vorsicht: Die Samen enthalten geringe Mengen giftiger Alkaloide.

PORTRÄTS UND PFLEGEANLEITUNGEN

Vexiernelke, Lychnis coronaria

Die **Brennende Liebe** (*Lychnis chalcedonica*) zieht mit ihren intensiv leuchtenden, scharlachroten Blütenschirmen bereits aus der Ferne alle Blicke auf sich. Die einzeln stehenden, flach ausgebreiteten Blüten der **Vexiernelke** (*Lychnis coronaria*) sind entweder weiß oder aber grell pinkfarben, unterstrichen durch das weißfilzige Laub.

■ Bewährte Sorten
■ der **Brennenden Liebe** (*Lychnis chalcedonica*): 'Alba' (weiß, 80 cm hoch); 'Carnea' (rosa, 80 cm hoch); 'Plena' (dunkelrot, gefüllt, 80–100 cm hoch); 'Rosea' (blaßrosa, 80 cm hoch)
■ der **Vexiernelke** (*Lychnis coronaria*): 'Alba' (weiß, 70 cm hoch)

■ Pflanzung
Lichtnelken setzt man am besten im Frühjahr oder im Spätsommer mit 40–50 cm Abstand ein. Von der **Vexiernelke** sind selten fertige Pflanzen im Handel, man muß sie meist selbst aussäen (siehe „Vermehrungstip").

Lichtnelken
Lychnis-Arten   □ ▽ ▷

Blüte: rot, rosa, weiß, auch zweifarbig; VI–VIII
Wuchs: straff aufrechte Horste; 60–100 cm hoch
Standort: ○; nährstoffreicher, frischer Boden, kalkliebend
Verwendung: in kleineren Gruppen; auf Beeten und Rabatten, im Bauerngarten; als Schnittblumen
Passen gut zu: weißen, gelben und blauen Arten, zu Stauden wie Sommermargerite, Sonnenauge, Schafgarbe, Salbei, Rittersporn und zu Sommerblumen wie Leberbalsam, Marienglockenblume oder Tagetes

Besonderheiten
Die farbintensiven Blüten der Lichtnelken überzeugen auch als Blumenstrauß in der Vase.

Brennende Liebe, Lychnis chalcedonica

■ Vermehrung
Im Frühjahr vor oder im Spätsommer nach der Blüte teilen.

■ Pflegemaßnahmen
In Trockenperioden kräftig wässern.

■ Düngung
Die **Brennende Liebe** sollte nach dem Rückschnitt mit Dünger versorgt werden, um den Neuaustrieb zu fördern.

■ Nach der Blüte
Will man eine Nachblüte im Herbst erzielen, so muß man die Triebe der **Brennenden Liebe** nach dem ersten Blütenflor bis auf eine Handbreit über dem Boden zurückschneiden.

Vermehrungstip
Die reinen Arten und einige Sorten lassen sich am bequemsten aus Samen ziehen. Diese können im Frühjahr direkt an Ort und Stelle ausgesät oder auch unter Glas vorkultiviert werden. Die oftmals nur zweijährige Vexiernelke sollte man am geeigneten Standort sich selbst aussäen lassen, so bleibt sie dauerhaft im Garten erhalten.

HÄUFIGE PFLEGEPROBLEME

Symptom: Pflanzen kränkeln, sind im Wachstum gehemmt und sterben schließlich ab; an ihren Wurzeln haben sich gallenartige Verdickungen gebildet.

Ursache: Wurzelgallenälchen (Nematoden)

Vorbeugung/Abhilfe: Befallene Pflanzen entfernen und vernichten. An diese Stelle einige Jahre keine Lichtnelken mehr pflanzen.

STAUDEN

Der ungemein wuchsfreudige Goldfelberich setzt mit seinen goldgelben Blüten leuchtende Akzente im Garten. Die einzelnen Blütensterne sind zu Quirlen vereint und stehen etagenweise in den Blattachseln.

■ Pflanzung

Im Frühjahr oder Herbst mit mindestens 50 cm Abstand einsetzen. Nicht zu dicht pflanzen, da sich die Stauden sehr rasch ausbreiten.

■ Vermehrung

Im Frühjahr vor dem Austrieb oder im Herbst teilen.

■ Pflegemaßnahmen

Bei anhaltender Trockenheit gießen. Sollten die Pflanzen zu sehr wuchern und Nachbarpflanzen bedrängen, so können ihre Ausläufer vom Rand her mit dem Spatenblatt abgestochen werden. Der Wuchs läßt sich auch durch eine Wurzelsperre in Form von Teichfolienstücken begrenzen; diese gräbt man senkrecht neben der Pflanze ein, so daß das untere Ende bis zu den Wurzelspitzen reicht und das obere wenige Zentimeter über der Erde herausragt.

■ Düngung

Im Frühjahr Kompost geben.

Goldfelberich, Lysimachia punctata

Goldfelberich

Lysimachia punctata □ ▼ ▷

Blüte: gelb; VI–VIII
Wuchs: aufrecht, dichtbuschig, stark ausläuferbildend; 60–100 cm hoch
Standort: ○–◐; nährstoffreicher, frischer bis feuchter Boden
Verwendung: in kleinen und größeren Gruppen; an Gehölz- und Gewässerrändern, auf Rabatten, an Wiesenrändern, im Bauern- und Naturgarten; als Schnittblume
Paßt gut zu: Blutweiderich, Frauenmantel, Storchschnabel, Astilben und Nelkenwurz

Die Blüten sind quirlartig angeordnet

Vermehrungstip

Die Art läßt sich aus Samen vermehren. Allerdings keimen sie bisweilen nur schwer. Man sät sie am besten im Frühjahr in Anzuchterde aus und stellt die Gefäße hell, aber nicht zu warm (15 °C). Sollten bis zum Herbst noch keine Keimlinge da sein, läßt man die Gefäße über den Winter an einer geschützten Stelle im Freien und holt sie erst im zeitigen Frühjahr wieder in die Wärme.

PORTRÄTS UND PFLEGEANLEITUNGEN

Pfingstrosen

Paeonia-Arten

Blüte: rosa, rot, weiß oder gelb, auch zweifarbig; V–VI
Wuchs: aufrechte Büsche, breitwüchsig; 50–100 cm hoch
Standort: O; nährstoffreicher, frischer, gut durchlässiger Boden
Verwendung: einzeln oder in kleinen Gruppen; vor Gehölzen, auf Beeten und Rabatten, im Bauerngarten; als Schnittblumen
Passen gut zu: Rittersporn, Bartiris, Lupine, Feinstrahl, Salbei und Knäuelglockenblume, für sich allein auch schön vor dunklen Nadelgehölzen
Vorsicht: Die Pflanzen enthalten ein giftiges Alkaloid.

Paeonia officinalis 'Rubra Plena'

Pfingstrosen wirken mit ihren großen, zart duftenden Blütenschalen über dunklem, tief eingeschnittenen Laub ausgesprochen edel. Sie sind sehr langlebig und entfalten erst im Laufe der Jahre ihre volle Schönheit. Die **Edelpfingstrosen** *(Paeonia-Lactiflora-Hybriden)* bestechen durch ihre pompösen Blütenbälle in den verschiedensten Rottönen, zartem Gelb oder strahlendem Weiß und wachsen 80–100 cm hoch. **Bauernpfingstrosen** *(Paeonia officinalis)* variieren je nach Sorte zwischen 50 und 100 cm Wuchshöhe und entfalten ihre kugeligen, samtigroten oder zart rosafarbenen Blüten etwas früher als die vorgenannten. Von dieser Art gibt es sowohl Sorten mit einfachen als auch mit gefüllten Blüten.

Das Sortiment ist unüberschaubar groß, es gibt unzählige Sorten, die immer wieder durch neue ergänzt werden. Das Angebot wechselt je nach Gärtnerei, weshalb hier auf die Angabe einzelner Sorten verzichtet wird.

STAUDEN

■ **Pflanzung**

Die knollig verdickten Wurzelstöcke im Frühherbst flach einsetzen, maximal 3 cm mit Erde bedecken, Pflanzabstand etwa 50 cm.

■ **Vermehrung**

Eine Vermehrung der stattlichen Stauden ist recht schwierig. Erst ältere Stöcke kann man versuchen im September zu teilen. Die Teilstücke müssen mindestens 3 bis 5 kräftige Triebknospen besitzen.

■ **Pflegemaßnahmen**

Pfingstrosen entwickeln sich am besten, wenn man sie ungestört wachsen läßt. Vor dem Austrieb im Frühjahr werden die Horste von verwelkten Blättern gesäubert. Herrscht vor der Blüte trockenes Wetter, sollten die Stauden kräftig gegossen werden, damit sich später alle Knospen öffnen. Es empfiehlt sich, die häufig standschwachen Triebe an Stäben abzustützen. Verblühtes wird regelmäßig entfernt. Noch junge Pflanzen werden den Winter über zur Vorsicht locker mit Reisig abgedeckt.

■ **Düngung**

Es empfiehlt sich, den Boden vor der Pflanzung mit Kompost oder Hornspänen anzureichern. Dann jedes Jahr im Frühjahr vor der Blüte und im Spätsommer zur Wurzelbildung mit organischem Dünger versorgen.

Besonderheiten

Die großen Blüten der Pfingstrosen wirken in Blumensträußen wunderschön. Damit sie sich in der Vase lange halten, sollten sie schon kurz vor dem Aufblühen geschnitten werden. Gefüllte Sorten halten sich länger als ungefüllte.

Paeonia-Lactiflora-Hybride 'Holbein'

HÄUFIGE PFLEGEPROBLEME

Symptom: Auf den Blättern bilden sich kleine, weißbraune Flecken mit dunkler Umrandung, ihre Innenzonen trocknen pergamentartig ein und brechen später heraus. Bei starkem Befall sterben die Blätter ab.

Ursache: Septoria-Blattfleckenkrankheit (Pilzerkrankung)

Vorbeugung/Abhilfe: Befallene und bereits abgefallene Blätter entfernen, um eine Ausbreitung zu verhindern; mit Algenkalkbrühe oder Schachtelhalmtee spritzen.

Außerdem häufig: Grauschimmel, Rost, Virose; Blattälchen

Sorte 'Claire Dubois'

PORTRÄTS UND PFLEGEANLEITUNGEN

Türkenmohn

Papaver orientale ■ ▽ ▷

Blüte: rot, orange, rosa oder weiß, auch mit kontrastierenden Flecken am Grunde; V–VII

Wuchs: aufrechte Horste; 50–110 cm hoch

Standort: O; mäßig trockener bis frischer, durchlässiger Boden

Verwendung: einzeln oder in kleinen Gruppen; auf Beeten und Rabatten

Paßt gut zu: weiß- und blaublühenden Beetstauden wie Sommermargerite, Lupine, Rittersporn, Salbei und Gräsern

Vorsicht: Der Milchsaft enthält giftige Alkaloide.

Türkenmohn, Papaver orientale 'Marcus Perry'

STAUDEN

Die bis zu 20 cm großen, schalenförmigen Blüten des Türkenmohns werden von seidigen, etwas zerknittert wirkenden Blütenblättchen gebildet, in deren Mitte ein Büschel schwarzer Staubfäden den Fruchtknoten umkränzt. Das stumpfgrüne, rauh behaarte Laub unterstreicht die Leuchtkraft der Blüten. Ähnlich intensive Farben haben auch die einjährigen Verwandten des Türkenmohns, *Papaver nudicaule* und *Papaver rhoeas,* zu bieten (siehe Kapitel „Sommerblumen").

■ Bewährte Sorten
'Beauty of Livermere' (blutrot, lange Blütezeit, 100 cm hoch, samenvermehrbar); 'Catharina' (lachsrosa mit schwarzen Flecken, 80 cm hoch); 'Marcus Perry' (leuchtend orangefarben, 60-70 cm hoch); 'Türkenlouis' (scharlachrot mit schwarzen Flecken und gefranstem Blütenrand, 70 cm hoch)

■ Pflanzung
Im Spätsommer mit 50-60 cm Abstand einsetzen.

■ Vermehrung
Von den nicht durch Samen zu vermehrenden Sorten des Türkenmohns kann man leicht durch Wurzelschnittlinge Nachwuchs erhalten. Dazu gräbt man im Herbst die Wurzeln aus oder legt sie teilweise frei. Von kräftigen Wurzeln schneidet man etwa 5-7 cm lange Stücke ab und setzt sie entsprechend ihrer natürlichen Wuchsrichtung in Töpfe mit Vermehrungssubstrat. Als Orientierungshilfe kann man das obere Ende gerade, das untere hingegen schräg abschneiden. Die Töpfe werden mit einer Folie abgedeckt und bis zum Frühjahr im Frühbeet oder an einem kühlen Ort im Haus aufgestellt. Bilden sich im Frühjahr die ersten Blätter, werden die Schnittlinge umgetopft und bis zur Pflanzung weiterkultiviert.

■ Pflegemaßnahmen
Abgeblühte Stiele regelmäßig entfernen. Bei Trockenheit ausgiebig wässern.

■ Düngung
Vor der Blüte Kompost geben.

■ Nach der Blüte
Da das Laub nach der Blüte schnell welkt und unschöne Lücken hinterläßt, können die Stauden nach der Blüte stark zurückgeschnitten werden. Sie treiben dann bald nach und bilden neue Laubblätter.

Vermehrungstip

Die Art und einige Sorten lassen sich durch Direktaussaat im Frühjahr vermehren.

HÄUFIGE PFLEGEPROBLEME

Symptom: Triebe werden schlaff und vertrocknen.

Ursache: Wurzelfäule (schlechte Standortbedingungen)

Vorbeugung/Abhilfe: Verfaulte Pflanzen entfernen; staunassen Boden durch Sandbeimischung durchlässiger machen, durch Laubabdeckung im Winter vor Nässe schützen.

Außerdem häufig: Falscher Mehltau und Wühlmäuse

PORTRÄTS UND PFLEGEANLEITUNGEN

Phlox-Paniculata-Hybride 'Württembergia'

Hoher Staudenphlox

Phlox-Paniculata-Hybriden

Blüte: rosa, rot, violett, weiß, auch zweifarbig; VI–IX
Wuchs: aufrechte Horste; 60–120 cm hoch
Standort: ○–◑; nährstoffreicher, frischer bis feuchter, durchlässiger Boden
Verwendung: einzeln, in kleinen und großen Gruppen; auf Beeten und Rabatten, im Bauerngarten; als Schnittblumen
Passen gut zu: weißen oder blauen Blüten von Sommermargerite und Rittersporn (rot- und rosablühende Phlox-Sorten); andersfarbige Sorten auch zu gelbblühenden Stauden wie Sonnenhut oder Mädchenauge

Der hohe Staudenphlox sorgt über einen beachtlichen Zeitraum hinweg für eine üppige Blütenpracht im Garten. Seine flach ausgebreiteten Einzelblüten sind in dichten, kuppelförmigen Blütenständen zusammengefaßt, die abends einen angenehmen Duft verströmen und Nachtfalter anlocken.

■ Pflanzung
Im Herbst oder Frühjahr mit 50–60 cm Abstand ein paar Zentimeter tiefer einsetzen, als die Pflanzen vorher standen.

■ Vermehrung
Durch Teilung im Frühjahr oder Herbst.

■ Pflegemaßnahmen
Bei Trockenheit gießen. Die Pflanzen werden standfester, wenn man sie im Frühsommer rundherum mit Erde leicht anhäufelt, an windigen Stellen sollte man sie zusätzlich stützen und aufbinden. Um die Blühperiode auszudehnen und den Austrieb seitlicher Blütenknospen zu fördern, kann man einige Hauptblüten an den Triebspitzen einkürzen. Verwelktes entfernen.

■ Düngung
Im Frühjahr, vor Blühbeginn, mit Kompost oder organischem Dünger versorgen.

■ Nach der Blüte
Alle Triebe bis auf eine Handbreit über dem Boden zurückschneiden.

Vermehrungstip

Vermehrt man die Pflanzen durch Wurzelschnittlinge, so wird die Ausbreitung der häufig auftretenden Stengelälchen vermieden. Im Herbst legt man dazu einen Teil des Wurzelstocks frei, schneidet von kräftigen Wurzeln etwa 5–7 cm lange Stücke ab und steckt diese entsprechend ihrer ursprünglichen Wuchsrichtung in Vermehrungssubstrat. Die Gefäße, mit Folien abgedeckt, werden im Frühbeet oder an einem kühlen Ort im Haus aufgestellt, dort kultiviert man die Pflanzen weiter, bis sie im darauffolgenden Frühjahr ins Freie kommen.

HÄUFIGE PFLEGEPROBLEME

Symptom: Triebe zeigen vermindertes Wachstum und sind häufig verdickt; Blätter sind verschmälert, verdreht oder gekräuselt.

Ursache: Stengelälchen (Nematoden)

Vorbeugung/Abhilfe: Vermehrung durch Wurzelschnittlinge (siehe „Vermehrungstip"). Studentenblumen als Abwehr zwischen die Stauden pflanzen. Kranke Pflanzen entfernen und an diese Stelle einige Jahre keinen Staudenphlox mehr setzen. Obere Bodenschicht vor einer Neupflanzung austauschen.

Außerdem häufig: Echter Mehltau, Blattälchen

STAUDEN

Phlox-Subulata-Hybride

Polsterphlox
Phlox-Subulata-Hybriden
○ ▷

Blüte: rosa, rot, blau, violett oder weiß; IV–V und IX–X
Wuchs: polsterförmig; 5–15 cm hoch
Standort: ○; nährstoffreicher, mäßig trockener bis frischer, durchlässiger Boden
Verwendung: in kleinen und großen Gruppen; im Steingarten, auf Mauerkronen, als Beeteinfassung
Passen gut zu: anderen Polsterstauden wie Blaukissen, niedrige Glockenblumen und Schleifenblume

Im Frühjahr sind die niederliegenden Triebe des Polsterphlox über und über mit kleinen, sternförmigen Blüten bedeckt. Wie die Blüten ihrer hochwachsenden Verwandten verströmen sie abends einen angenehmen Duft.

■ Bewährte Sorten
'Daisy Hill' (pinkfarbene Blüten, 10–15 cm hoch); 'Ronsdorfer Schöne' (lachsrosa Blüten, 10–15 cm hoch); 'Thomasini' (blauviolette Blüten, 10–15 cm hoch); 'White Delight' (weiße Blüten, 10–15 cm hoch)

■ Pflanzung
Im Frühsommer oder Herbst mit 20–30 cm Abstand einsetzen.

■ Vermehrung
Im Frühsommer nach der Blüte teilen.

■ Pflegemaßnahmen
Jungpflanzen den Winter über mit Reisig abdecken, ältere Stauden in kalten, schneearmen Wintern ebenfalls schützen.

■ Düngung
Im zeitigen Frühjahr mit Kompost versorgen.

■ Nach der Blüte
Schneidet man die Polster nach dem ersten Blütenflor um die Hälfte zurück, so treiben sie anschließend gut durch und blühen im Herbst oft ein zweites Mal. Zudem wird durch den Rückschnitt ein Verkahlen verhindert.

Weißer Polsterphlox im Steingarten

PORTRÄTS UND PFLEGEANLEITUNGEN

Tibetprimeln, Primula florindae

Kissenprimeln, Primula vulgaris

Primeln

Primula-Arten

Blüte: in allen Farben außer reinem Blau; II–V, *Primula florindae* VII–VIII

Wuchs: aufrecht mit grundständiger Blattrosette; 5–30 cm hoch, *Primula florindae* 40–90 cm hoch

Standort: ○–◑; nährstoffreicher, frischer, durchlässiger Boden

Verwendung: in kleinen oder größeren Gruppen; am Gehölz- oder Uferrand, im Steingarten, im Vordergrund von Rabatten, in Pflanztrögen und Schalen; als Schnittblumen

Passen gut zu: anderen Frühjahrsblühern wie Tulpen, Traubenhyazinthen, Narzissen, Lungenkraut und Veilchen

Vorsicht: Primeln enthalten Stoffe, die Hautreizungen hervorrufen können.

Primeln sind bekannte und beliebte Frühjahrsboten, die mit ihren bunten Blüten erste Farbakzente in den Garten bringen. Ihre Laubblätter sind meist auffällig gerunzelt und von länglich-eiförmiger bis zungenförmiger Gestalt. Man unterscheidet vielerlei Arten und Sorten, die aber alle ähnlich zu verwenden sind.

■ Die heimische **Waldschlüsselblume** *(Primula elatior)* öffnet von März bis April ihre hellgelben Blüten, die zu mehreren am Ende der Stiele nicken.

■ Die **Echte Schlüsselblume** *(Primula veris)* ähnelt in ihrem Wuchs der Waldschlüsselblume. Allerdings erblüht sie erst einen Monat später und läßt ihre duftenden Blüten in einem satten Goldgelb erstrahlen.

■ Die **Gartenaurikel** *(Primula* x *pubescens)* hielten schon vor sehr langer Zeit Einzug in die Gärten. Ihre Blüten gibt es in vielen bunten Farben, mit oftmals hellerer oder dunklerer Mitte. Untermalt werden sie von großen, derben Laubblättern mit gezähntem Rand.

■ Die Blüten der **Kissenprimel** *(Primula vulgaris* ssp. *vulgaris, Primula acaulis)* heben sich nicht auf langen Stielen empor, sondern sitzen nur wenige Zentimeter über dem Boden, inmitten einer frischgrünen Blattrosette. Ihre tellerförmigen Blüten duften angenehm und sind im Schlund häufig gelb gefärbt.

■ Die **Rosenprimel** *(Primula rosea)* überzeugt durch die leuchtenden Rottöne ihrer Blüten, die in üppigen Dolden zusammenstehen.

■ Die Einzelblüten der **Kugelprimel** *(Primula denticulata)* sind zu ballförmigen Blütenständen zusammengefaßt, die am Ende ihrer aufrechten Stiele sitzen. Ihre Farbpalette reicht von Violett über Rosa und Rot bis hin zu Weiß.

■ Im Unterschied zu den anderen aufgeführten Arten und Sorten blüht die **Tibetprimel** *(Primula florindae)* erst im Sommer. Von langgestielten Blättern umgeben schiebt sich ihr aufrechter Blütenstiel 40–90 cm hoch nach oben. An seinem Ende sitzen viele hell-

STAUDEN

gelbe Blütenglöckchen, die angenehm würzig duften.

Von den meisten der genannten Arten sind wiederum mehrere Sorten im Angebot, häufig als Mischung verschiedener Töne der Grundfarbe, z. B. bei der Tibetprimel in kräftigen Gelbtönen.

■ Pflanzung

Im zeitigen Frühjahr niedrige Formen mit 15–20 cm, höhere Formen mit 30 cm Abstand einsetzen. Auch bereits blühende Exemplare lassen sich problemlos pflanzen.

■ Vermehrung

Im Frühjahr teilen.

■ Pflegemaßnahmen

In Trockenperioden gründlich gießen.

■ Düngung

Es empfiehlt sich, vor der Pflanzung den Boden mit Kompost oder Laubhumus aufzubereiten. Um eine üppige Blüte zu erzielen, sollte jährlich im Frühjahr mit Kompost gedüngt werden.

Echte Schlüsselblumen, Primula veris

Kugelprimeln, Primula denticulata 'Alba'

HÄUFIGE PFLEGEPROBLEME

Symptom: Blätter mit braungrauen, gelb umrandeten Flecken

Ursache: Blattfleckenkrankheit (Pilzbefall)

Vorbeugung/Abhilfe: Auf gleichmäßige Wasserversorgung achten, abgewelktes oder abgefallenes Laub stets entfernen; befallene Blätter sofort abzupfen, mit Schachtelhalmtee spritzen.

Außerdem häufig: Grauschimmel, Falscher Mehltau, Virosen, Schnecken

---

Vermehrungstip

Die Arten und fast alle Sorten lassen sich auch aus Samen ziehen. Da es Kaltkeimer sind, werden sie im Herbst in Anzuchtkästen ausgesät, die den Winter über in eine schattige Ecke des Gartens gestellt werden. Im Februar nimmt man sie wieder ins Haus, wo sie, auf einer mäßig warmen Fensterbank, bald darauf keimen. Eine Direktaussaat an Ort und Stelle sollte gleich nach der Samenreife im Frühsommer erfolgen.

Besonderheiten

Schlüsselblume und Rosenprimel sowie Gartenaurikel liefern hübsche Schnittblumen, mit denen der Frühling auch im Haus Einzug hält.

PORTRÄTS UND PFLEGEANLEITUNGEN

Lungenkräuter

Pulmonaria-Arten ☐ ▽ ▷

Blüte: blau, rot, rosa oder weiß; III–V

Wuchs: aufrechte Blütenstände über Blattrosetten; 20–30 cm hoch

Standort: ◐–●; nährstoffreicher, frischer Boden; kalkliebend

Verwendung: in kleinen Gruppen; am Gehölzrand, unter Laubgehölzen und im Schatten von Mauern

Passen gut zu: Primeln, Waldstorchschnabel, Funkien und Farnen

Pulmonaria officinalis

Pulmonaria angustifolia

Pulmonaria saccharata 'Mrs. Moon'

Lungenkräuter besitzen länglich-eiförmige Blätter und kleine trichterförmige Blüten, die zu leicht überhängenden Blütenständen vereint sind. Die Arten können halbschattige bis schattige Plätze zieren:

■ Das **Schmalblättrige Lungenkraut** *(Pulmonaria angustifolia)* bildet rasch dichte Bestände, die blaue oder weiße Blüten treiben.

■ Die Blüten des **Echten Lungenkrauts** *(Pulmonaria officinalis)* sind im Aufblühen erst hellrot, später dann blauviolett gefärbt. Auffällig zeigen sich auch die sattgrünen, weiß gepunkteten oder marmorierten Laubblätter.

■ Das **Gefleckte Lungenkraut** *(Pulmonaria saccharata)* zeichnet sich durch noch intensiver geflecktes Laub und kräftig gefärbte Blüten aus.

■ **Bewährte Sorten**

■ des **Schmalblättrigen Lungenkrauts** *(Pulmonaria angustifolia):* 'Alba' (weiß, 20–30 cm hoch); 'Azurea' (enzianblau, 20–30 cm hoch); 'Munstead Blue' (tiefblau, 20–30 cm hoch)

■ des **Gefleckten Lungenkrauts** *(Pulmonaria saccharata):* 'Cambridge Blue' (hellblaue Blüten, 20–30 cm); 'Mrs. Moon' (rotviolette Blüten, schön gezeichnetes Laub, 20–30 cm hoch); 'Pink Dawn' (rosa Blüten, weiß gefleckte Blätter, 20–30 cm hoch)

■ **Pflanzung**

Im zeitigen Frühjahr oder im Frühsommer mit 20 cm Abstand einsetzen.

■ **Vermehrung**

Nach der Blüte teilen.

■ **Pflegemaßnahmen**

Bei Trockenheit gießen.

■ **Düngung**

Im Frühjahr vor der Blüte Kompost verabreichen. Unter Laubbäumen ist dies nicht erforderlich, wenn das Laub an Ort und Stelle verrotten kann.

Vermehrungstip

Die Arten kann man nach der Samenreife direkt an Ort und Stelle aussäen.

STAUDEN

Die goldgelben, strahligen Blüten des Sonnenhuts scheinen die Sommersonne im Garten widerzuspiegeln. Große, dunkelgrüne Laubblätter liefern den buschigen Unterwuchs und damit einen hübschen Kontrast zu den leuchtenden Blüten. Die gleichnamige einjährige Verwandte *(Rudbeckia hirta)* ist im Kapitel „Sommerblumen" beschrieben.

■ Bewährte Sorte
'Goldsturm' (sehr große Blüten, überaus reichblühend, 60–80 cm hoch, samenvermehrbar)

■ Pflanzung
Im Frühjahr mit mindestens 50 cm Abstand einsetzen. Nicht zu dicht pflanzen, die Büsche dehnen sich rasch aus.

■ Vermehrung
Im Frühjahr teilen.

■ Pflegemaßnahmen
Regelmäßig gießen. Damit die Büsche nicht auseinanderfallen, locker zusammenbinden und etwas stützen. Verwelktes entfernen. Auf Echten Mehltau achten.

■ Düngung
Gelegentlich im Frühjahr mit Kompost versorgen.

■ Nach der Blüte
Entweder alle Triebe bis auf eine Handbreit über dem Boden zurückschneiden oder aber abgeblühte Triebe stehenlassen; im letzteren Fall kann man sich an den schmückenden Fruchtständen erfreuen.

Vermehrungstip
Sonnenhut kann auch aus Samen herangezogen werden. Als Kaltkeimer werden sie erst im November in Anzuchtschalen ausgesät und den Winter über in einer schattigen Ecke des Gartens aufgestellt. Im Februar holt man sie ins Haus, wo an einer mäßig warmen Fensterbank bald darauf die Keimung erfolgt. Die Jungpflanzen setzt man dann noch im Frühjahr aus.

Sonnenhut, Rudbeckie
Rudbeckia fulgida var. sullivantii ☐ ▼ ▷

Blüte: gelb mit dunkler Mitte; VII–IX

Wuchs: aufrechte Horste, breitbuschig; 60–100 cm hoch

Standort: ○; nährstoffreicher, frischer Boden

Verwendung: in kleinen und großen Gruppen; auf Beeten und Rabatten, im Bauern- und Naturgarten; als Schnittblume

Paßt gut zu: Sonnenbraut, Mädchenauge, Astern, Feinstrahl, Rittersporn und Salbei

Sonnenhut, Rudbeckia fulgida 'Goldsturm'

PORTRÄTS UND PFLEGEANLEITUNGEN

Ziersalbei, Sommersalbei
Salvia nemorosa □ ▷

Blüte: blau oder violett; VI–VII und IX

Wuchs: aufrechte Büsche; 40–80 cm hoch

Standort: ○; nährstoffreicher, mäßig trockener bis frischer, durchlässiger Boden

Verwendung: in kleinen und großen Gruppen; auf Beeten und Rabatten, im Bauern- und Naturgarten, an Wiesenrändern

Paßt gut zu: gelb-, weiß- und rotblühenden Arten wie Sonnenhut, Edelgarben, Mädchenauge, Sommermargeriten, Türkenmohn und Rosen

Schöner Kontrast: Ziersalbei und Edelgarbe

Salvia nemorosa 'Ostfriesland'

Über mehrere Wochen hinweg setzen die blauen oder violetten Blütenkerzen des Ziersalbeis kräftige Farbakzente im Garten. Das frischgrüne, aromatisch duftende Laub sorgt für zierendes Beiwerk. Als Ziersalbei wird auch die einjährige *Salvia farinacea* bezeichnet, die ebenso wie Feuersalbei *(Salvia splendens)* und Buntschopfsalbei *(Salvia viridis)* bei den Sommerblumen beschrieben ist.

■ Bewährte Sorten
'Blauhügel' (blaue Blüten, 50 cm hoch); 'Mainacht' (dunkelviolettblaue Blüten, 50 cm hoch); 'Ostfriesland' (dunkelviolette Blüten, 50 cm hoch); 'Viola Klose' (dunkelblaue Blüten, 40 cm hoch)

■ Pflanzung
Im Frühjahr mit 30 cm Abstand einsetzen.

■ Vermehrung
Um neue Pflanzen zu gewinnen, schneidet man im Frühsommer, wenn die Pflanzen im vollem Saft stehen, etwa 10 cm lange Kopfstecklinge von kräftigen Trieben ab. Diese setzt man in Töpfe mit Vermehrungserde. Unter einer Folienhaube bewurzeln sie sich innerhalb weniger Wochen. Nach erfolgter Bewurzelung nimmt man die Haube ab und kultiviert die Stecklinge bis zur Pflanzung im Herbst oder darauffolgenden Frühjahr im Topf weiter.

■ Pflegemaßnahmen
Der Ziersalbei ist äußerst pflegeleicht, er kann nach der Blüte sogar abgemäht werden.

■ Düngung
Nach dem Rückschnitt im Sommer fördert eine Kompostdüngung den Neuaustrieb.

■ Nach der Blüte
Schneidet man die Triebe nach dem ersten Blütenflor stark zurück, treibt der Ziersalbei bei gleichzeitiger Düngergabe nochmals durch und wartet im Spätsommer mit einer Nachblüte auf.

Besonderheiten

Die Lippenblüten des Salbeis werden gern von Insekten besucht und sind beliebte Futterpflanzen für Bienen.

STAUDEN

Moossteinbreche bilden mit ihren frischgrünen, weichblättrigen Rosetten dichte Polster, die das ganze Jahr über zieren. Zur Blütezeit heben sich kleine, schalenförmige Blüten auf dünnen, aufrechten Stielen empor.

■ Bewährte Sorten
'Blütenteppich' (karminrosa Blüten, 15 cm hoch); 'Leuchtkäfer' (scharlachrote Blüten, 15 cm hoch); 'Rosenzwerg' (dunkelrosa Blüten, 5–10 cm hoch); 'Schneeteppich' (weiße Blüten, 20 cm hoch); 'Schwefelblüte' (hellgelbe Blüten, bis 20 cm hoch)

■ Pflanzung
Im Frühsommer mit 20 cm Abstand einsetzen. Nicht zu dicht pflanzen, da sich die Polster rasch ausbreiten.

■ Vermehrung
Nach der Blüte im Frühsommer teilen.

Saxifraga-Arendsii-Hybride

■ Pflegemaßnahmen
Bei länger anhaltender Trockenheit sollten die Pflanzen in den Abend- oder Morgenstunden mit Wasser übersprüht werden. Da die Polster nach einiger Zeit unschön werden, sollte man sie alle 4 bis 5 Jahre teilen und umpflanzen.

■ Düngung
Nicht erforderlich.

Moossteinbrech

Saxifraga-Arendsii-Hybriden

Blüte: rot, rosa, weiß oder gelb; IV–V

Wuchs: moosartige Polster, aufrechte Blütenstände; 5–20 cm hoch

Standort: ◐; frischer, durchlässiger Humusboden

Verwendung: in kleinen Gruppen; im Steingarten, auf Trockenmauern und halbschattigen Beeten, in Pflanztrögen

Passen gut zu: Primeln, Hornveilchen und niedrigen Gräsern

Besonderheiten
Steinbrechgewächse kommen auch im Hochgebirge in sehr schmalen Felsfugen vor. Sie erwecken dort den Eindruck, als wollten sie das Gestein regelrecht auseinanderbrechen. So kamen sie zu ihrem ungewöhnlichen Namen.

Vermehrungstip
Moossteinbreche lassen sich leicht durch Tochterrosetten vermehren, die man abtrennt und in Töpfen mit einem Gemisch aus Sand und Humus bewurzeln läßt.

Steingartenzierde: roter Moossteinbrech

PORTRÄTS UND PFLEGEANLEITUNGEN

Fetthennen, Mauerpfeffer
Sedum-Arten ☐ ▷

Blüte: gelb, weiß, rosa oder rot; VI–IX

Wuchs: aufrechte Horste oder polsterbildend; 30–50 cm hoch, polsterbildende Arten und Sorten 5–25 cm hoch

Standort: O; trockener bis frischer, durchlässiger Boden

Verwendung: in kleinen und großen Gruppen; im Steingarten, auf Beeten und Rabatten, als Einfassung, in Platten- und Mauerfugen, in Pflanztrögen

Passen gut zu: Herbstastern und Gartenchrysanthemen (hochwüchsige Arten); zu Steinbrech, Katzenminze, Nelke und Schleierkraut (niedrige Arten)

Vorsicht: Der Mauerpfeffer *(Sedum acre)* enthält giftige Stoffe.

Fetthenne, Sedum floriferum

Sedum telephium 'Herbstfreude'

Fetthennen können in ihren dicken, fleischigen Blättern größere Wassermengen speichern und ertragen somit auch längere Trockenperioden.

■ Der **Scharfe Mauerpfeffer** *(Sedum acre)* ist im Frühsommer mit sternförmigen, gelben Blüten übersät. Sie stehen nur wenige Zentimeter über den niedrigen Blattpolstern.

■ Die Blüten der **Goldfetthenne** *(Sedum floriferum)* ähneln denen des Mauerpfeffers, schieben sich aber erst im Hochsommer auf orangeroten Blütenstielen nach oben.

■ Die **Kaukasus-Fetthenne** *(Sedum spurium)* überrascht durch kräftige Blütenfarben von Weiß über verschiedene Rosatöne bis hin zu leuchtendem Rot. Ihre üppigen doldenartigen Blütenstände erscheinen von Juli bis August.

■ Im Unterschied zu den bisher aufgeführten Arten wächst *Sedum telephium* aufrecht und wird bis zu 50 cm hoch. Im Spätsommer öffnen sich seine rosafarbenen bis purpurroten Blütendolden, die später von dekorativen braunroten Fruchtständen abgelöst werden.

■ Pflanzung
Im Frühjahr einsetzen; kleine, polsterwüchsige Formen mit 10–20 cm Abstand, hohe Formen mit 30–40 cm Abstand.

■ Vermehrung
Fetthennen lassen sich, am besten im Frühjahr oder Frühsommer, ausgesprochen leicht durch Stecklinge vermehren. Von *Sedum telephium* schneidet man junge Triebe direkt am Boden ab, von den polsterbildenden Arten und Sorten genügen kurze Triebspitzen, sogar einzelne Blätter bewurzeln sich. In Töpfen mit Vermehrungserde, geschützt durch eine Folienhaube, bewurzeln sich die Stecklinge sehr schnell und können nach kurzer Kultivierungszeit ausgepflanzt werden.

■ Pflegemaßnahmen
Die anspruchslosen Fetthennen benötigen keine besonderen Pflegemaßnahmen. Die abgeblühten Triebe des hohen *Sedum telephium* schneidet man erst im Frühjahr zurück.

■ Düngung
Den langlebigen Stauden genügt alle 3 bis 4 Jahre eine leichte Düngung, am besten mit Kompost.

HÄUFIGE PFLEGEPROBLEME

Symptom: Blätter und Triebe vergilben und verwelken. Bei den polsterbildenden Arten und Sorten verfärben sich die Blätter und fallen ab, die ganze Pflanze welkt.

Ursache: Verticillium-Welke (Pilzerkrankung)

Vorbeugung/Abhilfe: Befallene Pflanzen vollkommen entfernen und vernichten; die obere Bodenschicht austauschen und an diese Stelle einige Jahre keine Fetthennen mehr pflanzen.

STAUDEN

Die Königskerzen bilden im ersten Jahr eine stattliche Blattrosette aus großen, meist weißfilzig behaarten Blättern aus. Im darauffolgenden Frühjahr schiebt sich aus deren Mitte ein hoher Blütenschaft empor, der die wolligen, sich von unten nach oben öffnenden Blüten trägt. Wenn diese verblüht sind, stirbt die Pflanze in der Regel ab. Obwohl dieser Zyklus dem einer zweijährigen Pflanze (siehe auch Seite 65) entspricht, wird die Königskerze den Stauden zugerechnet; denn durch rechtzeitigen Rückschnitt kann man sie immer wieder zum Neuaustrieb anregen. Zudem vermehren sie sich über Tochterrosetten selbst, sofern dies nicht der Gärtner gezielt vornimmt.

■ Bewährte Sorten
'Cotswold Queen' (bernsteinfarbene Blüten, 70-130 cm hoch); 'Densiflorum' (gelbe Blüten mit violettem Auge, 160-180 cm hoch); 'Gainsborough' (hellgelbe Blüten, 80-120 cm hoch); 'Pink Domino' (rosafarbene Blüten, 70-100 cm hoch); 'Silberkandelaber' (gelbe Blüten, dicht weißfilzig behaart, 150-200 cm hoch)

■ Pflanzung
Im Frühjahr mit 50 cm Abstand einsetzen.

■ Vermehrung
Im Frühsommer Nebenrosetten von der Mutterpflanze abtrennen und an anderer Stelle wieder einpflanzen.

■ Pflegemaßnahmen
Man kann die Lebensdauer der Stauden verlängern, indem man die Blütenstiele gleich nach dem Verblühen direkt über dem Boden abschneidet. So treiben sie oft auch in den folgenden Jahren immer wieder neue Blüten.

■ Düngung
Die an nährstoffarme Standorte angepaßten Königskerzen vertragen keine Düngung.

Königskerze, Verbascum-Hybride

Vermehrungstip

Die kurzlebigen Stauden sorgen durch Bildung von Tochterrosetten oder Selbstaussaat meist selbst für ihren Fortbestand im Garten. Eine andere Möglichkeit ist die Vermehrung durch Wurzelschnittlinge. Dazu legt man im Herbst den Wurzelballen der Pflanzen weitgehend frei und schneidet von kräftigen Wurzeln etwa 5-7 cm lange Stücke ab. Diese setzt man entsprechend ihrer natürlichen Wuchsrichtung in Töpfe mit Vermehrungserde und kultiviert sie bis zum Auspflanztermin im Frühjahr weiter.

Königskerzen

Verbascum-Hybriden

□ ▽ ▷

Blüte: gelb, rosa oder weiß; V-VIII

Wuchs: grundständige Blattrosette mit aufrechtem Blütenstiel; 70-200 cm hoch

Standort: ○; trockener, durchlässiger Boden

Verwendung: einzeln oder in kleinen Gruppen; im Hintergrund von Beeten und Rabatten, im Heide-, Bauern- und Naturgarten, vor Zäunen oder einer Hauswand, an Böschungen

Passen gut zu: blaublühendem Unterwuchs von Salbei, Katzenminze oder Lavendel

PORTRÄTS UND PFLEGEANLEITUNGEN

Mit ihren meist tiefblauen, straffen Blütenkerzen setzen Ehrenpreisbüsche markante Kontrapunkte zu vielerlei anderen Gartenpflanzen. Zwei Arten, eine davon wiederum mit zwei Unterarten (Subspezies = ssp.), sind besonders geeignet:

■ Der **Langblättrige Ehrenpreis** *(Veronica longifolia)* trägt über schmalen, langen Laubblättern bis zu 120 cm lange Kerzen aus tiefblauen, trichterförmigen Blüten.

■ Der **Silberehrenpreis** *(Veronica spicata ssp. incana)* besitzt längliche, silbergrau gefärbte Blätter, die zusammen mit seinen tiefblauen Blüten eine äußerst aparte Erscheinung ergeben. Er wächst eher polstig und wird nur 30 cm hoch.

■ Der **Ährige Ehrenpreis** *(Veronica spicata ssp. spicata)* zeichnet sich durch graugrünes Laub und ein reiches Sortiment verschiedener Blütenfarben aus. Die dichten Büsche werden bis zu 60 cm hoch; es gibt jedoch auch niedrige Sorten.

Langblättriger Ehrenpreis, Veronica longifolia

■ Bewährte Sorten

■ des **Langblättrigen Ehrenpreis** *(Veronica longifolia)*: 'Blaubart' (dunkelblaue Blüten, 50 cm hoch); 'Blauriesin' (mittelblaue Blüten, bis 110 cm hoch)

■ des **Silberehrenpreis** *(Veronica spicata ssp. incana)*: 'Candidissima' (dunkelviolette Blüten, 30-40 cm hoch); 'Silberteppich' (dunkelblaue Blüten, 30-40 cm hoch)

■ des **Ährigen Ehrenpreis** *(Veronica spicata ssp. spicata)*: 'Baccarole' (dunkelrosa Blüten, 40-50 cm hoch); 'Blaufuchs' (dunkelblaue Blüten, 30-40 cm hoch); 'Heidekind' (weinrote Blüten, 20 cm hoch); 'Spitzentraum' (hellblaue Blüten, 50-60 cm hoch)

■ Pflanzung
Jungpflanzen im Frühjahr mit 20-30 cm Abstand einsetzen.

■ Vermehrung
Schon ältere, kräftige Pflanzen können im Frühjahr durch Teilung vermehrt werden. Teilstücke gleich wieder einpflanzen.

Ehrenpreis
Veronica-Arten ☐ ▷

Blüte: blau, violett, rosa, rot oder weiß; VI–VIII

Wuchs: aufrechte Horste; 20–120 cm hoch

Standort: ☀; nährstoffreicher Boden

Verwendung: in kleinen und großen Gruppen; auf Beeten und Rabatten, am Gewässerrand, am Gehölzrand, im Bauerngarten

Passen gut zu: Schafgarben, Sonnenhut, Brennender Liebe, Taglilien, Goldfelberich, Blutweiderich, auch zu Rosen

■ Pflegemaßnahmen
Der **Langblättrige Ehrenpreis** braucht eine ständig hohe Wasserversorgung und muß daher besonders auf Rabatten durchdringend gewässert werden. Abgeblühte Triebe sollten bei allen regelmäßig entfernt werden.

■ Düngung
Vor dem Austrieb im Frühjahr mit Kompost versorgen.

HÄUFIGE PFLEGEPROBLEME

Symptom: Die Triebe werden schlaff und vertrocknen trotz guter Bewässerung, die Wurzeln faulen.

Ursache: Wurzelfäule durch Staunässe

Vorbeugung/Abhilfe: Entfernen der verfaulten Pflanzen; Bodenverbesserung durch Beimischung von Sand

STAUDEN

Die kleinen Hornveilchen sind unermüdliche Blüher, die selbst unscheinbare Ecken des Gartens zum Leben erwecken können. Aus dem dunkelgrünen Laub heben sich an unbeblätterten Blütenstielen die typischen Veilchenblüten empor, die bei der reinen Art blauviolett gefärbt sind. Durch ihre Kreuzung mit anderen Arten entstanden unzählige Hybriden in leuchtenden Blütenfarben, mit oftmals wunderhübschen Zeichnungen.

■ Bewährte Sorten
■ der *Viola-Cornuta*-Hybriden: 'Blaue Schönheit' mit blauen Blüten, samenvermehrbar; 'Boullion' mit hellgelben Blüten; 'Famös' mit weinroten Blüten; 'Hansa' mit hellblauen Blüten; 'Jesse Jump Up' zweifarbig mit gelb-lila Blüten

■ Pflanzung
Am besten im zeitigen Frühjahr oder im Herbst mit 20 cm Abstand einsetzen. Auch bereits blühende Exemplare können problemlos verpflanzt werden.

Hornveilchen
Viola cornuta,
Viola-Cornuta-Hybriden
□ ▽ ▷

Blüte: blau, violett, rot, gelb, weiß, häufig mehrfarbig; V–X
Wuchs: kleine Büsche, ausläuferbildend, dadurch auch polsterartig; 15–25 cm hoch
Standort: ○–◐; frischer, durchlässiger Boden
Verwendung: in kleinen Gruppen; im Steingarten, am Gehölzrand, im Vordergrund von Beeten und Rabatten; in Kästen, Kübeln und Schalen
Passen gut zu: Steinkraut, Gänsekresse, Anemonen, Niedriger Bartiris, Ährigem Ehrenpreis und Nelkenwurz

Hornveilchensorte 'Gustav Wermig'

■ Vermehrung
Zur Teilung gräbt man die zarten Pflänzchen nach der Blüte vorsichtig aus und trennt den Wurzelstock in mehrere Tochterstücke. Diese sollten sofort wieder eingepflanzt werden.

■ Pflegemaßnahmen
Bei anhaltender Trockenheit kräftig wässern. Werden abgeblühte Stiele regelmäßig entfernt, blühen die Hornveilchen bis in den Herbst hinein unermüdlich nach. Den Winter über mit einer leichten Reisigabdeckung schützen. Läßt nach einigen Jahren die Blühfreudigkeit nach, teilen und umpflanzen.

■ Düngung
Nicht erforderlich.

Vermehrungstip

Die reine Art und einige Sorten können auch durch Direktaussaat oder in Vorkultur herangezogen werden. Stecklinge schneidet man am besten im Frühjahr von blütenlosen, kräftigen Trieben und steckt sie in Töpfe mit Vermehrungserde, die man mit einer Folienhaube vor Verdunstung schützt. Man wartet einige Wochen, bis sich die Stecklinge bewurzelt haben, dann kann bis zur Pflanzung ohne Folienabdeckung weiterkultiviert werden.

Viola-Cornuta-Hybride 'Altona'

PORTRÄTS UND PFLEGEANLEITUNGEN

Duftveilchen, Viola odorata

Duftveilchen

Viola odorata   □ ▽ ▷

Blüte: violett oder weiß; III–IV

Wuchs: kleine Büsche, ausläuferbildend, daher oft teppichartig; 10–25 cm hoch

Standort: ◐–●; nährstoffreicher, frischer bis feuchter Boden

Verwendung: in kleinen Gruppen; am Gehölzrand, unter Laubbäumen, im Naturgarten; als Schnittblume

Paßt gut zu: Primeln, Lungenkraut, Gräsern und Farnen

Umgeben von rundlich-herzförmigen Laubblättern öffnen sich schon früh im Jahr die angenehm duftenden violetten Blüten dieser Kleinstaude.

■ Bewährte Sorten

'Albiflora' mit weißen Blüten; 'Königin Charlotte' mit blauvioletten Blüten; 'Red Charme' mit purpurroten Blüten; 'Triumpf' mit hellvioletten Blüten

■ Pflanzung

Im Frühsommer oder Herbst mit 20 cm Abstand einsetzen.

■ Vermehrung

Am einfachsten ist eine Vermehrung durch Direktaussaat im Frühsommer. Bereits im Garten etablierte Pflanzen sorgen durch Selbstaussaat für ihr Fortbestehen.

■ Pflegemaßnahmen

Bei anhaltender Trockenheit ist auch das Duftveilchen für zusätzliches Wässern dankbar. Ansonsten wächst es ungestört am schönsten.

■ Düngung

Nicht erforderlich.

Vermehrungstip

Die Art und ihre Sorten können durch ein Abtrennen von Ausläufern problemlos vegetativ vermehrt werden.

HÄUFIGE PFLEGEPROBLEME

Symptom: Blätter sind nach oben eingerollt und weisen fleischig verdickte Stellen (Gallen) auf; später sterben die Blätter ab.

Ursache: Veilchen-Blattrollmücke

Vorbeugung/Abhilfe: Bereits im Frühjahr die Blätter der Veilchen nach den Kokons und Gallen der Blattrollmückenlarven absuchen und befallene Blätter entfernen.

BODENDECKERSTAUDEN

Größere wie kleinere Bodenflächen lassen sich mit einem lebendigen Teppich begrünen, indem man flach wachsende, dicht dem Boden aufliegende Staudenarten ansiedelt. Mit ihren verschiedenen Blattstrukturen und Grüntönen, bisweilen sogar von anmutigen Blütentupfern durchbrochen, erhält man mit den Jahren eine dichte Pflanzendecke. Zum Einsatz kommen Bodendecker vor allem an Problemstellen, etwa an Böschungen, unter Gehölzen, wo Rasen nur schlecht wächst, oder in entlegenen Gartenwinkeln.

Vor der Pflanzung sollte man die Mühe auf sich nehmen, den Untergrund mit größter Sorgfalt vorzubereiten. Der **Boden** wird im vorhergehenden Herbst mit dem Spaten umgestochen oder mit der Grabgabel gelockert, dabei liest man alle gröberen Steine und Wurzelreste aus. Jegliches Unkraut sollte restlos entfernt werden, da es sonst die Neupflanzung nur allzu schnell wieder durchsetzen kann.

Das **Einsetzen** der Pflanzen erfolgt am besten im Frühjahr, nachdem man die Oberfläche nochmals gerecht und geglättet hat. Je nach Art des Bodendeckers ist eine bestimmte Anzahl von Pflanzen pro Quadratmeter erforderlich, damit sich die Pflanzendecke schnell schließt. Gleich nach der Pflanzung empfiehlt es sich, die offene Bodenfläche zwischen den Pflanzen dick mit Mulchmaterial zu belegen, so wachsen die Pflanzen schneller ein, und es kann kein Unkraut aufkommen. Die Mulchdecke sollte man jährlich ergänzen, bis die Bodendecker zusammengewachsen sind. Bei anhaltender Trockenheit muß auch gewässert werden, besonders in den ersten Jahren nach der Pflanzung. Eine Düngung ist dagegen kaum erforderlich, die Mulchschicht liefert genügend Nährstoffe nach.

Gestaltungstip: Zwischen die Bodendecker kann man in Lücken inselartig kleinere Sträucher oder Staudengesellschaften integrieren, die als Krönung den Pflanzenteppich beleben. Hierfür eignen sich besonders langsam wachsende Ziersträucher, robuste Wildstauden oder auch Zwiebel- und Knollengewächse. Deren Pflanzflächen sollten aber stets von den umgebenden Bodendeckern freigehalten werden.

BODENDECKERSTAUDEN

BEWÄHRTE BODENDECKERSTAUDEN

Deutscher Name	Botanischer Name	Blatt, Blüte, Wuchs	Lichtanspruch	Bodenansprüche	Pflanzen pro m^2
Teppichgünsel	*Ajuga reptans*	hübsche Blattrosetten; blaue Blütenkerzen IV–VI; 5–20 cm hoch	○–◐	humos, frisch-feucht	10–12
Katzenpfötchen	*Antennaria dioica*	silbrige Blattrosetten; rosa Blüten V–VI; 5–20 cm hoch	○	durchlässig, trocken, sauer	14–16
Haselwurz	*Asarum europaeum*	immergrüne, dunkelgrüne Blätter; braune Blüten III–IV; 5–20 cm hoch	◐–●	humos, frisch	10–12
Zwergastilbe	*Astilbe chinensis* var. *pumila*	zierliches Laub; rosa Blütenkerzen VIII–X; 15–40 cm hoch	○–◐	humos, frisch-feucht	10–12
Hornkraut	*Cerastium tomentosum*	weißfilziges Laub; weiße Blüten V–VI; 10–20 cm hoch	○	durchlässig, trocken-frisch	8–10
Maiglöckchen	*Convallaria majalis*	frischgrünes Laub; weiße Blütenrispen V; rote Beeren, giftig!	◐–●	humos, frisch-feucht	8–10
Scheinerdbeere	*Duchesnea indica*	frischgrünes Laub; gelbe Blüten V–VIII; erdbeerähnliche Früchte	◐–●	humos, frisch	10–12
Elfenblume	*Epimedium*-Arten	graziles Laub, je nach Art auch immergrün; zierliche Blüten in Pastellfarben IV–V; 20–40 cm hoch	◐–●	humos, frisch	8–10

Blatt der Scheinerdbeere

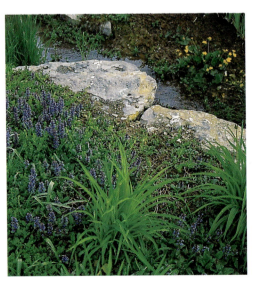

Teppichgünsel

Hornkraut

STAUDEN

BEWÄHRTE BODENDECKERSTAUDEN (Fortsetzung)

Deutscher Name	Botanischer Name	Blatt, Blüte, Wuchs	Lichtanspruch	Bodenansprüche	Pflanzen pro m²
Rosa Storchschnabel	*Geranium endressii*	teilweise wintergrünes Laub; rosa Blüten V-IX; 20-40 cm hoch	○-◐	durchlässig, frisch	8-10
Balkanstorchschnabel	*Geranium macrorrhizum*	duftendes, immergrünes Laub; rosa bis rote Blüten V-VI; 20-30 cm hoch	○-◐	humos, frisch	7-8
Teppichjohanniskraut	*Hypericum calycinum*	blaugrünes Laub; gelbe Blüten VII-IX; rotbraune Früchte; 20-40 cm hoch	○-◐	durchlässig, trocken-frisch	7-9
Goldnessel	*Lamiastrum galeobdolon*	immergrünes Laub; gelbe Blüten V-VI; 15-25 cm hoch	◐-●	humos, frisch	6-8
Gefleckte Taubnessel	*Lamium maculatum*	geflecktes Laub; rosarote Blüten V-VII; 15-25 cm hoch	◐	humos, frisch	7-9
Gedenkemein	*Omphalodes verna*	frischgrünes Laub; blaue Blüten III-V; 10-20 cm hoch	◐	durchlässig, frisch-feucht	6-8
Ysander, Schattengrün	*Pachysandra terminalis*	immergrünes Laub; weiße Blüten IV-V; 15-30 cm hoch	◐-●	frisch	10-12
Scheckenknöterich	*Polygonum affine*	dunkelgrünes Laub; weißrosa Blüten VI-X; 20-30 cm hoch	○-◐	humos, frisch-feucht	10-12
Fetthenne, Mauerpfeffer	*Sedum floriferum*	immergrüne Blattrosetten; gelbe Blüten VII-IX; 10-25 cm hoch	○	durchlässig, trocken	12-15

Mauerpfeffer

Gedenkemein

AUSDAUERNDE ZIERGRÄSER

Ausdauernde Grasarten, auf den ersten Blick eher zurückhaltende Erscheinungen, sind aus dem Garten nicht wegzudenken. Dicht an dicht bilden sie im Rasen einen stets wieder nachwachsenden Teppich, in der Blumenwiese den Füllgrund für viele Blüten und nicht zuletzt in Beeten und Rabatten sowie den übrigen Gartenbereichen mal auffällige, mal ruhige Blickpunkte. Anders als bei den schlichten Rasengräsern liegen die Stärken der vielen Ziergräser in ihren eleganten Wuchsformen, ihren abwechslungsreichen Strukturen, ihren herrlichen Farbschattierungen und ihren duftigen Blüten- und Fruchtständen.

Trotz ihrer verblüffenden Reize im Detail bleiben Gräser im ganzen gesehen ausgleichende, niemals aufdringliche Gestalten, die zwischen die bisweilen lauten Töne kräftiger Blüten leise, harmonisierende Akzente setzen. Zudem bereichern sie das Gartenbild über eine sehr lange Zeitspanne hinweg, vom frischen Frühlingsaustrieb zarter Halme über schwungvolle Horste, besetzt mit fülligen oder filigranen Blüten, bis hin zum herbstlich welkenden, doch immer noch attraktiven Busch. Selbst im Winter schaffen Gräser eine eindrucksvolle Szenerie, vor allem im eisigen Reifbehang.

Ziergräser bieten darüber hinaus den Vorteil, recht anspruchslos und vor allem robust zu sein. Bis auf wenige Ausnahmen braucht man sich um die Gewächse kaum zu kümmern, denn sie entfalten sich ungestört am schönsten. Man pflanzt sie am besten im Frühjahr ein und versorgt sie anschließend alle paar Jahre im Spätherbst oder Vorfrühling mit reifem Kompost.

Ordnungsliebende Gärtner schneiden die welken Halme im Spätherbst bis knapp über dem Boden zurück, müssen dann aber auf den winterlichen Zierrat der trockenen Büsche verzichten. Alternativ kämmt oder schneidet man deshalb Abgestorbenes erst im Vollfrühling zwischen den neuen Trieben heraus. Und wer von Gräsern gar nicht genug bekommen kann, teilt die Büsche im Vorfrühling in mehrere Stücke und pflanzt sie an anderen Stellen wieder ein.

Winterschmuck: Gras mit Rauhreif

STAUDEN

BEWÄHRTE ZIERGRÄSER

Deutscher Name	Botanischer Name	Blatt, Blüte, Wuchs	Standortansprüche	Verwendung	Hinweise
Silberährengras	*Achnatherum calamagrostis*	graugrüne Horste; erst silbrige, dann gelbe, später bräunliche Blüten VI-IX; 60-80 cm hoch	○; trockener, kalkhaltiger Boden	einzeln, in Beet und Rabatte	wärmeliebend, erst im Frühjahr zurückschneiden
Moskitogras, Haarschotengras	*Bouteloua oligostachya*	grüne Horste; waagrecht abstehende, schotenähnliche, braune Blüten VII-IX; 20-40 cm hoch	○; durchlässiger Gartenboden	einzeln, in kleinen Gruppen, in Beeten, im Heidegarten	nässeempfindlich
Herzzittergras	*Briza media*	grüne Horste; herzförmige Blütenstände V-VI; 20-50 cm hoch	○-◐; durchlässiger, trockener Boden	in kleinen Gruppen, in Beeten, im Heidegarten	hübsch für Trockensträuße
Reitgras, Gartensandrohr	*Calamagrostis x acutiflora*	grüne Horste leuchtendgelbe Herbstfärbung; gelbe Blüten VI-VII; 60-150 cm hoch	○-◐; durchlässiger, nährstoffreicher Boden	einzeln, in kleinen Gruppen, in Beeten, am Gehölzrand	bis weit in den Winter schöne Gestalt
Morgensternsegge	*Carex grayi*	grüne Horste; stachelkugelige Blüten VII-VIII; 40-50 cm hoch	○-◐; frischer bis feuchter Boden	in kleinen Gruppen, in Beeten, am Gewässerrand, im Steingarten	bis in den Spätherbst frischgrün
Japansegge	*Carex morrowii* 'Variegata'	immergrüne Horste, gelb gerandetes Laub; grünliche Blüten IV-VI; 30-40 cm hoch	◐-●; frischer bis feuchter Boden	in kleinen Gruppen, am Gehölzrand, in Beeten	sieht jederzeit ordentlich aus
Riesensegge	*Carex pendula*	dunkelgrüne Horste; überhängende, pendelnde Blüten V-VI; 40-100 cm hoch	◐-●; frischer bis feuchter, kalkarmer Boden	einzeln, in Beeten, am Gehölzrand, am Gewässerufer	an günstigen Stellen wintergrün

Silberährengras

Riesensegge

Morgensternsegge

AUSDAUERNDE ZIERGRÄSER

BEWÄHRTE ZIERGRÄSER (Fortsetzung)

Deutscher Name	Botanischer Name	Blatt, Blüte, Wuchs	Standortansprüche	Verwendung	Hinweise
Pampasgras	*Cortaderia selloana*	graugrüne Horste; mächtige, weiße Büschelblüten IX-X; 100-250 cm hoch	○; durchlässiger, nahrhafter Boden	einzeln, in Beeten	Winterschutz: locker zusammenbinden, dick mit Laub/Reisig abdecken
Waldschmiele, Rasenschmiele	*Deschampsia cespitosa*	dunkelgrüne Horste; erst grüne, dann gelbe, zarte Blütenrispen VI-VIII; 30-80 cm hoch	○-●; frischer bis feuchter Boden	in kleinen Gruppen, am Gehölzrand	in mehreren Sorten mit verschiedener Blütenfarbe
Blauschwingel	*Festuca cinerea*	bläuliche Horste; bläuliche Blüten VI; 20-30 cm hoch	○; durchlässiger, trockener Boden	in kleinen Gruppen, in Beeten, im Heide- und Steingarten	schöne halbkugelige Wuchsform
Schafschwingel	*Festuca ovina*	graugrüne Horste; Blüten VI-VII; 10-30 cm hoch	○; durchlässiger, kalkarmer Boden	in kleinen Gruppen, in Beeten, im Heide- und Steingarten	in vielen schön gefärbten Sorten
Bärenfellgras	*Festuca scoparia*	sattgrüne Horste; goldgelbe Blüten VI-VII; 15-30 cm hoch	◐; frischer Boden	in kleinen Gruppen, in Beeten, am Gehölzrand, als Bodendecker	sehr dichte, fellähnliche Gestalt, an günstigen Stellen immergrün

Blaustrahlhafer

Waldschmiele

Schafschwingel

STAUDEN

BEWÄHRTE ZIERGRÄSER (Fortsetzung)

Deutscher Name	Botanischer Name	Blatt, Blüte, Wuchs	Standortansprüche	Verwendung	Hinweise
Blaustrahlhafer	*Helictotrichon sempervirens*	immergrüne, bläuliche Horste; gelbe Blüten VI–VIII; 50–150 cm hoch	○; durchlässiger Boden	einzeln, in kleinen Gruppen, in Beeten	im Erstfrühling kräftig zurückschneiden
Waldmarbel, Waldsimse	*Luzula sylvatica*	immergrüne Horste; bräunliche Blüten V–VI; 20–40 cm hoch	◐–●; frischer-feuchter, humoser Boden	in kleinen Gruppen, am Gehölzrand	in verschieden gefärbten Sorten
Chinaschilf	*Miscanthus sinensis*	grüne, straff aufrechte Horste; silbrige Blüten VIII–X; 100–250 cm hoch	○; durchlässiger, nährstoffreicher Boden	einzeln, in Beeten, am Gewässerrand	in vielen schönen Sorten
Pfeifengras, Besenried	*Molinia caerulea*	blaugrüne Horste; bräunliche Blüten VIII–X; 40–120 cm hoch	○–◐; durchlässiger, frischer-feuchter Boden	einzeln, in kleinen Gruppen, am Gewässerrand, im Heidegarten	in mehreren Sorten, schöne Herbstfärbung
Lampenputzergras	*Pennisetum alopecuroides*	grüne Horste; gelbe bis bräunliche Blüten VII–IX; 50–80 cm hoch	○; durchlässiger, nährstoffreicher Boden	einzeln, in kleinen Gruppen, in Beeten, am Gehölzrand	üppige Fülle flaumiger Blütenähren, schön für Trockensträuße
Reiherfedergras	*Stipa barbata*	graugrüne Horste; silbrige Blüten VI; 40–80 cm hoch	○; durchlässiger, kalkhaltiger Boden	einzeln, in kleinen Gruppen, zwischen Polsterstauden	Schmuckwirkung vor allem durch flauschige Fruchtstände

Reiherfedergras

Pfeifengras

FARNE FÜR DRAUSSEN

Farne, bezaubernde Blattschmuckgewächse mit trichterförmig angeordneten, reizvoll strukturierten Wedeln, besiedeln seit Urzeiten die Erde. Anders als Blütenpflanzen bilden sie ihre Fortpflanzungsorgane, sogenannte Sporen, in kleinen Behältern an der Unterseite spezieller Blattwedel. Für den Garten gibt es eine Fülle verschiedener Arten, teils immergrün, teils nur während der wärmeren Jahreszeit sichtbar. Sie unterscheiden sich zwar hinsichtlich ihrer Wuchsform, wollen jedoch alle einen halbschattigen bis schattigen Platz, weshalb Farne ausgezeichnet zur Begrünung von schwierigen Gartenpartien geeignet sind, etwa als Gehölzunterpflanzung oder an Nordseiten von Gebäuden, in Gesteinsnischen im Steingarten oder in Mauern. Man kann sie sowohl flächig wie auch nur punktuell zwischen Schattenstauden und -gräsern verwenden, stets bilden sie einen harmonischen Blickfang in ruhigem Grün.

Farne pflanzt man am besten im Frühjahr in durchlässigen, humusreichen Boden. Bis sie eingewachsen sind, müssen sie regelmäßig feucht gehalten werden, später reichen die natürlichen Niederschläge meist aus. Unterstützend kann man den Boden zwischen den Farnen mit Rindenmulch oder Laub- und Nadelstreu dick abdecken, dadurch werden gleichzeitig auch Nährstoffe

Trichterfarn

nachgeliefert. Im übrigen brauchen Farne kaum Zuwendung. Etwas Vorsicht ist bei Farnarten geboten, die zum Wuchern neigen, z. B. der Trichterfarn *(Matteucia struthiopteris)*. Man sollte ihn nur an Stellen pflanzen, an denen die bald dicht stehenden Wedeltrichter nicht stören, oder muß bei Bedarf mit dem Spaten die neu erscheinenden Triebe abstechen.

Die Vermehrung auf geschlechtlichem Wege ist ziemlich schwierig und nur versierten Gärtnern zu empfehlen, man kann die meisten Arten jedoch im Frühjahr vorsichtig teilen und sofort wieder einsetzen.

STAUDEN

BEWÄHRTE FARNE FÜR DEN GARTEN

Deutscher Name	Botanischer Name	Wuchs	Ansprüche	Hinweise
Hufeisenfarn, Pfauenradfarn	*Adiantum pedatum*	zierlich gefiederte Wedel; 40-50 cm hoch	◐; feuchter, durchlässiger Boden	auch für Schnitt als Grün in Sträußen
Milzfarn, Steinfeder	*Asplenium trichomanes*	glatte, braungestielte Wedel; 10-15 cm hoch	◐; feuchter, humoser Boden	für Steinfugen
Rippenfarn	*Blechnum spicant*	lederartige Wedel, immergrün; 30-40 cm hoch	●; feuchter, saurer, humoser Boden	schön zu Rhododendren
Goldschuppenfarn	*Dryopteris affinis*	lange, anfangs goldgraun beschuppte Wedel, immergrün; 60-80 cm hoch	◐-●; durchlässiger Boden	in mehreren Sorten
Wurmfarn	*Dryopteris filix-mas*	gefiederte, eingekerbte Wedel; 100-120 cm hoch	◐-●; durchlässiger Boden	in mehreren Sorten
Trichterfarn, Straußfarn	*Matteucia struthiopteris*	Wedel in schlanken Trichtern; 80-130 cm hoch	◐; durchlässiger Boden	neigt zum Wuchern
Königsfarn	*Osmunda regalis*	doppelt gefiederte Wedel; 120-150 cm hoch	●; feuchter, saurer Boden	schöne Herbstfärbung
Hirschzungenfarn	*Phyllitis scolopendrium*	ungefiederte Wedel, immergrün; 30-40 cm hoch	◐-●; durchlässiger Boden	in mehreren Sorten
Glanzschildfarn	*Polystichum aculeatum*	glänzende, ledrige Wedel, immergrün; 40-60 cm hoch	◐; humoser Boden	ältere Wedel liegen dem Boden auf
Weicher Schildfarn	*Polystichum setiferum*	fein gefiederte Wedel, immergrün; 80-100 cm hoch	◐; feuchter, humoser Boden	in mehreren Sorten

Wurmfarn

Weicher Schildfarn

Königsfarn

ZWIEBEL- UND KNOLLENBLUMEN

VERWENDUNG, PFLANZUNG, PFLEGE

PFLANZENPORTRÄTS UND PFLEGEANLEITUNGEN

VERWENDUNG, PFLANZUNG, PFLEGE

Prachtvolle Blüten scheinen sich bei diesen Pflanzen gleichsam aus dem Nichts zu entwickeln. Es verblüfft jedes Mal aufs neue, daß so unscheinbare Gebilde wie Zwiebeln und Knollen, die verborgen unter der Erde liegen, innerhalb kürzester Zeit Blätter, Blüten und Samen hervorbringen können.

Botanisch gesehen gehören Zwiebel- und Knollenpflanzen eigentlich zu den Stauden, denn auch sie sind krautig und ausdauernd. Jedoch haben sie besondere Strategien entwickelt, um ungünstige Zeiten zu überstehen, eben charakteristisch geformte unterirdische Organe. In ihnen speichern die Pflanzen während der Ruhezeit ihre Aufbaustoffe, legen sie die nächsten Blätter und Blüten an. **Zwiebeln**, z. B. von Hyazinthe *(Hyacinthus)* oder Lilie *(Lilium)*, bestehen aus mehreren, dicht gepackten Schalen oder Schuppen, die vom Zwiebelboden zusammengehalten werden und meist in einer trockenen Hülle stecken. Im Aussehen erinnern sie bei vielen Arten an die gewöhnlichen Küchenzwiebeln. **Knollen** zeigen je nach Art eine sehr unterschiedliche Form: Bei Dahlien *(Dahlia)* sind sie spindelförmig, bei Begonien *(Begonia)* scheibenartig, beim Lilienschweif *(Eremurus)* ähneln sie einem Seestern. Knollen bestehen aus einer gleichförmigen Masse, die oft unter einer mehr oder weniger derben Hülle liegt und tragen an ihrer Oberseite Knospen, aus denen sich die oberirdischen Triebe entwickeln.

Es gibt aber auch unterirdische Pflanzenteile, die Merkmale dieser beiden Organtypen in sich vereinen, sogenannte **Zwiebelknollen**, etwa bei Krokus *(Crocus)* oder Sterngladiole *(Acidanthera)*. Darüber hinaus rechnet man zu dieser Pflanzengruppe auch Arten wie das Indische Blumenrohr *(Canna)*, die ein knolliges **Rhizom** bilden, einen verdickten, unterirdisch wachsenden Sproßteil, der ebenfalls der Speicherung dient.

ZWIEBEL- UND KNOLLENBLUMEN

Die Blüten dieser Pflanzengruppe begleiten das gesamte Gartenjahr. Viele Arten sind sogar charakteristisch für bestimmte Jahreszeiten, so etwa das Schneeglöckchen (Galanthus) für den Vorfrühling, Narzissen (Narcissus) und Tulpen (Tulipa) für den Vollfrühling, Lilien (Lilium) für den Hochsommer, Dahlien (Dahlia) und Gladiolen (Gladiolus) für den Spätsommer und Frühherbst, Herbstzeitlosen (Colchicum autumnale) für den Herbst. Blumen, die aus Zwiebeln und Knollen heraussprießen, gedeihen an den verschiedensten Standorten. Im Garten finden sich für alle Zwecke geeignete Arten: unter Gehölzen leuchten Märzenbecher (Leucojum vernum) und Herbstzeitlosen (Colchicum autumnale), in der Wiese sorgen Krokusse (Crocus) für Farbtupfer, im Steingarten wiegen sich kleine Wildtulpen (Tulipa), auf Beeten und Rabatten prunken Lilienschweif (Eremurus), Kaiserkrone (Fritillaria imperialis) und Dahlien (Dahlia); selbst Balkonkästen und Kübel können

Narzissen und die bis zu 1 m groß werdenden Kaiserkronen sind die Hauptdarsteller auf diesem Beet. Ihren Auftritt haben sie im Frühjahr, danach können Sommerblumen ihren Part übernehmen

mit Vertretern dieser Gruppe, z. B. mit Knollenbegonien (Begonia) oder Ranunkeln (Ranunculus-Asiaticus-Hybriden), geschmückt werden.

Gestaltung

Bei der Gestaltung können Zwiebel- und Knollengewächse auf zweierlei Weise eingesetzt werden. Zum einen lassen sie sich als **Hauptdarsteller** verpflichten, indem man Beete und Rabatten nahezu ausschließlich mit ihnen bestückt. Dies wird vor allem bei Frühjahrspflanzungen verwirklicht, wenn man Tulpen (Tulipa), Narzissen (Narcissus) und Kaiserkronen (Fritillaria imperialis) zu einer bunten Gemeinschaft kombiniert, die dann im Sommer von Einjährigen abgelöst wird.

Zum anderen eignen sich die anmutigen Pflanzen aber vor allem dazu, besondere **Akzente** zu setzen. Man pflanzt sie gezielt zwischen Stauden, Sommerblumen und kleine Gehölze, um zusätzliche Farb- und Formkomponenten einzubringen, noch vorhandene Lücken zu schließen, blütenarme Zeiten im Beet

Das Zusammenspiel von Zwiebelblumen und Stauden ergibt reizvolle Farbkombinationen. Vor der violettblühenden Katzenminze kommen die Lilien erst richtig zur Geltung

zu überbrücken oder aber um besondere Blickpunkte zu schaffen.

■ **Gruppen bilden**
Erst die Menge macht die Klasse: Zwiebel- und Knollenblumen wirken am besten, wenn sie in Gruppen beieinander stehen. Einzeln verlieren sie dagegen an Ausstrahlung und sehen

VERWENDUNG, PFLANZUNG, PFLEGE

eher verloren aus. Selbst so prunkvolle Gewächse wie Lilien *(Lilium)* oder Dahlien *(Dahlia)* entfalten ihre wahren Reize erst in der Gemeinschaft.

Je kleiner die Einzelpflanze, desto zahlreicher sollte die Schar sein, die an einem Fleck steht. Während beim stattlichen Blumenrohr *(Canna)* schon wenige Exemplare reizvoll sind, fällt von den zierlichen Netziris *(Iris reticulata)* erst ein üppiger Tuff so richtig ins Auge. Die Gruppen sollten stets nur aus ein- und derselben Art bzw. Sorte gebildet werden, also z. B. allein aus Rosenlauch *(Allium oreophilum)* oder goldgelben Trompetennarzissen *(Narcissus-Hybriden)* einer bestimmten Sorte. Allenfalls darf sich ein Trupp aus einander sehr ähnlichen Formen zusammensetzen, etwa aus roten und rosafarbenen Darwin-Tulpen. Eine kleine Gruppe wirkt harmonisch, wenn sie aus einer ungeraden Zahl von Einzelpflanzen besteht, also z. B. aus 3, 5 oder 7 Lilien. Bei größeren Pulks spielt die genaue Anzahl keine Rolle mehr.

Speicherorgane: oben verschiedene Zwiebeln; darunter Sproßknollen (z. B. Gladiole), ganz unten schließlich Wurzelknollen

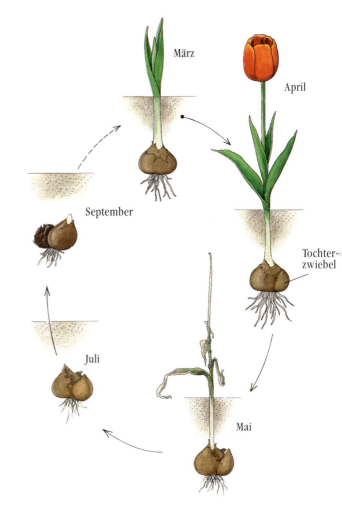

Entwicklungszyklus einer Zwiebelpflanze, Beispiel Tulpe: Im Frühjahr treibt die Zwiebel aus, schließlich entfaltet sich die Blüte. Gleichzeitig entwickelt sich eine Tochterzwiebel. Beim Absterben der oberirdischen Teile (ab Mai) und der Mutterzwiebel kommen ihr die Reservestoffe zugute, so daß sie nach dem Winter eine neue Pflanze hervorbringen kann

■ **Kombinationen**

Verschiedene Gruppen können wiederum zu Pflanzgemeinschaften kombiniert werden, etwa gelbe, orange und rote Tulpen- oder weiße, gelbe und violette Gladiolentrupps. Herrliche Bilder ergeben sich auch, wenn Grüppchen verschiedener Arten beieinander stehen, z. B. feurigorange Kaiserkronen, gelbe Tulpen und blaue Traubenhyazinthen *(Muscari)*. Vielfach wird man zu den Zwiebel- und Knollenblumen aber auch andere Pflanzen arrangieren. Frühjahrsblüher wie Tulpen und Hyazinthen lassen sich z. B. wirkungsvoll mit den zweijährig kultivierten Vergißmeinnicht *(Myosotis)* oder Tausendschön *(Bellis)* unterpflanzen, Lilien ergeben in Gemeinschaft mit Rittersporn *(Delphinium)*

ZWIEBEL- UND KNOLLENBLUMEN

oder Phlox einen hinreißenden Anblick, Gladiolen erheben ihre Rispen anmutig über Tagetes oder Ziersalbei *(Salvia).*

Auspflanzen

In aller Regel erwirbt man Zwiebel- und Knollengewächse, wenn diese sich in der Ruhezeit befinden, also in Form ihrer Speicherorgane. Getopfte, bereits ausgetriebene oder blühende Pflanzen sind gewöhnlich für den saisonalen Balkon- und Zimmerschmuck bestimmt. Jedoch können diese nach Beendigung des Wachstums durchaus in den Garten ausgepflanzt werden.

■ Hinweise zum Pflanzenkauf

Qualitativ hochwertige Pflanzware muß unbeschädigt, frei von jeglichen Krankheiten und Faulstellen, prall und fest sein. Je größer der Umfang bzw. Durchmesser, desto kräftiger wird auch die Entwicklung und desto reicher die Blüte ausfallen.

■ Pflanztermine

Frühjahrsblüher, die Mehrzahl dieser Pflanzengruppe, müssen im Spätsommer oder Herbst in den Boden. Manche Arten, etwa das Schneeglöckchen *(Galanthus),* sind recht empfindlich gegen Austrocknung, sie dürfen deshalb nach dem Kauf nicht erst lange aufbewahrt wer-

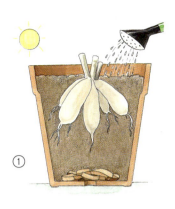

Vortreiben von Zwiebel- und Knollenpflanzen: ① *Im Februar/März Zwiebeln oder Knollen in einen Topf mit Blumenerde setzen; Topf hell, aber kühl aufstellen.*
② *Nachdem die Pflanzen ausgetrieben haben, kann man sie Mitte Mai ins Freie setzen*

den. Andere, z. B. Narzissen *(Narcissus),* brauchen recht lange zum Einwurzeln, man setzt sie deshalb schon im August, spätestens im September ein. Unempfindliche und rasch anwachsende Arten können noch im Oktober gepflanzt werden.
Pflanzzeit für **Sommerblüher** ist dagegen das Frühjahr. Dahlien, Gladiolen und Begonien kann man schon ab April unter die Erde bringen, allerdings muß der frische Austrieb in den oft noch kalten Nächten dann eventuell durch eine Abdeckung geschützt werden. Herbstblüher wie Herbstzeitlosen *(Colchicum)* setzt man meist erst im Früh- oder Hochsommer.
■ **Tip:** Sollen frostempfindliche Zwiebel- und Knollenpflanzen besonders früh und kräftig blühen, treibt man sie

am besten vor. Dazu werden die Zwiebeln oder Knollen bereits im Februar/März in Blumenerde getopft und hell, aber kühl auf einer Fensterbank oder im Gewächshaus aufgestellt. Die bereits ausgetriebenen Pflanzen können dann ab Mitte Mai ins Freie gepflanzt werden.

■ Zwiebeln und Knollen einsetzen

Bei der Pflanzung selbst ist sehr wichtig, daß man die Zwiebeln oder Knollen in die richtige **Tiefe** legt. Als Faustregel gilt, daß diese Organe etwa dreimal so tief eingesetzt werden müssen, wie sie selbst hoch sind. Jedoch gibt es auch Ausnahmen, etwa die Madonnenlilie *(Lilium candidum),* deren Zwiebel nur ganz knapp mit Erde bedeckt werden darf. Außerdem muß zwischen den Zwiebeln oder Knollen ein gewisser **Abstand** gewahrt bleiben, damit sie sich gut entwickeln können. Gewöhnlich reicht ein Zwischenraum aus, der etwa der Hälfte der späteren Wuchshöhe der Pflanze entspricht.

Vor dem Einsetzen hebt man ein entsprechend tiefes und dem Zwiebel- oder Knollendurchmesser angemessen weites Loch aus, entweder mit einer Handschaufel oder auch mit einem speziellen Zwiebelpflanzer. Die Zwiebel wird dann mit der Spitze bzw. die Knolle mit den Austriebsknospen nach oben hineingelegt. Die Zwiebel oder Knolle muß direkt der Erde aufliegen und bequem Platz im Pflanzloch finden, sie darf nicht steckenbleiben. Anschließend füllt man die ausgehobene Erde wieder ein und klopft sie leicht fest. Ein Angießen, wie bei anderen Pflanzen üblich, ist nicht erforderlich.

Faustregeln für Pflanztiefe und Abstand: Zwiebeln und Knollen kommen etwa dreimal so tief in die Erde, wie sie hoch sind. Der erforderliche Pflanzenzwischenraum entspricht der Hälfte der späteren Wuchshöhe

VERWENDUNG, PFLANZUNG, PFLEGE

Tulpenzwiebeln; das Pflanzgut muß frei von Krankheiten und Faulstellen, prall und fest sein

■ **Wichtig:** Die meisten Zwiebel- und Knollenpflanzen sind recht empfindlich gegenüber stehender Nässe, die unterirdischen Organe beginnen dann schnell zu faulen. Um dies zu verhindern, sollte man vor allem in schweren Böden das Pflanzloch etwas tiefer ausheben und am Grund eine 2–3 cm dicke Sandschicht einbringen, zusätzlich vielleicht auch noch 1 bis 2 Handvoll Sand unter die Pflanzerde mischen.

Pflegemaßnahmen

Am richtigen Standort sorgfältig gepflanzt, entwickeln sich die schönen Gewächse ohne viel weiteres Zutun prächtig. Ähnlich wie bei Stauden sind nur hin und wieder ein paar Handgriffe fällig, so etwa das **Abstützen** hoher Arten.

Verwelkte Blüten sollte man abschneiden oder ausbrechen, damit die Pflanzen nicht unnötig Kraft für die Samenproduktion verbrauchen, sondern alle Reservestoffe in ihre Speicherorgane einlagern. So blühen sie im nächsten Jahr um so üppiger. Diese Maßnahme erübrigt sich jedoch bei kleinen Zwiebelblühern wie Schneeglöckchen *(Galanthus),* Blaustern *(Scilla)* oder Winterling *(Eranthis),* denn einerseits sind diese Arten überaus wuchskräftig, andererseits sorgen sie durch die Samenbildung selbst für Nachwuchs.

■ **Wichtig:** Nach Beendigung der Blütezeit dürfen die Blätter der Pflanzen keinesfalls sofort abgeschnitten werden. Man muß sie vielmehr so lange stehen lassen, bis sie von selbst welken und vergilben und bis die Pflanze einzieht. Auch bei der Wiesenmahd sollte man die Pflanzstellen dieser Gewächse einstweilen aussparen. Zwischenzeitlich sammeln die Pflanzen nämlich Speicherstoffe an und bilden außerdem Ersatz für erschöpfte Zwiebeln und Knollen. Dafür jedoch sind sie auf ihr Blattwerk angewiesen. Meist werden die nicht sonderlich attraktiv wirkenden Blattbüsche ohnehin durch das Laub der Nachbarpflanzen kaschiert. Wo dies nicht der Fall ist, kann man durch nachträgliches Hinzupflanzen von Stauden oder Sommerblumen etwas nachhelfen.

■ **Gießen und Düngen**
Wässern und Düngen ist nur selten erforderlich, ausgenommen bei so wuchsfreudigen Sommer- und Herbstblühern wie Dahlien, Gladiolen und Lilien sowie einigen anspruchsvollen großblumigen Arten. Gegossen wird nur, wenn anhaltend trockene Witterung herrscht und die Pflanzen erste Welkeerscheinungen zeigen. Den Boden reichert man am besten schon vor der Pflanzung mit reichlich reifem Kompost an und überzieht später die Pflanzflächen jeden Herbst nochmals mit einer Schicht davon. Ersatzweise kann man auch einen organischen Langzeitdünger verwenden, z. B. Hornspäne. Viele Arten brauchen bzw. sollten jedoch gar nicht gewässert und gedüngt werden, vor allem nicht während der Ruhezeit; bei kleinen Zierlaucharten *(Allium),* botanischen Krokussen *(Crocus),* Blaustern *(Scilla),* Wildtulpen und anderen läßt sonst die Blühfreudigkeit deutlich nach.

Überwinterung nicht winterharter Knollen- und Zwiebelblumen:
① *Zunächst schneidet man die oberirdischen Teile bis auf eine Handbreit über dem Boden zurück. Dann werden die Knollen oder Zwiebeln mit Spaten oder Grabgabel vorsichtig aus dem Boden gehebelt.*

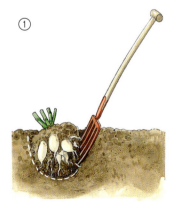

② *Die gereinigten und abgetrockneten Speicherorgane lagert man den Winter über kühl und trocken in einer mit Sägemehl gefüllten Kiste. Knollen kommen dagegen in feuchtem Sand besser über den Winter. Überwintert man mehrere Arten, sind Namensetiketten hilfreich*

ZWIEBEL- UND KNOLLENBLUMEN

■ **Nicht winterharte Arten**

Viele sehr beliebte Zwiebel- und Knollenpflanzen sind in mitteleuropäischen Breiten nicht winterhart, z. B. **Dahlien** *(Dahlia)*, **Gladiolen** *(Gladiolus)*, **Indisches Blumenrohr** *(Canna)* und **Begonien** *(Begonia)*. Damit man lange Jahre Freude an ihnen hat, muß man die Zwiebeln oder Knollen jeden Herbst aus dem Boden holen und an geschützter Stelle überwintern, um sie im Frühjahr erneut pflanzen zu können.

Anfang bis Mitte Oktober, spätestens jedoch sobald die ersten Fröste drohen, schneidet man die oberirdischen Triebe dieser Pflanzen bis auf etwa eine Handbreit über dem Boden zurück. Die Speicherorgane werden herausgeholt, indem man mit der Grabgabel oder dem Spaten neben den Pflanzen einsticht, die Zinken oder das Blatt vorsichtig unter die Zwiebeln oder Knollen schiebt und mit einer Hebelbewegung hochdrückt. Anschließend nimmt man die Pflanzenstöcke auf, schüttelt anhaftende Erde soweit wie möglich heraus und läßt sie bei Bedarf noch eine Weile am Beet oder einem geschützten Platz offen liegen, damit sie abtrocknen. Beschädigte oder kranke Pflanzen werden sofort ausgesondert. Danach reinigt man die Zwiebeln oder Knollen, trennt alle verbliebenen Wurzelbärte ab und schichtet sie vorsichtig in Kisten ein. Knollen, etwa von Dahlien, trocknen rasch aus, man bettet sie deshalb am besten auf leicht feuchten Sand oder Rindenmulch und deckt sie auch mit diesem Material ab. Die Kisten bewahrt man dann an einem luftigen, dunklen, trockenen und kühlen, jedoch frostfreien Ort bis zum Frühjahr auf. Ab und zu sollte man das Lager kontrollieren. Faulende Exemplare müssen sofort entfernt werden.

■ **Empfindliche Arten schützen**

Einige Zwiebel- und Knollenblüher können zwar den Winter im Freien überstehen, danken jedoch einen zusätzlichen Winterschutz im darauffolgenden Jahr durch zuverlässige Blüte; Mittelmeeranemonen, Hollandiris *(Iris hollandica)* und einige andere überzieht man deshalb im Herbst mit einer dikken Schicht Laub oder reifem Kompost.

Vermehrung

Bei vielen Arten, so etwa bei **Schneeglöckchen** *(Galanthus)*, **Traubenhyazinthen** *(Muscari)*, **Märzenbecher** *(Leucojum)* und **Narzissen** *(Narcissus)*, vergrößern sich die einmal gepflanzten Bestände mit den Jahren ganz von allein. Zum einen versamen sich die Pflanzen selbst, zum anderen setzen sie reichlich Brutzwiebeln oder -knollen an, die rasch zu neuen Pflanzen heranwachsen. Möchte man jedoch gezielt für Nachkommenschaft sorgen, bieten sich mehrere Möglichkeiten an:

■ **Teilung größerer Bestände:** Die einfachste Methode ist, ähnlich wie bei Stauden, die Teilung größerer Zwiebel- oder Knollenbestände. Durch stetige Bildung von kleinen Zwiebeln oder Knollen rund um die Speicherorgane der Mutterpflanze, sogenannte Brutzwiebeln oder -knollen, vergrößert sich die Anzahl der Pflanzen an einer Stelle so sehr, daß die Organe bald dich an dicht zu einem Klumpen verwachsen. Sobald die Blütezeit vorüber ist und das Laub zu welken beginnt, kann man diese Trupps mit der Grabgabel aus dem Boden heben, in kleinere Klumpen aufteilen und erneut einpflanzen.

Teilung größerer Bestände: Die Zwiebel- bzw. Knollenkolonien werden vorsichtig auseinandergebrochen, die kleineren Klumpen dann an gewünschter Stelle gepflanzt

Tochter- bzw. Brutzwiebeln (oben, Beispiel Tulpe) und Brutknollen (Beispiel Gladiole) werden behutsam abgetrennt und dann einzeln eingepflanzt, gegebenenfalls zunächst in einen Topf

■ **Brutzwiebeln oder -knollen:** Ebenso leicht gelingt die Vermehrung, indem man von einer Mutterpflanze die Brutzwiebeln oder -knollen vorsichtig abtrennt und wiederum einzeln einsetzt. Allerdings kann es 1 oder 2 Jahre dauern, bis diese Abkömmlinge zum ersten Mal blühen. Statt sie direkt wieder im Garten zu pflanzen, kultiviert man sie bisweilen auch erst noch ein Jahr in einem speziell dafür reservierten Vermehrungsbeet oder in Töpfchen.

VERWENDUNG, PFLANZUNG, PFLEGE

Knollenteilung: Jedes Teilstück muß mindestens eine Triebknospe aufweisen. Die Schnittstellen in Holzkohlenpuder tauchen

- **Knollenteilung**: Bei Knollengewächsen, etwa Knollenbegonien *(Begonia),* Dahlien *(Dahlia)* oder Anemonen *(Anemone),* bedient man sich zur Vermehrung vielfach der Knollenteilung. Winterharte Arten nimmt man dazu kurz vor dem Einziehen aus dem Boden, bei nicht winterharten führt man die Teilung vor der Pflanzung durch. Die Knollen werden in mehrere Abschnitte zerschnitten oder zerbrochen, am besten an sich verjüngenden Stellen, damit die Schnittflächen möglichst klein bleiben. Jedes Teilstück muß über mindestens 1, besser 2 oder 3 kräftige Triebknospen verfügen. Die Schnittstellen kann man in Holzkohlenpuder tauchen, das beugt Infektionen und Fäulnis vor.
- **Anzucht aus Samen**: Auch die Anzucht aus Samen ist bei vielen Arten möglich, in der Regel dauert es jedoch einige Jahre, bis sich aus den Samen blühfähige Pflanzen entwickeln. Ausgesät wird wie üblich entweder sofort nach der Samenreife (bei Frühlingsblühern also im Frühsommer) oder aber im Vollfrühling (bei gekauftem Saatgut); dabei sind die nötigen Voraussetzungen für die Keimung zu beachten (Licht- oder Dunkelkeimer, Kaltkeimer usw.). Anders als bei den meisten Sommerblumen und Stauden bilden Sämlinge von Lilien- und Schwertliliengewächsen nur ein Keimblatt aus. Die Keimlinge werden pikiert, wie auf Seite 48 beschrieben. Die Jungpflanzen können dann ab Mitte Mai ins Freie bzw. werden noch ein weiteres Jahr in den Gefäßen an geschützter Stelle im Freiland gezogen und erst im Folgejahr ausgepflanzt.

Pflanzenschutz

Schnecken und Blattläuse – diese wenig wählerischen, an fast allen Pflanzen auftretenden **Schädlinge** können auch den Zwiebel- und Knollenblumen zu schaffen machen. Ihre Schadbilder sowie Bekämpfungsmaßnahmen sind im Kapitel „Häufige Schädlinge" ab Seite 36 beschrieben, ebenso die Nagetiere, unter denen vor allem Wühlmäuse Schäden an Zwiebeln und Knollen anrichten. Im Fachhandel erhältliche, nagesichere Pflanzkörbe, in die man die Zwiebeln setzt, sind eine hilfreiche Vorbeugemaßnahme. Kaiserkronen *(Fritillaria imperialis)* können durch ihren strengen Geruch Wühlmäuse fernhalten, wobei die Meinungen über die „Erfolgsquote" entsprechender Schutzpflanzungen allerdings geteilt sind. Zu den genannten kommen bei Zwiebel- und Knollenblumen spezialisierte Schädlinge wie Lilienhähnchen und Narzissenfliege, die bei den jeweiligen Pflanzen beschrieben werden.

Unter den **Pilzkrankheiten** tritt bei dieser Pflanzengruppe vor allem der Grauschimmel (siehe Seite 41) häufiger auf. Daneben kann es an den unterirdischen Pflanzenorganen bei ungünstigen Bedingungen zu Fäulnis kommen, was sich in der Regel an Kümmerwuchs bemerkbar macht. Bei solchen Anzeichen sollte man die Zwiebeln oder Knollen vorsichtig freigraben, um die Ursache festzustellen. Sofern

Gesunde Gartengladiolen; die richtige Standortwahl beugt Krankheiten und Schädlingen vor

ZWIEBEL- UND KNOLLENBLUMEN

es sich nicht um Wühlmausschäden handelt, sondern bräunlich-schwarze Faulstellen an den Zwiebeln oder Knollen zu sehen sind, sollten die befallenen Pflanzen sofort entfernt und vernichtet werden. Meist sind hier Pilze oder Bakterien am Werk, die auch benachbarte Pflanzen infizieren können. Ähnlich äußert sich Fäulnis aufgrund von Staunässe, ein Standort- bzw. Pflegefehler, der häufig die genannten Krankheitserreger nach sich zieht.

Erkrankungen, bei denen ebenfalls nur das sofortige Vernichten befallener Pflanzen bleibt, sind **Virosen**, die bei Zwiebel- und Knollenblumen des öfteren auftreten. Da sie häufig durch Blattläuse übertragen werden, müssen diese bei gefährdeten Pflanzen frühzeitig bekämpft werden. Auch durch kleinste mechanische Verletzungen, z. B. mit einer Hacke, können Viren in die Pflanze gelangen, weshalb man alle Gartengeräte peinlich sauber halten sollte, um direkte Übertragung auf diesem Weg zu vermeiden. Mosaikartige Muster oder helle Streifen auf Blättern sind typische Virussymptome, z. B. an Dahlien, Begonien, Gladiolen oder Lilien. Auch gestauchter, zwergiger oder verkrüppelter Wuchs können auf Virusbefall hinweisen. Interessante Virussymptome treten zuweilen an Tulpen auf, und zwar in Form andersfarbiger Streifen oder Flecken auf den Blüten.

Oben links: starker Grauschimmelbefall an Dahlienblüte

Oben rechts: Lilienhähnchen

Unten links: gelbe Blütenfleckung aufgrund einer Viruserkrankung

Unten Mitte: pilzliche Blattfleckenkrankheit an Dahlie

Unten rechts: Thripsschäden an Gladiolenblüte

PORTRÄTS UND PFLEGEANLEITUNGEN

Iranlauch, Allium aflatunese

Hoher Zierlauch

Allium-Arten ■▽▷

Blüte: rosa bis violett; V–VIII
Wuchs: straff aufrecht; 80–150 cm hoch
Standort: ○; mäßig trockener bis frischer, durchlässiger Boden
Verwendung: einzeln oder in kleinen Gruppen; im Hintergrund von Beeten und Rabatten, am Gehölzrand, im Steingarten, am Rand von Wiesen; als Schnittblumen
Passen gut zu: violettblühenden Stauden wie Lavendel, Salbei, Katzenminze sowie zu Bartiris, Wolfsmilch, Schleifenblume und Gräsern

Die ballförmigen Blütenstände der hohen Zierlaucharten sind aus unzähligen Sternblüten zusammengesetzt und erheben sich über ein Büschel aus langen, breitlanzettlichen Laubblättern. Aus den Blüten entwickeln sich zierende Fruchtstände. Zu dieser Gruppe gehören:
■ Der **Iranlauch** *(Allium aflatunese)* öffnet von Mai bis Juni seine violetten Blütenkugeln auf 80–100 cm hohen Stielen.
■ Der **Riesenlauch** *(Allium giganteum)* schiebt seine rosafarbenen bis violetten Blütendolden von Juli bis August bis zu 150 cm in die Höhe.

Riesenlauch, Allium giganteum

■ **Bewährte Sorte**
■ des **Iranlauchs** *(Allium aflatunese)*: 'Purple Sensation' (purpurviolette Blüten, 80–100 cm hoch)

■ **Pflanzung**
Zwiebeln im Herbst mit 30 cm Abstand 15–20 cm tief einsetzen.

■ **Vermehrung**
Im Spätsommer Pflanzen ausgraben und Tochterzwiebeln abtrennen oder Brutzwiebeln, die sich an den Blütenständen bilden, abpflücken und einpflanzen.

■ **Pflegemaßnahmen**
Ist Samenansatz unerwünscht, verwelkte Blütenstände bis zur Hälfte des Schaftes abschneiden. Blätter erst nach dem Vergilben entfernen. Pflanzstellen in rauhen Lagen mit Laub oder Reisig abdecken. Auf Schnecken, Blattläuse und Virosen achten.

■ **Düngung**
Jährlich vor Einsetzen der Blüte mit Kompost oder organischem Volldünger versorgen.

Besonderheiten

Mit ihrem recht intensiven Zwiebelgeruch halten die Zierlaucharten Schädlinge aus dem Blumenbeet fern.

Vermehrungstip

Die reifen Samen können im Herbst abgesammelt werden. Riesenlauch sät man sofort aus, stellt die Saat den Winter über an eine geschützte Stelle im Freiland, holt sie im Februar ins Haus und pflanzt die Sämlinge dann im Frühjahr oder Herbst aus. Iranlauch sät man erst im folgenden Frühjahr aus und pflanzt dann im Herbst. Die Methode verlangt jedoch etwas Geduld: Blüten werden von den Sämlingen jedoch erst nach einigen Jahren gebildet.

ZWIEBEL- UND KNOLLENBLUMEN

Blaulauch, Allium caeruleum

Gelber Lauch, Allium flavum

Niedriger Zierlauch

Allium-Arten ◻ ▽ ▷

Blüte: rosa, rot, violett, blau, gelb oder weiß; V–VIII

Wuchs: straff aufrecht, meist eintriebig, teilweise koloniebildend; 10–60 cm hoch

Standort: ○; Bärlauch (*Allium ursinum*) ◐–●; trockener bis frischer, durchlässiger Boden

Verwendung: in kleinen und großen Gruppen; für Beete und Rabatten, als Beeteinfassung, im Steingarten, Bärlauch (*Allium ursinum*) unter Gehölzen; als Schnittblumen

Passen gut zu: Polsterstauden im Steingarten, zu niedrigen bis halbhohen Stauden oder Sommerblumen sowie verschiedenen Arten untereinander in Kombination

---

Die niedrigen Zierlaucharten eröffnen vielerlei Gestaltungsmöglichkeiten, da in den unterschiedlichsten Blütenfarben erhältlich.

■ Der **Blaulauch** (*Allium caeruleum*) überrascht von Juni bis Juli mit Blüten in intensivem Himmelblau in kleinen Kugeln, die auf 30–60 cm hohen Stielen sitzen.

■ Der **Sternkugellauch** (*Allium christophii*) besitzt sternförmige, violett glänzende Einzelblüten, die dicht in großen Kugeln angeordnet sind. Blütezeit ist von Juni bis Juli, die Wuchshöhe beträgt 20–50 cm.

■ Die schwefelgelben Blüten des **Gelben Lauchs** (*Allium flavum*) sitzen in endständigen, leicht überhängenden Dolden auf 5–40 cm hohen Stielen. Sie blühen von Juni bis August.

■ Für den **Blauzungenlauch** (*Allium karataviense*) waren seine breiten, blaugrünen Blätter namengebend, aus deren Mitte sich von Mai bis Juni 15–25 cm hohe Stiele emporschieben, die silbrigweiße, häufig rosa überlaufende Blütenbälle tragen.

■ Beim **Goldlauch** (*Allium moly*) leuchten die lockeren, schirmförmigen Blütenstände von Mai bis Juni in Gelb. Die 20–30 cm hohen Pflanzen bilden eifrig Tochterzwiebeln aus und verwildern dadurch rasenartig.

■ Der **Rosenzwerglauch** (*Allium oreophilum*) erreicht nur 20 cm Wuchshöhe. Seine intensiv karminrosa Einzelblüten sind zu lockeren, halbkugeligen Blütendolden zusammengefaßt, die von Juni bis Juli erscheinen.

■ Der **Bärlauch** (*Allium ursinum*) macht von April bis Mai mit einem intensiven Knoblauchgeruch auf sich aufmerksam. Seine weißen Blütenschirme sitzen auf 20–30 cm hohen Blütenschäften und werden von großen, frischgrünen Blättern hübsch untermalt.

■ **Bewährte Sorten**

■ des **Goldlauchs** (*Allium moly*): 'Jeannine' (große, goldgelbe Blüten, 20–30 cm hoch)

■ des **Rosenzwerglauchs** (*Allium oreophilum*): 'Zwanenburg' (karminrosa Blüten, 10–20 cm hoch)

■ **Pflanzung**

Die kleinen Zwiebeln werden im Herbst 5–10 cm tief eingesetzt. Als Pflanzabstand sind 10–15 cm ausreichend.

■ **Vermehrung**

Im Spätsommer durch Brutzwiebeln oder im Herbst durch Aussaat wie beim Riesenlauch (siehe „Vermehrungstip", Seite 232).

■ **Pflegemaßnahmen**

Ist Samenansatz unerwünscht, Blütenstände nach dem Abwelken entfernen. Laub erst nach dem Vergilben abschneiden. Auf Schnecken und Virosen achten.

■ **Düngung**

Einmal pro Jahr mit Kompost überziehen, am besten im zeitigen Frühjahr.

Besonderheiten

Die Fruchtstände, insbesondere die des Sternkugellauchs, behalten auch trocken ihre Attraktivität und werden daher gerne für Trockensträuße oder -gestecke verwendet.

PORTRÄTS UND PFLEGEANLEITUNGEN

Buschwind-röschen

Anemone nemorosa □ ▼ ▷

Blüte: weiß, rosa oder violett; III–V
Wuchs: aufrechte Blütenstände, kriechendes Rhizom; 10–20 cm hoch
Standort: ○–◐; frischer, humoser Boden, kalkliebend; windgeschützte Lage
Verwendung: in kleinen und großen Gruppen; unter Laubgehölzen, im Naturgarten
Paßt gut zu: Lungenkraut, Schlüsselblume, Nieswurz, Gräsern und Farnen
Vorsicht: Alle Pflanzenteile enthalten Giftstoffe, die bei empfindlichen Personen bei Kontakt zu Hautreizungen führen können.

Das heimische Buschwindröschen öffnet schon sehr zeitig im Jahr seine schalenförmigen Blüten, in deren Mitte die leuchtendgelben Staubgefäße sitzen. Sehr schmückend sind auch die dreiteiligen, tief eingeschnittenen Laubblätter. Durch sein kriechendes Rhizom vermag es in wenigen Jahren dichte Kolonien zu bilden.

■ Bewährte Sorten
'Alba Plena' (weiße, gefüllte Blüten; 10–20 cm hoch); 'Blue Bonnet' (hellblaue Blüten; 15–20 cm hoch); 'Robinsoniana' (hellviolette Blüten; 10–20 cm hoch); 'Rosea' (rosafarbene Blüten, 10–20 cm hoch)

■ Pflanzung
Rhizomknollen vor dem Pflanztermin einen Tag lang in lauwarmem Wasser quellen lassen. Im Herbst 5–10 cm tief und mit 10–15 cm Abstand einpflanzen.

■ Vermehrung
Im Spätsommer durch Teilung oder durch Abtrennen von Tochterknöllchen.

■ Pflegemaßnahmen
Das anspruchslose Buschwindröschen läßt man am besten ungestört wachsen und verwildern. Nur in lang anhaltenden Trockenperioden während der Blütezeit ist zusätzliches Wässern erforderlich. Das herabfallende Herbstlaub der Gehölze liegenlassen, es wirkt als Winterschutz und liefert Nährstoffe nach.

■ Düngung
Läßt man Herbstlaub an Ort und Stelle verrotten, ist zusätzliche Nährstoffversorgung nicht nötig. Andernfalls Pflanzstellen im Herbst mit reifem Kompost überziehen.

Besonderheiten

Buschwindröschen sollten nicht in der Nähe von Pflaumen-, Pfirsich-, Aprikosen- und Mandelbäumen gepflanzt werden, da sie dem Erreger des Pflaumenrosts, einer Pilzkrankheit an diesen Obstbäumen, als Zwischenwirt dienen.

Vermehrungstip

Reife Samen kann man absammeln und im Herbst aussäen. Die Saat der Kaltkeimer zuerst an einer geschützten Stelle im Freiland aufstellen, im Februar dann ins Haus holen und die Sämlinge ab Mai auspflanzen.

HÄUFIGE PFLEGEPROBLEME

Symptom: Die Pflanzen kümmern und bilden nur wenige Blüten aus.
Ursache: Verdichteter Boden
Vorbeugung/Abhilfe: Buschwindröschen ungestört wachsen lassen. Boden möglichst nicht betreten, Umgraben vermeiden, Erde vor der Pflanzung mit reichlich reifem Kompost oder Rindenmulch auflockern, Herbstlaub liegenlassen.
Außerdem häufig: Schnecken

Buschwindröschen, Anemone nemorosa

ZWIEBEL- UND KNOLLENBLUMEN

Mittelmeer-Anemonen

Anemone-Arten

Blüte: weiß, rosa, rot, blau, violett, auch zweifarbig; III–V

Wuchs: aufrechte Blütenstiele, koloniebildend; 15–40 cm hoch

Standort: ☉–◐; mäßig trockener bis frischer, durchlässiger Boden; kalkliebend; geschützte Lage

Verwendung: in kleinen und großen Gruppen; auf Beeten, unter Laubgehölzen, im Steingarten, in Pflanzgefäßen; als Schnittblumen

Passen gut zu: anderen Frühjahrsblühern wie Wildtulpen, Traubenhyazinthen, Primeln und Blaustern

Vorsicht: Alle Pflanzenteile enthalten Giftstoffe, die bei empfindlichen Personen bei Kontakt Hautreizungen hervorrufen können.

Die aus dem Mittelmeerraum stammenden Anemonen setzen mit ihren kräftigen Farben bunte Akzente im Garten. Ihr eingeschnittenes, gezähntes Laub zieht schon bald nach der Blüte ein.

- Die Blüten der **Strahlenanemone** *(Anemone blanda)* setzen sich aus einem dichten Kranz länglicher, strahlenförmiger Blütenblätter zusammen. Häufig besitzen sie in ihrer Mitte einen weißen Ring, der die kontrastierenden gelben Staubgefäße noch mehr hervorhebt.
- Die **Kronenanemone** *(Anemone coronaria)* gibt es mit einfachen und mit gefüllten Blüten. Alle haben auffallend dunkel gefärbte Staubgefäße und Stempel. Ihre Blütenblätter sind deutlich breiter als die der Strahlenanemonen.

■ Bewährte Sorten

- der **Strahlenanemone** *(Anemone blanda):* 'Atrocaerulea' (tiefblaue Blüten, 20–30 cm hoch); 'Charmer' (rosafarbene Blüten, 15–25 cm hoch); 'Radar' (purpurrot mit weißer Mitte, 15–25 cm hoch); 'White Splendour' (reinweiß, bis 30 cm hoch)
- der **Kronenanemone** *(Anemone coronaria):* 'Admiral' (dunkelrosa, halbgefüllte Blüten, 30–40 cm hoch); 'De Cean Exelsior Mixture' (einfach blühende Prachtmischung,

Kronenanemone, Anemone coronaria

25–40 cm hoch); 'Lord Derby' (blauviolette, gefüllte Blüten, 30–40 cm hoch); 'St. Brigid' (gefüllt blühende Prachtmischung, 25–40 cm hoch)

■ Pflanzung

Knollige Rhizome im Herbst 10 cm tief und mit 15 cm Abstand einsetzen, vorher einen Tag in lauwarmem Wasser quellen lassen.

■ Vermehrung

Nach dem Abwelken oder im Spätsommer Pflanzen aufnehmen, Brutknollen abtrennen und gleich wieder einpflanzen.

■ Pflegemaßnahmen

Möglichst ungestört wachsen lassen. Auf Schnecken achten. Über den Winter mit Reisig und Laub abdecken. Ihre Wurzelknollen können auch nach dem Einziehen ausgegraben und über den Sommer kühl und trocken aufbewahrt werden.

■ Düngung

Im Herbst mit reifem Kompost überziehen.

Besonderheiten

Die als Schnittblumen sehr beliebten Kronenanemonen halten in der Vase länger, wenn man ihre Stiele einige Zentimeter längs einschneidet.

Strahlenanemone, Anemone blanda 'White Splendour'

PORTRÄTS UND PFLEGEANLEITUNGEN

Kombination roter und gelber Knollenbegonien

Knollenbegonien
Begonia-Knollen-begonien-Hybriden ■▼▷

Blüte: weiß, gelb, orange, rot, rosa, auch zweifarbig; V–X

Wuchs: verzweigte Triebe, aufrecht oder überhängend; 15–60 cm hoch

Standort: ◐–●; nährstoffreicher, frischer, humoser Boden; geschützte Lage

Verwendung: in kleinen und großen Gruppen; auf Beeten und Rabatten, unter lichten Gehölzen, in Pflanzkübeln und -ampeln

Passen gut zu: Fuchsien, Pelargonien und Petunien; auch verschiedene Knollenbegoniensorten lassen sich untereinander schön kombinieren.

Sorte 'Nonstop Feuerrot'

Allen Begonien gemeinsam ist die eigentümliche Form ihrer Laubblätter, die von der Mittelrippe in zwei verschieden große Hälften geteilt werden und so das charakteristisch schiefe Aussehen erhalten. Knollenbegonien treiben aus scheibenförmigen Knollen aus und begeistern durch ihre üppigen Blüten in leuchtenden Farben. Die überaus reichhaltige Sortenpalette teilt man der besseren Übersicht wegen in mehrere Gruppen ein:

■ '**Riesenblumige Knollenbegonien**' oder sogenannte 'Gigantea-Begonien' tragen einfache oder gefüllte Blüten, die mit bis zu 20 cm Durchmesser wahrhaft riesige Ausmaße erreichen. Sorten mit gekrausten Blütenblättern bilden die sogenannte 'Marginata'-Gruppe, solche mit gefransten Rändern die 'Fimbriata'-Gruppe. Sorten mit zweifarbigen Blüten werden in der 'Marmorata'-Gruppe zusammengefaßt.

■ '**Großblumige Knollenbegonien**' oder 'Grandiflora-Compacta-Begonien' werden mit 30–50 cm Wuchshöhe nicht ganz so hoch, sind dafür aber standfester. 'Kamelienblütige Begonien' weisen ballartige, sehr gleichmäßig geformte Blüten auf, während die Sorten der 'Crispa Marginata'-Gruppe stark gerüschte Blütenblätter haben.

■ '**Multiflora-Begonien**' zeichnen sich durch kompakten Wuchs und reiche Blütenfülle aus. Man unterscheidet 'Floribunda'-Sorten mit mittelgroßen Blüten und 'Kleinblumige Knollenbegonien' mit kleinen Blüten und nur 15–25 cm Wuchshöhe.

■ **Ampel- oder Hängebegonien** der 'Pendula'-Gruppe sind mit ihren hängenden Trieben hervorragend für die Bepflanzung von Blumenkästen oder -ampeln geeignet. In dieser Gruppe wird zwischen ungefüllten und gefüllten Sorten differenziert.

Die Sortenfülle bei Knollenbegonien ist derart reichhaltig, daß einem die Wahl fast schwerfällt. Meist werden die Pflanzen mit einer Beschreibung ihrer Blütenform und -färbung angeboten.

■ **Pflanzung**

Die frostempfindlichen Sproßknollen der Begonien dürfen erst nach den Eisheiligen ins Freiland gesetzt werden. Man drückt sie mit der bauchigen Seite nach unten 2–3 cm tief in den Boden (siehe auch Abbildung auf Seite 237). Zwischen den hochwüchsigen Sorten sollte ein Pflanzabstand von 30–40 cm gewahrt bleiben, für die niedrigwüchsigen sind 15–20 cm ausreichend.

ZWIEBEL- UND KNOLLENBLUMEN

■ **Vermehrung**

Die einfachste Methode ist eine Teilung schon älterer Knollen. Diese läßt man im Frühjahr antreiben, dann werden sie in Stücke mit jeweils 1 bis 2 Triebknospen zerschnitten, die Schnittstellen taucht man zur Desinfektion in Holzkohlenpulver. Die Teilstücke werden eingepflanzt und auf der Fensterbank angetrieben. Ende Mai können die Jungpflanzen ins Freiland.

■ **Pflegemaßnahmen**

Um einen reichen Blütenflor zu erhalten, sollte Verblühtes regelmäßig entfernt werden. Da die fleischigen Triebe der Knollenbegonien leicht knicken, empfiehlt es sich, sie mit Stäben abzustützen. Die gegen Staunässe empfindlichen Pflanzen werden am besten morgens ausreichend mit Wasser versorgt, damit ihre Knollen im Laufe des Tages wieder abtrocknen können. Nicht tagsüber gießen, sonst nehmen die Blüten Schaden.

■ **Düngung**

Vor der Pflanzung sollte der Boden mit Kompost angereichert werden. Bei nährstoffarmen Böden empfehlen sich schwache Nachdüngungen im Monatsrhythmus.

■ **Nach der Blüte**

Noch vor dem ersten Frost Knollen ausgraben, reinigen und Triebreste entfernen. Bei etwa 10 °C bis zum nächsten Frühjahr trocken und frostfrei lagern.

Besonderheiten

Kräftige, schon früh zur Blüte kommende Pflanzen erhält man, indem man die Knollen bereits im März in Töpfe pflanzt und an einem hellen, warmen Ort vortreibt.

Vermehrungstip

Zur Stecklingsvermehrung werden von vorgetriebenen Knollen die jungen Triebe bei einer Länge von etwa 5 cm abgeschnitten und einzeln in Töpfen weiterkultiviert. Einige Sorten lassen sich auch aussäen, die Samen werden dazu um die Jahreswende ausgebracht. Da es sich um Lichtkeimer handelt, nicht mit Erde abdecken und hell aufstellen. Bei reichlich Wärme (20–25 °C) keimen sie nach etwa 2 bis 3 Wochen, anschließend wie üblich pikieren und ab Mai auspflanzen.

Begonienpflanzung: Die Sproßknolle mit der bauchigen Seite nach unten in den Boden drücken und mit Erde abdecken

Multiflora-Begonie 'Nonstop Hellrosa'

Hängebegonie 'Happy End Lachs'

HÄUFIGE PFLEGEPROBLEME

Symptom: Triebe sind sehr weich und knicken leicht ab, hinzu kommt verstärkter Schädlingsbefall.

Ursache: Zu hohe Stickstoffversorgung

Vorbeugung/Abhilfe: Nur mäßig mit stickstoffarmem Dünger versorgen. Bereits betroffene Pflanzen vorsichtig in mit reichlich Sand vermengtes Substrat umsetzen und kräftig zurückschneiden.

Außerdem häufig: Echter Mehltau, Grauschimmel; Spinnmilben, Blattläuse, Weiße Fliege

PORTRÄTS UND PFLEGEANLEITUNGEN

Das Indische Blumenrohr zieht mit seinen großen, exotischen Blüten über den stattlichen Laubblättern alle Blicke auf sich. Durch ständige Nachbildung neuer Blüten hält sein Schmuck bis in den Herbst hinein an.

■ Bewährte Sorten
'Feuervogel' (rote Blüten, tiefgrünes Laub, bis 100 cm hoch); 'Feuerzauber' (leuchtendrote Blüten, dunkelrotes Laub, bis 150 cm hoch); 'Gartenschönheit' (rosafarbene Blüten, grünes Laub, bis 100 cm hoch); 'Präsident' (hellrote Blüten, sattgrünes Laub, bis 120 cm hoch)

■ Pflanzung
Die knolligen Rhizome nach Mitte Mai etwa 8-12 cm tief und mit 40-70 cm Abstand einsetzen.

■ Vermehrung
Im März/April können die Rhizome geteilt werden. Jedes Teilstück muß mindestens ein Triebauge besitzen, die Schnittflächen werden mit Holzkohlenpulver desinfiziert. Anschließend in Töpfe pflanzen, an einem warmen, hellen Ort vortreiben und gegen Ende Mai auspflanzen.

■ Pflegemaßnahmen
Ursprünglich eine Sumpfpflanze, ist das Blumenrohr auf sehr gute Wasserversorgung angewiesen und sollte daher ausgiebig gewässert werden. Entfernt man verwelkte Blütenstände regelmäßig, so wird die Blütenneubildung gefördert. Auf Virosen achten.

Apart: Blüte des Blumenrohrs

Canna-Indica-Hybriden

Indisches Blumenrohr
Canna-Indica-Hybriden
■ ▷

Blüte: gelb, orange, rot, rosa, auch zweifarbig; VI–X

Wuchs: aufrecht, hohe, starke Blütenschäfte inmitten einer mächtigen Blattrosette; 40–150 cm hoch

Standort: ○; nährstoffreicher, feuchter Boden; warme, geschützte Lage

Verwendung: einzeln oder in kleinen Gruppen; in Beeten und Rabatten, am Gewässerrand, in Pflanzgefäßen; als Schnittblumen

Passen gut zu: Sommerblumen in warmen Farbtönen wie Löwenmaul, Wucherblume und Mittagsgold

■ Düngung
Pflanzstelle gut mit Kompost anreichern. Auf kargem Boden empfiehlt sich alle 2 Wochen eine Nachdüngung, auf nährstoffreichem Boden sind 4wöchige Abstände ausreichend.

■ Nach der Blüte
Nach den ersten Frösten müssen die Blütenschäfte etwa 10 cm über dem Boden abgeschnitten und die Rhizome ausgegraben werden. Nach dem Trocknen werden sie mit der Oberseite nach unten in trockenem Sand bei 5-10 °C überwintert.

Vermehrungstip
Rhizome im März eintopfen und an einem hellen, warmen Ort vortreiben. Nach ein paar Wochen können kräftige, junge Triebe als grundständige Stecklinge abgeschnitten und einzeln in Töpfen weiterkultiviert werden.

ZWIEBEL- UND KNOLLENBLUMEN

Mit ihren großen Blütenbechern sorgen Herbstzeitlosen noch einmal für kräftige Farbtupfer im herbstlichen Garten. Ihre Laubblätter und die Früchte erscheinen erst im darauffolgenden Frühjahr.

■ Die heimische **Herbstzeitlose** *(Colchicum autumnale)* entfaltet schlanke, rosalila Blütenkelche, es gibt aber auch weiße und verschiedenen rosafarbene, teilweise sogar gefüllte Sorten.

■ Die *Colchicum*-**Hybriden** tragen deutlich größere Blütenbecher in leuchtenden Tönen, teils mit andersfarbigem Schlund oder würfelförmig gemustert; sie sind bei einigen Sorten dicht gefüllt.

■ Bewährte Sorten
■ der **Herbstzeitlose** *(Colchicum autumnale)*: 'Albiflorum' (kleine, weiße Blüten; bis 15 cm hoch); 'Albiplenum' (weiße, gefüllte Blüten, 15–20 cm hoch); 'Album' (reinweiße Blüten, 10–15 cm hoch); 'Plenum' (lilarosa, gefüllte Blüten, 15–20 cm hoch)
■ der *Colchicum*-**Hybriden**: 'Autumn Queen' (rosaviolett, weißer Schlund, schwaches Würfelmuster, 20–25 cm hoch); 'Lilac Wonder' (fliederfarbene Blüten, 20–25 cm hoch); 'The Giant' (rosalila Blüten mit weißem Schlund, bis 30 cm hoch); 'Violet Queen' (purpurviolett, schwaches Würfelmuster, 20–25 cm hoch)

■ Pflanzung
Die Knollen im August etwa 5–15 cm tief und mit 20 cm Abstand in die Erde setzen. Zu anderen Pflanzen sollte mehr Abstand gewahrt bleiben, damit diese nicht durch das starkwüchsige Laub der Herbstzeitlosen bedrängt werden.

■ Vermehrung
Von mindestens 3 bis 5 Jahre alten Exemplaren können Anfang Juli Brutknöllchen abgenommen werden, die man zunächst trocken und luftig aufbewahrt, bevor man sie im August an Ort und Stelle einsetzt. Auch eine Teilung der Rhizomknollen ist möglich.

Herbstzeitlosen
Colchicum-Arten ☐ ▽ ▷

Blüte: weiß, rosa oder violett; VIII–X
Wuchs: aufrechte, blattlose Blütenstände; 15–30 cm hoch
Standort: ○–◐; frischer bis feuchter, gut durchlässiger Boden, kalkliebend
Verwendung: in kleinen und großen Gruppen; am Gehölzrand, auf feuchten Wiesen, im Staudenbeet, im Steingarten
Passen gut zu: Bergaster, Fetthenne, Farnen und Gräsern
Vorsicht: Die Pflanzen enthalten in allen Teilen das starke Zellgift Colchicin.

Herbstzeitlose, Colchicum autumnale

■ Pflegemaßnahmen
Die anspruchslosen, winterharten Herbstzeitlosen entwickeln sich am passenden Standort ohne besondere Pflegemaßnahmen zu stattlichen Horsten. Auf Schnecken achten.

■ Düngung
Nicht erforderlich.

Vermehrungstip

Saatgut wird im Juli direkt an Ort und Stelle ausgesät. Die ersten Blüten erscheinen meist nach 2 Jahren.

Colchicum-Hybride

PORTRÄTS UND PFLEGEANLEITUNGEN

Elfenkrokus, Crocus tommasinianus

Krokusse,
frühblühende Arten
Crocus-Arten   □ ▽ ▷

Blüte: gelb, blau bis violett, auch mehrfarbig; II–III

Wuchs: aufrechte, kurz gestielte Zwiebelpflanzen; 5–10 cm hoch

Standort: ○; lockerer, durchlässiger Boden, auch steinig oder sandig

Verwendung: in größeren Gruppen; zum Verwildern am Gehölzrand oder im lückigen Rasen, im Steingarten, auf Beeten und Rabatten

Passen gut zu: Winterling, Schneeglöckchen und dem ersten Grün von Polsterstauden, schön sind auch verschiedene Arten und Sorten grüppchenweise gemischt

Die frühblühenden Krokusse erwecken mit ihren kräftig gefärbten Blütenbechern den Garten aus seinem Winterschlaf:

■ Der **Bunte Krokus** *(Crocus chrysanthus)* hält, was sein Name verspricht: Seine Blütenkelche bestechen durch ineinander verlaufenden Farben oder verschiedenfarbig getönten Blütenaußen- und innenseiten (z. B. violettgelb). Im Angebot sind zahlreiche Sorten mit den unterschiedlichsten Farbkombinationen. Sein grasähnliches Laub erscheint mit der Blüte.

■ Der **Elfenkrokus** *(Crocus tommasinianus)* bildet durch Selbstaussaat mit der Zeit große Kolonien aus und eignet sich dadurch hervorragend zum Verwildern. Seine violett gefärbten Blütenblätter wirken sehr zart.

■ Pflanzung
Die kleinen Zwiebelknollen im Herbst 5–10 cm tief und mit 10–15 cm Abstand in die Erde bringen.

■ Vermehrung
Krokusse lassen sich leicht aus Samen vermehren. Sie werden im Frühjahr am besten in Schalen mit sandigem Substrat ausgesät, leicht damit bedeckt und mäßig feucht gehalten. Jungpflanzen bilden nach 2 bis 3 Jahren erste Blüten aus.

■ Pflegemaßnahmen
Die Pflanzen wachsen am schönsten, wenn man sie ungestört läßt. Ihr Laub darf erst nach dem Verwelken entfernt oder gemäht werden, andernfalls kann die Zwiebel nicht genügend Speicherstoffe einlagern.

■ Düngung
Schwache Düngergaben zu Beginn der Blüte unterstützen die Blühfreudigkeit, sind jedoch nicht unbedingt erforderlich.

Vermehrungstip

Nach dem Einziehen des Laubes kann man die Pflanzen aus der Erde holen, dicht gepackte Knollenklumpen aufteilen und/oder Brutknollen abnehmen. Diese werden gleich wieder eingepflanzt.

HÄUFIGE PFLEGEPROBLEME

Symptom: Stengel und Blätter bekommen weiche, bräunliche Faulstellen; Pflanzen fallen leicht um; weiße Beläge und schwarze Pusteln werden sichtbar.

Ursache: Sklerotiniafäule (Pilzerkrankung)

Vorbeugung/Abhilfe: Auf optimale Standortbedingungen achten, Boden eventuell mit Sand vermengen oder eine Sandschicht zuunterst ins Pflanzloch einbringen; befallene Pflanzen sofort entfernen und vernichten, damit sich die Krankheit nicht ausbreiten kann.

Außerdem häufig: Grauschimmel, Wühlmäuse und Amseln

ZWIEBEL- UND KNOLLENBLUMEN

Wie die Wildarten besitzen auch die Gartenkrokusse schmale Laubblätter mit weißem Mittelstreifen. Ihre Blütenkelche sind meist größer und öffnen sich erst einige Wochen nach den Vorfrühlingsblühern.

- Der **Goldkrokus** *(Crocus flavus)* besitzt leuchtendgelbe Blüten, die das Sonnenlicht widerzuspiegeln scheinen.
- **Großblumige Gartenkrokusse** *(Crocus*-Hybriden, auch als *Crocus vernus* angeboten) weisen eine breite Farbpalette von Weiß über Blau zu Dunkelviolett auf.

■ Bewährte Sorten

- des **Goldkrokus** *(Crocus flavus):* 'Großer Gelber' (goldgelbe Blüten, nicht versamend; 5-10 cm hoch)
- der **Großblumigen Gartenkrokusse** *(Crocus*-Hybriden): 'Haarlem Gem' (hellviolette Blüten, nicht versamend, 5-10 cm hoch); 'Jeanne d'Arc' (weiße Blüten, bis 10 cm hoch); 'Pickwick' (weiße, violett gestreifte Blüten, 8-10 cm hoch); 'Queen of the Blues' (violettblaue Blüten mit silbrigem Schimmer, 5-10 cm hoch)

■ Pflanzung
Im August 5-10 cm tief und mit 15 cm Abstand einpflanzen.

HÄUFIGE PFLEGEPROBLEME

Symptom: Gelbe Blüten sind zerfleddert und zerrupft.

Ursache: Amseln, die aus unerklärlichen Gründen ausschließlich gelbe Krokusblüten zerzausen

Vorbeugung/Abhilfe: Flatternde Silberstreifen an kurzen Stöckchen zwischen den Blütengruppen anbringen; auf andersfarbige Sorten ausweichen.

Außerdem häufig: Grauschimmel, Wühlmäuse

Goldkrokus, Crocus flavus

■ Vermehrung
Nach dem Abwelken des Laubes ausgraben, dichte Horste aufteilen und/oder Brutknollen abnehmen, diese sofort wieder einpflanzen.

■ Pflegemaßnahmen
Am besten ungestört wachsen lassen.

■ Düngung
Pflanzstellen im Herbst mit etwas reifem Kompost überziehen.

Crocus-Hybride 'Haarlem Gem'

Großblumige Gartenkrokusse

Crocus-Arten   □ ▽ ▷

Blüte: weiß, gelb, purpurfarben, blau, violett, auch zweifarbig; III–IV

Wuchs: aufrechte, kurzgestielte Blütenstiele; 5–10 cm hoch

Standort: ○–◐; durchlässiger Boden

Verwendung: in größeren Gruppen; auf Beeten und Rabatten, im lückigen Rasen, in Balkonkästen und Schalen

Passen gut zu: anderen Frühjahrsblühern und Gräsern; verschiedene Arten und Sorten untereinander

Besonderheiten

Großblumige Gartenkrokusse kann man im Zimmer antreiben. Dazu die Knollen im Oktober in Töpfe pflanzen, kühl und dunkel aufstellen und mäßig feucht halten. Im Januar dann ins Licht und in die Wärme holen, etwas mehr gießen. Nach dem Abblühen können die Pflanzen ins Freie umgesetzt werden.

Schmuckdahlie 'Blühendes Barock'

Dahlien

Dahlia-Hybriden

Blüte: nahezu alle Farben außer Blau und Schwarz, auch mehrfarbig; VI–X
Wuchs: aufrecht, buschig; je nach Sorte 20–120 cm hoch
Standort: ○; nährstoffreicher, frischer und durchlässiger Boden
Verwendung: in kleinen und großen Gruppen; auf Beeten und Rabatten, im Bauerngarten, für Pflanzgefäße; als Schnittblumen
Passen gut zu: Sommerblumen in warmen Farbtönen wie Schmuckkörbchen, Bechermalve oder Sonnenblume, zu Stauden wie Astern, Rittersporn, Mädchenauge, Sonnenbraut oder Sonnenauge

Aus den unscheinbaren Wildformen entstanden durch intensive Züchtungsarbeit unzählige Farb- und Formvarianten, die man mehreren Gruppen zuteilt:

■ **Einfache oder Mignondahlien** tragen Blüten, die nur einen Kranz zungenförmiger Blütenblätter besitzen. Am niedrigsten bleiben die Zwergmignondahlien mit 20–30 cm Wuchshöhe, ihnen schließen sich mit 30–40 cm die Mignondahlien an. Hohe Mignondahlien erreichen 50–60 cm. Durch ihre geringe Wuchshöhe eignen sich diese Sorten gut für die Balkonbepflanzung.

■ Bei den **Halbgefüllten Dahlien**, die etwa 60–110 cm Höhe erreichen, wird die Blütenmitte von mehreren Blütenblattkreisen umgeben. Päonienblütige Dahlien zeigen 2–3, oftmals versetzt angeordnete Kränze aus Zungenblüten. Bei den Halskrausendahlien ist ein innerer, kleinerer Blattkranz in oftmals kontrastierender Farbe von einem größeren Außenring umgeben. Zwischen dem Blütenboden und dem äußeren Kranz aus Zungenblüten sitzen bei den Anemonenblütigen Dahlien zahlreiche große Röhrenblüten, die einen quastenähnlichen Eindruck vermitteln.

■ **Gefüllte Dahlien** entwickeln Blüten, die aus zahlreichen Strahlenblüten bestehen, so daß ihr Blüteninneres meist völlig unsichtbar bleibt. Sie erreichen eine Wuchshöhe von 60–120 cm. Die Blütenblätter der Kaktusdahlien sind stark eingerollt und zugespitzt. Bei den Semikaktusdahlien sind nur die äußeren Blütenblattreihen eingerollt, die inneren, kleineren liegen aufgefaltet. Besonders gleichmäßig versetzt angeordnet sind die breiten, nicht eingerollten Blütenblätter der Schmuckdahlien, die ebenfalls zur Mitte hin immer kleiner werden. Fast kugelförmig erscheinen die Blüten der Pompondahlien und der Balldahlien. Bizarr erscheinen die Blüten der Orchideenblütigen Dahlien, deren schmale Zungenblüten sternförmig abstehen und meist lebhaft gefleckt oder gestreift sind. Von jeder Dahliengruppe gibt es eine Unzahl herrlicher Sorten, die Palette wird stetig erweitert und Verbraucherwünschen angepaßt.

■ **Pflanzung**
Die Wurzelknollen der Dahlien werden im Mai in den Boden gesetzt, so daß die Triebspitzen 5–10 cm mit Erde bedeckt sind. Der Pflanzabstand richtet sich nach ihrer Wuchshöhe. Bei niedrigen Sorten sind 30–40 cm ausreichend, für höhere Sorten sollten 70–100 cm gewählt werden. Die Stützstäbe für hohe Sorten sollte man gleich bei der Pflanzung anbringen, damit eine spätere Beschädigung der Knollen vermieden wird. Treibt man die Wurzelknollen bereits ab März im Haus vor, so blühen diese Exemplare bald nach dem Auspflanztermin Mitte Mai.

■ **Vermehrung**
Starke Knollen können nach dem Überwintern mit einem scharfen Messer in mehrere Teilstücke geteilt werden, die jeweils mindestens ein Triebauge besitzen müssen.

■ **Pflegemaßnahmen**
Gleichmäßig feucht halten. Verblühtes regelmäßig entfernen.

■ **Düngung**
Pflanzstelle vor dem Einsetzen der Knollen mit Kompost anreichern. Auf nährstoffarmen Böden vor dem Austrieb und zu Beginn der Blüte stickstoffarmen Dünger verabreichen.

ZWIEBEL- UND KNOLLENBLUMEN

■ Nach der Blüte

Nach den ersten Frösten die Wurzelknollen aus der Erde nehmen, einige Tage abtrocknen lassen und von verbliebenen Stengelresten befreien. Anschließend in Kisten mit trockenem Sand einschichten und den Winter über trocken, kühl und frostfrei lagern.

Besonderheiten

Kräftige und schon früh zur Blüte kommende Pflanzen erhält man, wenn man die Knollen bereits im Februar eintopft, an einem hellen, warmen Ort vorzieht und Mitte März auspflanzt. Man kann Dahlien auch schon im April ins Freiland pflanzen, muß dann aber den empfindlichen Austrieb durch übergestülpte Töpfe oder Kartons vor nächtlicher Kühle schützen.

Vermehrungstip

Einige Dahliensorten können im Frühjahr unter Glas aus Samen gezogen werden; die Pflänzchen kommen dann nach Pikieren und Abhärten im Mai ins Freiland. Werden die Knollen ab Februar im Haus vorgetrieben, so kann man frisch erscheinende Triebe zur Stecklingsvermehrung nutzen. Bei einer Höhe von etwa 10 cm schneidet man sie mit einem Stück des alten Stengels ab, setzt sie einzeln in Töpfe mit einem Erde-Sand-Gemisch und läßt sie Wurzeln ausbilden, bevor man sie im Mai auspflanzt.

Pompondahlie 'Vivex'

HÄUFIGE PFLEGEPROBLEME

Symptom: Pflanzen bleiben verkrüppelt, Blüten bleiben stecken; Laubblätter bekommen helle Flecken oder verfärben sich mosaikartig und sterben später ab.

Ursache: Virosen (Stauchevirus, Blattfleckenvirus, Dahlien-Mosaikvirus)

Vorbeugung/Abhilfe: Auf peinliche Sauberkeit aller Gartengeräte achten, Blattläuse, die die Viren übertragen können, sorgfältig bekämpfen; infizierte Pflanzen entfernen und vernichten.

Außerdem häufig: Grauschimmel; Blattläuse, Spinnmilben, Thripse und Schnecken

Halskrausendahlie 'Libretto'

Semikaktusdahlie 'Elga'

PORTRÄTS UND PFLEGEANLEITUNGEN

Winterling, Eranthis hyemalis

Winterlinge beleben im Vorfrühling mit dem leuchtenden Gelb ihrer Schalenblüten, die von einer vielfach geschlitzten Hochblatthülle untermalt werden, den noch farblosen Garten. Zudem gehören sie zu den ersten Pflanzen des Jahres, die einen angenehmen Duft verströmen.

▪ *Eranthis hyemalis* schiebt schon im Februar seine dottergelben Blüten hervor.
▪ *Eranthis cilicica* öffnet im März seine zarten Blüten, seine Hochblattkrause und sein Laub sind bronzefarben getönt.
▪ *Eranthis* x *tubergenii* zeichnet sich durch eine besonders lange Blütezeit bis weit in den März hinein aus.

■ Bewährte Sorten
▪ von *Eranthis* x *tubergenii:* 'Glory' (große, gelbe Blüten, grünes Laub, bis 15 cm hoch); 'Guinea Gold' (große, goldgelbe Blüten, bronzefarbenes Laub, bis 15 cm hoch)

■ Pflanzung
Da ausgetrocknete Wurzelknollen nur schlecht anwachsen, sollte man beim Kauf darauf achten, nur frische und gesunde Knollen zu erwerben. Diese vor der Pflanzung einen Tag lang in lauwarmem Wasser einweichen. Von September bis Oktober 5–7 cm tief und mit 10 cm Abstand einsetzen.

■ Vermehrung
Nach der Blüte und dem Einziehen der oberirdischen Pflanzenteile Knollen ausgraben und teilen, jedes Teilstück muß mindestens ein Triebauge besitzen. Sofort wieder einpflanzen.

■ Pflegemaßnahmen
Die winterharten Pflanzen sind anspruchslos und breiten sich am passenden Standort von selbst aus.

■ Düngung
Nährstoffarme Böden sollten im Herbst mit Kompost angereichert werden.

Besonderheiten

Pflanzt man alle drei Arten in Kombination, erstreckt sich die Blütezeit der Winterlinge über viele Wochen.

Vermehrungstip

Viel Geduld braucht man, wenn die Winterlinge aus Samen gezogen werden, denn bis zur ersten Blüte vergehen 4 bis 5 Jahre. Die Samen werden sofort nach der Reife entweder direkt ausgebracht oder in Schalen vorgezogen.

Winterlinge

Eranthis-Arten   □ ▽ ▷

Blüte: gelb; II–III
Wuchs: teppichbildende Knollenpflanze; 5–15 cm hoch
Standort: ◐; durchlässiger Boden, kalkliebend; geschützte Lage
Verwendung: in kleinen und großen Gruppen; am Gehölzrand, im Steingarten, auf lückigem Rasen
Passen gut zu: anderen Frühjahrsblühern wie Krokus und Schneeglöckchen
Vorsicht: Alle Arten und Sorten sind giftig.

Eranthis x tubergenii 'Guinea Gold'

ZWIEBEL- UND KNOLLENBLUMEN

Steppenkerzen, Lilienschweif
Eremurus-Arten ■ ▷

Blüte: weiß, gelb, orange, rosa; V–VII

Wuchs: straff aufrechte Blütenstiele über Blattrosette; 100–250 cm hoch

Standort: ○; nährstoffreicher, mäßig trockener bis frischer, durchlässiger Boden; geschützte Lage

Verwendung: in kleinen Gruppen; vor immergrünen Gehölzen, im Hintergrund von Beeten und Rabatten, im Steingarten; als Schnittblumen

Passen gut zu: hohen Zierlaucharten, Hoher Bartiris, Schafgarbe, Katzenminze und Schleierkraut

Der imposanten Erscheinung ihrer hoch aufragenden Blütentrauben wegen wird die Pflanze auch Lilienschweif oder Kleopatranadel genannt. Ihre langen, schmalen Laubblätter stehen in einer Rosette, sie ziehen bald nach der Blüte ein. Mehrere Arten sowie Hybriden können den Garten im Sommer zieren:

■ Die *Eremurus*-Hybriden zeichnen sich durch warme, leuchtende Farbtöne wie Gelb, Orange, Rosa oder auch Weiß aus. Ihre Blüten erscheinen von Juni bis Juli.

■ *Eremurus robustus* bildet ab Juni bis zu 100 cm hohe Blütenstände aus, die zunächst zartrosa erscheinen, sich aber später noch aufhellen. Seine langen Laubblätter beginnen schon während der Blüte zu verwelken und sollten daher von Nachbarpflanzen kaschiert werden.

■ *Eremurus stenophyllus* ssp. *stenophyllus* treibt im Juni leuchtendgelbe Blüten, deren gut sichtbare, orangefarbene Staubblätter einen hübschen Kontrast bilden. Im Vergleich zu den anderen Arten bleibt er mit seinen 100 cm Wuchshöhe relativ niedrig.

■ Pflanzung
Die sternförmig verdickten Wurzelknollen der Steppenkerzen sind leicht brüchig. Sie werden im September daher sehr vorsichtig in einer entsprechend großen Pflanzgrube flach ausgebreitet und nicht tiefer als 15 cm und mit 60-100 cm Abstand in lockeres Erdreich gesetzt. Besonders bei schweren Böden empfiehlt es sich, eine etwa 10 cm hohe Schicht aus Sand oder Feinkies auf den Boden der Pflanzgrube auszubringen, da die Wurzelknollen bei Staunässe schnell faulen.

■ Vermehrung
Die Wurzelknollen von mindestens 4 Jahre alten Pflanzen können im August geteilt werden. Auch hier muß vorsichtig vorgegangen werden. Die Knollen schneidet man mit einem scharfen Messer in 2 bis 3 etwa gleich große Teilstücke, deren Schnittflächen mit Holzkohlenpulver desinfiziert werden.

Eremurus-Hybride

Eremurus robustus

■ Pflegemaßnahmen
Den jungen Blattaustrieb im Frühjahr nachts vor Frostschäden schützen, indem Reisig oder ein Karton mit Holzwolle darübergestülpt wird. Die kräftigen Blütenstiele erst im Herbst zurückschneiden, da die kugeligen Früchte ebenfalls sehr schmückend wirken. Die frostempfindlichen Pflanzen müssen den Winter über mit einer Abdeckung aus trockenem Laub und Reisig geschützt werden.

■ Düngung
Die Pflanzstelle vor und nach der Pflanzung mit reichlich Kompost versorgen. Während der Blütenbildung schwach nachdüngen, z. B. mit flüssigem Volldünger.

Besonderheiten

Für die Vase eignen sich besonders die Blütenstiele der Hybriden, die bis zu 3 Wochen lang halten, wenn man sie noch halbknospig schneidet.

PORTRÄTS UND PFLEGEANLEITUNGEN

Fritillaria imperialis 'Rubra Maxima'

Kaiserkrone

Fritillaria imperialis

Blüte: orange, rot oder gelb; IV–V

Wuchs: aufrechte Blütenstiele über Blattrosette; 60–100 cm hoch

Standort: O; nährstoffreicher, frischer, durchlässiger Boden

Verwendung: einzeln und in kleinen Gruppen; auf Beeten und Rabatten, vor niedrigen Gehölzen, im Bauerngarten; als Schnittblume

Paßt gut zu: anderen Frühjahrsblühern wie Stiefmütterchen, Goldlack, Vergißmeinnicht und Tulpen

Vorsicht: Die ganze Pflanze ist giftig.

Die Kaiserkrone gehört wohl zu den imponierendsten Erscheinungen unter den Frühjahrsblühern. Ihr kräftiger Blütenschaft trägt einen Kranz aus großen, glockenförmigen Blüten, der von einem dichten Blattschopf gekrönt wird.

■ Bewährte Sorten

'Aurora' (kräftig orangefarbene Blüten, 60-100 cm hoch); 'Kroon of Kroon' (leuchtendrote Blüten, in zwei Kränzen angeordnet, 60-100 cm hoch); 'Lutea Maxima' (große, goldgelbe Blüten, 100 cm hoch); 'Rubra Maxima' (ziegelrote Blüten, 60-100 cm hoch)

■ Pflanzung

Die faustgroßen Zwiebeln schon Ende Juli, Anfang August im Abstand von 40-50 cm einsetzen. Da sie gegen Staunässe empfindlich sind, legt man sie mit leichter Schräglage 20-25 cm tief in das Pflanzloch. So wird verhindert, daß sich in der Austriebsstelle des Vorjahrestriebes Wasser ansammeln kann. Manchmal kommen die Pflanzen erst 2 Jahre nach der Pflanzung zur Blüte.

■ Vermehrung

Nach der Blüte und dem Einziehen der Blätter können im Sommer von älteren Pflanzen Brutzwiebeln abgenommen werden, die man sofort wieder einpflanzen sollte.

■ Pflegemaßnahmen

In ungeschützten Lagen sollten die Blütenschäfte mit Holzstäben gestützt werden. Nach dem Verblühen darf der Blütenstiel nur bis zu den Laubblättern abgeschnitten werden, damit diese noch genügend Speicherstoffe bilden können. Erst nach dem völligen Verwelken schneidet man den Stiel kurz über dem Boden ab.

■ Düngung

Pflanzstellen im Herbst mit Kompost anreichern und zum Austrieb im Frühjahr mit Volldünger versorgen.

Besonderheiten

Kaiserkronen verströmen einen unangenehmen Geruch und sollten daher nicht in der Nähe von Sitzgelegenheiten gepflanzt werden. An anderen Stellen im Garten hat diese Eigenschaft jedoch Vorteile, da durch den Geruch Wühlmäuse vertrieben werden.

Vermehrungstip

Will man eine Samenbildung der Kaiserkronen erreichen, überträgt man mit einem Pinsel Pollen von einer Pflanze auf die Narbe einer anderen. Die sich bildenden reifen Samen werden in Anzuchtschalen ausgebracht, die für die Kaltkeimer den Winter über in eine geschützte Ecke des Gartens gestellt werden. Die langwierige Anzucht wird erst nach etwa 5 Jahren mit der ersten Blüte belohnt.

ZWIEBEL- UND KNOLLENBLUMEN

Die heimische Schachbrettblume verdankt ihren Namen der regelmäßigen Würfelzeichnung ihrer hell- und dunkelviolett gemusterten Blütenglocken. Diese hängen meist einzeln an dünnen, doch kräftigen Stielen und werden von schmalen, graugrünen Blättern begleitet.

■ Bewährte Sorten
'Aphrodite' (reinweiße Blüten ohne Zeichnung, 20-30 cm hoch); 'Emperor' (grauviolettes Würfelmuster, 20-30 cm hoch); 'Pomona' (weiß-violettes Würfelmuster, 20-30 cm hoch); 'Saturnus' (rot-violettes Würfelmuster, 20-30 cm hoch)

■ Pflanzung
Zwiebeln von August bis September etwa 5-8 cm tief und mit 15-20 cm Abstand in die Erde setzen.

■ Vermehrung
Von älteren Pflanzen im Sommer Brutzwiebeln abnehmen.

■ Pflegemaßnahmen
Schachbrettblumen wachsen am schönsten ungestört. Die an sich winterharten Pflanzen im ersten Winter nach der Pflanzung mit Reisig oder Rindenmulch schützen.

■ Düngung
Schwache Volldüngergaben im Frühjahr unterstützen das Wachstum.

Besonderheiten
Die in freier Natur nur noch selten anzutreffenden Schachbrettblumen stehen unter strengem Naturschutz.

Vermehrungstip
Auch eine Aussaat ist möglich, man bringt die Samen am besten im Frühherbst aus und behandelt sie wie Kaltkeimer; die Keimung setzt jedoch oft nur sehr verzögert ein. Sämlinge dann wie gewöhnlich pikieren und einige Wochen später auspflanzen.

Schachbrettblume
Fritillaria meleagris ■ ▽ ▷

Blüte: violett, purpurfarben, rosa oder weiß, häufig zweifarbiges Würfelmuster; IV-V
Wuchs: eintriebig, aufrecht; 20-30 cm hoch
Standort: ◐; nährstoffreicher, frischer bis feuchter, humoser Boden
Verwendung: in kleinen und großen Gruppen; am feuchtkühlen Gehölzrand, im Uferbereich, auf feuchten Wiesen; in Gefäßen
Paßt gut zu: Schlüsselblume, Nelkenwurz, Frühlingsknotenblume und Hasenglöckchen
Vorsicht: Die ganze Pflanze ist giftig.

Schachbrettblume, Fritillaria meleagris

PORTRÄTS UND PFLEGEANLEITUNGEN

Schneeglöckchen

Galanthus-Arten ☐ ▽ ▷

Blüte: weiß; II–III
Wuchs: eintriebig, aufrecht, koloniebildend; 10–20 cm hoch
Standort: ○–◐; frischer bis feuchter, humoser Boden
Verwendung: in kleinen und großen Gruppen; unter Laubgehölzen, am Gehölzrand, in schütteren Rasen- und Wiesenflächen, in Pflanzgefäßen; als Schnittblumen
Passen gut zu: Krokus, Buschwindröschen, Winterling und Nieswurz
Vorsicht: Die Pflanzen sind schwach giftig.

Vermehrungstip

Schneeglöckchen säen sich gern selbst aus. Man kann die Samen aber auch absammeln und an der gewünschten Stelle direkt ausbringen. Die ersten Blüten erscheinen dann nach 2 bis 3 Jahren.

Die zierlichen Schneeglöckchen erscheinen als eine der ersten Pflanzenarten nach dem Winter und läuten bildhaft den Frühling ein. Charakteristisch ist ihre grüne Zeichnung der inneren Kronblattspitzen.

■ *Galanthus nivalis* schmückt sich mit dunkelgrünen, riemenförmigen Laubblättern, die einen hübschen Kontrast zu den nickenden weißen Blütenglöckchen bilden. Sie sitzen einzeln auf den Stielen und verströmen einen angenehmen Duft.

■ *Galanthus elwesii* ist in allen Teilen etwas größer als die zuvor beschriebene Art und blüht schon etwas früher. Es bevorzugt im Sommer trockene Standorte.

■ Bewährte Sorten

Die im Handel angebotenen Sorten werden meist *Galanthus nivalis* zugerechnet, sind jedoch häufig Hybriden beider Arten: 'Atkinsii' (großblütig, bildet keine Samen aus, 20 cm hoch); 'Hortensis' (gefüllte Blüten, innen grün gefleckt, 10–20 cm hoch); 'S. Arnott' (rundliche Blüten, 15 cm hoch)

■ Pflanzung

Beste Pflanzzeit ist der Frühherbst. Beim Kauf darauf achten, daß die kleinen Zwiebeln frisch und nicht eingetrocknet sind. Sie sollten sofort 5–8 cm tief eingepflanzt werden, dabei Pflanzabstände zwischen 10 und 15 cm einhalten.

■ Vermehrung

Schneeglöckchen lassen sich nach der Blüte durch Abnahme von Brutzwiebeln vermehren. Größere Bestände kann man auch einfach teilen.

■ Pflegemaßnahmen

Die winterfesten Pflänzchen benötigen keinen besonderen Pflegeaufwand und verwildern an geeigneten Standorten. Auf Grauschimmel und Schnecken achten.

■ Düngung

Auf Düngung sollte verzichtet werden, da sie nur die Blattentwicklung zu Lasten der Blüte fördert.

Schneeglöckchen, Galanthus nivalis

ZWIEBEL- UND KNOLLENBLUMEN

Die zauberhaften, einseitswendigen Blütenähren der **Gewöhnlichen Siegwurz** sind eine Bereicherung für jeden Naturgarten. Ihre intensiv rosarot gefärbten Blüten werden von langen, grundständigen Laubblättern hübsch untermalt. Die **Byzantinische Siegwurz** *(Gladiolus communis* ssp. *byzantinus)* besitzt ein noch kräftigeres Purpurrot und ist auch als reinweiße Sorte im Handel.

■ Bewährte Sorte
■ der **Byzantinischen Siegwurz** *(Gladiolus communis* ssp. *byzantinus):* 'Albus' (weiße Blüten, 50–80 cm hoch)

■ Pflanzung
Im Oktober werden die derben Zwiebelknollen der **Gewöhnlichen Siegwurz** etwa 5–10 cm tief ausgepflanzt. Der Pflanzabstand sollte 15–20 cm betragen. Die Knollen der frostempfindlicheren **Byzantinischen Siegwurz** setzt man besser erst im Frühjahr ein.

■ Vermehrung
Die von älteren Exemplaren gebildeten Brutknöllchen können leicht abgenommen und zum Heranziehen neuer Pflanzen verwendet werden.

■ Pflegemaßnahmen
Die Siegwurz bildet am ihr zusagenden Standort von allein reichblühende Horste aus. Im ersten Winter nach der Pflanzung sollte man die Jungpflanzen mit einer Reisigabdeckung vor Frost schützen. Für die **Byzantinische Siegwurz** empfiehlt sich auch in den folgenden Jahren ein Winterschutz.

■ Düngung
Auf kargem Boden zum Austrieb etwas Kompost verabreichen.

Byzantinische Siegwurz, Gladiolus communis ssp. byzantinus

HÄUFIGE PFLEGEPROBLEME

Symptom: Punktförmige, gelbliche bis rostbraune Pusteln auf den Blattunterseiten; Blätter welken und fallen ab.

Ursache: Gladiolenrost (Pilzerkrankung)

Vorbeugung/Abhilfe: Befallene Teile sofort entfernen. Wenn sich die Krankheit ausbreitet, müssen die Pflanzen vollständig entfernt und vernichtet werden. Auf die Pflanzung von Gladiolen an gleicher Stelle sollte dann einige Jahre verzichtet werden.

Außerdem häufig: Grauschimmel, Schnecken, Raupen

Gewöhnliche Siegwurz

Gladiolus communis   ■ ▷

Blüte: rosa, rot oder weiß; V–VI

Wuchs: aufrechte Blütenstiele; 50–80 cm hoch

Standort: O; mäßig trockener bis frischer, gut durchlässiger Boden; geschützte Lage

Verwendung: in kleinen und großen Gruppen; an Gehölzrändern, in Wiesen, im Wildstaudenbeet, im Steingarten; als Schnittblume

Paßt gut zu: anderen Wildstauden wie Schafgarbe, Nelke, Salbei und Gräsern

PORTRÄTS UND PFLEGEANLEITUNGEN

Gartengladiolen, Edelgladiolen
Gladiolus-Hybriden

Blüte: nahezu alle Farben, außer reinem Blau und Schwarz, auch mehrfarbig; VI–IX

Wuchs: straff aufrechte Blütenschäfte, 40–150 cm hoch

Standort: O; nährstoffreicher, frischer bis feuchter, durchlässiger Boden; windgeschützte Lage

Verwendung: in kleinen und großen Gruppen; zwischen Sommerblumen und Stauden auf Rabatten, im Bauerngarten, entlang von Zäunen; als Schnittblumen

Passen gut zu: Dahlien, vor allem wenn man verschiedene Sorten untereinander kombiniert; schön auch mit Leberbalsam, Ziersalbei, Vanilleblume als Unterpflanzung

Sorte 'Bon Voyage'

Gladiolus-Hybride, 'White Friendship'

Die aus Züchtungen entstandenen Hybriden haben tütenförmige Blüten, die in mehr oder weniger dichten Ähren an hohen Blütenschäften sitzen. Frischgrüne, schwertförmige Laubblätter stehen paarweise im unteren Bereich der Stiele. Anhand von Blütenform und Wuchshöhe werden die Hybriden in Gruppen eingeteilt:

- **Großblütige Gartengladiolen** werden mit bis zu 150 cm am höchsten, ihre großen Blüten stehen dicht beieinander.
- **Butterfly-Gladiolen** besitzen meist mehrfarbige Blüten, die an den Rändern stärker gewellt sind. Sie erreichen eine Wuchshöhe von 80–100 cm.
- **Primulinus-Gladiolen** überraschen durch herabgebogene obere Blütenblätter, die manchmal an Kapuzen erinnern. Ihre lockeren Blütenstände sitzen auf 50–80 cm hohen Stielen.
- **Baby-Gladiolen** werden nur 40–60 cm hoch und wirken durch ihre kleineren Blüten graziler.

Das Sortenspektrum der beliebten Gartengladiolen ist immens und läßt kaum Wünsche offen. Zudem unterliegt das Angebot modischen Trends und wechselt häufig.

▪ Pflanzung
Die Knollen werden in der ersten Maihälfte 10–15 cm tief im Abstand von 20–30 cm eingesetzt.

▪ Vermehrung
Im Herbst kann man Brutknöllchen von der Mutterzwiebel abtrennen. Nach dem Winter legt man sie in ein Vermehrungsbeet, wo sie sich vollends entwickeln können. Erst nach 2 bis 3 Jahren sollten sie direkt an Ort und Stelle eingesetzt werden.

▪ Pflegemaßnahmen
Gartengladiolen brauchen eine gute Wasserversorgung und sollten daher regelmäßig gegossen werden. Hohe Arten stützt man an Holzstäben ab. Bei Spätfrostgefahr sollte man die jungen Triebe vorsichtshalber abdecken, da sie sehr frostempfindlich sind. Auf Gladiolenrost (siehe Seite 249), Grauschimmel und Schnecken achten.

▪ Düngung
Gleich bei der Pflanzung mit Kompost versorgen. Auf nährstoffarmen Böden sollte zum Blühbeginn mineralisch nachgedüngt werden.

▪ Nach der Blüte
Im Oktober gräbt man die Knollen aus, reinigt sie und schneidet Stengel- und Laubreste auf etwa 5 cm zurück. Über Winter werden sie trocken und frostfrei bei etwa 5 °C gelagert. Von Zeit zu Zeit sollte man auf Krankheitsbefall kontrollieren und befallene Knollen entfernen.

Besonderheiten

Um den ganzen Sommer über blühende Gartengladiolen zu haben, empfiehlt sich eine Pflanzung in zeitlich versetzten Abschnitten. In Vorkultur können die Knollen schon ab März in Töpfen vorgezogen werden.

ZWIEBEL- UND KNOLLENBLUMEN

Aus der bodennahen Rosette schwertförmiger, sattgrün gefärbter Laubblätter erheben sich die kräftigen Blütentriebe des Hasenglöckchens. Sie sind reich mit zierlichen Glockenblüten besetzt, entweder in der schönen blauen Ursprungsfarbe oder in Weiß bzw. in verschiedenen Rosatönen, mit denen einige Sorten aufwarten. *Hyacinthoides hispanica* wird des öfteren auch unter dem alten Gattungsnamen *Scilla* geführt.

■ **Bewährte Sorten**
'Excelsior' (dunkelblau, bis 40 cm hoch); 'La Grandesse' (weiß, 25–30 cm hoch); 'Queen of the Pinks' (dunkelrosa, 30 cm hoch); 'Rosabella' (zartrosa, 30 cm hoch)

■ **Pflanzung**
Im Herbst die Zwiebeln mit 15–20 cm Abstand 5–10 cm tief in die Erde setzen.

■ **Vermehrung**
Nach dem Vergilben der Laubblätter die Zwiebeln ausgraben, Tochterzwiebeln abnehmen und sofort wieder einsetzen.

■ **Pflegemaßnahmen**
Die feuchteliebenden Pflanzen bei lang anhaltender Trockenheit im Frühjahr wässern. Ansonsten ungestört wachsen lassen.

■ **Düngung**
Läßt man das Herbstlaub der benachbarten Gehölze liegen, so liefert es die nötigen Nährstoffe für die Zwiebelpflanzen. Auf kargen Böden kann die Blütenbildung durch Kompostdüngung im Frühjahr unterstützt werden.

Besonderheiten

Die Mutterzwiebeln überdauern nur ein Jahr, doch bilden sie zahlreiche Brutzwiebeln aus, die dem Hasenglöckchen ermöglichen, in dichten Kolonien zu verwildern.

Vermehrungstip

Durch Aussaat erhält man nach 2 bis 3 Jahren blühfähige Jungpflanzen. Die abgesammelten Samen können im Herbst direkt ausgesät oder in Anzuchtschalen vorkultiviert werden.

Spanisches Hasenglöckchen,

Blauglöckchen
Hyacinthoides hispanica
□ ▽ ▷

Blüte: blau, weiß oder rosa; V–VI

Wuchs: aufrecht, koloniebildend; 25–40 cm hoch

Standort: ◐-●; nährstoffreicher, feuchter, humoser Boden; kühle Lage

Verwendung: in kleinen und großen Gruppen; unter Gehölzgruppen, am Gehölzrand, als Einfassung schattiger Beete, im Naturgarten; als Schnittblume

Paßt gut zu: Lungenkraut, Nelkenwurz, Buschwindröschen und Narzissen

Blauglöckchen, Hyacinthoides hispanica

PORTRÄTS UND PFLEGEANLEITUNGEN

Hyazinthe, Hyacinthus orientalis

Hyazinthen machen nicht nur durch ihre opulenten Blütenkerzen, sondern auch mit ihrem süßen, durchdringenden Duft auf sich aufmerksam. Ihre sternförmigen Blüten in kräftig leuchtenden Farben gibt es als einfache oder gefüllte Formen.

■ Bewährte Sorten
Von den zahlreichen im Handel erhältlichen Sorten kann hier nur eine kleine Auswahl vorgestellt werden: 'Amsterdam' (rot); 'Carnegie' (reinweiß); 'City of Haarlem' (hellgelb); 'Orange König' (orangefarben); 'Ostara' (tiefblau); 'Queen of the Pinks' (rosafarben); 'Violet Pearl' (blauviolett)

■ Pflanzung
Für die Pflanzung im Freiland kauft man kleinere Zwiebeln (mit etwa 15 cm Umfang), die im Herbst im Abstand von ca. 20 cm etwa 10 cm tief in die Erde gesetzt werden. Größere Zwiebeln sind meist speziell präpariert und sollten der Treiberei in Gläsern (siehe Hinweis unter „Besonderheiten") vorbehalten bleiben.

Hyazinthe

Hyacinthus orientalis ■▶

Blüte: nahezu alle Farben außer Schwarz; IV–V
Wuchs: aufrecht; 15–30 cm hoch
Standort: ○; nährstoffreicher, mäßig trockener bis frischer, durchlässiger Boden; geschützte, warme Lage
Verwendung: in kleinen und großen Gruppen; auf Beeten und Rabatten, am sonnigen Gehölzrand, in Pflanzgefäßen; als Schnittblume
Paßt gut zu: anderen Frühjahrsblühern wie Maßliebchen, Stiefmütterchen, Narzissen und Tulpen
Vorsicht: Der starke Duft kann Kopfschmerzen verursachen, vor allem in geschlossenen Räumen.

■ Vermehrung
Die Vermehrung der Hyazinthen erfordert einigen Aufwand. Nach dem Einziehen des Laubes können im Sommer Mutterzwiebeln ausgegraben, gebildete Brutzwiebeln abgenommen und im Herbst wieder eingepflanzt werden. Bis zu einer üppigen Blüte vergehen etwa 3 Jahre, in denen man die Zwiebeln jeden Sommer von allen angesetzten Brutzwiebelchen befreien muß.

■ Pflegemaßnahmen
Reichlich wässern. Schwere Blütenstände mit Holzstäben stützen. Verblühte Triebe zurückschneiden. Auf Grauschimmel, Fäulnis, Mäuse, Wühlmäuse und Blattläuse achten.

■ Düngung
Pflanzstellen mit Kompost anreichern.

■ Nach der Blüte
Zwiebeln im Sommer ausgraben, reinigen und bis zur Pflanzung im Herbst kühl und trocken lagern.

Besonderheiten

Sehr beliebt ist die Treiberei in speziellen Hyazinthengläsern, mit der im Winter begonnen wird. Große, für die Treiberei präparierte Zwiebeln werden in die mit Wasser gefüllten Gläser gelegt und mit einem Papierhütchen abgedeckt; die Gläser stellt man in einen kühlen Raum. Das Wasser soll den Zwiebelboden stets erreichen, bei Bedarf also nachfüllen. Bald erscheint der Trieb und schiebt das Papierhütchen nach oben. Dieses wird nun entfernt, die Gläser kommen in ein wärmeres Zimmer, damit die Pflanzen eine üppige Blüte ausbilden.

ZWIEBEL- UND KNOLLENBLUMEN

Die eleganten, exotisch wirkenden Blüten der Holland-Iris schmücken mit kräftigen Tönen, häufig kontrastiert durch andersfarbige Zeichnung. Ihre schmalen, aufrechten Laubblätter bilden einen unauffälligen Hintergrund, der nicht von der Schönheit der Blüten ablenkt.

■ Bewährte Sorten
'Golden Harvest' (goldgelbe Blüten, 40-60 cm hoch); 'Hillegarde' (hellviolette Blüten mit gelboranger Zeichnung, 40-60 cm hoch); 'Prof. Blaauw' (tiefblaue Blüten, 40-60 cm hoch); 'White Perfection' (weiße Blüten, 40-60 cm hoch)

■ Pflanzung
Die länglichen Zwiebeln im Oktober 7-8 cm tief und mit etwa 15 cm Abstand in die Erde setzen.

■ Vermehrung
Im Sommer nach dem Einziehen des Laubes können die Mutterzwiebeln ausgegraben und Brutzwiebeln abgenommen werden. Diese bis zum Pflanzen im Herbst trocken aufbewahren.

■ Pflegemaßnahmen
Abgeblühtes regelmäßig entfernen. Nach dem Einziehen haben die Zwiebeln eine ausgeprägte Ruhezeit, in der sie unbedingt trocken lagern müssen. Ist dies am Standort nicht möglich, empfiehlt es sich, sie auszugraben und bis zur Herbstpflanzung kühl in trockenen Sand einzuschichten. Pflanzstellen über den Winter mit einer Reisigabdeckung schützen. Auf Mäuse und Wühlmäuse achten.

■ Düngung
Die Pflanzstellen bereits einige Wochen vor dem Einsetzen der Zwiebeln mit gut verrottetem Kompost anreichern.

Holland-Iris
Iris-Hollandica-Hybriden

Blüte: gelb, weiß, blau, violett, häufig zweifarbig; V–VI
Wuchs: aufrecht; 40–60 cm hoch
Standort: ○; trockener, gut durchlässiger Boden; geschützte Lage
Verwendung: in kleinen und größeren Gruppen; auf Beeten; als Schnittblumen
Passen gut zu: spätblühenden Tulpen, frühblühenden Rosen und Maßliebchen

Iris 'Golden Harvest'

Iris 'Prof. Blaauw'

PORTRÄTS UND PFLEGEANLEITUNGEN

Netziris, Zwergschwertlilie
Iris reticulata ◼▶

Blüte: blau, violett oder purpurfarben, meist mit gelboranger Zeichnung; II–III
Wuchs: aufrechte Blütenstände, langsam koloniebildend; 10–20 cm hoch
Standort: ○; trockener, sehr durchlässiger, sandiger Boden, kalkliebend; geschützte Lage
Verwendung: in kleinen Gruppen; im Steingarten, auf sonnigen Terassenbeeten, in Pflanzgefäßen
Paßt gut zu: Polstern von Nelke, Fetthenne und Thymian sowie zu Wildtulpe und Krokus

Diese Art wird Netziris genannt, da ihre kleinen Zwiebeln von einer netzähnlichen Haut überzogen sind. Schon früh im Jahr setzen sie mit ihren schönen Blüten kräftige Farbakzente im Garten. Ihr zarter Duft erinnert an Veilchen. Neben den zwiebelbildenden Iris gibt es auch mehrere reizvolle Schwerlilien, die mit Rhizomen überwintern; Arten dieser Gruppe sind im Kapitel „Stauden" beschrieben.

◼ Bewährte Sorten
'Clairette' (verschiedene Blautöne mit weißer Zeichnung, 10–20 cm hoch); 'J. S. Dijt' (purpurrot mit orangefarbener Zeichnung, 10–20 cm hoch); 'Pauline' (purpurviolett mit weißem Fleck, bis 20 cm hoch); 'Spring Time' (dunkelblau mit orangefarbener Zeichnung, bis 20 cm hoch)

◼ Pflanzung
Im Oktober die kleinen Iriszwiebeln mit 10–15 cm Abstand etwa 5 cm tief in den Boden setzen. Pflanzgrube zuvor mit einer Sandschicht drainieren.

HÄUFIGE PFLEGEPROBLEME

Symptom: Der Austrieb der Pflanzen ist gelb, ihre Blüten entwickeln sich nicht weiter, und die Zwiebeln färben sich blauschwarz.
Ursache: Tintenfleckenkrankheit
Vorbeugung/Abhilfe: Befallene Zwiebeln sofort entfernen und an dieser Stelle einige Jahre keine Iris mehr pflanzen.
Außerdem häufig: Mäuse und Wühlmäuse

◼ Vermehrung
Nach der Blüte Brutzwiebeln abnehmen.

◼ Pflegemaßnahmen
Damit die Zwiebeln in Trockenheit ausreifen können, nimmt man sie am besten nach dem Einziehen des Laubes aus dem Boden und lagert sie kühl und trocken in einer mit Sand gefüllten Kiste. Im Herbst wird wieder ausgepflanzt.

◼ Düngung
Zum Austrieb kann die Netziris mit schwach dosiertem Mineraldünger versorgt werden.

Netziris, Iris reticulata

ZWIEBEL- UND KNOLLENBLUMEN

Märzenbecher, Leucojum vernum

Einzeln oder zu zweit hängen die dickbauchigen Glockenblüten der Märzenbecher an aufrechten Blütenstielen. Die Spitzen ihrer Blütenblätter sind mit Tupfen gezeichnet, die das Frischgrün ihrer riemenförmigen Laubblätter aufnehmen. Diese ziehen schon bald nach der Blüte wieder ein.

■ Bewährte Sorten
'Carpaticum' (weiße Blüten mit gelben Spitzen, meist zweiblütig; 10-30 cm hoch); 'Vagneri' (weiße Blüten mit grüner Zeichnung, meist zweiblütig, starkwüchsig, bis 40 cm hoch)

■ Pflanzung
Die kugeligen Zwiebeln zwischen August und September etwa 5-10 cm tief und mit 10-15 cm Abstand in die Erde setzen.

■ Vermehrung
Am passenden Standort breitet sich der Märzenbecher durch Selbstaussaat und Brutzwiebeln von allein aus. Die Tochterzwiebeln können nach dem Einziehen der Blätter abgenommen werden. Man sollte sie sofort wieder einpflanzen, um Austrocknen zu verhindern. Auch eine Teilung größerer Kolonien ist zu diesem Zeitpunkt möglich.

■ Pflegemaßnahmen
Die winterharten, anspruchslosen Zwiebelpflanzen wachsen am schönsten ungestört und bilden mit der Zeit dichte Bestände aus.

■ Düngung
Nicht erforderlich.

Besonderheiten

Märzenbecher sind eine der ersten Nahrungsquellen für Bienen und andere Insekten.

Vermehrungstip

Zur Vermehrung aus Samen werden diese nach der Reife direkt ausgebracht oder im Frühjahr unter Glas vorgezogen.

Märzenbecher, Frühlingsknotenblume
Leucojum vernum   □ ▽ ▷

Blüte: weiß; III-IV

Wuchs: eintriebig, aufrecht, koloniebildend; 10-40 cm hoch

Standort: ◐-●; frischer, humoser Boden

Verwendung: in kleinen und großen Gruppen; am Gehölzrand, im Moorbeet, in feuchten Wiesen, im Uferbereich

Paßt gut zu: Schlüsselblume, Nieswurz, Funkie und Gräsern

Vorsicht: Die Pflanze ist schwach giftig.

PORTRÄTS UND PFLEGEANLEITUNGEN

Türkenbundlilie, Lilium martagon

Madonnenlilie, Lilium candidum

Lilie, Wildarten
und deren Sorten
Lilium-Arten ■▼▷

Blüte: weiß, gelb, orange, rot, rosa, auch zweifarbig; VI–VIII

Wuchs: aufrecht, eintriebig, manchmal leicht übergeneigt; 40–150 cm hoch

Standort: ○–◐; frischer, durchlässiger, humoser Boden; windgeschützte Lage für hohe Arten und Sorten, beschatteter Boden

Verwendung: einzeln sowie in kleinen oder großen Gruppen; am Gehölzrand, unter lichten Laubgehölzen, im Staudenbeet, Feuerlilien auch im Steingarten; als Schnittblumen

Passen gut zu: niedrigen Begleitern wie Lavendel, Katzenminze und Salbei, hohen Stauden wie Rittersporn, Pfingstrose, Akelei, Glockenblume und Silberkerze sowie zu Rosen

Vorsicht: Die Staubbeutel enthalten einen aus Kleidungsstücken nur schwer zu entfernenden Farbstoff.

Die anmutigen Lilienblüten werden stets von 6 Blütenblättern geformt, die verschieden angeordnet und gestaltet sein können. Typisch sind ihre weit herausragenden Staubgefäße und Narben.

■ Die **Feuerlilie** *(Lilium bulbiferum)* schiebt an 40–120 cm hohen Blütenstielen mehrere, orange oder rot mit bräunlichen Flecken gefärbte Schalenblüten empor.

■ Die **Madonnenlilie** *(Lilium candidum)* wirkt mit ihren weißen Trichterblüten, die leicht nickend am Stengel stehen, sehr elegant. Ihre Anmut wird von einem wunderbaren Duft unterstrichen.

■ Bei der **Türkenbundlilie** *(Lilium martagon)* erinnern die weißen oder purpurfarbenen, braun getupften Blüten durch ihre stark zurückgebogenen Spitzen an einen Turban.

■ Die **Königslilie** *(Lilium regale)* besticht durch ihre großen trichterförmigen Blüten in strahlendem Weiß und mit überwältigendem Duft, die sie wahrlich zur Königin ihrer Gattung machen. Auch sie erreicht bis zu 150 cm Wuchshöhe.

■ **Bewährte Sorten**

■ der **Türkenbundlilie** *(Lilium martagon)*: 'Album' (weiß, bis 150 cm hoch); 'Cattaniae' (rotschwarz, bis 150 cm hoch)

■ der **Königslilie** *(Lilium regale)*: 'Album' (reinweiß, glänzend, 80–120 cm hoch)

■ **Pflanzung**

Die Überdauerungsorgane der Lilien bestehen aus dachziegelartig angeordneten Schuppen, die sehr leicht austrocknen. Beim Kauf muß daher darauf geachtet werden, daß sie nicht angetrocknet, geschrumpft oder angefault sind. Von September bis Oktober erfolgt die Pflanzung, bei der die Zwiebeln 15–20 cm tief in den Boden gesetzt werden. Eine Ausnahme bildet die **Madonnenlilie**, deren Zwiebeln bereits im August und nur 3–5 cm tief in die Erde kommen. Für niedrigwüchsige Arten und Sorten genügt ein Pflanzabstand von 15–20 cm, bei hochwüchsigen sollte er 30 bis 40 cm betragen. Schweren Boden gegebenenfalls mit einer Sand- oder Kiesschicht drainieren. Vorsichtshalber sollte man die frisch gesetzten Zwiebeln mit einer etwa 10 cm hohen Mulchschicht vor Frost schützen.

ZWIEBEL- UND KNOLLENBLUMEN

■ Vermehrung

Lilien können im Herbst vegetativ durch Teilung und Abnahme einzelner Schuppen ihrer Zwiebeln vermehrt werden. Von der **Feuerlilie** können die in den Blattachseln gebildeten Brutzwiebeln (Achselbulben) zur Gewinnung neuer Pflanzen genutzt werden.

■ Pflegemaßnahmen

Der junge Austrieb sollte nachts zum Schutz vor Spätfrösten abgedeckt werden. Während der Wachstumszeit müssen die Pflanzen durchdringend gegossen werden, nach der Blüte wird das Wässern eingestellt. Hohe Sorten sollte man an Stäben aufbinden. Verblühte Blütenstände zurückschneiden, damit die Pflanzen nicht unnötige Energie für die Samenbildung verbrauchen. Erst im Herbst werden die Triebe völlig zurückgeschnitten. Die empfindliche **Madonnenlilie** sollte eine Winterabdeckung aus Reisig erhalten.

■ Düngung

Im Frühjahr mit Kompost, Stallmist oder mineralischem Dünger versorgen. Auf kargem Boden sollte während der Blüte mit Mineraldünger nachgedüngt werden.

Feuerlilie, Lilium bulbiferum

Vermehrungstip

Bei der Samenvermehrung wird im Frühjahr unter Glas ausgesät und bei etwa 20 °C weiterkultiviert. Um zur Keimung zu gelangen, müssen die Samen der Lilien mit Substrat abgedeckt werden, da es sich um Dunkelkeimer handelt. Ein ausgesprochener Schwer- und Langsamkeimer ist die Madonnenlilie, bei ihr verlangt die Anzucht einige Erfahrung.

HÄUFIGE PFLEGEPROBLEME

Symptom: Runde Fraßspuren an den Blättern

Ursache: Lilienhähnchen (roter, 8 mm langer Käfer)

Vorbeugung/Abhilfe: Bei Befall Absammeln der Käfer – Achtung, die Larven der Käfer sitzen meist verdeckt an den Blattunterseiten; mit einer Spiritus-Schmierseifenlösung spritzen.

Außerdem häufig: Grauschimmel, Zwiebelfäule, Virosen; Blattläuse, Schnecken, Wühlmäuse

Feuerlilien bilden in den Blattachseln sogenannte Achselbulben. Aus diesen wachsen neue Pflänzchen, wenn man sie im Herbst abnimmt und eintopft. Bis zum Frühjahr kühl stellen

Achselbulben

PORTRÄTS UND PFLEGEANLEITUNGEN

Lilie, Hybrid-Arten
und Sorten
Lilium-Hybriden

Blüte: weiß, gelb, orange, rot, rosa, auch zweifarbig; VI–VIII

Wuchs: aufrecht, eintriebig, manchmal leicht übergeneigt; 50–200 cm hoch

Standort: ○–◐; frischer, durchlässiger, humoser Boden; windgeschützte Lage, beschatteter Boden

Verwendung: einzeln sowie in kleinen und großen Gruppen; am Gehölzrand, unter lichten Laubgehölzen, im Staudenbeet; als Schnittblumen

Passen gut zu: niedrigen Begleitern wie Lavendel, Katzenminze und Salbei, hohen Stauden wie Rittersporn, Pfingstrose, Akelei, Glockenblume und Silberkerze sowie zu Rosen

Vorsicht: Die Staubbeutel enthalten einen nur schwer aus Kleidungsstücken zu entfernenden Farbstoff.

Asiatic-Hybride 'Golden Melody'

Aus Kreuzungen verschiedener Arten sind die zahlreichen Hybrid-Arten der Lilien hervorgegangen. Die wichtigsten Gruppen:

■ **Asiatic-Hybriden** sind sehr einfach zu ziehen. Ihre Blüten in zahlreichen Farben gibt es sowohl in schalenförmiger als auch türkenbundähnlicher Gestalt.

■ **Martagon-Hybriden** warten mit einem besonders reichen Flor auf. Ihre weißen, gelben oder orangefarbenen Blüten ähneln im Aufbau denen der Türkenbundlilie *(Lilium martagon)*.

■ **Trompeten-Hybriden** besitzen riesige Trichterblüten in verschiedenen Gelb-, Rot- und Rosatönen, die einen intensiven Duft verströmen.

■ **Orientalische Hybriden** stammen von japanischen Wildarten ab. Sie zeichnen sich durch edle Form, große Blüten und angenehmen Duft aus. Am schönsten wachsen sie in milden Klimaten.

Die Palette an Sorten ist überaus reichhaltig und wechselt oft je nach Anbieter.

■ Pflanzung

Beim Kauf auf unbeschädigte, prall-saftige Zwiebeln achten. Diese im September/Oktober 15–20 cm tief einsetzen. Je nach Wuchshöhe einen Abstand von 20–40 cm einhalten. Bei schwerem Boden die Pflanzerde mit Sand vermengen und in die Pflanzgrube eine Sandschicht einbringen.

ZWIEBEL- UND KNOLLENBLUMEN

Orientalische Hybriden 'Montreux'

HÄUFIGE PFLEGEPROBLEME

Symptom: Blätter welken und vergilben, sterben schließlich ab; Zwiebel mit Faulstellen, auch Wurzeln faulen.

Ursache: Zwiebelfäule

Vorbeugung/Abhilfe: Für gute Drainage sorgen, indem Boden mit Sand vermengt wird, nicht zu üppig düngen; befallene Teile sofort entfernen, an diesen Stellen einige Jahre keine Lilien mehr einsetzen.

Außerdem häufig: Grauschimmel, Virosen; Lilienhähnchen, Blattläuse, Schnecken, Wühlmäuse

Trompeten-Hybriden 'Thunderbolt'

Martagon-Hybriden 'Highlight'

■ Vermehrung
Im Herbst Brutzwiebeln abnehmen oder wie die Wildarten im Frühjahr aussäen (siehe „Vermehrungstip", Seite 257).

■ Pflegemaßnahmen
Frisch gepflanzte Zwiebeln mit Mulch, Reisig und/oder Laub abdecken. Jungen Austrieb vor Frost schützen. Gleichmäßig gießen, hohe Sorten bei Bedarf abstützten. Verblühtes entfernen.

■ Düngung
Pflanzstelle mit reichlich Kompost anreichern, später jedes Frühjahr mit reifem Kompost oder zur Blüte mit Mineraldünger versorgen.

Besonderheiten

In rauhen Klimabereichen überleben die Orientalischen Hybriden länger, wenn man sie in Töpfen kultiviert. Diese können im Frühjahr und Sommer im Garten in die Erde eingesenkt werden. Im Herbst holt man die Töpfe ins Haus und läßt die Pflanzen kühl und frostfrei überwintern.

PORTRÄTS UND PFLEGEANLEITUNGEN

Traubenhyazinthen

Muscari-Arten □ ▽ ▷

Blüte: blau, violett oder weiß; IV–V

Wuchs: mehrere aufrechte Triebe, koloniebildend; 15–30 cm hoch

Standort: ○–◐; mäßig trockener bis frischer, durchlässiger Boden

Verwendung: in kleinen und größeren Gruppen; unter lichten Gehölzen und am Gehölzrand, im Steingarten, auf Frühlingsbeeten, in Pflanzgefäßen; als Schnittblumen

Passen gut zu: anderen Frühjahrsblühern wie Primeln, Narzissen und Tulpen

Vorsicht: Die Pflanzen enthalten Giftstoffe.

Die zierlichen, fast kugelförmigen Blüten der Traubenhyazinthe sind zu dichten, endständigen Trauben zusammengefaßt.

■ Die Blüten der **Armenischen Traubenhyazinthe** *(Muscari armeniacum)* präsentieren sich in kräftigen Blautönen mit schmalem weißem Rand. Charakteristisch ist ihr angenehmer Duft.

■ Von *Muscari botryoides* gibt es zwei Varietäten. Während die Blütentraube der **Straußhyazinthe** *(Muscari botryoides* var. *botryoides)* nahezu kugelförmig erscheint, sind die dunkelblauen Blüten von *Muscari botryoides* var. *heldreichii* zu einer eiförmigen Traube vereint.

■ Bewährte Sorten

■ der Armenischen Traubenhyazinthe *(Muscari armeniacum):* 'Blue Spike' (azurblaue, gefüllte Blüten, 15–20 cm hoch); 'Cantab' (hellblaue, 15 cm hoch); 'Heavenly Blue' (himmelblaue, 15–20 cm hoch)

■ der Straußhyazinthe *(Muscari botryoides* var. *botryoides):* 'Alba' (weiß, bis 30 cm hoch); 'Caeruleum' (tiefblau, 20–30 cm hoch)

■ Pflanzung

Spätestens bis Ende September die kleinen Zwiebeln etwa 6–10 cm tief und mit 10 cm Abstand einsetzen.

■ Vermehrung

Dichte Bestände lassen sich im Spätsommer problemlos durch Teilung vermehren. Zu dieser Jahreszeit können auch die meist reichlich gebildeten Brutzwiebeln abgenommen und sofort wieder eingepflanzt werden.

■ Pflegemaßnahmen

Am besten ungestört wachsen lassen und vor allem das Laub nicht vor dem vollständigen Vergilben entfernen.

■ Düngung

Nicht erforderlich.

Vermehrungstip

Gekaufte oder frisch geerntete Samen können im Frühsommer direkt ausgesät oder in Anzuchtschalen vorkultiviert werden. Bis zur ersten Blüte vergehen etwa 3 Jahre.

Traubenhyazinthen, Muscari armeniacum

ZWIEBEL- UND KNOLLENBLUMEN

Die Wildarten und deren Abkömmlinge zeichnen sich wie die Hybriden durch die für Narzissen charakteristische Blütenform aus (siehe Seite 262). Im Gegensatz zu den eher pompös wirkenden Gartennarzissen bleiben sie jedoch zierlicher und eleganter.

■ **Alpenveilchennarzissen** *(Narcissus cyclamineus)* erinnern mit ihrer stark zurückgeschlagenen Hauptkrone und röhrenförmigen Nebenkrone an das namengebende Alpenveilchen. Ihre Farbpalette reicht jedoch von Weiß und Gelb bis zu zweifarbigen Kombinationen mit Orange und Rosa. Mit ihrer Blütezeit ab März gehören sie zu den frühblühenden Narzissen.

■ **Dichternarzissen** *(Narcissus poeticus)* bezaubern durch ihren starken Duft. Ihre Nebenkrone ist nur sehr kurz ausgebildet und kontrastierend zur weißen, sternförmigen Hauptkrone gefärbt.

■ **Straußnarzissen** oder **Tazetten** *(Narcissus tazetta* ssp. *tazetta)* unterscheiden sich von den bisher genannten Arten in ihrem Wuchs. An einem Stiel sitzen bis zu 20 kleine, duftende Blüten, deren flache Hauptkrone von einer zarten Nebenkrone dekoriert wird.

■ **Bewährte Sorten**
■ der **Alpenveilchennarzissen** *(Narcissus cyclamineus)*: 'February Gold' (goldgelb, Nebenkrone gelborange, 30 cm hoch); 'February Silver' (weiß, Nebenkrone gelblich, 30 cm hoch); 'Jetfire' (zitronengelb, Nebenkrone orangerot, 30-40 cm hoch); 'Peeping Tom' (goldgelb, 30 cm hoch)
■ der **Dichternarzissen** *(Narcissus poeticus)*: 'Actaea' (weiß, Nebenkrone gelb mit rotem Rand, 40-45 cm hoch); 'Queen of Narcissi' (weiß, Nebenkrone relativ groß, gelb mit rotem Rand, 40-45 cm hoch)
■ der **Tazetten** *(Narcissus tazetta* ssp. *tazetta)*: 'Cheerfulness' (cremeweiß, gefüllt, 35 cm hoch); 'Yellow Cheerfulness' (hellgelb, gefülltblühend, 30-45 cm hoch)

Dichternarzissen, Narcissus poeticus

■ **Pflanzung**
Die kleinen Zwiebeln von August bis September nur 5-10 cm tief im Abstand von etwa 10 cm in die Erde setzen.

■ **Vermehrung**
Nach der Blüte und dem Einziehen des Laubes größere Bestände teilen oder Nebenzwiebeln abtrennen und gleich wieder pflanzen.

■ **Pflegemaßnahmen**
Gleichmäßig feucht halten. Die etwas frostempfindlichen **Straußnarzissen** sollten den Winter über mit einer Reisigabdeckung geschützt werden. Auf Zwiebelfäule, Rost, Virosen, Narzissenfliegen und Schnecken achten.

■ **Düngung**
Vor der Pflanzung, später jeden Herbst mit reifem Kompost versorgen.

Wildnarzissen

Narcissus-Arten □▷

Blüte: gelb, weiß, orange, rot, auch zweifarbig; III–V

Wuchs: aufrecht, ein- oder mehrtriebig; 20–45 cm hoch

Standort: ○–◑; nährstoffreicher, frischer, humoser, durchlässiger Boden, leicht sauer für die Alpenveilchennarzissen

Verwendung: in kleinen oder größeren Gruppen; im Steingarten, am Gehölzrand, auf Beeten und Rabatten, auf frischen Wiesen, in Gefäßen; als Schnittblumen

Passen gut zu: Polsterstauden wie Schleifenblume und Polsterphlox, zu Wildtulpen, Traubenhyazinthen, Anemonen, Blaustern, Maßliebchen und Stiefmütterchen

Vorsicht: Vor allem die Zwiebeln, aber auch alle anderen Pflanzenteile enthalten giftige Alkaloide.

Narzissenvermehrung: größere Bestände vorsichtig teilen und gleich wieder pflanzen

PORTRÄTS UND PFLEGEANLEITUNGEN

Großblumige Gartennarzissen

Narcissus-Hybriden ☐ ▷

Blüte: gelb, weiß, orange, rot, rosa, auch zweifarbig; III–V

Wuchs: aufrecht, ein- oder mehrtriebig; 40–60 cm hoch

Standort: ○-◐; nährstoffreicher, frischer, humoser, durchlässiger Boden; regen- und windgeschützte Lage für gefüllt blühende Formen

Verwendung: in kleinen oder größeren Gruppen; am Gehölzrand, auf Beeten und Rabatten, in Wiesen, in Gefäßen; als Schnittblumen

Passen gut zu: frühblühenden Sträuchern, Tulpen, Traubenhyazinthen, Anemonen, Blausternen, Maßliebchen und Stiefmütterchen

Vorsicht: Vor allem die Zwiebeln, aber auch alle anderen Pflanzenteile enthalten giftige Alkaloide.

Narzissenblüten bestehen stets aus einem äußeren Kranz breiter Blütenblätter, der Hauptkrone, in dessen Mitte ein mehr oder weniger langes, röhren- bis tellerförmiges Gebilde, die Nebenkrone, sitzt. Die sehr formenreiche Gattung teilt man der Übersicht halber in mehrere Gruppen:

■ **Trompetennarzissen**, auch unter dem Namen **Osterglocken** bekannt, sind allseits bekannte Frühjahrsboten mit sehr langer Nebenkrone.

■ Bei den **Großkronigen** oder **Bechernarzissen** ist die Nebenkrone nicht ganz so lang wie bei den Trompetennarzissen, ihr Rand ist häufig gekräuselt.

■ **Kleinkronige** oder **Tellernarzissen** besitzen eine noch kürzere Nebenkrone, ähneln aber in ihrer Farben- und Formenvielfalt den beiden zuvor genannten Gruppen.

■ **Gefülltblühende Narzissen** haben Blüten, die wie kleine Pompons wirken.

Das Sortenangebot ist überaus reichhaltig und wird stetig durch neue Züchtungen in herrlichen Farbtönen ergänzt.

■ **Pflanzung**

Zwischen August und September Zwiebeln 10–20 cm tief und mit 10–20 cm Abstand in die Erde setzen. **Trompetennarzissen** können auch noch bis Mitte Oktober gepflanzt werden.

■ **Vermehrung**

Im Sommer, nach dem Einziehen der Blätter, können die Zwiebeln ausgegraben und locker ansitzende Tochterzwiebeln abgenommen werden. Diese lagert man bis zur Herbstpflanzung kühl und trocken.

ZWIEBEL- UND KNOLLENBLUMEN

Trompetennarzissen

HÄUFIGE PFLEGEPROBLEME

Symptom: Kümmerwuchs, Zwiebeln entwikkeln sich nicht weiter, ihre Spitze läßt sich leicht eindrücken, Fliegenmaden sichtbar.

Ursache: Kleine und Große Narzissenfliege

Vorbeugung/Abhilfe: Stark befallene Zwiebeln vernichten, bei Befallsverdacht Zwiebeln für 2 Stunden in etwa 40 °C heißes Wasser tauchen.

Außerdem häufig: Zwiebelfäule, Rost, Virosen, Schnecken

■ **Pflegemaßnahmen**
Gut mit Wasser versorgen. Abgeblühtes entfernen, doch das Laub bis zum Verwelken stehenlassen.

■ **Düngung**
Im Herbst oder zum Austrieb mit organischem Dünger wie Kompost versorgen.

Besonderheiten

Für die Vase schneidet man Narzissen kurz vor dem Öffnen ihrer Blüten. Bevor man sie zu anderen Blumen in die Vase stellt, sollte man sie 1 bis 2 Tage lang in einem eigenen Gefäß ihren Schleim absondern lassen, denn dieser bringt andere Schnittblumen schnell zum Welken.

Narzisse 'Tahiti'

PORTRÄTS UND PFLEGEANLEITUNGEN

Blaustern

Scilla siberica □ ▽ ▷

Blüte: blau, weiß; III–IV

Wuchs: aufrecht, ein- bis mehrtriebig, koloniebildend; 15–20 cm hoch

Standort: ○–◐; durchlässiger Boden

Verwendung: in kleinen oder großen Gruppen; am Gehölzrand, als Gehölzunterpflanzung, als Beetumrandung, in Wiesen, im Steingarten, in Gefäßen

Paßt gut zu: Tulpen, Narzissen, Krokussen, Anemonen und vielen anderen Frühlingsblühern

Blausterne halten, was ihr Name verspricht: Zierliche Sternblüten in herrlichem Blau strahlen weithin sichtbar, vor allem, wenn sich die kleinen Zwiebelpflanzen zu dichten Teppichen ausgebreitet haben.

■ Bewährte Sorten
'Alba' (reinweiß, 15 cm hoch); 'Spring Beauty' (leuchtendblau, 15–20 cm hoch)

■ Pflanzung
Darauf achten, daß die empfindlichen Zwiebeln nicht eingeschrumpft oder vertrocknet sind. Sofort nach Erwerb im Herbst etwa 10 cm tief und mit 10–15 cm Absand einsetzen.

■ Vermehrung
Nach dem Vergilben des Laubes größere Bestände teilen oder Brutzwiebeln abnehmen und sofort wieder pflanzen.

■ Pflegemaßnahmen
Am besten ungestört wachsen lassen.

■ Düngung
Pflanzstellen bei der Pflanzung, später alle 2 Jahre im Herbst mit Kompost überziehen.

Besonderheiten

Will man vermeiden, daß sich Blausterne im Garten von selbst ausbreiten, sollte man die Sorte 'Spring Beauty' pflanzen, die keine Samen ansetzt.

Vermehrungstip

Blausterne lassen sich auch aus Samen ziehen. Dazu die reifen Samen im Spätsommer an Ort und Stelle oder in Anzuchtschalen ausbringen. Die Jungpflanzen blühen aber meist erst nach 2 bis 3 Jahren.

Blausterne, Scilla siberica

ZWIEBEL- UND KNOLLENBLUMEN

Fosteriana-Hybride 'Roter Kaiser'

Bei den Wildtulpen spielen vor allem drei Sortengruppen eine bedeutsame Gartenrolle:

■ **Tulipa-Fosteriana-Hybriden** besitzen die größten Blüten aller Wildtulpensorten. Sie erscheinen im April und klappen ihre Blütenblätter im Sonnenlicht fast waagrecht auf.

■ **Tulipa-Greigii-Hybriden** entfalten ihren Blütenschmuck als letzte der Wildtulpen-Hybriden und blühen oft bis in den Mai hinein. Ihre häufig mehrfarbigen, glockenförmigen Blüten öffnen sich ebenfalls vollständig.

■ **Tulipa-Kaufmanniana-Hybriden**, auch als Seerosentulpen bezeichnet, recken schon im März ihre sich sternförmig öffnenden Blüten der wärmenden Sonne entgegen.

Bei den Wildtulpen gibt es eine schier unübersehbare Sortenvielfalt, die für jeden Geschmack das Passende bietet.

■ **Pflanzung**
Zwiebeln im Herbst 10-15 cm tief und mit 15-20 cm Abstand einsetzen.

■ **Vermehrung**
Nach dem Vergilben des Laubes Brutzwiebeln abnehmen, kühl und trocken bis zur Herbstpflanzung lagern.

■ **Pflegemaßnahmen**
Am besten ungestört wachsen lassen. Auf Grauschimmel, Zwiebelfäule, Virosen sowie Mäuse, Wühlmäuse, Blattläuse und Schnecken achten.

■ **Düngung**
Bei der Pflanzung sowie danach jährlich im Herbst oder zeitigen Frühjahr mit Kompost versorgen.

Tulipa-Fosteriana-Hybriden und Blausterne

Wildtulpen, Botanische Tulpen
Tulipa ■ ▷

Blüte: weiß, gelb, orange, rot, rosa, auch zweifarbig; III-IV

Wuchs: aufrechte, gedrungene Stiele; 15-45 cm hoch

Standort: ○-◐; nährstoffreicher, durchlässiger Boden, neutral bis leicht sauer

Verwendung: in kleinen oder größeren Gruppen; auf Beeten und Rabatten, am Gehölzrand, im Steingarten, in lückigen Rasen, für Pflanzgefäße

Passen gut zu: Polsterstauden im Steingarten, Traubenhyazinthen, Blausterne, Krokus und vielen anderen Frühjahrsblühern

Besonderheiten

Neben den hier vorgestellten Formen gibt es eine Fülle weiterer Wildtulpen, die durch ihre zierlichen Blüten in oft ungewöhnlicher Färbung begeistern. Man setzt sie bevorzugt an sonnige, im Sommer sehr trockene Stellen im Steingarten, wo sie ideale Bedingungen finden.

Tulipa-Kaufmanniana-Hybride

PORTRÄTS UND PFLEGEANLEITUNGEN

Einfache Frühe Tulpen

Gartentulpen

Tulipa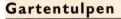

Blüte: alle Farben außer Blau und Schwarz, auch zwei- oder mehrfarbig; IV–V

Wuchs: aufrecht; je nach Sorte 20–70 cm hoch

Standort: ○–◐; nährstoffreicher, durchlässiger Boden, neutral bis leicht sauer; windgeschützte Lage

Verwendung: in kleinen oder größeren Gruppen; auf Beeten und Rabatten, in Kübeln und Töpfen; als Schnittblumen

Passen gut zu: Narzissen, Hyazinthen, Traubenhyazinthen, Maßliebchen, Vergißmeinnicht, Stiefmütterchen und vielen anderen Frühjahrsblühern

Triumph-Tulpen

Tulpen lassen in bezug auf Blütenfarbe und -form kaum einen Wunsch offen. Allein unter den Gartentulpen kann man aus vielen verschiedenen Sortengruppen auswählen:

■ **Frühblühende Tulpen** öffnen bereits im April ihre duftenden Blüten, die auf kräftigen, 20–40 cm hohen Stielen sitzen. Man unterscheidet nochmals zwischen einfach und gefüllt blühenden Formen.

■ **Mittelfrühblühende Tulpen** umfassen die Sortengruppen der **Triumph-Tulpen** und der **Darwin-Hybrid-Tulpen**. Während erstgenannte 40–60 cm hoch werden, erreichen letztere eine Wuchshöhe von 50–70 cm. Beiden gemeinsam sind ihre großen, sich schalenförmig öffnenden Blüten, die ab Ende April erscheinen. Ihre starken Blütenstiele beweisen eine außerordentliche Standfestigkeit.

■ **Spätblühende Tulpen** zeigen erst im Mai ihren Blütenschmuck, die Höhe ihrer Blütenstiele erreicht 30–70 cm. Auch sie werden nochmals in mehrere Gruppen unterteilt:
Einfache Späte Tulpen besitzen häufig mehrfarbige, schlanke Blütenbecher. Die Blütenblätter der **Lilienblütigen Tulpen** laufen spitz zu, biegen sich leicht nach außen und wirken dadurch sehr elegant. Gefranste oder sogenannte **Crispa-Tulpen** überraschen mit ihren fein zerfransten Blütenblatträndern. Stets zweifarbig sind die Blüten der **Viridiflora-Tulpen**, deren Außenseite grün geflammt oder gestreift ist. Besonders eindrucksvoll sind die **Papagei-Tulpen**, deren Blütenblattränder tief geschlitzt sind und sich bei Sonnenschein weit öffnen; die intensiven Farben unterstreichen ihre prägnante Wirkung. **Gefüllte Späte Tulpen** werden auch Päonienblütige genannt, da ihre dicht gefüllten Blütenköpfe an Pfingstrosen erinnern; leider sind ihre Stiele meist standschwach.

Das Angebot an Sorten ist schon innerhalb der aufgeführten Gruppen groß und insgesamt überaus reichhaltig, zudem kommen immer wieder neue Züchtungen hinzu, die die Wahl fast zur Qual machen.

HÄUFIGE PFLEGEPROBLEME

Symptom: Stark deformierter Austrieb, keine Blatt- und Sproßentwicklung, Zwiebel grau bis braun verfärbt, weißes Pilzgeflecht am Zwiebelhals

Ursache: Zwiebelgraufäule (*Sclerotium tuliparum*; Pilzerkrankung)

Vorbeugung/Abhilfe: Boden sorgfältig vorbereiten, nicht zu stark düngen; befallene und benachbarte Zwiebeln vernichten, um ein Ausbreiten der Krankheit zu verhindern; an solchen Stellen mehrere Jahre lang keine Tulpen mehr pflanzen.

Außerdem häufig: Grauschimmel, Zwiebelfäule, Virosen; Mäuse, Wühlmäuse, Blattläuse und Schnecken

ZWIEBEL- UND KNOLLENBLUMEN

■ Pflanzung
Zwiebeln im Herbst 10–15 cm tief in die Erde setzen, Pflanzabstand 15–20 cm.

■ Vermehrung
Nach dem Einziehen der Laubblätter können die Zwiebeln ausgegraben und Nebenzwiebeln abgetrennt werden. Nachdem man sie gesäubert hat, lagert man die jungen Zwiebeln bis zur Herbstpflanzung trocken und dunkel an einem kühlen Ort.

■ Pflegemaßnahmen
Zur Blütezeit ausreichend mit Wasser versorgen. Verblühte Stiele bis zur Hälfte abschneiden, damit die Pflanzen keine unnötige Energie für die Samenbildung verbrauchen. Läßt die Blühfreudigkeit mit den Jahren nach, gräbt man die Zwiebeln im Sommer aus und pflanzt sie im Herbst an anderer Stelle wieder ein.

■ Düngung
Bereits im Frühjahr vor der Pflanzung sollte der Boden mit Nährstoffen angereichert werden. Bewährt haben sich Langzeitdünger wie Kompost oder Hornmehl. Andernfalls kann man zum Austrieb im Frühjahr Volldünger verabreichen. Die Düngung sollte etwa alle 2 bis 3 Jahre wiederholt werden.

Darwin-Hybriden

Besonderheiten
Beim Vasenschnitt sollte darauf geachtet werden, daß der Zwiebel mindestens zwei Laubblätter erhalten bleiben. Sie sind wichtig für die Bildung von Reservestoffen. Kürzt man die in der Vase weiterwachsenden Tulpenstiele täglich, so verlängert sich die Haltbarkeit der Blumen.

Gefüllte Späte Tulpen

Einfache Späte Tulpe

ZIERGEHÖLZE

VERWENDUNG, PFLANZUNG, PFLEGE

LAUBBÄUME UND -STRÄUCHER

NADELBÄUME UND -STRÄUCHER

GRÜNE VORHÄNGE: KLETTERGEHÖLZE

VERWENDUNG, PFLANZUNG, PFLEGE

Bäume und Sträucher mit ihren oft eindrucksvollen Gestalten bestimmen das ganze Jahr über deutlich die Grundstruktur des Gartens, in die sich alle anderen Pflanzen – Stauden, Zwiebelgewächse und Sommerblumen – einfügen. Gehölze rahmen den Garten ein, setzen markante Blickpunkte, trennen einzelne Bereiche voneinander ab, können aber ebenso Gartenräume verbinden. Ihre im wahrsten Sinn des Wortes vielfach herausragende Rolle wird besonders im Winter deutlich, wenn ihr Astwerk optisch voll zu Geltung kommt oder die immergrünen Vertreter unter ihnen Farbakzente setzen.

Jedoch auch zu den übrigen Jahreszeiten sind Bäume und Sträucher als Schmuck unverzichtbar. Ob allein durch ihr schönes Laubkleid oder darüber hinaus durch farbenfrohe Blüten – Gehölze verleihen dem Garten sein lebendes Gerüst.

Von den übrigen Gartenpflanzen unterscheiden sich Gehölze vielfach schon durch ihre Größe und Wuchsform. Botanisch gesehen ist allerdings ein anderes Kriterium für Bäume und Sträucher kennzeichnend: ihre verholzenden Triebe. **Bäume**, z. B. Birke *(Betula)*, Zierkirsche *(Prunus)* oder Tanne *(Abies)*, sind dabei deutlich in Stamm und Krone gegliedert. Bei **Sträuchern**, etwa Pfeifenstrauch *(Philadelphus)*, Berberitze *(Berberis)* oder Rosen, entspringen dagegen alle Äste direkt aus dem Boden. Manche Arten, wie Haselnuß *(Corylus avellana)* oder Weiden *(Salix)*, die eigentlich typische Sträucher bilden, können unter Umständen auch baumförmig wachsen.

Ausgefallen wirken Formen unter den Bäumen und Sträuchern, deren Aufbau vom üblichen Bild abweicht: etwa solche mit säulenartigem und kugelkronigem Wuchs oder Sorten mit lang überhängenden Zweigen, sogenannte Trauerformen. Zu den Besonderheiten zählen außerdem Formen, die zeitlebens zwergig bleiben, z. B. bestimmte Sorten der Rotfichte *(Picea abies)*.

ZIERGEHÖLZE

Gehölze unterscheidet man je nach ihrer **Wuchshöhe**, die sie im Alter erreichen, in mehrere Kategorien:
- große Bäume mit über 20 m Höhe
- mittelhohe Bäume mit ca. 12–15 m Höhe
- kleine Bäume mit ca. 5–12 m Höhe
- Großsträucher mit ca. 3–7 m Höhe
- mittelgroße Sträucher mit ca. 1,5–3 m Höhe
- kleine Sträucher mit ca. 0,5–1,5 m Höhe
- Zwergsträucher mit ca. 0,1–0,5 m Höhe

Als weiteres Unterscheidungsmerkmal bei den Gehölzen lassen sich die Art der Belaubung sowie der Zeitpunkt des Laubwechsels heranziehen. Arten wie Ahorn *(Acer),* Forsythie *(Forsythia)* oder Holunder *(Sambucus)* bilden ihr Laub jeden Frühling neu und werfen es alljährlich im Herbst ab. Die Blätter der immergrünen Gehölze bleiben dagegen auch im Winter an den Zweigen haften, sie werden nicht in einem Schub, sondern fast unmerklich nach und nach erneuert. Zu diesen **Immergrünen** zählen fast alle **Nadelgehölze**, also Arten, deren Blätter vorwiegend schuppen- oder nadelförmig sind, etwa Lebensbaum *(Thuja),* Kiefer *(Pinus)* oder Eibe *(Taxus).* **Laubgehölze** wiederum tragen überwiegend flächig gestaltete Blätter, die häufig im Herbst abgeworden werden; aber auch in dieser Gruppe gibt es einige Arten, die ihr Laub den Winter über behalten, z.B. die Mahonie *(Mahonia)* oder viele Rhododendren.

Verwendung

Gehölze dürfen in keinem Garten fehlen, und sei er noch so klein. Nicht nur im Winter wäre ein Garten ohne Gehölzschmuck ziemlich langweilig, auch in den anderen Jahreszeiten wird das Gesamtbild mehr oder weniger stark von Gehölzen geprägt. Je nach Aussehen, Wuchshöhe und -form lassen sich Bäume und Sträucher für die verschiedensten gestalterischen Zwecke und Erfordernisse einsetzen. Jedoch sollte man stets schon bei der Auswahl bedenken, welche Ausmaße sie im Alter in Höhe und auch Breite erreichen. Die meist überaus langlebigen Gewächse, die bei der Pflanzung zierlich und klein sein, können sich unter Umständen zu wahren Riesen entwickeln und rasch einengend wirken, ja sogar die Nutzung einzelner Gartenbereiche einschränken. Man denke nur an eine mächtige Tanne *(Abies),* deren Äste in den Sitzplatz hineinwachsen oder

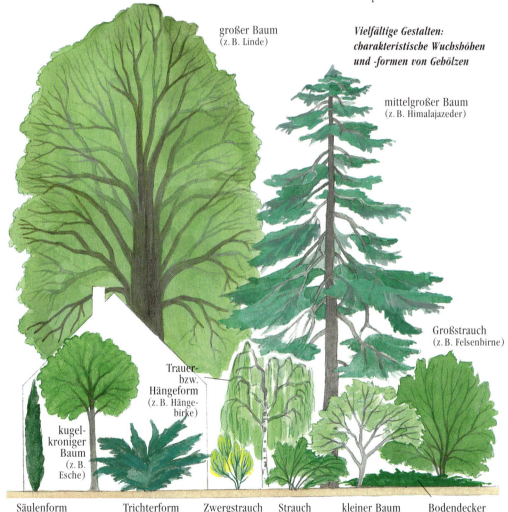

Vielfältige Gestalten: charakteristische Wuchshöhen und -formen von Gehölzen

VERWENDUNG, PFLANZUNG, PFLEGE

Viele Laubgehölze geben dem Garten im Herbst einen leuchtenden Anstrich

den Rasenwuchs unterdrücken. Je kleiner ein Garten oder Gartenbereich von der Fläche her ist, desto schwachwüchsiger sollten auch die Bäume und Sträucher sein, die man dort ansiedelt. Monumentale Baumgestalten wie etwa Eichen *(Quercus)*, Buchen *(Fagus)* oder Schwarzkiefer *(Pinus nigra)* kommen nur für weitläufige Anlagen in Frage – außer man greift auf besondere Züchtungen zurück, die vergleichsweise klein bleiben.

Der Charakter eines Gartens wird später auch maßgeblich durch die Belaubung der gewählten Gehölze bestimmt. Mit **laubabwerfenden Arten** verändert sich das Bild mit den Jahreszeiten: im Frühjahr duftige Silhouette, im Sommer sattgrüne Kulisse, im Spätjahr bunte Szenerie des Herbstlaubs und im Winter grazile Grafik des Geästs. Vielfach sorgen zudem herrliche Blüten und farbenfroher Fruchtschmuck für Dekoration. Im Winter lassen außerdem die dann kahlen Kronen viel Licht in den Garten fluten. Die Stärken der **immergrünen Gehölze** liegen dagegen vor allem darin, daß sie einerseits einen beruhigenden, ausgleichenden Gegensatz zu den übrigen, bunten Gewächsen schaffen, andererseits jedoch selbst in der kalten Jahreszeit Farbe in die sonst eher fahle Umgebung bringen. Allerdings nehmen vor allem dunkellaubige Immergrüne im Winter viel vom ohnehin spärlichen Licht und können sogar düster wirken. Eine wohldurchdachte Kombination von sommer- und immergrünen Arten ist also der richtige Weg, um den Vorzügen beider Gruppen optimal zur Geltung zu verhelfen. Neben gestalterischen Gesichtspunkten sollte man bei der Planung einer Gehölzpflanzung auch **rechtliche Bestimmungen** beachten. So gibt es Verordnungen, die festlegen, welche Gehölze wohin gepflanzt werden dürfen, wobei sich die Vorgaben je nach Bundesland oder Region meist etwas unterscheiden. Um sich späteren Ärger zu ersparen, sollte man sich schon im Vorfeld jeder Pflanzung über die Gesetzeslage bei den zuständigen Behörden eingehend informieren. Beachten muß man unter anderem, daß für Gehölze je nach deren Größe ein Mindestabstand zur Grundstücksgrenze einzuhalten ist. Hohe Bäume müssen z. B. weiter vom Zaun entfernt stehen als kleine Sträucher oder Hecken.

■ **Gehölze in Einzelstellung**

Besonders auffällige und schön geformte Gehölze, etwa eine imponierend blühende Magnolie *(Magnolia)* oder ein ornamentaler Kugelahorn *(Acer platanoides* 'Globosum'), aber auch ein streng kegelig geschnittener Buchsbaum *(Buxus)*, können ihre Reize am besten entfalten, wenn sie an einer gut einsehbaren Stelle für sich allein stehen. Man setzt solche **Solitärgehölze** gleichsam wie Skulpturen ein, nutzt sie als Blickfang und Schattenspender an der Terrasse, im Vorgarten oder zur Betonung einer weiten Rasenfläche. Einzelne Bäume oder Sträucher können jedoch auch in Pflanzgemeinschaften anderer Art integriert werden, etwa in Staudenbeete oder in den Steingarten. Dort übernehmen sie dann eine beherrschende Rolle, sofern es sich um eindrucksvolle Gestalten handelt, andernfalls verbinden sie die übrigen Pflanzen harmonisch.

Der Buchsbaum kann als schmuckes Solitärgehölz eingesetzt werden, eignet sich aber auch als Beetbegrenzung oder Hecke

ZIERGEHÖLZE

Diese gemischte Gehölzgruppe begrenzt als Sichtschutz ein Gartengrundstück

Freiwachsende Hecken wirken lebendiger als Schnitthecken, brauchen aber viel Platz

■ Gehölzgruppen

Ähnliche Wirkung wie ein Solitär, also einzeln für sich gepflanztes Gehölz kann auch eine Gruppe aus wenigen, sorgsam aufeinander abgestimmten Bäumen und Sträuchern erzeugen. Gruppen kombiniert man vorwiegend aus Arten, die sich in ihren Eigenschaften wie Wuchsform, Belaubung, Blüte und Fruchtschmuck deutlich unterscheiden. Ähnlich wie bei den Stauden sollte ein Gehölz das dominierende Leitelement darstellen, dem sich die übrigen als Begleiter unterordnen. Eine interessante Gemeinschaft läßt sich z. B. aus einem schlanken Baum, einem ausladenden Strauch mit elegant überhängenden Zweigen und einem kompakt buschigen Kleinstrauch bilden. Spannungsvolle Kontraste erzielt man durch Kombination von grün-, gelb- und blaulaubigen Gehölzen, üppig blühenden und eher zurückhaltenden Darstellern. Der Phantasie sind hier kaum Grenzen gesetzt, einzig in den Standortansprüchen müssen sich die gewählten Arten und Sorten möglichst weitgehend entsprechen.

Eine Gruppe läßt sich beliebig erweitern, indem man die Anzahl der Einzelgehölze der für die Zusammenstellung gewählten Arten erhöht. Größere Gehölzgruppen bilden dann schon ein Gebüsch oder sogar ein fast waldähnliches Element – natürlich genügend Platz vorausgesetzt. Ihrer Funktion als Raumbildner werden sie am besten gerecht, wenn man sie in einen weiter vom Haus entfernten Gartenteil stellt. Dort bilden sie nicht nur eine deutliche Grenze zur Umgebung, sondern stellen auch ein gelungenes Bühnenbild für die davorliegenden Gartenbereiche dar.

■ Hecken

Pflanzt man die verschiedenen Gehölze einer Gruppe, vor allem Sträucher, in Reihe nebeneinander, ergibt sich eine **freiwachsende Hecke**. Verwendet man dafür nur ein Art und schneidet diese noch regelmäßig in Form, erhält man eine lebende Mauer, eine **Schnitthecke**. Hecken werden in allen Variationen stets als Raumteiler eingesetzt. Meist legt man sie an der Grundstücksgrenze an, um den Garten einzufrieden, ihn gegen äußere Einflüsse wie unangenehmen Wind oder neugierige Blicke abzuschirmen. Bisweilen wird eine Hecke aber auch in Form eines Paravents zur Gartengliederung verwendet, z. B. zur Abtrennung des Gemüsegartens. Sehr niedrige Hecken kann man sogar als Beeteinfassung nutzen.

Freiwachsende Hecken, in denen sich die Sträucher ungehindert entwickeln dürfen, wirken schwungvoll und abwechslungsreich, erfordern jedoch relativ viel Platz. Besonders hübsch sehen solche Gehölzstreifen aus, wenn sie von vielen Blütensträuchern durchsetzt sind. Mit wesentlich geringerer Ausdehnung erfüllen streng geometrische **Schnitthecken** den Zweck

Hainbuche als Schnitthecke

VERWENDUNG, PFLANZUNG, PFLEGE

BELIEBTE HECKENSTRÄUCHER

Deutscher Name	Botanischer Name	Geeignet für
Heckenberberitze	*Berberis thunbergii*	Schnitthecke
Buchsbaum	*Buxus sempervirens* var. *sempervirens*	Schnitt- und freiwachsende Hecke
Hainbuche	*Carpinus betulus*	Schnitt- und freiwachsende Hecke
Scheinzypresse	*Chamaecyparis*-Arten	Schnitthecke
Hartriegel	*Cornus*-Arten	freiwachsende Hecke
Haselnuß	*Corylus avellana*	freiwachsende Hecke
Deutzie	*Deutzia*-Arten	freiwachsende Hecke
Rotbuche	*Fagus sylvatica*	Schnitthecke
Forsythie	*Forsythia* x *intermedia*	Schnitt- und freiwachsende Hecke
Liguster	*Ligustrum vulgare*	Schnitt- und freiwachsende Hecke
Rotfichte	*Picea abies*	Schnitthecke
Feuerdorn	*Pyracantha*-Hybriden	Schnitt- und freiwachsende Hecke
Spierstrauch	*Spiraea*-Arten	freiwachsende Hecke
Eibe	*Taxus baccata*	Schnitt- und freiwachsende Hecke
Lebensbaum	*Thuja*-Arten	Schnitthecke
Schneeball	*Viburnum*-Arten	freiwachsende Hecke

einer Abgrenzung, allerdings kann man sie nicht beliebig aus allen Gehölzarten formen, und ihre Pflege ist vergleichsweise aufwendig. Dafür bleiben sie meist diskret im Hintergrund und sind eine ideale, weil sehr ruhige Kulisse für Stauden- und Sommerblumenbeete.

■ **Gehölze in Begleitung**
Gehölze für sich geben dem Garten zwar ein Gerüst, werden jedoch erst im Wechselspiel mit bunten Begleitern richtig attraktiv. Dabei

Lebensbaumhecke

Blühende Feuerdornhecke

Spierstrauchhecke

ZIERGEHÖLZE

kommt ihnen allein schon wegen ihrer Größe meist eine Rolle als hintergrundbildende Kulisse zu oder aber als dominanter Mittelpunkt. Gehölzgruppen und Hecken können zwar für sich stehen, gewinnen aber ebenfalls an Ausstrahlung, wenn man sie von Stauden oder auch Sommerblumen umschmeicheln läßt. Arten wie die meisten Nadelgehölze, die ganzjährig ein eher beständiges Bild abgeben, sind als beruhigender Rückhalt für die vielen bunten Stauden und Sommerblumen anzusehen und ergeben einen idealen Hintergrund für Beete und Rabatten. Farbenfroh blühende Bäume und Sträucher, z. B. goldgelbe Forsythien *(Forsythia)* oder weinrote Weigelien *(Weigela)*, ergänzen dagegen den Flor, hier sollten

die ein- wie mehrjährigen Begleiter auf die Blütenfarbe der Gehölze abgestimmt werden.

Bei höheren Gehölzen kann die Gesellschaft auch unter deren Kronen gerückt werden, z. B. in Form von schattenverträglichen Farnen, Gräsern und Blütenstauden oder aber mittels eines Teppichs aus frühblühenden Zwiebelgewächsen. Der Gehölzrand, also der Saum rund um oder vor Gruppen, ist ein Lebensraum, in dem vor allem viele schöne Wildstauden angesiedelt werden können (siehe auch Seite 133). Sie passen dort vom Stil her am besten und bilden einen der Natur abgeschauten Übergang von Rasen oder Wiese zum Gehölz. Je nach Himmelsrichtung gesellen sich hier sehr unterschiedliche Pflanzen zueinander, z. B. westseitig gelegen Fingerhut *(Digitalis)* und Storchschnabel *(Geranium)*, ostwärts Funkien *(Hosta)* und Astilben *(Astilbe)*.

Durch Vorpflanzung verschiedenfarbiger Astilbe-Hybriden wurde hier ein reizvoller Übergang zu der Gehölzgruppe geschaffen

Bei Gehölzen, die inmitten eines Beets oder einer Rabatte stehen, müssen die Begleiter besonders behutsam gewählt werden. Herausragendes Beispiel sind Rosen, vor allem Beetrosen, die ihre königliche Würde nur dann voll zur Geltung bringen, wenn ihnen die benachbarten Pflanzen nicht ihren Rang streitig machen. Hier empfehlen sich eher zurückhaltende Statisten wie Lavendel *(Lavandula)*, Schleierkraut *(Gypsophila)* oder Ziergräser, die als „Fußvolk" den Rosen huldigen. Auch

Gehölze in Gesellschaft: Bei diesem nach Wuchshöhen geordneten Gartenabschnitt bildet der Sommerflieder den Hintergrund. Die davorstehende Bechermalve leitet zum bunten Staudenbeet über

Rhododendren strahlen eine königliche Eleganz aus, noch dazu stellen sie sehr spezielle Standortansprüche, so daß man sie eher untereinander kombiniert und auf Begleiter verzichtet.

VERWENDUNG, PFLANZUNG, PFLEGE

Pflanzenkauf

In den meisten Fällen werden Gehölze heute als **Containerpflanzen**, also direkt in einem Gefäß gezogen, angeboten. Man kann sie praktisch ganzjährig einpflanzen, bei guten Bedingungen wurzeln sie auch rasch ein. Daneben werden Bäume und Sträucher aber auch als sogenannte **ballierte Ware** mit einem festen Wurzelballen, der von einem Tuch oder Drahtnetz zusammengehalten wird, gehandelt. Eher selten bekommt man **ballenlose Pflanzen**, also Gehölze mit nacktem Wurzelwerk.

■ Pflanztermine

Ballierte und **ballenlose Gehölze** sollten während der Vegetationsruhe, also von Oktober bis März, gepflanzt werden, natürlich nur, wenn der Boden nicht gefroren ist. Man kann solche Gehölze aber auch noch im Frühjahr, also zwischen März und Mai, in den Boden setzen, muß dann jedoch sehr regelmäßig und reichlich gießen. **Containerpflanzen** können dagegen, wie erwähnt, auch im Sommer oder im Frühherbst in die Erde kommen.

■ Qualität der Pflanzware

Die meisten Gehölzarten und -sorten werden in mehreren Qualitäten offeriert, deren Preise beträchtliche Unterschiede aufweisen können. Mit teuren, schon recht großen Gehölzen läßt sich ein

Containerpflanzen – im Bild Rosen – können fast das ganze Jahr über gepflanzt werden

Garten sehr schnell begrünen, außerdem erhält man bereits beim Kauf einen annähernden Eindruck von der Wuchsform und -größe. Kleinere, noch junge Gehölze sind dagegen sehr viel preisgünstiger, allerdings brauchen sie viel Zeit, bis sie ihre Wirkung entfalten.
Solitäre sind schon ältere, größere Exemplare mit besonders wohlgeratenem Wuchs, deshalb auch entsprechend kostspielig. Solche Pflanzen sollte man nur für besondere Verwendungszwecke wählen, eben für Einzelstellung. Für **Hecken und Gebüsche** kann man dagegen ohne weiteres auf sehr viel billigere Pflanzware zurückgreifen, z. B. auf eigens für die Heckenpflanzung bestimmte Junggehölze, sogenannte Heister. Zwischen diesen beiden Qualitätskategorien gibt es viele weitere, z. B. Hochstämme (Bäume mit geradem Stamm in einer gewissen Mindesthöhe) oder Stammbüsche (besonders reich aus einer gemeinsamen Basis heraus verzweigte Sträucher). Hier entscheidet der persönliche Geschmack, welche Form man bevorzugt. Viel mehr noch als der Kauf von Stauden und Zwiebelblumen ist der Erwerb von Gehölzen Vertrauenssache. Die Bäume und Sträucher sollen schließlich den Garten auf Dauer bereichern und können, nicht zuletzt aus Kostengründen, keineswegs so einfach bei Bedarf ausgetauscht werden, wie es etwa bei Sommerblumen möglich ist. Am besten bezieht man die Pflanzware deshalb von einer gut geführten Baumschule, die nur Gehölze anbietet, die strengen Gütebestimmungen genügen, und beim Kauf eingehend berät. Günstig wirkt es sich zudem aus, wenn die Gehölze unter örtlichen Klimabedingungen herangezogen wurden und nicht aus anderen Gebieten mit abweichenden Witterungs- und Bodenverhältnissen stammen; das erleichtert den Jungpflanzen die Eingewöhnung am neuen Gartenstandort und legt den Grundstein für dauerhafte Gesundheit und Robustheit.

Pflanzung

Das Vorgehen bei der Gehölzpflanzung hängt von der Art der Pflanzware ab. Am einfachsten lassen sich **Containerpflanzen** einsetzen: Sie werden ebenso wie Sommerblumen und Stauden ausgetopft, samt dem Topfinhalt in ein genügend großes Pflanzloch gesetzt, mit Erde bedeckt, festgedrückt und anschließend gründlich gegossen.
Beim Einsetzen **ballierter Pflanzware** fallen folgende Arbeitsschritte an:
■ Pflanzgrube ausheben.
■ Gehölz hineinstellen und die Verknotung des Ballentuchs lösen.
■ Ballentuch im Boden belassen; es verrottet bald, die Wurzeln wachsen hindurch. Ist der Wurzelballen allerdings mit einem Draht- oder Kunststoffnetz umwickelt, so sollte diese Verschnürung entfernt werden.
■ Gehölz in richtiger Tiefe und aufrecht ausrichten (am besten durch einen Helfer festhalten lassen).

ZIERGEHÖLZE

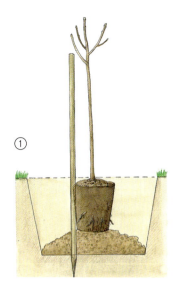

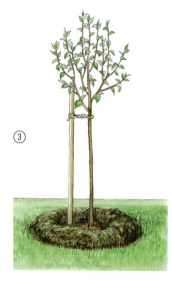

Die Gehölzpflanzung von Containerware ist recht einfach:
① Zunächst wird eine genügend große Pflanzgrube ausgehoben, deren Sohle man mit der Grabgabel lockert. Die Containerpflanze in der Pflanzgrube so ausrichten, daß die Pflanztiefe unverändert bleibt. Wenn nötig, etwas Erde auffüllen. Der Erdballen liegt direkt an dem in der Grube befestigten Stützpfahl an.
② Nach dem Auffüllen der Erde den Gießrand nicht vergessen.

Das frisch gepflanzte Gehölz wird gründlich gewässert.
③ Um die Baumscheibe möglichst unkrautfrei zu halten, mulcht man den Boden mit einer Schicht aus Stroh oder Rindenschnitzeln

übrigen um etwa ein Drittel ihrer Wuchslänge eingekürzt. Das Einsetzen am endgültigen Standort wird wie bei ballierten Gehölzen ausgeführt, dabei sollte man die Pflanzen während des Einfüllens der Erde ein wenig rütteln, damit das Substrat in alle Wurzelzwischenräume dringt.
Nachdem das Gehölz dann im Boden steht, schneidet man auch alle oberirdischen Triebe um etwa ein Drittel zurück; von sehr dicht beieinander stehenden Zweigen kann man die jeweils schwächsten ganz herausnehmen.

- Stützpfahl neben dem Ballen in die Erde treiben.
- Erde rund um den Ballen auffüllen, dabei Gehölz mehrmals etwas rütteln, damit sich die Erde überall hin verteilt.
- Erde vorsichtig festtreten oder andrücken.
- Gießrand anlegen und gründlich einschlämmen.
- Gehölz am Pfahl festbinden.

Bei **ballenlosen Gehölzen** ist die Pflanzung nicht ganz so einfach. Sofern es sich um Ziergehölze für Einzel- oder Gruppenstand handelt, wird sowohl ein Schnitt der Wurzeln wie auch der oberirdischen Triebe erforderlich. Da außerdem die nackten Wurzeln solcher Pflanzware rasch austrocknen und selbst bei großer Vorsicht oft beschädigt werden, findet man diese Angebotsform meist nur noch bei besonders robusten und wuchskräftigen Arten für die Heckenpflanzung wie etwa Liguster (*Ligustrum*). Die Pflanzen sollten nach dem Kauf ohne große Verzögerungen im Garten eingesetzt werden. Ist dies nicht möglich, legt man sie an einer geschützten Stelle dicht an dicht leicht schräg in einen Graben und häufelt die Wurzeln gut mit Erde an. Die Erde muß stets leicht feucht gehalten werden.
Vor dem Einpflanzen stellt man die Gehölze mit ihrem gesamten Wurzelbereich für etwa 12 Stunden in eine große Wanne mit Wasser, damit sie sich gründlich vollsaugen können. Danach werden alle beschädigten Wurzeln entfernt und die

Pflanzschnitt bei ballenlosen Gehölzen: ① Nach dem Wässern die Wurzeln um etwa ein Drittel ihrer Wuchslänge einkürzen.
② Damit die gekürzten Wurzeln die oberirdischen Teile weiterhin ausreichend versorgen können, nimmt man auch die Krone um etwa ein Drittel zurück

VERWENDUNG, PFLANZUNG, PFLEGE

■ Einzel- und Reihenpflanzung

Nicht nur Solitärgehölze, sondern auch Bäume und Sträucher für Gruppen werden jeweils für sich eingepflanzt. Wichtig ist stets, daß die Pflanzstelle sorgfältig vorbereitet wird, damit die Pflanzen rasch anwachsen können. Wie bei anderen Gewächsen auch muß man eine genügend tiefe und weite Grube ausheben, in der das gesamte Wurzelwerk bequem Platz findet und keine Wurzeln verdreht oder geknickt werden. Den Untergrund und am besten auch die Seitenwände der Grube sollte man sorgfältig lockern, die ausgehobene Erde bei Bedarf mit reifen Kompost verbessern.

Die Gehölze müssen mindestens ebenso tief in den Boden, wie sie vorher standen, lieber sogar einige Zentimeter tiefer als zu hoch. Bei ballierten und ballenlosen Bäumen erkennt man die Linie, an der vorher die Erdoberfläche verlief, als Grenze zwischen einem dunklen und einem hellen Bereich am Stamm. Bei Sträuchern soll die Basis, ab der sich ihre Triebe verzweigen, knapp unter der Erdoberfläche zu liegen kommen.

Bäume sollten zumindest in den ersten Jahren eine **Stütze** erhalten. Üblicherweise verwendet man dazu einen kräftigen, stabilen Holzpfahl mit etwa gleichem Umfang wie der Stamm, der bis zum Kronenansatz reichen und möglichst auch imprägniert sein sollte. Dieser Pfahl wird in die noch leere Pflanzgrube senkrecht auf der Seite der Hauptwindrichtung so tief eingeschlagen, daß er später etwa ein bis zwei Handbreit neben dem Stamm fest und sicher steht. Bei ballierten und Containerpflanzen mit voluminösem Wurzelwerk treibt man den Stützpfahl am besten schräg zum Stamm gegen die Hauptwindrichtung ein, da man die Pflanzen wegen ihres breiten Wurzelballens nicht nahe genug an einen senkrecht stehenden Pfahl rücken kann.

Nach dem Einpflanzen des Gehölzes verbindet man Pfahl und Stamm mit einem Kokosstrick oder Kunststoffband. Der Strick wird doppelt in Form einer liegenden Acht um Pfahl und Stamm geschlungen und verknotet, so daß die Verbindung zwar straff ist, aber doch noch so locker bleibt, daß die Rinde des Stamms nicht aufgescheuert wird oder der Strick gar einschneidet.

Sehr einfach in der Handhabung sind spezielle Bindevorrichtungen, wie sie der Fachhandel anbietet, etwa gürtelartige, je nach Bedarf einstellbare Lederriemen. Die Verknüpfung sollte immer wieder einmal kontrolliert, gegebenenfalls gelockert oder erneuert werden. Nach etwa 2 bis 3 Jahren kann man den Stützpfahl dann entfernen.

■ Heckenpflanzung

Beim Anlegen einer Hecke kann man statt einzelner Pflanzgruben entlang des gewünschten Streifens einen entsprechend tiefen und breiten Graben ausheben, dessen Untergrund ebenfalls sorgsam gelockert werden sollte. Die Pflanzen legt man dann in jeweils vorgesehenem Abstand im Graben aus, häufelt sie nacheinander mit Erde an und drückt sie anschließend gut fest.

Um eine geradlinige Pflanzung zu erreichen, kann eine Richtschnur hilfreich sein, die man zwischen zwei Pfosten spannt.

Heckenpflanzung: Nach dem Einsetzen Ballentuch oben lösen, die Pflanzen mit Erde anhäufeln, anschließend gut festdrücken und angießen

■ Baumscheibe

Nach dem Einsetzen der Gehölze empfiehlt sich das Anlegen einer sogenannten Baumscheibe, um ihnen die Eingewöhnung am neuen Standort zu erleichtern. Dazu wird der Boden im Bereich der Pflanzgrube geglättet und mit einem ringförmigen Erdwall umgeben. Der Wall sorgt dafür, daß das Gießwasser an der gewünschten Stelle, nämlich in Wurzelnähe, einsickert. Die Baumscheibe sollte stets unkrautfrei gehalten werden, am besten bedeckt man sie mit einer ca. 5 cm hohen Mulchschicht aus Rindenschnitzeln, die ab und an zu ergänzen ist. Den Erdwall kann man nach 1 bis 2 Jahren einebe-

ZIERGEHÖLZE

Grasschnitt als Mulch unter einer Hecke

nen, die Baumscheibe jedoch sollte über die gesamte Lebensdauer des Gehölzes weitergepflegt werden, wie eben beschrieben. Bei Hecken hält man statt einzelner Baumscheiben einen Streifen vor und hinter den Gehölzen bewuchsfrei und mulcht diese Flächen ebenfalls.

Gehölze pflegen

Finden Bäume und Sträucher ihnen zusagende Wachstumsbedingungen vor, gestaltet sich die Pflege recht einfach. Gemeinhin genügen die Niederschläge, um die Pflanzen ausreichend mit Feuchtigkeit zu versorgen. **Wässern** muß man in der Regel nur dann, wenn nicht trockenheitsverträgliche Arten in sehr schnell austrocknende Böden gepflanzt wurden, oder aber bei sehr anspruchsvollen Gehölzen, z.B. Rosen. Ergibt sich aus dem ein oder anderen Grund die Notwendigkeit zu wässern, können die erforderlichen Mengen je Wassergabe erheblich sein; bei einem Baum muß man mit 50–100 l rechnen. Man läßt deshalb am besten längere Zeit Wasser aus dem Schlauch langsam auf die Baumscheibe laufen und dort versickern.

■ **Wichtig**: Immergrüne Laub- und Nadelgehölze

Das Schattieren im Spätwinter beugt der Frosttrocknis vor

sollte man im Spätherbst mehrmals durchdringend wässern, wenn nicht reichlich Regen fällt. So können sie sich gut mit Feuchtigkeit vollsaugen und überstehen den Winter besser. Ihr Laub verdunstet nämlich auch dann Wasser, wenn die Wurzeln aus gefrorenem Boden kein Naß nachliefern können. Die Folge ist, daß die Pflanzen vertrocknen. Diese sogenannte Frosttrocknis kann man begrenzen, indem man Immergrüne vor allem im Spätwinter, wenn der Boden noch gefroren, die Sonne aber schon sehr intensiv ist, schattiert, z.B. indem man sie mit Sackleinen abdeckt oder eine Bastmatte aufstellt. Eine **Düngung** ist im Prinzip überflüssig. Den meisten Gehölzen reichen die im Boden vorhandenen Nährstoffe völlig aus. Auch eine gemulchte Baumscheibe liefert langsam, aber beständig Nährstoffe nach. Eine zusätzliche Versorgung mit Nährstoffen fordern nur sehr dicht gepflanzte und häufig geschnittene Arten, etwa Heckenpflanzen, Rosen oder die Strauchpfingstrosen (*Paeonia-Suffruticosa*-Hybriden). Diesen verabreicht man am besten alljährlich im Herbst oder Frühjahr reifen Kompost, den man in etwa 3–5 cm dicker Schicht auf den Boden rundherum ausbringt. Ersatzweise kann man Rindenhumus oder einen organischen Langzeitdünger verwenden.

■ **Schnitt**

Viele Ziergehölze, vor allem üppig blühende Sträucher, bleiben auf Dauer nur durch fachgerechten Schnitt schön. Andere wiederum brauchen oder sollen sogar **nicht geschnitten** werden, weil sie entweder nach einem Rückschnitt kaum noch neu austreiben oder weil sie dadurch ihre Wuchsform verlieren. Letzteres gilt in der Regel für **Nadelgehölze**, **Laubbäume** und **einige Straucharten** wie Rhododendren.

Jeglicher Schnitt bei Ziergehölzen hat zum Ziel, die natürliche Wuchsform zu erhalten und die Blühfreudigkeit zu unterstützen. Je nach Art und Verwendung sind die **Schnittzeitpunkte** und -maßnahmen etwas unterschiedlich. Jährlich müssen z.B. Beetrosen oder Formgehölze wie kegelig gezogener Buchs (*Buxus*) geschnitten werden. Auch Schnitthecken unterzieht man jährlich, bisweilen sogar mehrmals pro Jahr dieser Prozedur. Nur alle paar Jahre ist ein Rückschnitt dagegen bei den meisten Ziersträuchern wie auch bei freiwachsenden Hecken erforderlich, der zeitliche Abstand richtet sich dabei jeweils nach deren spezifischem Wuchsverhalten und ihrer Wuchskraft.

Den Schnitt führt man entweder im Herbst oder im zeitigen Frühjahr durch. Eine Ausnahme bilden Arten, die im Frühjahr blühen, z.B. Forsythien (*Forsythia*).

VERWENDUNG, PFLANZUNG, PFLEGE

Richtige Schnittführung im Detail (oben): Der Schnitt erfolgt schräg im Abstand von 0,5–1 cm über der Knospe. Falsch: Die Schnittfläche darf nicht zur Knospe hinweisen ①. Um die Entstehung von Zapfen zu vermeiden, sollte der Schnitt nicht zu weit von der Knospe entfernt liegen ②. Schneidet man zu dicht an der Knospe ③, trocknet sie aus

Damit keine Blüten verloren gehen, nimmt man sie erst nach der Blüte zurück. Immergrüne Schnitthecken werden am besten geschoren, wenn der erste Austrieb abgeschlossen ist, also etwa in der Zeit zwischen Ende Juli und Ende August. Auch laubabwerfende Hecken werden zu dieser Zeit geschnitten, da in ihrem Gezweig dann keine Vögel mehr nisten oder ihre Brut aufziehen.

Besonders Einsteiger unter den Hobbygärtnern haben beim Gehölzschnitt häufig eine „Hemmschwelle". Zum einen ist es doch ein sehr kräftiger Eingriff in den Wuchs der Pflanze, oft verbunden mit der Befürchtung, einen Schaden anzurichten, von dem sich das Gehölz so schnell nicht erholt. Zum andern erscheint vielen die Materie sehr kompliziert, vor allem aufgrund der unterschiedlichen Wuchsformen und -typen, wie sie bei Sträuchern vorkommen. Nicht zuletzt lassen sich spezielle Schnittmaßnahmen, die geübte Gärtner bei bestimmten Arten oder Altersstadien anwenden, ohne Erfahrung kaum nachvollziehen. Für den Anfang genügt es jedoch völlig, wenn man einige einfach **Grundregeln** beherzigt. Dies gilt zuallererst für die **Schnittführung**, wie sie durch die nebenstehende Abbildung (links) demonstriert wird.

Hält man sich beim **Schnitt von Ziersträuchern** an den Grundsatz, das Astgerüst durch vollständiges Herausnehmen einzelner alter Triebe auszulichten, kann man eigentlich kaum etwas falsch machen. Etwa alle 3 bis 4 Jahre sollte man bei Ziersträuchern, auch solchen in freiwachsenden Hecken, nach diesem Prinzip verfahren und die Krone ausdünnen, indem man zu dicht stehende, sich kreuzende sowie überalterte Äste bis zum Boden oder mindestens bis zu einer bodennahen Verzweigung komplett herausschneidet. Dadurch wird das Kroneninnere wieder besser belichtet, das Gehölz treibt aus seiner Basis neue Schößlinge nach, die bald wieder reichlich blühen – ohne daß die natürliche Wuchsform des Strauchs beeinträchtigt wird. Sehr lange, eventuell störende Zweige kann man ruhig etwas einkürzen, jedoch sollte der Schnitt über einer nach außen weisenden Knospe geführt werden.

■ **Achtung**: Schneidet man hingegen ohne Rücksicht auf die Wuchsform immer wieder alle Triebe auf eine bestimmte Höhe zurück, entwickelt sich bald ein undurchdringliches Astgewirr, das bloß noch im Außenbereich dicht belaubt ist; auch die Blühfreudigkeit läßt deutlich nach. Solcherart geschnittene Sträucher verlieren viel von ihrer Ausdruckskraft.

Bei bestimmten Gehölzen sind darüber hinaus einige **Besonderheiten** zu berücksichtigen:

■ Manche Arten, z. B. Sommerflieder *(Buddleja-Davidii*-Hybriden) oder Spiersträucher *(Spiraea-Bumalda*-Hybriden) und Beetrosen, blühen vor allem **an jungen Triebspitzen**. Um sie zur Neubildung vieler spitzenwärts gelegener Blütenknospen anzuregen, müssen sie alljährlich kräftig geschnitten werden. Dazu kürzt man sämtliche Äste stark ein, auf etwa die Hälfte ihrer ursprünglichen Wuchslänge. Dies führt man jedoch erst im Frühjahr durch, wenn erfrorene Triebe ohnehin weggeschnitten werden müssen.

■ Einige Arten, etwa Forsythien *(Forsythia)*, Pfeifensträucher *(Philadelphus)*, Berberitzen *(Berberis)* und Deutzien *(Deutzia)*, aber

 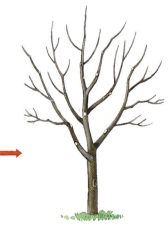

Alle paar Jahre brauchen Bäume einen Erhaltungsschnitt: Entfernt werden dabei zu dicht stehende, scheuernde und sich kreuzende Äste, Konkurrenztriebe sowie überaltertes Astwerk

ZIERGEHÖLZE

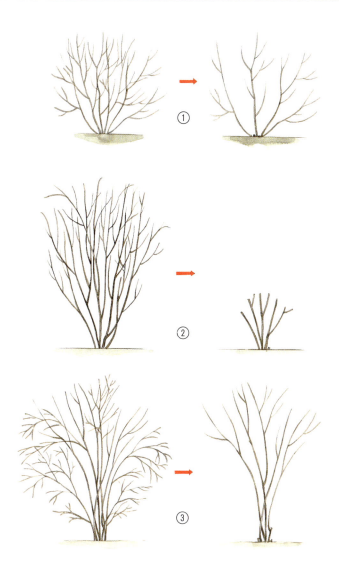

Schnitt von Ziersträuchern:
① Alle 3 bis 4 Jahre werden überalterte und zu eng stehende Äste bodennah weggeschnitten.
② Arten, die vor allem an jungen Triebspitzen blühen, brauchen jährlich einen starken Rückschnitt.
③ Bilden Sträucher sogenannte Bogentriebe aus, kürzt man diese nur bis zu einem kräftigen, nach oben ragenden Seitenzweig ein

auch Strauchrosen, neigen zur Bildung von sogenannten **Bogentrieben**. Die jeweils ältesten Äste biegen sich allmählich an den Spitzen um, auf den Oberseiten dieser bogenförmigen Triebe entwickeln sich Seitenzweige, die kräftigsten im Bereich der stärksten Krümmung. Gerade diese Seitenzweige blühen meist besonders üppig, weshalb man bei solchen Sträuchern nicht alle älteren Zweige bodennah entfernt, sondern nur bis zu einem kräftigen, nach oben ragenden Seitenzweig einkürzt. Erst wenn auch dieser sich in der Blüte erschöpft hat, entfernt man den Bogentrieb vollends.

■ Bei **Zwergsträuchern** kürzt man die Triebe jährlich um etwa ein Drittel ein. Dabei nicht nur die nach oben, sondern auch die seitlich wachsenden Triebe schneiden, damit die natürliche Wuchsform erhalten bleibt.

■ **Schnitthecken** sollten nicht von unten her verkahlen, deshalb werden sie von Anfang an seitlich so geschnitten, daß stets genügend Licht an die Basis gelangt. Dies erreicht man, indem man die Flanken oben schmaler hält als unten, also einen trapezförmigen Querschnitt anstrebt. Besteht eine Hecke aus Gehölzen mit nur einem durchgehenden Stamm, wird sie oben erst geschnitten, wenn sie ihre endgültige Höhe erreicht hat.

Hecken aus anderen Arten kürzt man dagegen jedes Jahr ein wenig, dann bleiben sie schön buschig.

Was über das hier Beschriebene hinaus bei einzelnen Gehölzen zu beachten bzw. vorteilhaft ist, findet sich in Form **spezieller Schnitthinweise** in den nachfolgenden Pflanzenporträts.

Winterschutz

Die meisten Gehölze sind recht robust und überstehen die mitteleuropäischen Winter ohne größere Probleme. Sollten doch einmal Triebspitzen erfrieren, was man dann im Frühjahr an einer braunen bis schwarzen Verfärbung erkennt, schneidet man sie weg. Empfindlich auf strengen Frost reagieren dagegen frisch gepflanzte, junge Gehölze. Vorsichtshalber sollte man den Wurzelbereich mit einer Mulch-

Heckenschnitt: Eine Schablone aus Latten und Schnüren erleichtert die richtige Schnittführung

VERWENDUNG, PFLANZUNG, PFLEGE

schicht bedecken, eventuell auch noch dick mit trockenem Herbstlaub anschütten, und die Pflanzen selbst durch knapp neben sie in den Boden gesteckte Reisigzweige einhüllen. Gegen eisige, austrocknende Winde helfen Bastmatten, aufgespannt zwischen einem provisorischen Gestell aus 2 bis 3 Pfosten.

Schnee schadet gewöhnlich nicht, er wirkt vielmehr isolierend und darf deshalb ruhig auf den Gehölzen verbleiben. Nur schweren, nassen Schnee sollte man vorsichtig abschütteln, denn unter seiner Last können selbst starke Äste brechen. Säulenförmige Immergrüne, z. B. Sorten von Scheinzypresse *(Chamaecyparis)* oder Lebensbaum *(Thuja)*, kann man vorbeugend mit Schnüren oder Leinenstreifen locker zusammenbinden, damit ihre Äste von Schneelasten nicht auseinandergedrückt werden.

Damit die Äste vom Schnee nicht auseinandergedrückt werden, bindet man säulenförmige Immergrüne zusammen

Vermehrung

Von vielen Gehölzarten lassen sich recht einfach Jungpflanzen gewinnen. Man bedient sich dabei vorwiegend solcher Methoden, die das Regenerationsvermögen aus Pflanzenteilen ausnutzen, da sie meist recht schnell zu ansehnlichen Pflanzen führen und außerdem auf diesen Wegen die Nachkommen den Mutterpflanzen identisch sind. Sehr leicht lassen sich z. B. *Cotoneaster* oder Perükkenstrauch *(Cotinus coggygria)* aus Absenkern nachziehen. Ranunkelstrauch *(Kerria)* und Essigbaum *(Rhus typhina)* bilden in einiger Entfernung von der Mutterpflanze Schößlinge, die man ausgraben, abtrennen und neu einpflanzen kann. Benötigt man jedoch zahlreiche Jungpflanzen, etwa für eine Hecke, empfiehlt sich die Stecklingsvermehrung, wobei zwischen Sommer- und Frühjahrsstecklingen unterschieden wird.

Absenker: Trieb herunterbiegen, unten einschneiden und am Boden fixieren. An der Schnittstelle, die mit einem Steinchen offengehalten wird, bilden sich Wurzeln

Sommerstecklinge: ① *Abschneiden eines kräftigen, noch nicht verholzten Spitzentriebs.*
② *Zurechtschneiden des Stecklings.*
③ *Entfernen der unteren Blätter.*
④ *Eintopfen. Die durchsichtige Plastikfolie über dem Topf fördert die Bewurzelung*

■ Sommerstecklinge

Eine vielfach genutzte Methode ist die Vermehrung durch Sommerstecklinge, auch krautige, halbreife, halbharte oder Kopfstecklinge genannt. So kann man z. B. von Sommerflieder *(Buddleja)*, Forsythie *(Forsythia)*, Fingerstrauch *(Potentilla)*, Schneeball *(Viburnum)*, allen Nadelgehölzen außer den Kiefern *(Pinus)* und einigen anderen Nachwuchs heranziehen. Man schneidet im Sommer kräftige, jedoch noch nicht verholzte, etwa 10 cm lange Spitzentriebe ab. Die untersten Blätter werden entfernt, die Schnittstelle wird am besten noch in ein spezielles, im Fachhandel erhältliches Bewurzelungspulver gestippt, dann steckt man die Triebstücke etwa bis zur Hälfte in Töpfchen mit Anzuchtsubstrat. Nach dem Befeuchten der Erde sollte man eine durchsichtige Plastikhaube über jeden Topf stülpen, die wie ein miniaturisiertes Gewächshaus

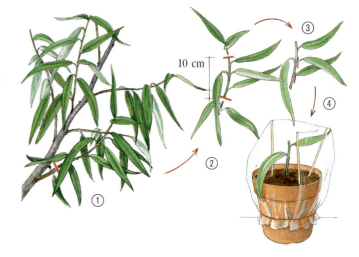

ZIERGEHÖLZE

wirkt und die Bewurzelung fördert. An einem hellen, jedoch nicht prallsonnigen, geschützten Ort werden bald neue Laubblättchen erscheinen, ein Zeichen, daß sich die Stecklinge bewurzelt haben und ausgepflanzt werden können.

■ Frühjahrsstecklinge, Steckhölzer

Frühjahrsstecklinge, vielfach auch als harte Stecklinge oder Steckhölzer bezeichnete Triebteile, schneidet man im Herbst von ausgereiften, bereits vollständig verholzten Zweigen, z. B. bei Hartriegel (*Cornus*), Holunder (*Sambucus*), Weigelie (*Weigela*) oder Deutzie (*Deutzia*). Man wählt einen oder auch mehrere gut entwickelte, möglichst unverzweigte Triebe oder Triebstücke, die etwa bleistiftstark sein sollten. Diese zerschneidet man in jeweils 20–25 cm lange Stücke, wobei der untere Schnitt jeweils schräg unter einer Knospe, der obere dagegen gerade 2–3 cm oberhalb einer Knospe geführt wird. Diese Steckhölzer bündelt man, legt sie in eine Grube an einem geschützten Platz und deckt sie mit lockerer Erde ab; dies bezeichnet man als **Einschlag**. Alternativ können die Steckholzbündel auch einfach nur auf den Boden gelegt und angehäufelt werden. Zusätzlich breitet man eine schützende Schicht aus Mulch und Reisig darüber.

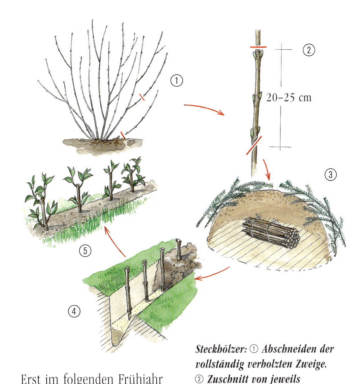

Erst im folgenden Frühjahr pflanzt man die Steckhölzer dann in Töpfe mit lockerer Gartenerde oder direkt auf ein Vermehrungsbeet im Garten – und zwar mit dem schrägen Schnittende nach unten und so tief, daß etwa 2 Knospen über der Erdoberfläche zu liegen kommen. Anschließend drückt man sie gut fest und hält sie regelmäßig leicht feucht. Auch hier zeigen sich bei erfolgreicher Bewurzelung bald die ersten frischen Triebspitzen. Haben sich ein paar neue Laubblätter kräftig entwickelt, kann man die Jungpflanzen umsetzen.

■ Aussaat und Veredelung

Nur selten wird man dagegen Gehölze durch Aussaat vermehren. Einerseits dauert es sehr lange, bis aus den Samen größere Pflanzen heranwachsen, zum anderen keimen die Samen vieler Arten nur schwer, oder aber es werden überhaupt keine Samen gebildet. Außerdem zeigen Sämlinge stets gegenüber den Elternpflanzen veränderte Eigenschaften, bei Sorten gehen dann oft Blütenreichtum, charakteristische Wuchsform oder Laubfärbung verloren. Manche Gehölzsorten sind auch veredelt, d. h. auf eine robuste Unterlage aufgepfropft. Solche Formen kann man wiederum nur durch Veredelung erfolgreich vermehren, was man aber besser der Baumschule überläßt, da diese Methode sehr viel Fachkenntnis erfordert.

Steckhölzer: ① *Abschneiden der vollständig verholzten Zweige.* ② *Zuschnitt von jeweils 20–25 cm langen Triebstücken.* ③ *Einschlag mit Winterschutz.* ④ *Pflanzung in ein Vermehrungsbeet.* ⑤ *Sind die ersten kräftigen Laubblätter da, kann man umsetzen*

Gerade bei Nadelgehölzen ist die Vermehrung über Samen nicht einfach

VERWENDUNG, PFLANZUNG, PFLEGE

Oben: Bei immergrünen Arten muß man etwas gegen die Miniermotte tun, da das Blattwerk nicht jährlich erneuert wird

Links: Blattlausbefall an Rosenknospen

Oben rechts: Feuerbrand an Zwergmispel. Die Bakterienkrankheit ist meldepflichtig

Rechts: Solange Gallmilben nur die Blätter befallen, kann man in der Regel auf eine Bekämpfung mit Pflanzenschutzmitteln verzichten. Der Schaden ist meist geringer, als es das Befallsbild fürchten läßt

Pflanzenschutz

Optimale Standortbedingungen vorausgesetzt, erweisen sich Gehölze in aller Regel als sehr widerstandsfähig gegenüber Schädlingen und Krankheiten. Das soll nicht heißen, daß bei ihnen keine lästigen Pflanzensauger, Schadnager oder Pilzüberzüge auftreten, sondern vielmehr, daß Bäume und Sträucher als sehr langlebige Gewächse über wirksame Abwehrmittel und ein hohes Regenerationsvermögen verfügen und sich meist schnell von einem Befall erholen können. Die Ursachen für schwerwiegende Schäden an Gehölzen liegen oft in schlechten Wuchsbedingungen und Pflegefehlern begründet, eine sorgsame Standortwahl ist deshalb unerläßlich.

In einigen Fällen kann man einen leichten **Schädlingsbefall**, z. B. mit Blattläusen, Woll- oder Gallenläusen, Spinnmilben, Gespinstmotten, Miniermotten oder Wicklern, mit ruhigem Gewissen dulden, denn die robusten Holzgewächse erholen sich erstaunlich rasch wieder davon, spätestens im folgenden Jahr mit dem neuen Austrieb. Bei immergrünen Arten wie Buchs *(Buxus)* oder Nadelgehölzen sollte man dagegen etwas mehr Vorsicht walten lassen, schließlich erneuern sie ihr Laub nicht jährlich und werden die Plagegeister daher auch nicht einfach durch den Laubabwurf los. Schildläuse, Nematoden und Nager wie Wühlmäuse oder Kaninchen erfordern dagegen frühzeitige Abwehr.

ZIERGEHÖLZE

Vielfach hilft es, vorbeugende mechanische Abwehrmaßnahmen zu ergreifen, etwa Leimringe oder Drahtmanschetten um die Stämme anzubringen, oder von den Schädlingen besiedelte Äste und Zweige einfach herauszunehmen und diese zu vernichten. Bei stärkerem Befall empfehlen sich Bekämpfungsmaßnahmen, wie im Kapitel „Häufige Schädlinge" (ab Seite 36) erläutert, jedoch sind umfassende Spritzungen vor allem bei größeren Gehölzen nur schwierig durchführbar.

Ernst zu nehmen sind stets Schäden, die durch **Pilze** verursacht werden, denn diese Organismen können unter Umständen auch den Holzkörper befallen und die Pflanzen zum Absterben bringen. Zu den häufiger auftretenden Pilzerkrankungen bei Gehölzen, die allgemein im Kapitel „Schonender Pflanzenschutz" (ab Seite 33) beschrieben sind, gehören Echter Mehltau und Rost, denen man im Anfangsstadium aber sehr wirksam durch Herausschneiden befallener Teile begegnen kann. Auch von **Bakteriosen** und **Virosen** bleiben Gehölze nicht verschont; vor allem bei der meldepflichtigen Feuerbrandkrankheit, die Rosengewächse wie Weißdorn *(Crataegus)* oder Feuerdorn *(Pyracantha)* betrifft, sollte man umgehend geeignete Maßnahmen ergreifen.

Oben: Mehltau z. B. kann man im Frühstadium durch Herausschneiden befallener Triebe eindämmen

Unten: Rhododendren haben spezielle Bodenansprüche und verlangen sorgfältige Standortwahl

LAUBBÄUME UND -STRÄUCHER

Feldahorn, Acer campestre

Fächerahorn, Acer palmatum

Ahorn

Acer-Arten □▷

Blüte: grün, gelb oder rot; IV–V

Fruchtschmuck: grüne oder rote, geflügelte Früchte, meist in dichten Büscheln; VIII–XI

Wuchs: Bäume oder große Sträucher, je nach Art und Sorte 3–10 m oder 10–20 m hoch

Standort: ○–◐; normaler Boden, für Fächerahorn und Japanischen Ahorn locker, humos und sauer bis schwach basisch

Verwendung: für Einzelstellung, in Gehölzgruppen, kleinste Formen auch im Stein- oder Heidegarten und in Kübeln; Feldahorn auch für freiwachsende und Schnitthecken

Passen gut zu: blühenden Zier- und dunklen Nadelgehölzen

Zur Gattung Ahorn zählen viele verschiedene sommergrüne Arten, die in Wuchsbild, Laubform und vor allem Blattfärbung sehr variantenreich sind. Für den Hausgarten eignen sich in erster Linie die kleineren Arten und Sorten.

■ Der **Feldahorn** *(Acer campestre)* besticht durch seine schlichte Erscheinung, er wächst baum- oder strauchförmig (10–15 m hoch, bis 6 m Durchmesser). Sein stumpfgrünes, gelapptes Laub nimmt im Herbst eine leuchtendgelbe Färbung an.

■ Der **Feuerahorn** *(Acer ginnala),* ein Großstrauch (4–6 m hoch, bis 5 m Durchmesser), schmückt sich mit anfangs rotem, später glänzendgrünem, im Herbst feurigrotem Laub.

■ **Fächerahorn** *(Acer palmatum)* und **Japanischer Ahorn** *(Acer japonicum)* bleiben weitaus zierlicher als die vorgenannten, sie verzweigen sich bereits knapp über dem Boden. Interessant wirkt vor allem ihre Belaubung, denn die Blätter sind je nach Sorte mehr oder weniger tief geschlitzt und leuchtend gefärbt. Im Durchschnitt werden sie nur 2–4 m hoch und ebenso breit.

■ Die Sorten des **Spitzahorns** *(Acer platanoides)* entwickeln sich zu schönen Baumgestalten von 10–15 m Höhe und 4–8 m Kronendurchmesser. Die reine Art wird mit bis zu 30 m Höhe dagegen für den normalen Garten meist zu mächtig.

■ Der **Eschenahorn** *(Acer negundo),* ein raschwüchsiger Baum von 15–20 m Höhe, zeigt eine ungewöhnliche Laubform, seine Blätter sind in mehrere Teilblättchen gefiedert. Von dieser Art sind besonders die buntlaubigen Sorten beliebt.

■ **Bewährte Sorten**

■ des **Fächerahorns** *(Acer palmatum):* 'Atropurpureum' (dunkelrotes Laub, 2–4 m hoch, 3 m breit); 'Dissectum Viride' (tief zerteiltes, hellgrünes Laub, 1–2 m hoch, 3–4 m breit)

■ des **Japanischen Ahorns** *(Acer japonicum):* 'Aconitifolium' (frischgrünes Laub, orange Herbstfärbung, 3–5 m hoch, 3–5 m breit); 'Aureum' (grüngelbes Laub, 1–3 m hoch, 1–2 m breit)

■ des **Spitzahorns** *(Acer platanoides):* 'Cleveland' (12–15 m hoch, 5–6 m breit); 'Emerald Queen' (10–15 m hoch, 4–5 m breit); 'Faassen's Black' (15–20 m hoch, 6–8 m breit, schwarzrotes Laub); 'Globosum' (4–6 m hoch, 4–5 m breit, sehr regelmäßige, kugelige Krone)

ZIERGEHÖLZE

Acer negundo 'Variegatum'

■ des **Eschenahorns** *(Acer negundo):* 'Aureo-Variegatum' (gelb geflecktes Laub), 'Flamingo' (hellrosa bis weiß gerandet), 'Variegatum' (weiß gerandet und gefleckt); alle 6–7 m hoch und 3–4 m breit

■ **Pflanzung**
Am besten im Herbst, aber auch im Frühjahr möglich. Den Untergrund der Pflanzgrube gründlich lockern, indem man mit der Grabgabel mehrmals tief einsticht und das Gerät kräftig vor- und zurückbewegt. Pflanzerde mit einem Drittel reifen Kompost vermengen.

■ **Vermehrung**
Die veredelten Sorten müssen nachgekauft werden, die reinen Arten kann man dagegen gut durch Steckhölzer vermehren. Hierzu im Herbst 20–25 cm lange Zweigabschnitte schneiden, im Einschlag überwintern und im Frühjahr einzeln in Töpfe pflanzen.

■ **Pflegemaßnahmen**
Am richtigen Standort wird keine Pflege erforderlich. Schnitt ist unnötig, nur beschädigte oder störende Äste werden herausgenommen. Der **Feldahorn** verträgt selbst radikalen Rückschnitt.

■ **Düngung**
Nicht erforderlich. Vorteilhaft wirkt sich jedoch aus, wenn die Baumscheibe mit Kompost oder Laub gemulcht wird.

Besonderheiten

Die buntlaubigen Sorten des Eschenahorns entwickeln zuweilen Seitentriebe mit reingrünen Blättern. Diese sollte man regelmäßig an der Triebansatzstelle wegschneiden.

HÄUFIGE PFLEGEPROBLEME

Symptom: Einzelne Äste sterben ab, auf der Rinde erscheinen kleine rote Pusteln.

Ursache: Rotpustelkrankheit (Pilzinfektion)

Vorbeugung/Abhilfe: Auf richtigen Standort achten, befallene Teile sofort herausschneiden, Schnittwerkzeuge gründlich desinfizieren, Schnittwunden am Baum mit einem Verschlußmittel sorgfältig verschließen.

Außerdem häufig: Blattläuse, Gallmilben, Mehltau

Acer japonicum

Feuerahorn, Acer ginnala

LAUBBÄUME UND -STRÄUCHER

Roßkastanie, Aesculus hippocastanum 'Baumannii'

Roßkastanie

Aesculus hippocastanum

☐ ▽

Blüte: weiß mit gelbroter Zeichnung; IV–V
Fruchtschmuck: stachelige, grüne Früchte mit 1 bis 2 braunen Samen; IX–X
Wuchs: großer Baum mit wuchtiger, hochgewölbter Krone; 20–30 cm hoch
Standort: ○; frischer bis feuchter, tiefgründiger Sand- oder Lehmboden
Verwendung: einzeln; in großen Gärten und weiten Grünanlagen, als Hofbaum
Vorsicht: Die Früchte enthalten giftige Saponine.

In großen Gärten wirkt die prächtige Roßkastanie am schönsten in Einzelstellung. Im Frühjahr zieren ihre aufrechten, imposanten Blütenkerzen, im Herbst die wohlbekannten stacheligen Kastanienfrüchte. Der Nektar der Blüten ist eine wichtige Nahrungsquelle für Bienen, die Kastanien dienen Wildtieren als Futter. Vor dem Laubfall verfärben sich die gefingerten Blätter intensiv gelb.

■ Bewährte Sorten
'Baumannii' (weiße gefüllte Blüten, keine Fruchtbildung, schlanker Wuchs, 20–25 m hoch); 'Pyramidalis' (weiße Blüten, schmale Krone, 10–15 m hoch)

Herbstboten: Kastanienfrüchte

■ Pflanzung
Im Herbst oder Frühjahr einsetzen, vorher den Boden gut lockern und mit Kompost anreichern.

■ Vermehrung
Die Art wächst gut aus Samen heran; die veredelten Sorten kauft man am besten in der Baumschule.

■ Pflegemaßnahmen
Durch Windbruch entstehende Wunden sollten sofort mit Baumwachs behandelt werden, damit keine Fäulnis ins Holz eindringen kann.

■ Schnitt
Zwischen Dezember und Februar ist ein stärkerer Verjüngungsschnitt möglich. Dabei sollte jedoch bedacht werden, daß die Ansatzstellen des Neuaustriebs erhöht windbruchgefährdet sind.

■ Düngung
Nicht erforderlich.

Besonderheiten

Das Laub der Roßkastanie verrottet nur sehr langsam und ist daher zum Kompostieren wenig geeignet.

HÄUFIGE PFLEGEPROBLEME

Symptom: Rostbraune Flecken auf den Blättern, die sich einrollen und vorzeitig abfallen.
Ursache: Blattfleckenkrankheit
Vorbeugung/Abhilfe: Befallene Blätter entfernen, bei den ersten Anzeichen mit Grünkupferpräparat spritzen.

ZIERGEHÖLZE

Kurz vor dem rötlichen Laubaustrieb öffnen sich die weißen, nach Honig duftenden Blütentrauben der Felsenbirnen, aus denen im Herbst kugelige Beerenfrüchte hervorgehen, die vom orange- bis karminrot gefärbten Laub wirkungsvoll untermalt werden.
- Die Hängende Felsenbirne *(Amelanchier laevis)* ist ein grazilier Strauch, der kalkarmen Boden bevorzugt.
- Die Kupferfelsenbirne *(Amelanchier lamarckii)* stellt gewissermaßen die größere Schwester der vorgenannten Art dar und wächst am besten auf kalkhaltigem Boden.

■ Bewährte Sorte
- der Kupferfelsenbirne *(Amelanchier lamarckii)*: 'Ballerina' (reinweiße Blüten, große Früchte, kräftiger Wuchs, 6–8 m hoch)

■ Pflanzung
Am besten im Spätherbst, jedoch auch im Vorfrühling möglich.

■ Vermehrung
Die reinen Arten lassen sich über Samenvermehrung heranziehen. Hierzu reife Früchte einweichen und Samen herauswaschen. Samen über den Winter im Freien aufstellen, im Erstfrühling ins Warme holen. Keimlinge im Frühsommer einzeln in Töpfe pikieren, bis zur Pflanzung im nächsten Frühjahr oder Herbst an geschützter Stelle weiterkultivieren.

■ Pflegemaßnahmen
Wildtriebe, die unterhalb der verdickten Veredelungsstelle am Wurzelhals hervorkommen, im Winter entfernen.

■ Schnitt
Nur erforderlich, wenn die Sträucher sehr dicht werden, dann einzelne Triebe möglichst bodennah herausnehmen.

■ Düngung
Laub liegen lassen, es verrottet sehr schnell. Alle paar Jahre reifen Kompost in den Boden einarbeiten.

Kupferfelsenbirne, Amelanchier lamarckii

Vermehrungstip

Halbverholzte Triebe eignen sich für die Stecklingsvermehrung. Nach dem Laubfall im Herbst schneidet man etwa 15–20 cm lange Stücke schräg ab, schlägt sie in feucht zu haltende Tücher oder Sand ein und lagert sie über den Winter frostfrei. Im Frühjahr können die Stecklinge direkt an Ort und Stelle eingepflanzt werden.

HÄUFIGE PFLEGEPROBLEME

Symptom: Zunächst hellgrüne, später rötliche, mosaikartige Muster auf den Blättern, vermindertes Wachstum

Ursache: Ringfleckenmosaik (Viruserkrankung)

Vorbeugung/Abhilfe: Nur gesundes Pflanzgut verwenden und zur Vermehrung nutzen; befallene Sträucher entfernen und vernichten.

Außerdem häufig: Echter Mehltau

Felsenbirnen

Amelanchier-Arten □ ▽ ▷

Blüte: weiß; IV–V

Fruchtschmuck: eßbare, purpurfarbene bis schwarze, kugelige Beeren; VIII–IX

Wuchs: mehrstämmige, große Sträucher mit lockerer bis schirmförmiger Krone; *Amelanchier laevis* 2–4 m, *Amelanchier lamarckii* 6–8 m hoch

Standort: ○–◐; frischer, humoser und gut durchlässiger Boden, für *A. laevis* kalkarm, für *A. lamarckii* dagegen kalkhaltig

Verwendung: einzeln oder in kleinen Gruppen; für innerstädtisches Klima geeignet; im Hintergrund von Frühlingsbeeten, in freiwachsenden Hecken, auf Dachgärten, in großen Kübeln

Passen gut zu: vielen anderen Ziersträuchern; besonders schön in Kombination mit frühblühenden Zwiebel- und Knollenpflanzen wie Traubenhyazinthen und Blausternen als Unterpflanzung

LAUBBÄUME UND -STRÄUCHER

Rotlaubige Berberitze als Solitär

Heckenberberitze

Berberis thunbergii □ ▽ ▷

Blüte: gelb; V
Fruchtschmuck: korallenrote, längliche Beeren; ab IX
Wuchs: kleiner Strauch, dichtbuschig verzweigt mit überhängenden Zweigspitzen; 1,5-3 m hoch, Sorten meist niedriger
Standort: ○-◐; mäßig trockener bis frischer, humoser, durchlässiger Boden
Verwendung: in kleinen und großen Gruppen; für innerstädtisches Klima geeignet; als freiwachsende oder Schnitthecke, als Einfassung, auf Dachgärten, als mobiles Grün in Pflanzkübeln
Paßt gut zu: anderen Heckensträuchern wie Weißdorn, Kornelkirsche und Liguster
Vorsicht: Die Pflanze enthält Giftstoffe.

Die Heckenberberitze trägt im Frühjahr kleine Büschel gelb gefärbter Blüten, die leicht nach Honig duften und häufig von Bienen besucht werden. Bis zum Herbst reifen sie zu auffällig roten Beeren heran und dienen Vögeln als wertvolle Nahrung. Ihre kleinen, eiförmigen Laubblätter zeigen im Herbst eine wunderschöne Orangefärbung.

■ Bewährte Sorten

'Atropurpurea' (Blutberberitze; gelbe Blüten, bronzefarbenes Laub mit leuchtendroter Herbstfärbung, 1,5-2 m hoch); 'Atropurpurea Nana' (Rote Zwergberberitze; Blüten und Früchte unscheinbar, purpurbraunes Laub, im Herbst leuchtendrot, 0,3-0,5 m hoch).

■ Pflanzung

Berberitzen können während ihrer Vegetationsruhe im Herbst oder Frühjahr gepflanzt werden.

■ Vermehrung

Die Art kann sofort nach der Samenreife an Ort und Stelle ausgesät werden. Durch die winterliche Kälte wird die Keimung angeregt.

■ Pflegemaßnahmen

Die sommergrünen Sträucher brauchen keine besonderen Pflegemaßnahmen.

■ Schnitt

Heckenberberitzen sind gut schnittverträglich und sollten Ende Juni, wenn der erste Austrieb abgeschlossen ist, ihren Formschnitt erhalten. Freiwachsende Hecken brauchen nicht geschnitten zu werden, doch ist ein radikaler Verjüngungsschnitt möglich.

■ Düngung

Düngegaben sind nur erforderlich, wenn die Pflanzen in Hecken sehr eng stehen und ihnen durch häufigen Schnitt wichtige Nährstoffe entzogen werden.

HÄUFIGE PFLEGEPROBLEME

Symptom: Blätter verfärben sich gelb.
Ursache: Eisenchlorose aufgrund zu hohen Kalkgehalts im Boden
Vorbeugung/Abhilfe: Zu kalkhaltigen Boden mit Torfmull oder mit Kalisalz neutralisieren.
Außerdem häufig: Echter Mehltau, Blattläuse, Schildläuse

Fruchtschmuck der Heckenberberitze

ZIERGEHÖLZE

Sandbirke, Weißbirke
Betula pendula □ ▽

Blüte: grüngelbe Kätzchen (weibliche Blüten unscheinbar); IV

Fruchtschmuck: grüne, walzenförmige Fruchtzäpfchen; ab VII

Wuchs: großer Baum mit schlanker, lockerer Krone, im Alter überhängend, Sorten variabel im Kronenaufbau; 20–30 m hoch

Standort: ○; nährstoffreicher, trockener bis frischer Sand- oder Lehmboden, kalkmeidend

Verwendung: einzeln oder in kleinen Gruppen; bedingt für Stadtklima geeignet; auf großen, freien Gartenflächen, entlang eines Zaunes, als Windschutzpflanzung, niedrige Sorten auch in kleineren Gärten

Paßt gut zu: Weiden, lichten Laubgehölzen; kaum für Unterpflanzung geeignet

Besonderheiten

Das leicht verrottende Laub der Birken kann gut zum Kompostieren verwendet werden.

Mit ihrer weißgrauen Rinde, die mit zunehmenden Alter rissig wird, und ihrem zierlich wirkendem Laubwerk ist die heimische Sandbirke ein prägnanter Gartenschmuck. Außer der nebenstehenden botanischen Bezeichnung sind auch die Synonyme *Betula verrucosa* sowie *B. alba* gebräuchlich.

■ Bewährte Sorten
'Dalecarlica' (**Örnas-** oder **Schlitzbirke**; mit tief geschlitzten, rhombischen Laubblättern, schmaler Krone und leicht überhängenden Zweigen, 10-15 m hoch); 'Fastigiata' (**Säulenbirke**; später Laubwurf, straff aufrechter, säulenartiger Wuchs, 7-15 m hoch); 'Purpurea' (**Blutbirke**; dunkelrotes, später bronzegrünes Laub mit braunroter Herbstfärbung, kleiner Baum mit lockerer Krone, Zweige leicht überhängend, 7-10 m hoch); 'Youngii' (**Trauerbirke**; kleiner Baum mit schirmförmiger Krone und bogig bis zur Erde niederhängenden Ästen und Zweigen, meist als Hochstamm veredelt, 4-6 m hoch)

■ Verwandte Art
Betula albosinensis, die **Kupferbirke**: kleiner Baum mit kegeliger Krone von 6-8 m Höhe, leuchtend orangerote Rinde, läßt sich schön mit Koniferen kombinieren.

■ Pflanzung
Die beste Pflanzzeit ist das Frühjahr. Die Bäume wachsen am schnellsten an, wenn sie mit Ballen in die Erde gesetzt werden.

■ Vermehrung
Die Art kann selbst im Freiland problemlos aus Samen gezogen werden. Da die Sorten der Weißbirke veredelt sind, erwirbt man sie am besten in Baumschulen oder Fachgärtnereien.

■ Pflegemaßnahmen
Die Weißbirke und ihre Sorten vertragen im Unterschied zu anderen Birkenarten auch länger anhaltende Trockenheit sehr gut und sind im allgemeinen anspruchslos.

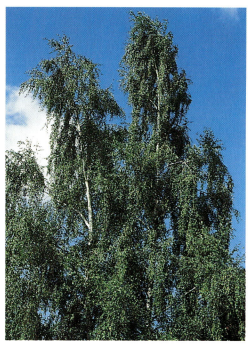

Sandbirke, Betula pendula

■ Schnitt
In jungen Jahren wird ein Rückschnitt ganz gut vertragen, doch entwickeln sich die Gehölze schöner, wenn man sie ungestört wachsen läßt.

■ Düngung
Mulchen und gelegentliche Kompostgaben verbessern das Nährstoffangebot hinreichend und fördern das Wachstum.

HÄUFIGE PFLEGEPROBLEME

Symptom: Äste älterer Bäume bekommen ein besenähnliches Wuchsbild.

Ursache: Austrieb ruhender Knospen, „Hexenbesen"

Vorbeugung/Abhilfe: Betreffende Äste im Winter abschneiden.

Außerdem häufig: Rost, Blattläuse

LAUBBÄUME UND -STRÄUCHER

Schmetterlingsstrauch, Sommerflieder
Buddleja davidii

Blüte: rosa, rot, violett oder weiß; VII–X

Wuchs: aufrechter, breit ausladender Strauch, trichterförmiger Umriß, Triebspitzen teilweise überhängend; 2–3 m hoch

Standort: O; durchlässiger Boden, auch auf Sand und Schotter, kalkliebend; warme, geschützte Lage

Verwendung: einzeln oder in kleinen Gruppen; für Stadtklima gut geeignet; im Hintergrund von Staudenrabatten, vor Mauern, auf Dachgärten und in großen Pflanzgefäßen

Paßt gut zu: anderen sommerblühenden Sträuchern wie Spierstrauch, Pfeifenstrauch, Magnolie und Weigelie sowie zu vielen Stauden und Sommerblumen

Aus der in China beheimateten Art *Buddleja davidii* sind zahlreiche Sorten mit kräftigen Blütenfarben hervorgegangen. Die in langen Rispen angeordneten Blüten locken mit ihrem starken Duft zahlreiche Schmetterlingsarten an. Im Herbst werfen die sommergrünen Gehölze ihre lanzettlichen, unterseits graufilzigen Laubblätter ab.

■ Bewährte Sorten
'Black Knight' (dunkelviolette Blüten, straff aufrechter Wuchs, 2–3 m hoch); 'Fascinating' (auch 'Fascination'; rosafarbene Blüten, bogig überhängende Triebe, 2–2,5 m hoch); 'Peace' (reinweiße Blüten, kräftiger, aufrechter Wuchs, 2–3 m hoch); 'Royal Red' (purpurrote Blüten, bogig überhängende Triebe, 2–3 m hoch)

■ Pflanzung
Es empfiehlt sich, die frostempfindlichen Sträucher im Frühjahr zu pflanzen, damit sie besser anwachsen können.

■ Vermehrung
Im Sommer von noch nicht verholzten Trieben etwa 15–20 cm lange Stücke als Triebstecklinge schneiden. Untere Blätter entfernen, Stecklinge einzeln in Töpfe mit Anzuchterde setzen und angießen. Bis zur Pflanzung im darauffolgenden Frühjahr hell und frostfrei halten. Auch Vermehrung über Steckhölzer (vergleiche Zeichnung) ist möglich.

■ Pflegemaßnahmen
Auf Blattläuse, Spinnmilben und Blattälchen achten. Auch Mosaikvirosen (siehe Seite 42) können gelegentlich auftreten. Als Winterschutz sollte Ende Oktober eine dicke Mulchschicht rund um das Gehölz ausgebracht werden.

■ Schnitt
Um den Blütenreichtum zu fördern, schneidet man im Februar oder März die über den Winter meist stark abgefrorenen Triebe radikal zurück.

■ Düngung
Zum Austrieb im Frühjahr kann mit Volldünger versorgt werden. Das Untergraben von Kompost sollte vermieden werden, um die flach unter der Erdoberfläche liegenden Wurzeln nicht zu beschädigen.

Schmetterlingsstrauch, Buddleja davidii

Steckholzschnitt bei Buddleja: Anders als beim Sommerstecklingsschnitt entnimmt man hierbei im Herbst verholzte Triebstücke von 20–25 cm Länge, die unten schräg, oben gerade abgeschnitten werden. Man schlägt sie über Winter ein und pflanzt sie im Frühjahr in Töpfe oder in ein Vermehrungsbeet

ZIERGEHÖLZE

Buchsbaum

Buxus sempervirens var. sempervirens

Blüte: gelbgrün, unscheinbar; IV–V

Wuchs: immergrüner, großer Strauch mit breiter und dichter Krone; 2–3 m hoch, im Alter bis 8 m hoch

Standort: ○–●; mäßig trockener bis frischer, humoser Boden

Verwendung: einzeln und in Gruppen; für Stadtklima gut geeignet; für freiwachsende oder geschnittene Hecken, als Formgehölz, niedrige Sorten als Beeteinfassung, im Hintergrund von Staudenrabatten, in großen Kübeln, im Bauerngarten; als Schnittgrün

Paßt gut zu: Rosen und Blütenstauden; als Unterwuchs zu Laubbäumen

Vorsicht: Alle Pflanzenteile sind giftig.

Vermehrungstip

Buchs läßt sich auch durch Absenker vermehren. Elastische, bodennahe Triebe werden eingeritzt (Schnittstelle mit einem Steinchen offenhalten), zum Boden abgeleitet und mit Drahtbügeln im Boden fixiert. Damit sie nach oben wachsen, wird das Triebende an Stäben aufgebunden.

Der Buchsbaum bietet mit seinem dunkelgrün glänzenden Laub das ganze Jahr über einen hübschen Anblick. Aufgrund seiner außerordentlichen Schnittverträglichkeit kann er zu beliebigen Formen zurechtgestutzt werden und findet schon seit Jahrhunderten Verwendung in der Gartenarchitektur.

■ Bewährte Sorten

'Handsworthiensis' (straff aufrechter Wuchs, selten stammbildend, kaum höher als 2 m); 'Rotundifolia' (mattes, blaugrünes Laub, breitbuschiger Wuchs, 2-4 m hoch); 'Suffruticosa' (**Einfassungsbuchs**; straff aufrechter, sehr dichtbuschiger Wuchs, höchstens 1 m hoch, besonders für niedrige Schnitthecken geeignet)

■ Pflanzung

Im Frühjahr oder Herbst.

■ Vermehrung

Kopfstecklinge, die man am besten im Frühsommer schneidet, bilden relativ schnell Wurzeln aus und können meist schon im Herbst oder folgenden Frühjahr gepflanzt werden.

■ Pflegemaßnahmen

Der anspruchslose Buchsbaum benötigt keine Pflegemaßnahmen.

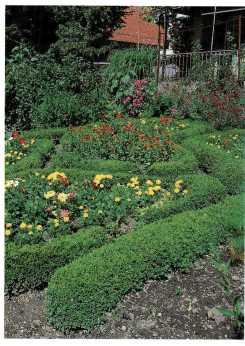

Klassisch: Einfassungsbuchs im Bauerngarten

■ Schnitt

Wie die Art sind auch die Sorten äußerst schnittverträglich und können praktisch das ganze Jahr über beliebig in Form geschnitten werden.

■ Düngung

Nicht erforderlich.

HÄUFIGE PFLEGEPROBLEME

Symptom: Gelbe Flecken auf der Blattoberseite, unterseits Gallen (erscheinen als flache Beulen) mit gelbroten Larven

Ursache: Buchsbaumgallmücke

Vorbeugung/Abhilfe: Betroffene Triebe zurückschneiden.

Außerdem häufig: Schildläuse, Spinnmilben

Ältere Buchspflanzen lassen sich am besten mit Hilfe einer Schablone (hier aus Drahtreifen und Bambusstäben) in Form schneiden

LAUBBÄUME UND -STRÄUCHER

Choenomeles-Hybride 'Fire Glow'

Zierquitten, Scheinquitten
Choenomeles-Arten ☐ ▽ ▶

Blüte: weiß, rosa, rot; III–IV

Fruchtschmuck: eßbare, duftende Apfelfrüchte von gelber bis grünlicher Farbe; ab VIII

Wuchs: kleine bis mittelgroße Sträucher, je nach Art und Sorte gedrungen bis locker aufrecht oder niederliegend; 1–3 m hoch

Standort: ○–◐; humoser, durchlässiger Boden; kalkempfindlich

Verwendung: einzeln oder in Gruppen; für Stadtklima geeignet; in freiwachsenden Hecken, im Hintergrund von Frühlingsbeeten, niedrigwüchsige Arten und Sorten in Pflanzgefäßen, *Choenomeles speciosa* auch als Wandbegrünung

Passen gut zu: frühblühenden Zwiebel- und Knollenpflanzen wie Narzisse, Tulpe und Traubenhyazinthe sowie zu frühblühenden Sträuchern wie Felsenbirne, Ranunkelstrauch und Schneeball

Scheinquitten zeichnen sich durch üppige Blüte in kräftigen Farbtönen aus. Ihre Früchte werden wie die der echten Quitten zur Herstellung von Gelees, Kompott oder Saft verwendet.

■ *Choenomeles*-Hybriden gibt es als niedriggedrungene oder locker aufrechte Sorten bis 2 m Wuchshöhe. Die Farbpalette ihrer großen, schalenförmigen Blüten reicht von reinem Weiß über Rosa bis zu einem kräftigen Rot.

■ **Japanische Zierquitten** *(Choenomeles japonica)* erreichen nur 1,5 m Wuchshöhe, die Triebe breiten sich teils niederliegend aus. Ihre Blüten sind etwas kleiner als die der anderen Scheinquitten und von orangeroter oder ziegelroter Farbe.

■ **Chinesische Zierquitten** *(Choenomeles speciosa)* schmücken sich mit scharlachroten Blüten und länglichen Apfelfrüchten. Sie wachsen aufrecht und werden 2–3 m hoch. Diese Art kann man an einem Klettergerüst spalierartig in die Höhe ziehen.

■ Bewährte Sorten

■ der *Choenomeles*-Hybriden: 'Andenken an Carl Ramcke' (zinnoberrote Blüten, breit gedrungener Wuchs, 1,5 m hoch); 'Crimson and Gold' (dunkelrote Blüten, sehr breitwüchsig, reich fruchtend, 1 m hoch); 'Elly Mossel' (feuerrote Blüten, stark- und breitwüchsig, 1,5–2 m hoch); 'Nivalis' (reinweiße Blüten, aufrechter, starker Wuchs, 2 m hoch)

■ Pflanzung

Im Frühjahr oder Herbst, dabei auf die fleischigen Wurzeln achten, da sie leicht brechen.

■ Vermehrung

Die schnellste Vermehrungsmethode ist das Kultivieren von Wurzelschnittlingen. Dazu werden im Spätherbst etwa 7 cm lange und 1 cm dicke Wurzelstücke abgeschnitten und entsprechend ihrer natürlichen Wuchsrichtung schräg in Töpfe mit humusreicher Erde gesteckt. Man bedeckt sie dünn mit Erde und

ZIERGEHÖLZE

stellt sie über den Winter hell und frostfrei auf. Zeigt sich im Frühling der erste Austrieb, können die Jungpflanzen ausgebracht werden. *Choenomeles*-**Hybriden** lassen sich auch aus Triebstecklingen heranziehen.

■ Pflegemaßnahmen
Jungpflanzen sollten den Winter über mit einer Reisigabdeckung geschützt werden. Umgraben im Wurzelbereich vermeiden, um die flach unter der Erde liegenden Wurzeln nicht zu verletzen.

■ Schnitt
Zu dicht gewordene Sträucher vorsichtig auslichten, indem man störende und überalterte Äste möglichst bodennah herausnimmt.

■ Düngung
Gelegentliches Mulchen verbessert das Nährstoffangebot.

Vermehrungstip
Die reinen Arten können auch aus ihren Samen gezogen werden; dabei beachten, daß es sich um Kaltkeimer handelt.

HÄUFIGE PFLEGEPROBLEME

Symptom: Blätter zeigen gelbliche bis grüne Band- oder Ringmuster.

Ursache: Gelbfleckenkrankheit (Viruserkrankung)

Vorbeugung/Abhilfe: Nur gesundes Pflanzgut verwenden, bei Befall Strauch entfernen und vernichten. Virusüberträger wie Nematoden (Älchen) bekämpfen.

Außerdem gelegentlich: Echter Mehltau, Blattfleckenkrankheit, sehr selten Feuerbrand; Blattläuse, Schildläuse

Choenomeles-Hybride 'Nivalis'

Zierquitte: Blickfang in jedem Frühjahr

LAUBBÄUME UND -STRÄUCHER

Blumenhartriegel
Cornus-Arten ■ ▼ ▶

Blüte: weiße, rosafarbene oder rote Hochblätter, eigentliche Blüten unscheinbar; V–VI
Fruchtschmuck: rote, eiförmige oder rosafarbene, erdbeerähnliche Steinfrüchte; VIII–IX
Wuchs: langsam wachsende Großsträucher oder kleine Bäume mit breiter, lockerer Krone; 4–7 m hoch
Standort: ○–◐; frischer, humoser, gut durchlässiger, kalkfreier Boden
Verwendung: am schönsten einzeln, aber auch in Gruppen; in Kombination mit anderen Gehölzen, in großen Pflanzkübeln; für Stadtklima ungeeignet
Passen gut zu: Rhododendren und Nadelgehölzen

Cornus kousa

Cornus florida

Blumenhartriegel zieren sich im Frühsommer mit attraktivem Blütenschmuck. Die eigentlichen gelblichgrünen Blüten bleiben recht unscheinbar, sie werden jedoch von je 4 großen weißen oder rosafarbenen Hochblättern umrahmt.

■ Der **Amerikanische Blumenhartriegel** (*Cornus florida*) bildet eine baumartige, dicht verzweigte Krone aus, deren Äste bläulichbraun bereift sind. Im Herbst färben sich seine Laubblätter leuchtendrot.

■ Der **Japanische Blumenhartriegel** (*Cornus kousa*) blüht erst 2 bis 3 Wochen nach dem Amerikanischen, seine Hochblätter wirken etwas anmutiger. Auch er zeigt eine leuchtendrote Herbstfärbung.

■ **Bewährte Sorten**
■ des **Amerikanischen Blumenhartriegels** (*Cornus florida*): 'Cherokee Chief' (rosarote Hochblätter, 4–6 m hoch); 'Cherokee Princess' (weiße Hochblätter, schmal und aufrecht wachsend, 4–6 m hoch); 'Rubra' (Roter Blumenhartriegel; hellrosa bis rote Hochblätter, intensive Herbstfärbung, 4–6 m hoch)
■ des **Japanischen Blumenhartriegels** (*Cornus kousa*): 'Gold Star' (weiße Hochblätter, Laubblätter gelb gemustert, 5–7 m hoch); 'Milky Way' (cremeweiße Hochblätter, reiche Fruchtbildung, 5–7 m hoch); 'Schmetterling' (weiße Hochblätter, 5–7 m hoch)

■ **Pflanzung**
Im Frühjahr oder Herbst. Die Sträucher reagieren sehr empfindlich auf Oberflächenverdichtung und sollten daher nicht unmittelbar neben Wege oder Sitzgelegenheiten gepflanzt werden.

■ **Vermehrung**
Am meisten Erfolg verspricht eine Vermehrung durch Absenker. Bodennahe Triebe werden eingeschnitten, in den Schnitt wird ein Stückchen Holz oder ein Steinchen geklemmt und diese Stelle mit Drahtbügeln im Boden festgehalten. Das Triebende leitet man an einem Holzstab nach oben. Nach der Wurzelbildung kann der Spitzentrieb abgetrennt und neu gepflanzt werden.

■ **Pflegemaßnahmen**
Bei lang anhaltender Trockenheit durchdringend wässern. Auf Schildläuse achten.

■ **Schnitt**
Die langsam wachsenden Sträucher brauchen nicht geschnitten zu werden, überdies würde dadurch ihre schöne baumartige Wuchsform beeinträchtigt.

■ **Düngung**
Regelmäßige Düngegaben sind nicht nötig, gelegentliches Mulchen genügt.

Besonderheiten

Der Schmuck der Hochblätter hält lange an, wenn der Standort der Blumenhartriegel um die Mittagszeit beschattet ist.

Vermehrungstip

Reine Arten können durch Aussaat vermehrt werden. Man muß aber damit rechnen, daß nicht jedes Jahr Früchte zur Gewinnung der Samen ausgebildet werden.

ZIERGEHÖLZE

Fruchtschmuck von Cornus sanguinea

Die Hartriegelarten beeindrucken durch ihren schönen Wuchs und sind zudem sehr robuste Gehölze.

■ Der **Tatarische Hartriegel** *(Cornus alba)* und seine zahlreichen Sorten besitzen häufig andersfarbig gerandete Laubblätter sowie kräftig getönte Rinden, die auch im Winter sehr schmückend wirken.

■ Die **Kornelkirsche** *(Cornus mas)* bringt im zeitigen Frühjahr, noch vor dem ersten Laub, kleine Dolden goldgelber Blüten hervor, die für Insekten eine wichtige Nektarquelle sind. Bis zum Herbst entwickeln sie sich zu länglichen, dunkelroten Früchten, die als Wildobst zu Säften, Gelees und Konfitüren verarbeitet werden können. Einen reizvollen Kontrast zum Fruchtschmuck liefert die goldgelbe Herbstfärbung des Laubes.

■ Der **Rote Hartriegel** *(Cornus sanguinea)* schmückt besonders im Herbst durch seine blutrote Laubfärbung und seine schwarzroten Früchte, ganzjährig auch mit bläulichgrüner Rinde, die zur besonnten Seite hin gerötet ist.

■ **Bewährte Sorten**
■ des **Tatarischen Hartriegels** *(Cornus alba)*: 'Argenteomarginata' (Weißbunter Hartriegel, hellgrün-weiß gemustertes Laub, karminrote Herbstfärbung, rote Rinde, 2–3 m hoch); 'Sibirica' (Purpurhartriegel, hellgrünes Laub, braunrote Herbstfärbung, leuchtendrote Rinde, 2–3 m hoch); 'Spaethii' (Gelbbunter Hartriegel, zunächst bronzegelbes, später goldgelb gerandetes Laub, bräunlichrote Rinde, bis 2 m hoch)

■ **Pflanzung**
Im Frühjahr oder Herbst.

■ **Vermehrung**
Wie bei den Blumenhartriegeln.

■ **Pflegemaßnahmen**
Die anspruchslosen Sträucher brauchen keine besondere Pflege. Auf Schildläuse achten.

■ **Schnitt**
Allenfalls viel zu dicht gewordene Sträucher lichtet man etwas aus, indem man einzelne Triebe bodennah herausnimmt. **Kornelkirsche** und **Tatarischer Hartriegel** treiben auch nach radikalem Verjüngungsschnitt willig aus.

■ **Düngung**
Nicht erforderlich.

Vermehrungstip

Aus Kopf- und Triebstecklingen, die man im Frühsommer schneidet, lassen sich problemlos junge Pflanzen heranziehen.

Cornus alba 'Sibirica'

Hartriegel
Cornus-Arten ☐▷

Blüte: weiße oder gelbe, meist unscheinbare Blüten; V–VI, *Cornus mas* III–IV

Fruchtschmuck: weiße, rote oder schwarze, kugelige bis längliche Früchte, teils auch unscheinbar; ab VIII

Wuchs: Großsträucher mit breit ausladenden Trieben; je nach Art und Sorte 1–6 m hoch

Standort: ○–◐; mäßig trockener bis frischer, durchlässiger Boden

Verwendung: einzeln oder in Gruppen; für freiwachsende Hecke, *Cornus mas* auch als Schnitthecke, zur Erstbegrünung von Ödland, in Gehölzstreifen

Passen gut zu: fast allen Laub- und Nadelgehölzen

Früchte der Kornelkirsche

LAUBBÄUME UND -STRÄUCHER

Haselnuß,
Waldhasel
Corylus avellana □▷

Blüte: lange goldgelbe Kätzchenblüten (weibliche Kätzchen unscheinbar); II–III
Fruchtschmuck: grüne, später braune, eßbare Nüsse in grünen Blattbechern; ab IX
Wuchs: Großstrauch mit mehreren, an der Basis vereinten Grundstämmen, schirmförmige Krone; 3–5 m hoch
Standort: ○–◐; mäßig trockener bis frischer, humoser Boden
Verwendung: einzeln oder in Gruppen; in freiwachsenden Hecken, unter locker stehenden Bäumen, als Erstbesiedler für Ödland, als Wind-, Sicht- und Lärmschutz; für Stadtklima geeignet
Paßt gut zu: fast allen Ziergehölzen, besonders zu anderen Fruchtsträuchern wie Kornelkirsche, Schlehe und Schwarzem Holunder

Die sehr zeitig noch vor dem Laubaustrieb erscheinenden Kätzchenblüten der Haselnuß werden von Insekten als reiche Nektarquelle geschätzt. Ihre im Herbst reifenden Nüsse sind bei Mensch und Tier gleichermaßen beliebt. Nicht vergessen werden darf die hervorragende Wirkung des dichten Laubwerkes als Lärmschutz.

■ Bewährte Sorten
'Aurea' (**Goldhasel**; goldgelbes, später grünlichgelbes Laub, schwachwüchsig, bis 3 m hoch); 'Contorta' (**Korkenzieherhasel**; korkenzieherartig gedrehte Triebe, für Einzelstellung, 2–4 m hoch); 'Rotblättrige Zellernuß' (dunkelrotes, später rotbraunes Laub, breit ausladender Wuchs, 4–5 m hoch)

■ Pflanzung
Im Herbst oder Frühjahr.

■ Vermehrung
Die veredelten Sorten müssen im Handel erworben werden. Die reine Art hingegen kann problemlos durch Absenker oder Stecklinge vermehrt werden. Kopfstecklinge schneidet

Korkenzieherhasel, Corylus avellana 'Contorta'

HÄUFIGE PFLEGEPROBLEME

Symptom: Rundliche, angeschwollene Knospen, treiben im Frühjahr nicht aus.
Ursache: Gallmilben
Vorbeugung/Abhilfe: Befallene Triebe abschneiden und vernichten.

man am besten im Frühsommer, entfernt die untersten Blätter und steckt sie dann einzeln in Töpfe mit Anzuchterde. Über den Winter müssen die Töpfe hell und frostfrei aufgestellt werden, im darauffolgenden Frühjahr kann ausgepflanzt werden.

■ Pflegemaßnahmen
Die anspruchslose Haselnuß bedarf keiner besonderen Pflege. Die skurrile Wuchsform der **Korkenzieherhasel** bleibt erhalten, wenn aus dem Wurzelstock treibende Wildtriebe regelmäßig entfernt werden.

■ Schnitt
Um die natürliche Wuchsform nicht zu verändern, sollte man die Sträucher bei Bedarf nur auslichten, indem man ältere Triebe bodennah herausnimmt. Überalterte Exemplare vertragen einen radikalen Verjüngungsschnitt, der vor dem Laubaustrieb erfolgen sollte.

■ Düngung
Nicht erforderlich.

Besonderheiten

Haselnußsträucher sind selbststeril, d. h., sie brauchen zur Fruchtbildung eine Fremdbestäubung. Will man einen Fruchtansatz erzielen, müssen mindestens zwei Sträucher verschiedener Sorten nebeneinander gepflanzt werden.

ZIERGEHÖLZE

Die winzigen, gelbgrünen Blüten des Perückenstrauches wirken in ihrer Gesamtheit als lange Rispen sehr hübsch. Sie entwickeln sich schnell zu Früchten, an deren Stielen federige, rötlich gefärbte Haare sitzen, die dem Strauch ein duftiges, perückenähnliches Aussehen verleihen. Die frischgrünen, länglich-rundlichen Laubblätter nehmen im Herbst eine leuchtend orangegelbe Färbung an.

■ Bewährte Sorte
'Royal Purple' (grünrote Blüten, silbrig-rote Fruchtstände, schwarzrotes Laub mit metallischem Glanz, 2-3 m hoch)

■ Pflanzung
Der Perückenstrauch sollte im Frühjahr oder Frühherbst gepflanzt werden. Ein späterer Pflanztermin erschwert sein Einwurzeln. Bei einer Gruppenpflanzung sollte man ausreichend große Abstände zwischen den Sträuchern lassen, da die Pflanzen mit der Zeit recht breitwüchsig werden.

■ Vermehrung
Nach dem Laubfall im Herbst schneidet man 20-25 cm lange, noch nicht verholzte Triebstücke als Steckhölzer schräg ab. Eingeschlagen in feucht zu haltende Tücher oder Sand werden sie über Winter frostfrei aufbewahrt. Während dieser Zeit öfters auf Pilzbefall kontrollieren. Im folgenden Frühjahr können die Triebstecklinge dann in Gefäße oder direkt ins Freiland gesteckt werden.

■ Pflegemaßnahmen
Die Pflege der genügsamen Sträucher beschränkt sich auf das Entfernen erfrorener und gebrochener Triebe im Frühjahr; ansonsten entwickeln sie sich am besten, wenn man sie ungestört wachsen läßt.

■ Schnitt
Schnittmaßnahmen sollten unterbleiben, damit der Strauch seine Schönheit voll entfalten kann und sein Blütenreichtum nicht eingeschränkt wird.

Perückenstrauch, Cotinus coggygria

■ Düngung
Nicht erforderlich; gelegentlich kann eine Mulchschicht ausgebracht werden.

HÄUFIGE PFLEGEPROBLEME

Symptom: Einzelne Zweige oder größere Strauchpartien sterben plötzlich ab.

Ursache: Verticillium-Welke (Pilzerkrankung)

Vorbeugung/Abhilfe: Auf optimalen Standort achten; befallene Triebe sofort entfernen und vernichten, bei starkem Befall muß der ganze Strauch gerodet werden.

Perückenstrauch

Cotinus coggygria □ ▷

Blüte: grüngelb, in vielfach verzweigten Rispen; VI–VII

Fruchtschmuck: rötliche, duftige Fruchtstände; ab VII

Wuchs: hoher Strauch mit breit ausladenden Zweigen; 2–5 m hoch

Standort: ○; trockener bis frischer Boden, kalkliebend; warme, geschützte Lage

Verwendung: einzeln oder in kleinen Gruppen; für Stadtklima sehr gut geeignet; in lockeren Gehölzgruppen, im Hintergrund von Beeten

Paßt gut zu: anderen Ziersträuchern wie Goldregen, Wolligem Schneeball und Kolkwitzie; schön vor dunkler Kulisse aus Koniferen

Vorsicht: Die Pflanze enthält vermutlich Giftstoffe und kann bei empfindlichen Personen Hautreizungen verursachen.

Vermehrungstip

Jungpflanzen gewinnt man sehr schnell durch Absenker: Ein bodennaher Trieb wird eingeritzt, in die Schnittstelle klemmt man ein Hölzchen und fixiert die Stelle mit Drahtbügeln am Boden. Die Triebspitze leitet man an einem Stab senkrecht auf. Nach Bewurzelung Triebspitze abtrennen und neu pflanzen.

LAUBBÄUME UND -STRÄUCHER

Zwergmispeln

Cotoneaster-Arten □ ▽ ▷

Blüte: weiß, rosa, rot; V–VI
Fruchtschmuck: kleine, rote Apfelfrüchte; ab VIII
Wuchs: niederliegende, kriechende Sträucher, teilweise auch mit bogig aufgerichteten Trieben; 0,15–1,5 m hoch
Standort: ○–◐; nicht zu trockener Boden
Verwendung: einzeln, besser in kleinen Gruppen; zur flächigen Begrünung auch von Böschungen, zwischen oder unter höheren Sträuchern, auf Mauerkronen, an Hauswänden, im Steingarten, in Pflanzgefäßen; für Stadtklima gut geeignet
Passen gut zu: Polsterstauden, Gräsern und anderen Kleinsträuchern
Vorsicht: Alle Teile, besonders die Früchte, enthalten Giftstoffe.

Zwergmispeln entfalten Blüten, die winzigen Rosenblüten ähneln und sich zu kleinen, beerenartigen Apfelfrüchten entwickeln. Deren leuchtendes Rot kommt vor dem grünen Laubwerk aus kleinen, schmucken Blättern besonders gut zur Geltung.

■ Die **Kissenmispel** *(Cotoneaster adpressus)*, die höchstens 0,3 m hoch wird, bringt rosarote, schwach duftende Blüten hervor. Ihre Laubblätter färben sich im Herbst weinrot, bevor sie dann abfallen.

■ Die immergrüne **Teppich-** oder **Kriechmispel** *(Cotoneaster dammeri)* überzieht sich im Spätfrühling dicht mit weißen, rötlich überhauchten Blüten. Ihre Triebe erreichen eine Länge von bis zu 1 m, meist kriechen sie flach am Boden entlang.

■ Bei der **Fächermispel** *(Cotoneaster horizontalis)* verzweigen sich die Triebe fächerartig und richten sich zum Teil bogenförmig bis zu 1,5 m hoch auf. Ihr Laub färbt sich im Herbst orange- bis scharlachrot, in milden Wintern bleibt es haften.

■ **Bewährte Sorten**

■ der **Teppichmispel** *(Cotoneaster dammeri):* 'Coral Beauty' (zahlreiche orangerote Früchte, 0,4-0,6 m hoch); 'Eichholz' (einzelne, große rote Früchte, sehr gute Frosthärte, 0,2-0,4 m hoch); 'Skogholm' (leuchtendrote Früchte, 0,8-1 m hoch)

■ **Pflanzung**
Im Frühjahr oder Herbst.

ZIERGEHÖLZE

Fächermispel, Cotoneaster horizontalis

HÄUFIGE PFLEGEPROBLEME

Symptom: Blätter und Triebspitzen vertrocknen und sterben ab, Rinde sondert Schleim ab.

Ursache: Feuerbrand (Bakterieninfektion)

Vorbeugung/Abhilfe: Erkrankte Pflanzen unverzüglich roden und vernichten. Die Krankheit muß unbedingt beim zuständigen Pflanzenschutzamt gemeldet werden!

Außerdem häufig: Blattläuse, Spinnmilben und Schildläuse

Besonderheiten

Die häufig etwas streng duftenden Blüten sind ergiebige Nektarquellen für Bienen und andere Insekten.

Vermehrungstip

Die reinen Arten können auch aus Samen nachgezogen werden. Dabei beachten, daß es sich um Kaltkeimer handelt, die der winterlichen Kälte ausgesetzt werden müssen, um zur Keimung zu gelangen.

■ Vermehrung

Arten und Sorten kann man aus Kopfstecklingen, die im Herbst geschnitten werden, anziehen. In Töpfen mit Anzuchterde bilden sie bald Wurzeln aus und können dann im darauffolgenden Frühjahr ausgepflanzt werden. Über den Winter hell und frostfrei aufstellen.

■ Pflegemaßnahmen

Nicht erforderlich.

■ Schnitt

Regelmäßiger Auslichtungsschnitt verhindert unkontrolliertes Wachstum. Dabei sollte man vor allem die jungen Triebe kürzen, da ältere Triebe nach einem Schnitt häufig aus schlafenden Augen wieder austreiben und sich die meist in kleinen Gruppen gepflanzten Sträucher dadurch schnell zu einem undurchdringlichen Gestrüpp entwickeln würden.

■ Düngung

Nicht erforderlich.

Teppichmispel, Cotoneaster dammeri

LAUBBÄUME UND -STRÄUCHER

Strauchmispeln

Cotoneaster-Arten

Blüte: weiß, rosa; V–VI
Fruchtschmuck: kleine, rote Apfelfrüchte; ab VIII
Wuchs: mittelhohe Sträucher, Grundtriebe trichterförmig aufrecht, teilweise leicht überhängend; 2–4 m hoch
Standort: ○–◐; nicht zu trockener Boden
Verwendung: einzeln oder in Gruppen; zur Auflockerung von Gehölzgruppen, an Gehölzrändern, in freiwachsenden Hecken; für Stadtklima gut geeignet
Passen gut zu: anderen Ziersträuchern wie Berberitze, Zierquitte, Weißdorn, Liguster
Vorsicht: Alle Teile, insbesondere die Früchte, gelten als giftig.

Im Gegensatz zu ihren zwergigen „Cousinen" wachsen die Strauchmispeln zu recht stattlichen Ziersträuchern heran.

■ Die **Runzelblättrige Strauchmispel** *(Cotoneaster bullatus)* trägt ihren Namen nach ihren dunkelgrünen, ledrig und runzelig wirkenden Laubblättern. Vor dem Laufwurf im Herbst färben sie sich leuchtend rot. Ihre hellroten, kugeligen Früchte sind immer zu mehreren gebündelt und hängen an langen Stielen.

■ Die **Blütenmispel** *(Cotoneaster multiflorus)* wirkt durch ihren Blütenreichtum auch als Solitärpflanze sehr schön. Ihre weißen bis zartrosa Blüten verströmen einen stark aromatischen Duft. Im Herbst schmücken sich ihre überhängenden Zweige mit zahlreichen dunkelroten Früchten.

■ **Pflanzung**
Im Frühjahr oder Herbst.

■ **Vermehrung**
Durch Kopfstecklinge, wie bei den Zwergmispeln (siehe Seite 301).

■ **Pflegemaßnahmen**
Im Wurzelbereich der Strauchmispeln sollte nicht gegraben werden, da die Wurzeln flach unter der Erdoberfläche verlaufen. Auf Feuerbrand achten, siehe Hinweis bei den Zwergmispeln (Seite 301).

■ **Schnitt**
Bei Bedarf ab und zu vorsichtig auslichten, indem ältere Triebe bodennah herausgenommen werden. Bei ausgewachsenen Sträuchern sollte man einen starken Rückschnitt vermeiden, da der Neuaustrieb nie wieder die schöne, geschlossene Wuchsform erreicht.

■ **Düngung**
Nicht erforderlich.

Cotoneaster multiflorus

Strauchmispel, Cotoneaster bullatus

ZIERGEHÖLZE

Aufgrund ihrer dichten Verzweigung und der dornenbewehrten Kurztriebe sind die Weißdornarten ideale Vogelschutzgehölze. Auch ihr Nahrungsangebot für Vögel und Insekten ist sehr reichlich. Die kleinen gelappten Laubblätter zeigen im Herbst oft eine schöne orangerote Färbung.

■ Der **Zweigriffelige Weißdorn** *(Crataegus laevigata)* wächst meist baumartig und wird bis zu 7 m hoch. Formen mit roten, teilweise gefüllten Blüten bezeichnet man als Rotdorn.

■ Der **Eingriffelige Weißdorn** *(Crataegus monogyna)* verzweigt sich bereits knapp über dem Erdboden vielfach. Seine unzähligen weißen Blütendolden bilden einen reizenden Anblick, sie duften jedoch eher streng.

Zweigriffeliger Weißdorn, Crataegus laevigata

■ **Pflanzung**

Wegen ihres strengen Duftes sollten Weißdorne nicht in die Nähe von Terrassen oder sonstigen Sitzgelegenheiten gepflanzt werden. Beste Pflanzzeit ist das Frühjahr.

■ **Vermehrung**

Aus Samen lassen sich nur die reinen Arten vermehren. Sie sollten gleich nach der Reife ausgebracht werden, da für ihre Keimung die Kälteeinwirkung des Winters nötig ist. Die Sorten sind veredelt und müssen daher im Handel nachgekauft werden.

■ **Pflegemaßnahmen**

Nicht erforderlich.

■ **Schnitt**

Alle Arten und Sorten vertragen bis ins Alter einen radikalen Verjüngungsschnitt. Ungeschnitten wirken sie allerdings am schönsten.

■ **Düngung**

Nicht erforderlich.

Besonderheiten

In der Nähe von Obstgärten oder -plantagen sollte man auf die Pflanzung der hier vorgestellten Weißdornarten und -sorten verzichten, da sie häufig an Feuerbrand erkranken und die krankheitsauslösenden Bakterien gerne auf Obstbäume übergreifen. Bei Befall besteht Meldepflicht!

HÄUFIGE PFLEGEPROBLEME

Symptom: Blattoberseite bekommt gelbe Flecken, auf Blattunterseite gelbe bis rote Fruchtkörper, Zweige und Triebe schwellen an.

Ursache: Weißdornrost (Pilzerkrankung)

Vorbeugung/Abhilfe: Keinen Gewöhnlichen Wacholder *(Juniperus communis)* in die Nähe des Weißdorns pflanzen, da er als Überträger des Pilzes gilt; befallene Teile sofort entfernen, eventuell mit Schachtelhalmtee spritzen.

Außerdem häufig: Feuerbrand (meldepflichtig!), Echter Mehltau; Gespinstmotten, Raupen, Gallmücken, Blutläuse, Spinnmilben

---

Weißdorn

Crataegus-Arten

Blüte: weiß oder rot; V–VI

Fruchtschmuck: kleine, rote Apfelfrüchte; ab VIII

Wuchs: große Sträucher oder kleine Bäume, mit dicht stehenden, stark verzweigten Trieben; 3–7 m hoch

Standort: ☉–◐; nicht zu sandiger, möglichst kalkhaltiger Boden

Verwendung: einzeln oder in Gruppen; in freiwachsenden oder Schnitthecken, als Windschutzpflanzung, in lockeren Gehölzgruppen, in großen Pflanzkübeln; für Stadtklima geeignet

Passen gut zu: anderen Wildsträuchern wie Kornelkirsche, Heckenkirsche, Wildrosen, Schlehe, Liguster

LAUBBÄUME UND -STRÄUCHER

Ginster, Geißklee
Cytisus-Arten ■ ▷

Blüte: gelb, weiß, rot, violett, auch mehrfarbig; IV–VI

Fruchtschmuck: braune bis schwarze Hülsenfrüchte; ab VII

Wuchs: buschige Sträucher; 1–2 m hoch

Standort: ○; leichter, saurer, gut durchlässiger Boden; warme, geschützte Lage

Verwendung: einzeln und in Gruppen; im Steingarten, im Heidegarten, vor dunklen Nadelgehölzen, in Gehölzgruppen, auf Böschungen, in Pflanzgefäßen; für Stadtklima geeignet

Paßt gut zu: niedrigem Wacholder, Besenheide, Polsterstauden und Gräsern

Vorsicht: Alle Pflanzenteile enthalten Giftstoffe.

Edelginster, Cytisus-Scoparius-Hybride

Im Frühsommer ist der Ginster über und über mit Schmetterlingsblüten bedeckt, die meist intensiv duften. Nach der Blüte wirken die Sträucher eher unauffällig, da ihre dreizähligen Laubblätter sehr klein bleiben.

■ Der **Elfenbeinginster** *(Cytisus* x *praecox)* öffnet schon im April seine cremeweißen, süßlich duftenden Blüten. Sorten blühen auch in anderen Farben.

■ Die Sorten des **Edelginsters** *(Cytisus-Scoparius*-Hybriden) bestechen durch Blüten in kräftigen Farben und Farbkombinationen. Sie erscheinen erst einige Wochen nach denen der zuvor genannten Art.

■ Pflanzung
Der flachwurzelnde Ginster sollte nur mit Wurzelballen oder als Containerware gekauft werden. Beste Pflanzzeit ist im Erstfrühling, etwa von März bis April.

■ Vermehrung
Aus Kopfstecklingen lassen sich problemlos Nachkommen heranziehen. Im Frühsommer werden die noch nicht verholzten Spitzen von Seitentrieben schräg abgeschnitten, ihre unteren Blätter entfernt und in Töpfe mit Anzuchterde gesetzt. Bei heller und frostfreier Überwinterung bilden sich bis zum Auspflanztermin im darauffolgenden Frühjahr genügend Wurzeln aus.

Nach der Blüte schneidet man einen Teil der Triebe bis auf kräftige Seitenverzweigungen zurück

■ Pflegemaßnahmen
Die frostempfindlichen Sorten des Edelginsters sollte man über den Winter mit einer Abdeckung aus Fichtenreisig schützen. Zudem wird dadurch Wildverbiß verhindert.

■ Schnitt
Um Neuaustrieb und reichen Blütenansatz zu fördern, schneidet man einen Teil der Triebe gleich nach dem Abblühen bis zu einer Verzweigungsstelle oder zur Basis zurück. Ein radikaler Rückschnitt aller Zweige ist nicht empfehlenswert.

■ Düngung
Nicht erforderlich.

Besonderheiten

Ginster sollte man nicht an Teiche pflanzen, in denen Fische gehalten werden. Fallen nämlich Früchte ins Wasser, können die Tiere durch die darin enthaltenen Giftstoffe eingehen.

HÄUFIGE PFLEGEPROBLEME

Symptom: Auf Blättern, Blattstielen und Stammteilen bilden sich kleine braune Flecken, die mit der Zeit größer werden und zum Absterben der ganzen Pflanze führen können.

Ursache: Blatt- und Stengelfleckenkrankheit (Pilzerkrankung)

Vorbeugung/Abhilfe: Auf optimalen Standort achten, nicht düngen; befallene Teile sofort entfernen, mit Schachtelhalm- oder Kupferpräparaten spritzen.

Außerdem häufig: Falscher Mehltau, Rost; Blattläuse, Spinnmilben

ZIERGEHÖLZE

Die wunderschönen Ziersträucher überziehen sich im Frühsommer mit einem wahren Blütenmeer.

■ Der **Maiblumenstrauch** *(Deutzia gracilis)* wächst dichtbuschig und entfaltet strahlendweiße Blüten. Mit einer maximalen Höhe von 1 m eignet er sich auch gut für niedrige Einfassungshecken.

■ Die **Rauhblättrige Deutzie** *(Deutzia scabra)* öffnet ihre Blüten, die je nach Sorte reinweiß oder zartrosa gefärbt sind, etwas später. Sie wächst straff aufrecht und erreicht bis 4 m Wuchshöhe.

■ Von den Hybriden ist die **Rosendeutzie** *(Deutzia x hybrida* 'Mont Rose') am weitesten verbreitet. Ihre sternförmigen Blüten erstrahlen in hellem Rosa mit auffällig gelben Staubgefäßen. Sie wird 1,5–2 m hoch.

■ **Bewährte Sorten**
■ der **Rauhblättrigen Deutzie** *(Deutzia scabra):* 'Candidissima' (schneeweiße, dicht gefüllte Blüten, 3–4 m hoch); 'Plena' (rosafarbene, dicht gefüllte Blüten, 3–4 m hoch)

■ **Pflanzung**
Im Frühjahr oder Herbst.

■ **Vermehrung**
Kopfstecklinge schneidet man im Frühsommer und kultiviert sie in Töpfen mit Anzucht-

Deutzia scabra 'Plena'

Rosendeutzie, Deutzia x hybrida 'Mont Rose'

Deutzien, Sternchensträucher
Deutzia-Arten ■▷

Blüte: weiß oder rosa; V–VII
Wuchs: kleine bis große Sträucher mit horstartig vereinten Grundtrieben; je nach Art und Sorte 0,5–4 m hoch
Standort: ○–◐; frischer, humoser Boden
Verwendung: einzeln oder in Gruppen; in Gehölzgruppen, in Ziersträuchhecken, an Gebüschrändern; für Stadtklima geeignet
Passen gut zu: anderen Ziersträuchern wie Ranunkelstrauch, Geißblatt, Zierkirsche, Spierstrauch

erde. Nach heller und frostfreier Überwinterung können die bewurzelten Jungpflanzen ab März ausgepflanzt werden.

■ **Pflegemaßnahmen**
Da Deutzien schnell welken, vor allem während der Blüte, sollte man den Boden dick mulchen und an trockenen Tagen gründlich wässern.

■ **Schnitt**
Für reiche Blüte ist regelmäßiger Schnitt unerläßlich. Nach der Blüte alte und störende Äste bis zur Basis herausnehmen, stark verzweigte Triebe bis auf eine nach oben gerichtete Verzweigung oder ebenfalls bodennah zurücknehmen. Keinesfalls junge, un- oder wenig verzweigte Äste kürzen, denn diese bringen im nächsten Jahr die Blüten.

■ **Düngung**
Nicht erforderlich.

LAUBBÄUME UND -STRÄUCHER

Forsythie, Goldglöckchen
Forsythia x intermedia ■ ▶

Blüte: gelb, IV–V

Wuchs: Strauch mit aufrechten Trieben; 1–4 m hoch

Standort: O; nicht zu schwerer Boden

Verwendung: einzeln oder in Gruppen; in Gehölzgruppen, für freiwachsende oder geschnittene Hecken, im Hintergrund von Frühlingsbeeten; Zweige zur Treiberei; für Stadtklima geeignet

Paßt gut zu: Zierquitte, Blutjohannisbeere und frühblühenden Zwiebelpflanzen wie Tulpen, Traubenhyazinthe und Blaustern

Die Forsythie zählt mit ihren goldgelben, intensiv leuchtenden Blüten zu den auffälligsten Frühjahrsboten unter den Sträuchern. Ihre Laubblätter erscheinen erst nach der Blüte und behalten lange ihre hellgrüne Farbe.

■ Bewährte Sorten
'Beatrix Farrand' (sehr große, tiefgelbe Blüten, 3–4 m hoch); 'Goldzauber' (sehr große, goldgelbe Blüten, 1,5–2 m hoch); 'Minigold' (hellgelbe Blüten, 1–2 m hoch); 'Spectabilis' (dottergelbe Blüten, 2–3 m hoch)

■ Pflanzung
Im Frühjahr oder Herbst.

■ Vermehrung
Neue Pflanzen erhält man relativ schnell, wenn bodennahe Triebe der Mutterpflanze abgesenkt und mit Drahtbügeln am Boden festgehalten werden. Damit sich Wurzeln ausbilden, schneidet man den Trieb an der Kontaktstelle mit dem Boden ein und klemmt ein Steinchen zum Offenhalten dazwischen. Das Triebende leitet man an einem Holzstab nach oben. Nach der Bewurzelung kann der Absenker abgetrennt und an der gewünschten Stelle eingepflanzt werden.

■ Pflegemaßnahmen
Nicht erforderlich.

■ Schnitt
Teilweise werden Forsythien streng in Form geschnitten, doch verlieren sie dabei viel ihrer natürlichen Schönheit. Freiwachsende Sträucher sollte man regelmäßig alle 3 bis 4 Jahre gleich nach der Blüte auslichten; dabei alte und störende Zweige vollends, d. h. in Bodennähe, entfernen, stark verzweigte Äste bis auf eine nach oben weisende Verzweigung zurücksetzen oder ebenfalls bodennah wegschneiden.

■ Düngung
Nicht erforderlich.

Besonderheiten
Schon im Winter lassen sich Forsythien im Haus zum Blühen bringen. Man schneidet dazu nach einigen Frosttagen längere Zweige ab und stellt sie zunächst kühl bei 10–15 °C in eine Vase. Wenn die Blütenknospen anschwellen, kann man sie in ein wärmeres Zimmer bringen. Hier öffnen sich bald darauf die Blüten.

HÄUFIGE PFLEGEPROBLEME

Symptom: Triebe werden rissig, rauh und bekommen Wucherungen; tritt vor allem bei älteren Pflanzen auf.

Ursache: Bakterienkrebs

Vorbeugung/Abhilfe: Regelmäßiger Schnitt; bei Befall radikaler Rückschnitt bis ins gesunde Holz.

Vermehrungstip
Im Herbst geschnittene Triebstecklinge (Steckhölzer) können nach frostfreier Überwinterung im darauffolgenden Frühjahr eingepflanzt werden. Wichtig ist, daß die Triebe während der Lagerung in feuchten Sand gelegt oder in feucht zu haltende Tücher eingewickelt werden, damit sie nicht austrocknen.

Forsythiensorte 'Spectabilis'

ZIERGEHÖLZE

Bauernhortensie, Hydrangea-Hybride

Hortensien sind vor allem wegen ihrer fülligen Blütenstände beliebt, die weithin auffallen und an den Triebspitzen sitzen.

■ Die **Strauch-** oder **Ballhortensie** *(Hydrangea arborescens)* entwickelt sich zu einem 2–3 m hohen Strauch mit cremeweißen Blütenkugeln.

■ Die **Rispenhortensie** *(Hydrangea paniculata)* wird ebenso hoch, ihre Triebenden neigen sich unter der Last der üppigen, kegelförmigen Blütenstände herab.

■ Die **Bauernhortensien** *(Hydrangea-Hybriden)* bilden kleinere, dichte Büsche, an denen sich viele halbkugelige Blütenstände entfalten. Auf saurem Boden färben sich die Blüten überwiegend bläulich, auf kalkreichen dagegen rötlich.

■ **Pflanzung**
Im Frühjahr oder Herbst; **Bauernhortensien** am besten im Frühjahr.

■ **Vermehrung**
Im Spätfrühling oder Frühsommer kann man bei **Strauch-** und **Rispenhortensie** von kräftigen Trieben Kopfstecklinge schneiden.

■ **Pflegemaßnahmen**
Bei Trockenheit ausgiebig wässern. **Bauernhortensien** über den Winter mit Reisig abdecken.

Hortensien

Hydrangea-Arten ■ ▷

Blüte: weiß, Bauernhortensien rosa, rot, blau; VI–VIII
Wuchs: aufrechte, dichtbuschige Sträucher; 2–3 m hoch, Bauernhortensien 1–2 m hoch
Standort: ○–◐; Strauchhortensie auch ●; lockerer, humoser, möglichst kalkarmer Boden; geschützte Lage
Verwendung: einzeln oder in kleinen Gruppen; am Gehölzrand, in freiwachsenden Hecken, im Hintergrund von Beeten; Bauernhortensien vorwiegend in Beeten und Rabatten, in Pflanzgefäßen, im Bauerngarten
Passen gut zu: anderen Blütensträuchern wie Holunder, Weigelie, Kolkwitzie und Rhododendren; Bauernhortensien zu schlichten Blattschmuckstauden
Vorsicht: Die Pflanzen enthalten schwache Giftstoffe, die bei empfindlichen Personen zu Hautallergien führen können.

HÄUFIGE PFLEGEPROBLEME

Symptom: Blätter teilweise mit mosaik-, band- oder ringförmigen Aufhellungen, auch mit Deformierungen; junge Triebe gekräuselt oder eingerollt.

Ursache: Virusbefall

Vorbeugung/Abhilfe: Auf gesundes Pflanzgut achten, Virusüberträger wie Blattläuse energisch bekämpfen; befallene Teile entfernen, notfalls ganze Pflanze roden.

Außerdem häufig: Echter Mehltau, Blattläuse, Spinnmilben

■ **Schnitt**
Strauch- und **Bauernhortensien** schneidet man möglichst gar nicht, sie können allenfalls im Vorfrühling etwas ausgelichtet werden. Die **Rispenhortensie** muß dagegen alljährlich im Spätwinter oder Vorfrühling scharf zurückgenommen werden, indem man alle Triebe bis auf etwa Fingerlänge einkürzt.

■ **Düngung**
Gelegentlich mit Kompost versorgen.

Rückschnitt der Rispenhortensie: Alle Triebe bis auf kurze Zapfen zurücknehmen

LAUBBÄUME UND -STRÄUCHER

Ranunkelstrauch, Kerrie
Kerria japonica □▷

Blüte: gelb; V–VII, Nachblüte von IX–X

Wuchs: Strauch mit aufrechten, an den Spitzen überhängenden Trieben; 1–2 m hoch

Standort: ○–●; nahezu jeder Boden

Verwendung: einzeln oder in Gruppen; in Gehölzgruppen und freiwachsenden Hecken, am Gehölzrand; für Stadtklima geeignet

Paßt gut zu: anderen Ziersträuchern wie Spierstrauch, Geißblatt, Deutzie, Zierquitte

Vorsicht: Die Samen enthalten Giftstoffe.

Vermehrungstip

Die reine Art breitet sich durch Ausläufer aus und kann deshalb im Vorfrühling auch durch Teilung ihres Wurzelstockes vermehrt werden. Neue Pflanzen gewinnt man auch durch Absenker.

Ranunkelstrauch: Blütenschmuck ab Frühsommer

Während die reine Art einfache, aus 5 Blütenblättern bestehende Blüten hervorbringt, entfaltet die Sorte 'Pleniflora' dicht gefüllte, ranunkelähnliche, goldgelbe Blüten. Die grüngestreiften Zweige sind nur mäßig dicht mit länglicheiförmigen Laubblättern besetzt.

■ Pflanzung
Im Frühjahr oder Herbst.

■ Vermehrung
Im Spätherbst 15-20 cm lange, noch nicht verholzte Triebe als Stecklinge schneiden und über den Winter in feuchtem Sand oder feucht zu haltenden Tüchern lagern; regelmäßig auf Pilzbefall kontrollieren. Im Frühjahr können die Steckhölzer an die gewünschte Stelle gepflanzt werden.

■ Pflegemaßnahmen
Nicht erforderlich.

■ Schnitt
In 3-4jährigem Turnus nach der Blüte auslichten, dabei alle überalterten und störenden Triebe bodennah herausnehmen sowie Zweige, die reichlich geblüht haben, auf etwa ein Drittel einkürzen. Im Erstfrühling eventuell erfrorene Triebspitzen herausschneiden.

■ Düngung
Nicht erforderlich.

Kerria japonica 'Pleniflora'

Besonderheiten

Wegen seiner nicht sonderlich attraktiven Wuchsform sollte man den Ranunkelstrauch nicht in Einzelstellung pflanzen, sondern ihn besser mit fülligen Sträuchern oder großen Stauden kombinieren.

ZIERGEHÖLZE

Im Frühsommer biegen sich die Zweige der Kolkwitzie schwer unter ihrer üppigen Blütenlast. Die rosafarbenen, zeitweise wie Perlmutt schimmernden Blüten von glockenförmiger Gestalt sind zu dichten Büscheln zusammengefaßt.

■ Bewährte Sorten
'Pink Cloud' (reinrosa Blüten, 2–3 m hoch); 'Rosea' (dunkelrosa Blüten, 2–3 m hoch)

■ Pflanzung
Im Frühjahr oder Herbst, dabei den später überhängenden, ausladenden Wuchs bedenken und mindestens 1 m Pflanzabstand einhalten.

■ Vermehrung
Um junge Pflanzen zu erhalten, schneidet man noch vor der Blüte die Spitzen weicher Seitentriebe etwa 15 cm lang ab. Nachdem man die unteren Blätter entfernt hat, setzt man die Stecklinge einzeln in Töpfe mit Anzuchterde. Stellt man sie über den Winter kühl und frostfrei auf, können sie bis zur Pflanzung im Frühjahr genügend Wurzeln ausbilden, um dann am neuen Standort schnell und gut anzuwachsen.

■ Pflegemaßnahmen
Nicht erforderlich.

■ Schnitt
Radikaler Verjüngungsschnitt wird zwar vertragen, doch ist es ratsamer, die Sträucher regelmäßig alle 3 bis 4 Jahre auszulichten und auf diese Weise ein Überaltern zu vermeiden. Dazu werden alte und störende Triebe bodennah entfernt sowie stark verzweigte Äste bis auf eine kräftige Seitenverzweigung eingekürzt.

■ Düngung
Nicht erforderlich.

Kolkwitzie,
Perlmuttstrauch
Kolkwitzia amabilis

Blüte: hellrosa; V–VI
Wuchs: Strauch mit reich verzweigten, locker bogig überhängenden Trieben; 2–3 m hoch
Standort: ◐–◑; nahezu jeder Boden
Verwendung: einzeln oder in Gruppen; in Gehölzgruppen und freiwachsenden Hecken, am Gehölzrand, im Hintergrund von Staudenbeeten; für Stadtklima geeignet
Paßt gut zu: anderen Ziersträuchern wie Felsenbirne, Zierquitte, Deutzie, Zierkirsche und Spierstrauch

Kolkwitzia amabilis

LAUBBÄUME UND -STRÄUCHER

Goldregen, Laburnum anagyroides

Goldregen

Laburnum-Arten   □▼▶

Blüte: gelb; V–VI
Fruchtschmuck: lange, grünbraune Hülsen; ab VIII
Wuchs: Großsträucher oder kleine Bäume mit trichterförmiger Krone; 4–7 m hoch
Standort: ○–◐; nahezu jeder Boden, kalkliebend
Verwendung: einzeln oder in Gruppen; in Gehölzgruppen, auf freier Fläche; für Stadtklima geeignet
Passen gut zu: gleichzeitig blühenden Sträuchern wie Flieder, Perückenstrauch, Rotdorn und Weigelie
Vorsicht: Vor allem die Hülsenfrüchte, aber auch alle anderen Pflanzenteile enthalten starke Giftstoffe.

Die langen, leuchtendgelben Blütentrauben des Goldregens sind eine unvergleichliche Attraktivität im frühsommerlichen Garten. Am imposantesten wirken die baumähnlichen Sträucher in Einzelstellung, doch lassen sie sich auch wunderbar mit anderen Ziersträucharten kombinieren. Das dreifingrige Laub wirkt auch nach der Blütezeit sehr zierend.
Zwei Formen werden im Garten gezogen: der **Gewöhnliche Goldregen** (*Laburnum anagyroides*) und der **Edelgoldregen** (*Laburnum* x *watereri*), der nur 4–5 m hoch wird, doch in allen Teilen üppiger wirkt als die erstgenannte Art.

■ Bewährte Sorte
■ des **Edelgoldregens** (*Laburnum* x *watereri*): 'Vossii' (lange, kräftig goldgelbe Blütentrauben, 4–5 m hoch)

■ Pflanzung
Im Frühjahr oder Herbst.

■ Vermehrung
Der veredelte **Edelgoldregen** sollte im Fachhandel nachgekauft werden. Aus Samen nachziehen läßt sich hingegen der **Gewöhnliche Goldregen**. Diese sät man gleich nach der Reife aus.

■ Pflegemaßnahmen
Schneereiche Winter können zur Gefahr für den Goldregen werden, da seine trichterförmig angeordneten Äste unter der Last leicht abbrechen. Daher sollte man vor allem schweren Naßschnee vorsichtig abschütteln. Auf Echten und Falschen Mehltau sowie Blattläuse achten.

■ Schnitt
Schnittmaßnahmen schaden nur der natürlichen Wuchsform und dem Blütenreichtum. Sie sollten daher unterlassen werden.

■ Düngung
Nicht erforderlich.

Besonderheiten

Kinder sollten von den attraktiven, doch stark giftigen Blüten und Früchten, die auch noch süß schmecken, unbedingt ferngehalten werden! Im Zweifelsfall verzichtet man besser auf das Gehölz.

Vermehrungstip

Im Herbst kann man von noch nicht völlig verholzten Trieben Steckhölzer schneiden. Nach frostfreier Lagerung in feuchtem Sand dann im darauffolgenden Frühjahr einsetzen.

ZIERGEHÖLZE

Das kleine, doch sehr dicht stehende Laub des Ligusters bildet einen hervorragenden Sicht- und Windschutz. Dies begründet wohl seine häufige Verwendung als Heckenpflanze. In milden Wintern bleibt das sich im Herbst violett verfärbende Laub bis zum Neuaustrieb haften. Bei freiwachsenden Sträuchern bilden sich aus den aromatisch duftenden Blüten im Herbst ansehnliche kugelige, bläulichschwarze Beeren.

■ Bewährte Sorten
'Atrovirens' (dunkelgrüne Laubblätter mit Bronzeschimmer, tiefbraune Herbstfärbung, straff aufrechter Wuchs, 3–5 m hoch); 'Lodense' (Zwergliguster, tiefgrünes Laub mit bronzebrauner Herbstfärbung, sehr kompakter Wuchs, 0,5–0,7 m hoch)

■ Pflanzung
Im Frühjahr oder Herbst.

■ Vermehrung
Schnellen Erfolg verspricht das Schneiden von Kopfstecklingen. Dazu werden bereits im Frühsommer, vor der Blüte etwa 15 cm lange Triebspitzen abgenommen, von den unteren Blättern befreit und in Töpfe mit Anzuchterde gesteckt. Oft kann man die Stecklinge dann bereits im Herbst desselben Jahres auspflanzen.

HÄUFIGE PFLEGEPROBLEME

Symptom: Zusammengesponnene Triebspitzen, darin kleine gelbgrüne Raupen
Ursache: Ligustermotte
Vorbeugung/Abhilfe: Befallene Triebe entfernen und vernichten.
Außerdem häufig: Blattläuse

Liguster als attraktiver Sichtschutz

■ Pflegemaßnahmen
Nicht erforderlich.

■ Schnitt
Die ausgesprochen schnittverträglichen Sträucher vertragen auch einen radikalen Verjüngungsschnitt bis zur Basis. Als Schnitthecke wird der Liguster im Spätsommer in Form gebracht.

■ Düngung
Nicht erforderlich.

Besonderheiten
Der Liguster wird wegen seines dichten Geästs vielfach von Vögeln als Nistgehölz aufgesucht. Man sollte Ligusterhecken deshalb keinesfalls zur Brutzeit schneiden.

Liguster, Rainweide
Ligustrum vulgare   □▷

Blüte: gelblichweiß in kurzen Rispen; VI–VII
Fruchtschmuck: kugelige, blauschwarze Beeren; ab IX
Wuchs: Strauch mit locker aufstrebenden Trieben; 3–5 m hoch
Standort: ○–●; nahezu jeder Boden
Verwendung: in Gruppen; für freiwachsende oder Schnitthecken, in Gehölzgruppen, als Unterpflanzung höherer Laubbäume; für Stadtklima gut geeignet
Paßt gut zu: schnittverträglichen Gehölzen wie Berberitze, Hainbuche, Zierquitte, Weißdorn und anderen Wildsträuchern
Vorsicht: Blätter, Beeren und Rinde enthalten Giftstoffe.

Zarter Flor: Ligusterblüten

LAUBBÄUME UND -STRÄUCHER

Magnolien
Magnolia-Arten

Blüte: weiß, rosa; III–V
Fruchtschmuck: zapfenähnliche Sammelfrucht; ab VIII
Wuchs: Großsträucher oder kleine Bäume mit breitausladender Krone; 2–7 m hoch
Standort: ○–◐; nährstoffreicher, frischer, gut durchlässiger Boden; kalkmeidend; windgeschützte Lage
Verwendung: einzeln; auf Freiflächen, z. B. im Rasen, in lockeren Gehölzgruppen; *Magnolia stellata* im Hintergrund oder an den Flanken großzügiger Beete und Rabatten sowie im Steingarten; für Stadtklima bedingt geeignet
Passen gut zu: Zwiebel- und Knollenpflanzen wie Tulpe, Narzisse, Traubenhyazinthe, Blaustern
Vorsicht: Die Pflanzen können bei empfindlichen Personen Hautreizungen verursachen.

Magnolia-Soulangiana-Hybride

Die großen, dick bepelzten Knospen der Magnolie geben schon eine Vorahnung auf das dann im Frühjahr bis Frühsommer folgende prachtvolle Blütenschauspiel.
■ Die *Magnolia-Soulangiana*-Hybriden, vielfach **Tulpenmagnolien** genannt, zeichnen sich durch große, tulpenähnliche Blüten aus, die sich meist im April schalenförmig öffnen und einen starken Duft verströmen. Ihre Blüteninnenseiten sind strahlend weiß, manchmal auch rosafarben, die Außenseiten leuchten in hellen bis kräftigen Rosatönen.
■ Die **Sternmagnolie** *(Magnolia stellata)* zeigt schon im März ihre Blüten. Sie sind von reinem Weiß, sternförmig ausgebreitet und duften ebenfalls. Ihre Wuchshöhe erreicht selten mehr als 2 m, doch wird der Strauch sehr breitbuschig.

■ Bewährte Sorten
■ der *Magnolia-Soulangiana*-Hybriden: 'Lennei' (Blüten innen weiß, außen kräftig purpurrosa, 3–5 m hoch); 'Rustica Rubra' (Blüten innen rosarot, außen dunkelrosa, 5–7 m hoch); 'Speciosa' (Blüten innen weiß, außen rosa, spätblühend, 5–6 m hoch)

■ Pflanzung
Im Frühjahr, dabei den Wurzelballen nicht zu tief einsetzen und einen weiten Pflanzabstand von mindestens 1,5–2 m wahren.

■ Vermehrung
Stecklinge oder Absenker erweisen sich oft als wuchsschwach und blühfaul. Magnolien kauft man deshalb besser nach, insbesondere die veredelten Hybriden.

■ Pflegemaßnahmen
In heißen Sommern kräftig wässern bzw. den Boden durch eine dicke Mulchschicht vor dem Austrocknen schützen. Die frühe Blüte der **Sternmagnolie** bei Spätfrösten durch Überlegen von Leintüchern schützen.

■ Schnitt
Magnolien entfalten sich am schönsten, wenn sie ungeschnitten bleiben.

■ Düngung
Zur Unterstützung der Blühfreudigkeit kann das Gehölz im Frühjahr mit organischem Dünger versorgt werden. Diesen jedoch nicht untergraben, da sonst die flachliegenden Wurzeln der Magnolie Schaden nehmen.

Sternmagnolie, Magnolia stellata

ZIERGEHÖLZE

Mahonie, Mahonia aquifolium

Das glänzende, immergrüne Laub der Mahonie schmückt das ganze Jahr über. Im Frühjahr erheben sich gelbe Blütentrauben darüber, die aus vielen winzigen Einzelblüten bestehen und etwas unangenehm duften. Schon bald entwickeln sich daraus kugelige Beeren, deren Farbe sich dann später schön vom rötlich werdenden Herbstlaub abhebt.

■ **Bewährte Sorte**
'Apollo' (schwachwüchsiger, ansonsten wie die Art, 0,8–1 m hoch)

■ **Pflanzung**
Im Frühjahr oder Herbst.

■ **Vermehrung**
Mahonien wachsen problemlos aus ihren Samen nach, die man aus reifen Beeren herauswäscht und gleich anschließend direkt ins Freiland sät.

■ **Pflegemaßnahmen**
Nicht erforderlich.

■ **Schnitt**
Da die Sträucher nicht sehr hoch werden, erübrigt sich ein Schnitt, doch wird im Bedarfsfall auch ein starker Rückschnitt jederzeit sehr gut vertragen.

■ **Düngung**
Die Sträucher wachsen auch auf nährstoffarmen Böden, bleiben hier allerdings etwas niedriger. Bei organischer Düngung alljährlich im Vorfrühling werden sie höher und ausladender.

HÄUFIGE PFLEGEPROBLEME

Symptom: Gelbliche bis rote Flecken auf der Blattoberseite, im Sommer braune Pusteln mit Sporen

Ursache: Mahonienrost (Pilzerkrankung)

Vorbeugung/Abhilfe: Besonders anfällig sind Pflanzen auf sehr trockenen Standorten, deshalb vorbeugend wässern; befallene Triebe abschneiden und vernichten.

Außerdem häufig: Echter Mehltau

Mahonie
Mahonia aquifolium □ ▽

Blüte: gelb; IV–V
Fruchtschmuck: purpurschwarze, blau bereifte Beeren; ab VII
Wuchs: buschiger Strauch mit aufrechten Trieben; 1–1,5 m hoch
Standort: ○–●; jeder durchlässige Boden
Verwendung: einzeln oder in kleinen Gruppen; für niedrige Hecken, zur Gehölzunterpflanzung, im Hintergrund von Beeten und Rabatten, in Pflanzgefäßen; für Stadtklima gut geeignet
Paßt gut zu: allen Laub- und Nadelgehölzen
Vorsicht: Die Pflanze enthält Giftstoffe, vor allem in der Wurzelrinde. Die Früchte sind zwar nur schwach giftig, dennoch sollte man Kinder davon fernhalten.

Besonderheiten

Das robuste, schön geformte Laub der Mahonien findet vielfach Verwendung in der Blumenbinderei, insbesondere für Gestecke in der Advents- und Weihnachtszeit. Es hält sich besonders lang frisch, wenn man es dünn mit Haar- oder Blattglanzspray überzieht.

313

LAUBBÄUME UND -STRÄUCHER

Zierapfel

Malus-Hybriden □▶

Blüte: weiß, rosa, rot; V

Fruchtschmuck: gelbe, orange, rote, grünliche oder rotbraune Apfelfrüchte; ab VIII

Wuchs: Großsträucher oder kleine Bäume je nach Sorte mit variierendem Wuchsbild; 3–8 m hoch

Standort: O; tiefgründiger, humoser Boden

Verwendung: einzeln und in kleinen Gruppen; auf sonnigen Freiflächen, in lockeren Gehölzgruppen, im Hintergrund von bunten Frühlingsbeeten; für Stadtklima geeignet

Passen gut zu: Zwiebel- und Knollenpflanzen wie Tulpen, Narzissen, Kaiserkrone

Zierapfel, Malus-Hybride (Malus x scheideckeri)

Die überreich blühenden Zierapfelsorten stimmen fröhlich auf den Sommer ein. Wie die Nutzformen, die Kulturäpfel, bringen auch sie im Herbst Apfelfrüchte hervor. Diese bleiben zwar wesentlich kleiner und sind roh nicht sehr schmackhaft, doch können sie zu köstlichen Gelees und Säften verarbeitet werden. Der Zierwert der Gehölze wird durch ihr dichtes Laubwerk, das sich im Herbst feurigrot verfärbt, noch gesteigert.

■ Bewährte Sorten

Aus dem reichen Sortenangebot können an dieser Stelle nur wenige vorgestellt werden: 'Charlottae' (zartrosa, duftende Blüten, grüngelbe Früchte, breit aufrechter Wuchs, bis 6 m hoch); 'Hillieri' (hellrosa, halbgefüllte Blüten, gelbe bis orange Früchte, lockerer, strauchartiger Wuchs, bis 8 m hoch); 'Nicoline' (dunkelrote Blüten, rote eiförmige Früchte, baumartiger Wuchs mit überhängenden Seitenästen, 4–6 m hoch); 'Striped Beauty' (weiße Blüten, gelbgrüne Früchte mit roten Streifen, baumartig mit schmaler Krone, bis 5 m hoch)

■ Pflanzung

Im Frühjahr oder Herbst.

■ Vermehrung

Da die *Malus*-Hybriden veredelt sind, verlangt sortenechte Vermehrung viel Fachkenntnis. Deshalb sollte man sie in Fachbetrieben nachkaufen.

ZIERGEHÖLZE

HÄUFIGE PFLEGEPROBLEME

Symptom: An der Rinde treten wulstartige Wucherungen und Risse auf, darüberliegende Zweige sterben ab, die Rinde sinkt ein.

Ursache: Obstbaumkrebs (Pilzerkrankung)

Vorbeugung/Abhilfe: Auf optimalen Standort achten, ausgewogen düngen, fachgerecht schneiden; erkrankte Abschnitte bis ins gesunde Holz ausschneiden, Wunden, z. B. nach Schnittmaßnahmen, sorgfältig mit Baumwachs verschließen.

Außerdem häufig: Blattläuse, Spinnmilben, Blutläuse; Echter Mehltau, Schorf, gelegentlich Feuerbrand (meldepflichtig!)

Zierapfelsorte 'Prof. Sprenger'

Besonderheiten

Zieräpfel sind wertvolle Bienen- und Vogelnährgehölze. Will man ihre Früchte selbst genießen, sollte man vor der Verarbeitung das Kerngehäuse entfernen, da die braunen Samenkerne Stoffe enthalten, die Allergien auslösen können.

■ Pflegemaßnahmen

Aus der Basis, unterhalb der verdickten Veredelungsstelle austretende Wildtriebe müssen regelmäßig entfernt werden.

■ Schnitt

In den ersten 3 Jahren nach der Pflanzung sollten Zieräpfel einen regelmäßigen Schnitt erhalten. Dabei werden alle ins Innere der Krone wachsenden Äste und Zweige herausgeschnitten und die vorjährigen Triebe um ein Drittel gekürzt. In den folgenden Jahren genügt es, ältere oder abgestorbene Äste zu entfernen.

■ Düngung

Ausgewogene Düngegaben sorgen für Blütenreichtum und gute Fruchtbildung. Im Frühjahr sollte reifer Kompost eingearbeitet und übers Jahr regelmäßig die Baumscheibe gemulcht werden.

Der Blütenreichtum der Zieräpfel ist auch bei Bienen beliebt

LAUBBÄUME UND -STRÄUCHER

Strauchpäonie, umrahmt von gelben Kerrienblüten

Strauch-pfingstrosen,
Strauchpäonien
Paeonia-Suffruticosa-
Hybriden ■▶

Blüte: weiß, gelb, rosa, rot, violett; V–VI

Wuchs: Strauch mit sparrig aufrechten Trieben; 0,7–1 m, selten bis 2 m hoch

Standort: O; nährstoffreicher, humoser, durchlässiger Boden; warme, geschützte Lage

Verwendung: einzeln oder in kleinen Gruppen; auf Freiflächen, vor grünbelaubten Gehölzen, vor Mauern, an Zäunen, in Beeten; für Stadtklima bedingt geeignet; als Schnittblumen

Passen gut zu: farblich passendem Flieder und schlichten Gehölzen wir Hainbuche, Buchsbaum oder Lorbeerkirsche

Vorsicht: Die Pflanzen enthalten Giftstoffe.

Die dicken, kugeligen Knospen der Strauchpfingstrose entfalten sich zu Blüten von imposanten Ausmaßen. Während die japanischen Sorten leicht und anmutig wirken, haben die meist stark gefüllten europäischen Sorten ein nostalgisches, üppig-barockes Flair. Die wenig verzweigten Triebe sind mit doppelt gefiederten Laubblättern besetzt, deren frischgrüne Farbe eine hübsche Untermalung für die Blüten liefert.

Die Sortenfülle bei den Strauchpfingstrosen ist sehr groß, die Züchtungen unterscheiden sich vor allem hinsichtlich Blütenfarbe und -form. Das Sortiment variiert je nach Anbieter.

Die gärtnerisch als Stauden behandelten Pfingstrosenarten sind auf den Seiten 196–197 beschrieben.

■ Pflanzung
Das Pflanzloch sollte so tief sein, daß die Veredelungsstelle, erkennbar an einer Verdickung im Wurzelhalsbereich, etwa eine Handbreit unter die Erdoberfläche zu liegen kommt; die auf eine Wildlingsunterlage veredelten Sorten können sich so selbst bewurzeln und werden standfester und wuchskräftiger. Beste Pflanzzeiten sind das zeitige Frühjahr und der Herbst.

■ Vermehrung
Man sollte die Sorten der Strauchpfingstrose bereits veredelt im Fachhandel erwerben, da sortenechte Vermehrung viel Fachkenntnis verlangt.

■ Pflegemaßnahmen
Verblühtes regelmäßig entfernen. Ein Winterschutz ist empfehlenswert, man verwendet dazu am besten eine Abdeckung aus Laub und Fichtenreisig. Den zeitig erscheinenden, rötlich gefärbten Austrieb sollte man ebenfalls vor Nachtfrösten schützen. Bei Bedarf die Büsche etwas stützen.

■ Schnitt
Die Sträucher können sich nur dann zu voller Schönheit entfalten, wenn sie ungeschnitten bleiben. Nur abgestorbene Triebe sollte man im Vollfrühling herausnehmen.

■ Düngung
Bevor die Winterabdeckung aufgelegt wird, die Pflanzen mit reifem Kompost versorgen. Allerdings darf im Wurzelbereich der Sträucher nicht gegraben werden, da sonst die flach unter der Erde liegenden Wurzeln beschädigt werden könnten. Eine Düngung mit Stallmist wird nur sehr schlecht vertragen und sollte daher unterbleiben.

Sorte 'Contesse de Tuder'

Besonderheiten

Die Stiele von Sorten mit besonders üppigen, dicht gefüllten Blüten knicken unter ihrer Blütenlast leider häufig um. Daher empfiehlt es sich, auf etwas kleinblütigere, doch dafür standfestere Sorten zurückzugreifen.

ZIERGEHÖLZE

Seinen Zweitnamen „Falscher Jasmin" erhielt der Pfeifenstrauch aufgrund des angenehm süßlichen, an Jasmin erinnernden Duft seiner weißen Blüten. Diese sind schalen- bis glockenförmig aufgebaut und zu mehreren in dichten Büscheln zusammengefaßt.

■ Der Gewöhnliche Pfeifenstrauch oder Bauernjasmin *(Philadelphus coronarius)* zeichnet sich durch Robustheit und starken Wuchs aus, er schmückt sich mit einfachen Blüten.

■ Die *Philadelphus*-Hybriden entfalten dagegen überwiegend halb- bis stark gefüllte Blüten, die berauschend duften.

■ Bewährte Sorten

■ der *Philadelphus*-Hybriden: 'Dame Blanche' (Blüten reinweiß, halbgefüllt und stark duftend, 2–3 m hoch); 'Erectus' (reinweiß, einfach, stark duftend, 1,5–2 m hoch); 'Girandole' (rahmweiß, dicht gefüllt, mäßig duftend, 1–1,5 m hoch); 'Schneesturm' (weiß, dicht gefüllt, stark duftend, 1–2 m hoch)

■ Pflanzung
Im Frühjahr oder Herbst.

■ Vermehrung
Pfeifensträucher können gut durch Steckhölzer vermehrt werden. Man schneidet im Herbst noch nicht vollends verholzte, etwa 20 cm lange Triebe ab und lagert sie frostfrei über den Winter, um sie im nächsten Frühjahr auszupflanzen. Während der Lagerung müssen sie in feuchtem Sand oder in feucht gehaltenen Tüchern eingeschlagen werden.

■ Pflegemaßnahmen
Nicht erforderlich. Auf Blattläuse achten.

■ Schnitt
Um die Blühfreudigkeit zu erhalten, sollten die Sträucher in 2–3jährigen Abständen ausgelichtet werden. Man entfernt dazu alte und störende Triebe bodennah, dicht verzweigte Äste nimmt man bis zu einer kräftigen Seitenverzweigung oder bis zum Boden zurück.

■ Düngung
Nicht erforderlich.

Vermehrungstip
Der Bauernjasmin läßt sich auch aus Samen nachziehen, doch dauert es natürlich einige Zeit, bis er zu einem stattlichen Strauch herangewachsen ist.

Philadelphus-Hybride

Pfeifenstrauchblüte: anmutig und duftend

Pfeifensträucher, Falscher Jasmin

Philadelphus-Arten □ ▽ ▷

Blüte: weiß; V–VI

Wuchs: Strauch mit horstartig aufwärts strebenden Trieben; 1–3 m hoch

Standort: ○–◐; mäßig trockener bis frischer, durchlässiger Boden

Verwendung: einzeln oder in Gruppen; in freiwachsenden Hecken und Gehölzgruppen, vor immergrünen Gehölzen, im Hintergrund von Staudenbeeten

Passen gut zu: anderen Ziersträuchern wie Flieder, Ranunkelstrauch, Weigelie und zu Rosen

LAUBBÄUME UND -STRÄUCHER

Fingerstrauch

Potentilla fruticosa □▷

Blüte: gelb, weiß, rot oder rosa; VI–X

Wuchs: Kleinstrauch mit dicht- und breitbuschig verzweigten Trieben; 0,5–1,5 m hoch

Standort: O; frischer, durchlässiger Boden

Verwendung: einzeln oder in Gruppen; zur flächigen Begrünung, als niedrige, freiwachsende Hecke, zur Unterpflanzung hoher Bäume, in Beeten und Rabatten, im Steingarten, in Pflanztrögen; für Stadtklima bedingt geeignet

Paßt gut zu: Wildrosen, Spierstrauch, Blutjohannisbeere und vielen anderen Sträuchern

Das Fingerkraut schmückt sich mit wildrosenähnlichen Schalenblüten, die zwar jeweils nur kurz halten, aber über einen langen Zeitraum hinweg immer wieder durch neue ersetzt werden. Sie leuchten meist goldgelb, doch gibt es auch weiß- und rotblühende Züchtungen.

■ Bewährte Sorten

'Abbotswood' (weiß, 0,8–1 m hoch);
'Goldfinger' (hellgelb, 1–1,5 m hoch);
'Goldteppich' (goldgelb, 0,4–0,6 m hoch);
'Red Ace' (außen gelb, innen leuchtendrot, 0,4–0,6 m hoch)

■ Pflanzung

Im Frühjahr oder Herbst.

■ Vermehrung

Noch vor Blühbeginn schneidet man Kopfstecklinge, also etwa 10 cm lange Spitzen, von Seitentrieben ab, entfernt die unteren Blätter und setzt sie in Töpfe mit Anzuchterde. Bis zum Pflanztermin im nächsten Frühjahr werden die Stecklinge in diesen Töpfen weiterkultiviert, über den Winter müssen sie hell und frostfrei aufgestellt werden.

■ Pflegemaßnahmen

Nicht erforderlich. Auf Echten Mehltau und Spinnmilben achten.

■ Schnitt

Die Sträucher werden alle paar Jahre, sobald sie zu dicht oder unansehnlich werden und die Blütenfülle nachläßt, im Vor- oder Erstfrühling auf den Stock gesetzt, d. h., bis auf ein oder zwei Handbreit über dem Boden zurückgeschnitten.

■ Düngung

Nach dem Rückschnitt mit einer Kompostgabe versorgen.

Besonderheiten

Der lang in Blüte stehende Fingerstrauch bietet vielen Insekten Nahrung.

Fingerstrauch, Potentilla fruticosa

ZIERGEHÖLZE

Zierkirschen und Zierpflaumen,

europäische Arten
Prunus-Arten   □ ▽ ▷

Blüte: weiß, rosa; III–V

Fruchtschmuck: schwarzrote Steinfrüchte, teilweise eßbar; ab VII

Wuchs: Sträucher bis kleine Bäume; 1–15 m hoch, *Prunus avium* Baum von 15–20 m Höhe

Standort: ○–◐, *Prunus laurocerasus* auch ●; nährstoffreicher, tiefgründiger Boden

Verwendung: einzeln oder in Gruppen; in Gehölzgruppen und freiwachsenden Hecken, am Gehölzrand; für Stadtklima geeignet

Passen gut zu: gleichzeitig blühenden Gehölzen wie Japanischer Zierkirsche, Felsenbirne, Spierstrauch, Deutzie

Vorsicht: Die Lorbeerkirsche (*Prunus laurocerasus*) ist in allen Pflanzenteilen giftig.

Kirschpflaume, Prunus cerasifera

Die heimischen Kirsch- und Pflaumenarten sind wertvolle Bienen- und Vogelnährgehölze. Sie unterscheiden sich meist deutlich in ihrem Wuchsbild:

■ Die **Vogelkirsche** (*Prunus avium*) wird mit bis zu 20 m Wuchshöhe ein recht stattlicher Baum mit breit kegelförmiger Krone. Im Vollfrühling zieren sie dichte Büschel weißer Blüten, im Herbst schmückt sie sich mit eßbaren, schwarzroten Kirschen und gelborange gefärbtem Laub.

■ Von der **Kirschpflaume** (*Prunus cerasifera*) sind vor allem ihre rotlaubigen Sorten, die sogenannten Blutpflaumen interessant. Deren Blüten sind hell- bis dunkelrosa gefärbt und sitzen an sehr dicht- und feinverzweigten Trieben. Ihre Wuchshöhe erreicht 5–7 m. Die oft hübsch bunt gefärbten, kleinen Pflaumen ähnelnden Früchte sind ein geschätztes Wildobst.

■ Die **Lorbeerkirsche** (*Prunus laurocerasus*) behält im Unterschied zu den anderen Arten und Sorten ihr lorbeerähnliches Laub das ganze Jahr über. Im Mai erscheinen bemerkenswerte, aufrechtstehende Blütenkerzen von cremeweißer Farbe. Je nach Sorte werden die Sträucher 1–3 m hoch.

■ Die **Traubenkirsche** (*Prunus padus*) wächst oft als mehrstämmiger, 10–15 m hoher Baum. Ihre weißen, in lockeren Trauben hängenden Blüten duften stark aromatisch, die sich daraus entwickelnden schwarzen Beeren sind nicht zum Verzehr geeignet.

■ **Bewährte Sorten**

■ der **Vogelkirsche** (*Prunus avium*): 'Plena' (schneeweiße, gefüllte Blüten, dichte Krone, 8–12 m hoch)

■ der **Kirschpflaume** (*Prunus cerasifera*): 'Atropurpurea' (hellrosa Blüten, purpurrotes Laub, 4–8 m hoch); 'Nigra' (rosarote Blüten, schwarzrotes Laub, 5–7 m hoch)

■ der **Lorbeerkirsche** (*Prunus laurocerasus*): 'Herbergii' (aufrechter, kegelförmiger

Prunus padus

LAUBBÄUME UND -STRÄUCHER

Lorbeerkirsche, Prunus laurocerasus

■ **Pflegemaßnahmen**
Nicht erforderlich. Auf Blattläuse und Gallmilben achten.

■ **Schnitt**
Die Bäume oder Sträucher entfalten sich ohne Schnittmaßnahmen am schönsten. Zu dicht gewordene Exemplare lichtet man im Frühjahr etwas aus.

■ **Düngung**
Ein Mulchen der Baumscheibe reicht aus, sonst alle paar Jahre mit Kompost versorgen.

Vermehrungstip

Die Samen der reinen Arten lassen sich zur Anzucht neuer Pflanzen verwenden, doch sollte man dabei beachten, daß es sich um Kaltkeimer handelt. Sie müssen also im Herbst vom Fruchtfleisch befreit, ausgesät und den Winter über im Freien aufbewahrt werden.

Besonderheiten

Die Früchte der Vogelkirsche und der Kirschpflaume können zu köstlichen Konfitüren und Säften verarbeitet werden.

Wuchs, 2-3 m hoch); 'Otto Luyken' (dichter, breitbuschiger Wuchs, 1-1,5 m hoch); 'Schipkaensis Macrophylla' (lockerer, breitbuschiger Wuchs, 2-3 m hoch); 'Zabeliana' (flacher, fast niederliegender Wuchs mit überhängenden Spitzen, 0,8-1,5 m hoch)
■ der **Traubenkirsche** *(Prunus padus):* 'Watereri' (lange, aufrechte Blütentrauben, lockere Krone, 12-15 m hoch)

■ **Pflanzung**
Im Frühjahr oder Herbst.

■ **Vermehrung**
Um junge Pflanzen nachzuziehen, schneidet man vor Beginn der Blüte die Spitzen noch nicht verholzter Triebe ab und steckt sie einzeln in Töpfe mit Anzuchterde, die über den Winter kühl, aber frostfrei gehalten werden. Bis zum darauffolgenden Frühjahr bilden sich genügend Wurzeln aus, das Auspflanzen kann erfolgen.

Vogelkirsche, Prunus avium

ZIERGEHÖLZE

Prunus serrulata 'Kanzan'

Zierkirschen,
ostasiatische Arten
Prunus-Arten

Blüte: weiß, rosa; III–V
Wuchs: Sträucher oder Bäume; 3–10 m hoch, *Prunus triloba* nur 1–2 m hoch
Standort: ○; tiefgründiger, humoser, durchlässiger Boden
Verwendung: einzeln oder in kleinen Gruppen; in lockeren Gehölzgruppen, vor dunkler Gehölzkulisse, auffallend in Einzelstellung, in Frühlingsbeeten; für Stadtklima geeignet
Passen gut zu: Vogelkirsche, Kirschpflaume, immergrünen Laubgehölzen und Koniferen

Heimisch in Japan, China und anderen Teilen Ostasiens, haben drei hübsche Prunus-Arten fast weltweit Einzug in viele Gärten gehalten:

■ Als **Japanische Blütenkirschen** werden die Arten *Prunus serrulata* und *Prunus subhirtella* sowie deren zahlreiche Sorten geführt. Wenn sie im April ihre weißen oder rosafarbenen Blüten öffnen, scheinen die Bäume oder Großsträucher in eine duftige Wolke gehüllt. Neben einfach blühenden Sorten gibt es auch Formen mit dicht gefüllten Blüten. Vor dem Laubfall färben sich ihre Blätter gelborange.

■ Das **Mandelbäumchen** (*Prunus triloba*) gleicht in der Blütenfülle den zuvor genannten Arten, doch bleibt es in seinem Wuchs viel zierlicher. Der 1–2 m hohe Strauch schmückt sich schon ab März mit rosafarbenen, rosettenartig gefüllten Blüten und wirkt am schönsten in Einzelstellung.

■ **Bewährte Sorten**
■ von *Prunus serrulata*: 'Amanogawa' (hellrosa, locker gefüllte, leicht duftende Blüten, schmale, säulenförmige Krone, 4–5 m hoch); 'Kanzan' (dunkelrosa, dichtgefüllte Blüten, Krone mit trichterförmig auseinanderstrebenden Ästen, 7–10 m hoch); 'Shidare-Sakura' (hellrosa, dichtgefüllte Blüten, lockere Krone mit bogig überhängenden Ästen, 3–5 m hoch)

LAUBBÄUME UND -STRÄUCHER

Besonderheiten

Japanische Blütenkirschen und das Mandelbäumchen eignen sich gut für die Treiberei. Dazu schneidet man von Dezember bis Februar lange Blütentriebe ab, die kühl aufgestellt werden, bis die Knospen deutlich schwellen. Dann holt man sie in die Wärme, wo sie bald darauf erblühen.

Prunus subhirtella

■ von *Prunus subhirtella:* 'Accolade' (rosa, locker gefüllte Blüten, Großstrauch mit leicht überhängenden Zweigen, 3-4 m hoch); 'Autumnalis' (weiße, halbgefüllte Blüten, schon ab Oktober blühend, breitverzweigter Baum oder Großstrauch, 4-5 m hoch); 'Autumnalis Rosea' (hellrosa, halbgefüllte Blüten, schon ab Oktober blühend, breitverzweigter Baum oder Großstrauch, 4-5 m hoch); 'Fukubana' (dunkelrosa, locker gefüllte Blüten, später aufhellend, unregelmäßige Krone, 4-6 m hoch)

■ **Pflanzung**
Im Frühjahr oder Herbst.

■ **Vermehrung**
Fast alle Sorten sind veredelt und sollten daher im Fachhandel nachgekauft werden. Reine Arten können wie die europäischen Arten und Sorten durch Kopfstecklinge vermehrt werden (siehe Seite 320).

■ **Pflegemaßnahmen**
Bei den veredelten Sorten auftretende Wildtriebe, die unter der verdickten Veredelungsstelle herauswachsen, sollten regelmäßig entfernt werden.

■ **Schnitt**
Die **Japanischen Zierkirschen** bleiben am besten ungeschnitten, allenfalls zu dichte Kronen kann man im Vorfrühling etwas auslichten. Die Blütentriebe des **Mandelbäumchens** sollten dagegen jedes Jahr nach der Blüte um gut die Hälfte gekürzt werden.

■ **Düngung**
Entweder Baumscheibe regelmäßig mulchen oder alle paar Jahre mit Kompost versorgen.

Nur das Mandelbäumchen wird regelmäßig nach der Blüte zurückgeschnitten; dabei Triebe um gut die Hälfte einkürzen

---

HÄUFIGE PFLEGEPROBLEME

Symptom: Triebe des Mandelbäumchens welken und sterben ab, ihre Blüten vertrocknen.

Ursache: Monilia-Spitzendürre (Pilzerkrankung)

Vorbeugung/Abhilfe: Befallene Triebe entfernen.

Außerdem häufig: Blattläuse

ZIERGEHÖLZE

Das auffälligste am Feuerdorn sind seine kugeligen Apfelfrüchte, die im Herbst in dichten Dolden erscheinen und weithin leuchten.
- *Pyracantha coccinea* zeichnet sich durch einen starken Wuchs und sparrig verzweigte, dornenbewehrte Äste aus, die Vögeln eine gute Nistgelegenheit bieten. Die Früchte sind in Orange- und Rottönen gefärbt.
- *Pyracantha*-Hybriden ähneln weitgehend der vorgenannten Art, haben jedoch auch Sorten mit gelben Früchten zu bieten.

■ Bewährte Sorten
- der *Pyracantha*-Hybriden: 'Golden Charmer' (gelborange Früchte, buschig aufrechter Wuchs, 2–3 m hoch); 'Orange Glow' (orange Früchte, reichfruchtend, starkwüchsig, 2–3 m hoch); 'Soleil d'Or' (leuchtendgelbe Früchte, breitbuschig, 1,5–2 m hoch)

■ Pflanzung
Um dem tiefwurzelnden Feuerdorn ein schnelles Anwachsen zu ermöglichen, sollte man nur in Töpfen oder Containern vorgezogene Pflanzen verwenden. Sie werden am besten im Frühjahr oder Herbst gesetzt.

■ Vermehrung
Zur schnellen Vermehrung läßt man Absenker Wurzeln ausbilden. Man biegt dazu nach der Blüte einen bodennahen Trieb zur Erde, schneidet ihn schräg an und verankert diese Schnittstelle mit Drahtbügeln im Boden. Der Schnitt sollte mittels eines kleinen Steinchens offengehalten werden, die Triebspitze bindet man auf. Hat der Absenker genügend Wurzeln ausgebildet, kann er verpflanzt werden.

■ Pflegemaßnahmen
Nicht erforderlich.

■ Schnitt
Die Sträucher sind gut schnittverträglich, sie können in Schnitthecken verwendet oder durch radikalen Rückschnitt verjüngt werden. Allerdings kommt ihr schöner Wuchs am besten ungeschnitten zur Geltung.

Feuerdorn
Pyracantha-Arten □▷

Blüte: weiß; V–VI
Fruchtschmuck: orangefarbene bis rote, beerenartige Apfelfrüchte; ab IX
Wuchs: dichtbuschiger Strauch mit aufrechten bis überhängenden Trieben; 1–3 m hoch
Standort: ○–◑; trockener bis frischer, durchlässiger Boden; kalkliebend; geschützte Lage für *Pyracantha*-Hybriden
Verwendung: einzeln oder in kleinen Gruppen; für freiwachsende oder Schnitthecken, zur flächigen Begrünung, im Heide- oder Steingarten, in Pflanzkübeln; für Stadtklima gut geeignet
Passen gut zu: immergrünen Sträuchern wie Berberitze, Liguster, Kirschlorbeer, Kiefer und Wacholder
Vorsicht: Die Pflanzen stehen unter Verdacht, Giftstoffe zu enthalten.

HÄUFIGE PFLEGEPROBLEME

Symptom: Im Frühjahr grünlich-schwarze Flecken auf der Blattoberseite, Früchte werden fleckig, Blatt und Triebspitzen sind mit weißem oder grauem Belag überzogen.

Ursache: Schorf (Pilzerkrankung)

Vorbeugung/Abhilfe: Möglichst resistente Sorten wie z. B. 'Red Column' oder 'Golden Charmer' wählen; befallene Triebe und Blätter sofort entfernen.

Außerdem häufig: Feuerbrand (meldepflichtig!); Blattläuse

■ Düngung
Nicht erforderlich.

Besonderheiten

Der Feuerdorn ist ein wichtiges Bienen- und Vogelnährgehölz.

Pyracantha-Hybride 'Golden Charmer'

LAUBBÄUME UND -STRÄUCHER

Immergrüne Rhododendren

Rhododendron-Hybriden
■ ▷

Blüte: nahezu alle Farben außer reinem Blau; V–VI
Wuchs: kleine bis mittelhohe Sträucher; je nach Art und Sortengruppe 0,4–5 m hoch
Standort: ◐–●; frischer, humoser, gut durchlässiger, saurer Boden mit einem pH-Wert zwischen 4,5–5,5; windgeschützte Lage
Verwendung: einzeln oder in Gruppen; unter höheren Bäumen, am Gehölzrand, als freiwachsende Hecke, niedrige Sorten zur Flächenbegrünung, in Pflanzkübeln; für Stadtklima nur bedingt geeignet
Passen gut zu: Robinie, Eiche, Kiefer, Sumpfzypresse
Vorsicht: Die Pflanzen sind giftig.

Großblumige Rhododendron-Hybride 'Progres'

'Cunningham's White'

Von den berauschend schönen Blütensträuchern gibt es weit über hundert Arten, die zum Teil stark züchterisch bearbeitet bzw. durch Einkreuzen anderer Arten zu Hybriden entwickelt wurden. Immergrüne Formen bleiben auch außerhalb der Blütezeit durch ihr hübsches Laub attraktiv.

■ Die **Großblumigen Hybriden** wachsen dichtbuschig, ältere Exemplare können über 3 m hoch werden. Ihr immergrünes, großblättriges Laub gibt auch zur kalten Jahreszeit einen hervorragenden Lärm- und Sichtschutz ab. Doch die eigentliche Attraktion sind ihre großen, halbkugeligen Blütenstände, die von trichter- bis schalenförmigen Einzelblüten aufgebaut werden.

■ Zur Gruppe der immergrünen **kleinwüchsigen Hybriden** gehören unter anderem die rotblütigen *Rhododendron-Repens*-Hybriden und die *Rhododendron-Yakushimanum*-Hybriden. Von letzteren gibt es auch Sorten mit weißem, gelbem oder rosafarbenem Flor. Beide Hybridgruppen bilden flache, fast kissenähnliche Sträucher aus, die selten 1 m Wuchshöhe erreichen.

Von Rhododendren gibt es eine riesige Fülle verschiedener Sorten. Das Angebot wird zudem immer wieder durch neue Züchtungen erweitert, so daß hinsichtlich Blütenfarbe und Wuchsform kaum Wünsche offen bleiben.

■ **Pflanzung**
Im Frühjahr oder Herbst.

■ **Vermehrung**
Am bequemsten lassen sich Rhododendren nach der Blüte durch Absenker vermehren.

ZIERGEHÖLZE

Dazu wird ein bodennaher Trieb schräg angeschnitten, die Schnittstelle mit einem Steinchen offengehalten und mittels Drahtbügeln im Boden verankert. Die Triebspitze bindet man an einem Stab auf, damit sie nach oben wächst. Haben sich bis zum Herbst genügend Wurzeln ausgebildet, kann der Absenker von der Mutterpflanze abgetrennt und umgepflanzt werden, ansonsten wartet man damit bis zum nächsten Frühjahr.

■ Pflegemaßnahmen

Rhododendren müssen in Trockenperioden gründlich gewässert werden. Da sie auf kalkhaltiges Wasser sehr empfindlich reagieren, verwendet man dazu am besten Regenwasser. Abgeblühte Triebe sollten regelmäßig entfernt werden, dabei darf man aber die neuen Triebknospen nicht verletzen.

Rhododendron-Yakushimanum-Hybride

■ Schnitt

Rhododendren vertragen einen scharfen Verjüngungsschnitt, der jedoch nur bei Bedarf erfolgen sollte. Um die schöne Wuchsform zu wahren, schneidet man ansonsten lediglich alte und abgestorbene Triebe im Erstfrühling heraus.

■ Düngung

Hierzu verwendet man rohen Kompost, der als Mulch in einer dünnen Schicht ausgebracht wird. Nicht umgraben, um das flachliegende Wurzelwerk nicht zu beschädigen. Bewährt hat sich auch ein gelegentliches Mulchen mit Nadelstreu, Rinde oder Torf.

HÄUFIGE PFLEGEPROBLEME

Symptom: Blätter werden gelblichbraun, Pflanze kümmert.

Ursache: Chlorose, Mangelerkrankung aufgrund zu kalkhaltigen Bodens

Vorbeugung/Abhilfe: Auf optimalen Standort achten, insbesondere auf lockeren, humosen, sauren Boden; bei Bedarf Boden mit reichlich saurem Rindensubstrat ansäuern oder anderen Standort wählen.

Außerdem häufig: Schildläuse, Blattläuse

Rhododendron-Repens-Hybride

LAUBBÄUME UND -STRÄUCHER

Beeindruckende Leuchtkraft: Azaleen in Orange und Gelb

Sommergrüne Azaleen

Rhododendron-Hybriden

Blüte: nahezu alle Farben außer reinem Blau; V–VI
Wuchs: kleine bis mittelhohe Sträucher; je nach Art und Sortengruppe 0,3–2,5 m hoch
Standort: ◐–●; frischer, humoser, gut durchlässiger Boden mit einem pH-Wert zwischen 4,5–5,5; windgeschützte Lage
Verwendung: einzeln oder in Gruppen; unter höheren Bäumen, am Gehölzrand, niedrige Sorten zur Flächenbegrünung, in Pflanzkübeln; für Stadtklima nur bedingt geeignet
Passen gut zu: Robinie, Eiche, Kiefer, Sumpfzypresse
Vorsicht: Die Pflanzen sind giftig.

Azaleen wurden früher gesondert als *Azalea* geführt, zählen jedoch heute zur Gattung *Rhododendron*. Sie haben dieselben speziellen Ansprüche an den Boden wie die immergrünen Arten.
■ Bei einer Vielzahl **verschiedener Hybriden** werden die zierlichen Laubblätter zur Blütezeit von den großen Blütendolden fast vollständig verdeckt.
■ **Japanische Azaleen** übertreffen den Blütenreichtum der zuvor genannten Hybriden noch um einiges. Im Wuchs bleiben sie jedoch etwas niedriger, sie werden maximal 1,5 m hoch.
Auch bei den Azaleen kennt man eine Fülle verschiedener Sorten, die sich vor allem in der Blütenfarbe unterscheiden.

■ Pflanzung
Im Frühjahr oder Herbst.

■ Vermehrung
Wie bei den immergrünen Rhododendren am besten durch Absenker (siehe Seite 324).

■ Pflegemaßnahmen
Wie bei den immergrünen Rhododendren.

■ Schnitt
Möglichst ungeschnitten lassen.

■ Düngung
Boden mit Rindenmulch und/oder Kompost bedecken.

HÄUFIGE PFLEGEPROBLEME

Symptom: Blätter an den Triebspitzen schwellen an, verfärben sich gelb oder rötlich, später weißlich überzogen.

Ursache: Ohrläppchenkrankheit (Pilzbefall)

Vorbeugung/Abhilfe: Befallene Teile baldmöglichst herausschneiden.

Außerdem häufig: Chlorose, Blattläuse, Schildläuse

ZIERGEHÖLZE

Der Essigbaum besitzt ein üppiges Laubwerk aus sattgrünen, gefiederten Blättern. Diese färben sich im Herbst in prächtigem Farbenspiel von Gelb über Orange zu leuchtendem Rot. Gleichzeitig erscheinen die dunkelroten, samtigen Fruchtkolben, die sich aus eher unscheinbaren Blüten entwickeln. Die aufrechten, bizarr wirkenden Kolben schmücken oft bis zum nächsten Frühjahr.

■ Bewährte Sorte
'Dissecta' (**Farnwedelsumach**; fein geschlitzte Laubblätter, breit ausladend, aber langsamer wachsend als die Art, 3-5 m hoch)

■ Pflanzung
Im Frühjahr oder Herbst. Wird der Essigbaum in einer Gehölzgruppe verwendet, muß man an genügend große Abstände denken, da er sehr sparrig und ausladend wird.

■ Vermehrung
Die Pflanzen bilden meist reichlich Ausläufer, die sehr einfach zu neuen Sträuchern herangezogen werden können. Man gräbt sie im Herbst auf, durchtrennt die Wurzeln und pflanzt die Ausläufer an neuer Stelle gleich wieder ein.

■ Pflegemaßnahmen
Der Essigbaum ist sehr genügsam. Grabearbeiten in seinem Wurzelbereich sollte man jedoch unbedingt vermeiden. Zum einen könnten dadurch seine fleischigen Wurzeln beschädigt werden, zum anderen wird die Pflanze dadurch zur Ausläuferbildung angeregt, die mit der Zeit recht lästig werden können und die man bei Überhandnehmen abtrennt (wie unter „Vermehrung" beschrieben).

■ Schnitt
Ein radikaler Verjüngungsschnitt wird gut vertragen, doch sollte er nur bei Bedarf vorgenommen werden. Ansonsten genügt ein Herausschneiden alter oder zu dicht stehender Zweige im Vorfrühling.

■ Düngung
Nicht erforderlich.

Interessant und zierend: Fruchtkolben des Essigbaums

Essigbaum, Hirschkolbensumach
Rhus typhina

Blüte: grünliche, aufrechte Rispen; VI–VII

Fruchtschmuck: dunkelrote, aufrechte Kolben; ab IX

Wuchs: Großstrauch bis kleiner Baum, sparrig verzweigte, samtig behaarte Triebe; 3–5 m hoch

Standort: ○–◐; trockener bis frischer, durchlässiger Boden

Verwendung: einzeln; in Vorgärten, auf freiem Rasen, in lockeren Gehölzgruppen; für Stadtklima geeignet

Paßt gut zu: immergrünen Laubgehölzen wie Berberitze, Liguster, Kirschlorbeer, Mahonie

Vorsicht: Vor allem die Blätter und Früchte enthalten Giftstoffe, die auch Hautreizungen hervorrufen können.

Essigbaum im Herbstlaub

LAUBBÄUME UND -STRÄUCHER

Blutjohannisbeere

Ribes sanguineum

Blüte: rot; IV–V
Fruchtschmuck: kugelige schwarze Beeren; ab VII
Wuchs: Strauch mit aufrechten Trieben; 1,5–2 m hoch
Standort: ○–◐; frischer, durchlässiger Boden
Verwendung: einzeln oder in kleinen Gruppen; in freiwachsenden Hecken und anderen Gehölzgruppen, im Hintergrund von Frühlingsbeeten; für Stadtklima geeignet
Paßt gut zu: Forsythie, Goldakazie, Ranunkelstrauch, Felsenbirne

Die Blutjohannisbeere schmückt sich mit tiefroten, anmutigen Blütentrauben, die aus vielen trichterförmigen Einzelblüten gebildet werden und entlang der Triebe des locker aufgebauten Strauchs aufgereiht sind. Ihre gelappten, im Umriß fast rundlichen Laubblätter wirken auch nach der Blüte sehr zierend und duften angenehm nach Schwarzen Johannisbeeren. Die spärlich gebildeten, blauweiß bereiften Früchte fallen in dem dichten Laubwerk kaum ins Auge. Der hübsche Frühjahrsblüher kann in Gehölzgruppen wie als Solitär überzeugen.

■ Bewährte Sorten

'Atrorubens' (dunkelrote Blüten, gedrungener Wuchs, 1,5–2 m hoch); 'King Edward VII' (tiefrote Blüten, schwächerer Wuchs, 1–1,5 m hoch); 'Pulborough Scarlet' (tiefrote Blüten mit weißer Mitte, starkwüchsig, bis 2 m hoch)

■ Pflanzung
Im Frühjahr oder Herbst.

■ Vermehrung
Von Seitentrieben schneidet man noch vor der Blüte Kopfstecklinge und kultiviert sie bis zum darauffolgenden Frühjahr in Töpfen mit Anzuchterde.

■ Pflegemaßnahmen
An heißen Tagen sollten die Sträucher kräftig gegossen werden.

■ Schnitt
Damit die Sträucher nicht zu dicht werden, sollte in 2–3jährigen Abständen im Vorfrühling ausgelichtet werden. Blutjohannisbeeren vertragen auch radikalen Verjüngungsschnitt, doch ist er bei älteren Pflanzen nicht immer erfolgversprechend.

■ Düngung
Nicht erforderlich.

HÄUFIGE PFLEGEPROBLEME

Symptom: Knospen schwellen an und vertrocknen, ohne sich zu öffnen.

Ursache: Johannisbeer-Gallmücke

Vorbeugung/Abhilfe: Befallene Triebe entfernen und vernichten.

Außerdem häufig: Echter Mehltau, Blattfallkrankheit, Ringfleckenvirose; Blattläuse, Spinnmilben

Blutjohannisbeere, Ribes sanguineum

ZIERGEHÖLZE

Robinia pseudoacacia als Blickpunkt

Die großen, gefiederten Laubblätter der Robinie geben dem Baum ein duftiges Aussehen, das im Frühsommer durch anmutige weiße Schmetterlingsblüten noch verstärkt wird. Sie sind in hängenden Trauben zusammengefaßt und zeichnen sich durch einen süßen Duft aus, der viele Bienen und andere Insekten anlockt.

■ Bewährte Sorten
'Bessoniana' (**Kegelakazie**; selten weiße Blüten ausbildend, dichte Krone, 20–25 m hoch); 'Frisia' (**Goldakazie**; weiße Blüten, goldgelbes, lange haftendes Laub, breit aufrechte Triebe, 5–8 m hoch); 'Umbraculifera' (**Kugelakazie**; keine Blüte, kugelrunde Krone aus dicht verzweigten Trieben, 4–6 m hoch); 'Casque Rouge' (**Rosa Akazie**; Abstammung nicht gesichert, tiefrosa bis lilarote Blüten, lockere Krone, 10–15 m hoch)

■ Pflanzung
Im Frühjahr oder Herbst.

■ Vermehrung
Die Sorten sind veredelt, daher müssen sie in Baumschulen nachgekauft werden.

■ Pflegemaßnahmen
Nicht erforderlich.

■ Schnitt
Die Art und ihre Sorten sind ausgesprochen schnittverträglich und können beliebig in Form gebracht werden. Allerdings zeichnen sie sich gerade durch ihre schönen, unterschiedlichen Wuchsformen aus und sollten daher nur bei Bedarf im Vorfrühling geschnitten werden. Wichtig ist, daß alte und kranke Äste regelmäßig entfernt werden, da sie durch Wind leicht abbrechen.

■ Düngung
Bei Robinien sitzen wie bei allen anderen Schmetterlingsblütlern bestimmte Bakterien in bzw. an den Wurzeln, die Stickstoff aus der Luft binden und ihn den Gehölzen verfügbar machen. Deshalb gedeihen die Bäume auch auf kargen Böden ohne Düngung.

Vermehrungstip
Die reine Art kann auch aus ihren Samen nachgezogen werden, die gleich nach der Reife ausgebracht werden sollten.

Blatt- und Blütenschmuck der Robinie

Robinie,
Scheinakazie
Robinia pseudoacacia

□ ▼ ▶

Blüte: weiß, rosa; V–VI
Fruchtschmuck: braune Hülsen; ab IX
Wuchs: Bäume mit lückiger, lichtdurchlässiger Krone; 20–25 m hoch
Standort: ○; nahezu jeder Boden, jedoch nicht zu feucht; windgeschützte Lage
Verwendung: einzeln; Sorten auch für kleinere Gärten, Kombination mit anderen Gehölzen schwierig; für Stadtklima geeignet
Paßt gut zu: Kiefer
Vorsicht: Enthält in allen Teilen, insbesondere in den Früchten Giftstoffe.

Besonderheiten
Ältere Bäume sind windbruchgefährdet; Robinien sollten daher nicht in die Nähe von Terrassen oder anderen Aufenthaltsorten gepflanzt werden, um eventuelle Unfälle durch abbrechende Astpartien zu vermeiden.

LAUBBÄUME UND -STRÄUCHER

Charakteristische Edelrosenblüten: 'Konrad Henkel' (rot), darüber die bewährte und beliebte 'Gloria Dei' sowie 'King's Ramson' (rechts)

Beetrosen

Rosa in Sorten ■▶

Blüte: alle Farben außer reinem Blau und Schwarz; VI–IX, öfterblühend

Wuchs: kompakt bis buschig, straff aufrecht oder dicht verzweigt; 0,4–1 m hoch, Zwergrosen 0,15–0,4 m hoch

Standort: O; nährstoffreicher, lockerer, humoser Lehmboden

Verwendung: in kleinen und großen Gruppen; im Vorgarten, auf Beeten und Rabatten, am Gehölzrand; niedrigwachsende Sorten und Zwergrosen als Einfassung von Wegen und Rabatten sowie in Pflanzgefäßen und Balkonkästen; als Schnittblumen

Passen gut zu: Gehölzen wie Eibe, Fichte, Tanne, Buchsbaum, Scheinzypresse, Lebensbaum; passende Begleiter sind weiß- und blaublühende Stauden und Sommerblumen

Beetrosen werden in mehrere Gruppen gegliedert, die sich von Wuchs und Blütenform her deutlich voneinander trennen lassen. Allen gemeinsam ist zum einen ihr lang anhaltender Blütenflor durch ständiges Nachblühen, zum anderen ihre geringe Wuchshöhe, die sie zu idealen Beetpflanzen kürt.

■ **Teehybriden** oder **Edelrosen** bilden eine wahrhaft noble Gesellschaft und werden häufig auch als gesonderte Rosengruppe geführt. Ihre meist großen, schlanken Knospen öffnen sich zu mehr oder weniger stark gefüllten Blüten. Die Farbpalette läßt keine Wünsche offen, besonders berühmt sind langstielige, dunkelrote Sorten. Die Blüten stehen einzeln oder zu wenigen auf straff aufrechten Stielen, manche verströmen einen betörenden Duft. Um die etwas sparrig wirkenden Triebe zu verdecken, empfiehlt sich eine Vorpflanzung mit buschigen Floribundarosen, lockeren Staudenbüschen oder Gräsern. Allerdings sollte man nur zurückhaltende Partner verwenden, um die majestätische Wirkung der Edelrosen nicht zu beeinträchtigen.

■ **Floribundarosen** werden auch als Büschelblütige Rosen bezeichnet, da ihre Blüten an meist stark verzweigten Trieben immer zu mehreren in Büscheln beieinanderstehen. Auch die etwas kleinblumigeren Polyantha-Hybriden gehören nach neuerer Auffassung zu dieser Gruppe. Von einfachen über halbgefüllte bis hin zu stark gefüllten Blüten sind alle Formen vertreten. Auch ihre Farbpalette ist nahezu unerschöpflich, einige Blumen bestechen zusätzlich durch ihren Duft. Am schönsten wirken diese Rosen in größeren Gruppen, besonders attraktive Bilder ergeben sich bei Kombination mit klassischen Staudenbegleitern wie Rittersporn und Ziersalbei.

■ **Zwergrosen** werden höchstens kniehoch und können deshalb auch zur Belebung von Balkonen und Terrassen verwendet werden. Im Wuchsverhalten und Blütenform ähneln sie den Floribundarosen, ihre Blüten bleiben jedoch deutlich kleiner und meist ohne Duft. Mit verschwenderischer Blütenfülle und unermüdlichem Blühwillen gleichen sie dies jedoch mühelos aus.

Floribundarose 'Danica'

Floribundarose 'Lolita'

ZIERGEHÖLZE

■ **Hochstammrosen** sind auf den Stamm einer Wildrose veredelte Sorten von Teehybriden oder Floribundarosen. Sie eignen sich besonders für Pflanzgefäße und als auffällige Blickpunkte im Rosen- und Staudenbeet oder auch inmitten des Rasens.

Von Beetrosen gibt es ein beinahe unüberschaubares Sortenangebot, über die am besten Kataloge von Rosenzüchtern oder spezialisierten Baumschulen informieren. Ein Auswahlkriterium kann das Prädikat **ADR-Rose** sein, was Anerkannte Deutsche Rose bedeutet. Sorten mit diesem Gütesiegel haben eine umfassende Prüfung hinter sich, in der sie sich unter anderem als ausgesprochen robust und gesund erwiesen haben. Allerdings sollte das ADR-Gütesiegel kein Ausschlußkriterium sein, da sich auch Sorten, die das Gütesiegel nur knapp verfehlt haben, oder schon sehr alte Sorten gleichermaßen im Garten bewähren können bzw. bewährt haben.

■ **Pflanzung**

Rosen wurzeln am besten ein, wenn man sie im Spätherbst zwischen Oktober und November pflanzt. Auch eine Pflanzung im März/April ist möglich. Bereits einige Wochen vorher sollte der Boden gelockert und mit Langzeitdünger wie Kompost oder reifem Stallmist angereichert werden. Die Rosen wässert man vor der Pflanzung als Ganzes einige Stunden lang. Anschließend kürzt man alle Wurzeln auf 20-25 cm ein und schneidet beschädigte oder verfaulte bis in den gesunden Bereich heraus.

Nun können die Pflanzen in das Pflanzloch eingesetzt werden, das so tief sein sollte, daß die Veredelungsstelle, erkenntlich an der Verdickung im Basisbereich, etwa 5 cm unter der Erdoberfläche liegt. Bei einer Herbstpflanzung wird die Erde noch 15-20 cm hoch angehäufelt, um vor Witterungseinflüssen des Winters zu schützen. Die Pflanzabstände richten sich nach der Wuchsstärke und Wuchsform. In der Regel setzt man Teehybriden und Floribundarosen im Abstand von 30-50 cm, bei Zwergrosen sind 25-30 cm ausreichend.

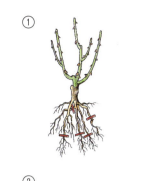

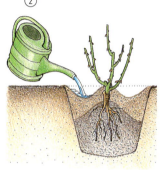

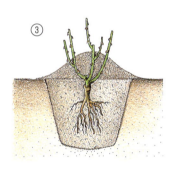

Pflanzung von Beetrosen:
① *Vor der Pflanzung werden beschädigte Wurzeln entfernt, zu lange auf ca. 20 cm eingekürzt.*
② *Der Rosenstock wird so in die Pflanzgrube gesetzt, daß die Veredelungsstelle 5 cm unter der Oberfläche zu liegen kommt. Nun füllt man Erde auf, spart dabei eine Gießmulde aus und wässert anschließend kräftig.*
③ *Die oberirdischen Triebe werden angehäufelt, um sie im Winter vor Frost zu schützen*

■ **Vermehrung**

Die veredelten Sorten der Beetrosen werden gewöhnlich durch Okulation vermehrt. Diese Methode erfordert viele Arbeitsschritte und Spezialwerkzeug und bleibt erfahrenen Gärtnern vorbehalten. Sie zeigt nur bei äußerst sorgfältigem und sauberem Vorgehen Erfolg. Dazu wird ein Edelauge der zu vermehrenden Rose mit einer Wildunterlage so in Verbindung gebracht, daß diese dauerhaft miteinander verwachsen.

■ **Pflegemaßnahmen**

In Trocken- und Hitzeperioden empfiehlt sich generell gründliches Gießen, vor allem bei frisch gepflanzten Rosen. Am besten wird erst abends gewässert, damit die Blätter nicht benetzt werden und verbrennen. Um die Blütenneubildung zu fördern, sollte man Abgeblühtes regelmäßig entfernen. Man schneidet dazu die verwelkte Blüte mit den beiden darunterliegenden Laubblättern schräg ab. Auftretende Wildtriebe müssen direkt an der Wurzel abgerissen werden.

Ab Ende November werden die Rosenstöcke auf den Winter vorbereitet. Um ihren Wurzelbereich wird 20-30 cm hoch Erde und/oder Kompost angehäufelt und eine schützende Mulchschicht ausgebracht. In rauhen Lagen und für empfindliche Sorten hat sich eine Abdeckung der Zweige mit Fichtenreisig bewährt.

Zwergrose 'Sweet Symphonie'

LAUBBÄUME UND -STRÄUCHER

■ Schnitt

Rosen werden im Vor- bis Vollfrühling zu Beginn des Neuaustriebes geschnitten. Dabei werden schwache Triebe auf 2 bis 3 Augen, kräftige Triebe auf etwa 5 Augen gekürzt. Der Schnitt sollte etwa 1 cm oberhalb der Knospe erfolgen und schräg von ihr wegführen. Nur scharfe Scheren verwenden, damit die Triebe nicht abgequetscht werden. Um Teehybriden zu einem buschigeren Wuchs zu erziehen, schneidet man im Mai voreilige junge Triebspitzen zurück, dies regt die Verzweigung an.

■ Düngung

Im Herbst sollten die Rosen mit gut verrottetem Kompost gedüngt werden. Während der Vegetationsperiode wird gezielt mit Mineraldünger versorgt. Nach der Hauptblüte im Juni sollte die Mineraldüngung jedoch eingestellt werden, da sonst das Holz bis zum Winter nicht genügend ausreifen kann und die Pflanzen anfällig gegen Frosteinwirkung und Krankheiten werden. Neu gepflanzte Rosen sollten im ersten Jahr überhaupt nicht gedüngt werden, damit sie viele Wurzeln ausbilden. Wichtig ist auch gelegentliches Mulchen, um das Bodenklima um die Pflanze zu verbessern.

Schadbild des Sternrußtaus

Besonderheiten

Für den Vasenschnitt sollte man nicht mehr als 3 Blütenstiele pro Pflanze schräg mit dem Messer abschneiden, damit die Pflanzenbüsche optisch attraktiv und wuchskräftig bleiben. Rosen halten sich am besten, wenn man gerade eben sich öffnende Knospen auswählt und die Stiele sofort in lauwarmes Wasser stellt.

Vermehrungstip

Stecklinge werden im Hochsommer von noch nicht ganz verholzten Zweigen geschnitten und auf 3 bis 5 Augen gekürzt. Nur die obersten Blätter läßt man stehen. Nachdem man die untere Stecklingsspitze in ein Bewurzelungsmittel getaucht hat, steckt man sie in Töpfe mit nährstoffarmen Substrat. Aufgestellt im Frühbeetkasten oder an einer geschützten Stelle, dann zusätzlich mit einer Folienhaube abgedeckt, bilden sich meist schnell Wurzeln aus, so daß nach etwa 6 Wochen in Töpfe mit nährstoffreichem Substrat umgepflanzt werden kann. Vor dem Winter werden die Stecklinge ausgepflanzt und mit Fichtenreisig abgedeckt, oder man zieht sie im Frühbeet bis zum Frühjahr weiter.

HÄUFIGE PFLEGEPROBLEME

Symptom: Schwarzbraune, sternförmige Flecken auf der Blattoberseite; tritt zunächst auf den untersten, bodennahen Blättern auf, kann sich aber rasch ausbreiten.

Ursache: Sternrußtau (Pilzerkrankung)

Vorbeugung/Abhilfe: Kühle und feuchte Witterung begünstigt den Befall, ebenso Überdüngung; vorbeugend kann mit Ackerschachtelhalmextrakt gespritzt werden; befallene und abgefallene Blätter vernichten.

Außerdem häufig: Echter und Falscher Mehltau, Rosenrost, Grauschimmel, Rosenmosaikvirus; Blattläuse, Schildläuse, Thripse, Spinnmilben

---

Hochstammrose

ZIERGEHÖLZE

Zur Gruppe der bodendeckenden Rosen werden Formen verschiedenster Herkunft gezählt. Sie alle wachsen flächig und zeichnen sich durch ein üppiges Laubwerk aus, das ein Aufkommen von darunterliegendem Unkraut wirkungsvoll verhindert. Die Farben- und Formenvielfalt ihrer Blüten – es gibt sowohl einfache als auch dicht gefüllte Sorten – eröffnet vielerlei Gestaltungsmöglichkeiten, auch für Gartenbereiche, bei denen man üblicherweise nicht an Rosen denkt.
Will man ausgesprochen gesunde und widerstandsfähige Sorten erwerben, so kann das ADR-Gütesiegel (siehe Seite 331) als Anhaltspunkt dienen. Meist wird die Gruppe der Bodendeckerrosen nochmals nach ihrer Wuchsform unterteilt. Man kann, entsprechend dem Verwendungszweck, zwischen flach niederliegenden, steif und breitaufrecht wachsenden, breitbuschigen oder bogig überhängenden Sorten wählen.

■ Pflanzung
Je nach Wuchsform und Wuchsstärke sollte der Pflanzabstand zwischen 40–100 cm betragen. Die Pflanzung erfolgt, wie bei den Beetrosen (Seite 331) beschrieben.

■ Vermehrung
Wie bei den Beetrosen.

■ Pflegemaßnahmen
Wie bei den Beetrosen.

■ Häufige Pflegeprobleme
Wie bei den Beetrosen.

■ Schnitt
Einmalblühende Bodendeckerrosen werden nicht geschnitten, es genügt ein Entfernen abgestorbener Zweige. Sorten mit strauchrosenähnlichem Wuchs werden wie diese nur ausgelichtet oder bei nachlassendem Blühwillen auf ein Drittel ihrer letztjährigen Größe zurückgeschnitten. Rosen mit aufrechtem, buschigem Wuchs kürzt man wie die Beetrosen auf 2 bis 5 Triebaugen ein.

Bodendeckerrose 'Fleurette'

■ Düngung
Wie bei den Beetrosen.

Vermehrungstip

Langtriebige Sorten können gut durch Absenker vermehrt werden. Man biegt dazu im Vollfrühling, spätestens im Frühsommer, einen bodennahen Trieb nach unten, schneidet ihn schräg an und befestigt diese Stelle mit einem Drahtbügel im Boden. Zuvor sollte man noch ein kleines Steinchen zum Offenhalten in den Schnitt klemmen, da sich an dieser Stelle die Wurzeln bilden. Die Triebspitze sollte nach oben weisen, gegebenenfalls muß sie an einem Stab aufgebunden werden. Ist der Absenker gut eingewurzelt, kann er von der Mutterpflanze abgestochen und verpflanzt werden.

Bodendeckerrosen

Rosa in Sorten

Blüte: alle Farben außer reinem Blau und Schwarz; VI–IX, je nach Sorte einmal- oder öfterblühend

Wuchs: flach niederliegend oder buschig aufrecht, teilweise überhängende Triebe; 0,25–1 m hoch

Standort: ○; nährstoffreicher, lockerer, humoser Lehmboden

Verwendung: einzeln oder in Gruppen; zur Begrünung von Böschungen, Rabattenstreifen und schwer zugänglichen Bereichen, über Mauerkronen oder Treppenstufen hängend, kompakte Sorten im Staudenbeet, im Steingarten, in Pflanzgefäßen

Passen gut zu: Zwerggehölzen und bodendeckenden Gehölzen wie Berberitze, Fingerstrauch, Zwergmispel, Kirschlorbeer

LAUBBÄUME UND -STRÄUCHER

Kletterrosen

Rosa in Sorten ■▶

Blüte: alle Farben außer Blau und Schwarz; VI–IX, je nach Sorte einmal- oder öfterblühend

Wuchs: Spreizklimmer, Triebe klettern mit Hilfe ihrer Stacheln in die Höhe; 1,5–6 m hoch

Standort: ○; nährstoffreicher, lockerer, humoser Lehmboden

Verwendung: einzeln oder in kleinen Gruppen; an Wänden, Zäunen, Mauern, Pergolen, Spalieren, Rosenbögen, am Gehölzrand in Bäume und Großsträucher hineinwachsend

Passen gut zu: anderen Kletterpflanzen wie Clematis, Trompetenblume oder Heckenkirsche sowie zu blau- und weißblühenden Stauden im Vordergrund

Die Eigenschaft mancher Wildrosen, mit Hilfe ihrer Stacheln nach oben zu klettern oder am Boden entlangzukriechen, war die Grundlage für die züchterische Entwicklung der Kletterrosen. Die aufgrund ihrer Klettertechnik als Spreizklimmer bezeichneten Pflanzen werden nach ihrem Wuchsverhalten in zwei Gruppen eingeteilt:

■ **Rambler-Rosen** brauchen von Anfang an eine Kletterstütze, da ihre dünnen, biegsamen Triebe ansonsten am Boden entlang kriechen würden. Ihre Blüten stehen in üppigen Büscheln zusammen.

■ **Climber-Rosen** vermögen mit ihren kräftigen, aufrechten Trieben und starken Stacheln schon mal mehrere Meter ohne Stütze in die Höhe zu klettern. Ihre Blüten sind meist großblumiger als die der Rambler, doch sitzen sie nur einzeln oder zu wenigen in lockeren Büscheln auf den Zweigen. In der Regel blühen diese Sorten öfter und lange bis in den Herbst hinein.

Unter den Kletterrosen gibt es neben den ADR-Rosen (siehe Seite 331) zahlreiche alte und bewährte Sorten, die über gute Gesundheit und Robustheit verfügen.

Früher oder später wird eine Kletterhilfe nötig

■ Pflanzung

Kletterrosen werden mit 50–60 cm Abstand zur Mauer oder zum Klettergerüst gepflanzt. Damit sie in Richtung der Kletterhilfe wachsen, setzt man sie leicht schräg in das Pflanzloch. Ihre Veredelungsstelle sollte, wie bei den anderen Rosen, etwa 5 cm unter der Erdoberfläche liegen. Auch das sonstige Vorgehen bei der Pflanzung gleicht dem bei den übrigen Rosen (Seite 331). Will man eine Wand von mehreren Kletterrosen begrünen lassen, sollte man zwischen ihnen mindestens 3 m Abstand wahren.

■ Vermehrung

Wie bei den Beetrosen (siehe Seite 331).

■ Pflegemaßnahmen

Kletterrosen an Mauern sind stärkeren Belastungen ausgesetzt, da sie durch die aufgeheizten Wände zusätzliche Wärme abbekommen. Dementsprechend müssen sie häufiger gegossen und ständig durch eine Mulchschicht vor übermäßiger Bodenaustrocknung geschützt werden. Um ein Zirkulieren der Luft zu ermöglichen, sollte man das Klettergerüst mit etwa 10 cm Abstand zur Mauer anbringen. **Rambler-Rosen** müssen auf jeden Fall an der Kletterhilfe festgebunden werden, doch auch die kräftigen **Climber** halten so sicherer. Zum Anbinden sollte man eine witterungsbeständige Schnur oder beschichteten Draht verwenden.

Im Winter erhalten die Kletterrosen einen schützenden Mantel aus dachziegelartig angeordneten Fichtenzweigen, die am Gerüst festgebunden oder dazwischengeklemmt werden. Auch Jute eignet sich als Abdeckmaterial. Der Wurzelbereich darf nicht vergessen werden, um ihn wird Erde angehäufelt und an sehr trockenen Standorten zusätzlich mit Strohmatten oder Reisig abgedeckt. Der Winterschutz sollte Ende Februar, spätestens im März wieder entfernt werden.

■ Häufige Pflegeprobleme

Wie bei den Beetrosen.

ZIERGEHÖLZE

Kaskadenrosen: Hier wurde die Sorte 'Rosarium Uetersen' auf Stämme veredelt

■ Schnitt

Die Blütenstände **einmalblühender Kletterrosen** werden gleich nach dem Abblühen entfernt. Zusätzlich kürzt man die Seitentriebe am alten Holz auf 2 bis 3 Augen und schneidet schwache, ältere Langtriebe direkt über dem Boden weg. **Öfterblühende Kletterrosen** werden regelmäßig von Verblühtem befreit. Im Gegensatz zu den Einmalblühern schneidet man hier die jungen Seitentriebe auf 2 bis 5 Augen zurück. Lange Seitentriebe werden wie die Haupttriebe hochgebunden.

■ Düngung

Wie bei den Beetrosen.

Besonderheiten

Veredelt man Rambler-Kletterrosen auf den Hochstamm einer Wildart, so entstehen die sogenannten Kaskadenrosen. Ihre biegsamen, mit vielen Blüten besetzten Zweige hängen in fließenden „Kaskaden" nach unten und ergeben eine anmutige Erscheinung.

Vermehrungstip

Bei den langtriebigen Kletterrosen bietet sich eine Vermehrung durch Absenker an. Die Methode ist bei den Bodendeckerrosen beschrieben (siehe Seite 333).

Kletterrose 'Goldfinch'

LAUBBÄUME UND -STRÄUCHER

Strauchrosen

Rosa in Sorten

Blüte: alle Farben außer Blau und Schwarz, auch zweifarbig; VI–IX, einmal- oder öfterblühend

Fruchtschmuck: Hagebutten; ab VIII/IX

Wuchs: breitbuschige Sträucher mit aufrechten bis bogig überhängenden Trieben; 1–3 m hoch

Standort: O; nährstoffreicher, lockerer, humoser Lehmboden

Verwendung: einzeln oder in kleinen Gruppen; für Einzelstellung, für freiwachsende Hecken, im Hintergrund von Staudenbeeten, als Schnitt- und Duftrosen

Paßt gut zu: Ziersträuchern, kleinen Bäumen und Stauden

Strauchrosen zeichnen sich durch vielfältige Blütenfarben und -formen aus, da sie von den unterschiedlichsten Formen abstammen. Auch sie werden nochmals in mehrere Gruppen unterteilt:

■ Die sogenannten **Alten** oder **Historischen Rosen** sind bereits lange in Kultur. Ihre typischen Merkmale sind dicht gefüllte, nostalgisch anmutende Blüten in warmen Farbtönen und mit starkem Duft. Ihnen gebührt ein gut einsehbarer Einzelplatz, an dem ihr eleganter Wuchs zur Geltung kommt. Zu den überwiegend einmalblühenden Alten Rosen gehören die Alba-, Centifolia-, Moos-, Damaszener- und Gallica-Rosen; öfterblühend sind Bourbon-, China-, Noisette- und Remontantrosen.

■ Von den **modernen Strauchrosen** gibt es ebenfalls einmal- oder öfterblühende Sorten. Ihre vielfältigen Blütenformen und -farben sowie unterschiedlichen Gestalten lassen kaum Wünsche offen.

■ Die Züchtung der **Englischen Rosen** wurde von dem Engländer David Austin begründet. Ihm ist es weitestgehend gelungen, die Vorzüge der modernen Strauchrosen mit denen der Alten Rosen zu verbinden. Diese Gruppe besitzt meist mehrmals blühende, duftende „Nostalgieblüten" sowie gute Widerstandskraft.

Die Sortenauswahl sollte sich nach dem Gestaltungszweck richten und neben den ADR-Sorten (Seite 331) auch die Alten Rosen mit ihrem historischen Flair berücksichtigen.

■ Pflanzung
Wie bei den Beetrosen (Seite 331). Die Pflanzabstände richten sich nach dem Gestaltungsziel. Generell gilt, daß den Strauchrosen bei Einzelstellung mehrere Meter Platz eingeräumt werden sollten, während in Hecken oder kleinen Gruppen schon 1 m ausreichen kann.

■ Vermehrung
Wie bei den Beetrosen (siehe Seite 331) durch Okulation.

'Lichtkönigin Lucia', eine robuste Strauchrose

ZIERGEHÖLZE

'Elmshorn', öfterblühende Sorte

'Maigold', früh- und einmalblühend

■ Pflegemaßnahmen
Strauchrosen brauchen in der Regel keinen Winterschutz. Um in schneereichen Wintern ein Abbrechen der langen Triebe durch die Schneelast zu verhindern, sollte man sie rechtzeitig abschütteln. Verwelkte Blütenstände werden stehengelassen, damit man sich im Herbst an den Hagebutten erfreuen kann. Sonstige Pflegemaßnahmen wie bei den Beetrosen.

■ Schnitt
Bei **einmalblühenden Strauchrosen** genügt es, alte und abgestorbene Triebe bodennah zu entfernen. **Öfterblühende Strauchrosen** sollten regelmäßig ausgelichtet werden. Dazu schneidet man überalterte Triebe direkt über dem Boden ab und entfernt schwächliche Zweige.

■ Düngung
Wie bei den Beetrosen.

HÄUFIGE PFLEGEPROBLEME

Symptom: Triebspitzen und junge Seitentriebe welken, bei starkem Befall kann die ganze Pflanze absterben.

Ursache: Valsakrankheit (Pilzerkrankung)

Vorbeugung/Abhilfe: Tritt bevorzugt bei frühblühenden Strauchrosen auf. Befallene Zweige bis ins gesunde Holz zurückschneiden, Schnittstelle mit Wundbalsam verschließen. Vorbeugend beim Pflegeschnitt auf sachgemäße Schnittführung achten.

Außerdem gelegentlich: Sternrußtau, Echter und Falscher Mehltau, Grauschimmel, Mosaikvirus, Blattläuse, Schildläuse, Thripse, Spinnmilben

---

Vermehrungstip
Vegetative Vermehrung ist durch Absenker oder Stecklinge möglich, siehe Bodendecker- bzw. Beetrosen.

Bourbonrose

LAUBBÄUME UND -STRÄUCHER

Hagebutten können bis in den Winter hinein haften

Wildrosen bezaubern mit natürlichem Charme. Ihre fiedrigen Laubblätter sitzen ziemlich dicht auf kräftigen, teils biegsamen Zweigen, die oft stark mit Stacheln bewehrt sind. Im Sommer schmücken sie sich mit einer Vielzahl einfacher Blüten, aus deren Mitte die Staubgefäße gelb herausleuchten. Selten sind in dieser Gruppe Hybriden mit gefüllten Blüten. Die meisten Arten verströmen einen angenehm leichten Duft.

■ **Bewährte Arten**

An dieser Stelle sollen einige einheimische Arten vorgestellt werden, die sich durch hervorragende Winterhärte auszeichnen: *Rosa arvensis,* **Kriechrose** (weiße Blüten, hellrote Hagebutten, dünne Triebe, auch kletternd, 0,5–2 m hoch); *Rosa canina,* **Hundsrose** (zartrosa Blüten, scharlachrote Hagebutten, breitbuschig, kletternd, 2–3 m hoch); *Rosa glauca,* **Rotblättrige Rose** (rosa bis karminrote Blüten, scharlachrote Hagebutten, buschig, leicht überhängende Triebe, 1–2,5 m hoch); *Rosa pendulina,* **Alpenrose** (rosarote Blüten, dunkelrote Hagebutten, aufrechter Wuchs mit überhängenden Trieben, 0,5–3 m hoch); *Rosa rubiginosa,* **Apfelrose** (hellrosa Blüten, orange- bis scharlachrote Hagebutten, dicht bestachelt, aufrechter Wuchs mit überhängenden Trieben, 2–2,5 m hoch); *Rosa tomentosa,* **Filzrose** (weiße Blüten, rote Hagebutten, breitbuschiger Wuchs, 2–3 m hoch)

Wildrosen

Rosa-Arten   □ ▽ ▷

Blüte: weiß, gelb, rosa, rot, auch zweifarbig; V–VII, meist einmalblühend

Fruchtschmuck: gelbe, orange oder rote Hagebutten; ab VIII/IX

Wuchs: dichte Sträucher, auch kriechende oder kletternde Arten, 0,5–3 m hoch

Standort: ○-◐, einige Arten auch ●; Bodenansprüche artabhängig, einige gedeihen auf sehr kargen Böden

Verwendung: einzeln oder in kleinen Gruppen; für freiwachsende Hecken und Gehölzgruppen, am Gehölzrand, im Naturgarten

Passen gut zu: anderen Sträuchern wie Berberitze, Weißdorn, Liguster, Holunder, Schneeball

Rosa pimpinellifolia 'Claus Groth'

ZIERGEHÖLZE

Kartoffelrose, Rosa rugosa

■ Pflanzung
Wildrosen werden im Frühjahr oder Herbst gepflanzt. Bei einer Herbstpflanzung häufelt man die Erde 15–20 cm hoch an, um vor Frosteinwirkungen über den Winter zu schützen. Als Pflanzabstand sollten bei Einzelstellung mehrere Meter gewahrt werden, während in Hecken oder kleinen Gruppen schon 1 m ausreichen kann.

■ Vermehrung
Die reifen Hagebutten können im Dezember geerntet, geöffnet, und ihre Samen entnommen werden. Sie sollten sofort in Anzuchtschalen ausgesät werden, die man kühl, bei 4–6 °C, aufstellt. Nach erfolgter Keimung muß die Temperatur auf 20–24 °C erhöht werden, dann wachsen die Keimlinge gut heran und können ab Mitte Mai in ein sonniges Pflanzbeet umgesetzt werden.

■ Pflegemaßnahmen
Wildrosenarten, deren natürliches Verbreitungsgebiet außerhalb Europas liegt, sind nicht immer frosthart und sollten daher eine Winterabdeckung erhalten.
Im Gegensatz zu ihren gezüchteten Verwandten zeigen sich Wildrosen wenig anfällig für Krankheiten und Schädlinge. Gelegentlich können jedoch auch bei ihnen die bei Beet- und Strauchrosen (Seite 332, Seite 337) genannten **Pflegeprobleme** auftreten.

■ Schnitt
Damit die Sträucher ihre natürliche Wuchsform entfalten können, sollte man sie nicht schneiden. Allerdings vertragen fast alle Arten einen radikalen Verjüngungsschnitt, falls eine Überalterung der Triebe diese Maßnahme nötig macht.

■ Düngung
In der Regel nicht erforderlich, bei Bedarf mit Kompost versorgen.

Besonderheiten

Wildrosen sind wichtige Vogelschutz- und Vogelnährgehölze.

Vermehrungstip

Von ausläufertreibenden Wildrosen können im Frühjahr die Ausläufer mit ihren Wurzeln problemlos von der Mutterpflanze abgestochen und an die gewünschte Stelle verpflanzt werden.

LAUBBÄUME UND -STRÄUCHER

Die Salweide ist bekannt für ihre Palmkätzchen, die zu Ostern vielerorts Vasen schmücken. Besonders schön wirkt sie vollerblüht, wenn die Staubgefäße hervortreten und den Strauch in einen goldgelben Schleier hüllen. Erst nach der Blüte treiben die mattgrünen, behaarten Laubblätter aus. Im Garten wird vor allem die Sorte 'Mas' kultiviert, die wegen ihrer besonders großen Kätzchen beliebt ist.

■ Bewährte Sorten
'Mas' (**Echte Salweide**; ausschließlich männliche, sehr große Kätzchenblüten, breitere Laubblätter, 3-5 m hoch); 'Pendula' (**Hängekätzchenweide**; in Bögen bis auf die Erde herabhängende Äste, große Kätzchenblüten, 1,5-2 m hoch)

■ Verwandte Arten
Unter den Weiden gibt es eine Vielzahl weiterer, recht einfach zu pflegender Arten für den Garten, z. B.
■ die **Öhrchenweide** *(Salix aurita)*, ein breiter Strauch von etwa 2-3 m Höhe mit grau berindeten Zweigen und stumpfgrünem Laub;
■ die **Aschweide** *(Salix cinerea)*, ein hoher Strauch von 3-5 m Höhe mit filzig behaartem Laub;
■ die **Spießweide** *(Salix hastata)*, ein kleiner Strauch von 1-1,5 m Höhe mit grauweiß behaartem Laub und seine Sorte 'Wehrhahnii', die Engadinweide.

■ Pflanzung
Im Frühjahr und Herbst.

■ Vermehrung
Die veredelten Sorten müssen im Fachhandel nachgekauft werden. Die reine Art kann aus ihren Samen nachgezogen werden; sie sollten gleich nach der Reife ausgesät werden.

■ Pflegemaßnahmen
Unterhalb der Veredelungsstelle austretende Wildtriebe sollten regelmäßig entfernt werden.

Spießweide, Engadinweide, Salix hastata 'Wehrhahnii'

■ Schnitt
Wie alle Weidenarten treibt auch die Salweide nach starkem Rückschnitt aus schlafenden Augen wieder aus. Bei älteren Exemplaren ist ein Verjüngungsschnitt jedoch nicht immer erfolgreich. Gewöhnlich genügt alle 2 bis 3 Jahre ein Auslichtungsschnitt, bei dem alte, zu dicht stehende Äste möglichst bis zur Basis herausgenommen werden. Die Blütentriebe der Sorte 'Pendula' sollten direkt nach der Blüte stark zurückgeschnitten werden, um die Blütenneubildung zu fördern.

■ Düngung
Häufig geschnittenen Weiden müssen die entzogenen Nährstoffe durch Langzeitdünger, am besten in Form gut verrotteten Komposts, wieder zugeführt werden.

ZIERGEHÖLZE

Hängekätzchenweide, Salix caprea 'Pendula'

Salweide

Salix caprea   □ ▽ ▷

Blüte: silbrige Kätzchenblüte, weibliche Blüten unscheinbar; III-IV

Wuchs: Großstrauch bis kleiner Baum; 3–5 m hoch

Standort: ○–◑; mäßig trockener bis frischer Boden

Verwendung: einzeln oder in kleinen Gruppen; in Wildhecken, vor höheren Bäumen, zur Bodenbefestigung von Böschungen und Hängen, am Gewässerufer; für Stadtklima ungeeignet; als Schnittgrün

Paßt gut zu: Berberitze, Liguster, Kornelkirsche, Holunder

Besonderheiten

Die Kätzchen der Salweide liefern ein unentbehrliches Bienenfutter, man sollte deshalb niemals Zweige von wildwachsenden Sträuchern für die Vase schneiden und auch im Garten möglichst wenige entnehmen.

Vermehrungstip

Junge Pflanzen gewinnt man am schnellsten durch Triebstecklinge, die im Herbst von halbverholzten Trieben geschnitten werden. Über den Winter lagert man sie in feuchtem Sand oder schlägt sie in feucht zu haltende Tücher ein. Im darauffolgenden Frühjahr können die Steckhölzer direkt ausgepflanzt werden.

Kätzchen der Öhrchenweide, Salix aurita

LAUBBÄUME UND -STRÄUCHER

Schwarzer Holunder, Sambucus nigra

Holunder

Sambucus-Arten □ ▽ ▷

Blüte: *Sambucus nigra* weiß, VI–VII; *Sambucus racemosa* gelbgrün, IV–V

Fruchtschmuck: rote oder schwarze Steinfrüchte; ab VII

Wuchs: Großsträucher mit aufrechten bis überhängenden Trieben; 2–7 m hoch

Standort: ○–◐, *Sambucus nigra* auch ●; nicht zu trockener Boden

Verwendung: einzeln oder in kleinen Gruppen; in freiwachsenden Hecken, an Gehölzrändern, als Unterpflanzung höherer Gehölze, im Bauerngarten, am Kompostplatz; für Stadtklima geeignet

Passen gut zu: anderen Wildsträuchern wie Berberitze, Liguster, Vogelkirsche, Wildrose, Schneeball

Vorsicht: Rinde, Blätter und ungekochte Früchte enthalten Giftstoffe.

Holunder sind sehr attraktive Sträucher, da sie sich über einen langen Zeitraum hinweg mit auffälligen Blütenständen und danach mit den beerenähnlichen Steinfrüchten zieren.

■ Der **Schwarze Holunder** (*Sambucus nigra*) wird ein großer, mehrstämmiger Strauch, dessen Äste in lockeren Bogen überhängen. Aus den streng duftenden Blüten entstehen glänzendschwarze Früchte.

■ Der **Traubenholunder** (*Sambucus racemosa*) wächst selten höher als 4 m. Seine straff aufrechten Triebe werden erst im Alter breit ausladend und locker überhängend. Schon im April erscheinen die gelbgrünen Blütenrispen, deren Duft als eher unangenehm zu bezeichnen ist. Seine scharlachroten Früchte besitzen eine beachtliche Fernwirkung.

■ **Pflanzung**

Im Frühjahr oder Herbst.

■ **Vermehrung**

Holunder kann ohne Schwierigkeiten vegetativ vermehrt werden. Noch vor der Blüte schneidet man etwa 15 cm lange Spitzen junger Seitentriebe ab, entfernt die untersten Blätter und setzt die Stecklinge einzeln in Töpfe mit Anzuchterde. Bis zum Pflanztermin im darauffolgenden Frühjahr müssen die Stecklinge weiterkultiviert werden; dabei über Winter hell und frostfrei stellen.

■ **Pflegemaßnahmen**

Nicht erforderlich. Auf Blattläuse achten.

■ **Schnitt**

In der Regel sind Auslichtungsschnitte, bei denen vor allem alte und spärlich blühende Triebe entfernt werden, in 2–3jährigen Abständen ausreichend. Ältere Pflanzen können durch scharfen Rückschnitt verjüngt werden.

■ **Düngung**

Nicht erforderlich.

Besonderheiten

Die Früchte des Schwarzen Holunders lassen sich zu wohlschmeckenden Säften und Konfitüren verarbeiten, sie verlieren dabei ihre Giftigkeit. Ungekocht darf man sie allerdings nicht essen! Auch die Blütentrauben des Schwarzen Holunders finden als sogenannte „Hollerküchle" Verwendung in der Küche.

Vermehrungstip

Die Samen des Holunders kann man direkt nach der Reife aussäen und über den Winter im Freien belassen; so erhalten sie den für die Keimung benötigten Kältereiz.

Holunderbeeren – nicht roh essen!

ZIERGEHÖLZE

Gewöhnliche Eberesche, Sorbus aucuparia

Die Gewöhnliche Eberesche besitzt lange, gefiederte Laubblätter, die sich schon im Spätsommer zu leuchtenden Gelb- und Orangetönen hin verfärben. Vorher erscheinen in dichten Rispen ihre intensiv roten Früchte. Sie entwickeln sich aus weißen, streng duftenden Blütenschirmen. Nicht nur Vögel lieben die roten, beerenartigen Früchte, auch für Menschen können sie in Form von Gelees, Säften oder Kompott sehr schmackhaft sein.

■ Bewährte Sorten
'Fastigiata' (**Säulenebereche**; dunkelrote Früchte, durchgehender Stamm mit säulenförmiger, später spitzkegeliger Krone, 5–7 m hoch); 'Fructu-Lutea' (**Gelbfruchtige Eberesche**; goldgelbe Früchte, 5–7 m hoch)

■ Pflanzung
Im Frühjahr oder Herbst.

■ Vermehrung
Die veredelten Sorten werden besser in Baumschulen nachgekauft. Die Art läßt sich aus ihren Samen nachziehen. Da es sich um Kaltkeimer handelt, müssen die Samen bald nach der Reife ausgesät und den Winter über Kälte und Schnee ausgesetzt werden, damit sie im Frühjahr zur Keimung gelangen.

Gewöhnliche Eberesche,
Vogelbeere
Sorbus aucuparia □ ▽

Blüte: weiß; V–VI
Fruchtschmuck: rote, beerenartige Apfelfrüchte; ab IX
Wuchs: mittelgroßer Baum oder Großstrauch mit lockerer Krone; 5–15 m hoch
Standort: ○–◐; mäßig trockener bis frischer, humoser Boden
Verwendung: einzeln oder in kleinen Gruppen; in freiwachsenden Hecken und anderen Gehölzgruppen, in Einzelstellung vor Gebäuden, im Obstgarten; für Stadtklima ungeeignet
Paßt gut zu: Kornelkirsche, Vogelkirsche, Holunder, Birke

■ Pflegemaßnahmen
Nicht erforderlich.

■ Schnitt
Die Gewöhnliche Eberesche entfaltet sich am schönsten, wenn sie ungeschnitten bleibt. Ältere, wuchsschwache Bäume können durch einen radikalen Rückschnitt verjüngt werden.

■ Düngung
Es empfehlen sich gelegentliche Kompostgaben im Herbst oder vor dem Austrieb im Frühjahr.

Besonderheiten
Die Varietät *Sorbus aucuparia* var. *moravica* oder sogenannte Mährische Eberesche hat schmackhaftere Früchte, die sich durch einen besonders hohen Vitamin-C-Gehalt auszeichnen. Im Wuchs ähnelt sie der Gewöhnlichen Eberesche.

HÄUFIGE PFLEGEPROBLEME

Symptom: Blüten verfärben sich schwarz, Triebspitzen welken und krümmen sich, Rinde sondert Schleim ab.

Ursache: Feuerbrand (Bakterieninfektion)

Vorbeugung/Abhilfe: Befallene Bäume roden und vernichten; die Krankheit muß dem zuständigen Pflanzenschutzamt gemeldet werden!

Außerdem häufig: Blattläuse

LAUBBÄUME UND -STRÄUCHER

Prachtspiere, Spiraea x vanhouttei

Brautspiere, Spiraea x arguta

Die winzigen Blüten der Spiersträucher wirken erst in ihrer Gesamtheit überwältigend. So sind die frühblühenden Arten und Sorten über und über mit weißen Doldentrauben bedeckt. Ihre zierlichen, frischgrünen bis dunkelgrünen Laubblätter treiben zwar schon recht früh aus, doch kommen sie erst nach der üppigen Blüte richtig zur Geltung.

■ Die **Brautspiere** (*Spiraea* x *arguta*) öffnet schon im April ihre ersten Blüten, die einen leicht herben Duft verströmen. Ihre überhängenden Zweige sind bisweilen recht dünn, wirken dadurch jedoch sehr anmutig.

■ Die **Prachtspiere** (*Spiraea* x *vanhouttei*) bereichert mit ihrem Blütenreichtum und eleganten Wuchs ebenfalls jede Gehölzgruppe. Im Ganzen der Brautspiere ähnelnd, unterscheidet sie sich von dieser durch die spätere Blütezeit ab Mai.

■ **Pflanzung**

Im Frühjahr oder Herbst. Auf ausreichend große Pflanzabstände achten, damit die Spiersträucher ihre überhängenden Triebe frei entfalten können.

■ **Vermehrung**

Die Sträucher können durch Kopfstecklinge vermehrt werden, wozu man im Vollfrühling oder Frühsommer etwa 15 cm lange Spitzentriebe schneidet und nach Entfernen der unteren Blätter in Töpfe mit Anzuchterde setzt. Meist haben sie sich bis zum Herbst bewurzelt und können ausgepflanzt werden.

Spiersträucher, frühblühende Arten
Spiraea-Arten ☐ ▷

Blüte: weiß; IV–VI

Wuchs: Sträucher mit steif aufrechten Grundtrieben und überhängenden Spitzen; 1,5–2,5 m hoch

Standort: ○–◐; frischer Boden

Verwendung: einzeln oder in Gruppen; in freiwachsenden Hecken und anderen Strauchgruppen, in Beeten und Rabatten; für Stadtklima bedingt geeignet; zum Vasenschnitt

Passen gut zu: Deutzie, Ranunkelstrauch, Kolkwitzie, Blutjohannisbeere, Flieder

■ **Pflegemaßnahmen**

Nach der Pflanzung sollte der Boden 2 bis 3 Jahre offen gehalten werden, ansonsten sind Spiersträucher völlig anspruchslos. Auf Echten Mehltau und Blattläuse achten.

■ **Schnitt**

Um die Blühfreudigkeit zu erhalten, müssen die abgeblühten Triebe der Spiersträucher noch im Sommer zurückgeschnitten werden. Alternativ kann in 2-3jährigem Turnus, jeweils nach der Blüte, ein Auslichtungsschnitt erfolgen, bei dem alle älteren Triebe entfernt werden. Bei älteren Sträuchern ist auch ein radikaler Verjüngungsschnitt möglich.

■ **Düngung**

Nicht erforderlich.

Vermehrungstip

Breit gewachsene Sträucher können im Vorfrühling oder nach der Blüte im Sommer durch Teilung ihrer Wurzelballen vermehrt werden.

ZIERGEHÖLZE

Spiersträucher, sommerblühende Hybriden

Spiraea-Bumalda-Hybriden ☐ ▷

Blüte: rot; VI–IX

Wuchs: halbkugelige Sträucher mit aufrechten Trieben; 0,6–1 m hoch

Standort: ◐-◑; frischer Boden

Verwendung: einzeln und in Gruppen; in freiwachsenden Hecken, als Füllsträucher in Gehölzgruppen, für niedrige Einfassungshecken, zur flächigen Begrünung; für Stadtklima bedingt geeignet

Passen gut zu: immergrünen Sträuchern wie Berberitze, Buchsbaum, Liguster und Lorbeerkirsche

Die *Spiraea-Bumalda*-Hybriden schmücken sich über einen beträchtlichen Zeitraum hinweg mit rosaroten Trugdolden. Diese sind nicht wie bei den frühblühenden Arten über die ganze Länge der Zweige verteilt, sondern sitzen immer am Ende der diesjährigen Triebe. Einen hübschen Kontrast zu den Rottönen der Blüten bildet das frischgrüne Laub.

■ Bewährte Sorten
'Anthony Waterer' (weit verbreitete Sorte, karminrote Blüten, im Austrieb häufig weißlichgrüne Blätter, 0,6–0,8 m hoch); 'Froebelii' (dunkelpurpurrote Blüten, breitwüchsig, 0,8–1 m hoch)

■ Pflanzung
Im Frühjahr und Herbst.

■ Vermehrung
Wie bei den frühblühenden Arten und Sorten durch Kopfstecklinge.

Spierstrauchsorte 'Froebelii'

■ Pflegemaßnahmen
Nicht erforderlich. Auf Echten Mehltau und Blattläuse achten.

■ Schnitt
Um die Bildung von Blütentrieben anzuregen, sollten die Sträucher jährlich im Frühjahr zurückgeschnitten werden, dabei alle Triebe um etwa ein Drittel kürzen, überalterte Äste ganz entfernen.

■ Düngung
Alle paar Jahre im Vorfrühling mit Kompost versorgen.

Besonderheiten

Die Art *Spiraea japonica* und ihre Sorten bilden ebenfalls sehr hübsche, anspruchslose Kleinsträucher, die den *Spiraea-Bumalda*-Hybriden ähneln, aber je nach Sorte rosa oder weiß blühen.

Spiraea-Bumalda-Hybride

LAUBBÄUME UND -STRÄUCHER

Schneebeere, Knackebeere
Symphoricarpos albus var. laevigatus

Blüte: weiß-rosa; VII–VIII

Fruchtschmuck: weiße, beerenähnliche Steinfrüchte ab IX, lange haftend

Wuchs: Strauch mit zahlreichen aufrechten Grundtrieben, teilweise überhängend; 2–3 m hoch

Standort: ○–◐; nahezu jeder Boden, kalkverträglich

Verwendung: in kleinen Gruppen; unter höheren Gehölzen, am Gehölzrand, in freiwachsenden Hecken, zur Begrünung von Böschungen; für Stadtklima gut geeignet

Paßt gut zu: immergrünen Laubgehölzen wie Liguster, Kirschlorbeer, Feuerdorn

Vorsicht: Die Früchte und vermutlich auch andere Pflanzenteile sind giftig, sie können bei empfindlichen Personen Hautreizungen verursachen.

Die Schneebeere fällt weniger zur Blütezeit als vielmehr im Herbst durch ihre aufgeblasenen, kugelrunden Früchte von schneeweißer Farbe auf. Meist bleiben sie bis in den Winter hinein haften und schmücken die schon kahlen Triebe. Während die Beeren gern von Vögeln gefressen werden, finden Bienen an den glockenförmigen, recht unscheinbaren Blüten reichlich Nektar.

■ **Verwandte Art**
Die **Purpurbeere** *(Symphoricarpos x chenaultii)* sieht der Schneebeere recht ähnlich, doch entwickelt sie rötliche Beerenfrüchte.

■ **Pflanzung**
Im Frühjahr oder Herbst.

■ **Vermehrung**
Im Frühsommer kann man etwa 15 cm lange Triebspitzen als Kopfstecklinge abnehmen und nach Entfernen der unteren Blätter in Vermehrungssubstrat setzen.

■ **Pflegemaßnahmen**
Nicht erforderlich.

■ **Schnitt**
Die starkwüchsige Schneebeere sollte in 2–3jährigen Abständen, jeweils im Vorfrühling ausgelichtet werden. Falls nötig, kann man durch scharfen Rückschnitt den Strauch verjüngen.

■ **Düngung**
Nicht erforderlich.

Besonderheiten

Die ansprechenden, zum Spiel verlockenden, kugeligen Früchte, die auf Druck oft laute Knackgeräusche vernehmen lassen, sollten aufgrund ihrer Giftigkeit nicht in Kinderhände gelangen! Der in ihnen enthaltene Saft kann Haut- und Schleimhautreizungen hervorrufen.

Vermehrungstip

Durch Ausläufer breit und dicht gewordene Sträucher kann man auch einfach teilen. Dies führt man im Vorfrühling durch und pflanzt die Teilstücke dann gleich wieder ein.

Schneebeere, Symphoricarpos albus var. laevigatus

ZIERGEHÖLZE

Frühlingsfreuden: Flieder im Verein mit Tulpen

Die wunderschönen Blütenrispen des Flieders erfüllen ihre Umgebung mit einem angenehmen Duft. Seine dicht verzweigten Triebe bedecken sich mit eiförmig bis breitovalen Laubblättern von frischgrüner Farbe.

■ Der **Gewöhnliche Flieder** (*Syringa vulgaris*) erblüht in variierenden Violettönen. Durch starke Ausläuferbildung wächst er mit der Zeit zu einem breitbuschigen Gehölz heran.

■ Die vielen Sorten des **Edelflieders** (*Syringa-Vulgaris*-Hybriden) stammen vom Gewöhnlichen Flieder ab und unterscheiden sich von diesem vor allem durch noch üppigere Blütenrispen. Fast alle Blütenfarben enthalten einen Lilaton. Es gibt auch Formen mit gefüllten Blüten, doch haben diese meist ihren intensiven Duft eingebüßt.

■ **Bewährte Sorten**

Unter den unzähligen Hybriden haben sich in den vergangenen Jahren bewährte Sorten herauskristallisiert, von denen hier einige wenige vorgestellt werden können. Alle erreichen eine Wuchshöhe von 4–6 m: 'Andenken an Ludwig Späth' (einfache, dunkelpurpurrote Blüten); 'Charles Joly' (gefüllt, purpurrot mit hellerer Rückseite); 'Christophe Colomb' (einfach, zartlila); 'Katharina Havemeyer' (gefüllt, zartlila, Rückseite purpurrosa); 'Michel Buchner' (gefüllt, lila mit weißer Mitte); 'Mme Lemoine' (gefüllt, schneeweiß); 'Primrose' (einfach, hellgelb); 'Sensation' (einfach, dunkellila mit silbrigweißem Saum)

Flieder

Syringa-Arten

Blüte: rosa, weiß, rot, lila oder gelb; V–VI

Wuchs: Großstrauch oder kleiner Baum, 4–6 m hoch

Standort: ○, *Syringa vulgaris* auch ◐; nährstoffreicher, durchlässiger Boden

Verwendung: einzeln oder in Gruppen; an einem gut einsehbaren Platz, in freiwachsenden Hecken und anderen Gehölzgruppen, am Gehölzrand, im Hintergrund von Beeten; zum Vasenschnitt, zur Treiberei; für Stadtklima geeignet

Passen gut zu: Gewöhnlichem Schneeball und Pfeifenstrauch; schön auch in Kombination verschiedenfarbiger Fliedersorten

LAUBBÄUME UND -STRÄUCHER

Beim Edelflieder sollten die unterhalb der Veredelung herauswachsenden Wildtriebe regelmäßig entfernt werden

Besonderheiten

Die Blütentriebe des Flieders sind ein beliebter und lange haltbarer Vasenschmuck. Sie können bereits knospig geschnitten und in warmen Räumen vorgetrieben werden.

■ Pflanzung
Im Frühjahr oder Herbst; dabei beachten, daß die Veredelungsstelle der **Edelflieder** etwa 20 cm unter der Erdoberfläche zu liegen kommt, damit sie ihre eigenen Wurzeln ausbilden können.

■ Vermehrung
Die veredelten Sorten müssen nachgekauft werden; der **Gewöhnliche Flieder** kann durch Aussaat seiner Samen angezogen werden.

■ Pflegemaßnahmen
Entfernt man nach der Blüte die verblühten Rispen, so unterstützt man damit den Blütenansatz für das folgende Jahr. An der Basis austretende Wildtriebe des **Edelflieders** sollten direkt an der Wurzel herausgerissen werden, dazu, wenn nötig, die Wurzel freilegen. Durch diese aufwendige Methode wird ein Überwachsen der Veredelung am wirkungsvollsten verhindert.

■ Schnitt
Um eine dicht verzweigte Krone zu erhalten, empfiehlt sich in den ersten Jahren nach der Pflanzung ein regelmäßiger Erziehungsschnitt. Dazu werden nach der Blüte alle Triebe um ein Drittel gekürzt. Hat der Flieder die gewünschte Wuchsform erreicht, genügt ein jährlicher Auslichtungsschnitt im Vorfrühling. Der **Gewöhnliche Flieder** regeneriert sich auch nach vollständigem Rückschnitt wieder.

■ Düngung
Jährliche Volldüngergaben, am besten mit Kompost, im Vorfrühling fördern die Blütenbildung.

HÄUFIGE PFLEGEPROBLEME

Symptom: Knospen entwickeln sich nicht weiter, werden braun und sterben ab; Rinde um diese Knospen färbt sich braun und grenzt sich deutlich von gesundem Gewebe ab.

Ursache: Zweig- und Knospenkrankheit (Pilzerkrankung)

Vorbeugung/Abhilfe: Feuchte Standorte meiden, ausgewogen düngen; befallene Triebe herausschneiden.

Außerdem häufig: Echter Mehltau, Virosen; Blattläuse

Edelflieder, Syringa-Hybride

Syringa-Hybride 'Mme Lemoine'

ZIERGEHÖLZE

Kennzeichnend für Linden sind ihre rundlichen bis herzförmigen Laubblätter und die in hängenden Trugdolden zusammengefaßten Blüten und Früchte. Der Blüten- bzw. Fruchtstiel ist zur Hälfte mit einem hellgrünen Hochblatt verwachsen. Die süßlich duftenden Blüten sondern klebrige Honigtropfen ab und sind eine wichtige Bienenweide.

- Die **Winterlinde** *(Tilia cordata)* bildet eine rundliche oder eiförmige Krone aus, ihre dunkelgrünen Laubblätter sind unterseits blaugrün getönt und färben sich im Herbst gelb. Die Blüten erscheinen meist im Juli.
- Die **Sommerlinde** *(Tilia platyphyllos)* erblüht schon einen Monat vor der Winterlinde. Ihre Krone ist von regelmäßiger, breitkegelförmiger Gestalt, ihre Triebe sind dicht mit hellgrünen, unterseits behaarten Blättern besetzt. Sie zeigen ebenfalls eine gelbe Herbstfärbung.

■ **Verwandte Art**
Für den Garten ist weiterhin folgende Art empfehlenswert: **Krimlinde** *(Tilia x euchlora)*, ein mittelgroßer Baum von 15–20 m Höhe mit kegeliger Krone.

■ **Pflanzung**
Im Frühjahr oder Herbst.

■ **Vermehrung**
Es empfiehlt sich, die reinen Arten ebenso wie die veredelten Sorten nachzukaufen.

■ **Pflegemaßnahmen**
Nicht erforderlich.

■ **Schnitt**
Linden sollte man ungeschnitten wachsen lassen; kranke und alte Triebe können entfernt werden, doch müssen die Schnittwunden sorgfältig mit Baumwachs verschlossen werden. Radikaler Verjüngungsschnitt wird meist gut vertragen.

■ **Düngung**
Nicht erforderlich.

Sommerlinde, Tilia platyphyllos

Besonderheiten

Die im Schatten getrockneten Lindenblüten können zu Tee aufgebrüht werden, der Erkältungskrankheiten vorbeugt bzw. ihre Auswirkungen mildert.

HÄUFIGE PFLEGEPROBLEME

Symptom: Braune Flecken auf Blättern und Blattstielen, vorzeitiger Blattfall, Triebe welken.

Ursache: Blattfleckenkrankheit (Pilzerkrankung)

Vorbeugung/Abhilfe: Auf optimalen Standort achten, nicht zuviel düngen; weitere Maßnahmen nicht erforderlich, die Bäume erholen sich spätestens im darauffolgenden Jahr.

Außerdem häufig: Blattläuse, Spinnmilben

Linde

Tilia-Arten

Blüte: gelbgrün; VI–VII

Fruchtschmuck: bräunliche, geflügelte Nußfrüchte; ab VIII oder IX

Wuchs: große Bäume; 10–30 m hoch

Standort: ○–◐; nährstoffreicher, frischer, tiefgründiger Boden

Verwendung: einzeln; in großen Gärten und Parkanlagen, als Hofbaum; für Stadtklima ungeeignet

Passen gut zu: anderen Laubbäumen wie Ahorn, Buche, Ulme

LAUBBÄUME UND -STRÄUCHER

Schneeball,
sommergrüne Arten

Viburnum-Arten   □ ▽ ▷

Blüte: weiß; V–VI
Fruchtschmuck: rote, bei *Viburnum lantana* später schwarze Steinfrüchte in Trugdolden; ab IX
Wuchs: Sträucher mit straff aufrechten Grundtrieben; 2–4 m hoch
Standort: ○–◐; frischer, humoser, durchlässiger Boden; kalkliebend
Verwendung: einzeln und in Gruppen; in freiwachsenden Hecken und anderen Gehölzgruppen, an Gehölzrändern; nur *Viburnum lantana* für Stadtklima geeignet
Passen gut zu: Kornelkirsche, Wildäpfel, Vogelkirsche, Holunder, Vogelbeere, Eibe
Vorsicht: Die Pflanzen und besonders ihre Früchte sind giftig.

Fruchtschmuck des Gewöhnlichen Schneeballs

Schneeballarten wachsen zu dichtbuschigen Sträuchern heran, die sich meist in ihrer Belaubung unterscheiden. Nicht nur zur Blüte, sondern auch im Herbst, wenn die leuchtendroten, beerenähnlichen Früchte erscheinen, ziehen sie alle Blicke auf sich.
■ Der **Wollige Schneeball** *(Viburnum lantana)* erhielt seinen Namen aufgrund der mattgrünen, oben runzeligen, unterseits graufilzig behaarten Laubblättern. Das dichte, spät fallende Laub verleiht dem Strauch eine ausgezeichnete Sicht- und Lärmschutzfunktion. Aus cremeweißen, streng duftenden Blüten gehen im Herbst rote Früchte hervor, die sich später schwarz färben.
■ Der **Gewöhnliche Schneeball** *(Viburnum opulus)* besitzt gelappte, im Umriß fast rundliche Laubblätter, die im Herbst eine intensive Orangefärbung annehmen. Seine leuchtendroten Früchte haften bis in den Winter hinein. Die sehr alte, bewährte Sorte 'Roseum', auch **Gefüllter Schneeball** genannt, verlieh mit ihren schneeweißen Blütenbällen der ganzen Gattung den Namen.

■ Pflanzung
Im Frühjahr oder Herbst.

■ Vermehrung
Sehr einfach lassen sich Schneebälle über Absenker vermehren. Bodennahe Triebe werden nach unten gebogen, schräg angeschnitten und an dieser Stelle mit Drahtbügeln im Boden befestigt. In die Schnittstelle sollte zuvor ein kleines Steinchen zum Offenhalten geklemmt werden. Haben sich am Absenker genügend Wurzeln ausgebildet, kann er von der Mutterpflanze abgetrennt und verpflanzt werden. Auch aus Triebstecklingen lassen sich recht einfach neue Pflanzen heranziehen.

■ Pflegemaßnahmen
Der **Gewöhnliche Schneeball** und seine Sorten lieben frischen bis feuchten Boden und sollten daher bei lang anhaltender Trockenheit gegossen werden. Ansonsten gedeihen die robusten Sträucher auch ohne Pflege prächtig.

ZIERGEHÖLZE

■ Schnitt

Es ist angebracht, die starkwüchsigen Sträucher jedes Jahr nach der Blüte auszulichten. Schneidet man beim **Gefüllten Schneeball** die Seitentriebe um etwa ein Drittel zurück, so ist reiche Blütenbildung im nächsten Jahr garantiert. Auch bei älteren Sträuchern ist ein scharfer Verjüngungsschnitt möglich, da sie willig aus altem Holz austreiben.

■ Düngung

Nicht erforderlich.

Besonderheiten

Die Früchte des Schneeballs werden gerne von Vögeln gefressen, für die sie – anders als für Menschen – nicht giftig sind. Die dicht verzweigten Triebe bieten den gefiederten Gästen im Garten zudem Schutz- und Nistgelegenheiten.

Vermehrungstip

Aus den Früchten gewonnene Samen können der Anzucht junger Sträucher dienen. Da es sich um Kaltkeimer handelt, sollten sie direkt nach der Reife ausgesät und über den Winter im Freien aufgestellt werden.

Viburnum lantana

Gewöhnlicher Schneeball, Viburnum opulus

HÄUFIGE PFLEGEPROBLEME

Symptom: Blätter kräuseln sich; Triebstauchungen, Krüppelwuchs, vor allem an den Triebspitzen Läuse in Kolonien.

Ursache: Blattläuse

Vorbeugung/Abhilfe: Tritt vor allem auf zu trockenen Böden am Gewöhnlichen Schneeball und seinen Sorten auf; vorbeugend sowie bei Befall mit Brennesseljauche oder einer Schmierseifen-Spiritus-Lösung spritzen, befallene Triebe entfernen, Läuse mit scharfem Wasserstrahl abduschen, Behandlungen mehrfach wiederholen.

LAUBBÄUME UND -STRÄUCHER

Immergrüner Zungenschneeball

Viburnum rhytidophyllum

Blüte: cremeweiß; V–VI
Fruchtschmuck: erst rote, dann schwarze Steinfrüchte; ab IX
Wuchs: großer Strauch mit straff aufrechten Grundtrieben, teilweise leicht überhängend; 3–4 m hoch
Standort: ☉–◐; mäßig trockener bis frischer, humoser, durchlässiger Boden
Verwendung: einzeln und in Gruppen; in freiwachsenden Hecken und anderen Gehölzgruppen, am Gehölzrand; für Stadtklima geeignet
Paßt gut zu: Nadelgehölzen und Sträuchern wie Ranunkelstrauch, Feuerdorn, Hartriegel
Vorsicht: Die Pflanze ist giftig.

Die hellbraunen, filzig behaarten Zweige des Immergrünen Zungenschneeballs sind dicht mit langen, zungenähnlichen Laubblättern bedeckt. Durch die dichte, senkrecht stehende Belaubung ist er ein hervorragendes Lärmschutzgehölz, das auch im Winter seine Funktion erfüllt. Aus cremeweißen, flachen bis halbkugeligen Blütenständen gehen im Herbst rote, später schwarze, beerenähnliche Früchte hervor.

■ Pflanzung
Im Frühjahr oder Herbst.

■ Vermehrung
Wie bei den sommergrünen Arten und Sorten durch Absenker oder Stecklinge (siehe Seite 350).

■ Pflegemaßnahmen
Bei anhaltender Trockenheit gründlich wässern, vor allem im Spätherbst nochmals durchdringend mit Wasser versorgen, da die großen Blätter an sonnigen Wintertagen reichlich Wasser verdunsten. Ansonsten anspruchslos. Auf Blattläuse achten.

■ Schnitt
Es genügt ein Auslichtungsschnitt in 2–3jährigen Abständen; er sollte gleich nach der Blüte erfolgen. Wie die sommergrünen Arten verträgt auch der Immergrüne Zungenschneeball einen radikalen Rückschnitt.

■ Düngung
Nicht erforderlich.

Besonderheiten

Im Winter läßt der Strauch oftmals seine Blätter traurig hängen und sieht welk aus. Dies ist aber ein natürliches Verhalten, sobald es wärmer wird, präsentiert sich das Gehölz wieder in alter Schönheit.

Zungenschneeball, Viburnum rhytidophyllum

ZIERGEHÖLZE

Zur Blütezeit zieren sich die langen Triebe der Weigelie mit zahlreichen Glockenblüten, die in den schönsten Rot- und Rosatönen aufleuchten. Die frischgrünen, leicht gezähnten Blätter haften lange und werden erst im Spätherbst abgeworfen.

■ **Bewährte Sorten**
'Candida' (reinweiß, überwiegend aufrechte Triebe, 2–3 m hoch); 'Eva Rathke' (leuchtend karminrot, breitbogig überhängende Triebe, 1,5–2 m hoch); 'Floréal' (hell- bis dunkelrosa, breitbogig überhängende Triebe, 2–3 m hoch); 'Newport Red' (tiefrot, überwiegend aufrechte Triebe, 2–3 m hoch); 'Styriaca' (karminrosa, leicht bogig überhängende Triebe, 2–3 m hoch)

■ **Pflanzung**
Im Frühjahr oder Herbst.

■ **Vermehrung**
Zur Stecklingsvermehrung sollten noch vor der Blüte von halbweichen Seitentrieben die Spitzen etwa 15 cm lang abgeschnitten werden. Nachdem man die untersten Blätter entfernt hat, setzt man die Stecklinge einzeln in Töpfe mit Anzuchterde. Bei sorgfältiger Kultivierung mit ausreichender Wasserversorgung und Bodenwärme haben sich bis zum darauffolgenden Frühjahr genügend Wurzeln ausgebildet und das Auspflanzen kann erfolgen. Über den Winter die Töpfe hell und frostfrei aufstellen.

■ **Pflegemaßnahmen**
Nicht erforderlich.

■ **Schnitt**
Es empfiehlt sich, die Sträucher jährlich nach der Blüte auszulichten, indem man alte und kranke Triebe völlig herausschneidet. Ältere Sträucher können durch starken Rückschnitt verjüngt werden.

■ **Düngung**
Nicht erforderlich.

Weigelie, Weigela-Hybride

Vermehrungstip

Sehr einfach lassen sich Nachkommen aus Triebstecklingen gewinnen. Sie werden im Herbst in halbverholztem Zustand geschnitten und in etwa 20 cm lange Stücke geteilt. Diese wickelt man in feucht zu haltende Tücher oder legt sie in feuchten Sand. Nach der Winterlagerung können sie im Frühjahr direkt an die gewünschte Stelle gesetzt werden.

Beim Namen „Glockenstrauch" standen die Blüten Pate

Weigelien,
Glockensträucher
Weigela-Hybriden ■▷

Blüte: weiß, rosa, rot; V–VII

Wuchs: Sträucher mit aufrechten bis überhängenden Trieben; 1,5–3 m hoch

Standort: ○–◐; nahezu jeder Boden

Verwendung: einzeln und in Gruppen; in freiwachsenden Hecken, in Strauchgruppen, vor Mauern und Gebäuden, im Hintergrund von Staudenbeeten; für Stadtklima gut geeignet

Passen gut zu: anderen Ziersträuchern wie Flieder, Kolkwitzie, Deutzie und Pfeifenstrauch

NADELBÄUME UND -STRÄUCHER

Die immergrünen Tannen zeichnen sich durch einen meist regelmäßigen Wuchs und dicht benadelte Zweige aus. Bei der Samenreife fallen zunächst nur die Schuppen aus den Zapfen, die Zapfenspindel wird erst viel später abgeworfen.

■ Die **Koloradotanne** (*Abies concolor*) verträgt Trockenheit ganz gut und ist daher bedingt für Stadtklima geeignet. Ihre Zapfen sind zunächst recht auffällig rotviolett gefärbt, werden später aber hellbraun. Wegen ihrer graugrünen, leicht aromatisch duftenden Nadeln kennt man sie auch als Grautanne. Selten wird sie höher als 25 m.

■ Die als Weihnachtsbaum beliebte **Nordmannstanne** (*Abies nordmanniana*) wird im Garten ein stattlicher Baum mit bis zu 30 m Wuchshöhe. Charakteristisch sind ihre dunkelgrünen Nadeln, die an der Unterseite silbrigweiße Bänder tragen.

■ **Bewährte Sorten**

■ der Nordmannstanne (*Abies nordmanniana*): 'Barabits Compact' (mittelhoher Baum, Zweige stehen waagrecht ab, 5–10 m hoch); 'Pendula' (Hängeform, 10–20 m hoch)

Koloradotanne, Abies concolor

Tannen,
hohe Arten
Abies-Arten ■ ▽ ▷

Zierwert: ebenmäßige Gestalten mit ansprechender Benadelung

Fruchtschmuck: mehr oder weniger auffallende Zapfen; ab IX

Wuchs: hohe Bäume mit kegelförmiger Krone; 20–35 m hoch

Standort: ○, *Abies nordmanniana* auch ◐; nährstoffreicher, frischer, tiefgründiger Boden; windgeschützte Lage

Verwendung: einzeln; für große Gärten und Parkanlagen, in lockeren Gehölzgruppen; als Schnittgrün; für Stadtklima ungeeignet

Passen gut zu: anderen Großgehölzen wie Fichte, Kiefer, Lärche, Douglasie

■ **Pflanzung**
Tannen werden im Herbst oder Frühjahr am besten zwischen andere hohe Baumarten gepflanzt, die ihnen den nötigen Wind- und Sonnenschutz geben. Der Abstand zu benachbarten Pflanzen sollte jedoch sehr großzügig bemessen werden, damit sie sich schön entfalten können.

■ **Vermehrung**
Nur die reinen Arten können aus Samen gezogen werden, die veredelten Sorten müssen nachgekauft werden.

■ **Pflegemaßnahmen**
Vor dem Winter nochmals gründlich wässern. Auf Blattläuse achten.

■ **Schnitt**
Nicht erforderlich, allenfalls abgestorbene Äste entfernen.

■ **Düngung**
Nicht erforderlich.

Besonderheiten

Wegen ihrer lang haftenden Nadeln finden Tannenzweige vielfach Verwendung in der Blumenbinderei. Als Winterschutzabdeckung für andere Pflanzen sind sie jedoch schlecht geeignet, da sie im Frühjahr, immer noch recht dicht benadelt, kaum Licht und Luft an die Pflanzen lassen.

Vermehrungstip

Sehr aussichtsreich ist die Vermehrung aus Kopfstecklingen. Diese schneidet man im Sommer schräg von halbweichen Trieben ab und entfernt die untersten Nadeln, bevor man sie in Töpfe mit Anzuchterde steckt. Damit sich genügend Wurzeln bilden können, müssen die Stecklinge bis zum darauffolgenden Frühjahr weiterkultiviert werden. Über den Winter stellt man die Töpfe hell und frostfrei auf.

ZIERGEHÖLZE

Verbreitet sind aus dieser Gruppe zwei Arten bzw. ihre Sorten, die auf ansprechende Art und Weise Tannenflair auch in Gärten bescheideneren Ausmaßes bringen:

- Die **Balsamtanne** *(Abies balsamea)* findet selbst in Gärten kaum Verwendung, doch ist ihre Zwergform, die Sorte 'Nana', sehr beliebt. Sie bezaubert durch ihren niedrigen, kissenförmigen Wuchs und wird maximal 1 m hoch.
- Die **Koreatanne** *(Abies koreana)* wird wegen ihrer auffallend großen, sich schon in jungen Jahren bildenden Früchten auch Zapfentanne genannt. Die dunkelgrünen Nadeln stehen bürstenartig nach oben und lassen so die bläulichweiße Unterseite aufscheinen. Durch ihre niedrige Wuchshöhe von 4-5 m eignet sie sich auch für kleinere Gärten.

■ Bewährte Sorten
- der **Koreatanne** *(Abies koreana)*: 'Horstmanns Silberlocke' (Nadeln lockenartig nach oben gebogen, dadurch silbrigweiße Unterseite sichtbar, 3-5 m hoch); 'Piccolo' (Zwergform, breitwüchsig, bis 0,6 m hoch)

Koreatanne, Abies koreana

Balsamtanne, Abies balsamea 'Nana'

Tannen, niedrige Arten
Abies-Arten ■▼

Zierwert: ganzjährig attraktive, formschöne Gehölze

Fruchtschmuck: aufrechte, violettbraune Zapfen bei *Abies koreana*; ab IX

Wuchs: kleine Bäume oder Zwergformen; je nach Art und Sorte 0,6-5 m hoch

Standort: ○-◐; nährstoffreicher, frischer, tiefgründiger Boden; windgeschützte Lage

Verwendung: einzeln oder in kleinen Gruppen; zwischen anderen Gehölzen, im Steingarten, für Rabattenpflanzung, in Pflanztrögen; für Stadtklima ungeeignet

Passen gut zu: niedrigwüchsigen Nadelgehölzen und Polsterstauden

■ Pflanzung
Im Frühjahr oder Herbst.

■ Vermehrung
Veredelte Sorten müssen nachgekauft werden, denn selbst herangezogene Jungpflanzen lassen meist die charakteristischen Eigenschaften vermissen.

■ Pflegemaßnahmen
Vor dem Winter nochmals durchdringend wässern. Auf Blattläuse achten.

■ Schnitt
Nicht erforderlich.

■ Düngung
Nicht erforderlich.

NADELBÄUME UND -STRÄUCHER

Himalajazeder, Cedrus deodora

Zedern zeichnen sich durch eigenwillige Wuchsformen aus, die am schönsten in gut einsehbarer Einzelstellung wirken. Aufgrund ihrer späten, meist unbemerkt bleibenden Blütezeit im Herbst erscheinen ihre Zapfenfrüchte bereits im Winter.

■ Die **Atlaszeder** *(Cedrus atlantica)* wächst zunächst breit kegelförmig, später lockert ihre Krone immer mehr auf. Ihre Zweige sind dicht mit quirligen Nadelbüscheln von bläulichgrüner Farbe und im Winter zusätzlich mit hellbraunen Zapfen bedeckt. Bei den Sorten zeigen die Nadeln meist eine stärkere Blautönung.

■ Die **Himalajazeder** *(Cedrus deodara)* bildet eine unregelmäßig kegelförmige Krone aus, deren Gipfeltrieb peitschenförmig überhängt. Die an den Spitzen elegant überhängenden Zweige schmücken sich mit weichen, graugrünen Nadeln und rötlichbraunen, walzenförmigen Zapfen. Die Art wird mit maximal 15 m nicht so hoch wie die Atlaszeder.

■ **Bewährte Sorten**

■ der **Atlaszeder** *(Cedrus atlantica):* 'Glauca' (Blauzeder, silbrigblaue Nadeln, locker-pyramidale Krone, 10–15 m hoch); 'Glauca Pendula' (silbrigblaue Nadeln, mähnenartig hängende Triebe, Stamm entwickelt sich nur durch Aufbinden des Mitteltriebes, 4–6 m hoch)

■ der **Himalajazeder** *(Cedrus deodara):* 'Karl Fuchs' (silberblaue Nadeln, 10–15 m hoch); 'Pendula' (Hängeform, blaugrüne Nadeln, schlaff bis zum Boden herabhängende Zweige, 6–8 m hoch)

■ **Pflanzung**

Im Frühjahr oder Herbst.

■ **Vermehrung**

Die veredelten Sorten müssen im Fachhandel erworben werden, die reinen Arten hingegen lassen sich aus ihren Samen anziehen.

■ **Pflegemaßnahmen**

Vor allem noch junge Zedern sind frostempfindlich und sollten daher den Winter über mit einer Abdeckung aus Jute, Sackleinen oder Stroh geschützt werden. Von Sorten mit hängender Wuchsform sollte man den Mitteltrieb an einem stabilen Pfahl hochbinden, damit er sich zu einem kräftigen Stamm entwickelt, der die schweren hängenden Äste tragen kann. Vor dem Winter nochmals gründlich wässern.

ZIERGEHÖLZE

■ **Schnitt**
Die auffälligen Wuchsformen der Zedern sollten durch keinerlei Schnittmaßnahmen beeinträchtigt werden.

■ **Düngung**
Nicht erforderlich.

Vermehrungstip

Kopfstecklinge wachsen meist gut an, ihre Kultivierung ist daher sehr erfolgversprechend. Zunächst werden sie im Frühsommer von jungen Seitentrieben geschnitten. Nachdem man ihre unteren Nadeln entfernt hat, steckt man sie einzeln in Töpfe, die den Winter über kühl und hell gestellt werden. Bis zum nächsten Frühjahr haben sich meist genügend Wurzeln ausgebildet, die Stecklinge können nun an die gewünschte Stelle gepflanzt werden.

HÄUFIGE PFLEGEPROBLEME

Symptom: Nadeln färben sich gelb, Pflanze kümmert.

Ursache: Chlorose wegen Kalküberschuß im Boden.

Vorbeugung/Abhilfe: Diese Mangelerscheinung tritt häufig bei der Himalajazeder und ihren Sorten auf, wenn der Boden zu kalkhaltig ist; Boden mit reichlich Rindensubstrat oder Torf ansäuern oder Bäume an günstigeren Standort verpflanzen.

Atlaszeder, Cedrus atlantica 'Glauca'

Zedern

Cedrus-Arten

Zierwert: bizarre Wuchsform, graue Benadelung

Fruchtschmuck: hellbraune oder rötlichbraune Zapfen; I–III

Wuchs: Bäume mit lockerer, je nach Art und Sorte unterschiedlich gestalteter Krone; 10–25 m hoch

Standort: O; mäßig trockener bis frischer, durchlässiger Boden; geschützte Lage

Verwendung: einzeln; vor Gebäuden, in Innenhöfen, großen Gärten und Parkanlagen; für Stadtklima geeignet

Passen gut zu: niedrigen Koniferen und Bodendeckern wie Kissenberberitze und Kriechmispel im Unterwuchs

Zapfen der Atlaszeder

NADELBÄUME UND -STRÄUCHER

Scheinzypressen

Chamaecyparis-Arten

Zierwert: ganzjährige Farbtupfer, schöne Gestalten
Fruchtschmuck: kleine, kugelige Zapfen; ab IX/X
Wuchs: Sträucher bis mittelhohe Bäume; 3–15 m hoch, Zwergformen niedriger
Standort: ○–◐; mäßig trockener bis feuchter, durchlässiger Boden; windgeschützte Lage
Verwendung: einzeln oder in Gruppen; als freiwachsende oder Schnitthecke, in Gehölzgruppen, im Hintergrund von Beeten und Rabatten, im Steingarten, in Pflanzgefäßen; für Stadtklima geeignet
Passen gut zu: Stauden- und Rosenbeeten als Hintergrundpflanze; schön auch in Kombination verschiedenfarbiger *Chamaecyparis*-Sorten
Vorsicht: Die Pflanzen stehen im Verdacht, in allen Teilen giftig zu sein.

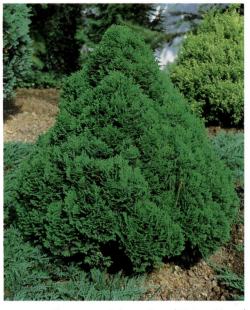

Chamaecyparis lawsoniana 'Minima Glauca'

Chamaecyparis nootkatensis 'Aurea'

Scheinzypressen bringen mit ihren grün-, gelb- oder blaugefärbten Schuppenblättern das ganze Jahr über Farbe in den Garten. Von den verschiedenen Arten finden nur die zahlreichen Sorten als Ziergehölze Verwendung. Entsprechend ihrer Vielfalt gibt es auch die unterschiedlichsten Wuchsformen.

■ Die **Lawson-Scheinzypresse** (*Chamaecyparis lawsoniana*) wächst in ihrer Jugend meist säulenförmig aufrecht, später nimmt sie eine eher kegelförmige Gestalt an. An den sehr dicht stehenden Zweigen reifen im Herbst grünliche, später hellbraune Zapfenfrüchte heran, die allerdings kaum auffallen.

■ Die **Nutka-Scheinzypresse** (*Chamaecyparis nootkatensis*) wächst ebenfalls kegelförmig, doch hängen ihre Zweige meist deutlich über. Ihre langsam heranreifenden blaugrünen, später braunen Zapfen sind ein zusätzlicher Schmuck.

■ Die **Muschel-Scheinzypresse** (*Chamaecyparis obtusa*) besitzt muschelähnlich geformte Zweige, die ihr den deutschen Namen gaben.

■ Die **Faden-Scheinzypresse** (*Chamaecyparis pisifera*) hat besonders schmale, spitze Nadeln, durch die die meist überhängenden Zweige fadenähnlich wirken.

■ **Bewährte Sorten**

Aus dem vielfältigen Sortenangebot können an dieser Stelle nur wenige Formen vorgestellt werden:

■ der **Lawson-Scheinzypresse** (*Chamaecyparis lawsoniana*): 'Alumii' (Blaue Scheinzypresse; graublaue Nadeln, aufstrebende Seitenäste, säulenförmiger, später kegelförmiger Wuchs, 5–7 m hoch); 'Golden Wonder' (goldgelbe Nadeln, im Schatten etwas vergrünend, fächerförmig belaubte Zweige, regelmäßig kegelförmiger Wuchs, 5–6 m hoch); 'Minima Glauca' (Blaue Zwergzypresse; blaugrüne Nadeln, fächerförmig aufrechte Zweige, kompakter kugel- bis leicht kegelförmiger Wuchs, 0,5–1 m hoch)

■ der **Nutka-Scheinzypresse** (*Chamaecyparis nootkatensis*): 'Glauca' (Blaue Nutka-Scheinzypresse; blaugrüne Nadeln, leicht überhängende Zweige, schmalkegelförmiger Wuchs, bis 15 m hoch); 'Pendula' (Hängeform, dunkelgrüne Nadeln, weit abstehende Äste mit stark hängenden Zweigen, ausladender, kegelförmiger Wuchs, 10–15 m hoch)

■ der **Muschel-Scheinzypresse** (*Chamaecyparis obtusa*): 'Nana Gracilis' (Zwergform; dunkelgrüne, glänzende Nadeln, muschelartig verdrehte und gewellte Zweige, kugel- bis ke-

ZIERGEHÖLZE

gelförmiger Wuchs, 1-2 m hoch); 'Pygmaea' (Zwergform; frischgrüne, im Winter bräunliche Nadeln, fächerartige, rotbraune Zweige, kugeliger Wuchs, bis 1-1,5 m hoch)

■ der **Faden-Scheinzypresse** *(Chamaecyparis pisifera):* 'Filifera Nana' (tiefgrüne, unterseits graugrüne Nadeln, Zweigspitzen allseits überhängend, dichtbuschiger Strauch, 0,8-3 m hoch); 'Plumosa Aurea' (goldgelbe, grünlich überhauchte Nadeln, waagrecht abstehende Äste, kompakter breitkegelförmiger Wuchs, 5-7 m hoch); 'Squarrosa' (silbergraue Nadeln, waagrecht abstehende Äste mit überhängenden Spitzen, locker kegelförmiger Wuchs, 8-10 m hoch)

■ **Pflanzung**
Im Frühjahr oder Herbst; für Hecken sollten die Pflanzen ziemlich eng gesetzt werden.

■ **Vermehrung**
Durch Absenker lassen sich problemlos neue Pflanzen gewinnen. Dazu biegt man bodennahe Triebe vorsichtig nach unten und schneidet sie an einer Stelle schräg ein, an der sich später die Wurzeln bilden sollen. Zum Offenhalten klemmt man ein kleines Steinchen dazwischen und verankert die Schnittstelle mit Draht im Boden. Die Triebspitze bindet man auf. Haben sich genügend Wurzeln ausgebildet, kann der Absenker von der Mutterpflanze abgetrennt und verpflanzt werden.

■ **Pflegemaßnahmen**
Viele Scheinzypressen leiden unter Hitze und trockener Luft. Berücksichtigt man dies bei der Standortwahl, gedeihen die Pflanzen später ohne Pflegemaßnahmen. Die besonders empfindlichen gelbnadeligen Sorten können mittels Sackleinen oder Jute vor zuviel Wintersonne geschützt werden.

■ **Schnitt**
Die meisten Sorten zeigen von Natur aus einen regelmäßigen Wuchs, der in Einzelstellung schön zur Geltung kommt. Andererseits sind Scheinzypressen äußerst schnittverträglich und können beliebig in Form gebracht werden. Als Schnittermin hat sich das zeitige Frühjahr bewährt.

■ **Düngung**
Nicht erforderlich.

HÄUFIGE PFLEGEPROBLEME

Symptom: Nadeln werden fahl, Wurzeln und Stammgrund faulen, Pflanze stirbt ab.

Ursache: Wurzelfäule durch Staunässe im Boden

Vorbeugung/Abhilfe: Nur in geeigneten Boden pflanzen bzw. Pflanzloch weit- und tiefreichend lockern, eventuell Erde noch mit Sand vermengen; erkrankte Pflanzen an besseren Standort verpflanzen, dabei alle fauligen Wurzeln großzügig wegschneiden; andernfalls Pflanzen roden.

Außerdem häufig: Spinnmilben, Schildläuse

Chamaecyparis lawsoniana 'Elwoodii'

Chamaecyparis pisifera 'Aurea Nana'

Vermehrungstip

Kopfstecklinge werden von halbweichen Seitenzweigen geschnitten und, nachdem man die untersten Nadeln entfernt hat, in Töpfe mit Anzuchterde gesteckt. Mit Hilfe einer Folienabdeckung kann man ein feucht-warmes Kleinklima erzeugen, das die Bewurzelung beschleunigt.

NADELBÄUME UND -STRÄUCHER

Schwedischer Säulenwacholder 'Suecica'

Der einheimische Wacholder gedeiht auch auf nährstoffarmen Böden und ist daher besonders in Heidegebieten weitverbreitet. Seine zugespitzten, steif abstehenden Nadelblätter stechen bei Berührung oft unangenehm. Die langsam heranreifenden, beerenähnlichen Zapfen sind nicht nur bei Vögeln beliebt; gerne werden sie als Würzmittel in der Küche verwendet. Neben säulenförmigen oder breit ausladenden Wuchsformen gibt es auch kriechende Sorten.

■ Bewährte Sorten

'Hibernica' (**Irischer Säulenwacholder**; blaugrüne bis blaugraue Nadelblätter, nicht stechend, aufrechter, säulenförmiger Wuchs, 3–5 m hoch); 'Hornibrookii' (**Teppichwacholder**; Zwergform, hellgrüne, im Winter bräunliche Nadelblätter, kriechend, bogig aufgerichtete Zweigspitzen, 0,3–0,5 m hoch); 'Repanda' (**Kriechwacholder**; Zwergform, dunkelgrüne, silbrig gestreifte Nadelblätter, nicht stechend, kriechend, dichte Polster ausbildend, 0,3–0,5 m hoch); 'Suecica' (**Schwedischer Säulenwacholder**; blaugrüne Nadelblätter, aufrechter, säulenförmiger Wuchs, 3–5 m hoch)

Gewöhnlicher Wacholder
Juniperus communis □ ▽ ▷

Zierwert: formschöne Gehölze
Fruchtschmuck: grüne, später blauschwarz bereifte Beerenzapfen; ab IX
Wuchs: Großstrauch oder kleiner Baum; 1–3 (–10) m hoch
Standort: O; nahezu jeder Boden geeignet
Verwendung: einzeln oder in Gruppen; hohe Sorten in Einzelstellung, niedrige als Bodendecker und zur Böschungsbegrünung, im Heide- und Steingarten, in Pflanztrögen; für Stadtklima geeignet
Paßt gut zu: Heidepflanzen wie Besenheide, Erika und zu bodendeckenden Koniferen, auch zu Rosen, Ziergräsern und Wildstauden
Vorsicht: Die Pflanzen, insbesondere Blätter und Früchte, enthalten Stoffe, die bei empfindlichen Personen nach Verzehr gesundheitliche Beeinträchtigungen sowie bei Kontakt Hautreizungen verursachen können.

■ Pflanzung
Im Frühjahr oder Herbst.

■ Vermehrung
Die meisten Sorten lassen sich durch Absenker vermehren. Bodennahe Triebe werden schräg angeschnitten und an dieser Stelle mit Drahtbügeln im Boden befestigt. Damit sich schneller Wurzeln bilden, sollte man die Schnittstelle mit einem Steinchen offenhalten. Die Triebspitze wird an einem Stab nach oben gebunden. Nach erfolgter Bewurzelung kann der Absenker von der Mutterpflanze abgetrennt und verpflanzt werden.

■ Pflegemaßnahmen
Bei aufrecht wachsenden Säulenwacholdern ist es manchmal erforderlich, die Triebe zusammenzubinden, damit sie nicht auseinanderfallen. Im Winter drohen ihre Zweige oft unter einer zu hohen Schneedecke abzubrechen; daher Schnee rechtzeitig abschütteln. Auf Rost, Blattläuse, Schildläuse und Spinnmilben achten.

■ Schnitt
Wacholder zeichnet sich durch gute Schnittverträglichkeit aus. In der Regel muß man allerdings nur die kriechenden Sorten ab und an zurückschneiden.

■ Düngung
Nicht erforderlich.

Besonderheiten

Eine andere einheimische Art, der Sadebaum (*Juniperus sabina*), wird kaum in Gärten gepflanzt, da er Zwischenwirt des Birngitterrosts ist, der großen Schaden an Birnbäumen anrichten kann. Seine Beerenzapfen und Nadeln sind zudem stark giftig.

ZIERGEHÖLZE

Die fremdländischen Wacholderarten bieten ein großes Formenspektrum, wozu ein umfangreiches Angebot an Sorten beiträgt.

■ Der **Chinawacholder** *(Juniperus chinensis)* verträgt als einzige Art auch Halbschatten. Die Sorten zeigen Schuppenblätter in vielen Farbvariationen von Goldgelb bis Blaugrün, die Zapfenfrüchte fallen nicht immer auf.

■ Der **Kriechwacholder** *(Juniperus horizontalis)* breitet sich, wie sein Name schon verrät, durch bodennahe Zweige flächig aus. Seine Schuppenblätter weisen meist eine blaue Tönung auf.

■ Der **Virginische Wacholder** *(Juniperus virginiana)* wird irreführend auch als Rotzeder bezeichnet. Während er in seiner Heimat Nordamerika ein recht stattlicher, säulenförmiger Baum wird, bleiben seine Gartenformen niedriger, mit je nach Sorte variierenden Wuchsformen.

■ **Bewährte Sorten**

■ des **Chinawacholders** *(Juniperus chinensis):* 'Blaauw' (graublaue Schuppenblätter, trichter- oder säulenförmiger Wuchs, 2-3 m hoch); 'Keteleerii' (grüne, bläulich bereifte Schuppenblätter, große, auffällig blau bereifte Beerenzapfen, kegel- bis säulenförmiger Wuchs, 6-8 m hoch); 'Pfitzeriana' (moosgrüne Schuppenblätter, breitwüchsiger Strauch mit ungleich langen Ästen, 3-4 m hoch); 'Plumosa Aurea' (goldgelbe, im Winter bronzegelbe Schuppenblätter, trichterförmiger Wuchs, 1-2 m hoch)

■ des **Kriechwacholders** *(Juniperus horizontalis):* 'Glauca' (stahlblaue Schuppenblätter, mattenbildender, niederliegender Wuchs, 0,3 m hoch); 'Plumosa' (graugrüne, im Winter purpurgetönte Schuppenblätter, flachkugeliger Wuchs, 0,3-0,5 m hoch)

■ des **Virginischen Wacholders** *(Juniperus virginiana):* 'Canaertii' (dunkelgrüne Schuppenblätter, auffallende, blau bereifte Beerenzapfen, säulen- bis kegelförmiger Wuchs, 5-7 m hoch); 'Glauca' (stahlblaue Schuppenblätter, bläulichweiße Beerenzapfen, säulenförmiger Wuchs, später auseinanderfallend, 5-9 m hoch); 'Grey Owl' (graugrüne Schuppenblätter, dichter, breitbuschiger Wuchs, 2-3 m hoch); 'Skyrocket' (blaugrüne Schuppenblätter, spitze Säulenform, 6-8 m hoch)

Wacholder, fremdländische Arten
Juniperus-Arten ☐▷

Zierwert: ganzjährig attraktiv wirkende Gehölze von schöner Gestalt

Fruchtschmuck: kugelige, bläuliche oder braune Beerenzapfen; ab IX

Wuchs: Sträucher oder Bäume mit variabler Wuchsform; 0,3–15 m hoch

Standort: ○, *Juniperus chinensis* auch ◐; nahezu jeder Boden geeignet

Verwendung: einzeln oder in Gruppen; hohe Sorten in Einzelstellung, niedrige als Bodendecker und zur Begrünung von Böschungen, im Heide- und Steingarten, in Pflanztrögen; für Stadtklima geeignet

Paßt gut zu: Heidepflanzen und zu bodendeckenden Koniferen, zu Rosen

Vorsicht: Die Pflanzen enthalten in allen Teilen starke Giftstoffe.

Chinawacholder, Juniperus chinensis 'Old Gold'

NADELBÄUME UND -STRÄUCHER

Juniperus chinensis 'Obelisk'

Juniperus virginiana (Bildmitte)

Kriechwacholder, Juniperus horizontalis 'Glauca'

■ Pflanzung
Im Frühjahr oder Herbst.

■ Vermehrung
Wie beim Gewöhnlichen Wacholder durch Absenker oder Kopfstecklinge (Seite 360).

■ Pflegemaßnahmen
Nicht erforderlich. Auf Rost, Blattläuse sowie Schildläuse und Spinnmilben achten.

■ Schnitt
Möglichst ungeschnitten lassen; können aber bei Bedarf in Form gebracht werden.

■ Düngung
Nicht erforderlich.

Vermehrungstip

Kopfstecklinge (etwa 10 cm lange Spitzentriebe) bewurzeln sich unter einer Folienhaube recht schnell und können meist schon im Herbst ausgepflanzt werden. Die reinen Arten können auch aus ihren Samen nachgezogen werden. Sie müssen nach der Aussaat Kälte und Schnee ausgesetzt werden, um zur Keimung zu gelangen.

ZIERGEHÖLZE

Die Lärche ist der einzige heimische Nadelbaum, der im Herbst seine Nadeln abwirft. Zuvor färben sie sich jedoch leuchtend goldgelb und scheinen das warme Licht der Herbstsonne widerzuspiegeln. Von den im Erstfrühling erscheinenden, walzenförmigen Blüten fallen nur die weiblichen auf, da sie größer und purpurrot gefärbt sind. Im Lauf des Jahres entwickeln sich aus ihnen braune, eiförmige Zapfen, die oft jahrelang haften bleiben.

■ Bewährte Sorte
'Pendula' (Hängeform, bogig überhängende Zweige, 5-12 m hoch)

■ Verwandte Art
Ein sehr elegantes Gehölz mit kegeliger Krone ist die **Japanische Lärche** *(Larix kaempferi)*. Sie wächst sehr langsam und erreicht erst im hohen Alter eine Höhe von 15-25 m. Eher skurril mutet ihre Sorte 'Pendula' mit schleppenartig herabhängenden Zweigen an.

■ Pflanzung
Im Frühjahr oder Herbst; dabei auf große Abstände zu anderen Gehölzen achten, zum einen wegen des hohen Lichtbedarfs, zum anderen, um den breit ausladenden Wuchs nicht zu behindern.

■ Vermehrung
Im Frühsommer von jungen Seitentrieben etwa 10-15 cm lange Spitzen abschneiden, die untersten Nadeln entfernen und einzeln in Töpfe mit Anzuchterde stecken. Bis zum nächsten Frühjahr haben sich gewöhnlich so viele Wurzeln gebildet, daß die Jungpflanze an die gewünschte Stelle gesetzt werden kann. Wichtig ist, die Stecklinge den Winter über hell und frostfrei zu halten.

■ Pflegemaßnahmen
Die Lärche reagiert empfindlich auf Oberflächenverdichtung, deshalb sollten in ihrem Wurzelbereich keine Wege oder Sitzplätze angelegt werden.

Zapfen der Europäischen Lärche

Europäische Lärche

Larix decidua

Zierwert: interessanter Nadelbaum, der sein Erscheinungsbild mit den Jahreszeiten wechselt
Fruchtschmuck: braune, eiförmige Zapfen; ab XI
Wuchs: großer Baum mit kegelförmiger Krone; 25–35 m hoch
Standort: O; frischer, humoser, durchlässiger Boden
Verwendung: einzeln oder in Gruppen; als Solitär, für Schnitthecken, im Heidegarten; für Stadtklima ungeeignet
Paßt gut zu: Fichte, Kiefer und zu Laubgehölzen mit roter Herbstfärbung.

■ Schnitt
Die gut schnittverträglichen Lärchen können zu Hecken gezogen werden, doch haben sie in dieser Form kaum noch Ähnlichkeit mit ihrem ursprünglichen Wuchsbild. Solitärbäume sollte man in jedem Fall ungeschnitten wachsen lassen.

■ Düngung
Nicht erforderlich.

HÄUFIGE PFLEGEPROBLEME

Symptom: Junge Nadeln werden weiß und schlaff, da von Raupen ausgefressen.

Ursache: Lärchenminiermotte

Vorbeugung/Abhilfe: Befallene Triebe entfernen, bei starkem Befall mit Mittel auf Mineralölbasis spritzen.

Lärche, Larix decidua

NADELBÄUME UND -STRÄUCHER

Rotfichte

Picea abies

Zierwert: variantenreiche Wuchsformen, ganzjährig schöne Farbtupfer

Fruchtschmuck: lange, braune Zapfen; ab IX

Wuchs: großer Baum mit regelmäßig kegelförmiger Krone, Sorten variabel; 30–50 m hoch, Sorten viel niedriger

Standort: O; feucht-frischer, humoser Lehmboden; kühle Stellen mit hoher Luftfeuchtigkeit

Verwendung: einzeln oder in Gruppen; freistehend in großen Gärten und Parkanlagen, für Schnitthecken, Zwergformen auch im Steingarten und in Pflanzgefäßen; für Stadtklima ungeeignet

Paßt gut zu: Lärche, Kiefer und Laubgehölzen

Die heimische Rotfichte wird ein sehr mächtiger Baum, der in kleinen Gärten nur mit regelmäßigem Schnitt kultiviert werden kann. Beliebte Gartenformen sind dagegen die zwergwüchsigen Sorten oder solche mit bizarrem Wuchs. Im Unterschied zur Tanne hängen die rotbraunen Zapfen der Fichte an den Zweigen nach unten und werden als Ganzes abgeworfen.

■ Bewährte Sorten

An dieser Stelle können nur einzelne Beispiele für die vielfältigen Wuchsformen der Fichte gebracht werden: 'Acrocona' (**Zapfenfichte**; dunkelgrüne Nadeln, riesige Zapfen, meist an der Triebspitze gehäuft, breitkegelförmige Krone, 5-7 m hoch); 'Echiniformis' (**Igelfichte**; gelbgrüne bis blaugrüne Nadeln, dichter, kissenbildender Wuchs, 0,2–0,5 m hoch); 'Inversa' (**Hänge- oder Schleppenfichte**; dicke, glänzend dunkelgrüne Nadeln, Äste sind dem Stamm angepreßt und hängen nach unten, 5-9 m hoch); 'Pumila Glauca' (**Blaue Pummelfichte**; blaugrüne Nadeln, dichter, kugeliger bis kegeliger Wuchs, bis 1 m hoch)

Picea abies 'Echiniformis'

■ Pflanzung
Im Frühjahr oder Herbst.

■ Vermehrung
Die reine Art kann man aus ihren Samen nachziehen, die veredelten Sorten müssen nachgekauft werden.

■ Pflegemaßnahmen
Fichten vertragen keine Austrocknung und müssen daher in Trockenperioden kräftig gewässert werden. Der Mitteltrieb der **Hängefichte** sollte an einem Pfahl aufgebunden werden.

■ Schnitt
Bei Solitärbäumen besteht meist kein Schnittbedarf. In Hecken oder anderen Gehölzgruppen können Fichten beliebig in Form gebracht werden.

■ Düngung
Nicht erforderlich.

ZIERGEHÖLZE

Picea abies 'Acrocona', auch Zapfenfichte genannt

Hängefichte, picea abies 'Inversa'

Der Mitteltrieb der Hängefichte (Sorte 'Inversa') sollte an einem Stab aufgebunden werden

Besonderheiten

Im Gegensatz zu Tannen verlieren abgeschnittene Fichtenzweige bald ihre Nadeln und eignen sich daher weniger für Weihnachtsgestecke. Andererseits sind sie im Winter eine ideale Schutzabdeckung für Stauden und andere Pflanzen. Wenn sich dann im Frühjahr ihre Nadeln lösen, kann an die darunterliegenden Pflanzen Licht und Luft gelangen, die diese nach der Winterruhe dringend brauchen.

Vermehrungstip

Beim Schnitt anfallende Triebe können gleich zur Nachzucht verwendet werden. Man kappt ihre Spitze, entfernt deren unterste Nadeln und setzt sie in Töpfe mit Anzuchterde. Zugedeckt mit einer Folienhaube bewurzeln sich die Stecklinge besonders schnell und können im darauffolgenden Frühjahr ausgepflanzt werden.

HÄUFIGE PFLEGEPROBLEME

Symptom: Nadeln zu Nestern zusammengesponnen, innen nadelfressende Raupen.

Ursache: Fichtennestwickler

Vorbeugung/Abhilfe: Befallene Zweige mehrfach mit Schmierseifenlösung waschen oder entfernen.

Außerdem häufig: Spinnmilben

NADELBÄUME UND -STRÄUCHER

Mähnenfichte, Picea breweriana

Picea pungens 'Glauca Globosa'

Die fremdländischen Fichten werden meist nicht so mächtig wie die Rotfichte (siehe Seite 364). Auch von ihnen gibt es die verschiedensten Formenvarianten:

■ Die **Mähnenfichte** *(Picea breweriana)* überrascht mit waagrecht abstehenden Ästen, deren Zweige schlaff herabhängen und tatsächlich an eine Mähne erinnern. Ab August schmückt sie sich mit violettroten, später gelbbraunen Zapfen. Ihre Nadeln sind dunkelgrün, manchmal blau übertönt. Meist wird sie nicht höher als 7 m.

■ Die **Schimmelfichte** *(Picea glauca)* erhielt ihren Namen wegen der bläulich oder silbrig bereiften Nadeln, die an feinen, biegsamen Zweigen sitzen. Meist werden nur ihre Zwergformen in Gärten kultiviert.

■ Die **Serbische Fichte** *(Picea omorika)* verträgt als einzige Art auch trockenes, staubiges Stadtklima. Die Art bildet eine schmalkegelförmige Krone von maximal 30 m Wuchshöhe aus. Eine Besonderheit sind ihre eiförmigen, zeitweise auffällig purpurvioletten Zapfen, die erst im Jahr nach der Blüte reifen. Auch von dieser Art gibt es eine Zwergform.

■ Die **Stechfichte** *(Picea pungens)* besitzt scharf zugespitzte und daher beim Berühren stechende Nadeln von graugrüner Farbe. Der kegelförmige Baum wird meist 15–20 m hoch. Seine hellbraunen Zapfen treten in Massen auf und wirken dadurch sehr auffällig. In Kultur sind vor allem blaunadelige Sorten.

■ **Bewährte Sorten**

■ der **Schimmelfichte** *(Picea glauca):* 'Conica' (Zuckerhutfichte; zunächst hellgrüne, später bläulichgrüne Nadeln, streng kegelförmige Krone, 1–3 m hoch); 'Echiniformis' (Blaue Igelfichte; Zwergform, blaugrüne, silbrig bereifte Nadeln, kugel- bis kissenförmiger Wuchs, 0,3–0,5 m hoch)

■ der **Serbischen Fichte** *(Picea omorika):* 'Nana' (Serbische Kegelfichte; gelbgrüne, unten bläulichsilbrige Nadeln, dichter, gleichmäßig kegelförmiger Wuchs, 0,6–4 m hoch)

ZIERGEHÖLZE

■ der **Stechfichte** *(Picea pungens):* 'Glauca' (Blaue Stechfichte; blaugrüne Nadeln, gleichmäßig kegelförmiger Wuchs, für Stadtklima geeignet, bis 20 m hoch); 'Glauca Globosa' (Zwergform, silberblaue Nadeln, flachkugeliger bis breitkegelförmiger Wuchs, 1–1,5 m hoch); 'Koster' (silberblaue Nadeln, kegelförmiger Wuchs mit waagrecht abstehenden Ästen, 10–15 m hoch); 'Hoopsii' (silbrigblaue Nadeln, gleichmäßig kegelförmiger Wuchs, 10–15 m hoch)

■ **Pflanzung**
Im Frühjahr oder Herbst.

■ **Vermehrung**
Wie bei der Rotfichte durch Kopfstecklinge (siehe Seite 364).

■ **Pflegemaßnahmen**
Bei Trockenheit ausgiebig wässern.

■ **Schnitt**
In freiem Stand ungeschnitten lassen.

■ **Düngung**
Nicht erforderlich.

HÄUFIGE PFLEGEPROBLEME

Symptom: Bei der Serbischen Fichte *(Picea omorika)* vergilben und verbraunen die Nadeln der Triebspitzen und fallen schließlich ab.

Ursache: Omorikasterben, Nadelbräune

Vorbeugung/Abhilfe: Auf optimalen Standort achten, vor allem für durchlässigen, keinesfalls staunassen Boden sorgen; erkrankte Bäume mit Magnesiumdünger versorgen, eventuell umpflanzen.

Außerdem häufig: Spinnmilben

Stechfichte, Picea pungens 'Koster'

Zuckerhutfichte, Picea glauca 'Conica'

Fichten,
fremdländische Arten
Picea-Arten □▶

Zierwert: elegante Gehölze mit schöner Wuchsform

Fruchtschmuck: längliche, hellbraune oder violettbraune Zapfen; ab VIII oder später

Wuchs: Bäume mit kegelförmiger Krone, Sorten in der Wuchsform variabel; 5–15 m hoch, Sorten meist niedriger

Standort: ○; feucht-frischer, humoser Lehmboden; kühle Stellen mit hoher Luftfeuchtigkeit

Verwendung: einzeln oder in Gruppen; freistehend in großen Gärten und Parkanlagen, *Picea omorika* für Schnitthecken, Zwergformen auch im Steingarten und in Pflanzgefäßen; nur *Picea omorika* und *Picea pungens* 'Glauca' für Stadtklima geeignet

Passen gut zu: Lärche, Kiefer und Laubgehölzen

NADELBÄUME UND -STRÄUCHER

Weymouthskiefer, Pinus strobus

Kiefern,
hohe Arten
Pinus-Arten □▷

Zierwert: formschöne Gehölze mit einzigartiger Benadelung

Fruchtschmuck: eiförmige oder längliche, braune Zapfen; ab VI, 2 Jahre nach der Blüte reifend

Wuchs: große Bäume mit lockerer, meist kegelförmiger Krone; 10–30 m hoch, Sorten auch niedriger

Standort: O; mäßig trockener bis frischer, tiefgründiger und durchlässiger Boden

Verwendung: einzeln oder in Gruppen; in großen Gärten und Parkanlagen, auf Freiflächen, in lockeren Gehölzgruppen, Zwergformen auch in Pflanzgefäßen; mit Ausnahme von *Pinus strobus* für Stadtklima geeignet

Passen gut zu: Fichte, Lärche, Rosen; *Pinus sylvestris* auch zu Rhododendren

Österreichische Schwarzkiefer, Pinus nigra ssp. nigra

Kiefern besitzen auffallend lange Nadeln, die immer paarweise oder zu mehreren gebündelt ringsum an den Zweigen sitzen. Ihre langsam heranreifenden, braunen Zapfen zieren über einen langen Zeitraum hinweg.

■ Die **Schwarzkiefer** *(Pinus nigra)* wird in mehrere geographische Unterarten gegliedert, die sich allerdings nur schwer voneinander unterscheiden lassen. Von der Flächenausdehnung her verbreitet und auch in der Gartenkultur am häufigsten zu finden, ist die **Österreichische Schwarzkiefer** *(Pinus nigra* ssp. *nigra)*. Sie reckt ihre breitkegelförmige, später schirmförmig abgeflachte Krone 20–30 m hoch.

■ Die **Weymouthskiefer** *(Pinus strobus)* wird wegen ihrer weichen, graugrünen Nadeln auch als Seidenkiefer bezeichnet. Im Unterschied zu den anderen Arten sind ihre Zapfen von länglicher Form mit auffallend großen Zapfenschuppen. Im Alter wird ihre schmalkegelförmige Krone zunehmend unregelmäßiger und, wenn ihre bodennahen Triebe absterben, deutlich flacher.

■ Die **Gewöhnliche Kiefer** oder **Föhre** *(Pinus sylvestris)* ist ein wichtiger Waldbaum. In dichten Beständen entwickelt sich ihre Krone schirmförmig auf einem hochschaftigen Stamm, im Freistand hingegen kann sie sich gleichmäßig kegelförmig entfalten.

ZIERGEHÖLZE

■ **Bewährte Sorten**
■ der **Weymouthskiefer** *(Pinus strobus):* 'Radiata' (auch als 'Nana' geführt, Zwergform mit kugelig gedrungenem Wuchs, blaugrüne Nadeln, 1-1,5 m hoch)
■ der **Gewöhnlichen Kiefer** *(Pinus sylvestris):* 'Fastigiata' (Säulenkiefer; aufrecht wachsende Äste, eng dem Stamm angeschmiegt, blaugrüne bis stahlblaue Nadeln, 4-15 m hoch); 'Waterer' (Silberkiefer; strauchartiger, kugeliger bis kegelförmiger Wuchs, blaugrüne bis blausilbrige Nadeln, 3-5 m hoch)

■ **Pflanzung**
Ohne Zweifel wirken Kiefern am schönsten im Einzelstand. Will man sie dennoch in Gehölzgruppen integrieren, muß unbedingt auf großzügige Pflanzabstände geachtet werden. Beste Pflanzzeiten sind Frühjahr und Frühherbst.

■ **Vermehrung**
Von jungen Seitentrieben kann man Kopfstecklinge schneiden. Sie werden in Töpfen mit Anzuchterde kultiviert und an die gewünschte Stelle verpflanzt, sobald sich genügend Wurzeln gebildet haben.

■ **Pflegemaßnahmen**
Nicht erforderlich.

■ **Schnitt**
Obwohl die meisten Arten Schnittmaßnahmen sehr gut vertragen, sollte man zugunsten der natürlichen Wuchsform darauf verzichten.

■ **Düngung**
Nicht erforderlich.

HÄUFIGE PFLEGEPROBLEME

Symptom: Nadeln innen verbräunend und in Massen abfallend, schwarze Sporenlager an abgefallenen Nadeln erkennbar, tritt meist bei jungen Pflanzen auf.

Ursache: Kiefernschütte (Pilzerkrankung)

Vorbeugung/Abhilfe: Auf optimalen Standort achten, Auftreten wird durch Feuchtigkeit und Nässe begünstigt, Unterwuchs niedrig halten; in der Regel werden nur junge Bäume befallen.

Außerdem häufig: Rost; Wolläuse

Besonderheiten

Die Weymouthskiefer zeigt sich besonders anfällig für Blasenrost, eine Pilzerkrankung, die zunächst an den Ästen in Form von orangeroten, stäubenden Pusteln auftritt. Ein Befall des Stammes kann zum Absterben des Baumes führen. Aus diesem Grund sollte man diese Art immer als Solitär pflanzen und niemals in die Nähe von Johannisbeeren, die als Zwischenwirte dienen.

Gewöhnliche Kiefer, Pinus sylvestris

NADELBÄUME UND -STRÄUCHER

Bergkiefer, Pinus mugo

Kiefern, niedrige Arten
Pinus-Arten ☐ ▷

Zierwert: anmutige, füllige Ziergehölze mit schöner Benadelung

Fruchtschmuck: eiförmige, aufrechte Zapfen von meist brauner Farbe; ab VI, 2 Jahre nach der Blüte

Wuchs: kleine Bäume oder Sträucher; je nach Art und Sorte 0,5–5 m hoch

Standort: ○; mäßig trockener bis frischer, tiefgründiger und durchlässiger Boden

Verwendung: einzeln oder in Gruppen; auf Freiflächen, *Pinus mugo* für freiwachsende Hecken, im Stein- und Heidegarten, in Pflanzgefäßen; *Pinus mugo* und *Pinus parviflora* für Stadtklima geeignet

Passen gut zu: niedrigwachsenden Fichten, Lärchen sowie zu Heidekraut, Rosen und Rhododendren

Mit den niedrigwachsenden Kiefern lassen sich auch kleinere Gärten wirkungsvoll ausstatten.

■ Die **Bergkiefer** *(Pinus mugo)* wächst strauchartig mit niederliegenden Ästen und dunkelrotbraunen Zapfen, sie erreicht höchstens 5 m Wuchshöhe.

■ Die **Mädchenkiefer** *(Pinus parviflora)* entwickelt sich nur sehr langsam zu einem kleinen Baum von 3–5 m Höhe, in jungen Jahren ist ihr Wuchs eher strauchartig. Ihre Äste verzweigen sich wenig und sind locker bis unregelmäßig angeordnet. In etwa 2 Jahren nach der Blüte reifen ihre Zapfen zu sehr zierenden, rotbraunen Gebilden heran.

■ Die **Pummelkiefer** *(Pinus pumila)* ist durch einen strauchartigen Wuchs charakterisiert. Ihre niederliegenden Äste sind dicht mit blaubereiften Nadeln besetzt, die stehenden Zapfen zunächst violett, später braun gefärbt.

■ Bewährte Sorten

■ der **Bergkiefer** *(Pinus mugo):* 'Gnom' (Zwergform, dichter, kugeliger Wuchs, dunkelgrüne Nadeln, 0,5–1,5 m hoch); 'Mops' (Zwergform, flachkugeliger bis kissenförmiger Wuchs, dunkelgrüne Nadeln, 0,3–1 m hoch)

■ der **Mädchenkiefer** *(Pinus parviflora):* 'Glauca' (Blaue Mädchenkiefer; blaugrüne bis silbrigblaue, sichelförmige Nadeln, 2–3 m hoch)

■ der **Pummelkiefer** *(Pinus pumila):* 'Glauca' (Blaue Pummelkiefer; weiche, grau- bis blaugrüne Nadeln, 0,3–0,5 m hoch)

■ Pflanzung

Im Frühjahr oder Herbst. Während die **Mädchenkiefer** immer als Solitär gepflanzt werden sollte, wirken die niedrige **Bergkiefer** und **Pummelkiefer** auch in kleineren Gruppen sehr attraktiv. Da sie schwachwüchsig sind, muß ihr Pflanzabstand nicht so groß gewählt werden. Auf keinen Fall darf man sie unter höhere Gehölze setzen, da sie in deren Schatten kümmern würden.

■ Vermehrung

Wie bei den hohen Arten durch Kopfstecklinge.

■ Pflegemaßnahmen

Nicht erforderlich. Auf Kiefernschütte (siehe Seite 369), Rost und Wolläuse achten.

■ Schnitt

Nicht erforderlich, jedoch läßt sich das Wachstum begrenzen, indem man im Vollfrühling oder Frühsommer die jungen Triebspitzen herausbricht.

■ Düngung

Nicht erforderlich.

Durch Auskneifen der jungen Triebspitzen kann man das Wachstum im Zaum halten

ZIERGEHÖLZE

Die immergrüne Eibe zeichnet sich durch weiche, dicht stehende Nadeln und leuchtendrote Früchte im Herbst aus, die gerne von Vögeln gefressen werden. Sie wächst sehr langsam zu einem ein- oder mehrstämmigen Baum heran, manchmal bleibt sie auch strauchartig. Ihre zahlreichen Sorten zeigen die unterschiedlichsten Wuchsformen sowie Nadelfärbungen und eröffnen damit vielerlei Gestaltungsmöglichkeiten.

■ Bewährte Sorten

Aus dem reichem Sortenangebot können an dieser Stelle nur einige beispielhaft herausgegriffen werden: 'Dovastoniana' (**Adlerschwingeneibe**; dunkelgrüne Nadeln, waagrecht abstehende Äste mit bogig überhängenden Spitzen, 3–5 m hoch); 'Fastigiata Aureomarginata' (**Gelbe Säuleneibe**; junge Nadeln goldgelb gerandet, später hellgrün, säulenartiger Wuchs, 2–3 m hoch); 'Nissens Kadett' (dunkelgrüne Nadeln, ohne Mitteltrieb mehr breit als hoch wachsend, 5–6 m hoch); 'Overeynderi' (**Kegeleibe**; tiefgrüne Nadeln, schmalkegelig, später geschlossener breit kegelförmiger Wuchs, 3–5 m hoch); 'Repandens' (**Kisseneibe**; dunkelgrüne, sichelförmig gebogene Nadeln, flach, breit ausladend mit überhängenden Zweigspitzen, 0,3–0,5 m hoch); 'Semperaurea' (**Goldeibe**; Nadeln goldgelb mit gelbgrüner Unterseite, breitbuschiger Strauch, 1–2 m hoch)

■ Pflanzung
Im Frühjahr oder Herbst.

■ Vermehrung
Die Art und ihre Sorten können aus Kopfstecklingen nachgezogen werden. Man schneidet dazu von noch nicht verholzten Seitentrieben die Spitzen etwa 10 cm lang ab, entfernt die untersten Nadeln und setzt die Stecklinge in Töpfe mit Anzuchterde. Um die Wurzelbildung zu beschleunigen, stülpt man den Töpfen eine Folienhaube über. Nach der frostfreien und hellen Überwinterung kann im nächsten Frühjahr ausgepflanzt werden.

Taxus baccata 'Semperaurea'

■ Pflegemaßnahmen
Eiben sind sehr robuste und anspruchslose Gehölze. Man sollte sie jedoch nicht an stark begangene Wege oder im Bereich von Sitzplätzen pflanzen, da sie auf Oberflächenverdichtung im Wurzelbereich empfindlich reagieren. Auf Schildläuse achten.

■ Schnitt
Als Heckengehölze können Eiben im Spätsommer beliebig in Form geschnitten werden.

■ Düngung
Eiben in Schnitthecken sollten gelegentlich mit Kompost versorgt werden.

Hübsche Herbstzierde: Eibenfrüchte

Eibe

Taxus baccata □ ▽ ▷

Zierwert: schön benadelte Gehölze mit teils ungewöhnlicher Wuchsform

Fruchtschmuck: rote, beerenähnliche Früchte; ab IX

Wuchs: Sträucher oder Bäume mit breit kegelförmiger Krone; 5–10 m hoch, Sorten auch niedriger und variierend im Wuchs

Standort: ○–●; frischer, nicht zu trockener, kalkhaltiger Boden

Verwendung: einzeln oder in Gruppen; für freiwachsende oder Schnitthecken, zur Unterpflanzung höherer Gehölze, niedrige und säulenförmige Sorten im Stein- und Heidegarten, in Pflanztrögen; als Formgehölze; für Stadtklima gut geeignet

Paßt gut zu: Buche, Tanne, Polsterstauden, Rosen

Vorsicht: Alle Pflanzenteile, ausgenommen die roten, fleischigen Samenhüllen, sind stark giftig.

Vermehrungstip

Die Art kann auch aus Samen nachgezogen werden, doch weichen die Jungpflanzen in ihrer Wuchsform häufig von der Mutterpflanze ab.

NADELBÄUME UND -STRÄUCHER

Der Lebensbaum erfreut sich als immergrüner und vor allem robuster Gartenschmuck großer Beliebtheit. Seine Arten finden meist als Heckenpflanzen Verwendung, obwohl sie auch in Einzelstellung überzeugen.

■ Der **Abendländische Lebensbaum** *(Thuja occidentalis)* erreicht als einstämmiger Baum mit spitzkegeliger Krone bis zu 20 m Wuchshöhe. Seine dunkelgrünen Schuppenblätter duften beim Zerreiben aromatisch nach Äpfeln. Im Winter werden sie leicht bräunlich. Die an sich unscheinbaren, bräunlichen Zapfen wirken durch ihr „Massenauftreten" sehr eindrucksvoll. Zahlreiche Gartenformen ermöglichen vielerlei Verwendungsmöglichkeiten.

■ Der **Riesenlebensbaum** *(Thuja plicata)* bildet eine regelmäßige, schmal kegelförmige Krone aus, die sich 15–30 m in die Höhe erhebt. Seine glänzendgrünen Schuppenblätter duften beim Zerreiben ebenfalls, doch erinnert ihr Geruch an Ananas. Bedeutung haben vor allem die vielen Sorten.

■ **Bewährte Sorten**
Hier kann nur eine kleine Auswahl aus dem recht umfangreichen Sortenspektrum angeführt werden:

■ **Abendländischer Lebensbaum** *(Thuja occidentalis):* 'Columna' (Säulenlebensbaum; auch im Winter dunkelgrüne Schuppenblätter, strenge Säulenform, 2–8 m hoch); 'Europagold' (goldgelbe Schuppenblätter, im Winter grünlich, kegelförmiger Wuchs, 3–4 m hoch); 'Recurva Nana' (Zwerglebensbaum; mattgrüne Schuppenblätter, im Winter bräunlich, kugeliger bis breitkegelförmiger Wuchs, bis 2 m hoch); 'Smaragd' (auch im Winter glänzend frischgrüne Schuppenblätter, schmale, kompakte, regelmäßige Kegelform, 2–6 m hoch)

■ **Riesenlebensbaum** *(Thuja plicata):* 'Aurescens' (auch 'Zebrina'; dunkelgrüne, gelblich gestreifte Schuppenblätter, breit kegelförmiger Wuchs, 10–15 m hoch); 'Excelsa' (auch im Winter dunkelgrüne Schuppenblätter, säulenförmiger Wuchs, 10–15 m hoch)

Lebensbaum

Thuja-Arten ☐ ▷

Zierwert: Gehölze mit schlanker Silhouette und farblich interessanter Benadelung

Fruchtschmuck: kleine, braune Zapfen; ab IX

Wuchs: Baum mit schlanker, kegelförmiger Krone; 10–30 m hoch, Sorten auch niedriger

Standort: ○; jeder nicht zu trockene Boden

Verwendung: einzeln oder in Gruppen; für freiwachsende und Schnitthecken, niedrige Sorten im Steingarten oder in Pflanzgefäßen; für Stadtklima gut geeignet

Passen gut zu: anderen Koniferen wie Eibe, Scheinzypresse, Fichte

Vorsicht: Alle Pflanzenteile enthalten starke Giftstoffe.

Riesenlebensbaum, Thuja plicata 'Aurescens'

ZIERGEHÖLZE

■ Pflanzung
im Frühjahr oder Herbst.

■ Vermehrung
Nachkommen lassen sich sehr leicht aus Kopfstecklingen ziehen. Sie werden im Sommer von jungen, etwa 10 cm langen Seitentrieben geschnitten und in Töpfe mit Anzuchterde gesteckt, nachdem man die untersten Blätter entfernt hat. Zur besseren Bewurzelung sollte man die Töpfe sonnig und warm aufstellen, auch eine Folienabdeckung hat sich bewährt. Nach heller und frostfreier Überwinterung kann im darauffolgenden Frühjahr ausgepflanzt werden.

■ Pflegemaßnahmen
Nicht erforderlich.

■ Schnitt
Lebensbäume sind ausgesprochen schnittverträglich und können beliebig in Form gebracht werden. Für Schnitthecken empfiehlt sich ein trapezförmiger Schnitt, die Hecke sollte also unten breiter sein als oben.

■ Düngung
Schnitthecken sollten gelegentlich mit Kompost gedüngt werden.

Thuja occidentalis 'Holmstrup'

Zapfenschmuck von Thuja plicata

HÄUFIGE PFLEGEPROBLEME

Symptom: Ältere Triebe in Bodennähe verlieren ihren Glanz, werden bräunlich und fallen ab.

Ursache: Triebsterben (Pilzerkrankung)

Vorbeugung/Abhilfe: Auf optimalen Standort achten, nicht zu stickstoffbetont düngen; befallene Teile entfernen.

Außerdem häufig: Schildläuse, Blattläuse

GRÜNE VORHÄNGE: KLETTERGEHÖLZE

Mehrjährige, allmählich verholzende Kletterer sind anders als kurzlebige in der Lage, Mauern und Wände sowie Pergolen und Spaliere mit dauerhaftem Pflanzenschmuck zu beleben. Die meisten dieser speziellen Gehölze sind laubabwerfend. Sie kleiden die Unterlage sommers in einen Pelz aus grünen Blättern, oft lebhaft getupft durch bunte Blüten; im Winter bilden die kahlen Äste und Zweige filigrane Flechtmuster. Immergrüne wie der Efeu *(Hedera)* sorgen dagegen ganzjährig für eine raschelnde Blättertapete.

Wie die einjährigen Kletterer streben auch die mehrjährigen mittels raffinierter Haltetechniken in die Höhe. Neben **Schlingern** wie dem Geißblatt *(Lonicera)* und **Rankern** wie der Clematis *(Clematis)* findet man unter den Gehölzen auch Wurzelkletterer, z. B. Efeu oder Kletterhortensie *(Hydrangea anomala* ssp. *petiolaris)* sowie Spreizklimmer, z. B. die Kletterrosen.

Die **Wurzelkletterer** heften ihre Triebe mit Haftwurzeln direkt an einer nicht zu glatten Wand an, brauchen also keine zusätzliche Unterstützung. Ähnlich klebt sich der Wilde Wein *(Parthenocissus)* fest, jedoch mit zu Haftscheiben umgebildeten Rankorganen.

Spreizklimmer entwickeln lange, steife Triebe, die sich im Geäst anderer Pflanzen oder in einer Stützvorrichtung mittels Dornen oder Stacheln verhaken, weshalb man ihnen am besten ein stabiles Gerüst mit vielen waagrecht verlaufenden Streben anbietet.

ZIERGEHÖLZE

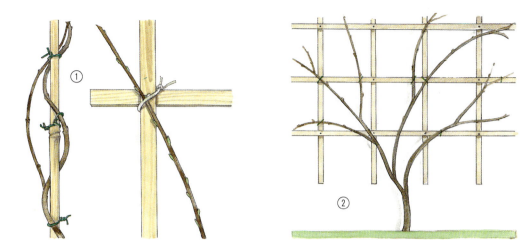

Gepflanzt werden die kletternden Arten wie Gehölze allgemein am besten im Frühjahr oder Herbst. Man hebt eine möglichst tiefe und geräumige Pflanzgrube aus, deren Untergrund gelockert und dann mit einer 10–20 cm mächtigen Drainageschicht aus Kies bedeckt wird. Dies ist besonders an einer Hauswand wichtig, da hier der Boden meist verdichtet und steinig ist.

Anschließend setzt man die Pflanzen schräg zur Unterlage gerichtet ein und füllt mit Pflanzerde auf, die man vorher mit reichlich Kompost aufgebessert hat. Nach dem Andrücken und Einschlämmen werden die jungen Triebe vorsichtig zur Stütze aufgeleitet und dort angebunden. Zuletzt überzieht man die Pflanzscheibe mit einer Mulchschicht.

In der folgenden Zeit müssen die Klettergehölze gleichmäßig feucht gehalten werden; die Mulchschicht ist bei Bedarf zu ergänzen, einmal jährlich wird im Spätherbst oder Vorfrühling mit Kompost gedüngt. Die Triebe sollte man immer wieder einmal in die gewünschte Richtung leiten und an der Unterlage fixieren, ausgenommen bei Wurzel- und Haftscheibenkletterern. Haben sich die Pflanzen etabliert und zu dichten Vorhängen entwickelt, kann man sie im Vorfrühling auslichten, indem man ältere Äste bodennah zurückschneidet. Wo Triebe stören, kürzt man sie bis zu einer Seitenverzweigung oder einer kräftigen Knospe ein.

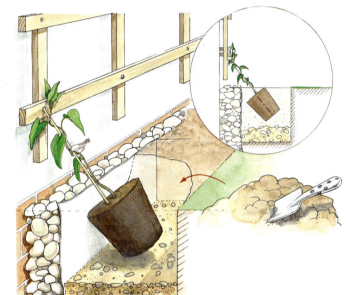

Aufleiten von Kletterpflanzen:
① *Schlingern genügen senkrechte Stützen, die Triebe kann man mit ummanteltem Draht fixieren; Spreizklimmer brauchen auch Querstreben, mit Bast oder Sisalschnur anbinden.* ② *Triebe an Klettergerüsten möglichst fächerförmig verteilen*

Links: Pflanzung zur Hausbegrünung:
Im Wurzelbereich Hauswand durch Kiesschicht und Folie schützen, Klettergerüst mit Abstandshaltern anbringen. Sohle der Pflanzgrube mit einer Drainageschicht versehen, Containerballen schräg einsetzen

Bei der Glyzine kürzt man alle letztjährigen Langtriebe ein, um den Blütenansatz zu fördern

GRÜNE VORHÄNGE: KLETTERGEHÖLZE

BEWÄHRTE KLETTERPFLANZEN

Deutscher Name, botanischer Name	Wuchs	Blüte/Frucht	Standort	Hinweise
Strahlengriffel, Wilde Kiwi, *Actinidia arguta*	sommergrüner Schlinger mit herzförmigem Laub, 3-8 m hoch	weiße Blüten, VI-VII; grüngelbe, eßbare Früchte, IX-X	○-◐, geschützte Lage, normaler Boden	Gedeiht am besten an einer Südwand.
Pfeifenwinde, *Aristolochia macrophylla*	sommergrüner Schlinger mit großem, herzförmigem Laub, 5-10 m hoch	unscheinbare Blüten, VI-VII	◐-●, windgeschützte Lage, normaler Boden	Wächst nur zögernd an.
Großblumige Clematis, *Clematis*-Hybriden	sommergrüne Ranker, 2-4 m hoch	auffallende Blüten in vielen Farben, je nach Sorte zwischen VI-X	○-◐, durchlässiger, humoser Boden	Bodenbereich mit Pflanzen, Steinen oder Mulch bedecken; frühblühende Sorten nach der Blüte schwach, spätblühende im Vorfrühling kräftig zurückschneiden.
Bergwaldrebe, *Clematis montana*	sommergrüner Ranker, 3-8 m hoch	zahlreiche weiße Blüten, V-VI	○-◐, durchlässiger, humoser Boden	Kann auch in einen alten Baum hineinranken.
Schlingknöterich, *Fallopia aubertii*	sommergrüner Schlinger, 8-10 m hoch	weiße Blüten, VII-X	○-●, normaler Boden	Robuste, sehr raschwüchsige Art
Efeu, *Hedera helix*	immergrüner Wurzelkletterer, 20-30 m hoch	gelbe Blüten, IX-X; schwarze Früchte erst im Alter	◐-●, nahezu jeder Boden	In mehreren Sorten, giftig!

Pfeifenwinde, Aristolochia macrophylla

Clematis-Hybride 'Jackmannii'

ZIERGEHÖLZE

BEWÄHRTE KLETTERPFLANZEN (Fortsetzung)

Deutscher Name, botanischer Name	Wuchs	Blüte/Frucht	Standort	Hinweise
Kletterhortensie, *Hydrangea anomala* ssp. *petiolaris*	sommergrüner Wurzelkletterer, 5–10 m hoch	weiße Blüten, VI–VII	◐–●, frischer bis leicht feuchter Boden	Leuchtendgelbe Herbstfärbung
Geißblatt, *Lonicera*-Arten	sommer-, teils wintergrüne Schlinger, 2–6 m hoch	je nach Art rote, gelbe oder weiße Blüten, V–VIII; rote oder schwarze Früchte, IX–X	○–◐, normaler Boden	Beerenfrüchte sind giftig!
Wilder Wein, *Parthenocissus*-Arten	sommergrüne Haftscheibenkletterer mit dekorativem Laub, 8–15 m hoch		○–◐, normaler Boden	Herrliche Herbstfärbung
Kletterrose, *Rosa*-Sorten	sommergrüne Spreizklimmer, 2–5 m hoch	Blüten in vielen Farben, je nach Art und Sorte, V–X	○, durchlässiger, nahrhafter Boden	Im Herbst anhäufeln und mit Reisig abdecken (ausführliche Pflegeanleitung ab S. 334)
Glyzine, Blauregen, *Wisteria*-Arten	sommergrüne Schlinger, 5–12 m hoch	blaue Blütenkaskaden, V–VI	○–◐, normaler Boden, geschützte Lage	Erfordert sehr stabile Kletterhilfe.

Geißblatt, Lonicera periclymenum

Glyzine, Wisteria chinensis

REGISTER

Halbfette Seitenzahlen verweisen bei mehreren Angaben auf eine ausführliche Erläuterung.
Kursive Seitenzahlen verweisen auf Abbildungen.

Abhärten 48
Abies
- balsamea 355, *355*
- concolor 354, *354*
- koreana 355, *355*
- nordmanniana 354
Absenker 49, 282, *282*
Acer
- campestre 286, *286*
- ginnala 286, *287*
- japonicum 286, *287*
- negundo 286, *287*
- palmatum 286, *286*
- platanoides 286
Achillea
- filipendulina 142
- Hybriden 142, *142*
- millefolium 142
Achselbulben 257
Achselsproß 185
Aconitum
- x cammarum 143
- napellus 143, *143*
Actinidia arguta 376
ADR-Rosen 331
Aesculus hippocastanum 288, *288*
Ageratum houstonianum 72
Ahorn 286-287
- Japanischer 286
Akelei 148
- Gewöhnliche 148, *148*
Alcea rosea 73
Alchemilla mollis 144, *144*
Älchen siehe Nematoden
Allium
- aflatunese 232, *232*
- caeruleum 233, *233*
- christophii 233
- flavum 233, *233*
- giganteum 232, *232*
- karataviense 233
- moly 233
- oreophilum 233
- ursinum 233
Alpenveilchennarzisse 261
Alyssum
- montanum 145
- saxatile 145, *145*
Amelanchier
- laevis 289
- lamarckii 289, *289*
Amseln 241

Anemone
- blanda 235, *235*
- coronaria 235, *235*
- hupehensis 146, *147*
- Japonica-Hybriden 146, *147*
- nemorosa 234, *234*
Anemonen 146-147, 234-235
Annuelle 64
Antirrhinum majus 74, *74*
Anzucht 47-49
- von Sommerblumen 68-69
Apfelblüte 16
Aquilegia
- Caerulea-Hybriden 148, *148*
- vulgaris 148, *148*
Arabis caucasica 149, *149*
Aristolochia macrophylla 376, *376*
Artname 13
Aruncus dioicus 150, *150*
Asarina barclaiana 129
Aschweide 340
Aster
- amellus 151, *151*
- Dumosus-Hybriden 152, *152*
- novae-angliae 152, *152*
- novi-belgii 152, *152*
Astern 152
Asternwelke 71, 78
Astilbe
- Arendsii-Hybriden 153, *153*
- chinensis 153
- Hybriden 275
- Japonica-Hybride 153, *153*
- Simplicifolia-Hybriden 153
- Thunbergii-Hybriden 153
Atlaszeder 356, *357*
Aubrieta-Hybriden 154, *154*
Aufbinden 138
Ausläufer 49
Aussaat 46-49
- mit Vorkultur 47-49
- ohne Vorkultur 46, *47*
- von Sommerblumen 68-69, *68*
- von Stauden 140
- von Zwiebel- und Knollenblumen 230
Azaleen 326, *326*

Bakterienkrankheiten 42, *42*, 285
Bakterienkrebs 306
Balkanstorchschnabel 178
Balkonkästen 275
Balkonkastenbepflanzung 68, *68*
Ballhortensie 307
Balsamtanne 355, *355*
Bärlauch 233
Bartiris 188, 189, *188*, *189*
Bartnelke 86, *88*

Bauernhortensie 307, *307*
Bauernjasmin 317
Bauernpfingstrose 196, *196*
Baum 270
- großer 271, *271*
- kleiner 271, *271*
- mittelgroßer 271, *271*
Baumscheibe 278
Bechermalve 101, *101*, 275
Bechernarzisse 262
Beet 134
Beetbepflanzung 67, *67*
Beetgestaltung 135-136
Beetplanung 58-59
Beetrosen 330-332
Begleitelemente 57
Begleitstauden 135
Begonia-Knollenbegonien-Hybriden 236-237
Begonien 236-237, *236*, *237*
Bellis perennis 12, 75, *75*
Berberis thunbergii 290, *290*
Bergaster 151, *151*
Bergenia
- cordifolia 155
- Hybriden 155, *155*
Bergenie 155
Bergflockenblume 159
Bergkiefer 370, *370*
Bergsteinkraut 145
Bergwaldrebe 376
Besenheide 156, *156*
Betula pendula 291, *291*
Bienne 64
Blasenfüße siehe Thripse
Blatt 10, *11*
Blattachsel 11
Blattader 11
Blättälchen 40, 141, 147
Blattbrand 189
Blattfleckenkrankheiten 77, 121, 127, *141*, 167, 182, 197, 203, *231*, 288, 304, 349
Blattform 11
Blattkäfer 37
Blattläuse 35, **38**, *38*, 71, 284, 351
Blattrollmücken 212
Blattspreite 11
Blattwanzen 38, *38*, 95, 117
Blauglöckchen 252, *251*
Blaukissen 154, *154*
Blaulauch 233, *233*
Blauregen 377
Blaustern 264, *264*
Blauzungenlauch 233
Blumenhartriegel
- Amerikanischer 296, *296*
- Japanischer 296, *296*
Blumenrohr, Indisches 238, *238*

Blutberberitze 290
Blutbirke 291
Blüte 10, *11*
Blütenblatt 11
Blütenform 11
Blütenkirsche, Japanische 321
Blütenmispel 302, *302*
Blütenpflanze, Aufbau 11
Blutjohannisbeere 328, *328*
Boden 19-23, *19*
- leichter 20-21, *21*
- Säuregrad 22-23
- schwerer 20-21, *21*
Bodenbearbeitung 21, *21*
Bodenbeschaffenheit 20-22, *21*
Bodendeckergehölze 271
Bodendeckerrosen 333, *333*
Bodendeckerstauden 133, **213-215**
Bodenfeuchtigkeit 19
Bodenleben **22**, 31
Bodenuntersuchung 20, *20*
Brautspiere 344, *344*
Brennende Liebe 194, *194*
Brühe 35
Brutknollen 49, 229, *229*
Brutzwiebel 49, 229, *229*
Buchsbaum 272, 293
Buchsbaumgallmücke 293
Buddleja davidii 292, *292*
Buntschopfsalbei 117, *117*
Büschelwurzel 11
Buschmalve 101
Buschwindröschen 234, *234*
Buxus sempervirens var. sempervirens 293

Calceolaria integrifolia 76, *76*
Calendula officinalis 77, *77*
Callistephus chinensis 78, *78*
Calluna vulgaris 156, *156*
Campanula
- carpatica 158, *158*
- cochleariifolia 158
- glomerata 157, *157*
- lactiflora 157
- latifolia 157
- medium 79, *79*
- persicifolia 157
- poscharskyana 158
- portenschlagiana 158, *158*
Canna-Indica-Hybriden 238, *238*
Cedrus
- atlantica 356, *357*
- deodora 356, *356*
Centaurea
- cyanus 80, *80*
- montana 159, *159*

REGISTER

Chamaecyparis
- lawsoniana   358, *358, 359*
- nootkatensis   358, *358*
- obtusa   358
- pisifera   358, *359*

Cheiranthus cheiri   81, *81*
Chinawacholder   361, *361*
Chinesenelke   86
Chinesische Zierquitte   294
Chlorose   42-43, *43*, 141, 325, 357
Choenomeles
- japonica   294
- speciosa   294
- Hybriden   294, *294, 295*

Christrose   184, *184*
Chrysanthemen   160-163
Chrysanthemenwickler   161
Chrysanthemum
- coccineum   160, *160*
- frutescens   84, *84*
- Indicum-Hybriden   162, *162*
- Koreanum-Hybriden   162
- leucanthemum   160, *161*
- maximum   160, *161*
- multicaule   82
- paludosum   82, *83*
- parthenium   82, *83*

Cimicifuga
- racemosa   163, *163*
- ramosa   163
- simplex   163

Clematis
- Hybriden   376, *376*
- montana   376

Climber-Rosen   334
Colchicum
- autumnale   239, *239*
- Hybriden   239, *239*

Containerpflanzen   276, *276*
Convallaria majalis   164, *164*
Coreopsis
- grandiflora   165, *165*
- verticillata   165, *165*

Cornus
- alba   297, *297*
- florida   296, *296*
- kousa   296, *296*
- mas   297
- sanguinea   297, *297*

Corylus avellana   298, *298*
Cosmos
- bipinnatus   85, *85*
- sulphureus   85, *85*

Cotinus coggygria   299, *299*
Cotoneaster
- adpressus   300
- bullatus   302, *302*
- dammeri   300, *301*
- horizontalis   300
- multiflorus   302, *302*

Crataegus
- laevigata   303, *303*
- monogyna   303

Crocus
- chrysanthus   240
- flavus   241, *241*
- Hybriden   241, *241*
- tommasinianus   240, *240*
- vernus   241

Cytisus
- x praecox   304
- Scoparius-Hybriden   304, *304*

Dahlia-Hybriden   242-243, *242, 243*
Dahlien   242-243, *242, 243*
Dalmatiner Glockenblume   158, *158*
Delphinium
- Belladonna-Hybriden   166, *166*
- Elatum-Hybriden   166, *167*
- Pacific-Hybriden   166, *167*

Dendranthema
- Grandiflorum-Hybriden   162
- Koreanum-Hybriden   162

Deutzia
- gracilis   305
- x hybrida   305, *305*
- scabra   305, *305*

Deutzie, Rauhblättrige   305
Dianthus
- barbatus   86. 88
- carthusianorum   169, *169*
- caryophyllus   86, *86, 87*
- chinensis   87, *87*
- deltoides   169, *169*
- gratianopolitanus   168, *168*
- plumarius   168, *168*

Dicentra spectabilis   170, *170*
Dichternarzisse   261, *261*
Dickmaulrüßler   37, *37*
Digitalis
- grandiflora   171, *171*
- purpurea   171, *171*

Dimorphoteca
- pluvialis   89, *89*
- sinuata   89

Direktsaat   46, *47*
Doronicum orientale   172, *172*
Drahtwurm   37
Duftpelargonien   112, *112*
Duftsteinrich   104, *104*
Duftveilchen   212, *212*
Duftwicke   129, *129*
Düngemittel   23, **29**
Düngung   22, **28-29**, *43, 28*
- von Sommerblumen   69
- von Stauden   137-138
- von Ziergehölzen   279
- von Zwiebel- und Knollenblumen   228

Dunkelkeimer   47, 48

Eberesche   343, *343*
Echter Mehltau   40, *40*, 75
Edelflieder   347, *348*
Edelgarbe   142, *142*
Edelginster   304, *304*
Edelgladiolen   250
Edelgoldregen   310
Edelpfingstrose   196, *197*
Edelrosen   330, *330*
Efeu   376
Efeupelargonien   110-111
Ehrenpreis
- Ähriger   210
- Langblättriger   210, *210*

Eibe   371, *371*
Einfassungsbuchs   293, *293*
Einheitserden   23
Einjährige   64, *65*
Eisenhut, Blauer   143, *143*
Eisenkraut   123
Eisheilige   67
Elfenbeinginster   304
Elfenkrokus   240, *240*
Entspitzen   69
Enzian, Stengelloser   177, *177*
Eranthis
- cilicica   244
- hyemalis   244, *244*
- x tubergenii   244, *244*

Erdmischungen   23
Eremurus
- Hybriden   245, *245*
- robustus   245, *245*
- stenophyllus ssp. stenophyllus   245

Erica
- carnea   173, *173*
- cinerea   173
- herbacea   173

Erigeron-Hybriden   174, *174*
Erika   173
Erikasterben   156, 173
Erstfrühling   17
Eschenahorn   286, *287*
Essigbaum   327, *327*
Eulenraupe   37
Euphorbia
- cyparissias   176
- griffithii   176, *176*
- myrsinites   175, *175*
- polychroma   175, *175*

Fächerahorn   286, *286*
Fächermispel   300
Fackellilie   191, *191*
Faden-Scheinzypresse   358
Falscher Mehltau   40-41, *40*
Farbdreiklang   54, *54*
Farbkombinationen   53-55
Farbkreis   53-54, *54*
Farbverlauf   54, *54*
Farne   133, **220-221**

Federnelke   168, *168*
Feinstrahl   174, *174*
Feinwurzel   11
Feldahorn   286, *286*
Felsenbirne, Hängende   289
Felsensteinkraut   145, *145*
Fetthenne   208
Feuerahorn   286, *287*
Feuerbohne   129
Feuerbrand   42, *284*, 285, 301, 343
Feuerdorn   274, 323, *323*
Feuerlilie   256, *257*
Feuersalbei   118, *118*
Fichte, Serbische   366
Fichten   364-367
Fichtennestwickler   365
Fichtenreisig   32
Fingerhut
- Großblütiger   171, *171*
- Roter   171, *171*

Fingerprobe   21
Fingerstrauch   318, *318*
Fleißiges Lieschen   98, *98*
Flieder   347-348, *347*
- Gewöhnlicher   347

Flockenblume   159, *159*
Florfliege   34
Floribundarosen   330, *330*
Föhre   368
Forsythia x intermedia   306, *306*
Forsythie   306, *306*
Frauenmantel   144, *144*
Fritillaria
- imperialis   246, *246*
- meleagris   247, *247*

Frostschäden   44, *44*
Frostspanner   37, *37*
Frucht   11
Fruchtformen   11
Fruchtknoten   11
Frühherbst   17
Frühjahrsstecklinge   283, *283*
Frühlingsknotenblume   255
Frühsommer   17
Fuchsia-Hybriden   90-91
Fuchsien   70, 90-91, *90, 91*
Füllelemente   57
Füllstauden   135
Funkien   186-187

Galanthus
- elwesii   248
- nivalis   248, *248*

Gallenläuse   38-39
Gallmilben   284, 298
Gallmücken   328
Gänseblümchen siehe Maßliebchen
Gänsekresse   149, *149*
Gartenastilbe   153
Gartenaurikel   202
Gartenboden   19-23
Gartenchrysantheme   162

REGISTER

Gartengeräte 27, *27*
Gartengestaltung siehe Gestaltung
Gartengladiolen 250, *250*
Gartenkrokus 241
Gartennarzissen 262-263, *263*
Gartennelke 86
Gartentulpen 266-267, *266, 267*
Gattungsname 13
Gazanie 72, 92
Gazania-Hybriden 92, *92*
Gehölz 12, siehe auch Ziergehölze
Gehölzgruppe 273, *273*
Gehölzschnitt 279-281
Geißbart 150, *150*
Geißblatt 377, *377*
Geißklee 304
Gelbfleckenkrankheit 294
Gemswurz 172, *172*
Gentiana
- acaulis 177, *177*
- farreri 177
- sinoornata 177, *177*
Geranien 110-113
Geranium
- himalayense 178
- macrorrhizum 178
- x magnificum 178, *178*
- pratense 178, *178*
- sanguineum 178
- sylvaticum 178
Gespinstmotte 37
Gestaltung 52-59
- mit Sommerblumen 65-66
- mit Stauden 135-136
- mit Ziergehölzen 271-276
- mit Zwiebel- und Knollenblumen 225-226
Geum-Hybriden 179, *179*
Gießen 27-28, *28*
- von Sommerblumen 69
- von Stauden 137-138
- von Ziergehölzen 279
- von Zwiebel- und Knollenblumen 228
Giftpflanzen 60
Giftstoffe 60
Ginster 304
Gladiolen 249-250
Gladiolenrost 249
Gladiolus
- communis 249
- communis ssp. byzantinus 249, *249*
- Hybriden 250, *250*
Glattblattaster 152, *152*
Glockenblume 157-158
- Dalmatiner 158, *158*
- Pfirsichblättrige 157
Glockenfunkie 187, *187*
Glockenrebe 129, *129*
Glockenstrauch 353, *353*
Glyzine 377, *377*
Goldregen 310, *310*

Goldakazie 329
Goldfelberich 196, *196*
Goldfetthenne 208
Goldgarbe 142
Goldglöckchen 306
Goldkamille 82, *82*
Goldkrokus 241, *241*
Goldlack 81, *81*
Goldlauch 233
Goldwolfsmilch 175, *175*
Grabgabel 27
Gräser siehe Ziergräser
Graublattfunkie 186, *186*
Grauheide 173
Grauschimmel 41, *41, 231*
Großklima 15
Großstrauch 271, *271*
Gruppenbildung 57-59
Gypsophila
- elegans 93, *93*
- Hybriden 180
- paniculata 180, *180*
- repens 180, *180*

Hagebutten 338, *338*
Halbsträucher 133
Hängebegonien 236, *237*
Hängefichte 364
Hängekätzchenweide 340, *341*
Hängenelke 86-88
Hängepelargonien 110-111, *110*
Hängeposterglocke 158
Hartriegel 297
- Roter 297, *297*
- Tatarischer 297, *297*
Haselnuß 298
Hasen 36
Hasenglöckchen, Spanisches 251
Hauptwurzel 11
Hecken 273-274
- freiwachsende 273-274, *274*
Heckenberberitze 290, *290*
Heckenpflanzung 278, *278*
Heckenschnitt 281, *281*
Heckensträucher 274
Heddewigsnelke 86
Hedera helix 376
Heide 173
Heidebeet 135
Heidekraut 156
Heidenelke 169, *169*
Heister 276
Helenium-Hybriden 181, *181*
Helianthemum-Hybriden 182, *182*
Helianthus annuus 94, *94*
Helichrysum bracteatum 95, *95*
Heliopsis helianthoides 183, *183*
Heliotropium arborescens 96, *96*
Helleborus
- Hybriden 184, *184*
- niger 184, *184*
Hemerocallis-Hybriden 185, *185*

Herbstanemonen 146-147, *147*
Herbstenzian 177, *177*
Herbstzeitlose 17, 239, *239*
Hexenbesen 291
Himalaja-Wolfsmilch 176, *176*
Himalajazeder 356, *356*
Hirschkolbensumach 327
Hochsommer 17
Hochstammrosen 331, *332*
Holland-Iris 253, *253*
Holunder, Schwarzer 342, *342*
Hornveilchen 211, *211*
Hortensien 307
Hosta
- elata 186
- fortunei 186, *186*
- lancifolia 186
- plantaginea 186, *186*
- sieboldii 186
- tokudama 186, *187*
- undulata 187, *187*
- ventricosa 187, *187*
Huflattich 16
Humulus scandens 129
Humus **22**, 31
Husarenknopf 119, *119*
Hyacinthoides hispanica 251, *251*
Hyacinthus orientalis 252, *252*
Hyazinthe 252, *252*
Hybriden 13
Hydrangea
- anomala 377
- arborescens 307
- Hybriden 307, *307*
- paniculata 307

Iberis
- amara 97
- umbellata 97, *97*
Igelfichte 364, 366
Immergrüne 271, 272, 279
Impatiens
- Neu-Guinea-Hybriden 99, *99*
- Walleriana-Hybriden 98, *98*
Iranlauch 232, *232*
Iris
- Barbata-Hybriden 188-189, *188, 189*
- germanica 188-189
- Hollandica-Hybriden 253, *253*
- pseudacorus 190
- reticulata 254, *254*
- sibirica 190, *190*
- Zwiebelbildende 253-254
Irisrost 190
Islandmohn 108, *108*

Jahreszeiten, natürliche 16-17
Jasmin, Falscher 317
Jauche 35
Juli-Silberkerze 163, *163*

Juniperus
- chinensis 361, *361, 362*
- communis 360
- horizontalis 361, *362*
- virginiana 361, *362*

Kaiserkrone 225, 246, *246*
Kaisernelke 86, *87*
Kalender, phänologischer 15-17
Kalk 23, 42
Kälteschäden 44
Kaltkeimer **47**, 48, 140
Kaltwasserauszug 35
Kapkörbchen 89, *89*
Kapuzinerkresse 122, *122*
Karpatenglockenblume 158, *158*
Kartäusernelke 169, *169*
Kaskadenrosen 335, *335*
Kaukasus-Fetthenne 208
Kegelakazie 329
Keimblättchen 48, *48*
Kerrie 308
Kerria japonica 308, *308*
Kiefer, Gewöhnliche 368, *369*
Kiefern 368-370
Kiefernschütte 369
Kirschpflaume 319, *319*
Kissenaster 152, *152*
Kissenmispel 300
Kissenprimel 202, *202*
Klatschmohn 109, *109*
Kleinklima 15
Kleopatranadel 245
Klettergehölze 374-377
Kletterhortensie 377
Kletterpflanzen, einjährige 128-129
Kletterrosen **334-335**, *334, 335*, 377
Klima 15
Knackebeere 346
Knäuelglockenblume 157, *157*
Kniphofia-Hybriden 191, *191*
Knolle 11, 226
Knollenbegonien 236-237, *236, 237*
Knollenblumen 12, siehe auch Zwiebel- und Knollenblumen
Knollenfäule 41-42
Knollenpflanzen 224-266
Knollenteilung 230, *230*
Knospe 11
Kolkwitzia amabilis 309, *309*
Kolkwitzie 309, *309*
Koloradotanne 354, *354*
Komplementärfarben 54, *54*
Kompost 22, 30, **31**
Königskerze 209, *209*
Königslilie 256
Koreatanne 355, *355*
Korkenzieherhasel 298, *298*
Kornblume 80, *80*
Kornelkirsche 297, *297*
Kriechmispel 300

380

REGISTER

Kriechwacholder 361, *362*
Krokus 240-241
- Bunter 240
Kronblatt *11*
Kronenanemone 235, *235*
Kugelakazie 329
Kugelprimel 202, *203*
Kultivator *27*
Kupferfelsenbirne 289, *289*

Laburnum
- anagyroides 310, *310*
- x watereri 310
Lantana-Camara-Hybriden 100, *100*
Lanzenblattfunkie 186
Lärche 363, *363*
Larix decidua 363, *363*
Laubgehölz 271
Lauch, Gelber 233, *233*
Lavandula angustifolia 192, *192*
Lavatera trimestris 101, *101*
Lavendel 192, *192*
Lawson-Scheinzypresse 358
Lebensbaum 274, 372-373, *373*
Leberbalsam 72, *72*
Leitelemente 57
Leitstauden 135
Leucanthemum
- maximum 161
- vulgare 161
Leucojum vernum 255, *255*
Levkoje 105, *105*
Lichtbedarf *18*, 44
Lichtkeimer 47
Lichtmangel 44, *44*
Lichtnelke 194
Lichtverhältnisse *18*, *18*, 44
Liguster 311, *311*
Ligustermotte 311
Ligustrum vulgare 311, *311*
Lilien 256-259
- Hybriden 258-259
- Wildarten 256-257
Lilienfunkie 186, *186*
Lilienhähnchen *231*, 257
Lilienschweif 245
Lilium
- bulbiferum 256, *257*
- candidum 256, *256*
- Hybriden 258-259, *258*, *259*
- martagon 256, *256*
- regale 256
Linde 349
Lobelia
- erinus 102, *102*
- fulgens 103
- splendens 103, *103*
Lobularia maritima 104, *104*
Löffelblattfunkie 186, *187*
Lonicera 377, *377*
Lorbeerkirsche 319, *320*
Löwenmäulchen 74, *74*

Löwenmaulrost *71*, 74
Löwenzahn *16*
Luftfeuchtigkeit 18
Lungenkraut
- Echtes 204
- Geflecktes 204, *204*
- Schmalblättriges 204, *204*
Lupine 193, *193*
Lupinus-Polyphyllus-Hybriden 193, *193*
Lychnis
- chalcedonica 194, *194*
- coronaria 194
Lysimachia punctata 196, *196*

Mädchenauge *165*
- Großblütiges 165
- Nadelblättriges 165
Mädchenkiefer 370
Madonnenlilie 256, *256*
Magnolia
- Soulangiana-Hybriden 312, *312*
- stellata 312, *312*
Magnolie 312, *312*
Mähnenfichte 366, *366*
Mahonia aquifolium 313, *313*
Mahonie 313, *313*
Mahonienrost 313
Maiblumenstrauch 305
Maiglöckchen 164, *164*
Malus-Hybriden 314-315, *314*, *315*
Malvenrost 73
Mandelbäumchen 321, *321*
Männertreu *70*, 102, *102*
Margeriten 82-83, 160-161
- Bunte 160, *160*
Marienglockenblume 79, *79*
Marienkäfer *37*, *38*
Märzenbecher 255, *255*
Maßliebchen *12*, 75, *75*
Matthiola incana 105, *105*
Mauerpfeffer, Scharfer 208
Maurandie 129
Mäuse 36, *36*
Mehltau 40-41, *75*
Minierfliegen 84
Miniermotten *37*, 284, *363*
Mittagsgold 92, *92*, *102*
Mohn, einjähriger 108-109
Mohn, mehrjähriger 198-199
Monilia-Spitzendürre 322
Moossteinbrech 207, *207*
Mottenschildläuse *39*
Mulchen 22, **28**, *28*, 137
Muscari
- armeniacum 260, *260*
- botryoides 260
Muschel-Scheinzypresse 358
Myosotis sylvatica 106, *106*

Nadelgehölz 271, 275
Nährstoffmangel 91
Nährstoffspeicherung 20
Nährstoffverfügbarkeit 20
Namen, botanische 12
Narcissus
- cyclamineus 261
- Hybriden 262-263, *263*
- poeticus 261, *261*
Narzissen 225, 261-263
Narzissenfliege 263
Nässeschäden 44
Naturkalender 15-17
Nelken
- ein- und zweijährige 86-88
- mehrjährige 168-169
Nelkenfliegen 168
Nelkenmosaik 169
Nelkenrost 141
Nelkenwurz 179, *179*
Nematoden 40, *40*, 47, 141, *141*, 195, 200
Netziris 254, *254*
Neu-Guinea-Impatiens 99
Nicotiana
- x sanderae 107, *107*
- sylvestris 107
Nieswurz 184
Nordmannstanne 354
Nutka-Scheinzypresse 358
Nützlinge 34, 141

Obstbaumkrebs 315
Öhrchenweide 340, *341*
Ohrläppchenkrankheit 326
Oktober-Silberkerze 163
Omorikasterben 367
Osteospermum ecklonis 89
Osterglocke 262

Paeonia
- officinalis 196, *196*
- Lactiflora-Hybriden 196, *197*
- Suffruticosa-Hybriden *13*, 316, *316*
Pantoffelblume 76, *76*
Päonien 196-197, 316
Papaver
- nudicaule 108, *108*
- orientale 198-199, *198*
- rhoeas 109, *109*
Parthenocissus 377
Pelargonien 110-113
- hängende 110-111, *110*, *111*
- stehende 112-113, *112*, *113*
Pelargonienrost 113
Pelargonium-Peltatum-Hybriden 110-111, *110*, *111*
Pelargonium-Zonale-Hybriden 112-113, *112*, *113*
Perlmuttstrauch 309

Perückenstrauch 299, *299*
Petunia-Hybriden 114-115, *114*, *115*
Petunien 114-115, *114*, *115*
Pfahlwurzel *11*
Pfeifenstrauch 317, *317*
Pfeifenwinde 376, *376*
Pfingstnelke 168, *168*
Pfingstrosen 196-197, 316
Pflanzenschutzmittel **35-36**
Pflanzenkauf
- von Sommerblumen 66-67
- von Ziergehölzen 276
Pflanzenkombinationen 52-59
Pflanzenkrankheiten 40-42
Pflanzenorgane *11*
Pflanzenschnitt 277
Pflanzenschutz 22, **33-44**
Pflanzenschutzmittel 34-35
Pflanzentransport 27
Pflanzenvermehrung siehe Vermehrung
Pflanzplan 57-59
Pflanzung
- von Klettergehölzen 375, *375*
- von Rosen 331
- von Sommerblumen 67-68, *67*
- von Stauden 136-137
- von Ziergehölzen 276-279, *277*
- von Zwiebel- und Knollenblumen 227-228, *227*, *237*
Pflegefehler 42-44
pH-Wert 22-23
Philadelphus-Hybriden 317, *317*
Phlox
- Paniculata-Hybriden 200, *200*
- Subulata-Hybriden 201, *201*
Picea
- abies 364-365, *364*, *365*
- breweriana 366, *366*
- glauca 366, *367*
- omorika 366
- pungens 366, *366*, *367*
Pikieren 48-49, *48*, *73*
Pilzkrankheiten **40-42**, 71, 141, 230, 285
Pinus
- mugo 370, *370*
- nigra 368
- nigra ssp. nigra 368, *368*
- parviflora 370
- pumila 370
- strobus 368, *368*
- sylvestris 368, *369*
Polsterphlox 201, *201*
Polsterstauden 132, 139
Potentilla fruticosa 318, *318*
Prachtspiere 153, 344, *344*
Prachtstauden 133, 139, 140
Prachtstorchschnabel 178, *178*
Primeln 202-203

REGISTER

Primula
- acaulis 202
- denticulata 202, *203*
- elatior 202
- florindae 202, *202*
- x pubescens 202
- rosea 202
- veris 202, *203*
- vulgaris ssp. vulgaris 202, *202*

Prunkwinde 129, *129*
Prunus
- avium 319, *320*
- cerasifera 319, *319*
- laurocerasus 319, *320*
- padus 319, *319*
- serrulata 321, *321*
- subhirtella 321, *322*
- triloba 321

Pulmonaria
- angustifolia 204, *204*
- officinalis 204
- saccharata 204, *204*

Pummelkiefer 370
Pyracantha
- coccinea 323
- Hybriden 323, *323*

Pyrethrum-Präparate 35

Rabatte 134, *134*
Rainweide 311
Rambler-Rosen 334
Ranker 128, 374
Ranunkelstrauch 308, *308*
Rauhblattaster 152, *152*
Rhizom 11, 274
Rhododendren 42, **324–326**
- immergrüne 324-325
- sommergrüne 326

Rhododendron
- Hybriden 324-326, *324*
- Repens-Hybriden 324, *325*
- Yakushimanum-Hybriden 324, *325*

Rhus typhina 327, *327*
Ribes sanguineum 328, *328*
Riesenfunkie 186
Riesenglockenblume 57
Riesenlauch 232, *232*
Riesenlebensbaum 372, *372*
Riesenschleierkraut 180, *180*
Riesensteinbrech 155
Ringelblume 77, *77*
Ringfleckenmosaik 289
Rispenhortensie 307
Rittersporn 166-167
Robinia pseudoacacia 329, *329*
Robinie 329, *329*
Rosen 330-339
Rosendeutzie 305, *305*
Rosenkleid 129, *129*
Rosenprimel 202
Rosenrost 41

Rosenzwerglauch 233
Rosettenpflanze 132
Rost, Weißer 81
Rostpilze 41, 101, 176
Roßkastanie 17, 288, *288*
Rotbuche 17
Rote Spinne siehe Spinnmilben
Rotfichte 364-365, *364*
Rotpustelkrankheit 287
Rudbeckia
- fulgida 205, *205*
- hirta 116, *116*

Rüsselkäfer 37

Saatgutqualität 46
Salix
- aurita 340, *341*
- caprea 340-341, *341*
- cinerea 340
- hastata 340, *340*

Salvia
- farinacea 117, *117*
- nemorosa 206, *206*
- splendens 118, *118*
- viridis 117, *117*

Salvie 118
Salweide 340-341
Sambucus
- nigra 342, *342*
- racemosa 342

Samenkeimung 47
Samtblume 120-121
Sand 20
Sandbirke 291, *291*
Sanvitalia procumbens 119, *119*
Säulenwacholder 360, *360*
Sauzahn 27
Saxifraga-Arendsii-Hybriden 207, *207*
Schachbrettblume 247, *247*
Schädlinge 36-40, 70, 141, 230, 284
Schafgarbe
- Gewöhnliche 142
- Weiße 142

Scharlachlobelie 103, *103*
Schattieren 279, *279*
Scheinakazie 329
Scheinquitte 294-295
Scheinzypresse 358-359
Schermäuse 36
Schildläuse 35, 39, *39*
Schimmelfichte 366
Schleierkraut 93, *93*
- Hybriden 180
- Kriechendes 180 *180*

Schleifenblume
- Bittere 97
- Doldige 97, *97*

Schlinger 128, 374
Schlingknöterich 376
Schluff 20

Schlüsselblume, Echte 202, *203*
Schmetterlingsraupe 37
Schmetterlingsstrauch 292, *292*
Schmierläuse 38-39
Schmierseifenlösung 35
Schmuckkörbchen 85, *85*
Schnecken 28, **36–37**, *37*
Schneeball 350-352
- Gewöhnlicher 350, *351*
- Wolliger 350

Schneebeere 346, *346*
Schneeglöckchen 248, *248*
Schneeheide 173, *173*
Schnitt
- von Bäumen 280
- von Stauden 139, *139*
- von Ziersträuchern 280-281, *281*, 304, 307

Schnittführung 280
Schnitthecken 273-274, *273*
Schorf 323
Schwarzbeinigkeit 71
Schwarzfleckenkrankheit 184
Schwarzkiefer 368
- Österreichische 368, *368*

Schwerkeimer 47, *48*
Schwertlilie, Sibirische 190, *190*
Scilla siberica 264, *264*
Sedum
- acre 208
- floriferum 208, *208*
- spurium 208
- telephium 208, *208*

Seitentrieb 11
Seitenwurzel 11
September-Silberkerze 163
Siegwurz
- Byzantinische 249, *249*
- Gewöhnliche 249

Silberehrenpreis 210
Sklerotiniafäule 240
Solitäre 276
Solitärgehölze 272
Sommeraster 65, 78, *78*
Sommerblumen 12, **64–128**
- Anzucht 68-69
- Düngung 69
- einjährige 64, *65*
- Gestaltung 65-66
- Pflanzenkauf 66-67
- Pflanzung 67-68, *67*
- Überwinterung 70
- vegetative Vermehrung 69
- zweijährige 64, *65*

Sommerflieder 275, 292
Sommerlinde 349, *349*
Sommermargerite 160
Sommersalbei 206
Sommersteckling 282, *282*
Sonnenauge 183, *183*
Sonnenblume 94, *94*
Sonnenbraut 181, *181*

Sonnenhut
- einjähriger 116, *116*
- mehrjähriger 205, *205*

Sonnenröschen 182, *182*
Sonnenwendblume 96
Sorbus aucuparia 343, *343*
Sorten, resistente 35
Sortennamen 13
Spätherbst 17
Spätsommer 17
Spierstrauch 274, 344-345
Spießweide 340, *340*
Spinnmilben 39-40, *40*
Spiraea
- x arguta 344, *344*
- Bumalda-Hybriden 345, *345*
- japonica 345
- x vanhouttei 344, *344*

Spitzahorn 286
Spreizklimmer 374
Sproß 10, *11*
Sproßknolle 226, 237
Standort **14**, 42
Standortfaktoren 15, *15*
Standortfehler 42-44
Staubgefäß *11*
Stauden 12, **132–221**
- Aufbinden 138, *138*
- Düngung 137-138, 141
- Gestaltung 135-136
- Gießen 137-138
- Pflanzung 136-137
- Rückschnitt 139, *139*
- Stutzen 138, *138*
- Vermehrung 140

Staudenphlox 200, *200*
Staunässe 141, 231
Stechfichte 366, *367*
Steckhölzer 283, *283*, 292
Stecklinge 49, *49*, *113*, 140, *173*, 282-283
Steinbrech 207
Steingarten 135
Steinkraut 145
Stengelälchen 40, 141, *141*, 200
Stengelgrundfäule 83, 87, 125
Steppenkerzen 245, *245*
Sternchenstrauch 305
Sternkugellauch 233
Sternmagnolie 312, *312*
Sternrußtau 332, *332*
Sternwinde 129
Stiefmütterchen 124-125, *124-125*
Stockmalve 73, *73*
Stockrose 73, *73*
Storchschnabel
- Blutroter 178
- Großblütiger 178

Strahlenanemone 235, *235*
Strahlengriffel 376
Strauch 270, *271*
- kleiner 271
- mittelgroßer 271

REGISTER

Strauchhortensie 307
Strauchmagerite 84, *84*
Strauchmispel 302, *302*
Strauchpäonie *13*, 316, *316*
Strauchpfingstrose 316, *316*
Strauchrosen 336-337, *336, 337*
Straußnarzisse 261
Strohblume 95, *95*
Studentenblume 120-121
Substrate 23
Sumpfschwertlilie 190
Symphoricarpos albus var. laevigatus 346, *346*
Syringa
- vulgaris 347
- Vulgaris-Hybriden 347, *347*

Tagetes *118*, 120-121
- Erecta-Hybriden 120, *121*
- Patula-Hybriden 120, *120*, *121*
- tenuifolia 120, *121*
Taglilien 185
Tanacetum coccineum 161
Tannen 354-355
Tausendschön siehe Maßliebchen
Taxus baccata 371, *371*
Tazette 261
Tee 35
Teehybriden 330
Teichrand 135
Teilung 49, *49*, 140, 229, *229*
Tellernarzisse 262
Teppichmispel 300, *301*
Thripse 39, *39*, 71, 231
Thuja
- occidentalis 372, *373*
- plicata 372, *372*
Thunbergia alata 129
Tibetprimel 202, *202*
Tilia
- cordata 349
- platyphyllos 349, *349*
Tintenfleckenkrankheit 254
Tochterpflanze 49
Ton 20
Torf 23
Torfkultursubstrate 23
Tränendes Herz 170, *170*
Traubenholunder 342
Traubenhyazinthe 260, *260*
Traubenkirsche 319, *319*
Trauerbirke 291
Trockenschäden 43-44, *43*
Trompetennarzisse 262
Tropaeolum
- majus 122, *122*
- peregrinum 129
Tulipa 265-267
- Fosteriana-Hybriden 265, *265*
- Greigii-Hybriden 265
- Kaufmanniana-Hybriden 265, *265*

Tulpen 265-267
- Botanische 265
Tulpenmagnolie 312
Türkenbundlilie 256, *256*
Türkenmohn 198-199, *198*

Überdüngung 43
Überwinterung
- von Sommerblumen 70
- von Zwiebel- und Knollenblumen 228, 229
Umfallkrankheit 71

Valsakrankheit 337
Vanilleblume 96, *96*
Verbascum-Hybriden 209, *209*
Verbena-Hybriden 123, *123*
Verbene 123, *123*
Vergißmeinnicht 106, *106*
Verletzung 60
Vermehrung
- generative 46-49
- über Samen 46-49
- vegetative 49
- von Sommerblumen 68-69
- von Stauden 140
- von Ziergehölzen 282-283
- von Zwiebel- und Knollenblumen 229-230, *229*, *230*, 261
Veronica
- longifolia 210, *210*
- spicata 210
Verticillium-Welke 151, 162, 208, 299
Vexiernelke 194
Viburnum
- lantana 350, *351*
- opulus 350, *351*
- rhytidophyllum 352, *352*
Viola
- Cornuta-Hybriden 211, *211*
- odorata 212, *212*
- Wittrockiana-Hybriden 124-125, *124*
Viruskrankheiten *42*, *42*, 141, 231, *231*, 243, 285, 307
Vogelbeere 343
Vogelkirsche 319, *320*
Vollfrühling 17
Vorfrühling 17
Vorkultur 47-49, *47*
- von Sommerblumen 68-69

Wacholder 360-362
- Gewöhnlicher 360
- Virginischer 361
Waldastilbe 153
Waldglockenblume 157
Waldhasel 298
Waldschlüsselblume 202

Waldstorchschnabel 178
Walzenwolfsmilch 175, *175*
Wandelröschen 100, *100*
Wärme 18
Wasseransprüche 19
Wasserbedarf 19
Wasserspeicherung 20
Wasserverfügbarkeit 20
Wasserversorgung 27-28, 43
Weichhautmilben 110
Weide 340-341
Weigela-Hybriden 353, *353*
Weigelie 353, *353*
Weißbirke 291
Weißdorn
- Eingriffeliger 303
- Zweigriffeliger 303, *303*
Weißdornrost 303
Weiße Fliegen 39, *39*, 71, 72, 76
Weißer Rost 81
Weißrandfunkie 186
Welke 43, 71
Welkekrankheit 105
Wellblattfunkie 187, *187*
Wellensittichenzian 177
Weymouthskiefer 368, *368*
Wickler 37
Wiesenmargerite 160, *161*
Wiesenstorchschnabel 178, *178*
Wilder Wein 377
Wildkaninchen 36
Wildnarzisse 261
Wildrosen 338-339, *338, 339*
Wildstauden 133, 139
Wildtriebe 348
Wildtulpen 265
Winterlinde *16*, 349
Winterling 244, *244*
Winterschutz 31-32, *32*, 44
- bei Stauden 139
- bei Ziergehölzen 281-282
- bei Zwiebel- und Knollenblumen 229
Wisteria 377, *377*
Wolfsmilch 175-176
Wolläuse 38-39, *38*
Wucherblume 82-83
Wuchsformen 56, *12*
Wuchshöhenstaffelung 56, *56*, 136
Wühlmäuse 36, 230
Wurzel 11
Wurzelälchen 40
Wurzelfäule 41-42, *41*, 83, 87, 171, 179, 199, 210, 359
Wurzelgallenälchen 194
Wurzelhals 11
Wurzelkletterer 374
Wurzelknolle *226*

Zeder 356-357
Zierapfel 314-315, *314, 315*
Ziergehölze **270-377**

- Düngung 279
- Gestaltung 271-276
- Gießen 279
- immergrüne 272, 279
- laubabwerfende 272
- Pflanzenkauf 276
- Pflanzung 276-279, *277*
- Schnitt 279-281
- Vermehrung 282-283
- Winterschutz 281-282
- Wuchsformen 271, *271*
Ziergräser 133, **216-219**
Zierkirschen 319-322
Zierkürbis 129, *129*
Zierlauch 232-233
Zierpflaumen 319-320
Zierquitte 294-295, *295*
- Chinesische 294
- Japanische 294
Ziersalbei *65*, 117, *117*, 206, *206*
Ziertabak *66*, 107, *107*
Zinnia
- angustifolia 126, *126*
- elegans 126, *127*
Zinnie 126-127, *127*
Zonalpelargonien 112-113, *113*
Zuckerhutfichte 366, *367*
Zungenschneeball 352, *352*
Zweijährige *64*, *65*
Zwergastilbe 153
Zwergglockenblume 158
Zwergmargerite 82, *83*
Zwergmispel 300-301
Zwergrosen 330, *331*
Zwergschwertlilie 254
Zwergsonnenblume 119
Zwergsträucher 133, 139, 271, *271*
Zwiebel *11*, 224, *226*
Zwiebel- und Knollenblumen *12*, **224-266**
- Düngung 228
- Gestaltung 225-226
- Gießen 228
- Pflanzung 227-228, *227, 237*
- Überwinterung 228, 229
- Vermehrung 229-230, *229, 230, 261*
Zwiebelfäule 41-42, 259
Zwiebelgraufäule 266
Zwiebelknolle 274
Zypressenwolfsmilch 176

Im FALKEN Verlag sind zahlreiche Bücher zum Thema Garten und Natur erschienen.
Sie sind überall erhältlich, wo es Bücher gibt.

Sie finden uns im Internet: www.falken.de

Dieses Buch wurde auf chlorfrei gebleichtem
und säurefreiem Papier gedruckt.

Bei diesem Buch handelt es sich um eine neue Ausgabe des unter
demselben Titel erschienenen Bandes 4753.

ISBN 3 8068 7514 6

© 2000 by FALKEN Verlag, 65527 Niedernhausen/Ts.
Die Verwertung der Texte und Bilder, auch auszugsweise, ist ohne Zustimmung des Verlages urheberrechtswidrig und strafbar. Dies gilt auch für Vervielfältigungen, Übersetzungen, Mikroverfilmung und für die Verarbeitung mit elektronischen Systemen.

Umschlaggestaltung: KA·BA GBR, Konzept & Gestaltung, Augsburg
Layout: David Barclay, Neu-Anspach
Nachauflagenredaktion: Carina Janßen
Herstellung: Wilfried Sindt
Titelbild: Foto-Reinhard, Heiligkreuzsteinach-Eiterbach
Rücktitel: FALKEN Archiv/Gerhard Röhn
Fotos: FALKEN Archiv/hapo: 5 u.r., 10 l., 14 u., 34 l.u., 61 r.u., 101 r.u., 137 u., 170 l., 181 u.r., 183 u., 195 o., 208 o., 225 o., 268/9, 269, 270 o.l., 273 o.l., 284 u.l., 284 u.r., 288 u., 322 o., 323 u., 327 o.r., 332 o.l., 338 o.l., 339, 352, 357 l./**Gerhard Röhn:** 7, 12, 13 o.r., 17 o.r., 33 l., 35, 45 o.r., 64 o.r., 69, 75, 77, 88, 92 u.l., 104, 108 l.u., 150, 156 l., 158 l., 159, 160 (beide), 161 r., 164, 173 o., 182 o., 184 u.l., 192, 201 o., 203 u.l., 211 (beide), 217 u.r., 217 o.l., 218 o.l., 218 u.M., 218 u.r., 244 o.l., 246, 254 (beide), 272 u., 286 r., 287 o.l., 287 o.r., 289 o., 290 (beide), 292, 295 o., 295 u.r., 296 o., 297 u.l., 298 u., 300/1, 301 u., 302 l., 305 u.l., 309 u., 312 (3mal), 314 u.l., 320 o.l., 321 o., 324 (beide), 327 u., 328 l., 330 o.r., 336/7, 336 u.r., 337 u.l., 341 o., 345 o.r., 348 u.r., 353 (beide), 358 l., 359 r., 360, 362 u., 364, 366, 367 r.o., 367 r.u., 371 o., 373 o., 347 r., 376 o., 376 u.r., 377 u.r.; **Ellen Henseler, Die grüne Fotoagentur,** Bonn: 33 r., 37 o.r., 37 u.r., 38 (3mal), 39 (3mal), 40 (4mal), 41 o.l., 41 o.r., 42 (beide), 43 (beide), 44 (beide), 71 o.r., 71 M.l., 71 M.r., 71 u.l., 71 u.r., 141 (5mal), Motiv Marienkäfer: 142–212, 231 o.l., 231 o.r., 231 u.l., 231 u.M., 284 o.l., 284 o.r., Motiv Marienkäfer: 287–351; **Friedrich Jantzen,** Arolsen: 8 l., 16 (5mal), 17 u.r., 22, 33 o.r., 57 M.u., 93 o., 110 l., 111 o., 128 (3mal), 129 M.M., 135 u.r., 136 u.r., 155 o.r., 161 l., 171 u.l., 175 (beide), 177 o., 178 l., 187 o.r., 202 r., 204 u.l., 349 o.; **Reinhard Morsbach,** Solingen: 60 u.; **Reinhard-Tierfoto,** Heiligkreuzsteinach-Eiterbach: 2, 3 (4mal), 14 r., 26 r., 36, 52 l., 57 l., 112 (beide), 112/113, 113 u.l., 115 u.r., 151 o., 171 o.r., 186 u., 109, 224 l., 256 (beide), 261, 270 r., 273 o.r., 273 u.r., 274 u.l., 274 u.r., 276, 283, 293 o., 297 o., 297 u.r., 310, 319 o., 329 u., 330 o.l., 330 l., 344 l., 347, 348 u.l., 351 u.r., 359 u., 361, 362 o.l., 370, 371 u., 347 M., 377 u.l.; **Hans-Joachim-Schwarz,** Idstein: 17 o.l.
Alle anderen Fotos: **Institut für botanisch-ökologische Beratung,** München
Zeichnungen: Gerhard Scholz, Dornburg, außer: **FALKEN Archiv/Erich Stegeman:** 19, 27, 65, 280 o.l., 281 u.r., 282 o., 331

Die Ratschläge in diesem Buch sind von den Autorinnen und vom Verlag sorgfältig erwogen und geprüft, dennoch kann eine Garantie nicht übernommen werden. Eine Haftung der Autorinnen bzw. des Verlags und seiner Beauftragten für Personen-, Sach- und Vermögensschäden ist ausgeschlossen.

Satz und Lithografie: Grunewald GmbH, Kassel
Gesamtkonzeption: FALKEN Verlag, D-65527 Niedernhausen/Ts.

817 2635 4453 62